우주가 사라지다

THE DISAPPEARANCE OF THE UNIVERSE
by Gary R. Renard

Copyright ⓒ 2002, 2003, 2004 by Gary R. Renard
Portions for A COURSE IN MIRACLES ⓒ 1975, 1985, 1992, 1996;
PSYCHOTHERAPY PURPOSE, PROCESS AND PRACTIC ⓒ 1976, 1992
and THE SONG OF PRAYER ⓒ 1978, 1992
reprinted by permission of theFoundation for A COURSE IN MIRACLES,
41397 Buecking Drive, Temecula, California 92590-5668, USA.
Original English language publication 2003 by Fearless Books
English language republication 2005 by Hay House Inc, California, USA
All rights reserved.

Korean language edition ⓒ 2010 by Inner World Publishing Company
Korean translation rights arranged with Hay House, Inc.
c/o InterLicense, Ltd., USA through EntersKorea Co., Ltd., Seoul, Korea.
All right reserved.

이 책의 한국어판 저작권은 (주)엔터스코리아를 통한
저작권사와의 독점계약으로 정신세계사가 소유합니다.
신저작권법에 의하여 한국 내에서 보호를 받는 저작물이므로
무단전재와 무단복제를 금합니다.

THE
DISAPPEARANCE
OF
THE UNIVERSE

〈기적수업〉을 통해 배우는
예수의 진정한 가르침

개리 레너드 지음 | 이균형 옮김

정신세계사

옮긴이 이균형은 1958년 태어났으며 연세대학교 공과대학을 졸업하였다. 인도의 오로빌 공동체에서 생활하다가 돌아와 지금은 정신세계사에서 일하고 있다. 옮긴 책으로는 《인도명상기행》《홀로그램 우주》《신에 이르는 길》《깨어나세요》《웰컴 투 오로빌》《한 발짝 밖에 자유가 있다》 등이 있다.

우주가 사라지다

ⓒ 개리 레너드, 2002, 2003, 2004

개리 레너드 짓고, 이균형 옮긴 것을 정신세계사 정주득이 2010년 8월 10일 처음 펴내다. 편집차장 김우종이 다듬고, 김진하가 꾸미고, 경운출력에서 출력을, 한서지업사에서 종이를, 영신사에서 인쇄와 제본을, 기획 및 영업부장 김영수, 하지혜가 책의 관리를 맡다. 정신세계사의 등록일자는 1978년 4월 25일(제1-100호), 주소는 03965 서울시 마포구 성산로4길 6 2층, 전화는 02-733-3134, 팩스는 02-733-3144, 홈페이지는 www.mindbook.co.kr, 인터넷 카페는 cafe.naver.com/mindbooky 이다.

2024년 12월 4일 펴낸 책(초판 제13쇄)

ISBN 978-89-357-0331-9 03290

차 례

저자에 대해 *7*
옮긴이의 글 *9*
추천사 *13*
서문 *21*

1부 꿈속의 속삭임

1 아턴과 퍼사를 만나다 *31*
2 배후의 제이 *55*
3 기직 *155*
4 존재의 비밀 *203*
5 에고의 계획 *251*

2부 깨어나기

6 성령의 대안 *325*
7 용서의 법칙 *357*
8 깨달음 *405*
9 임생체험 *427*
10 치유에 관하여 *463*
11 시간의 아주 짤막한 역사 *485*
12 뉴스 보기 *511*
13 진정한 기도와 풍요 *527*
14 섹스보다 더 좋은 *541*
15 미래 들여다보기 *557*
16 죽은 자 일으키기에 관하여 *575*
17 우주가 사라지다 *593*

저 자 에   대 해

개리 R. 레너드는 미국 동부해안 매사추세츠 주의 역사 깊은 북안北岸 지방에서 태어나서 성공적인 직업 기타리스트가 되었다. 그는 1987년에 일어난 하모닉 컨버젼스* 기간 동안에 내면의 부름을 듣고 삶의 방향을 돌렸다. 1990년대 초에 메인Maine주로 이사를 한 후, 거기서 강력한 영적 각성의 체험을 겪었다.

지시받은 대로 그는 9년에 걸쳐 천천히, 정성을 다해서 《우주가 사라지다》를 집필했다. 현재 그는 글을 쓰고 여행하면서 구도자들과 형이상학적 원리에 관한 담론을 나누며 지낸다.

---

* Harmonic Convergence : 고대 마야인들의 달력이 예언한 대로 1987년 8월 16, 17일에 걸쳐 일어난 태양계의 행성정렬 현상. 영성계에서는 이때를 지구의식에 사랑과 일체성에 대한 자각이 각성되는 시기로 보았음. 역주

옮 긴 이 의 글

　　1976년에 미국에서 〈기적수업〉(A Course in Miracle)이라는 요상한 제목의 책이 출판되었습니다. 그 후 30여년이 지난 현재, 이 책은 엄청나게 까다로운 번역조건과 더딘 절차에도 불구하고 18개국 언어로 번역되어 전 세계 독자들의 사랑을 받으며 불후의 영적 고전으로 자리매김하고 있고, 한국어 번역도 한창 진행중에 있습니다.

　　이것은 콜럼비아 의과대학 의료센터의 심리학과 교수였던 헬렌 슈크만이 1965년의 어느 날부터 갑자기 들려온 내면의 목소리를 받아 적기 시작하여 7년에 걸쳐 완성한 원고를, 다시 수년에 걸쳐 정리하여 출판한 1,300여 쪽 분량의 책입니다. 놀랍게도, 그 목소리의 주인공은 자신이 예수라고 선언했습니다.

　　여기서부터 독자들은 본격적으로 당혹감을 느끼기 시작하실 테지만, 그러나 이 책을 읽어본 사람들은 최소한, 수미일관 치밀하고 심오하면서도 삶 속에 깊이 접목시킬 수 있는 자습형식의 이 가르침이 일개 심리학자의 머리로 지어낼 수 있는 것이라고는 도저히 생각할 수가 없게 됩니다.

　　오히려, 그것이 과연 주장대로 예수였는지 어쨌는지는 전혀 중요하지 않다는 생각이 들 정도로 그 가르침이 가슴깊이 와 닿았거나, 아니면 한 술 더 떠서 이것이야말로 살아 있는 예수의 가르침이라는 생각이 절로 들 정도로 예수라는 존재의 진수가 그 안에서 느껴졌기에 전 세계 수백만의 사람들이,

어떤 막강한 세력의 후원도 없이 단지 입소문만을 통해 퍼져나가서 손에 들게 된 〈기적수업〉을 평생의 교과서로 삼게 되었을 것입니다.

서론이 길었지만 이제 이 책《우주가 사라지다》를 소개하자면, 이것은 〈기적수업〉을 소개해주는 가장 훌륭한 입문서로 손꼽히는 책입니다. 그런데 여기에도 마치 일부러 시비라도 걸려는 듯이 독자를 당혹스럽게 하는 희한한 사연이 있습니다. 즉, 이 책의 저자는 다른 차원계로부터 방문한 예수의 제자 도마와 다대오를 1992년 말부터 9년에 걸쳐 열일곱 번 만나 그들로부터 〈기적수업〉의 이론과 실제를 '개인지도' 받은 과정을 대화체 그대로 받아 적었다는 것입니다.

그런데 이에 대한 아마존 독자들의 열화 같은 반응 또한 〈기적수업〉의 경우와 다르지 않습니다. 최소한 '아무러면 어떠랴, 어쨌든 덕분에 〈기적수업〉이란 만만찮은 공부를 쉽게 자알 입문(혹은 정리, 복습)했다'는 식입니다. 그만큼 저자의 이 두 스승은 이 묵직하고 심오한 공부의 핵심을 흥미진진하고도 쉽게, 마치 족집게 과외 선생님처럼 가르쳐줍니다.

이 가르침은 우리를 오랜 착각의 꿈에서 깨어나게 하여 실재하는 줄로만 알았던 에고와 에고의 우주를 신기루처럼 흩어져 잊혀져버리게 하는 궁극의 심리학이요 치유 프로그램이며, 우리를 태초 이전의 본향으로 데려가는 구원의 가르침입니다. 이것은 에고에게는 단도직입적이고도 엄청난 도발이어서, 독자는 이 책을 읽는 내내 에고의 심한 반발과 저항을 느끼게 될 것입니다.

저 역시 이 놀라운 가르침을 옮기는 동안 깊은 당혹감과 의문을 떨쳐버릴 수가 없었고, 풀리지 않은 의문들이 아직도 남아있습니다. 하지만 그 또한 이 책의 가장 귀한 메시지인 용서의 가르침보다 더 중요하게 느껴지지는 않았습니다. 그리고 그 답은 용서의 끊임없는 실천을 통해서 언젠가는 발견하게 되리라고 믿습니다.(《기적수업》은 용서를 일반적 의미와는 전혀 다르게 가르칩니다) 그러니 행여나 성미 급한 독자가 계셔서 이 책을 읽다가 한 마디 껄끄러운 말에 걸려서 당장 책을 던져 버리고 싶은 마음이 일어난다면 부디 용서하시고, 끝까지 읽어보시길 당부 드립니다.

많은 실수를 저질렀을 가능성에도 불구하고 제가 이 책을 번역했다는 것이 매우 영광스럽습니다. 이 책에 인용된 《기적수업》 원문의 번역을 꼼꼼히 살펴서 많은 잘못을 바로잡아주신, 《기적수업》 공부모임을 이끄는 강형규님과 중요한 대목들에서 명쾌한 도움말을 주신 《기적수업》 공식 역자 구정희 님께 마음깊이 감사드립니다. 이 책은 유난히 오류에 대한 책임감을 더 무겁게 느끼게 합니다. 번역이나 편집과정에서 일어난 오류가 눈에 띄는 대로 네이버 《북 카페 정신세계》에서 지적해주시면 실시간으로 정정해가다가 개정판에 반영할 것을 약속드립니다.

옮긴이 이균형

추신: 뒤늦게 깨닫게 된 사실은, 이 책은 《기적수업》을 공부한 사람이 번역하는 것이 옳았겠다는 것입니다. 이 책에 인용된 《기적수업》의 원문들은 앞뒤 문맥이 잘린 채 인용되어서 친절한 주석 없이는 그 용어나 문장의 깊은 의미를 제대로 이해하기가 어려운데 역자의 부족으로 그런 서비스를 제공하지 못한 점에 대해 '용서'를 빕니다. 이 책을 통해 《기적수업》에 입문하여 제대로 공부하고자 하시는 분들은 국내의 공부 모임에서 도움을 받으시기 바랍니다.

기적수업 공식번역 홈페이지: acimkorea.org (운영자 약수 구정희)
기적수업 공부모임 네이버 카페: cafe.naver.com/acimstudy (운영자 여천 강구영)
기적수업 공부모임 다음 카페: cafe.daum.net/acim-ke (운영자 모름지기 강형규)
Foundation for Inner Peace(미국 내면의 평화 재단): www.acim.org

추 천 사

개리 레너드가 이 책의 원고에 대한 전문적인 검토를 부탁하고 싶다고 연락해왔을 때 나의 첫 반응은 너무나 이성적인 것이었다. 첫째, 개리가 원고 분량이 십오만 단어라고 했을 때, 나는 정신이 멀쩡한 출판사라면 그런 책을 한 권으로 내주지는 않을 거라고 일러줬다. 그것을 두 권의 책으로 나누든지, 아니면 그보다 나은 방법으로는, 가차 없이 편집해서 십만 단어 이하로 분량을 줄여야 할 것이었다. 그 정도는 원고를 보지 않고도 해줄 수 있는 상식적인 충고였다.

개리는 자신의 원고를 두 가지 중 어떤 식으로도 바꿀 생각을 해본 적이 없지만 다시 한 번 생각은 해보겠다고 했다. 그동안에 두 명의 '승천한 스승'과 나눴던 대화의 기록인 이 원고를 한 번 검토해보시겠냐고?

개리에게 말하지는 않았지만, 두 번째의 너무나 이성적인 대답이 속에서 절로 나왔다. ― '아니, 제발! 제 머릿속의 목소리가 신성한 뭔가의 출현이라고 생각하는 어떤 불쌍한 얼간이가 쓴 또 하나의 장황한 영적 쓰레기를 나보고 읽어달라고?' 대안영성 분야(기존의 종교권 밖의 영적 메시지를 다루는 분야)에서 거의 20년 동안 기자로서, 또 평론가이자 편집자이자 출판인으로서 굴러온 나는 이제는 기억조차 나지 않는 그런 잡동사니들을 신물 나도록 봤다. 십자가의 성 요한*이 그 시대에도 넘쳐났던 망상에 사로잡힌 글들을 보면서 했던 말이 절로 떠올랐다. ― "이런 것은 아주 흔한 일이다. 그리고 많은 사람들이 거기에 완전히 속아 넘어간다. 그들은 자기가 기도의 깊은 경지에 이르러서 신의 말씀을 직접 받아 적을 수 있다고 생각한다. 그래서 그들은 그것을 받아 적거나 남에게 받아 적게 한다. 그러나 그것은 아무런 가치도 없는 쓰레기임이 드러난다. 그것은 그들의 허영심을 부추겨놓는 역할밖에 하지 않는다."

하지만 이 레너드란 친구는 기꺼이 돈을 내고서라도 원고에 대한 평을 듣고 싶다고 했다. 그것이 그를 좋게 보도록 만들었다. 나는 평론을 해오면서, 원고를 읽다 보면 저자에게 뭔가 도움이 될 만한 충고가 언제나 떠오른다는 사실을 터득했다. 저자의 허영심을 부추겨주는 것 이상의, 일종의 '건설적 비평' 말이다. 그래서 나는 물론 원고를 보내주면 정중히, 꼼꼼하게 검토해주겠다고 했다.

그런데 이 원고를 오래 읽기도 전에 나는 마음속에 떠올랐던 나의 두 번째 반응을 개리에게 말하지 않았던 것이 다행이라는 생각이 들었다. 왜냐하면 만일 그랬다면 그 말을 취소하고 사과해야 할 판이었기 때문이다. 그의 이야기는 표면상으로는 괴이해 보였지만 그럼에도 그것은 놀랍게도 읽을 만했고, 심지어 매혹적이기까지 했다. 그가 기록한, 상상 밖의 기이하기 짝이 없는 영적 스승 아턴과 퍼사와의 대화는 빈틈없고 재미있고, 소위 채널링 류의 사이비 철학이 풍기는 번지르르한 기름 냄새가 나지 않았다. 게다가 글의 내용은 개리의 허영심을 부추기는 쪽으로는 크게 작용하지 않은 것 같았다. 사실 그의 다른 세계의 친구들은 그가 게으름뱅이에다 똑똑한 척하는 멍청이라고 무자비하게 놀려댔다. 물론 그들이 개리에게 시킨 영적 훈련

---

* 십자가의 성 요한 : 16세기 스페인 카르멜 수도회의 수사. 아빌라의 성녀 테레사를 도와 카르멜 수도회의 개혁을 주도했다. 카톨릭의 대표적인 신비가로서 〈카르멜의 산길〉〈영혼의 노래〉〈사랑의 산 불꽃〉 등 영성신학의 고전을 남겼다. 사후에 교황청에 의해 성인으로 모셔짐. 역주

과 관련해서는 무척이나 따뜻하게 부추겨주기도 했지만 말이다.

독자들은 이 훈련이란 것이 다름 아니라 〈기적수업〉이라는 현대의 영적 지침서를 통해 전 세계 수백만 명의 사람들에게 알려져 있는 영적 수련법임을 곧 알게 될 것이다. 개리가 나에게 연락을 해온 이유도 분명해졌다. 그것은 내가 이 가르침의 역사, 그 교사들과 그것을 대중화한 인물들, 그것에 대한 비판과 그것이 낳은 논쟁의 쟁점 등을 밝혀놓은 책인 〈기적수업에 관한 모든 이야기〉를 포함해서 〈기적수업〉에 관한 몇 권의 책을 썼기 때문이다. 또 어쩌면 개리가 우리 사이에 심리적으로 닮은 점이 있다는 것을 무의식 속에서도 알아차렸기 때문에 나에게 접근해왔을 가능성도 있다. 나는 레너드씨 같은 게으름뱅이는 결코 아니지만 나에게도 분명히 똑똑한 척하는 멍청이 기질은 있으니까 말이다.

〈기적수업〉의 원리에 관한 하나의 보충교재라고 할 수 있는 개리의 원고는 또 하나의 두드러진 특징을 가지고 있었다. 그것은 〈기적수업〉의 '순수 비이원론'적 영적 사상에 대한 절대적이고 타협 없는 충성과, 일주일에 이레, 하루 24시간 마음의 습관이 될 때까지 용서하고 용서하고 또 더욱 용서하는 용서의 훈련에 대한 실천주의적 교조였다. 〈기적수업〉의 원리를 내세운 매우 성공적인 책들도 제법 있었지만 그중 가장 인기 있는 것들은 동시에 내용이 가장 희석된 것이기도 했고 또 흔히는 뉴에이지 자기개발서 류의 냄새가 섞여 있기도 했다. 나는 개리의 원고가 결코 모호하지 않은 언어로써 골수 형이상학과 〈기적수업〉의 엄격한 마음 수행의 원칙을 진지하게 파고든다는 점에서 감명받았다. 아턴과 퍼사는 그들이 누구건, 어디서 왔건 간에 '한 주말 만에 깨닫는' 속빈 강정 같은 워크숍을 열어 온 야바위꾼은 분명 아니었다.

그래서 원고를 한 번 다 읽었을 때, 나는 이것이 어떻게든 책으로 나와야 한다고 느끼기 시작했다. 하지만 그 원고는 처음에 예상했던 것보다도 더 큰 약점을 가지고 있었다. 그 원고는 정말 너무 길었다. 그리고 주류 출판사들이 단연코 기피할 3자 대담 형식으로 쓰여 있었다. 그리고 마지막으로 그것이 주장하고 있는, 그 형이상학적 가르침의 출처는 그것을 뉴에이지 분야로 격하시키고 있었다. 이 분야의 일부 독자들 수준에는 내용도 너무나 딱딱한데 말이다.

나의 직업적 관심이 개리에게 원고 검토소견을 제공하는 일로부터 출판사 찾기를 돕는 일로 옮겨가자 나는 이 일을 맡아줄 출판사를 크건 작건 한 군데도 생각해낼 수가 없다는 것을, 그리고 이것을 난도질하여 '시장판'에다 내놓고 도박을 해보고 싶은 충동이 올라오는 것을 깨달았다. 개리의 뜻은 분명했다. 그는 이것을 원래의 형태 그대로, 형식과 내용을 건드리지 않고 내줄 출판사를 찾고 있었다. 나는 생판 이름도 없는 저자가 쓴 이런 원고를 책으로 내줄 출판사 사장이라면 정신분석을 진지하게 받아봐야 하리라는 생각이 들었다.

그러다가 문득, 나는 '내가' 이것을 출판해야 한다는 사실을 깨달았다.

그 결정은 대단한 아이러니였다. 왜냐하면 나는 '승천한 스승' 따위는 믿지 않기 때문이다. 그 중요한 이유 중 하나는, 그런 존재가 나의 좁아빠진 시야에 나타는 것을 한 번도 본 적이 없었기 때문이다. 〈기적수업〉이 내 삶에 베풀어준 큰 은혜에도 불구하고 나는 그것이 주장하는 영적 출처에 대해서는 언제나 반신반의의 입장을 느꼈다. 다른 〈기적수업〉 학생들에게는 놀랍게 들릴지도 모르겠지만 나는 그것이 예수 그리스도와 무슨 관계가 있든지 말든지 전혀 개의하지 않았다. 나에게 〈기적수업〉의 진정성은 그것이 실제로 '된다'는 사실만으로도 충분히 확인됐기 때문이다. 〈기적수업〉은 나의 삶과, 내가 만나고 인터뷰했던 많은 사람들의 삶에 긍정적이고도 극적인 변화를 가져다주었다. 하지만 그것이 어떤 신성한 근원으로부터 왔다는 주장 때문에 그 진정성을 받아들일 수 있게 되는 것은 아니다. 이 책에서 아턴과 퍼사도 거듭 강조하듯이, 나는 중요한 것은 메시지의 내적 진실성이지 그 메시지를 전하는 사람의 특별함이 아니라는 말에 동의한다.

신기하게도 이 책의 메시지는 마침 나의 〈기적수업〉 공부에 재충전이 필요했던 바로 그 시기에 찾아왔다. 개리의 원고를 읽으면서 나는 계속 이렇게 생각했다. ― '와, 이게 바로 그 말이구나. 내가 이걸 잊어버리고 있었어. 그리고 용서에 대해서도. 이게 정말 될까?'

원고의 마무리 부분에 이르렀을 때 나는 개리의 스승들이 그와 미래의 독자들을 위해 의도했듯이 그 내용이 나에게도 미래의 영적 공부를 위한 굉장한 청량제로서 작용하고 있다는 것을 깨달았다. 이렇게 말하는 것은, 〈기적수업〉은 1976년에 출판된 이래로 독자의 수가 급격히 늘어났음에도 불구하고 아직도 비교적 소수만이 그 가르침을 따르고 있는데, 앞으로도 몇 세대 동안은 여기에 별다른 변화가 없을 것으로 전망되기 때문이다. 〈기적수업〉의 사상은 큰 영적 변화의 장기적 기반이 되기에는 한 마디로 세상 사람들이 믿는 바와 너무나 멀리 동떨어져 있고 그 변성의 훈련은 요구하는 것이 너무나 많다. 하지만 개리의 스승들이 내다보듯이, 나도 〈기적수업〉이 인류의 큰 영적 변화에 기여하는 그런 때가 마침내는 오리라고 느낀다.

〈기적수업〉은 절대주의적이고 비타협적인 것처럼 느껴질 수도 있지만 그것이 베푸는 구원의 은총 중의 하나는, 그것은 '우주의 교재' 중에서 단지 하나의 판본일 뿐이라고 말한다는 점이다. 그리고 세계의 다른 영적, 심리적 방법들에도 각각 그 고유한 지혜가 담겨 있음을 기본적으로 인정한다. 하지만 〈기적수업〉은 진지한 구도자들에게는 이 길이야말로 다른 어떤 길보다도 **빠른** 진전을 가져다준다고 주장한다. 나는 영적 실용주의자로서 이 판

매 포인트를 인정한다.

실제로 〈기적수업〉은 용서의 사명을 잘 인식하고 실천하면 영적 진보가 '수천 년' 앞당겨진다는 엉성한 미끼를 수시로 던진다. 나는 다시 태어날 계획을 많이 잡아놓지 않았기 때문에 그 시간을 어디다 써먹어야 할지 모르겠다. 그래도 〈기적수업〉의 영향 하에서 내렸던 결정들 — 습관적인 분개와 몸을 쇠약해지게 만드는 화와 자기제약적인 두려움을 풀어놓게 하는 결정들 — 덕분에 내가 장차 받아야만 할 고통으로부터 많이 벗어날 수 있었다는, 설명할 수 없는 기이한 느낌을 받기는 했다.

〈기적수업〉을 만나기 전에는 물론 나도 그처럼 숭고하고 행동주의적인 지혜를 추구하는 사람이 아니었다. 나는 가장 요긴한 순간에 그 이상한 군청색 표지의 책을 접하게 되었다. 그리고 그 기적적인 가르침과의 '외견상 우연한' 만남으로부터 은혜를 입은 것이 나만이 아니라는 사실을 밝힐 수 있어서 행복하다. 내가 〈기적수업〉의 가르침을 실천하지 않았다면 나의 저서를 통한 수천 독자들과의 귀한 만남은 일어나지 않았을 것이 확실하다.

사실 이 책의 첫 번째 판을 출판하기로 결정했을 때 나는 〈기적수업〉의 분명한 영향력을 느꼈다. 그리고 이 원고가 요구했던 모든 위험부담은 무릅쓸 만한 가치가 충분히 있었다는 것을 깨닫는 데도 많은 시간이 걸리지 않았다. 이 책은 곧 〈기적수업〉의 많은 독자들뿐만 아니라 〈기적수업〉을 모르는 구도자들 가운데서도 열렬한 반응을 얻어냈다. 피얼리스Fearless 출판사 판으로 1년 동안 나온 후에, 이 책은 현대 영성 분야에서 독보적인 명성을 얻고 있는 큰 독립출판사인 헤이 하우스Hay House 출판사로 넘어가게 되었다. 이로써 이 책은 열광 속에 전 세계로 보급될 다음 단계의 준비가 갖춰진 것이다. 개리와 나는 이 새로운 출판사가 이 책의 원래 형태와 내용과 스타일과 도발적인 가르침의 방식을 손대지 않고 고스란히 보존하는 데 흔쾌히 동의해준 그 비범한 융통성과 관용에 감사한다.

이것은 〈기적수업〉을 대신하는 책이 아니다. 그러나 이 책은 많은 독자들에게 〈기적수업〉의 가르침의 기본원리들에 대한 상쾌한 예고편이자 격렬한 복습편이 되어주리라고 확신한다. 그리고 설사 〈기적수업〉에는 관심이 없다고 하더라도 여전히 독자들은 이 책에서 많은 웃음거리와 논의거리와 생각거리들을 발견할 것이다. 혹시 당신이 나와 닮은꼴이라면 당신은 이 책의 내용이 예상했던 것과는 전혀 딴판이라는 것을 발견할 것이다. 하지만 그것은 틀림없이 대단한 경험이 될 것이다. 아턴과 퍼사라면 이렇게 말하리라 - 즐독~!

D. 패트릭 밀러
피얼리스 북스
2004년 9월

서 문

메인 주에서 시골생활을 하면서 살던 중에, 나는 퍼사와 아턴이라는 이름의 두 승천한 스승*이 육신을 가지고 나타나는 것을 여러 번 목격하게 되었다. 그들은 나중에 자신의 전생이 성 도마와 성 다대오였다고 밝혔다.(떠도는 전설에도 불구하고 이 두 사도로서의 생애는 그들의 마지막 생애가 아니었다.)

나를 방문한 이들은 많은 사람들이 이미 다 믿고 있을 상투적인 영적 가르침을 되읊어주려고 온 것이 아니었다. 그들은 다름 아닌 우주의 비밀을 밝혀주고 삶의 진정한 목적을 이야기했으며 도마 복음서에 대해 자세히 이야기해주었고 전 세계에 퍼져가고 있는 한 놀라운 영적 문헌이 전하는 원리를 거침없이 밝혀주었다. 그것은 새천년에 더욱 큰 힘을 지니게 될 한 가지 새로운 사고체계를 전하기 위한 것이었다.

이 책의 내용에서 도움을 받기 위해서 이 존재들의 출현을 꼭 믿어야만 하는 것은 아니다. 하지만 나처럼 교육수준이 낮은 문외한이 스승들로부터 영감도 받지 않고 이런 책을 쓸 가능성은 지극히 희박하다는 것은 너무나 분명한 사실이다. 어쨌든 나로서는 이 책의 출처의 진위에 대한 판단을 독

---

* 승천한 스승(ascended master) : 신비주의 용어. 존재는 병존하는 여러 겹의 차원계에 걸쳐 있지만 물질계에 동화되어 있는 보통 사람들은 물질차원밖에 인식하지 못한다. 병존하는 여러 겹의 차원은 갈수록 높아지는 옥타브의 서로 다른 주파수에 의해 분리되어 있다. 높은 주파수의 차원과 공명하는 '상승한'(이 책에서는 '승천한'으로 옮김) 스승은 인간을 가르치기 위해 의도적으로 낮은 주파수 차원에 공명하여 '하강'할 수 있지만 낮은 주파수 차원(물질계)에 구속된 존재는 높은 주파수 차원에 감응하여 '상승하지' 못한다. 역주

자들에게 맡기는 수밖에 없다.

나는 개인적으로《우주가 사라지다》가 영적인 길에 들어선 열린 마음의 소유자들에게 매우 유익하고 시간을 절약해주는 책이라고 믿는다. 내가 그랬던 것처럼 당신도 이 메시지를 경험한 후에는 당신의 삶과 이 우주를 더 이상 이전과 같이 생각하거나 바라볼 수가 없어질지도 모른다.

곧 이어질 내용은 1992년 12월부터 2001년 12월까지 나에게 일어난 일련의 사건들과 관련되어 있다. 이것은 개리(나)와, 내 앞에 직접 나타난 두 승천한 스승 아턴과 퍼사, 세 사람 사이의 대화 형식을 취하고 있다. 내가 해설한 부분은 그것이 대화의 흐름을 깰 때는 간단히 '주'라고 표시해놓았지만 그렇지 않을 때는 별도로 표시하지 않았다. 굵은 글씨로 되어 있는 부분은 화자가 강조한 내용을 표시한 것이다. 이 원고를 교정하면서, 지나간 동안에 내가 뱉었던 철없는 말들과 나의 분별심에 부끄러움을 느꼈지만 대화내용에는 별로 손을 대지 않았다는 점을 밝혀둔다. 돌이켜보면 나는 이 책의 뒷부분에 이르러서야 진정으로 용서를 실천하고 있었다는 것을 깨닫는다.

이 책에 나오는 스승들의 말 중에는 글로 대하기에는 너무 가혹하고 신랄하게 느껴지는 내용도 더러 있지만, 나는 그들의 태도만큼은 언제나 부드럽고 유머 있고 겸손과 사랑이 넘쳤다는 것을 증언할 수 있다. 비유하자면, 좋은 부모는 아이들의 잘못된 태도를 확실히 교정해주기 위해서 때로는 알아듣게끔 따끔하게 꼬집어줄 필요가 있다는 것을 알지만, 그렇게 하는 배후의 동기는 긍정적인 것이다. 그러니 이 담론이 좀 거칠어지는 듯이 느껴진다면 아턴과 퍼사가 내가 잘 알아듣게끔 하기 위해서 의도적으로 그렇게 한 것임을 기억해야 할 것이다. 가르침의 목표를 향해 나를 조금씩 이끌어가기 위한 목적으로 그렇게 한 것이다. 퍼사는 자신들의 태도가 내가 주의를 집중하게끔 유도하기 위해 의도된 것이라고 말해주었다. 아마도 이 말이 모든 것을 설명해주는 것 같다.

　나는 이 책을 올바로 만들어내기 위해 최선을 다 기울였다. 하지만 나는 완벽하지 않고 이 책 또한 완벽하지 않다. 그러나 그 내용에 사실이 아닌 오류가 있다면 그것은 나의 실수이지 내 방문자들의 실수가 아님을 확신해도 좋다. 숨김없이 털어놓기 위해서, 이 담론에는 내가 나중에 기억해낸 대화 내용도 포함되어 있음을 미리 말해둬야겠다. 이것은 아턴과 퍼사의 축복과 부추김에 의해서 한 것이고, 그 부추기는 말들의 일부는 대화 속에도 나온다. 그러니 가끔씩 대화를 바로 글로 옮긴 것이 아닌 부분도 있음에도 불구하고 이 책은 그들이 기획하고 일관되게 인도해준 하나의 개인적 프로젝트로 간주되어야 한다.

　〈기적수업〉에서 인용한 모든 구절들은 원문의 출처*를 밝혔다. '〈기적수업〉의 목소리'에 한없는 감사를 보낸다. 그 목소리의 진정한 정체가 무엇인지는 책에서 언급될 것이다.

　또한 여러 해 동안 대화와 후원으로 도움을 준 다음 사람들에게도 깊은 감사를 보낸다. 차이탄야 요크, 에일린 코인, 댄 스테프뉵, 폴 레너드, 카렌 레너드 박사, 글렌든 커티스, 루이스 플린트, 에드 욜단, 베티 욜단, 찰스 허드슨, 그리고 샤론 샐먼.

---

* 〈기적수업〉은 〈서문(Preface)〉, 〈교재(Text)〉, 〈학생을 위한 실습서(Workbook for Students)〉, 〈교사를 위한 지침서(Manual for Teachers)〉, 〈용어해설(Clarification of Terms)〉 등의 부분으로 구성되어 있는데, 이 책에 인용된 원문들은 그 끝에 다음과 같이 출처를 표시했다.
보기: (T202) - 영문판 〈기적수업〉의 〈교재〉 202쪽에 나오는 원문을 인용한 것임을 뜻한다.

PR: 서문　T: 교재　W: 실습서　M: 지침서　CL: 용어해설

그 밖에 소책자인 〈심리치료: 목적, 과정, 그리고 실제(Psychotherapy: Purpose, Process, and Practice)〉는 P로, 〈기도의 노래(The Song of Prayer)〉는 S로 인용문의 출처를 표시했다.

마지막으로 나는 그 소속원이 아니지만 캘리포니아 테메큘라에 있는 〈기적수업〉 재단의 창립자인 글로리아와 켄네쓰 왑닉 박사에게 이 기회를 빌어 깊은 감사를 드리고 싶다. 이 책의 많은 부분이 그들의 노력을 밑바탕으로 하고 있다. 독자들은 방문자들이 나에게도 왑닉 박사의 가르침을 배우라고 권고하는 것을 보게 될 것이다. 그리고 이 책은 나의 그 모든 배움의 경험의 반영이 아닐 수 없다.

이 책에 표현된 생각들은 저자 개인의 해석과 이해이므로 반드시 〈기적수업〉 저작권자가 승인한 것은 아니다.

개리 R. 레너드

어머니와 아버지께 바칩니다.
우린 떨어져 있지 않아요.

신께로 곧장 다다라 자신의 진정한 정체를 완전히 기억하고 있는, 세속적 한계의 흔적이 없는 이들이 있다. 이들을 스승 중의 스승이라 부를 수 있으리라. 왜냐하면 그들은 더 이상 보이지 않지만 그 형상을 불러낼 수 있기 때문이다. 그들은 그렇게 하는 것이 도움이 될 시간과 장소에 나타난다. 그렇게 나타나는 것을 무서워하는 이들에게는 그들은 사념만을 전해준다. 그들을 불렀는데 허탕을 치는 일은 있을 수 없다. 또한 그들이 모르고 있는 이도 하나도 없다.

―〈기적수업〉

1부

꿈속의 속삭임

1

아턴과 퍼사를 만나다

대화란 세상이 알고 있는
그런 폭 좁은 채널 속에만 한정되지 않는다.

(M62)

1992년의 크리스마스 주일에 나는 내 마음상태와 생활여건이 지난 1년 동안에 조금씩 개선되어 왔음을 깨달았다. 그 전해의 크리스마스 때는 일이 잘 풀리지 않았었다. 그때 내 생활은 매우 쪼들리고 있었다. 나는 직업 음악가로서 성공은 했지만 돈을 모으지는 못했다. 새로 시작한 주식 중개인 일은 힘들었고, 나에게 부당한 짓을 한 동업자였던 친구를 고소해놓은 상태였다. 그런데다 나는 4년 전의 파산 충격으로부터 겨우 회복해가고 있는 중이었다. 그것은 무절제한 소비생활에다 잘 될 것 같아 보였던 투자가 엉망이 돼버렸기 때문에 일어난 일이었다. 나는 나도 모르는 사이에 자신과의 싸움에서 패하고 있었다. 그때 나는, 나뿐만 아니라 사실상 모든 사람들이 자신과 싸우고 있고, 이기고 있는 것처럼 보일 때조차 패배하고 있다는 사실을 미처 알아차리지 못했다.

그러던 중에 갑자기 내 안의 깊은 곳에서 모종의 변화가 일어났다. 나는 13년 동안 영적 추구를 해왔고 많은 것을 배웠지만 그것을 진정으로 삶 속에 적용할 시간은 갖지 못하고 있었다. 그런데 이제 새로운 확신이 나를 압

도했다. 이런 생각이 들었다. '뭔가 변화를 기해야만 해. 이보다는 나은 길이 틀림없이 있을 거야.'

나는 고소했던 친구에게 편지를 써서 내 삶에서 갈등을 제거하기 위해서 고소를 취하한다는 뜻을 알렸다. 그는 전화를 걸어 고맙다고 했고 우리는 관계를 재개했다. 바로 이런 식의 시나리오가 형태만 달리 해서 지난 수십 년 동안 무수히 펼쳐져 왔던 것을 나는 훗날에야 깨달았다. 그것은 갈등에 처한 사람들 중에서 어떤 이들이 문득 무기를 내려놓고 자기 내면의 더 큰 지혜에 승복하기 시작했을 때 일어나는 그런 일이었다.

그래서 나는 날마다 마주치는 상황에 대해 그 당시에 내가 이해한 수준만큼의 용서와 사랑을 일깨우려는 노력을 시작했다. 약간의 좋은 결과가 일어나기도 했지만, 특히 누군가가 나의 단추를 잘못(사실은 정확히) 눌렀을 때는 엄청난 어려움을 겪기도 했다. 그래도 최소한 나는 내가 방향을 바꾸기 시작하고 있다고 느꼈다. 이 시기에 나는 내 시야의 가장자리에서 반짝이는 작은 빛을 보거나 어떤 대상의 주변에 이는 빛을 알아차리기 시작했다. 수정처럼 투명하게 반짝이는 이 빛은 시야 전체에 퍼져 보이는 것이 아니라 특정 부위에 집중되어 있었다. 나는 나중에 그것에 대한 설명을 듣게 될 때까지 그 의미를 알지 못했다.

이런 변화들이 일어난 그 해에 나는 내가 누구보다도 찬양하는 지혜의 선지자인 예수께 날 좀 도와달라고 날마다 기도를 올렸다. 나는 예수와 모종의 신비로운 연결감을 느꼈고, 2천 년 전으로 돌아가 그의 제자 중 한 사람이 되어서 그에게서 직접 배우는 경험을 가져본다면 얼마나 좋을까, 하는 소망을 자주 그 앞에 털어놓았다.

그러다가 1992년의 그 크리스마스 주일에 메인 주의 시골 집 거실에서 명상을 하고 있던 중에, 놀랍기 짝이 없는 그 일이 일어났던 것이다. 나는 재택근무를 했고 아내 카렌은 루이스턴으로 통근했으므로 나는 집에 혼자 있던 중이었다. 우리는 아이가 없었으므로 나는 우리 집 개 누피가 가끔씩 짖는 소리 외에는 아주 고즈넉한 집안의 분위기를 만끽하고 있었다. 마음이 명상상태에서 빠져나와 눈을 떴을 때, 나는 내가 혼자가 아니라는 것을 깨닫고 깜짝 놀랐다. 소리는 지르지 않았지만 입을 딱 벌린 채, 나는 방 건너편 소파에 한 남자와 여자가 앉아서 꿰뚫는 듯한 맑은 눈빛으로 나를 똑바로 바라보며 부드럽게 웃고 있는 모습을 쳐다봤다. 그들은 전혀 위협감을 주지 않았다. 사실 그들은 놀라울 정도로 평화로운 모습이었다. 그 느낌은 너무나 분명했다. 지금도 그 일을 회상하면, 내가 난데없이 갑자기 나타난 너무나도 분명한 인간 존재들의 출현에도 어떻게 겁을 먹지 않을 수 있었는지가 의아해진다. 하지만 곧 친구가 될 운명이었던 이 존재들의 첫 출현은 너무나 초현실적인 사건이어서 두려워하는 것은 어쩐지 어울려 보이지 않았다.

두 사람은 30대 정도로 매우 건강해 보였다. 그들의 복장은 맵시 있고 현대적이었다. 그들은 내 상상 속의 천사나 승천한 스승이라든가, 그 밖에 어떤 종류의 신성한 존재들의 모습과도 비슷해 보이지 않았다. 그들이 식당에서 저녁 먹는 모습을 보았더라면 대수롭지 않게 그냥 지나쳤으리라. 하지만 나는 그들이 내 소파에 앉아 있는 모습에 놀라지 않을 수 없었고, 남자보다는 여자 쪽에 시선이 더 끌리고 있음을 깨달았다. 이것을 알고는 여자가 먼저 말을 건넸다.

퍼사: 안녕하세요, 사랑하는 형제. 놀라신 줄 알아요, 하지만 별로 두려워하진 않으시는군요. 난 퍼사Pursah라고 해요. 그리고 여긴 우리 형제 아턴Arten이고요. 우린 당신 앞에 하나의 상징으로서 나타났고, 우리가 할 이야기들은 우주가 사라지는 것을 재촉해서 도울 거예요. 우리를 상징이라고 한

것은, 형상을 띠는 것은 **모두가** 상징이기 때문이에요. 유일하게 실재하는 것은 신, 곧 순수한 영(천국에서는 이 두 말은 동의어예요)이고, 신과 순수한 영은 형상이 없답니다. 그러니까 천국에서는 남성 여성의 개념도 없습니다. 정의에 따르자면 당신의 몸을 포함해서 가짜 우주에서 경험되는 모든 형상은 반드시 다른 어떤 것의 상징물입니다. 이것이 십계명 중 '우상을 섬기지 말라'는 두 번째 계명의 진정한 의미랍니다. 대부분의 신학자들은 이 계명의 뜻을 속 시원하게 풀지 못했지요. 신이 왜 자신의 형상을 만들지 못하게 했을까요? 모세는 그것이 이교도들이 섬기는 우상을 없애라는 뜻인 줄 알았습니다. 그 참뜻은, 신은 형상이 없기 때문에 신의 형상을 만들어서는 안 된다는 것입니다. 이것이 우리가 앞으로 당신에게 이야기해줄 내용의 핵심입니다.

> 우린 당신 앞에 하나의 상징으로서 나타났고, 우리가 할 이야기들은 우주가 사라지는 것을 재촉해서 도울 거예요.

개리: 그걸 다시 설명해주실 건가요?

아턴: 개리, 우린 모든 것을 당신이 이해할 수 있도록 충분히 되풀이해줄 겁니다. 그리고 곧 알게 되겠지만 우린 갈수록 당신의 말하는 스타일을 닮아갈 겁니다. 사실 우리는 당신에게 매우 거침없이 솔직하게 말할 겁니다. 우린 당신이 그것을 참아낼 만큼 너그러운 사람이라고 생각해요. 우리는 괜히 시간을 낭비하러 온 게 아니에요. 당신은 예수님께 도움을 청했잖아요. 그가 당신에게 직접 오고 싶었겠지만 지금은 때가 아니에요. 그래서 우리가 그를 대신해서 온 거예요. 그건 그렇고, 우린 예수(Jesus)를 제이(J)라고 부를 거예요. 그에게서 그래도 좋다는 허락을 받았어요. 그 이유는 때가 되면 말해드릴게요. 당신은 2천 년 전에 그와 함께 지냈다면 어땠을까, 하고 무척

궁금해했지요. 우린 그때 거기에 있었으니까 기꺼이 이야기해드리지요. 하지만 그때보다도 오늘날 그의 제자가 되는 편이 더 낫다는 것을 알게 되면 놀랄 거예요. 우리가 할 한 가지 일은, 과거에(혹은 당신이 미래라고 생각하는 때에) 제이가 우리에게 늘 그랬듯이 우리도 당신에게 계속 문젯거리를 던져주는 일입니다. 우리는 당신을 편하게 대해주거나 당신이 듣고 싶어하는 말만 골라서 해주지는 않을 겁니다. 아이들처럼 말랑말랑한 대접을 받고 싶다면 차라리 놀이공원에나 가는 편이 나을 겁니다. 당신 우주의 그 어떤 것도 오래 남아 있지 못하는 이유를 알 권리가 있는 어른 대접을 받을 각오가 돼 있다면 우린 바로 작업을 시작할 겁니다. 당신은 이 상황의 원인과 거기서 탈출할 방법, 두 가지를 다 배울 것입니다. 자, 하실 말씀 있으세요?

개리: 무슨 말을 해야 할지도 모르겠네요.

아턴: 훌륭합니다. 학생으로서 아주 좋은 태도지요. 또 다른 좋은 태도는 배우고자 하는 의욕이고요. 당신은 그것도 갖추고 있다는 것을 알아요. 말 수가 적다는 것도 알고요. 당신은 수도원에서 말 한 마디 안 하고 몇 년이고 살 수 있는 그런 사람이지요. 당신은 또 뛰어난 기억력을 지니고 있어요. ― 이건 나중에 아주 요긴하게 쓰일 거예요. 사실 우린 당신에 대한 모든 것을 알고 있답니다.

개리: 모든 걸요?

퍼사: 예, 모든 걸요. 하지만 우린 당신을 심판하러 온 것이 아니니까 감추거나 당황할 필요는 없어요. 우린 지금 모습을 나타내는 것이 도움이 되기 때문에 여기 있는 것뿐이에요. 우리가 있을 동안에 그 덕을 충분히 보세요. 뭐든지 의문이 떠오르면 물어보세요. 당신은 우리가 왜 이런 모습을 하고 있는지를 궁금해했어요. 대답은, 우리는 가는 곳에 어울리는 외양을 갖추기를 좋아하기 때문이에요. 그리고 우리는 어떤 특정한 종교나 조직을 대

변하는 것이 아니기 때문에 세속적인 차림을 하고 있는 것입니다.

개리: 그러니까 여호와의 증인은 아니로군요. 난 그들에게 교회에 다니지 않는다고 했거든요.

퍼사: 우린 분명히 신의 증인입니다. 하지만 여호와의 증인들은 신과 함께 있도록 선택될 몇몇을 제외한 나머지 사람들은 성화聖化된 몸으로 지상에 신의 왕국이 임하는 것을 보게 되리라는 오래된 신앙을 믿고 있습니다. 이것은 우리가 가르치는 바가 아닙니다. 우리는 어떤 사람들의 가르침에 찬동하지 않더라도 그것의 옳고 그름을 판단하지 않고, 모든 사람이 자신이 원하는 것을 믿을 권리를 존중합니다.

개리: 그거 좋군요. 하지만 천국에는 남녀가 없다는 건 별로 좋아 보이지 않네요.

퍼사: 천국에는 차이도 없고 변화도 없습니다. 모든 것이 한결같습니다. 그것만이 혼돈에 빠지지 않는 길, 신뢰할 수 있는 유일한 길이지요.

개리: 너무 지겹지 않을까요?

퍼사: 하나 물어볼게요. 개리, 섹스는 지겹나요?

개리: 제 사전에선 안 그래요.

퍼사: 그럼 완벽한 성적 오르가즘의 극치를 상상해보세요. 단, 이건 끝이 없어요. 그 강력하고 흠잡을 데 없는 강도는 영원히 줄어들지 않고 지속됩니다.

개리: 흠, 확 끌리는데요.

퍼사: 육체적인 섹스는 천상의 그 믿기지 않는 지복감과는 비교할 수도 없어요. 오르가즘은 신과의 합일을 어설프게 흉내 낸 초라한 짝퉁일 뿐이에요. 그것은 당신의 주의를 육신과 이 세상에다 묶어놓아서 자꾸 찾아오게 만들 만큼만의 미끼를 제공하는, 가짜 우상일 뿐입니다. 그건 마약과도 흡

사합니다. 그와는 달리 천국은 결코 멈춤이 없는, 형용할 수 없이 완벽한 황홀경입니다.

개리: 그것 참 멋지게 들리네요. 하지만 그건 저쪽 세계를 체험한 사람들의 이야기와는 다르군요. 유체이탈, 임사체험, 죽은 사람이나 그런 비슷한 존재들과의 소통 등등 말이죠.

아턴: 당신이 이쪽 세계니, 저쪽 세계니 하는 그것은 사실 환영이라는 같은 동전의 양면일 뿐입니다. 육신이 기능을 멈추고 죽은 **것처럼 보일*** 때도 마음은 그대로 멀쩡하게 남아 있답니다. 당신은 영화를 좋아하죠?

개리: 취미는 하나쯤 있어야죠.

아턴: 한쪽 세계에서 다른 쪽으로 넘어갈 때, 그것이 이 생에서 사후세계로 넘어가는 것이든, 아니면 거기서 다시 육신으로 돌아오는 것이든 간에 그것은 한 영화관에 앉아 있다가 나와서 다른 영화관으로 들어가는 것과도 같습니다. 다만 이 영화는 세상 사람들이 곧 보게 될 〈가상현실 영화〉와도 같아서 모든 것이 감쪽같이 진짜처럼 보이고 만져지기까지 하지요.

개리: MIT의 한 연구소에 있는 기계장치에 대한 기사를 읽은 적이 있어요. 거기에 손을 넣으면 없는 물건을 만지는 느낌이 느껴진다더군요. 지금 말하신 게 그런 기술을 이야기하는 건가요?

아턴: 그래요. 대부분의 발명은 마음이 하는 일의 일부를 흉내 내는 것이지요. 생사윤회에 관한 이야기로 돌아가서, 육신으로 다시 태어난 것처럼 **보이는** 그때 당신은 모든 것을, 아니면 최소한 대부분의 기억을 잊어버립니

---

* 이들은 "-처럼 보인다"는 표현을 자주 써서 문맥을 복잡하게 만드는데, 예컨대 '분리된 육적 존재처럼 보이는 상태를 만들어내는 사고체계'라는 말이 나온다. 이것은 '분리된 육적 존재 상태를 만들어내는 사고체계'에다 "-처럼 보이는"이란 말을 붙인 것이다. 이런 복잡한 짓을 번거로움을 무릅쓰고 책 전체에 걸쳐서 되풀이하는 이유는 그것이 진짜가 아니라 진짜인 '것처럼 보이는' 환영일 뿐임을 강조하지 않을 수가 없기 때문이다. 문맥에 따라 '외견상'으로 표현되는 말도 같은 뜻이다. 역주

다. 그건 모두가 마음의 술수지요.

개리: 그러니까 내 인생이 다 이 머릿속에 있다고 말하는 건가요?

아턴: 모두가 당신의 마음속에 있어요.

개리: 내 머리도 마음속에 있다구요?

아턴: 당신의 머리, 뇌, 몸, 당신의 세상, 온 우주, 모든 병존우주(parallel universe), 그 밖에 인식될 수 있는 모든 것이 다 마음의 투사물이에요. 그건 모두가 단지 한 생각(one thought)을 상징하는 것일 뿐입니다. 그 생각이 무엇인지는 나중에 말해드리지요. 더 나은 방법은, 이 우주가 하나의 꿈이라고 생각하는 겁니다.

개리: 에이, 꿈이라기엔 너무 생생한데요.

아턴: 그게 왜 생생하게 느껴지는지는 나중에 말해드리겠지만 우선은 기초부터 좀더 쌓아야 해요. 너무 앞질러 가지는 맙시다. 퍼사가 하려는 말은, 대가도 없는데 온갖 것을 다 버리라고 당신에게 강요할 사람은 없다는 것입니다. 사실은 오히려 그와 정반대입니다. 결국 당신은 아무것도 버리지 않고도 모든 것을 얻었음을 깨닫게 될 것입니다. 너무나 놀랍고 환희로워서 말로 표현하기가 불가능한 경지지요. 하지만 존재의 이런 경지에 이르려면 성령에 의한 지난至難한 바로잡음의 과정을 기꺼이 겪을 각오가 되어 있어야만 합니다.

개리: 당신이 말하는 그 바로잡음이란 것이 정치적 노선을 변경하는 것과도 관계가 있나요?

퍼사: 아뇨. 정치적 노선변경은 아무리 좋은 뜻을 지녔다고 해도 여전히 표현의 자유에 대한 침해입니다. 당신은 우리가 말을 아주 거침없이 자유롭게 한다는 걸 발견하실 거예요. 우리는 **바로잡음이란** 말을 통념적인 의미로 쓰고 있는 것이 아닙니다. 무엇을 바로잡는다는 것은 보통은 그것을 고쳐서

그대로 가지는 것을 뜻하지요. 하지만 가짜 우주가 성령에 의해 바로잡히면 그것은 더 이상 존재하는 것처럼 보이지 않을 거예요.

존재하는 것처럼 **보이지** 않는다고 했는데, 왜냐하면 그것은 실제로 존재하지 않기 때문입니다. 진짜 우주는 신의 우주, 즉 천국입니다. 그리고 천국은 가짜 우주와는 전혀, 아무런 관계도 없습니다. 하지만 당신이 신이 거하는 진정한 본향집으로 돌아오려면 그것을 도와줄, 당신의 우주를 바라보는 특별한 관점이 있습니다.

개리: 당신은 마치 우주 자체가 일종의 환각인 것처럼 말하는데, 성경에는 신이 세상을 만들었다고 되어 있고, 세상의 모든 종교들은 물론이고 거의 모든 사람들도 신이 세상을 창조했다고 믿어요. 나와 내 친구들은 신이 자신을 경험적으로 알기 위해서 우주를 창조했다고 생각합니다. 이건 너무나 널리 퍼져 있는 뉴에이지 사상이지요. 양극성과 이원성, 주체와 대상의 세계에 존재하는 모든 대극은 신이 만들어낸 것이 아닌가요?

> 무엇을 바로잡는다는 것은 보통은 그것을 고쳐서 그대로 가지는 것을 뜻하지요. 하지만 가짜 우주가 성령에 의해 바로잡히면 그것은 더 이상 존재하는 것처럼 보이지 않을 거예요.

퍼사: 한 마디로, 아닙니다. 신은 이원성을 창조하지 않았고, 그는 우주를 창조하지 않았습니다. 그가 창조했다면 신은, '바보가 한 이야기'(셰익스피어가 삶을 빗댄 말. 역주)의 작가가 되어야겠지요. 하지만 신은 바보가 아니에요. 증명해드리지요. 신은 둘 중에 하나밖에 될 수가 없습니다. 성경이 어쩌다가 간혹 진실을 내비칠 때 말하듯이 신은 완벽한 사랑이든지, 아니면 바보입니다. 양쪽 다 될 수는 없습니다. 제이도 바보가 아닙니다. 그는 가짜 우주에 속지 않았기 때문이지요. 제이에 대해서는 앞으로 많은 이야기를 해

드리겠지만, 모범생의 교과서 버전을 기대하진 마세요. 탕아의 비유를 기억하고 계시나요?

개리: 물론이지요. 내용을 일일이 다 기억은 못하지만……

퍼사: 신약성경을 찾아서 읽어주세요. 그러면 설명을 좀 해드릴게요. 하지만 마지막 구절은 읽지 마세요.

개리: 마지막 구절은 왜 읽지 말라는 거죠?

아턴: 그건 그 이야기가 구전되어 퍼지는 동안 나중에 덧붙여진 부분입니다. 거기다가 누가복음과 사도행전을 쓴 저자(누가, Luke)가 또 덧손질을 가했지요.

개리: 좋습니다. 속는 셈치고 일단 믿어보지요. 개정표준판이면 괜찮나요?

아턴: 예, 그 정도면 쓸 만해요. 누가복음 15장 11절로 가세요.

개리: 좋아요. 이건 예수님의 말씀이죠?

아턴: 예. 제이는 성경에서 많은 말을 하지 않습니다. 그러다가 한 번씩 말을 했다 하면 그게 걸핏하면 잘못 인용되곤 했지요. 그의 말은 애초부터 우리를 포함해서 주변의 모든 사람들이 오해하고 잘못 인용했어요. 우리는 다른 대부분의 사람들보다는 그를 더 잘 이해하는 편이었지만 그래도 배워야 할 게 많았어요. 이제 우리는 그 이후에 공부한 결과를 이야기해드리려는 겁니다. 하지만 제이의 말은 지금 '4복음서'가 되어 있는 소설 속에서 가장 많이 왜곡 인용되었지요. 그 이야기들은 그 당시 사람들 사이에 널리 퍼져 있었습니다. 이 책들에서 제이가 말했다고 전해지는 것들 중 많은 부분이 그가 말한 적이 없는 내용입니다. 하지만 그중 일부분은 실제로 그렇게 말했습니다. 마찬가지로 이 책들이 제이가 행했다고 묘사하는 많은 일들을 제이는 한 적이 없지만 그중 몇 가지는 실제로 했습니다.

개리: 그러니까 실화를 바탕으로 하더라도 대부분은 꾸며진 내용인 TV 드라마와도 비슷하단 말씀이군요?

아턴: 예, 바로 그거예요. 신약의 나머지 반은 거의 모두가 사도 바울이 쓴 것인데, 그는 정말 대중에 영합하는 사람이었고, 실제로도 제이가 가르친 것과 동일한 내용을 가르치지 않았어요. 마가복음의 저자 외에는 성경을 쓴 사람들 모두가 제이를 만난 적조차 없었습니다. 마가복음의 저자도 제이를 만났을 때는 어린 아이였지요. 요한계시록을 보십시오. 그건 마치 스티븐 킹의 소설 같습니다. 피에 젖은 옷을 입고 백마를 탄 장군처럼 제이를 묘사해놓은 장면을 상상해보세요! 그는 '영적 투사'가 아니에요. 그건 그 말 자체가 모순이지요.

개리: 읽기 전에 괜찮다면 질문 한 가지만 더 할게요.

퍼사: 얼마든지요. 급할 건 없으니까요.

개리: 신이 세상을 창조하지 않았다는 생각은 영지주의자들의 믿음이 아닌가요?

아턴: 영지주의에서 유래한 것은 분명히 아닙니다. 그 이전의 다른 사상이나 종교에도 있었으니까요. 영지주의자들이 신이 세상을 창조할 이유가 없다고 믿은 것은 옳지만 그들도 다른 모든 사람들이 저지른 것과 똑같은 잘못을 저질렀습니다. 즉, 그들은 이 그릇 창조된 세상에 심리적으로 반응함으로써 그것이 그들에게 현실이 되게 해버렸지요. 그들은 세상을 '경멸해야 할' 악으로 바라보았던 겁니다. 그와 반대로 제이는 세상을 성령이 바라보는 것과 동일하게 바라봤습니다. 즉, 그것을 용서와 구원의 완벽한 기회로 바라봤지요.

개리: 그러니까 세상에 저항하기보다는 그것을 본향집으로 돌아갈 기회로 활용할 방법을 찾아봐야 한다는 거로군요.

퍼사: 바로 그겁니다. 훌륭한 학생이에요. 제이는 이렇게 말하곤 했죠. "너희는 '눈에는 눈, 이에는 이'라는 말을 들었다. 그러나 나는 너희에게 이르노니, 너희가 사악하다고 생각하는 자에게 대항하지 말라." 그것은 구약에 대한 충격적이고 직접적인 반론일 뿐만 아니라 당신이 방금 물은 질문에 대한 답이기도 해요. 제이의 태도를 더 알아보기 위해서 이제 그 이야기를 읽어보실래요?

개리: 좋아요. 책 읽는 건 서툴지만, 갑니다.

한 남자에게 두 아들이 있었다. 그중 어린 아들이 아버지에게 말했다. "아버지, 제 몫의 유산을 나눠주십시오." 그래서 그는 재산을 두 아들에게 나눠줬다. 몇 날 지나지 않아 어린 아들은 자기의 소유물을 다 챙겨서 먼 나라로 떠나버렸다. 그는 거기서 방탕한 생활로 재산을 다 탕진했다. 빈털터리가 됐을 때 그 나라에 기근이 와서 그는 입에 풀칠하기에 급급한 신세가 됐다. 그래서 그는 그 나라의 백성이 되어 돼지 치는 부역을 하게 되었다. 그는 돼지먹이를 감지덕지하며 먹었을 뿐, 보수는 받을 생각도 못했다. 그러다가 그는 정신을 차리고 혼잣말을 했다. "내 아버지 집의 하인들은 먹고도 남을 빵을 얻는데 나는 여기서 굶주림에 시달리고 있다니! 당장 아버지에게로 돌아가서 이렇게 말해야겠다. '아버지 저는 하늘과 당신 앞에서 죄를 지었습니다. 저는 더 이상 당신의 아들이라 불릴 자격이 없습니다. 저를 당신의 하인으로라도 써주십시오.'" 그리고 그는 일어나서 아버지에게로 돌아갔다. 그런데 그가 집에 다 다다르기도 전에 아버지는 그를 발견하고 달려와 측은해하면서 얼싸안고 입을 맞췄다. 그러자 아들이 그에게 말했다. "아버지, 저는 당신과 하늘 앞에 죄를 지었습니다. 저는 이제 더 이상 당신의 아들로 불릴 자격이 없습니다." 하지만 아버지는 하인을 보고 말했다. "어서 가장 좋은 옷을 가져와서 입히고 손에 반지를 끼워주고 신발을 신겨주고 살찐 암소를 잡아라. 잔치를 벌이자. 죽었던 아들이 다시 살아났으니 말이다. 내 아들을 잃었는데 이제야 찾았다." 그래서 그들은 잔치를 벌였다.

아턴: 고마워요, 개리. 이 이야기는 아직도 꽤 설득력이 있군요. 물론 아람어*로 들었을 때가 훨씬 더 좋았지만 말예요. 물론 제이는 듣는 사람에 따라 적합한 비유를 사용하기는 하지만 새로운 마음으로 이 이야기를 씹어보면 아직도 배울 것이 많이 있어요.

먼저 이해해야 할 것은, 아들이 집에서 쫓겨난 것이 아니라는 사실이에요. 그는 바보스럽고 순진하게도 집을 떠나면 혼자서 더 잘 살 수 있다고 생각했던 거죠. 이것이 에덴동산 이야기에 대한 제이의 응답이었습니다. 신이 우리를 에덴에서 쫓아낸 것이 아니란 말입니다. 우리가 신으로부터 멀어지게 된 경험에 대해 신은 그 어떤 형태로도 어떤 방식으로도 책임이 없답니다.

다음으로 알아야 할 것은, 아들이 한정된 재산을 탕진하고 궁핍을 겪기 시작했다는 것입니다. 그것은 천국에는 존재하지 않는 상태지요. 자신의 근원으로부터 **외견상** 분리됨으로써 그는 이제 처음으로 궁핍을 겪고 있는 겁니다. 이 주제에 대해서는 적당한 때에 당신과 함께 좀더 살펴보기로 하죠. 다시 말하지만 그가 '외견상' 자신의 근원으로부터 분리되었다고 한 것은, 우리는 지금 현실 속에 실제로 일어나지 않았지만 일어난 것처럼 보일 뿐인

---

* 아람어(Aramaic) : 예수가 사용했던 옛 시리아, 팔레스타인 등지의 셈계 언어. 역주

것에 대해 이야기하고 있기 때문입니다. 이것이 이해하기 어려운 개념인 줄은 우리도 압니다. 이것은 나중에 좀더 깊이 이야기할 겁니다.

아들은 이제 궁핍에 시달리다가 그것을 그 나라의 백성이 됨으로써 만회해보려 합니다. 이것은 문제에 대한 해결책을 자신이 아닌 외부에서 찾으려는 시도를 비유하지요. 거기에는 늘 어떤 특별한 형태의 관계가 개입됩니다. 외부에서 해결책을 구하는, 가망 없고 끝없는 이 노력은 탕아가 '정신을 차릴' 때까지 계속됩니다. 그리하여 마침내 아들은 문제의 유일한 답은 아버지의 집으로 돌아가는 것뿐임을 깨닫습니다. 그래서 집으로 돌아가는 것이야말로 세상의 그 어떤 일보다도 더 중요한 일이 되는 것이지요.

다음에 이 이야기의 가장 중요한 대목이 등장합니다. 그것은 바로 아들이 자신에 대해 믿고 있는 사실과 아버지가 아들에 대해 알고 있는 사실의 차이입니다. 아들은 자신이 죄를 지었고 아버지의 아들로 불릴 자격이 없다고 **생각합니다**. 하지만 자애로운 아버지는 이 말을 들은 척도 하지 않습니다. 그에게는 노여움이나 원한 같은 것도 없을뿐더러 아들을 벌한다는 것은 상상조차 하지 않습니다. 신이야말로 바로 이러합니다! 그는 인간들과 같은 방식으로 생각하지 않습니다. 왜냐하면 그는 인간이 아니기 때문입니다. 이것은 비유적인 이야기입니다. 신의 사랑은 아들을 만나러 **달려갑니다**. 신은 아들이 영원히 순결함*을 알고 있습니다. 왜냐하면 그는 신의 아들이기 때문입니다. 겉으로 보이는 사건은 본질을 결코 바꿔놓을 수가 없습니다. 탕아는 이제 살아서 돌아오고 있습니다. 그는 더 이상 궁핍과 파멸과 죽음의 꿈속을 헤매지 않습니다. 잔치를 벌일 때인 것입니다.

---

* 순결(innocence) : 이 책에 자주 나오는 단어로서, 죄를 정화시켜서 얻는 상대적 의미의 순결이 아니라 얼룩이 들지 않는 백지와도 같은 원초적, 절대적 순수 상태를 뜻함. 문맥에 따라 '순진무구함'으로도 옮김. 역주

개리: 당신의 말이 이해되지 않는 건 아니지만 몇 가지 의문이 있어요. 우선, 이 온 우주가 탕아와 관련된 것이지 신과는 무관한 것이라는 점에 대해서요. 세상과 자연과 인간의 몸, 이 모든 것이 나에겐 매우 경이롭거든요. 난 지나친 낙관주의자는 아니지만 이 우주는 참으로 아름답고 조화롭고 오묘해서 거기서 신의 손길을 느끼게 한단 말입니다. 게다가 내가 만일 사람들에게 신이 이 세상을 창조한 게 아니라고 한다면 아마도 그건 엘리베이터 안에서 방귀를 뀐 거나 다름없는 큰 사건이 될 것 같아요.

아턴: 그럼 방귀 냄새부터 먼저 처리합시다. 사실은, 아무것도 사람들에게 말할 필요가 없습니다. 우리가 논할 종류의 영성은 다른 사람들 몰래 감쪽같이 실천할 수 있습니다. 이것은 전적으로 당신과 성령, 혹은 이렇게 말하는 편이 낫다면, 당신과 제이 사이의 일입니다. (성령과 제이 간의 유일한 차이점은 성령은 추상적이고 제이는 구체적이라는 것입니다. 그것은 사실 동일한 것입니다.) 당신이 앞으로 하게 될 일은 당신의 마음속에서 그들(성령과 제이. 역주)과 함께 행해질 것입니다.

이건 실제로 외부에 존재하지도 않는 세상을 구원하자는 것이 아닙니다. 당신은 그저 자기 **몫의** 용서만을 열심히 실천함으로써 세상을 구원하면 되는 것입니다. 만일 모든 사람이 남의 일에 상관하지 않고 자신의 공부만 열심히 한다면 이 세상이라는 탕아는 당장 집으로 돌아올 거예요. 시간 속에서는 이것은 마지막 날까지 일어나지 않을 테지만요. 하지만 시간에 대해서도 이야기하게 되겠지만, 당신은 이 우주의 어떤 것도 눈에 보이는 모습과 같지 않다는 걸 깨닫게 될 겁니다. 어쨌든 간에 **당신**은 기다릴 필요가 없습니다. 당신의 때는 지척에 있습니다. 다만 그것은 오직 당신이 세속적인 삶에 넋을 빼앗긴 채 골몰해 있는 대신 성령의 사고체계를 기꺼이 따를 때만 그렇게 될 겁니다.

세상은 또 다른 모세를 필요로 하지 않습니다. 게다가 제이는 결코 종교를 만들 뜻이 없었습니다. 하지만 그때나 지금이나 세상은, 오존층에 더 큰 구멍을 내고 싶어 안달인 것처럼 새로운 종교가 또 생겨나기를 갈망합니다. 오로지 성령에만 귀를 기울였다는 점에서, 제이는 그야말로 궁극의 헌신자였습니다. 물론 그는 우리에게 자신의 체험을 말해주면서도 우리가 각자의 그릇만큼만 이해할 수 있다는 것을, 그리고 자신이 그랬듯이 우리도 언젠가는 그것을 다 깨우치리라는 것을 알고 있었지요.

> 세상은, 오존층에 더 큰 구멍을 내고 싶어 안달인 것처럼 새로운 종교가 또 생겨나기를 갈망합니다.

'복잡정묘하고 아름답기 그지없는' 우주에 대해서 말하자면, 그건 마치 흠집투성이의 캔버스에다 질 나쁜 물감으로 그림을 그려서, 그림이 완성되기 무섭게 칠이 갈라지고 떨어져서 엉망이 돼버리는 그런 꼴과도 같습니다. 인간의 몸은 과연 놀라운 작품처럼 보입니다. ― 뭔가 이상이 일어나기 전까지는 말이지요. 당신의 부모님이 이승의 삶을 마감하기 직전에 어떤 모습이었는지는 이야기할 필요도 없겠지요.

개리: 그건 다시 회상시키지 말아주셨으면 고맙겠네요.

아턴: 당신의 우주에서 노쇠와 사망의 길을 밟지 않는 것은 아무것도 없고, 다른 한 구석에서 죽어가는 것이 존재하지 않는 삶이란 찾아볼 수가 없습니다. 당신의 세계는 그것을 진정으로 들여다볼 수 있게 되기 전까지는 꽤나 그럴듯해 보입니다. 하지만 사람들은 그것을 정말 들여다보려고 하지 않지요. 단지 그림이 아름답지 않아서만이 아닙니다. 이 세상이란, 인간의 삶을 지배하고 있지만 그들이 알아차리지 못하고 있는 무의식의 신념체계를 눈에 띄지 않도록 감춰주게끔 만들어져 있기 때문이랍니다. 그러니 당신

이 개념을 잡아갈 때까지 우리가 설명을 더 해줄 수 있도록 당신 편에서 우리에게 틈새를 열어줘야 합니다.

개리: 당신들에게 그런 기회를 주는 것이 해롭진 않을 것 같지만 의심이 일어나는 것은 탓하지 말아주세요. 제 사촌은 목사인데, 그는 당신들이 신의 증인이 아니라 사탄의 증인이라고 할 거예요.

퍼사: 충분히 그럴 수 있지요. 제이는 걸핏하면 신성 모독죄로 고소당했습니다. 그건 성경에도 나오더군요. 그가 만일 육신을 가지고 이곳에 온다면 오늘날도 보나마나 똑같이 고소를 당할 거예요. 그것도 기독교인들에게서 말이지요. 우리가 이단이나 신성모독이라는 누명을 제이보다 겁낼 거라고는 기대하지 마세요. 우리에게 기대해도 좋은 것은 정직과 단도직입적인 태도입니다. 어떤 사람들은 부드럽게 대해줄 필요가 있지만 어떤 사람들은 매를 맞고도 견딥니다. 옛날의 참선수행처럼 말이지요. 우리는 아무렇지도 않게 사람들을 마구 흔들어놓을 수 있습니다. 우리는 당신이 우리를 어떻게 생각하는지에 대해서는 전혀 관심이 없거든요. 우리는 정치인이 아니라 거리낄 데 없는 스승입니다. 우리는 당신을 깨우쳐주려고 하는 것일 뿐이지, 당신이 우리에게서 온갖 따뜻하고 보드라운 기분을 느끼도록 알랑거려야 할 이유는 전혀 없어요. 우리가 하려는 말에 대해 당신의 허락을 얻을 필요도 없습니다. 우리는 인기를 바라지 않아요. 우리는 '바보가 한 이야기'(곧 삶. 역주)가 우리 뜻대로 굴러가는 것처럼 보이도록 겉모습을 조작해야 할 아무런 이유도 없습니다. 우리는 태연하고 태평하지만 메시지만은 확고할 거예요.

우리는 영적 법칙들을 정확히 해석해주려는 것이지, 그것을 대신할 무엇을 제공하려는 게 아닙니다. 우리의 말은 단지 배움을 위한 도우미일 뿐입니다. 우리의 목적은 당신이 특정 개념들을 이해하도록 도와서 성령이 당신의 공부와 나날의 경험 속으로 더욱 가까이 다가가게 하려는 거예요.

과거에 관해서 이야기해드리겠다는 말은 이미 했지요. 그다음엔 지금까지 이해되지 못했던 제이의 새로운 가르침들을 이야기할 겁니다. 개리, 당신이 80년대 초에 est 6일 코스(당시 성행했던 자기개발 프로그램의 일종)에 함께 참석했던 동료에게서 처음으로 이야기 들었던 영적인 책이 있지요. 그때는 당신은 그것을 읽어보지 않았고 지금도 마찬가지지만, 다음 몇 주 동안에 당신은 그것을 공부하게 될 거예요. 이 가르침은 당신이 태어난 이후에 생겨난 것인데 당신은 이것이 이 세상의 것이 아니라는 걸 곧 알게 될 겁니다. 그것은 여러 나라로 퍼져가고 있고 벌써부터 잘못 이해되고 그릇 해석되고 있어요. 2천 년 전에 제이의 가르침이 왜곡됐듯이 말이지요. 그건 예상했던 일입니다. 하지만 당신이 이 형이상학적 걸작을 올바로 이해할 수 있도록 우리가 도와주겠습니다.

개리: 당신들이 저의 미래를 포함해서 모든 것을 안다고 생각한다니 반가운 일이로군요. 하지만 내가 무엇을 공부할지, 언제 시작할지는 내가 결정할 겁니다. 그런데 난 늘 제이가 멋지다고 생각했었는데 당신들도 그에 대해서 많은 이야기를 하는군요. 내 뉴에이지 친구들은 대부분 그에 대해서는 별로 이야기하지 않아요. 그들은 제이 때문에 거의 혼란스러워하는 것 같아요. 당신들은 이 문제에 대해 어떻게 생각하시나요?

아턴: 그들이 좋아하지 않는 그것은 제이가 아니에요. 그들이 평생 억지로 주입받아야 했던 것은 성경이 행위에 초점을 맞춰서 왜곡시켜 전한 제이의 모습이고, 그들은 그것을 참아내지 못하는 겁니다. 여기에는 우리가 충분한 시간을 두고 논할 또 다른 문제가 개입돼 있지만, 제이 때문에 혼란스러워하는 친구들을 당신은 탓할 수 있나요? 기독교는 너무나 혼잡스러워서, 서로 정면으로 모순되는 가르침들을 공공연히 설교하고 있지요. 그것을

어떻게 해야 할까요? 언젠가는 사람들도 기독교가 제이의 이름으로 해왔고, 지금도 계속 벌이고 있는 우스운 짓들 때문에 제이를 비난하기를 그쳐야만 할 겁니다. 신이 이 세상과 무관한 것처럼이나 그도 이런 것과는 무관합니다.

개리: 꽤나 과격한 이야기로군요.

아턴: 글쎄요, 이건 그저 맛보기일 뿐인 걸요. 지난 몇 십 년 동안에 아주 인기 있고, 들리기로는 '파격적'이라는 책들이 몇 권 써졌지요. 세계의 모든 큰 종교들이 그러듯이, 사실은 영적으로 평범한 수준의 가르침을 마치 신이나 성령으로부터 직접 전해진 것인 양 내놓은 그런 책들 말입니다. 어느 모로 봐도 사실상 이 세상을 지배하고 있는 것은 이원론 수준의 사고방식입니다. 심지어 비이원론적인 수행의 길을 가고 있는 대부분의 사람들에게조차 말이에요. 이원론에 대해서는 나중에 만날 때 정의를 내려드리지요. 성령이 각자가 이해할 수 있는 방식으로 작용하는 것은 사실이지만, 그리고 그것이 다양한 영적 행로들이 모두 필요한 이유지만, 신의 사랑을 경험하려면 이원론의 가르침은 반#이원론, 비이원론, 그리고 결국 마지막에는 순수 비이원론의 가르침과 수행으로 이어져야만 한다는 것이 우리가 당신에게 던져주려는 생각거리의 하나입니다. 이것이 복잡하게 들린다면 안심하세요. 이건 매우 단순하고, 당신이 이해하기 쉽도록 차근차근 가르쳐드릴 테니까요.

당신네 세대에는 자신이 영원히 지구의 영향력을 벗어날 준비가 됐다고 생각하는 사람들이 많아요. 하지만 유감스럽게도 그건 그렇게 쉽지가 않아요. 환영幻影의 세계가 그렇게 간단히 건너뛰어 갈 수 있는 곳이라면 삼척동자도 벌써 다 하늘의 왕국에 가 있을 거예요. 하지만 당신의 경험은 '여기에 있는 것'입니다. 그렇지 않다면 여기에 있는 것을 경험하고 있지 않았겠지요. 그리고 당신의 친구들을 말리기 어려운 이유에는 뉴에이지의 인기 작가들이 말해주지 않은 큰 문제가 놓여 있어요.

뉴에이지 모델을 포함해서 모든 종교와 철학에서 가장 간과되고 있는 오류는 아마도 긍정적 사고, '지금 이 순간에 있기', 기도하기, 확언하기, 부정적인 생각 몰아내기, 유명 강사의 강연 듣기 등등의 일들이 일시적인 도움을 주는 효과는 있을지 모르지만, 그것이 무의식의 깊은 골짜기에 묻혀 있는 것들을 해방시켜주지는 **못한다**는 사실을 이해하지 못한다는 것입니다. 당신이 완전히 망각하고 있기 때문에 무의식 상태인(그렇지 않으면 무의식이 아니었겠지요.) 당신의 무의식은 가짜우주로 온 모든 사람들이 집단적, 개인적 차원에서 공유하고 있는 병적인 사고체계의 지배를 받고 있습니다. 그렇지 않다면 그들은 애초에 이곳에 오지도 않았겠지요. 이 병적인 사고체계는 당신의 사고가 점검되고 제대로 용서받고 성령 안으로 풀려나고 성령의 사고로 대치될 때까지는 그대로 남아 있을 것입니다. 그때까지 당신의 **감춰진** 신념은 계속 당신을 지배하고 구태의연한 방식으로 자신을 주장할 것입니다. 세상은 우리가 여기에 도착하기도 전 이미 모두 참여하기로 동의했던 그 상징적 시나리오를 그저 펼쳐 보여줄 뿐이지요.

> 이 세상에서 당신네의 좋은 일이란 단지 나쁜 일에 비해서 좋은 일일 뿐이지요. 당신은 결국 그것이 모두 속임수라는 것을 깨닫게 될 겁니다.

개리: 가끔씩 세상이 신물 난다는 건 일부러 강조할 필요도 없지만, 좋은 일들은 또 어떡하구요? 누구에게나 좋아하는 일들이 있잖아요.

아턴: 이 세상에서 당신네의 좋은 일이란 단지 나쁜 일에 비해서 좋은 일일 뿐이지요. 그런 비교는 소용없어요. 왜냐하면 좋은 일로 보이는 것도, 나

뿐 일로 보이는 것도 모두가 천국이 아니기 때문입니다. 당신은 결국 그것이 모두 속임수라는 것을, 당신이 무척이나 높이 받드는 당신의 지각과 인식이 당신에게 하는 능청스러운 거짓말일 뿐이라는 것을 깨닫게 될 겁니다. 당신의 무의식적 사고체계가 자신을 숨긴 채 거짓말을 하지 않는다면 당신은 거기에 귀를 기울이지도 않을 거예요. 왜냐하면 정말 제대로 살펴볼 수만 있다면 그것은 매우 야비해 보이고, 그것을 듣는 것은 너무나 고통스러워서 당신은 도망가버릴 테니까요. 하지만 제이는 당신이 그것을 제대로 살펴보도록 도와줄 수 있어요. 그는 프로이트가 상상도 못했던, 당신의 무의식을 의식으로 뒤집어놓는 방법을 보여줄 수 있답니다. 우리가 나중에 논할 것들 중 일부는 이것을 위한 이야기입니다. 하지만 먼저 얘기해야 할 다른 것들이 있어요.

개리: 그런데 기분을 좀더 북돋아줄 만한 이야기는 없나요?

퍼사: 물론 있지요. 당신이 집으로 돌아가기를 원하기만 한다면 말입니다. 제이는 이 정신병원의 문밖에서 함께 가자고 당신을 부르고 있는데 당신은 그를 자꾸만 안으로 끌어들이려고 하고 있으니 말이에요. 그것이 2천 년 전의 일이었는데 지금도 똑같아요. 세상이 아무리 바뀌어도 사람은 언제나 똑같다고 한 속담은 정말 정곡을 찌르는 말이에요. 하지만 나가는 길이 **있어요**. 그리고 이거야말로 기분을 북돋아주지 않나요?

아턴: 당신을 돕되, 우리는 당신네 현대의 영적 스승들이 너무나 좋아하는 소위 동서고금의 지혜를 가르치진 않을 거예요. 그 대신 당신은 세상이 동서고금의 지혜라고 여기는 것의 대부분이 사실은 그릇된 믿음으로 가득 차 있다는 것을 배울 겁니다. '우주의 신성한 지성'이라는 말은 없어져야 마땅한 말입니다. 당신은 아기가 깨끗한 마음과 사랑을 알아보는 힘을 가지고 태어났다가 세상에 의해서 때를 묻히게 되는 것이 **아니라는** 것을 깨닫게

될 겁니다. 그리고 신께 돌아가려면 해야 할 일이 좀 있다는 것도 알게 될 겁니다. 그 일이란 세상에서 하는 일이 아니라 자신의 생각을 가지고 하는 작업입니다. 이 일을 하는 동안 당신에게는 우리가 당신을 사사건건 심판하는 것처럼 여겨질 겁니다. 그것은 이유가 있습니다. 우리가 당신을 깨우쳐주는 유일한 방법은 세상의 생각을 성령의 생각과 대비시켜주는 것이기 때문이지요. 성령의 판단은 온전하며, 신께로 이끌어줍니다. 당신의 판단은 보잘 것없고 당신을 번번이 이곳으로 되돌아오게 만듭니다.

퍼사: 이렇게 해나가는 동안에 당신은 또 자신의 본성과, 어쩌다가 여기에 오게 되었는지, 당신과 다른 모든 사람들이 지금처럼 행동하고 느끼는 정확한 이유, 이 우주가 똑같은 패턴을 끝없이 반복하는 이유, 사람들이 병에 걸리는 이유, 모든 실패와 사고와 중독과 자연재해의 배후에 깔린 원인, 이 모든 것들에 대한 유일하고 진정한 해결책, 그리고 그것을 적용하는 방법 등을 터득하게 될 겁니다.

개리: 그것을 모두 가르쳐줄 수만 있다면 상을 드려야죠.

퍼사: 사람이 정말 좋아해야 할 상은 딱 한 가지밖에 없어요.

개리: 천국요?

아턴: 맞았어요. '진실*이 너희를 자유케 하리라'라는 말을 들었겠지요. 맞는 말이에요. 하지만 아무도 그 진실이 무엇인지는 말해주지 않아요. 천국이 네 안에 있다는 말을 들었지요? 그것도 맞는 말이에요. 하지만 아무도 거기에 이르는 방법을 말해주지 않아요. 만일 그것을 이야기해준다면 당신은 귀를 기울이겠습니까? 사람을 물가로 데려갈 수는 있지만 물을 마시게

---

* 진실(truth) : 문맥에 따라 진실, 참, 실상으로 옮김. '진리'라는 말은 특정 종교의 교리와 동의어로 오용되고 있으므로 이 책에서는 사용을 피했다. 역주

할 수는 없어요. 우리는 당신을 물가로 인도하겠지만 오직 이 우주의 것이 아닌 영성, 이 우주의 것이 아닌 진실을 받아들일 준비가 되었을 때만 당신은 물을 마실 겁니다.

제이의 가르침과 세상의 가르침의 가장 근본적 차이 중 하나는 이겁니다. — 세상의 가르침은 무의식 속을 헤매는 분열된 마음의 소산입니다. 그것을 배우면 당신은 타협을 한 것이고, 타협을 하면 더 이상 진실을 지니지 못합니다.

당신은 우리와 타협을 할 수 없습니다. 그것이 싫을 때도 있을 겁니다. 그래도 상관없어요. 우리가 만일 당신이 원한다고 스스로 생각하는 것들만 다 준다면 한 달만 지나면 당신은 다른 것을 찾고 있을 것입니다. 살 가치가 없었고 앞으로도 그럴 우주에 대해 당신이 좋은 느낌을 갖도록 도와주는 데는 우리는 아무런 쓸모도 없습니다.

기분이 좋아지게 할, 훨씬 더 좋은 일이 있습니다. 우리는 신의 속도로 집으로 가는 길을 갔습니다. 이제 우리는 **당신도** 그 길을 찾도록 도와주려고 하는 겁니다. 우리는 총 열일곱 번 중 두 번째로 당신 앞에 곧 나타날 겁니다. 다음에 나눌 이야기는 가장 긴 이야기가 될 텐데, 그동안에 당신은 당신이 듣고 있는 가르침이 정말 영의 가르침일까 하는 생각을 살펴보고 싶어질지도 모르겠습니다. 그러면 이 원리가 사람으로부터 온 것도, 이 우주로부터 온 것도 아니라는 것이 분명해질 겁니다. 왜냐하면 이 원리는 그 양쪽을 다 바로잡은 것이기 때문이지요.

2
배후의 제이

오로지 신과 그의 왕국을 위해 깨어 있으라.

(T109)

아턴과 퍼사는 한 순간에 사라져버리고 내 마음은 어지럽게 돌고 있었다. 이게 꿈일까 생시일까? 환상이었을까? 그들이 과연 또 올까? 나는 그들이 여길 어떻게 왔는지, 그들이 정확히 어떤 존재인지를 물어볼 생각조차 못했다. 그들은 천사였을까, 아니면 승천한 스승? 시간여행자? 아니면 무엇이었을까? 무엇보다도, 그들은 왜 나에게 나타나서 어려운 가르침을 준 것일까? 나는 영적인 관심은 있지만 대학도 나오지 않은 평범한 사내인데 말이다.

나는 곧 이 일을 아무한테도, 심지어 카렌한테도 말하지 않기로 마음먹었다. 그녀는 요즘 직장에서 매우 힘들고 스트레스를 받고 있어서 집중이 필요했다. 지금 그녀에게는 내가 잔 다르크와 라이브 액션을 찍고 있다는 따위의 이야기는 전혀 관심 밖일 것이었다.

그래도 분별심 없기로 소문난 우리 개 누피만은 신뢰해도 좋았다. 그리고 나는 잠시 물러서서 마음을 느긋하게 먹고 그 일이 그저 명상을 많이 해서 일어난 기이한 환상이었는지, 아니면 또다시 일어날 것인지를 두고 보기로 했다.

　그날 밤 나는 카렌이 잠든 후 침대에 누운 채 몇 시간 동안 그 방문자들이 한 몇 가지 말에 대해 곰곰이 생각해보았다. 신이 이 세상을 창조하지 않았다는 생각에 대해서는 의심이 저절로 올라왔다. 왜냐하면 나는 평생 그와는 다른 이야기만 들어왔기 때문이다. 하지만 따져보니 그것이 많은 의문을 해결해준다는 것을 깨달았다. 나는 신이 어떻게 세상에 이토록 많은 고통과 고난과 끔찍한 일들이 일어나도록 내버려둘 수 있는지, 그리고 어떻게 선한 사람들이 종종 말로 표현할 수 없는 지옥 같은 일을 겪도록 내버려둘 수 있는지를 늘 의문스럽게 생각하고 있었다. 아턴과 퍼사가 한 말이 맞다면 신은 그런 일과 전혀 무관하다는 말이다. 이것은 어쩐지 신을 전보다는 덜 두려운 존재로 만들어준다. 졸음을 느끼면서, 나는 신이 이 세상의 창조와는 무관하다고 믿는 것이 신을 모독하는 것이 될지, 아니면 단지 사람들이 자기네 종교의 교리에 포함시키기로 결정한 어떤 고대신화를 모독하는 것에 불과할 뿐일지를 생각해봤다. 아턴과 퍼사의 관점을 진지하게 받아들인다면 나도 신에 대한 내 나름의 견해를 제기함으로써 신을 좀더 친숙한 존재로 만들 수 있을지 어찌 알겠는가?

　일주일이 지난 화요일 날 저녁에 나는 혼자 거실에서 밀린 일을 하고 있었다. 그때 퍼사와 아턴이 두 번째로 나타나 나를 놀라게 했다. 이번엔 나는 소파에 앉아 있었고 두 방문객은 각각 의자 위에 나타나 앉았다. 아턴이 거의 즉시 입을 열어 말을 시작했다.

　아턴: 카렌이 친구들과 외출했기 때문에 오늘 밤에 방문하기로 했어요. 아직 그녀에게 우리 이야기를 하지 않기로 한 것은 잘한 일이에요. 그녀는 지금 다른 일에 몰두해 있으니까요. 그녀가 배워야 할 것을 배우게 놔두세

요. 삶은 학교가 아니며 당신은 배우기 위해서 여기에 있는 것이 아니라 단지 당신 내면에 이미 있는 진실을 경험하기 위해서 여기 있는 것이라고 가르치려는 스승들이 있지요. 그들은 잘못 알고 있어요. 삶은 정말이지 하나의 학교예요. 그리고 각자 자신의 교훈을 깨우치지 않으면 내면에 있는 진실을 경험하지 **못할** 거예요.

인생의 온갖 시기를 느끼고 겪는 것은 잘못된 게 하나도 없어요. 사실 현재의 조건에서는 그러지 않는 편이 오히려 어렵지요. 하지만 그것을 바라보는 더 **나은** 방법이 있어요.

퍼사: 지난 일주일 동안 당신은 많은 생각을 했지요. 계속할 준비가 됐나요?

개리: 우선 당신들에 대해서 좀더 알고 싶어요. 예컨대, 당신들은 어떤 존재입니까? 어떻게 육신으로서 이곳에 나타납니까? 왜 나를 찾아오나요? 예언자가 되고 싶어하는 불같은 열망을 품은 그런 사람들을 놔두고 말입니다. 나의 야망은 하와이로 이사 가서 자연을 즐기면서 맥주나 마시며 사는 것이지, 딱하니 이런 방향이라곤 할 수 없는데 말이에요.

아턴: 알아요. 우선, 우리는 둘 다 승천한 스승입니다. 우린 천사가 아닙니다. 천사들은 결코 육신으로 태어나지 않지요. 당신과 마찬가지로 우리는 둘 다 수천 번을 태어났어요. 아니, 최소한 그렇게 보였지요. 이제 우리는 태어날 필요가 없어요. 그리고, 우리의 몸은 마지막으로 지상에서 가졌던 자아의 상징물이에요. 그것이 언제였는지는 말하지 않겠어요. 왜냐하면 그것은 당신의 미래이고 앞으로 올 **것처럼 보이는** 것에 관한 정보를 당신에게 주는 버릇을 들이고 싶지 않기 때문입니다.

개리: 시공간 연속체에 혼란을 일으키고 싶지 않은 거로군요, 그렇죠?

아턴: 시공간에 관련된 문제는 전혀 우리 관심 밖의 일이에요. 우리는 단

지 당신이 몸소 자신의 교훈을 깨우쳐서 신께로 돌아가는 길을 앞당길 수 있는 기회를 빼앗고 싶지 않을 뿐이에요. 대부분의 승천한 스승들은 가르치는 목적을 위해 지난번 생애의 자아상을 이용한답니다. 다만 **지난번이란** 말 자체가 일차원적인 환영이라는 사실은 염두에 두세요. 어떤 귀신들은 자기가 승천한 스승이라고 자칭하기도 한답니다. 하지만 사실 그것은 단지 그것을 투사하는 마음이 품고 있는 희망사항에 지나지 않지요. 분리된 것처럼 보이는 영혼이라고 하는 것이 그보다 나은 설명이겠네요. 하지만 진짜 승천한 스승은 자신이 신이나 어느 누구로부터도 결코 진정으로 분리될 수가 없다는 것을 알지요.

개리: 당신들은 2천 년 전에 제이와 함께 있었다고 했습니다. 농담인가요, 아니면 당신들이 누구인지 말해줄 수 있나요?

아턴: 그때 우리는 둘 다 당신네들이 오늘날 성자로 칭송하고 있는 사람들이었습니다. 당신들은 모든 성자들이 승천한 스승이라고 생각하는데, 그건 사실이 아닙니다. 단순히 교회가 성자로 칭한다고 해서 그가 제이와 같은 경지에 놓이는 것은 아니지요. 나는 언제나 교회가 나를 성자로 칭하는 것이 너무 헤픈 대우라고 생각했습니다. 나는 그들의 종교에 속하지도 않으니까 말이에요. 우리는 유대교인이고, 제이도 마찬가지입니다. 우리 사도들에게 기독교에 대해 물어본다면 우리는 "그게 뭐죠?" 하고 되물을 겁니다. 물론 우리 중 일부는 스승의 가르침에 입각해서 유대교 지파를 만들었지만 그것은 결코 독립적인 종교가 아니었습니다. 기독교가 형성되는 데는 거의 수백 년의 세월이 걸렸지만 그것은 우리와는 전혀 상관없는 일이었습니다. 그리고 그것은 아직도 형성되어가고 있지요. 오늘날 미국의 기독교인들이 가장 신성시하는 환희(rapture)와 같은 개념들이 19세기까지만 해도 이름조차 없었다는 사실을 몇 사람이나 알고 있을까요? 그런 개념들은 반복되면서

순환합니다. 일부 초기 기독교인들과 이후의 많은 사람들은 제이가 머지않아 곧 성화聖化된 몸을 입고 재림하리라고 생각했습니다. 그러나 알게 되겠지만, 지금 제이는 성령이 그렇듯이 당신의 마음을 통해서 가르침을 펴고 있습니다.

퍼사: 우리가 어떻게 육신을 가지고 나타나는가에 대해서는 당신은 아직 제대로 이해할 수가 없을 거예요. 하지만 마음이 몸의 형태를 투사해낸다는 사실은 말해줄 수 있어요. 당신은 육신이 다른 육신을 낳고, 그렇게 생겨난 뇌가 사고기능을 한다고 생각하지요. 하지만 마음 외에는 생각을 할 수 있는 것은 아무것도 없어요.(W159) 뇌는 단지 신체의 일부분일 뿐입니다. 당신의 육신을 포함해서 모든 육신을 투사해내는 것은 마음입니다. 나는 지금 당신이 동일시하고 있는 그 작디작은 마음에 대해서 이야기하고 있는 게 아니에요. 시간과 공간과 형상 밖에 있는 온전한 '온' 마음을 이야기하고 있는 겁니다. 이것이 붓다Buddha가 가닿았던 마음입니다. 그것이 신과 합하려면 한 가지 중요한 단계가 더 남아 있다는 것을 사람들은 잘 모르고 있지만 말입니다. 이 마음이 온 우주와 그 속에 보이는 모든 육신과 형상들을 만들어냈습니다. 의문은, 왜냐는 것입니다.

우리는 당신의 육신이 만들어진 이유를 이야기할 것입니다. 그것은 당신의 경우에는 무의식 때문입니다. 하지만 우리의 깨어 있는 의식 상태는 우리를 의도적으로 육신을 지어낼 수 있는 위치로 데려다줍니다. 그 유일한 목적은 성령의 메시지를 당신이 이해하고 받아들일 수 있는 방식으로 전달하기 위한 것이지만요. 우리로 말하자면, 우리는 성령 외에는 그 어떤 정체성도 지니고 있지 않다는 것을 알고 있습니다. 그러니 우리는 곧 성령의 나타남이요, 우리의 말은 곧 성령의 말입니다. 제이가 십자가에 매달린 후에 우리 앞에 나타났을 때, 그는 단지 우리와 대화하기 위해서 다른 몸을 만들어냈던 것입니다. 그의 마음은 묘지에서 그랬던 것처럼 자신의 육신을 사라지고 나타나게 할 수 있었습니다. 그 당시에 우리는 그것을 제대로 이해하지 못했습니다. 그래서 우리는 그의 육신에다 큰 의미를 부여하는 중대한 실수를 범했지요. 그것은 사실 아무런 의미도 없고, 마음이야말로 중요한 것이었는데 말입니다.(T411) 그래도 우리들 중 일부가 거기에만 계속 집착했던 것을 너무 나무라지는 마셔야 합니다. 틀림없이 죽었다고 생각했던 사람이 나타나서 말을 건다면 당신이라면 어떤 기분이 들겠습니까? 게다가 그것이 진짜인지 확인할 수 있도록 만져보게까지 한다면 말이에요.

> 틀림없이 죽었다고 생각했던 사람이 나타나서 말을 건다면 당신이라면 어떤 기분이 들겠습니까?

개리: 저라면 눈 딱 감고 만져봐야 할지, 달아나야 할지 모르겠네요.

퍼사: 말은 달랐지만 우리의 반응도 비슷했어요. 물어볼게요, 커실로Cursillo에서 만났던 레이먼드 신부를 기억하시나요?

개리: 물론이죠.

퍼사: 그가 지그문트 프로이트와 동시대인이었던 그로데크Groddeck에 대해서 이야기했던 것도 기억나나요?

주: 나는 카톨릭 신자는 아니었지만 내가 고소를 취하했던 그 친구를 따라 매사추세츠 주의 한 성당에서 열린 꾸르실료Cursilo라고 불리는 3일짜리 영성훈련에 참석했었다. 그 훈련은 웃음과 노래와 사랑과 용서를 강조했고 그것이 나에게는 대단히 놀라웠는데, 왜냐하면 나는 행복하게 사는 카톨릭 신자들도 있는 줄은 몰랐기 때문이다. 그 주말에 나는 심리학자이기도 한 레이먼드라는 신부를 만났는데, 그는 그로데크

라는 인물을 연구한 적이 있다고 했다. 그는 그 연구가 대단히 인상적이었다면서 내게 그 이야기를 약간 들려주었다.

개리: 예. 그는 당신들이 이야기해준 것과 비슷한 내용의 이야기를 했지요. 레이 신부는 그로데크가 프로이트가 존경했던 진정한 혁명가였다고 했어요. 그로데크는 몸과 뇌가 사실은 마음에 의해 만들어지는 것이지 그 반대가 아니며 마음은 나름의 목적을 위해서 그렇게 한다는 결론에 도달했다고 합니다. 그는 마음을 하나의 힘으로 보고, 그것을 대문자로 '그것(It)'이라고 불렀다지요.

퍼사: 참 잘했어요, 우리 학생. 당신은 아주 정확한 기억력을 가졌네요. 그로데크 박사의 결론은 옳아요. 물론 제이처럼 보는 것을 완전히 이해하고 있진 못했지만 말이죠. 하지만 그는 대부분의 사도들이나 초기 기독교를 형성시킨 사람들처럼 모든 것을 다 아는 척하지는 않았어요. 그는 자신이 아는 사실만을 이야기했지요. 하지만 그는 뇌를 숭배하는 그의 후배들보다 몇 광년 앞서 있었습니다. 그런 견해 때문에 세상이 그로데크를 멀리 한 것은 두말할 필요도 없고요. 지금 그에 대해 이야기하고 있지만 나중에 또 이야기하게 될 겁니다. 세상 사람들의 생각보다 진실에 훨씬 더 근접한, 뛰어난 안목을 지닌 사람들이 늘 존재해왔다는 점을 깨닫게 해주기 위해서 말입니다.

개리: 다른 질문이 또 있어요. 당신들이 나보다 더 적합한 사람들을 놔두고 나에게 나타난 이유는 뭐죠?

퍼사: 전에 말했었는데 당신에겐 너무 설명이 짧았던가 보군요. 우리는 다름 아니라 지금 나타나는 것이 도움이 되기 때문에 여기에 있는 거예요. 사실 당신이 알아야 할 것은 이것뿐이에요.

개리: 당신의 말만 듣고는 이 사건 속에서 내가 어떤 역할을 하고 있는지를 잘 모르겠네요. 내 마음이 당신들을 투사하고 있는 건가요, 아니면 이게 다 단지 당신들의 마음인가요?

아턴: 그 질문은 잘못된 것입니다. 왜냐하면 마음은 하나밖에 없기 때문이에요. 그 질문은 결국은 투사의 목적에 대한 질문으로 귀결될 겁니다. 하지만 생각이 빠지는 환영의 차원은 다양하고 그에 따른 경험도 다 다릅니다. 이 주제는 나중에 다시 이야기하게 될 겁니다.

개리: 내가 당신들이 어느 성자였는지를 궁금해하고 있다는 건 당신들도 알고 있겠지요?

퍼사: 예. 거기에는 간단히 대답해드릴 뿐, 그 이야기에 너무 깊이 빠지지는 않을 겁니다. 우리의 그리 중요하지 않았던 역할에 대해 이야기하느라 시간을 낭비하기보다는 제이의 역할과 가르침을 전하는 데에 방문의 시간을 더 할애하고 싶거든요. 우리는 당신이 깨달음을 얻기를 바라고, 당신의 깨달음을 돕기 위해서 무엇을 말해줘야 할지를 가장 잘 알고 있다는 점을 당신이 신뢰해줘야 할 겁니다. 기록된 바에 의하면, 나는 도마Thomas*였습니다. 보통 성 도마로 불리고, 지금은 도마 복음서로 널리 알려져 있는 책의 일부를 저술했지요. 당신이 또 알아둬야 할 것은, 이집트 나그함마디 부근에서 발굴된 콥트어로 된 복음서는 복사본이어서 제이가 실제로 말하지 않은 내용이 들어 있고, 원본에는 그런 내용이 없다는 사실입니다. 이 복음서에 대해서는 곧 간단히 이야기해드리겠지만, 말했듯이 그 얘기를 길게 하지는 않을 겁니다. 어쨌든 나는 그것을 완성하지 못했습니다. 나는 마지막 부분에서 탕아의 비유를 쓰려고 했지만 죽임을 당했기 때문에 그러지 못했

---

* 성경에 나오는 고유명사들은 표준새번역 개정판 성경의 표기를 따름. 역주

어요.

개리: 삶은 참 짓궂죠, 안 그런가요?

퍼사: 그건 해석하기 나름이지요. 아무튼 나는 당신이 한 생에서는 남자였다가 다른 생에서는 여자가 되는 것을 예사롭게 받아들일 만큼 지적인 사람으로 간주할 거예요.

개리: 그럴 수 있다고 생각해요. 아턴, 당신은 어때요? 당신이 동정녀 마리아였다고 할 작정은 아니겠죠?

아턴: 아뇨, 하지만 마리아는 훌륭한 여자였습니다. 나는 아마 당신이 좋아할 만큼 유명한 사람은 아닐 거예요. 나야 아무래도 상관없지만. 나는 다대오Thaddaeus였어요. 내 본명은 레바에오Lebbaeus였는데 제이가 다대오라고 이름을 지어줬어요. 나는 겸손하고 말수가 적었지만 뭐든지 빨리 깨우쳤어요. 교회에서는 나를 성 다대오, 혹은 야고보의 아들 성 유다(Saint Judas of James)라고 부릅니다. 가룟 유다Judas Iscariot와 혼동하지는 마세요. 나는 쉽게 성자의 지위에 올랐어요. 어떤 사람들은 내가 유다서를 썼다고 생각하지만 나는 쓰지 않았어요. 나는 도마와 함께 한 지파를 만들고 페르시아를 방문했지요. 하지만 나는 일부 사람들이 믿는 것과는 달리 순교 붐을 일으키는 데는 아무런 역할도 하지 않았습니다. 나는 단지 성자로 추앙받기에 딱 맞는 시간과 장소에 있었던 것뿐이에요.

개리: 운 좋은 사나이였군요. 나도 그런 일을 맡을 수는 없나요, 다대오?

아턴: 물론이죠, 당신은 바로 지금 그런 일을 하고 있어요. 우리가 계속 가르쳐드리기를 원하나요?

개리: 예. 그런데 그건 사실 지난번에 당신들이 다녀간 후로 신에 대한 생각이 달라진 것을 깨달았기 때문입니다. 난 신을 좀더 믿을 수 있을 것 같아요. 그러니까 어쩌면 그는 나를 훼방하는 존재가 아니며, 과거든 현재든

나의 문제와 고통이 그와는 무관한 일일지도 모른다는 것을 말이에요.

아턴: 아주 좋아요, 형제. 아주 좋았어요.

개리: 하지만 분명히 아는 것은 거기까지만입니다. 당신은 신이 우주의 일부만을 창조하지 않았다고 말하는 게 아니라, 신은 그런 일과는 아무런 상관도 없고 창세기도 말짱 가짜라고 말하고 있는 거죠?

아턴: 맞아요. 우선 급한 문제부터 이야기하고 넘어가죠. 우리는 그 누구든 폄하하려는 의도가 없습니다. 사람들은 누가 자신의 신념에 동의하지 않으면 불쾌해하지만 말입니다. 전에도 말했다시피, 우리는 단지 다른 이들의 가르침에 동의하지 않는 것일 뿐입니다. 구약성경의 가장 중요한 주제가 그것을 글자 그대로 지키지 않는 자들을 벌하는 율법이라는 것은 삼척동자라도 알 수 있는 사실입니다. 이 죄와 벌의 쳇바퀴가 감추고 있는 진짜 목적은 당신이 생각하는 그런 것이 아닌데도 사회질서를 지키기 위해서 법을 제정하는 것은 지금도 여전히 아무런 잘못이 없다는 듯이 행해지고 있습니다. 2천 년 전에는 구약성경이 나나 도마에게나 매우 소중한 것이었지만, 현대의 법이 그렇듯이, 율법이란 결국 단지 율법을 위한 것이지 결코 정의를 위한 것이 아니라는 사실을 우리는 그때 이미 깨닫기 시작했어요.

구약성경에는 위협적이고 끔찍한 글귀들 외에 오늘날까지도 받아들일 수 있는 매우 아름답고 심오한 글들도 있습니다. 하지만 창세기의 창조 이야기로 거슬러 올라가면 매우 심각한 문제에 부딪히게 됩니다. 이것을 처음 듣던 날로부터 — 그것이 성경이 되기 이전부터 — 여러 신앙의 선한 사람들이 고민에 몸부림쳐야 했지요. 그 이야기에 따르면 신께서 세상을 창조하고, 그것이 보기에 좋았다고 합니다.

개리: 그는 자신의 관점을 말한 것이지요.

아턴: 그래서 신은 계속해서 아담을 창조하고 그 짝으로 이브를 만들어

주지요. 낙원의 생활입니다. 하지만 신은 한 가지 규칙을 정해줍니다. "너희들 멋대로 해라. 하지만 저기 있는 선악의 나무 열매만은 **감히** 따먹을 생각도 말거라." 그래서 뱀이 자신의 임무를 행하지요. 이브가 한입을 먹고 아담을 유혹합니다. 모든 것을 여자의 탓으로 돌릴 수 있도록 말입니다. 그래서 아담도 한입을 먹습니다. 자, 이제 그 대가로 지옥의 벌이 돌아옵니다. 분노한 창조자께서 아담과 이브를 낙원에서 내쫓습니다. 거기다 덤으로 그는 이브에게 아이를 낳을 때 끔찍한 고통을 겪으리라고 저주합니다. 그것이 그녀에게 교훈을 주리라고 말입니다! 하지만 여기서 잠깐만. 만일 신이 신이라면 그는 완벽하지 않을까요? 그리고 만일 그가 완벽하다면 그는 모든 것을 알아야 하지 않나요? 아이들이 어떤 짓을 하게 만드는 가장 확실한 방법은 그것을 해서는 안 된다고 하는 것이라는 것쯤은 오늘날의 부모들도 다 알고 있는데 말입니다. 그러니까 신이 신이고 모든 것을 안다면, 그는 대체 무슨 짓을 한 걸까요?

개리: 그러니까, 신은 자신의 자녀가 명령을 어기게끔 만들어놓고 자기가 **스스로** 짜놓은 시나리오에 맞춰서 그들을 무자비하게 벌하는 기쁨을 누린 것 아닐까요?

아턴: 정말 그렇게 보이지 않나요? 하지만 신이 그런 짓을 하겠어요? **당신이라면** 자녀에게 그런 짓을 하겠나요? 그런 신을 어떻게 믿을 수가 있겠어요? 오늘날이라면 그는 자녀 학대죄로 고소당할 거예요. 그러니, 무엇이 진실일까요? 눈가리개를 뗄 의지가 있는 사람이라면 그 답은 분명합니다. 신은 그런 짓을 하지 않습니다. 그는 바보가 아닙니다. 창세기의 이야기는 무의식적 마음이 당신이 모르는, 그러나 반드시 알아야만 할 이유로 이 세상과 육신을 만들어낸 사건을 상징하는 이야기인 것입니다.

개리: 그러니까, 당신들이 전에 말한 것과 지금의 이야기로 미루어본다

면 제이는 쥬라기 공원과 같은 창세신화 — 그리고 구약성경의 많은 부분 — 에 동의하지 않았고 그보다 더 근본적인 뭔가를 가르쳤지만 대부분의 사람들이 이해하지 못하고 그것을 자신들이 믿는 바로 대체했다는 말씀이로군요.

> 얼마나 성공하고 많은 돈을 버느냐는 영적으로 얼마나 깨어 있는가와는 전혀 무관한 일입니다.

퍼사: 그렇죠. 제이는 언제나 진실과 거리가 먼 성경 구절들을 무시하고 조금이라도 진실에 근거한 구절들에 대해서는 올바른 해석을 내려줬어요. 물론 그는 지옥불과 저주 따위가 존재한다는 데에 동의하지 않았습니다. 그것은 세례 요한의 말이었지만, 세례 요한도 마음이 맑아질 때가 있었어요. "원수를 사랑하라"는 말은 사실 제이가 아니라 요한의 말이었거든요. 제이에게는 원수라는 개념조차 없었어요. 생시에는 제이보다도 요한이 훨씬 더 유명했다는 사실을 사람들이 깨닫지 못하고 있어요. 요한은 대중이 정말 원하는 것을 가지고 있었습니다. 어떤 일을 하든 간에 그것이 세상에서 성공하는 비결이지요. 수요와 공급의 법칙 — 사람들이 원하는 뭔가를 가지고 있다면 당신은 성공할 수 있습니다.

세상에 풍요가 얼마나 결핍되어 있는지, 당신의 영적 지도자들을 포함해서 사람들은 늘 그것을 북돋우려고 애쓰고 있습니다. 얼마나 성공하고 많은 돈을 버느냐는 영적으로 얼마나 깨어 있는가와는 전혀 무관한 일입니다. 그것은 마치 사과와 오렌지의 관계와도 같습니다. 빵과 물고기의 이야기(오병이어의 기적)는 상징적인 이야기였어요! 그건 실제로 일어난 일이 아닙니다. 그것은 당신이 이 세상을 어떻게 살아가야 할지를 **인도받을 수 있는 방법**이 있음을 상징한 것이었습니다. 이에 대해서는 나중에 이야기하겠습니다. 하지만 돈을 영적인 것으로 만들려는 짓은 그만두세요. 돈이나 성공은 잘못된 것이 아닙니다. 하지만 거기에는 영적이랄 것도 없습니다. 카이사르에게 속한 것은 카이사르에게 주고 신께 속한 것은 신께 돌려드리라는 제이의 말에 교회가 가하는 엉터리 해석에 귀 기울이지 마세요. 교회들은 그 말을 헌금을 거두는 데 이용하고 있어요. 하지만 그것은 돈에 관한 이야기가 아닙니다. 제이는 이것을 말하고 있었어요. — 카이사르가 이 세상의 것을 가지게 하라, 그것은 아무것도 아니니(nothing). 신께서 네 영을 가지게 하라, 그것이 모든 것(everything)이다. 그는 사랑과 진실로 충만한 지혜의 스승이었답니다.

많은 사람들이 제이와 요한은 에쎄네파에 속했던 것으로 생각합니다. 그들이 가끔씩 에쎄네파를 방문했고 그들과 친했다는 것은 사실이지만 그들은 그 교파의 일원이 아니었습니다. 그들은 둘 다 방랑하는 여행자였습니다. 제이는 결국 에쎄네파에게서 배척당했습니다. 요한은 그들의 믿음과 율법을 존중했기 때문에 사랑받았지만 제이는 미움을 샀습니다. 왜냐하면 제이는 그들이 애지중지하는 규율에 복종할 필요를 느끼지 않았기 때문입니다. 제이가 죽었다는 소식이 들렸을 때 쿰란에서는 애도하는 모습이 거의 보이지 않았습니다. 그로부터 35년 후에 에쎄네파 사람들 대부분은 로마에 맞싸우기 위해 예루살렘으로 갔습니다. 많은 사람들이 그랬던 것처럼 그들은 그것을 종말로 생각했습니다. 빛의 자식과 어둠의 자식, 그리고 온갖 말도 안 되는 이야기들 말입니다. 그것은 완전한 재앙이었지요. 결국 에쎄네파는 칼로써 살다가 칼에 죽었습니다. 오늘날 당신들은 그들과 사해 문서를 뭔가 특별한 것으로 만들려고 애쓰고 있지만 그것은 당신들이 과거의 그렇지 않은 사람들을 위대한 영적 스승으로 만들려고 애쓰는 것과 똑같은 짓입니다. 그들은 당신들과 마찬가지의 사람들이었습니다.

당신네 세대의 어떤 사람들은 마야인들이 영적 깨달음의 경지에서 이 차원을 초월해서 살았다고 생각합니다. 무엇이 그들이 깨달았다고 생각하게 만드는 걸까요? 그들은 사람을 희생 제물로 썼습니다. 당신은 그것이 얼마나 높은 깨달음의 상태라고 생각하나요? 그들은 에쎄네파 사람들과 유럽인들과 아메리카 인디언과 당신네와 마찬가지로 그저 보통 사람들이었습니다. 이 사실을 받아들이고 계속 나아가세요.

개리: 그러니까 내가 주식거래에 도움이 될까 해서 읽고 있는 고대의 영적 지혜인 병법(art of war)에 관한 책에도 너무 빠지지 말란 말씀이지요?

퍼사: 전쟁은 예술이 아닙니다. 그건 정신이상이지요. 하지만 그것을 영적인 것으로 만들지 말아야 할 이유도 없지요. 당신네들은 전쟁만 빼고는 무엇이든지 다 영적인 것으로 만들어놓으려고 덤비니까요. 나는 손자의 병법에 대해서만 말하는 것이 아닙니다. 결국은 영이 아닌 것은 영적인 것으로 만들 수가 없다는 것을 깨달아야만 할 거예요. 그것은 곧 형상 우주 속의 어떤 것도 정말 영적인 것으로 만들 수는 없음을 의미합니다. 진정 영적인 것은 그 밖에만 있습니다. 그것이야말로 당신이 진정으로 속하는 곳이며, 결국은 돌아갈 곳이지요.

대상을 영적인 것으로 만드는 예를 하나만 들자면, 당신들은 남미의 우림을 지구상의 가장 신성한 곳 중 하나로 생각하고 낭만적으로 묘사합니다. 하지만 그 아래쪽에서 일어나는 일들을 빠른 움직임으로 관찰한다면 우림의 모든 생물들과 마찬가지로 나무뿌리가 물을 찾아서 다른 뿌리들과 실제로 치열하게 생존경쟁을 벌이는 모습을 목격하게 될 거예요.

개리: 저런, 나무가 나무끼리 잡아먹는 세상이란 말이죠. 유감스럽군요.

퍼사: 이 모든 것이 우리를 다시 우리의 형제 제이에게로, 그리고 그가 전한 가르침으로 데리고 옵니다. 우리가 그의 말을 이해하지 못했던 데는

몇 가지 매우 중요한 이유가 있어요. 그것을 주의해야 할 겁니다. 왜냐하면 당신도 역시 바로 그 때문에 그가 직접 들려주는 말을 이해하지 못하게 될 것이기 때문이에요. 무엇보다도, 그는 다른 누구에게 이야기하는 게 아닙니다. 다른 사람은 없습니다. 저 바깥엔 아무도 없습니다. 하지만 이렇게 말하는 것만으로는 충분하지 않아요. 그것의 경험은 올 것이고, 그것이 올 때면 그것은 세상이 가져다줄 수 있는 그 어떤 것보다도 더 큰 해방감을 안겨줄 것입니다. 하지만 우리가 제이의 가르침을 이해하지 못했던 가장 큰 이유는 우리가 이미 믿고 있던 모든 것을 그의 가르침에다 들씌웠기 때문이에요. 제이는 그들에게 여기, 자신의 경지로 오라고 했지만 그들은 그를 자신들의 세계로 자꾸 끌어내리려고만 했던 것이지요.

우리는 케케묵은 경전에 매달려 있었어요. 그리고 이젠 이렇게 말할 수 있지만, 우리가 이미 믿고 있는 것을 통하지 않고는 제이를 바라볼 방법이 없었어요. 그는 구세주가 맞지만, 대속代贖을 내세우는 그런 부류는 아니었어요. 그는 우리가 자신을 구원하도록 자신의 역할을 하는 길을 가르쳐주고 싶어했던 거예요. 그가 "나는 곧 길이요, 진실이요, 생명"이라고 말했던 것은 우리가 그의 **본보기**를 따라야 함을 뜻한 것이지, 그를 개인적으로 믿으라는 뜻은 아니었습니다. 그의 육신을 찬양해서는 안 됩니다. 그 자신도 자신의 육신을 믿지 않았는데 당신이 왜 그래야 합니까? 그건 우리의 잘못이었어요. 하지만 그렇다고 당신도 같은 실수를 반복할 필요는 없잖아요. 오늘날 많은 사람들이 그를 신약성경의 눈으로 보거나 뉴에이지 사상의 렌즈를 통해서 바라봅니다. 하지만 그의 메시지는 제대로 이해하면 정말이지, **그 어떤 것과도 같지 않아요.**

개리: 예, 하지만 제이처럼 영적으로 깨어나서 모든 것을 실제로 이해한 사람들이 언제나 존재하지 않았나요?

퍼사: 항상은 아니지만 맞아요. 시대에 따라 다른 깨달은 사람들이 있었지요. 그리고 그들이 늘 동일한 영적 전통으로부터 나온 것도 아니었어요. 이것은 또 다른 중요한 사실을 보여줍니다. 사람이 믿는 가르침이나 종교 자체가 그의 영적 수준을 결정해주는 것은 아니라는 거예요. 매우 높은 경지에 이른 기독교인이 있는가 하면 입으로만 떠드는 멍청한 기독교인들도 있어요. 이것은 어떤 종교나 철학이나 영적 전통에서도 예외 없이 마찬가지지요.

개리: 왜 그럴까요?

퍼사: 아턴, 당신이 그 대답을 해줄 수 있겠어요?

아턴: 물론이죠. 왜 그런가 하면, 우리는 신께로 돌아가는 배움 길에서 네 가지의 관점을 경험하기 때문입니다. 모든 사람이 이 네 가지 관점을 다 거치게 되는데, 이 배움의 길을 나아가는 동안 모든 사람들은 수시로 이런 관점에서 저런 관점으로, 자기도 예상하지 못한 채 관점을 바꾸게 됩니다. 그 각각의 수준마다 다른 생각과 경험이 딸려오고, 당신은 현재 택하고 있는 배움의 관점에 따라서 동일한 경전을 달리 해석하게 되는 겁니다.

이원론은 거의 온 우주를 지배하고 있는 조건입니다. 마음은 주체와 대상의 세계 속에서 믿음을 가집니다. 신을 믿는 이들에게는 관념적으로 양쪽 다 현실인 두 개의 세계, 즉 신의 세계와 인간의 세계가 존재하는 것처럼 보일 겁니다. 그리고 너무나 실제적이고 객관적인 사실이지만, 인간의 세계에는 주체인 당신과, 그리고 대상, 곧 그 밖의 모든 것이 있습니다. 이런 태도는 뉴턴의 물리학 모델에 잘 드러나 있지요. 이 모델에서는 이전까지는 그저 '세계'라고 불렸고 현상계의 모든 것을 가리켰던 그것이 '인간의 우주'가 되었고, 그것을 이루고 있는 대상들은 당신과는 따로 존재하며, 당신이 그것을 조작할 수 있다고 믿습니다. 여기서 '당신'이란 당신을 존재하게 하는 것처럼 보이는 육신과 두뇌를 말하지요. 앞서도 언급했듯이 사실 당신이 당신이라고 생각하는 육신과 두뇌는 우주에 의해 생겨난 것처럼 보입니다. 알게 되겠지만 이것은 정확히 거꾸로예요.

따라서 이런 배움의 관점은 신 또한 당연히 당신 외부의 어떤 곳에 있다고 생각합니다. 당신이 있고, 신이 있습니다. 서로 떨어져서 있는 것처럼 보이지요. 실재인 신이 환영처럼 저 멀리서 가물거립니다. 반면에 실제로 환영인 우주는 바로 눈앞에 있고 진짜인 것처럼 보입니다. 집에서 분가해 나온 탕아처럼 분열된 당신의 마음은 나중에 설명할 이유 때문에 분열된 것처럼 보이는 당신의 마음이 지닌 그 속성을 신에게도 무의식적으로 부여합니다. 그로 인해 신과 그에게서 오는 것처럼 보이는 메시지가 서로 갈등을 드러내게 되지요.

이 대부분의 일이 무의식지간에 일어난다는 점을 주목하세요. 말하자면, 그것이 당신의 분열된 마음속에 있는 것이 아니라 외부우주에 존재하는 것처럼 보인다는 말입니다. 그래서 신은 용서하는 신인 동시에 노여워하는 신으로 보입니다. 그는 그때 그때의 기분에 따라서 인간을 사랑하기도 하고 죽이기도 합니다. 이것은 이원적인 마음이 일으키는 갈등을 잘 묘사한 것이라고 할 수는 있을지언정, 신에 대한 묘사로는 가당치도 않습니다. 말할 것도 없이 이 모든 것이 온갖 해괴한 문제를 일으켜놓습니다. 신이 어떤 사람들로 하여금 어떤 땅이나 소유물을 차지하도록, 혹은 어떤 명분의 정의를 세우기 위해서, 혹은 만인에게 올바른 종교를 심어주기 위해서 다른 사람들을 죽이도록 사주하는 짓을 하리라는 말도 안 되는 생각을 포함해서 말이에요. 그런데 이원론이 빚어내는 이 몰상식한 비극을 현대의 모든 사회들은 아주 예사롭게 받아들이지요. 현대사회 자체가 아주 미쳐 돌아가고 있지만 말입니다.

신께로 돌아가는 길에서 경험하게 될 다음의 관점은 흔히 반#이원론이라고 합니다. 이것은 이원론의 좀 유연한 형태라고 할 수 있겠습니다. 왜냐하면 여기서는 마음이 올바른 몇 가지 개념들을 받아들이기 시작하기 때문이지요. 다시 말하지만 이것은 그 사람의 종교가 무엇이냐 하는 것과는 전혀 상관이 없습니다. 어떤 종교에나 매우 착하고 친절하고 비교적 분별심이 없는 사람들이 존재하는 여러 이유 중의 하나도 바로 이것이지요. 이 단계에서 마음이 받아들이는 개념은 예를 들면 '신은 사랑이다'는 식의 단순한 것들입니다. 하지만 이 같은 단순한 개념은 그것을 진정으로 믿는다면 매우 난해한 의문을 일으켜놓을 거예요. 예컨대, 만일 신이 사랑이라면 그가 동시에 증오일 수도 있을까? 신이 실로 완전한 사랑이라면 그에게 결함이 있을 수도 있을까? 신이 창조자라면 자신의 피조물에게 복수심을 품을 수가 있는 것일까?

> 이원론이 빚어내는 이 몰상식한 비극을 현대의 모든 사회들은 아주 예사롭게 받아들이지요. 현대사회 자체가 아주 미쳐 돌아가고 있지만 말입니다.

이런 의문에 대한 답이 '물론 아니야'라고 분명히 떠오른다면, 그것은 오랫동안 굳게 닫혀 있던 문이 마침내 열리는 것입니다. 반이원론의 단계에 이르면 마음은 신에 대한 깊이 감춰진 두려움을 조금씩 풀어놓기 시작합니다. 당신도 말했듯이 이제 당신은 전처럼 그렇게 신을 두려워하지 않습니다. 원시적 형태의 용서의 마음이 뿌리를 내리기 시작합니다. 당신은 아직도 자신을 육신으로 생각합니다. 그리고 신도, 우주도 다 나의 외부에 있는 것처럼 보이지만 이제 당신은 신이 당신의 현실을 만들어낸 원인은 아니라고 느낍니다. 일이 정말 꼬이는 것처럼 보일 때마다 현장에 있었던 것은 아마도 당신이었을 것입니다. 완전한 사랑은 오직 좋은 일에만 관여할 수 있답니다. 그러니 그 밖의 모든 일은 어딘가 다른 곳에서 오는 것이 틀림없지요. 하지만 다음에 오는 배움의 관점에서 알게 되겠지만, '다른 곳'은 아무 데도 없습니다.

퍼사: 그래서 이제 우리는 비이원론이라는 주제에 도달했네요. 우리가 배움의 관점에 대해서 이야기하고 있는지, 아니면 영적인 구경거리에 대해 이야기하고 있는지를 늘 분명히 구분하도록 하세요. 우리는 언제나 마음의 상태, 곧 내면의 관점에 대해 이야기하고 있습니다. 육신의 눈으로 세상에서 보는 어떤 것에 대한 이야기가 아니란 말이에요. 단순한 개념에서부터 시작해봅시다. 오래된 수수께끼를 기억하나요? 숲속에서 나무가 하나 쓰러졌는데, 그 소리를 들을 사람이 아무도 없어도 그것은 소리를 낼까요?

개리: 물론 기억하지요. 그건 답이 없어요. 사람들은 늘 그걸로 논쟁을 벌이곤 하지요.

퍼사: 당신은 뭐라고 하시겠어요? 말싸움을 걸지는 않을 테니까 안심하고요.

개리: 나는 듣는 사람이 있든지 말든지 나무는 언제나 소리를 낸다고 봐요.

퍼사: 그렇다면 당신은 형상의 차원에서조차 완전히 틀렸어요. 나무가 하는 일은 음파를 발산하는 거예요. 음파는 전파 — 그러니까 에너지파 — 처럼 그것을 수신할 수신기가 필요하지요. 바로 지금도 이 방 안에는 무수한 전파가 있어요. 하지만 거기에 동조할 수신기가 없기 때문에 소리는 나지 않지요. 인간이나 동물의 귀는 수신기예요. 나무가 숲속에서 쓰러지는데 소리를 들을 사람이 없다면 나무는 소리를 내지 않는 거예요. 소리는 당신이 듣기 전에는 소리가 아니랍니다. 당신이 보거나 만져보기 전에는 에너지

의 파동이 물질처럼 보이지 않는 것과 마찬가지예요.

그렇다면 간단히 말해서, 탱고를 추려면 두 사람이 있어야 한다는 것이 자명해지지요. 뭔가가 상호작용을 일으키려면 이원성을 갖춰야만 합니다. 사실 이원성 없이는 상호작용할 대상이 존재하지 않지요. 거울 앞에서 들여다보는 사람이 없으면 거울 속에는 아무것도 있을 수가 없어요. 이원성이 없으면 숲에 나무가 하나도 없는 겁니다. 당신네 양자물리학자들도 알듯이 이원성은 하나의 신화예요. 그리고 만일 이원성이 신화라면 나무만 존재하지 않는 게 아니라 우주도 존재하지 않지요. 우주를 인식할 당신이 없다면 우주도 없는 겁니다. 하지만 논리적으로 따지자면 우주가 없다면 당신도 존재하지 않는다고 해야겠지요. 존재라는 환영을 만들어내기 위해서는 일체성(oneness)을 띤 다음에 그것을 겉보기에 둘로 나눠놓아야 합니다. 바로 그것이 당신이 한 일이랍니다. 그건 모두가 속임수지요.

일체성이라는 개념은 새로운 것이 아닙니다. 하지만 사람들이 거의 의문을 품지 않는 것은, 내가 과연 무엇과 하나냐는 겁니다. 이런 의문을 품는 이들도 그 답은 신이라고 하겠지만 그들은 신이 현재 모습의 우주와 자신들을 창조했다고 생각하는 오류를 범하고 있습니다. 그것은 진실이 아니에요. 그리고 구도자가 마음을 아무리 완벽하게 다스린다고 하더라도 이런 생각을 갖고 있는 한 영구적으로 신에 이르지는 못합니다. 물론 그는 이원성의 물결을 만들어낸 마음과 일체를 이루어낼 겁니다. 당신의 모든 세계를 초월한, 어떤 장소에도 없는 이 마음은 시간과 공간과 형상의 우주를 완전히 벗어나 있습니다. 이것은 비이원성의 논리적이고 합당한 연장이지만, 그래도 그것은 신이 아닙니다. 사실 그것은 막다른 골목입니다. 아니, 차라리 막다른 시작이라고 할까요. 이것은 심리학적으로 세상에서 가장 세련된 종교인 불교가 신의 문제를 건드리지 않는 이유를 설명해줍니다. 그것은 붓다가 당신이 붓다라 부르는 그 몸 안에 있는 동안 신의 문제를 건드리지 않았기 때문이지요. 그것이 또 우리가 비이원론과 순수 비이원론을 구분하는 이유이고요. 붓다가 '나는 깨어 있다(awake)'고 말했을 때, 그는 자신이 사실 이 환영에 참여하는 자가 아니라 이 모든 환영을 지어내는 자임을 깨달았다는 뜻입니다.

하지만 거기에는 가야 할 단계가 하나 더 있어요. 그것은 환영을 지어내는 자인 마음이 신을 향해 **완전히 자신에게 등을 돌리기로** 선택하는 단계이지요. 물론 붓다처럼 대단한 경지에 이른 사람은 그것을 얼른 알아차리고 제이와 똑같은 자각상태에 이르렀습니다. 하지만 그것은 세상이 전혀 모르고 있는 붓다의 생애에 이루어진 일입니다. 세상에 알려지지 않은 사이에 제이의 경지를 이룬 사람들도 있는 반면에 실제로 깨닫지 못했는데도 세상 사람들이 깨달은 것으로 여기는 사람들도 있지요. 진정으로 영적 깨달음을 구하는 대부분의 사람들은 지도자가 되는 데는 관심이 없습니다. 반면에 진정한 영적 도인이 되기보다는 외향적인 인격의 증후만 유난히 드러내 보이는 사람들도 있어요.

개리: 그래서 제이는 신과의 합일을 어떻게 경험했나요?

아턴: 곧 말해드릴 거예요. 이런 이야기를 하는 이유 중 하나는 그가 한 말들의 배경을 이해시키기 위한 것이에요. 그가 깨달아야 했던 것들 중의 하나는 우주가 존재하지 않을 뿐만 아니라 그 자신이 순수한 영의 차원 이외의 어떤 차원에도 존재하지 않는다는 것이었어요. 이것이야말로 사실상 아무도 정말 깨닫고 싶어하지 않는 것이지요. 그것은 무의식 수준에 있는 모든 사람들에게는 끔찍한 일입니다. 왜냐하면 그것은 모든 개성과 개체적 신분을 영원히 말살당하는 것을 뜻하니까요.

개리: 아유르베다 의사인 디팩 초프라가 학생들에게 "나는 여기에 없어

요"라고 말하는 것을 들은 적이 있는데, 당신도 이런 종류의 경험을 이야기하고 있는 건가요?

아턴: 당신이 말한 의사는 조리 있고 명석한 사람이지만, 전체에 대한 이해가 없이는 당신이 여기에 없다는 것을 아는 것도 별로 도움이 되지 않아요. 물론 그것은 올바른 방향으로 내딛는 발걸음이 되기는 하겠지만 내가 지금 말하고 있는 것은 단지 내가 여기에 있지 않다는 정도가 아니라 내가 한 개인으로서는 그 어떤 차원에도 존재하지 않는다는 거예요. 분리된 개인의 영혼은 존재하지 않아요. 힌두교가 말하는 아트만*은 마음속의 착각으로서 말고는 존재하지 않는다구요. 오직 신이 있을 뿐이지요.

개리: 그러니까 당신은 여기에 없고 존재하지도 않는다, 그리고 마치 영화처럼 마음이 이 이원성의 파동을 방사하고, 그것들이 서로 작용해서 견고한 입자가 되는 **것처럼 보인다는** 말이죠. 그리고 자신이 여기에 나타나 보이는 진정한 이유를 깨달은 사람조차 거의 없다는 말이로군요.

아턴: 틀리진 않았어요. 말했듯이, **우리는** 성령의 목적을 위해 여기에 있어요. 하지만 대부분의 사람들은 자신이 무엇이며 어떻게 여기에 와 있게 되었는지를 꿈에도 모르고 있지요. 당신의 말로는 모자라요. 내가 존재하지 않는다는 것뿐만이 아니라 당신도 존재하지 않고 이 가짜 우주도 존재하지 않아요. 우리가 실재**, 그리고 신에게로 돌아가는 것에 대해 이야기할 때, 그것은 무슨 담배연기 같이 애매모호한 가설을 이야기하는 것이 아닙니다.

---

* 아트만(Atman) : 개체화한 신성. 궁극의 상태인 브라흐만을 대양에 비유한다면 아트만은 물방울이다. 인간이 자기 내면의 아트만을 자각한 후 브라흐만과 합일하는 것이 요가의 목표이다. 힌두 신화에 등장하는 아바타(化身)는 이 아트만의 현현이다. 역주
** 실재(reality) : 환영幻影의 반대 의미로 쓰인다. 문맥에 따라 실재, 본질, 실상, 실체, 진면목, 참, 현실 등으로 옮김. 역주

당신과 신을 양쪽 다 가질 수는 없습니다. 그건 불가능해요. 당신의 우주와 신, 양쪽을 다 가질 수도 없어요. 그 둘은 서로 배타적인 관계예요. 둘 중 하나를 선택해야 해요. 서두를 필요는 없어요. 왜냐하면 시간이란 것 자체가 담배연기와 같은 가설이고, 우리는 당신에게 그것을 빠져나갈 방법에 관한 제이의 가르침을 전해드릴 테니까요. 그건 쉽진 않지만 가능해요. 성령이 열리지 않는 탈출구를 가리키지는 않아요. 그런데 어떤 때는 자신의 정체성을 잃어버릴까봐 두려워질 거예요. 그래서 우리도 당신이 모든 것을 얻는 대가로서 무엇을 버려야 하는 것은 아니라고 일찌감치 말해줬던 거예요. 하지만 그것을 믿게 되기까지는 시간과 경험이 필요할 거예요.

개리: 그러니까 비이원론은 이 세상에 존재하는 **것처럼** 살되, 참의 세계와 환영의 세계, 두 개의 보이는 세계 중에서 참만이 진짜고 나머지는 나 가짜라는 관점을 유지하라는 옛 가르침과도 같단 말이군요.

아턴: 맞아요, 역시 똑똑한 학생이군요. 하지만 그럼에도 사람들은 환영이 참으로써 만들어졌다고 생각하는 실수를 저질러요. 그래서 그들은 아직도 환영을 버리지 않고 거기다 정당성을 부여하려고 애쓰지요. 이런 혼동에 빠져 있는 한 탄생과 죽음의 쳇바퀴를 빠져나올 가망은 없어요. 무의식적인 마음은 신을 회피하기 위해서 신을 무시해버리거나, 그보다 흔한 방법으로는, 비이원론을 이원론에 팔아넘기려는 시도를 할 겁니다. 그 가장 대표적인 예가 인도 철학의 위대한 가르침 중 하나인 베단타에서 일어난 일이지요.

베단타는 비이원론을 설한 영적 문헌으로, 브라흐만이라는 실체야말로 실재하는 유일한 것이며 그 밖의 모든 것은 환영 — 비진실, 무無, 영零이라고 단호하게 가르칩니다. 베단타는 샹카라Shankara에 의해서 아드바이타 advaita, 곧 비이원론으로 지혜롭게 해석되었지요. 너무나 좋은 일이에요. 그렇지 않아요? 그런데 그건 오직 천 명 중 한 사람에게만 좋은 일이에요. 참이 아님에도 불구하고 그보다 더 널리 대중에게 퍼져 있는 베단타의 다른 해석들도 많이 있거든요. 바로 이런 것들이 비이원적 철학을 이원적인 것으로 둔갑시켜 놓으려는 시도입니다. 품질미달의 비이원론을 품질미달의 이원론으로 바꿔놓은 마드바Madhva의 노력이 그 대표적인 예지요.

여기서 우리는 힌두교에서 일어난 일과 제이의 가르침에서 일어난 일 사이의 놀라운 유사성을 목격합니다. 제이는 순수한 비이원론을 가르쳤어요. 하지만 그것은 세상에 의해서 이원론으로 해석됐어요. 베단타도 비이원론인데 세상이 이원론으로 해석했지요. 오늘날 우리는 보수적인 다수에 의해 지배되는 두 개의 거대종교를 가지고 있습니다. 이 둘은 존재하지 않는 세계의 마음과 가슴을 독차지하려고 싸우고 있지요. 그중 한 종교는 금권 위에 세워진 제국의 상징이 되어 있고 다른 하나는 똑같이 보수적인 이웃인 이슬람교와 핵전쟁을 일으킬 수도 있는 정부의 상징이 되어 있습니다.

이런 해괴한 일이 지구상 대부분의 사람들에게는 괜찮을지 몰라도 당신에게까지 괜찮아서는 안 됩니다. 비이원론의 관점은 당신이 보고 있는 것들이 진짜가 아니라고 말합니다. 진짜가 아니라면 그것을 어떻게 분별하거나 심판할 수가 있겠습니까? 분별하거나 심판한다는 것은 그것에 현실성을 부여하는 짓입니다. 하지만 존재하지 않는 것을 어떻게 분별해서 현실성을 부여할 수 있습니까? 그리고 존재하지 않는다면 어떻게 그것을 가지거나, 그것을 두고 전쟁을 하거나, 그것을 다른 것보다 더 신성하거나 가치 있는 것으로 만들 수가 있습니까? 환영인 것에다 그것이 가질 수도 없고 가지고 있지도 않은 힘을 부여하지 않는다면 환영 속에서 일어난 일이 무슨 문제가 되겠습니까? 어떤 상황을 거짓으로 우상화하지 않는다면 그 상황으로부터 어떤 결과가 일어나든지 그게 무슨 문제가 될 수 있나요? 티베트가 왜 다른 장소들보다 더 중요한가요?

　당신은 이런 이야기를 아직 듣고 싶어하지 않는다는 걸 알아요. 하지만 당신이 이 세상에서 어떤 행동을 하는지, 혹은 하지 않는지는 문제가 되지 않아요. 그 모든 행동에서 당신이 취하는 관점과 태도는 문제가 되지만 말이에요. 물론 당신이 이 다양성의 세계 속에 존재하는 것처럼 보이는 한 당신은 잠정적으로 세속적 관심사를 가질 것이고, 우리도 당신의 세속적 요구를 무시할 뜻은 없어요. 성령은 어리석지 않아요. 그리고 말했듯이 당신이 하고 있는 경험은 이곳에서 사는 것입니다. 당신이 어쨌든 하게 되어 있는 그런 온갖 일들을 하면서 삶을 지나 보내는 한 가지 좋은 방법이 있습니다. 하지만 그것을 혼자서 하지는 않을 겁니다. 그리고 자신이 결코 혼자가 아니라는 것을 깨닫게 될 거예요.

　그러니까 우리는 당신에게 실속을 차려서는 안 된다고 말하는 게 아니에요. 단지 당신의 진짜 대장은 이 세상에는 없다는 거죠. 내키지 않는다면 당신이 대장이 아니라는 것을 아무에게도 말하지 않아도 돼요. 만일 당신이 사업을 하고 있어서 당신이 대장인 것처럼 보이고 싶다면 그것도 좋아요. 느껴지는 가장 좋은 방법대로 하세요. 자신을 친절하게 잘 대해주세요. 우리는 당신의 정신적 태도에 관심이 있는 것이지 겉으로 나타나는 행동에는 관심이 없답니다. 당신도 언젠가는 당신이 먹고 살기 위해서 하는 모든 짓이 그저 환영 속의 자신을 지탱해가기 위한 하나의 환영임을 간파함으로써 그 환영에 힘을 보태주지 않을 수 있는 경지에 이르게 될 거예요.

　우리가 한 말로부터, 비이원적 관점을 가진다는 것은 곧 자신의 모든 분별과 신념에 의문을 제기할 수 있는 능력을 얻는 것임을 알아차려야 해요. 이제 당신은 주체와 대상 같은 것은 실재하지 않는다는 것을 압니다. 오로지 일체성(oneness)밖에 없습니다. 당신이 아직도 알지 못하는 것은, 비이원성은 진정한 일체성의 **모조품이라는** 사실입니다. 신과의 합일과, 신으로부터 분리된 것처럼 보이는 마음과의 합일의 차이를 구분할 줄 아는 사람은 매우 적어요. **마음은 신께 돌려줘야만 합니다.**(T153) 하지만 그 과정에서 전통적 비이원론은 반드시 필요한 단계입니다. 어떤 것을 다른 것들로부터 정말 분리시킬 수도 없고 어떤 것을 당신으로부터 분리시킬 수도 없다는 것을 배울 수 있기 때문이지요.

아까 말했듯이, 이 개념은 양자물리학 모델 속에 잘 표현되어 있습니다. 뉴턴 물리학은 대상은 실재하고, 분리된 존재로서 당신의 외부에 있다고 합니다. 양자물리학은 이것이 사실이 아님을 보여주지요. 우주는 당신이 생각하는 그대로가 아니랍니다. 존재하는 것처럼 보이는 모든 것이 사실은 불가분不可分한 생각(inseparable thought)입니다. 아원자 차원에서는 어떤 것에 변화를 일으키지 않고는 그것을 관찰할 수조차 없어요. 당신의 몸을 비롯해서 모든 것은 당신의 마음속에 있어요. 불교에서 제대로 가르치고 있듯이, 모든 것을 생각하는 마음은 하나의 마음이며 이 마음은 시간과 공간이라는 환영을 완전히 벗어나 있습니다. 제대로 받아들일 사람은 아무도 없을 테지만, 그 어떤 철학도 가르쳐주지 못하고 있는 진실은, 이 마음 자체도 또 하나의 환영이라는 사실입니다.(CL79)

오로지 하나(oneness)만이 존재한다면 존재하는 것처럼 보이는 다른 모든 것들은 지어낸 가짜라는 것이 자명합니다. 게다가 ― 이것은 아주 최근까지 그 어떤 가르침도 제대로 제기하지 못했던 쟁점이지만 ― 그것은 아주 근사해 보이는 어떤 이유 때문에 지어내어진 것이 분명합니다. 그러니 세상과 그 속의 모든 것을 분별하고 심판하기보다는 당신이 애초에 무엇을 위해서 그것을 지어내었는지를 스스로 물어보는 편이 아마 더 유익할 겁니다. 그리고 **지금** 그것에 대해 어떻게 반응하는 것이 더 좋을지를 물어보는 것도 현명한 일일 겁니다.

퍼사: 그리하여 결국 우리는 제이의 관점에 도달하게 됩니다. 그의 관점은 순수 비이원성의 인식입니다. 길의 끝이요, 종착지이지요.

이 네 가지 관점들 하나하나가 먼 길이라서 당신은 가끔씩 탁구공처럼 그 사이를 튕겨 다니기도 한다는 것을 잘 알아둬야 해요. 성령이 그 과정에서 당신을 바로잡아 올바른 방향으로 돌려줄 거예요. 일시적으로 길을 잃더라도 실망할 것 없어요. 제이를 포함해서 땅 위를 걸어간 누구도 어떤 식으로든 유혹에 넘어가지 않은 사람은 없습니다. 완벽한 모범을 보여주는 삶이라는 신화는 필요하지도 않거니와 불가

> 제트기는 언제나 항로를 이탈하고 있지만 지속적인 보정 덕분에 목적지에 도착합니다. 당신도 마찬가지로 목적지에 도착할 겁니다.

능합니다. 필요한 것은 단지 그것을 바로잡아주는 가르침을 기꺼이 받아들이는 태도뿐이지요.

제트기의 항로를 끊임없이 바로잡아주는 컴퓨터 네비게이터처럼 성령은 언제나 당신을 바로잡아주고 있습니다. 당신이 어떤 짓을 하는 것처럼 보이건, 어떤 영적 수준에 있는 것처럼 보이건 상관없이 말입니다. 그를 무시할 수는 있어도 잃어버릴 수는 없습니다. 제트기는 언제나 항로를 이탈하고 있지만 지속적인 보정 덕분에 목적지에 도착합니다. 당신도 마찬가지로 목적지에 도착할 겁니다. 그것은 정해진 일입니다. 아무리 애를 써도 그것만은 훼방할 수가 없습니다. 진짜 문제는, 당신이 스스로 이 고통을 얼마나 오래 끌고 갈 거냐는 거예요.

당신은 순수 비이원론에 입각해서 사고하기를 시작해도 이르지 않아요. 당신은 항상 그것에 충실하지만은 않을 테지만 시작하는 것은 해롭지 않아

요. 당신도 제이처럼 생각하기 시작하고, 그가 그랬던 것처럼 성령에 귀를 기울이기 시작할 겁니다. 하지만 결국 우리는 이 순수 비이원론을 두 가지 수준으로 나눠야만 할 겁니다.

개리: 왜요?

퍼사: 대화를 주도하려들지 마세요. 그것은 **당신이** 자신을 겉보기에 여러 수준으로 쪼개어놨기 때문에, 그래서 신을 대변하는 목소리는 당신이 마치 **이 세상에 있는 것**처럼 당신에게 말해야만 하기 때문이에요. 그렇게 하지 않으면 어떻게 당신이 그의 말씀을 들을 수가 있겠어요?

아턴: 우선 순수 비이원론 전반에 대해서부터 이야기를 시작하고 구체적이고 실질적인 적용방법에 대해서는 나중에 말하기로 하지요. 세상 사람들이 가끔씩 실천하는 원시적이고 수준 낮은 형태의 용서와 반대되는, 제이가 실천했던 높은 차원의 용서는 당신이 현재 알고 있는 것보다 더 깊은 이해를 요구합니다. 그러니 설명을 계속해봅시다.

기본적인 지성을 갖추고 있고 정신이 비교적 정상적인 사람이라면 신약성경을 대강 읽어보기만 해도 제이가 심판하지 않았고 보수적이지 않았다는 사실을 분명히 알 수 있습니다.

개리: 그것은 기독교 연합*에게는 별로 반가운 소식이 아니로군요.

퍼사: 당신은 그들에게 관심이 없지 않나요?

개리: 나는 기독교인을 자칭하는 용서할 줄 모르는 우익 정치가들의 말에 완전히 질렸어요. 그들은 아마 제이가 와서 엉덩이를 걷어차도 못 알아볼 거예요.

---

* 기독교 연합(Christian Coalition) : '미국의 전통적 가치'를 수호한다는 명분으로 주로 공화당의 보수주의 정치인들에 의해 1989년에 조직된 미국 우익 기독교 단체. 역주

퍼사: 맞아요, 하지만 당신도 이 미묘한 함정에 제대로 빠졌네요. 형상의 차원에서는 대부분의 기독교인들이 믿고 있는 신앙의 이름을 '심판교'로 바꾸는 편이 옳다고 하는 것이 정확할지도 몰라요. 하지만 당신이 그들의 심판을 심판한다면 당신도 그들과 똑같은 짓을 하고 있는 거예요. 그러면 당신도 같은 신세가 돼버리지요. — 용서하지 못함으로 해서 심리적 현실로 굳어지고 있는 육신과 세상 속에 스스로 갇혀버리는 신세 말입니다.

너무나 분명한 사실이지만, 대부분의 사람들은 자신의 목숨이 달려 있다고 해도 상대방을 온전히 용서하지는 못할 겁니다. 제이는 자기를 죽인 사람들조차 용서할 수 있었다는 사실을 백날 강조하기만 하는 것보다는 — 오늘날 대부분의 기독교인들은 자기에게 아무 짓도 하지 않은 사람들조차 용서하지 못하지만 — 그는 도대체 어떻게 그런 자들을 용서할 수가 있었을까 하고 의문을 품어보는 편이 당신에겐 훨씬 더 이로울 거예요.

말이 나온 김에 말이지만, 앞으로 당신은 공화당, 민주당, 기독교 연합, 미국시민 자유연맹 등과 같은 단체들이 당신이 현재 믿고 있는 것과는 전혀 다른 목적으로 존재한다는 것을 알게 될 거예요.

개리: 그렇다면 계속 들어야겠지만 그 전에 비이원론에 대해서 한 가지만 질문을 해도 될까요?

퍼사: 이왕 내 입을 막았으니 그래야겠죠.

개리: 물리학을 공부하는 한 여대생이 제게, 물질은 허공에서 난데없이 나타나는데 그것도 거의 대부분이 비어 있다고 하더군요. 당신은 이 물질을 만들어내는 것이 생각이라는 말씀인가요?

퍼사: 물질이 허공에서 난데없이 나타나는 것은 사실이에요. 그보다 확실히 알려지지 않은 것은, 그럼에도 알아야만 할 것은, 그것은 나타난 이후에도 여전히 아무 데도 없다는 사실이랍니다. 모든 공간은 비어 있고 존재

하지 않아요. 그중에서 뭔가를 담고 있는 것처럼 보이는 작은 일부분조차 말이에요. 그 뭔가가 궁극적으로 무엇인지도 우리가 설명해드릴 거예요. 형상이 나타나게 하는 생각에 대해 좀더 정확하게 말하자면, 한 생각(one thought)이 모든 형상을 만들어냈다고 해야 합니다. 왜냐하면 겉보기에는 다른 모양을 지녔을지라도 모든 형상은 동일한 것을 나타내기 때문이지요. 이런 문제는 제이의 새로운 가르침에서 더 설명됩니다. 제이의 새로운 가르침은 의도적으로 현대인들이 이해할 수 있는 언어를 쓰지만 소화하기가 쉽지는 않아요. 우선은 당신이 현재를 직면할 수 있게끔 준비시키기 위해서 약간의 과거사를 밝혀내는 일에 집중합시다.

개리: 좋아요. 당신들이 여기 있으니까요. 내 말은, 일단 우리가 함께 여기에 형상을 나타냈으니까요.

아턴: 말했듯이, 제이는 어떤 것을 심판하지도 않았고 보수주의적이지도 않았어요. 그리고 비이원론에 대해 우리가 간단하게 설명해준 바에 비춰본다면 당신도 그가, '어떤 것도 마음 밖에 있지 않다면 그것을 분별하거나 심판한다는 것은 그것에게 당신을 지배할 힘을 넘겨줘버리는 짓이며, 분별하거나 심판하지 않는 것은 그것의 지배력을 회수하는 것'이라는 이 논리를 함부로 양보하지 않으리라는 것을 알겠지요. 이것이야말로 당신의 고통을 종식시키는 데 분명히 큰 공헌을 할 것입니다. 하지만 우리의 형제 제이는 여기서 멈추지 않았어요.

순수 비이원론은 신의 권위를 너무나 철저히 인식함으로써 신이 아닌 것에 대한 모든 심리적 집착을 버리게 합니다. 이 관점은 또 '부전자전'이라는 법칙을 이해합니다. 그러니까 신에게서 나오는 것은 모두 신을 닮았다는 것이지요. 순수 비이원론은 이 원칙도 양보하지 않아요. 오히려 신으로부터 나오는 모든 것은 정확히 신을 닮았다고 말합니다. 신은 완벽하지 않은 것을 창조할 수 없고, 그렇지 않다면 그도 완벽하지 않습니다. 이 논리는 흠을 잡을 수가 없어요. 신이 완벽하고 영원하다면 정의에 의해서 그가 창조하는 모든 것도 완벽하고 영원해야만 합니다.

개리: 그러면 문제가 참 쉬워지는군요.

아턴: 이 세상에는 완벽하고 영원한 것이 아무것도 없음이 분명하므로 제이는 이 세상의 실상을, 곧 그것이 아무것도 아님을 그대로 볼 수 있었지요. 하지만 그는 그것이 어떤 목적이 있어서 나타난 것이라는 것도 알았고 그것이 신에 관한 진실과 그의 왕국으로부터 사람들을 떼놓기 위한 술수라는 것도 알았어요.

개리: 왜 우리를 진실로부터 떼어놓아야 하나요?

아턴: 그걸 설명하려면 좀 기다려야 해요. 하지만 제이가 신과, 그 밖의 모든 것 사이를 철저히 구별했다는 사실을 이해할 필요가 있어요. 그 밖의 모든 것은 그것들이 우리로 하여금 그것에 대한 성령의 해석(세상의 해석이 아닌)에 귀를 기울이게끔 만드는 역할을 한다는 것 외에는 아무런 의미가 없지요. 인식되어야만 하고 변하는 모든 것은 본질적으로 불완전합니다. 이것은 플라톤이 말한 개념이지만 그는 그것을 신이라는 맥락 위에서 완전히 발전시키지는 못했어요. 제이는 자신이 인식하는 것들을 굽어보면서 성령의 완전한 사랑으로써 일관된 선택을 내리는 법을 터득했습니다. 완벽한 영과 덧없는 세상을 식별하는 힘이 그로 하여금 성령의 목소리를 더욱더 잘 들을 수 있게 했고, 그것은 그가 더욱더 용서할 수 있게 만드는 어떤 과정을 전개시켰습니다. 진실을 말하는 목소리는 갈수록 크고 강해져서 제이는 마침내 이 한 목소리에만 귀를 기울이면 다른 모든 것들을 꿰뚫어볼 수 있는 경지에 도달했습니다. 결국 제이는 이 목소리가 말하는 그것이 되었습니다. 아니, 그것으로 다시 돌아갔습니다. 즉, 그의 진정한 본질, 당신의 진정한 본질

인 영이 되었고 하늘의 왕국과 하나가 된 것이지요.

명심하세요. 신이 인식되고 변천하는 이 우주와 조금이라도 관련 있다고 믿거나, 이 세상을 만든 마음이 신과 조금이라도 관련 있다고 믿는다면 당신은 오직 성령의 목소리에만 귀 기울이는 능력을 통달하는 과정을 스스로 훼방하게 될 것입니다. 왜냐고요? 그 이유 중 하나는 당신의 무의식 속의 죄책감과 관계가 있어요. 죄책감은 우리가 언젠가는 다루어야만 할 문제입니다. 또 다른 이유는, 왕국의 권능과 평화를 얻기 위한 조건은 당신만의 뿌리 없는 왕국과 가짜 권능을 버리는 것이기 때문이에요. 당신의 그릇된 창조물을 신의 뜻이라고 믿는다면 그걸 어떻게 버릴 수가 있겠어요? 그리고 당신의 나약함을 힘이라고 믿고 있다면 그것을 어떻게 버릴 수가 있겠습니까?

> 겸손이 그 길입니다.
> 나는 자격이 없다고
> 말하는 그릇된 겸손이
> 아니라 그저 신만이
> 당신의 유일한
> 근원이라고 말하는
> 진정한 겸손 말이에요.

진짜 권능을 나눠받을 수 있으려면 자신이 '신'이라는 개념의 원작자라는 생각을 기꺼이 포기해야만 합니다. 겸손이 그 길입니다. 나는 자격이 없다고 말하는 그릇된 겸손이 아니라 그저 신만이 당신의 유일한 근원이라고 말하는 진정한 겸손 말이에요. 당신은 그의 사랑 외에는 아무것도 필요치 않음을 깨닫게 될 겁니다. 그리고 아무것도 필요하지 않은 사람에게는 모든 것을 맡길 수가 있지요.

그러니 제이가 "나에 관해서 나는 아무것도 할 수 없다"거나, "나와 아버지는 하나다"라고 했을 때, 그는 자신이 특별한 존재라는 식의 주장을 한 것이 아닙니다. 사실 그는 자신의 모든 개체성과 특별함과 소유권을 버리고 자신의 진정한 힘, 곧 신의 권능을 받아들이고 있었던 것이지요.

제이에 관한 한 제이는 없었고 궁극적으로 존재하지 않았습니다. 그의 본질은 이제 순수한 영이며 환영에서 완전히 벗어나 있었습니다. 이 본질은 또한 거짓 우주를 만들어낸 마음, 사람들이 자신의 진정한 일체성(oneness)의 본향으로 오해하고 있는 마음에서 완전히 벗어나 있습니다. 제이는 그릇된 우주의 창조는 진실과는 아무런 상관도 없음을 알았습니다. 그는 신과 하나이지 다른 어떤 것과도 하나가 아니었습니다. '상상할 수 없는 신의 평화'는 더 이상 애써 추구해야 할 무엇이 아니었습니다. 그것은 되찾아야 할 자신의 것, 아니, 기억해야 할 자신의 것이었지요. 그는 더 이상 완전한 사랑을 찾아 헤맬 필요가 없었습니다. 왜냐하면 그는 여러 차례의 현명한 선택으로 자신을 완벽한 본질로부터 떼놓는 모든 장벽을 제거했기 때문입니다.

그의 사랑은 신의 사랑과 같이 총체적이고 비인격적이고, 선별적이지 않으며 모든 것을 포용합니다. 그는 랍비로부터 창녀에 이르기까지 모든 사람을 동등하게 대했습니다. 그는 육신이 아니었습니다. 그는 더 이상 인간이 아니었습니다. 그는 바늘귀를 통과했습니다. 그는 순수한 영인 신과 함께하는 자신의 자리를 되찾았습니다. 이것이 순수 비이원론입니다. 성령과 함께 당신을 본질로 인도해주는 관점이지요. 당신과 제이는 동일합니다. 우리 모두가 그렇습니다. 그 밖에는 아무 것도 없습니다. 하지만 이것을 경험하려면 훈련과 연습이 필요합니다.

개리: 나는 신과 공동창조자라고 배웠는데, 그게 사실인가요?

아턴: 이 차원에서는 아닙니다. 진정으로 신과 함께 창조하는 자리는 오직 천국뿐입니다. 거기서는 당신은 신과 어떤 차이도 느끼지 못하고 어떤 분리도 느끼지 못합니다. 그러니 어떻게 그와 함께 창조하지 않을 수가 있겠어요? 하지만 제이가 했던 것처럼, 이 땅 위에서 성령의 사고체계를 연습하는 방법이 있어요. 성령의 사고체계는 천국의 법칙을 반영하고, **그것이야**

말로 집으로 돌아가는 길이랍니다.

순수 비이원론의 속성과 그것을 실천하는 방법에 대해서는 뒤에서 이야기하겠지만 우선은 신이 완전한 사랑이라면 그는 그 밖에는 그 어떤 것도 아니며, 당신도 마찬가지라는 사실만을 기억해두세요. 당신은 사실 신의 사랑이며 당신의 진정한 삶은 그와 함께합니다. 제이와 마찬가지로 당신은 신이 당신 밖에 있지 않음을 알고 경험하게 될 것입니다. 당신은 더 이상 나약한 육신이나, 한정될 수 있는 그 밖의 어떤 것과도 자신을 동일시하지 않을 것입니다. 육신이란 곧 경계요 한계입니다. 대신 당신은 영원 무결의 순수한 영인 자신의 본성을 깨우칠 것입니다.

개리: 최근에 많은 사람들이 이런 식의 영적 관념들을 비웃는 것을 봤어요. 마술사였다가 이제는 자칭 폭로전문가, 회의론자로 나선 사람도 있지요. 그와 같은 사람들은 늘 영적인 이야기들이 비과학적이라고 지적하지요. 그는 사람은 몸의 감각과 경험이 이끄는 대로 따라야 한다고 생각하는 듯해요. 그런 사람들은 어떻게 대해야 하죠?

아턴: 그들을 용서하세요. 그 방법은 가르쳐드릴 거예요. 그런 사람들은 자신이 공룡시대의 원시인이라는 사실을 깨닫지도 못하고 있는 겁니다. 그 사람은 아마도 과학자를 존경할 테지만 앨버트 아인슈타인도 과학자가 아니었나요?

개리: 그야 유명한 과학자죠.

아턴: 그가 우주에 대한 우리의 경험에 대해 뭐라고 말했는지 아나요?

개리: 뭐라고 했는데요?

아턴: 그는 인간의 경험이란 의식의 착시현상이라고 했답니다.

개리: 아인슈타인이 그런 말을 했다구요?

아턴: 예. 당신이 말한 그 폭로전문가 같은 사람들은 겸손을 되찾아서 자

신의 가정假定을 그토록 교만하게 내세우지 말아야 해요. 그는 사실 매우 지적인 사람이지만 그 능력을 건설적으로 사용할 줄을 몰라요. 하지만 우린 그에 대해서 이야기하려고 여기 와 있는 게 아닙니다. 때가 되면 그에게도 진실을 깨달을 차례가 오겠지요.

아무튼 그런 사람들이나, 혹은 세상이 당신의 문 앞까지 길을 내주기를 기대하지는 마세요. 제이가 십자가에 매달렸던 환영 속의 그 마지막 날을 생각해보세요. 당신은 정말 대부분의 사람들이 그가 하는 말을 듣고 싶어했다고 생각하나요? 그리고 제이를 신봉한 자들이 조금이라도 더 지성적인 사람들이었다고 믿나요? 천만에요! 그 어리석은 작자들은 그로부터 1,200년이 지나도록 아라비아의 산술법조차 터득하지 못했어요. 그들은 사람들을 갈라놓고 편을 만들어 이 세상을 암흑이 지배하기 좋게 만드느라 눈코 뜰 새가 없었지요.

개리: 당신은 기독교가 암흑시대의 잔재라고 말하고 있는 건가요?

아턴: 유럽인들이 나머지 다른 세계의 사람들보다 진실을 받아들일 준비가 조금이라도 더 되어 있었던 것이 아니라는 말입니다. 이 우주는 정말 깨어나고 싶어하질 않아요. 이 우주는 기분 좋게 만들어줄 사탕을 원할 뿐이지요. 하지만 그 사탕은 당신을 이 우주에 붙들어 매어놓기 위한 것입니다.

퍼사: 방금 영적 진보의 단계에 대해 대략 윤곽을 설명했지만, 이로부터 당신은 제이가 말한 다음 말의 뜻도 확실히 이해할 수 있어야 해요. "좁은 문으로 들어가라. 파멸로 가는 문은 넓고 그 길이 평탄해서 들어가는 사람이 많다. 생명으로 가는 문은 너무나 좁고 길이 험해서 찾는 사람이 적다." 그는 좁은 문으로 들어가지 않으면 파멸하리라는 위협으로 사람들을 겁주려고 한 것이 아니었습니다. 반대로 그는 사람들이 여기서 경험하고 있는 것은 생명이 아니라고 말하면서 생명으로 가는 길을 보여주고 있었던 것이

지요.

당신이 여기서 경험하고 있는 것은 파멸이지만 제이는 빠져나가는 길을 알고 있었습니다. 그래서 그는 이렇게 말했던 겁니다. "용기를 내라. 내가 세상을 이겨냈으니." 그가 당신과 마찬가지로 배워야 할 공부거리가 있는 사람이 아니었다면 애초에 세상을 이겨내야 할 이유가 어디 있었겠습니까? 그는 우리가 모르는 것을 무수히 알고 있었지만 그 모든 것이 하나의 일관된 사고체계, 곧 성령의 사고체계에 연결되어 있었던 거예요. 예컨대 그는 구약성서에 완전하고 차별 없는 사랑을 표현하고 있지 않은 구절들, 그러니까 신의 말씀일 수가 없는 구절들이 있다는 것을 알고 있었지요.

개리: 예를 들면요?

퍼사: 그런 것들은 너무나 분명해요. 예를 들면, 당신은 레위기 20장에서 신이 모세에게 간부姦夫와 마법사와 영매와 동성애자를 죽여야 한다고 했다는 말을 정말 믿나요?

개리: 그건 정말 좀 극단적인 것 같네요. 난 영매를 좋아하는데.

퍼사: 정말입니다.

개리: 정말일 리가 없어요. 난 신이 그런 말을 하리라고 믿지 않아요.

아턴: 그럼 이제 당신에겐 근본적인(fundamental) 문제가 생겼네요.

개리: 맞아요. 근본주의자들은 미쳤어요. (the fundas are mental.)

아턴: 이 세상이야말로 정말 하나의 정신병이지요. 그런데 우리가 지금 논하고 있는 것은 양립할 수 없는 두 사고체계를 양립시키려는 시도에 관련된 문제입니다. 난 지금 구약성경과 신약성경을 가리키고 있는 것도 아니에요. 그 둘 간의 차이는 제이에 관련된 것이지 신에 관련된 것이 아니거든요. 그런데도 초기 기독교인들은 제이를 과거사와 연결시키려고 필사적으로 애썼고, 결국은 간단히 말해서 '새로운 버전'의 과거사가 생겨났지요. 내가

여기서 실제로 비교하고 있는 것은 구약에서나 신약에서나 공히 찾아볼 수 있는 세상의 사고체계와, 그 어디서도 찾아볼 수 없는 제이의 사고체계의 차이입니다. 물론 살아남아 있는 제이의 몇몇 말씀들을 통해서 제이가 어떤 분이었는지를 얼핏 엿볼 수 있긴 하지만, 그게 다예요. 난 유대교나 기독교 중 어느 쪽이 조금이라도 낫다는 이야기를 하고 있는 게 아니에요. 어떤 종교에든 모범적인 사람들이 있는가 하면 얼간이들도 있다는 건 이미 말했지요. 그것도 환상입니다. 왜냐하면 제이도 알고 있었지만, 육신은 환영이거든요.

바로 여기에 세상의 사고와 제이의 사고가 서로 양립할 수 없는 가장 중요한 이유가 있습니다. ― 제이의 현실은 육신이 아니었기 때문이지요. 하지만 세상의 사고는 전적으로 육신을 자신의 현실로 동일시하는 데서부터 비롯됩니다. 육신 너머를 일별하는 사람들조차도 여전히 개인적 존재관념을 붙들고 있는데, 이건 사실 육신과 동일시하는 것이나 별 차이가 없어요. 사실 당신으로 하여금 스스로 육신의 우주에 갇혀서 살도록 선고를 내리는 것은 바로 이 분리관념과 그로부터 비롯되는 모든 것들이랍니다.

스승께서는 왜 그 시대의 다른 모든 사람들과 달리 모든 남녀를 평등하게 대했을까요?

개리: 당신이 말해주세요. 그가 그 어린아이들을 달래려고 그랬던 건 아닐 테고, 뭔가 깊은 뜻이 있었을 텐데요.

퍼사: 그것은 그가 남자건 여자건 그들을 육신으로 보지 않았기 때문이에요. 그는 차이를 인정하지 않았어요. 그는 모든 사람의 본질은 어떤 방법으로도 한정할 수 없는 영(spirit)이라는 것을 알았지요. 그러니 그들은 사실 남자나 여자가 될 수가 없었던 겁니다. 오늘날 당신네 여권 운동가들은 여성이 우월하다는 것을 내세우려고 애를 씁니다. 그들은 종종 여성을 여신으

로 지칭하고 신을 '그' 대신 '그녀'로 부릅니다. 그야 귀여운 짓이지요. 하지만 그들이 실제로 하는 일이란 하나의 실수를 다른 실수로 대체하는 것일 뿐이에요.

제이가 신을 부를 때 '그' 라고 한 것은 경전의 언어를 빌려 비유적으로 말했던 겁니다. 그는 사람들과 소통하기 위해서 비유를 사용해야 했어요. 그런데 **당신**들은 그 모든 것을 사실로 만들어놓지요. 제이는 신을 성별로써 한정할 수 없다는 것을 알고 있었어요. 그리고 사람들도 마찬가지였습니다. — 왜냐하면 그들은 사실 사람이 아니었기 때문입니다. 당신이 육신이 아니라면 어떻게 정말 사람이 될 수가 있겠어요? 당신은 실감하지 못하고 있지만 이것을 이해하는 건 매우 중요한 일입니다. 그 이유는 곧 설명해줄게요. 제이는 실상을 알았기 때문에 모든 육신을 동등하게 대했습니다. — 마치 육신이 존재하지 않는 것처럼 말이지요. 그럼으로써 그는 육신을 완전히 초월해서 우리 모두의 유일한 본질인 영원불멸한 영의 참 빛을 볼 수 있었던 겁니다.

아무튼 오늘날 대부분의 사람들과 마찬가지로 우리도 제이가 가르치는 것을 진실로 귀 기울여 듣지는 않고 각자의 경험을 합리화하는 데 그를 이용할 수 있도록 자신이 원하는 것만을 보고 들었습니다. — 이것이 바로 육신 속에서 개인으로서 존재하는 경험의 본질이지요. 그래서 우리는 그를 별개의, '아주 특별한' 육적 존재로 만들어야 했고, 그것이 또한 실제로 우리가 우리 자신을 본 방식이었고 당신들이 당신 자신을 보고 있는 방식이지요.

우리 중에는 조금 더 지적인 사람들도 있었지만 초기 추종자들의 대부분이 가지고 있던 믿음은 단순하기가 그지없었습니다. 우리는 그의 가르침의 뜻을 제대로 이해하지 못했던 데다가 십자가형을 당하고 나서 돌아온 제이를 보았기 때문에, 대부분의 교파들이 가지게 된 그릇된 믿음은, 이미 한 번 봤듯이 그가 또 그렇게 다시 돌아와서 이 땅 위에다 신의 왕국을 세우리라는 것이었습니다. 그것도 먼 미래의 일이 아니라 아주 곧 일어날 것으로, 그리고 다른 어느 곳이 아니라 바로 이 땅 위에서 일어나리라고 믿었지요. 나는 이 시나리오에는 동의하지 않았어요. 왜냐하면 내가 쓴 복음서에서 제이가 말했듯이, 신의 왕국은 존재하지만 사람들의 눈에 보이지 않는 것이기 때문이지요. 어쨌든 처음부터도 다양한 견해들이 있었어요. 하지만 대부분의 추종자들은 재림再臨의 개념을 믿었습니다. 그러나 세월이 지나고 일이 순조롭지 않아지자 새로운 종교를

> 신이 불완전한 것을 창조하려면 그 자신이 불완전하거나, 아니면 그가 일부러 불완전한 인간을 만들어 일을 망치게 하여 신에게서 벌을 받으면서 이 정신병원 같은 지구에서 고생하면서 살게 만든 것일 수밖에 없습니다.

만들어내고 있는 지도자들은 사람들의 흥미를 끌기 위해서 임시변통을 해야 했지요.

어느새 사람들은 제이를 육신 중에서도 가장 위대한 육신으로 받들기 시작했습니다. 그들은 실수를 저지를 수 있는 아담과 이브 같은 불완전한 인간들이 사는 불량품 우주를 창조한 신을 믿고 있었습니다. 그들은 신이 불완전한 것을 창조하려면 그 자신이 불완전하거나, 아니면 그가 일부러 불완전한 인간을 만들어 일을 망치게 하여 신에게서 벌을 받으면서 이 정신병원 같은 지구에서 고생하면서 살게 만든 것일 수밖에 없다는 논리를 완전히 간과했지요. 그리고 만들어지고 있는 이 새로운 종교에 의하면 신은 — 믿을 수 없게도 — 지구상의 이 찌꺼기 인생들보다 훨씬 거룩한 자신의 특별한 독생자를 세상에 보내서, 사람들의 죄를 대속해줄 방법으로서 십자가에 매

달려 고통을 겪다가 죽는, 피의 제물이 되게 만들었다는 겁니다.

 게다가 이제는 또 다른 큰 문제가 생겼는데, 왜냐하면 기독교 자체의 교리로 비춰 봐도 이것으로는 다른 육신의 죄를 정말 속죄해줄 수가 없기 때문입니다. 그것이 사람들의 죄를 사해줬다면 그것으로 죄는 끝이고 문제는 해결됐어야 하는데 그렇지가 않은 거예요! 이제는 모든 사람이 기독교만이 제멋대로 정해놓은 그 모든 시시콜콜한 교리를 맹목적으로 믿어야만 하게 됐지요. 그러지 않으면 그들은 **여전히** 지옥불에 태워질 테니까요. 그들이 — 아마도 신의 뜻에 의해 — 이 종교에 대해서는 들어본 적도 없는 지역과 시대와 문화에 태어났더라도 말입니다!

 개리: 듣고 보니까 정말 모든 게 어쩐지 해괴하게 들리네요. 모든 사고체계가 꼭 신의 본질을 찬양하는 것만은 아니로군요.

 아턴: 그것은 그 사고체계들이 모두 사랑 많은 신이 아니라 무서운 신을 대변하고 있기 때문입니다. 불경을 저지르려는 건 아니지만 물의를 일으킬 만한 말을 좀 해야만 하겠어요. 왜냐하면 당신네 사회에는 이런 것을 나서서 말해줄 사람이 많지 않기 때문입니다. 그 시대에는 제이가 지구상에 태어난 사람들 중 영적으로 가장 진보된 사람이었다는 것은 사실이에요. 그러나 당신을 포함해서 다른 모든 사람들도 결국은 그가 성취한 경지와 똑같은 경지에 이르게 될 겁니다. 여기에는 예외가 없어요. 그러니 제이는 다른 누구와도 본질적으로 다르지 않습니다. 그리고 그의 관점은 **그 누구도** 천국 밖에 남겨지지 않으리라는 것입니다. 왜냐하면 사실 우리는 **하나뿐이기** 때문입니다. — 우리는 당신이 지금 꿈꾸고 있는 것과 같은 이 모든 분리된 육신들이 아니란 말입니다.

 개리: 살인자조차도 결국은 천국에 가리라는 겁니까?

 아턴: 성 바울, 아니 사울도(그는 제이의 추종자들에게 잘 보이려고 이름을 바

꿨지요) 회개하기 전에는 살인자였어요. 당신은 우리의 말을 못 알아듣는군요. 성 바울이든 그 누구든 간에 꿈속에 말고는 실제로 존재하지 않아요. — 제이도 포함해서 말입니다. **외부에는 아무도 없어요.** 신의 하나뿐인 아들이 있을 뿐이고, 당신이 바로 그예요. 당신은 그것을 이해하게 될 테지만 그것을 정말 경험하려면 여러 해에 걸친 수련을 해야만 합니다. 그리고 당신이 그것을 원해야만 해요. 하지만 난 당신이 원한다는 걸 알아요.

개리: 우리가 모두 꿈을 꾸고 있다면 왜 각자가 따로 경험하는데도 같은 것을 경험하게 되는 거죠? 예를 들면, 우리는 모두 저 창문 밖에 있는 똑같은 산을 보잖아요?

아턴: 그건 왜냐하면 꿈이 하나밖에 없기 때문이에요. 그것이 모두가 같은 경험을 하는 이유예요. 마음은 자신을 외견상 여럿으로 나눠놓아서 그 각각은 다른 **관점으로부터** 꿈을 보는 겁니다. 그것이 각자가 다른 경험을 하게 되는 이유지요.

이야기가 이렇게 두서없이 왔다 갔다 하리라는 걸 우린 이미 예상했었고 전혀 문제없어요. 하지만 이제부터는 화제를 좀 고정시켜봅시다. 그리고 다른 이야기들은 때가 되면 하게 될 겁니다.

개리: 좋아요. 당신은 제이가 사람들을 자신이나 신과 똑같다고, 즉 무한하고 완벽한 존재로 봤다고 말하고 있어요. 그러니까 우리가 다른 사람들이나 신에게 갖다 붙이는 다른 모든 성질들은 사실은 우리 자신에 대해 우리의 무의식이 가지고 있는 믿음이란 말이지요?

퍼사: 당신이 겉보기만큼 멍청하지는 않다는 걸 알고 있었어요. 농담인 거 알죠?

개리: 물론이죠, 제가 복이 많아서죠. 시비를 걸어주는 승천한 스승을 다 만나고 말이에요.

퍼사: 맞아요, 하지만 시비는 가르치는 목적을 위한 하나의 환영이에요. 또 다른 이야기를 해봅시다.

개리: 제게 선택의 여지가 있나요?

퍼사: 언제나 있지요. 본론으로 돌아가서, 우리는 유대인으로서 우리의 종교가 유일신 사상에서 모종의 큰 도약을 이뤄냈다고 진지하게 믿었어요. 온갖 잡다한 신을 믿는 다신교와는 반대로 말입니다. 우리들 대부분은 유일신 사상이 사실은 고대 이집트의 아크나톤Akhnaton에서 유래했다는 사실을 모르고 있었어요. 그리고 이 사상을 계승해서 우리가 실제로 한 일이란 단지 그 모든 다양한 인격과 속성, 좋은 것과 나쁜 것, 이전에 만들어진 모든 신들을 모아서 하나의 신으로 병합시킨 것뿐이었다는 것도 몰랐지요.

개리: 그러니까 이제는 그 모든 엉터리 신들 대신 단 하나의 엉터리 신을 가지게 됐단 말이로군요.

아턴: 딱 맞는 표현이에요! 물론 신은 하나뿐이고 전혀 엉터리도 아니에요. 세상을 용서한 이 제이라는 사내도 결코 엉터리가 아니에요. 그의 마음은 왔던 곳인 성령으로 돌아갔어요. 그곳은 또한 당신의 마음이 왔던 곳이기도 하지만요. 가져갔으면 돌려줘야 하지요.(T89) 당신에게 전할 메시지가 하나 있어요. 그것은, 그렇게 되기 전에는 당신은 결코 정말로 행복해지지 못하리라는 겁니다. 그 어떤 생에서 그 무엇을 성취했다고 할지라도 뭔가가 빠져 있는 듯한 허전한 느낌을 느끼는 당신의 일부가 늘 있을 겁니다. ─ 왜냐하면 당신의 환영 속에는 정말 뭔가가 빠져 있기 때문이에요.

개리: 제이가 어떤 분인지를 이야기해주겠다고 하셨죠. 그러고 보니까 많은 사람들이 그의 이름은 예수고 성은 그리스도라고 생각하는 것 같아요.

퍼사: 예, 그의 중간이름은 H였습니다. 다행히도 많은 사람들이 그리스도란 말이 그리스의 심리학적 용어로서 제이만이 아니라 누구에게든지 붙

일 수 있는 것이라는 사실을 깨닫고 있어요. 고백하지만, 우린 그가 십자가형을 당하고 나서 우리에게 다시 나타난 후로는 사람들에게 그를 묘사하려고 애쓸 때마다 마치 바보가 된 듯한 기분이 되곤 했어요. 근데 잠깐, 한 가지 말해야 할 것을 잊어버렸네요.

개리: 뭘 잘못했나요? 부끄러운 줄 아세요. 한 번만 더 그러면 준엄한 심판을 받을 거예요.

퍼사: 당시의 몇몇 사람들도 그렇게 믿었지만, 나는 부활이란 마음속에서 일어나는 일이지 육신과는 아무런 상관이 없는 일이라고 생각했다는 점을 말하고 싶었어요. 결국 바울과 교회에 의해 배척당한 그 생각은 일부 영지주의자들에 의해 이어졌지요. 나는 결국 그 생각이 옳다는 것을 배웠습니다. 기독교인들은 할 수 없지만 아턴과 나는 할 수 있는 말들도 다 여기서부터 나오는 겁니다. 우리가 당신에게 들려줄 제이의 새로운 가르침들은 그 진실성이 곧 증명될 겁니다. 반면에 성경 속의 많은 내용들은 거짓임이 이미 폭로됐고 앞으로도 계속 과학에 의해 거짓임이 드러날 것입니다. 어떤 것이 정말 신으로부터 온 것이라면 그것은 거짓이 아니라 참임이 언제고 입증돼야만 하지 않을까요?

그리고 성경에 나오는 한 이야기 때문에 나는 가끔씩 '의심 많은 도마'로 불렸어요. 제이도 마찬가지지만, 성경에 묘사된 도마와 역사 속에 실재했던 도마를 혼동해서는 안 돼요. 사람들이 아무리 원한다고 해도, 소설 속의 이야기가 반드시 절대적인 진실을 보여주는 것은 아닙니다. 성령의 진정한 가르침이 가져다주는 체험만이 자신을 스스로 증언해주지요.

개리: 그렇다면 역사 속의 실제인물 제이는 어땠나요?

퍼사: 그는 나무를 저주해서 죽인 적도 없고 분노해서 사원에서 가판대를 뒤엎은 적도 없지만 죽은 사람을 몇몇 살린 적은 있어요. 또 그의 육신은

십자가에 매달려서 죽었지만 당신이 상상하는 것처럼 고통당하지는 않았어요. 그의 존재방식에 관해서는, 단지 말로써는 그를 제대로 표현할 수가 없어요. 그와 함께 지낸다는 것은 너무나 특별한 일이어서 경이로운 느낌을 줬지요. 그의 평화와 변함없는 사랑의 느낌은 너무나 온전하고 완벽해서 사람들은 때때로 그것을 못 견디고 눈을 돌려야만 했어요. 그의 태도는 워낙 평온하고도 확고해서 사람들로 하여금 어떻게 그렇게 될 수 있는지가 궁금해지게끔 만들었지요. 나처럼 그와 많은 시간을 보내고 직접 대화를 나눌 수 있었던 사람들은 신에 대한 그의 완전한 믿음에 고무되고 영감을 받았습니다.

> 그의 평화와 변함없는 사랑의 느낌은 너무나 온전하고 완벽해서 사람들은 때때로 그것을 못 견디고 눈을 돌려야만 했어요.

한 가지 아이러니컬한 것은, ― 이것이 사람들이 이해하지 못하는 점이지만 ― 그는 자신을 신에게 완전히 의지하는 존재로 생각했다는 것입니다. 하지만 그 의존성은 세상 사람들이 흔히 생각하는 것과 같은 나약함이 아니었습니다. 오히려 그 결과는 믿기지 않을 정도로 강인한 심리상태였지요. 힘세고 권력 있는 사람들조차 겁에 질리는 일도 그에게는 아무것도 아니었습니다. 왜냐하면 그에게는 그것이 정말 아무것도 아니었기 때문이지요. 두려움은 그의 것이 아니었습니다. 그의 태도는 마치 잠을 자면서 꿈을 꾸지만 자신이 꿈을 꾸고 있다는 사실을 확연히 알아차리고 있는 상태와도 같았습니다. 그리고 자신이 꿈을 꾸고 있다는 것을 알므로 꿈속의 어떤 일도 자신을 해치지 못하리라는 것 또한 압니다. 왜냐하면 그것은 결코 실재가 아니기 때문이지요. 당신은 자신이 단지 실존하지 않는 상징적 형상들을 바라보고 있을 뿐임을 압니다. 온갖 인물들도 포함해서요.

단둘이 있게 될 때면 제이는 나에게 세상이란 한갓 부질없는 꿈일 뿐인데 대부분의 사람들에게는 그와 반대되는 경험이 너무나 생생하게 느껴져서 그런 생각을 받아들일 태세가 되지 않는다고 말해주곤 했습니다. 그리고 그는 **세상이 하나의 환영임을 아는 것만으로는 충분하지 않다**고 강조했습니다. 영지주의자들과 일부 초기 기독교인들도 세상을 꿈이라고 했습니다. 힌두교도들은 그것을 마야maya라고 했고 불교도들은 무상無常(anicca)이라고 했습니다. 이것은 모두 거의 같은 뜻이지요. 하지만 그 꿈의 목적을 모르고, 나중에 이야기하게 되겠지만, 보이는 형상을 재해석할 줄을 모른다면 세상이 환영이라는 일반적인 가르침은 그 가치가 매우 한정돼버립니다. 그러나 그는 또 성령이 사람들에게 이 모든 것을 가르쳐줘서 모든 사람이 오로지 신만이 실재함을 알게 될 날이 올 것이라고도 말했습니다. 우리가 제이의 새로운 가르침을 일부 당신에게 전하는 것도 이 일에 동참하려는 뜻이지요. 가끔 나와의 대화 끝에 제이는 그저 "신이 있다(God is)"고 말하고는 걸어가 버리곤 했습니다.(W323)

제이에 대해서 거의 알려지지 않은 사실 중의 하나는, 그가 유머감각이 매우 뛰어났다는 것입니다. 그는 매우 격식이 없었어요. 그는 웃기를 좋아하고 사람들에게서 유쾌한 기분을 끌어내 놓기를 좋아했지요.

개리: 그리고 그는 온전히 깨어 있었나요?

아턴: 예, 하지만 그 말의 뜻을 정확히 밝혀둬야만 합니다. 우리의 말은, 그가 **꿈속에서** 더 깨어 있었다는 것이 아니라 **꿈으로부터** 깨어 있었다는 뜻입니다. 이건 작은 차이가 아니에요, 개리. 실제로 많은 사람들이 꿈속에서 더 깨어 있어 보이는 것을 깨달음인 줄로 알고 있지만 그건 우리가 가르치는 바가 아니에요. 개도 정신을 바짝 차리게 만들어서 그 개의 소위 삶이란 것을 온전히 살도록 가르칠 수 있습니다. 그리고 거의 모든 사람들도 의식

을 더욱 경각시키는 법을 배울 수 있습니다. 뭔가 더 나은 것, 더 많은 것, 색다른 것을 얻어내기 위해 영리한 사고패턴으로써 꿈에 접근하는 법은 누구나 배울 수 있습니다. 그러나 우리의 형제 제이는 꿈으로부터 완전히 벗어나 있었습니다. 그는 잠재능력을 마음껏 펼치며 살 수 있도록 자신을 표현하는 법이나 더 나은 환영을 만드는 법을 가르친 것이 아닙니다. 그런 훈련은 잠시 기분이 좋아지게 해줄지는 모르지만, 그것은 여전히 모래 위에다 집을 짓는 꼴입니다.

당신이 삶을 더 낫게 만들려고 하는데 제이가 반대하지는 않을 겁니다. 하지만 그는 당신이 그렇게 되도록 이끌어주는 인도 그 자체보다는 그 인도의 근원에 더 관심을 둡니다. 왜냐하면 그는 성령의 진정한 신봉자가 되는 것만이 당신의 마음에 엄청난 장기적 은혜를 가져다준다는 것을 너무나 잘 알고 있기 때문입니다. 진정한 목표는 당신의 삶을 그럴 듯하게 치장하는 것이 아닙니다. 그것은 당신이 삶이라고 *생각하는* 그것으로부터 깨어나는 것입니다! 그럴 때 당신은 반석 위에다 집을 짓는 것입니다. 제이의 메시지는 세상을 뜯어고치는 데에 있는 것이 아닙니다. 육신이 죽는 것처럼 보일 때, 당신은 자신이 세상이라고 믿는 그것을 가지고 무엇을 하겠습니까? 세상을 가지고 자신을 치장할 수는 있지만 그것을 어디로 가지고 가지는 못합니다.

개리: 이런 이야기가 교회가 배척한 몇몇 복음서에도 언급되어 있지 않나요?

퍼사: 배척했다는 말은 부드러운 표현이지요. 그 복음서들은 대부분 다시는 읽히지 못하도록 교회에 의해 불태워졌습니다. 오늘날의 사람들은 콘스탄티누스가 기독교를 로마제국의 국교로 삼았을 때, 그것이 곧 다른 종교나 영적 사상들을 불법화한 것을 뜻한다는 사실을 간과하고 있습니다. 그래

서 새로운 교회가 급조해낸 교의에 속하지 않는 신앙을 가진 사람은 하룻밤 만에 이교도가 돼버렸지요. 그것은 사형에 처할 수 있는 중죄였습니다. 그것은 마치 당신네 국회가 어느 날 갑자기 기독교 연합의 교의에 정확하게 일치하지 않는 모든 종교적 신앙을 금지하며 이를 어기는 것은 살인과 같은 범죄라고 규정한 법을 통과시킨 것과도 마찬가지란 말입니다.

개리: 그러니까 콘스탄티누스 대제는 기독교도들을 박해했던 이전의 황제들보다 조금도 더 너그러운 사람이 아니었던 셈이로군요.

퍼사: 콘스탄티누스는 군인이자 정치가였고 살인마였어요. 그는 자신의 권력을 키우는 데에 도움이 되리라고 계산되는 일 외에는 크게 한 일이 없어요. 그는 기독교가 이미 로마 제국에서 가장 대중적인 종교로 커가고 있다는 사실을 깨닫고는 단지 그것을 자신에게 최대한 유리하도록 이용한 것일 뿐입니다. 사람들을 거침없이 학살하는 그런 부류의 사람이 그 어떤 대단한 종교적 체험을 했으리라고는 생각할 수가 없지요.

개리: 성전聖戰이 정당한 것이라고 믿는 사람들도 있잖아요?

아턴: 성전요? 그런 게 있기나 하다면 그건 또 하나의 모순어법이지요.

개리: 에드가 케이시도 때로는 전쟁이 필요하다고 했는데요.

아턴: 성스러운 것과 필요한 것 사이에는 하늘과 땅만큼의 차이가 있지요. 에드가는 세련되고 재능 있는 사람이었어요. 하지만 그가 이 자리에 있었다면 그는 자기 입으로 먼저 자신은 제이가 아니라고 말할 겁니다. 제이는 세상을 웃어 넘겼던 것처럼 폭력을 영적인 것으로 만들려는 생각도 웃어 넘겨 버렸습니다.

개리: 알겠어요. 과대평가된 우리의 친구 콘스탄티누스와 일부 초기교회가 저지른 행위로 다시 돌아가자면, 그러니까 제이와 관련된 다른 관점의 사상과 복음서들이 많은 부분 말살되어버렸다는 말씀인가요?

퍼사: 예. 그리고 그것은 역사적 사실이라고 알려진 것들에 대한 예의주시를 요구합니다. 당신은 우리가 날조한 역사를 당신에게 보여주고 있다고 생각할지 모르지만 당신이 모르고 있는 것은, 그 모두가 다 날조된 역사라는 겁니다. 종교의 역사건 자연의 역사건 정치의 역사건 간에 실상은, 아무도 자신의 역사를 **모른다**는 것입니다. 그의 이야기(History) — 혹은 여성운동을 하는 친구들에게는 그녀의 이야기(Herstory)가 되겠지만 — 는 그 누구든 간에 싸움에서 이긴 자가 쓴 이야기입니다. 2차 세계대전에서 제국주의 세력이 이겼더라면 오늘날 당신은 히틀러와 무솔리니와 도조가 위대한 영웅이었으며 유태인 학살과 남경대학살도 목숨을 내놓은 몇몇 반역자들이 일으킨 사건으로 묘사하는 역사책을 읽고 있을 겁니다. 하지만 다행스럽게도 연합군이 승리를 거둬서 당신도 지금 파시즘을 공부하는 대신 영적인 공부를 자유롭게 할 수 있게 된 거지요. 사람들이 자신이 원하는 바를 마음대로 믿을 수 있을 만큼 세월이 언제나 태평하지만은 않았답니다.

십자가형 이후에 나는 대부분의 시간을 시리아에서 봉사했습니다. 나는 바울보다 14년 전에 거기에 갔어요. 그리고 이집트와 아라비아, 페르시아, 심지어 인도까지 멀리 여행을 했습니다. 제이에 대한 나의 간증은 매우 단순한 것이어서, 오로지 내가 공석이나 사석에서 그에게서 들었던 것만을 전했습니다. 그 시절에 우리는 적당히 꾸며낸 이야기를 하지 않았습니다. 내가 쓴 것과 같은 초기의 복음서들은 말씀 복음(Sayings Gospels)이라 불렸습니다. 왜냐하면 그것들은 기억을 더듬어서 적은 제이의 가르침들을 그대로 나열해놓은 형식이었기 때문이지요.

지금의 복음서가 된 '소설'들은 바울의 편지들*보다 20년 내지 60년이

---

* 신약성경의 로마서에서 빌레몬서에 이르는 바울의 편지. 역주

지난 훗날에 써졌습니다. 성경에서는 비록 바울의 편지들이 복음서보다 뒤쪽에 나오지만 말입니다. 나는 공석과 사석에서 들었던 제이의 말들을 단순히 인용했기 때문에 나의 복음서를 포함해서 나의 이야기는 좀더 지적인 느낌을 띠고 있었지요. 하지만 나의 복음서에 나오는 많은 말들은 오늘날의 서구 문화권보다는 그 당시의 중동 문화권에 훨씬 더 의미가 있는 것이었기 때문에 나는 당신에게 의미가 있다고 생각되는 몇 가지만을 설명해주도록 하겠습니다.

당신은 미국의 촌뜨기라서 이 말을 믿기가 힘들겠지만, 그 당시 아랍 세계의 사람들은 유럽인들이나 서로마제국 사람들보다 여러 면에서 더 앞서 있었습니다. 당신은 물려받은 믿음 때문에 유럽이야말로 세상의 지적인 업적을 처음부터 끝까지 도맡아서 쌓아올렸다고 생각합니다. 하지만 중동의 페트라Petra라는 도시는 유럽을 마치 빈민가처럼 보일 정도로 무색하게 만들었지요. 이집트의 피라미드는 결코 지금과 같은 모습이 아니었습니다. 그것은 사막을 가로질러 백 마일 밖에서도 보이는 번쩍이는 석회암 타일로 아름답게 덮여 있었어요. 알렉산드리아, 이집트 등에 있는 도서관은 당시 알려진 인류 역사상 지성의 총합이 대부분 담겨 있는 백만 권 이상의 문헌을 소장하고 있었습니다. 물론 그것은 로마인들의 침략에 의해 일부 훼손됐고 믿기지 않는 방치와 약탈, 그리고 그 이후의 몇 번의 화재에 의해 소실돼버렸지만 말입니다.

나는 환상을 현실로 만들거나 꿈을 찬양하려고 이런 이야기를 하는 것이 아니에요. 단지 당신네들이 얼마나 왜곡된 역사를 가지고 있는지를 지적해주려는 겁니다. 당신들은 암흑기는 생각지도 않고 어떻게든 유럽과 기독교라고 불리게 된 종교가 당시의 나머지 세계보다 우월했다고만 생각합니다. 하지만 그들의 폭력적인 행위들이 여실히 보여주듯이, 북유럽의 족

속이든 로마인들이든 훗날의 기독교인들이든 가릴 것 없이 유럽인들이야 말로 가장 지독한 야만인들이었답니다. 유감스러운 일이지만 우리의 형제 제이에 대한 그들의 해석도 그들의 다른 어떤 짓들보다 결코 낫지 않았습니다. 맞아요. 결국은 유럽이 발전기를 맞은 한편으로 다른 지역들은 쇠퇴하거나 낙후돼버렸지요. 그러나 기독교는 그 **이전**에 거의 완전히 발달해서 사실상 문예부흥을 훼방하는 세력으로 작용했습니다. 그 비천한 신학의 협소한 테두리 안에 들어맞지 않는 것에는 언제나 불처럼 달려들던 그 모습 그대로 말입니다.

개리: 당신들은 기독교에는 별로 관대하지 않으시군요. 제가 아는 대부분의 기독교인들은 좋은 사람들인데요.

아턴: 우리는 기독교에는 좋은 점이 하나도 없다거나 기독교인들이 세상의 소금 역할을 못한다는 식의 말을 하고 있는 게 아닙니다. 하지만 그들의 종교는 잡탕이에요. 왜냐하면 그것을 만든 마음의 투사물인 세상이 완전한 잡탕이기 때문이지요. 마음이 치유되려면 잡탕이 아닌 무엇이 있어야만 해요. 어쨌든 간에, 마치 어두침침한 전구 불빛처럼 당신네 역사에 대해서는 당신이 잘 알고 있다는 식으로 생각하지는 마세요. 왜냐하면 당신은 그것의 왜곡된 아주 작은 한 귀퉁이를 알고 있는 것일 뿐이니까요.

자연의 역사를 한 번 들여다보세요. 당신네 대부분의 과학자들이 내놓고 말할 수 있는 것보다도 훨씬 훨씬 오래전에 인간이 지상에 출현했다는 확고한 과학적 증거가 있습니다. 그들은 자신의 경력에 먹칠을 하게 될까봐 두려워서 그것을 말하지 못하고 있는 것뿐입니다. 그들은 기존 과학의 틀 안에서 적응하지 않으면 연구기금을 얻어낼 수가 없고, 돈이 없으면 그들은 죽은 목숨이나 다름없습니다. 정부나 기업의 지원을 받는 천재 지성들로부터 가까운 미래에 더 정확한 정보를 얻어낼 기대는 하지 마세요. 하지만 진실은, 인류가 이 지구상에다 기술이 고도로 발달한 진보된 문명을 여러 번 쌓아올렸다가 멸망해버렸다는 겁니다. 당신은 상상도 못하겠지만 문명이 일어났다가 스러지는 패턴은 여러 번 반복됐습니다. 당신들이 아틀란티스라 부르는 문명도 그 하나의 예일 뿐입니다. 그리고 그와 똑같은 패턴이 우리가 이야기하고 있는 이 순간에도 반복해서 진행되고 있습니다.

위대한 영혼 간디는 인생에는 빨리 가는 것보다 더 중요한 뜻이 있다고 경고했지요. 하지만 세상은 그 말에도 별로 깨우치지 못했어요. 스스로는 아주 많은 것을 터득했다고 생각하지만 말입니다.

문명이 일어났다가 스러지는 패턴은 여러 번 반복됐습니다. 그리고 그와 똑같은 패턴이 우리가 이야기하고 있는 이 순간에도 반복해서 진행되고 있습니다.

개리: 당신의 말이 책에서 읽었던 것을 떠오르게 하네요. 일단의 성서학자들이 결론을 내리기로는 제이는 아마도 신약성서에 그가 한 것으로 인용된 말 중에서 20퍼센트밖에 실제로 말하지 않았다는 거예요.

퍼사: 그래요. 사실은 비율이 그보다도 더 적어요. 그리고 그들이 제이가 한 말과 하지 않은 말을 구분해놓은 것도 일부는 틀렸어요. 하지만 우리가 성서연구에 도움을 주려고 여기 온 것은 아니에요. 성서연구는 쓸모 있는 기여를 하기는 했지만 결함이 있는 학문이에요.

개리: 어떤 결함이 있지요?

퍼사: 그중 하나는, 여러 원전에 같은 내용이 반복해서 나타날수록 그 내용에 신뢰성을 부여한다는 점입니다. 하지만 마가, 마태, 누가 복음이 모두 초기의 원전들을 베껴 쓴 것이고, 마태와 누가는 마가복음을 비롯해서 동일한 다른 원전을 베껴서 썼습니다. 마가복음은 다른 세 복음서보다 일찍 써

졌지만 성경에는 두 번째로 나옵니다. 그것은 왜냐하면 아이들(boys)이 신약을 마태복음에 나오는 쓰잘 데 없는 족보로부터 시작하고 싶어했기 때문이지요. 그 족보는 예언에 끼워 맞추기 위해서 제이의 뿌리를 다윗 왕까지 거슬러 이으려고 무진 애를 쓴 결과물입니다. 그래봤자 그것은 동정녀 탄생설화에 의해 몽땅 헛수고가 될 것을 말이지요. 말이 나온 김에, 구약의 원전은 메시아에 관해 단지 "젊은 여자가 그를 낳으리라"고만 했습니다. 동정녀가 낳으리라고 한 적은 없어요. 그건 훗날에 다른 고대종교의 유사한 이야기를 가지고 버무려낸 것입니다.

개리: 사람들은 예언을 무척이나 좋아하지요.

아턴: 물론이지요. 실질적으로 기독교의 전체 내용이 지금은 남아 있지 않은 옛 동판 사해 두루마리의 일부를 비롯한 원전들과 초기의 이야기들에서 빌려온 것입니다. 그건 그렇고, 우리는 전에 에쎄네파에 대해 별로 좋게 말하지 않았지만 그들은 경전을 만들고 보존하는 데는 아주 뛰어난 재능을 발휘했습니다. 그 점은 아무도 따라갈 수가 없었지요.

개리: 당신도 이제는 사람들에 대한 태도가 부드러워지고 있군요, 그렇죠?

아턴: 사람들은 좋지도 나쁘지도 않아요. 당신도 알게 될 거예요. 성경연구의 지침에 대해서 우리가 아까 지적했던 점은 이거예요. 당시에는 드문 일이 아니었듯이 복음서 저자들이 서로의 것을 베꼈다면, 그리고 오늘날의 학자들이 여러 곳에 반복해서 나타나는 말일수록 더 많은 신뢰성을 부여한다면 거기에는 때로 오류가 일어날 수 있다는 겁니다. 특히 베낀 원전이 애초부터 틀린 것이거나 베낀 사람이 원전의 내용을 왜곡했는데 그 원전은 없어져버렸다면 말입니다.

개리: 그러니까 어떤 것을 그대로 베꼈다고 해서 그것이 진실인 것도 아

니고 어디서 베껴오지 않았다고 해서 그릇된 것도 아니라는 말이죠.

아턴: 맞아요, 훌륭한 학생. 이제 당신에게 예언을 해드릴 게요. 당신은 이것을 책으로 쓸 것입니다. 우리가 한 말을 사람들에게 전해줄 책을요.

개리: 책요? 난 내 일 하기만으로도 힘이 들어요.

아턴: 당신의 기억력과 당신이 지금 적고 있는 노트를 써먹을 좋은 기회가 될 거예요.

개리: 당신들이 이런 식으로 내 앞에 나타났다고 말하면 사람들이 날 믿어줄 것 같지 않은데요.

아턴: 실제로 어떤 사람들은 믿고 어떤 사람들은 안 믿을 거예요. 하지만 이건 어때요? 당신이 아주 편안하게 이 일을 해내도록 도와줄 방법을 제안할게요. 누구에게 무엇을 믿게 만들려고 **애쓰지 않는** 것 말이에요. 어때요? 그냥 이야기처럼 쓰기 시작하세요. ― 당신이 지어낸 이야기처럼 말입니다. 그러고는 사람들에게 "당신들이 저를 지어낸 겁니다"라고 하세요. 모두가 지어낸 거예요. 그게 핵심이에요, 형제.

개리: 모르겠어요. 난 구두법조차 잘 모르는데요.

아턴: 사람들이 내용을 이해하기만 한다면 그게 무슨 상관있겠어요? 시시콜콜한 것들에 대해선 걱정하지 말아요. 그저 우리가 말한 것들을 적어 내려가세요. 중요한 건 전달방법이 아니라 전할 내용이에요. 구두법을 망치더라도 내용과 일관성이 그것을 보완해줄 거예요. 게다가 당신은 놀라게 될지도 몰라요. 성령에게 도움을 청하면 아주 잘 해낼 수 있게 될 테니까요.

개리: 이건 당신들이 말한 것과 모순되지 않나요? 내가 원하지 않는다면 아무에게도 말할 필요가 없다고, 그리고 당신들은 나의 미래나 그런 것들에 대해서는 이야기할 생각이 없다고 해놓고선 말이에요.

퍼사: 맞아요. 우린 미래에 대해선 별로 할 말이 없어요. 그리고 원하지

않는다면 아무것도 쓸 필요가 없어요. 책을 쓴다고 하더라도 사람들 앞에 나서는 것이 불편하다면 안 그래도 돼요. 당신은 사람들 앞에서 이야기하는 것을 좋아하지 않죠?

개리: 차라리 가시방석에 앉아 있겠어요.

퍼사: 그럴 필요까지는 없을 거예요. 중요한 것은, 당신은 뭐든 마음대로 할 수 있다는 겁니다. — 하지만 당신은 그 선택을 혼자서 하지는 않을 정도로 지혜로워요. 언제든지 시간이 나면 제이, 혹은 성령이 당신을 위해 선택을 내려주도록 부탁하세요. 우리의 말이 맞을 확률이 더 높아요. 왜냐하면 장차 일어날 모든 일은 이미 일어나 있기 때문이에요. 우리가 당신에게 무슨 특별한 임무를 주고 있는 게 아니랍니다. 우린 단지 이미 일어난 일을 당신에게 말해주고 있는 거예요. 우린 결국 그렇게 될 거예요.

개리: 카렌에게 이것을 이야기하지 않은 것이 좀 불편하게 느껴지네요. 그녀가 여기 있다면 그녀도 당신들을 볼 수 있을까요?

퍼사: 물론이죠. 우리가 투사해낸 육신은 당신의 것과 똑같은 밀도를 가지고 있어요. 뇌는 그렇지 않지만요. 농담이에요. 하지만 누구든지 당신의 모습을 보듯이 우리의 모습도 볼 수 있어요. 그렇지만 당분간 카렌에게는 우리 이야기를 하지 않는 것이 아마 그녀에게도 좋을 거예요.

개리: 왜요?

퍼사: 지금 우리 이야기를 하면 그녀는 틀림없이 당신을 믿을 테고, 그러면 그것이 그녀의 삶을 바꿔놔서 불필요한 일련의 사건들을 끌어올 거예요. 나중에, 우리가 더 이상 나타나지 않을 때 그녀에게 말하는 것이 가장 좋을 거예요. 지금으로선 우리가 만나고 싶은 사람은 당신뿐이니까요.

개리: 당신들의 사진을 찍고 목소리를 녹음해도 될까요?

아턴: 그래도 되지만, 그러지 말아야 할 세 가지 이유를 말해줄게요. 첫

째, 당신은 사람들에게 우리가 나타났다는 것을 증명하고 싶은 유혹에 빠질 거예요. 하지만 이것은 누구든지 우리인 것처럼 가장하고 말할 수 있는 일이어서 그것으로는 사실상 아무것도 증명할 수가 없어요. 둘째, 이건 당신이 옳다는 것을 누구에게 확신시키기 위한 것이 아니라 그들이 길을 잘 가도록 도와줄 생각을 나누기 위한 일이란 거예요. 셋째, 우리의 형상을 우리에 대한 믿음을 이끌어내는 데에 이용한다면 그것은 우리가 가르치는 내용과 일치하지 않아요. 우리는 혁명적인 **체험**으로 인도해줄 실질적 실천이 일어나도록, 그렇게 가르치고 싶은 거예요. 그것이야말로 믿음이 확고해지게 해주는 진정한 길이거든요.

개리: 사람들이 당신들의 말을 거부하거나, 아니면 잠시 해보다가는 포기하고 다른 데로 관심을 돌려버리면 어떡하죠?

아턴: 그럴 가능성이 있지요. 하지만 **어떤** 사람들은 그것을 단단히 붙들어 잡고 충분히 써먹을 겁니다. 말했지만 시시콜콜한 일들에 대해서는 너무 걱정하지 마세요. 어떤 가르침도 헛되이 낭비되지는 않아요. 당신이 배우는 모든 것은 마음속에 영원히 머물러 있습니다. 그것은 잃을 수가 없어요. 의식하지 않고 있어도 그것은 거기에 그대로 있어요. 이번 생애에 천국에 가지 못한다고 하더라도 너무 걱정하지 말라는 건 그 때문이에요. 배움은 일직선처럼 진행되는 것이 아니랍니다. 모든 것이 마음속에 남아 있을뿐더러, 직선적으로 보이는 환생에 대한 모든 결정도 인간의 육신이나 뇌에 의해서 내려지는 것이 아니에요. 그 결정은 당신이 무의식 속의 죄책감을 벗어나도록 성령을 돕는 자신의 역할을 얼마나 해냈느냐에 따라, 완전히 다른 차원에 있는 당신의 마음에 의해 내려지지요.(T237) 말했듯이, 외견상 그 어떤 일이 일어나든지 당신의 마음은 그 모든 정보를 저장해놓고 있습니다.

개리: 멋지군요. 그러니까 어떤 사람도 겉보기처럼 그렇게 멍청하진 않

단 말이죠?

아턴: 맞아요. 모든 무지는 사실은 어떤 특별한 이유로 특정 효과를 만들어내기 위해서 존재하는 억제력이랍니다. 그 이유에 대해선 곧 이야기할 거예요.

> 형상의 차원에서조차
> 아랍인과 유대인들은 —
> 세르비아인들과
> 무슬림들처럼 — 근본적으로
> 같은 사람들입니다. 이것은
> 사람들이 서로 얼마나
> 달라질 수 있는지를
> 보여주지요.

개리: 오호, 그렇군요. 그런데 재미있는 것은, 당신들의 말 중에서 어떤 것들은 처음 들어보는 건데도 많은 부분 공감이 된다는 거예요.

아턴: 그건 당신이 전생에 여러 번 이런 신지학神知學적 가르침들을 접해봤기 때문이에요. 지난 몇 년 동안 당신은 전생의 자신의 모습을 몇 가지 봤어요. 신비로운 것들을 보는 것은 당신이 가진 재능이에요. 이 생에서 당신이 그토록 많은 영적 체험을 한 이유 — 그리고 마치 오리가 물을 좋아하듯이 이런 개념들을 좋아하는 이유 — 중 하나는 당신이 여러 생에 걸쳐서 배워온 것들이 그대로 그 안에 들어 있기 때문이에요.

개리: 그중 몇 가지만 이야기해줄 수 있나요?

아턴: 아주 간단히 하죠. 명심해요. 이 어떤 것도 당신을 유일하고 특별한 존재로 만들어주는 건 아니라는 것을 말이에요. 한때 당신은 운 좋게도 위대한 카발라 철학자인 모세 코르도베로의 열성 팬이었어요. "신은 만물이다. 그러나 만물은 신이 아니다"라고 한 그의 유명한 말은 매우 중요한 점을 지적했고 카발라 신비주의와 범신주의를 극적으로 구분해주었지요. 시간의 바퀴 위의 다른 한 지점에서 당신은 회교 수피(신비가)였어요.

개리: 재미있군요. 유대인과 회교도들은 걸핏하면 서로 싸우는데 전생에

서는 주거니 받거니 하면서 서로 역할을 바꾼다니 말이에요.

아턴: 좋은 지적이에요. 형상의 차원에서조차 아랍인과 유대인들은 — 세르비아인들과 무슬림들처럼 — 근본적으로 같은 사람들입니다. 이것은 사람들이 서로 얼마나 달라질 수 있는지를 보여주지요. 이건 대부분의 사람들에게도 마찬가지예요. 단지 어떤 예가 더 극단적으로 보이는 것일 뿐이지요. 오늘날 유대인이나 흑인이나 미국 인디언들이 역사에 희생당한 것처럼 느끼는 것은 당연하지만 그중 많은 사람들이 자신도 전생에서는 가해자였다는 사실을 알면 깜짝 놀랄 겁니다. 마찬가지로 어릴 때 학대당한 사람이 같은 생에서 학대자가 되는 경우도 많답니다. 희생자와 가해자가 벌이는 춤사위는 이런 식으로 돌아가면서 모든 사람에게 피에 젖은 정의의 법복을 한 번씩은 입게 만들지요.

회교 수피였을 때 당신은 내면적으로 일체성, 혹은 일원론적 사상을 길렀습니다. 그리고 겉보기에 서로 분리된 만물은 영원한 실재 위에 쳐진 환영의 베일임을 깨닫게 해주는 체험을 했어요. 당신은 또 신의 실재성과 물질의 덧없음을 깨달았고 당신이 가장 좋아했던 코란의 구절 중 하나는 "창조계의 만물은 소멸의 고통을 당하나 장엄하고 너그러운 우리 주의 얼굴은 남아 있으리"였습니다.

당신은 또 모든 환영의 본질적 요소는 변화임을 깨달았습니다. 당신이 불교도였던 생에서는 순수한 빛의 목적과는 대치되는, 실재하지 않는 그것을 무상無常이라고 한다는 것을 배웠습니다. 이 모든 깨우침들은 또 다른 생에서 당신이 배운 것과 아주 멋지게 맞아 떨어졌습니다. — 그것은 플라톤의 가르침으로, 그는 이 세상의 모든 불완전한 것들의 배후에 있는 완전한 이데아에 대해 말하고 썼지요. 그는 그것을 '선善(the Good)'이라고 불렀고 그것을 '영원한 실재, 변화와 노쇠의 부침에 영향 받지 않는 세계'라고 묘사했습니다.

6세기 후에 당신의 또 다른 스승이자 신플라톤주의자인 플로티누스는 '선은 하나(the Good is One)'라는 플라톤의 천명을 빌려와 발전시켜서 그것을 세상 만물의 궁극적 근원으로 정의하는 시도를 했습니다. 하지만 제이를 제외한 역사상 거의 모든 다른 철학자들과 마찬가지로 플라톤도, 또 그 후계자들도 실제로 우주가 어디서 생겨난 것인지, 아니, 그보다 중요한 것은, **왜** 생겨난 것인지를 이해하지 못했지요.

개리: 그러니까 플라톤의 가장 유명한 제자인 플로티누스도 어쩌면 플라톤의 천명을 표절한 거란 말이로군요?

아텐: 한번만 더 그런 폭탄발언을 하면 벌 받을 거예요. 이젠 당신도 우리의 농담을 알아듣죠? 아무튼, 플라톤도 플로티누스를 좋아했을 거예요. 그리고 이 모두가 필생의 역정이란 점을 강조하고 싶어요. 우리가 이 모든 것을 줄여서 말해주는 것은 단지 **당신도** 이런 것들을 위해 평생을 바쳤다는 것을 알려주려는 것일 뿐입니다.

불변의 실재라는 개념은 가볍게 지나칠 수 있는 것이 아닙니다. 그 이유를 알기 위해서 음양이라는 개념을 살펴봅시다. 이것도 당신이 극동지역에서 도교도와 불교도로서 몇 생을 살았을 때 공부했던 것입니다.

개리: 우와, 내가 한 바퀴를 돌았단 말이죠?

아텐: 결국은 모든 사람이 그렇게 합니다. 하지만 사실은 그 모든 것이 한 번에 일어났어요. 아인슈타인이 말했듯이 과거와 현재와 미래는 모두가 동시에 일어납니다.

개리: 아인슈타인은 정말 똑똑한 사람이었어요.

아텐: 그래요. 하지만 그도, 어떤 일도 실제로 일어난 적은 없다는 사실을 깨달았어야 했어요. 당신도 나중에 알게 될 거예요. 말이 나온 김에 말이

지만, 우리가 가고 나면 당신은 오늘 저녁 우리와 함께 몇 시간을 지냈던 것처럼 느낄 테지만 당신의 시계로는 20분밖에 지나지 않았다는 것을 알게 될 거예요.

주: 그때 나는 시계를 들여다보았는데, 퍼사와 아턴이 나와 한 시간 정도 이야기했던 것처럼 느꼈는데도 사실은 11분밖에 지나지 않았다는 것을 깨달았다.

개리: 이런! 내 시계는 정상적으로 가고 있는데 정말 희한한 일이 벌어지고 있네요?

아턴: 걱정 말아요. 우린 이번이 가장 긴 이야기가 될 줄을 일찌감치 알고 있었기 때문에 당신의 잠잘 시간을 빼앗기보다는 시간을 가지고 장난을 좀 치기로 했어요. 당신은 아침에 해야 할 일이 있으니까 잠을 푹 자야 하잖아요.

당신은 시간을 일직선과 같은 것으로 **경험**하고 있지만 사실 당신은 1차원적인 존재가 아니기 때문에 시간을 주무를 수 있어요. 평소에 우린 장난을 치지 않지만 다른 때 우리가 공간을 가지고 놀 때가 오면 그때도 약간의 장난을 쳐볼 거예요. 외계의 공간 말고 그냥 공간 말이에요. 당신은 공간적 존재가 아니라 비공간적 존재예요. 혹은 물리학자들이 말하듯이 당신은 국소적局所的인(local) **경험**을 하고 있지만 사실을 말하자면 당신은 비국소적(non-local)이에요.

음양에 대해서 이야기할 거라고 했지만, 여기서도 우리는 이 세상의 모든 철학과 영성에 존재하는 것과 똑같은 종류의 상황에 부딪힙니다.

수동적 에너지, 곧 기氣인 음과 활동적 에너지인 양의 배후를 이루는 원래의 사상은, 이 둘이 도道, 곧 절대적 고요로부터 나온다는 겁니다. 그러나 도는 자신을 스스로 인식하지 못하기 때문에 둘로 나뉘어서 영원히 모습을 드러내기로 결정합니다. 그래서 끊임없는 변화와 끝없어 보이는 균형력의 상호작용이 일어나게 되지요. 하지만 이것은 매우 대략적인 설명입니다. 도가사상의 전개과정을 다 거론하진 않겠어요. 그건 아주 긴 이야기가 될 테니까요. 하지만 전반적인 개념은 친숙하게 들리나요?

개리: 예. 그러니까 뉴에이지 사상은 사실 매우 오래된 것이고 플라톤조차도 그 앞에 온 스승들에게 진 빚이 있다는 거로군요.

아턴: 우리 모두가 그렇죠. '유일자(the One)'라는 개념은 완전히 독창적인 것은 아니었어요. 하지만 그래도 플라톤은 위대한 철학자였어요. 제이는 그보다 훨씬 더 진보했지만 그조차 플라톤의 동굴 비유를 칭찬했지요.

개리: 나도 기억나요! 제가 어릴 때 어머니께서 그걸 읽어주시곤 했죠. 그걸 상상하면 겁이 났어요.

아턴: 당신이 그걸 잘 이해하지 못할 것을 알았을 텐데 어머니가 왜 그걸 읽어줬으리라고 생각해요?

개리: 왜냐하면 어머니는 저의 마음을 조금이라도 열어서 이 쓰레기 같은 세상이 나에게 강요하는 것보다 더 다양한 생각들이 존재한다는 것을 알려주고 싶었기 때문일 거예요.

아턴: 맞아요. 그녀는 훌륭한 어머니였어요. 나중에 그것에 대해서도 조금 이야기할 거예요. 말했듯이, 음양 개념의 배후를 이루는 사상은 다른 많은 철학들과도 별로 다르지 않아요. 유감스럽지만 이것도 다른 철학들처럼 똑같은 근본적 오류를 안고 있지요. 음과 양은 영원히 상호작용하고, 모든 양은 음을 품고 있고 모든 음은 양을 품고 있어요. 그리고 그러는 동안에 세상이 우습게도 '삶'이라고 부르는 그것은 지겹도록 하염없이 이어지지요.

그런데 철학은 이 모든 것 속에 결핍되어 있는 지혜에 대해서는 결코 진지하게 생각해보지 않습니다. 의식과 기氣와 인식(perception)은 모두 중요한 필수품들로 치부하면서 말입니다. 우리가 이야기를 마칠 때쯤이면 당신도 그것이 정말 무엇인지를 이해하게 될 것이고 그것들의 판세를 뒤집어놓는 방법을 처음으로 터득하게 될 거예요. 이제 당신이 기억해내야 할 것은, 이런 개념을 창시한 대부분의 사람들도 영적 체험을 통해서 유일자(the One)는 영원불변하다는 느낌을 공유하고 있었다는 사실입니다. 그리고 그 점에서는 그들도 꽤 정확했어요.

그들이 옳았던 또 한 가지는, 유일자가 아닌 모든 것은 환영이라는 것이었습니다. 심지어 어떤 것을 좋다거나 나쁘다고 하는 것처럼 가장 기본적인 형태의 판단조차 사실은 비실재인 점에서는 똑같은 것들을 분별하여 구분 짓는 짓이 되는 것이지요. 그러니 무엇에든 판단을 내린다는 것은 정말 근거가 있는, 타당한 일이 아니랍니다.

개리: 그러니까 그건 바가바드 기타에서 "고통과 기쁨이 같아질 때……"라고 표현되어 있는 것과 같은 종류의 분별없음이로군요.

아턴: 맞아요. 영리한 힌두교도처럼 잘 말했어요. 사실은 당신도 힌두교도였지만. 영리한 힌두교도였던 당신은 정치에는 전혀 쓸모없는 사람이었어요. 그것을 환영을 알아차리는 데에 써먹을 수 있었던 것 외에는요. 하지만 환영을 알아차리는 것은 제이가 가르친 용서의 과정의 일부분일 뿐이지 전부가 아니에요. 그 나머지가 따라옵니다. 깨닫기도 전에 당신은 배후의 제이와 하나가 될 거란 말입니다.

개리: 무슨 말씀인지 설명 좀 해주시겠습니까?

아턴: 난 제이를 사랑했어요. 그는 천국의 진정한 본향집으로 자식들을 인도해주는 빛과도 같았어요. 한번은 제이와 함께 있을 때 내가 무엇을 용

서한다는 말을 했더니 그가, 이젠 나도 배후의 제이와 하나라고 말했어요. 그는 그것이 내가 드디어 그처럼 사고하기 시작했음을, 때로는 그와 완전히 일치되는 생각을 하기 시작했음을 뜻하는 것이라고 말해줬어요. 오직 그때만 그가 내 마음속으로 더 들어와 나와 더 가까이 함께 있을 수 있다는 것이었지요. 왜냐하면 내가 제이와 동일한 내적 태도로써 생각하면서 제이처럼 보기 시작했기 때문이지요. 그것이 바로 진정한 의미의 영안靈眼이라는 것입니다. 전에 말했듯이, 그것은 육안과는 전혀 상관이 없습니다. 가끔은 이런 내적 태도의 상징물을 육안을 통해 목격하게 될지도 모르지만 말입니다. 한 가지를 강조해둡시다. — 이런 상징물을 보지 못한다고 해도 기분 나빠하거나 자존심 상할 필요는 없습니다. 그건 꼭 필요한 게 아니에요. 어떤 사람들은 당신과 같은 그런 재능을 가지고 있어요. 하지만 어떤 사람들은 재능이 다른 데 있지요. 겉으로 드러나는 것은 필요하지 않습니다. 우리가 관심을 두고 있는 것은 원인이니까요.

물론 제이는 성령과 너무나 완전히 동화되어 있어서 그는 내가 육신인 제이가 아니라 성령인 그와 같이 생각하고 있다는 뜻으로 말했던 거예요. 당신에게 제이가 별로 편안하게 느껴지지 않는다면 언제든지 성령을 생각하면 됩니다. 하지만 당신은 자신이 특정한 몸이나 영혼이라고 생각하고 있으니까, **당신에게** 구체적인 존재로 여겨지는 누군가가 있어서 당신을 도와 모든 상징물들 너머로 인도해준다면 좋겠지요.

개리: 크리슈나나 고타마 붓다, 혹은 조로아스터 등이라도 괜찮을까요?

아턴: 예, 괜찮아요. 하지만 그러면 당신은 제이에 대해 배우는 것이 아니지요. 당신은 그게 다 같은 것이라고 생각하지만 공부한 사람의 눈에는 세상의 모든 차이를 만들어내는 중요한 요인들이 보여요. 다른 것들을 폄하하려는 의도는 없어요. 모든 사람이 결국은 같은 목표에 다다를 거고 사실

은 이미 다다라 있어요. 거기까지 생각하기에는 당신은 아직 준비가 안 되긴 했지만. 제이와 함께하기로 마음먹기만 하면 틀림없이 그가 당신을 도와줄 거라는 것만 기억해두세요. 퍼사의 복음서에 나오는 한두 마디의 말이 그것을 보여줄 거예요.

개리: 참으면서 기다렸어요.

아턴: 알아요. 거의 다 왔어요. 우리의 짧은 여행을 함께 마치려고 당신은 많은 생을 잘 살아왔어요. 낭비된 것처럼 보이는 생애들도 많이 살았고요. 당신은 가끔 그것들을 꿈에서 보지요. 좋은 꿈도, 나쁜 꿈도요. 한 가지 물어볼게요. 큰 강이 합치는 도시에서 미국 인디언으로 사는 꿈을 아직도 꾸나요?

개리: 그걸 어떻게 아세요? 아 참, 당신은 모든 걸 다 알고 있다는 사실을 잊었군요.

퍼사: 그래요. 하지만 우리는 당신이 이해하는 말과 상징으로써만 당신과 일할 수 있다는 사실을 다시 말해드리지요. 당신은 수천 번의 생애를 경험했어요. 그중에는 다양한 형태의 기독교인으로서의 생과, 보통 사람들이 알지도 못하는 종교를 믿던 다른 생애들도 많이 있었지요. 예컨대 토착원주민의 삶에서는 이카^{ika}라 불리던 영의 세계를 경험했는데 그것은 실제 삶보다도 더 속속들이 생생하고 현실적이었어요.

하지만 지금까지의 당신의 모든 생애들 중에서도 '위대한 태양'이라 불리던 놀라운 미국 인디언 스승의 친구이자 제자로 살았던 생애만큼 보람 있었던 삶을 꼽기는 힘들 거예요.

천 년 전에, 1800년대 초의 보스턴이나 필라델피아만큼 큰 도시가 있었어요. 그곳은 지금의 세인트루이스를 포함하는 넓은 지역입니다. 하지만 그때는 백인은 하나도 살지 않았지요. 거기에는 티피(인디언 천막집)는 없고 집들만 있었어요. 티피는 철따라 이동하는 평원의 부족들이 주로 사용했으니까요. 당신은 이 도시에 사는 한 인디언이었어요. 그리고 당신은 하늘과 땅 사이를 다리놓아주기 위해 태양으로부터 내려왔다고 전해지는 한 존재를 알고 있었지요.

사람들은 그를 '위대한 태양'이라고 불렀어요. 그는 인간 제물을 거부하고 십계명의 대부분과, 그리고 제이의 지혜를 가르쳤습니다. 백인들이 성경을 가지고 아메리카로 오기 5백 년도 이전에 말입니다. 그는 왕이나 교황과도 같았어요. 그리고 그는 인력으로 쌓아올린 거대한 토루±壘 위에 지어진 건물에서 살았습니다. 그것은 사람들이 사랑과 존경의 징표로 지어준 것이었지요.

당시에는 문자가 없었지만, 그 도시는 카호키아라고 불렸습니다. 위대한 태양은 대륙 전체에 알려지고 존경받았습니다. 강물이 그 도시를 대륙의 다른 곳들로 이어주고 있었고, 당신은 모피를 거래하면서 살았어요. 당신은 거래하는 부족들에게 그 친구의 가르침을 전해주는 것을 일삼았습니다. 그리고 돌아오면 언제나 깨달은 영적 존재인 그로부터 더 많은 것을 배울 수 있는 것을 기뻐했지요.

개리: 마음속에 그런 광경들이 늘 떠올라요. 혹시 이 사람이 모르몬교의 성경에도 나오나요?

퍼사: 아니에요. 조셉 스미스는 그를 몰랐어요. 물론 다른 백인들도 몰랐지요. 미국 인디언의 역사는 구전되어왔답니다. 스미스는 그와는 다른 종류의 일을 했어요. 그는 자신에게 맡겨진 사명대로 금속판으로부터 글을 번역해냈지요.* 어쨌든 간에, 위대한 태양은 제이와 매우 비슷했습니다. 천 년 후이긴 했지만 말이에요.

당신의 그 생애나 그 스승에 관해서 길게 이야기할 작정은 아니에요. 우리가 관심을 두고 있는 것은 당신의 이번 생애입니다. 우리는 당신이 제이의 가장 새롭고 진보된 형태의 가르침을 받는 데 필요한 약간의 배경지식을 알려주고 있는 거예요. 그리고 그 때문에 우리는 위대한 태양이 저질렀던 작은 실수를 당신에게 알려주어 경계하게 하려고 해요. 모든 사람이, 심지어 깨달은 존재조차 실수를 한답니다. 이 땅은 완전한 곳이 아니에요. 사실 지구는 진정한 완성이 불가능하게끔 설계된 곳이랍니다. 당신은 우주가 완성을 향해 진화하고 있다고 생각하지요. 그 생각은 잘못입니다. 우주는 그런 것처럼 보이게 만들어졌어요. 하지만 사실은 그저 제자리를 맴돌고 있습니다. ― 똑같은 패턴을 다양한 형태로 반복하는 거죠. 그것은 당신도 곧 간파하게 될 테지만 하나의 속임수예요.

> 당신은 우주가 완성을 향해 진화하고 있다고 생각하지요. 하지만 사실은 그저 제자리를 맴돌고 있습니다. ― 똑같은 패턴을 다양한 형태로 반복하는 거죠.

당신의 실수와 깨달은 존재의 실수의 다른 점은 진정한 용서를 실천할 수 있는 능력에 있어요. 그들은 다른 이들의 실수를 즉시 용서해줘야 한다면 자신의 실수도 똑같이 용서받아야 한다는 사실을 알고 있지요. 그들은 또 어떤 행위를 하느냐는 것은 사실 중요하지 않다는 것을 알고 있어요. 하지만 그것을 받아들일 수 있는 사람은 거의 없지요. 대부분의 사람들은 자신의 실수를 짊어지고 다니면서 오랜 세월 죄책감에 시달리지요. 하지만 그

---

* 1820년대에 〈말일 성도 운동〉의 창시자인 조셉 스미스 주니어는 가족과 측근들에게 고대의 인디언 선지자가 황금판에다 써놓은 책을 찾아냈다고 밝힘으로써 모르몬교의 시작을 알렸다. 스미스는 천사가 이 황금판이 있는 곳을 알려주었으며 그의 사명은 이 책을 번역하여 세상에 내놓는 것이라고 했다고 했다. 그는 그것이 기독교 사상을 변혁시키리라고 기대했다. 1830년에 출판된 이 〈모르몬 성경〉은 스미스의 작은 〈그리스도 교회〉의 토대가 되었다. 역주

럴 필요가 없답니다.

개리: 그가 어떤 일을 망쳐놓기라도 했나요?

퍼사: 실제로 그런 일은 없었어요. 그것은 단지 그가 어떻게 살았느냐 하는 문제예요. 그가 그저 사람들에게 진실을 가르쳤다면 사람들에게 더 크게 봉사할 수 있었을 거예요. 그때나 지금이나, 동서남북 어디서나 세상은 늘 도움을 필요로 합니다. 다른 사람을 정신적으로 공격하면서도 그 사실조차 모르고 사는 사람들로 늘 그득하지요. 그들은 자신이 옳거나 멋있거나, 아니면 모종의 희생자라고 생각하지요. 위대한 태양은 자신을 가장 쓸모 있는 일로부터 멀리 떼놓았어요. 진정으로 깨달은 존재가 지도자의 역할을 원하는 일은 드물다고 말했었죠. 2천 년 전에도 우리 중 많은 사람들은 제이가 설교가가 아니라 왕과도 같은 메시아가 되어주기를 바라고 있었지요. 하지만 그는 단지 사람들에게 진실을 말해주고 자신의 경험을 나눠주는 걸로 만족했어요. 신의 사랑만이 그의 유일한 관심사였지요.

하지만 위대한 태양은 마치 교황과도 같은 존재가 됐어요. 그는 다른 대부분의 영적 지도자들처럼 대중에게 상투적인 영적 음식을 나눠주는 일과 정치적인 짓거리에 헛되이 시간을 낭비했습니다. 완전히 새로운 차원으로 사람들을 인도하지는 않고 말입니다. 그것이야말로 그들에게 가장 필요한 것이었는데 말이지요. 정치는 정치가들에게 맡겨야 합니다. 카이사르의 것은 카이사르에게 주세요. 사람들은 배워야 해요. 하지만 당신이 그들에게 정말 진실을 말하려면 사람들의 인기를 모으려는 기대는 내려놔야 합니다. 이것을 받아들여야만 할 거예요. 들을 귀 있는 자만 듣게 하세요.

그래서 위대한 태양은 최종 결정권자가 됐고 사람들은 그것을 대단하게 여겼습니다. 그러나 정말로 대단했던 것은 그가 사람들이 어떻게 받아들일까를 염려하면서 망설이는 대신 일대일로, 혹은 소수의 사람들과 만나서 자신이 아는 모든 것을 이야기해줄 때였습니다. 아까 우리가, 당신이 원하지 않는다면 아무에게도 말할 필요가 없다고 말했었지요. 하지만 뭔가를 가르쳐주려면 때로는 사람들이 듣고 싶어하는 말만 해주어서 곁에 붙잡아두기보다는 진실을 말해주어서 어떤 이들은 당신을 떠나도록 버려두는 편이 낫습니다.

세상에서 성공한다는 것은 고개를 끄덕여주는 사람들을 얼마나 많이 얻느냐에 달린 문제입니다. 그러나 진실은 사람들이 고개를 끄덕이도록 만들어주지 않습니다. 그것은 그들에게 충격을 줍니다. 아니면 최소한 온갖 의문을 일으키게 하지요. 결국 위대한 태양은 점점 더 많은 시간을 요구하는 대중사업을 줄이고 진실을 가르치는 일에 더 많은 주의를 쏟고 싶어졌습니다. 그는 생애의 마지막에서 자신이 완전히 용서받은 것을 알았습니다. 다만 한 가지 작은 후회, 곧 자신의 능력을 더 건설적으로 쓰지 못했다는 것을 깨닫고 그것도 용서했습니다. 우리가 이 모든 이야기를 새삼 꺼내는 것은 물론 **당신**을 돕기 위해서입니다. 무슨 유명인사 같은 것이 되려고 하지는 마세요. 그냥 사람들에게 진실을 말해주고, 그 나머지는 성령이 알아서 하도록 내버려두세요. 당신의 대부분의 시간은 스타가 되려는 욕심이 아니라 그에게서 배우는 데에 쓰여야 합니다.

개리: 제가 그 생애에서 많은 진보를 이뤘다고 했나요?

퍼사: 그래요, 그런데 왜 그렇게 됐는지 아시나요? 당신은 가르치는 데는 시간을 많이 쓰지 않고 대부분의 시간을 친구의 말을 경청하는 데에 보냈기 때문이에요. 당신은 운이 좋아서 개인적으로 그의 이야기를 들을 수 있었지요. 그럴 때면 그는 마음이 더 열려서 자세한 이야기를 해줄 수 있었어요. 달리 말해서 당신은 제자였어요. 그래서 우리는 당신에게 이 조언을 덧붙이는 겁니다. 당신은 이미 그렇게 하고 있지만 앞으로도 항상 이 점을

유념해야 해요. 가장 큰 진보는 훌륭한 스승이 되는 것이 아니라 훌륭한 제자가 될 때 이뤄지는 거라구요.

개리: 위대한 태양은 정말로 태양으로부터 지구로 내려왔나요?

퍼사: 세상이 하는 말을 절대로 곧이곧대로 듣지 마세요.

아턴: 아무튼 당신의 친구는 자기도 여느 사람들과 마찬가지 방식으로 태어났다고 당신에게 말했어요. 사람들은 흔히 정말 중요한 것은 제쳐놓고 사소한 것을 가지고 호들갑을 떨곤 하지요. 집으로 돌아가는 일이야말로 가장 중요하고, 우리가 여기 온 것도 당신을 도와 집으로 돌아가게 하는 것인데 말이에요.

개리: 그럼 제이도 여느 사람들과 마찬가지 방식으로 수태되어서 태어났나요?

아턴: 그런 의문은 육신이 중요하고 더군다나 제이의 육신은 매우 중요하다고 생각하는 사람들에게만 의미가 있을 수 있어요. 앞으로 우리가 나눌 이야기들은 당신의 문제에 대한 답이 있는 곳은 마음이지 외부세계나 육신에, 제이의 육신을 포함해서 그 어떤 육신에도 있지 않다는 것을 깨닫도록 도와줄 거예요. 이것이 제이의 메시지의 중요한 부분입니다. 이것을 이해하지 않고는 그 나머지를 이해할 수가 없습니다. 당신은 그것을 깨닫게 될 것이고 다른 육신들이 얼마나 중요하지 않은 것인지를 이해하기 시작할 거예요. 그리고 나서야 당신의 육신도 얼마나 중요하지 않은지를 깨달을 수가 있지요. 그 밖에 무슨 수로 자유로워질 수가 있겠어요? 당신이 스스로 자기를 묶어놓고 있다는 것을 깨닫지 않고는 구속에서 벗어날 수가 없어요.

개리: 당신은 바울이 부활을 몸의 부활이 아니라 마음의 부활로 보는 사상을 배척했다고 했지요. 하지만 내가 그에 대해서 가장 인상 깊게 기억하고 있는 역사적 사실은 그가 다른 유대 기독교 지파의 사람들에게 할례 대

신 세례로써 사람들을 개종시키라고 말한 것인데요.

아턴: 말했듯이 그는 정말로 군중의 비위를 잘 맞추는 사람이었습니다. 하지만 우리를 잘못 몰아가지 마세요. 우린 바울이 역사상 가장 뛰어난 위인들 중 한 사람이 아니라고 말하는 게 아니에요. 말할 것도 없이 그의 어떤 글들은 놀라운 웅변입니다. 그가 다마스커스로 가던 길에 제이를 만나서 했다는 영적 체험은 사실입니다. 단지 분석해보면 그가 한 많은 말들이 제이가 한 말과는 다르다는 것이지요.

알다시피 제이는 **온전한** 진실을 말했고, 여전히 그러고 있습니다. 반면에 우리가 말한 모든 것으로부터 알 수 있듯이 그 이전과 이후의 다른 이들은 진실의 **일부만** 가르쳤습니다. 사람들은 비슷한 이야기를 들을 때 그것을 각자가 저마다의 방식으로 같은 것을 말하는 것이라고 간주하는 경향이 있습니다. 하지만 제이는 유일무이합니다.

개리: 제이도 크리슈나나 노자, 붓다와 플라톤이 그 전에 이야기했던 같은 개념들에 다는 아니라도 **얼마간은** 동의할 텐데요?

아턴: 맞아요. 그는 또 바울, 발렌티누스, 플로티누스 등이 그 후에 이야기한 같은 개념들에도 **얼마간은** 동의할 거예요. 제이가 다른 사람들과 공유한 보편적 진실이 있는 것은 사실이에요. 하지만 그가 말하는 것을 **총체적으로** 이해하기만 한다면 그는 당신을 훨씬 더 빨리 신께로 데려다줄 독창적인 사고체계에 대해 이야기하고 있다는 것을 당신도 알게 될 것이고, 그것은 다른 누구와도 정말 같지 않습니다.

퍼사: 자, 이제 우리는 제이가 말했던 것에 대해 이야기를 시작할 수 있는 위치로 왔습니다. 그중 하나의 작은 일부로서 나의 복음서에 관해서 한 가지를 말씀드리지요. 우선 당신의 생각을 가다듬는 의미에서 당신이 그 복음서에 관해 알고 있는 것을 간단히 말해보세요.

개리: 글쎄요, 저는 아는 것이 별로 없어요. 어떤 사람이 2차 대전 후에 이집트에서 우연히 그것을 발견했는데 다른 영지주의 문헌들과 함께 있었다고 하지요. 그리고 교회는 그것이 영지주의 이교도들이 지어낸 것이라고 했고요. 제가 들은 바로는 일부 성서학자들은 최근에 그것에 대해 훨씬 더 높은 평가를 내리고 있다고 하더군요.

퍼사: 맞아요. 당신은 그걸 읽은 적이 없지요, 맞나요? 책방에서 그걸 대충 훑어본 것 외에는 말이에요. 그것도 서가 저쪽에 있는 아름다운 여인을 훔쳐보느라 마음이 반은 뺏겼었죠.

개리: 그 말에는 심판의 의미가 담겨 있나요?

퍼사: 아니요, 하지만 당신은 그녀의 몸매에 관한 온갖 얄팍한 생각에 사로잡힌 나머지 나의 복음서를 제대로 읽지 못했어요.

개리: 그건 공정하지 않아요! 난 그녀의 마음에 대해서도 얄팍한 생각을 하고 있었다구요.

퍼사: 당신이 읽고 있는 것에 대해서는 무슨 생각을 했나요?

개리: 별로 끌리지 않았어요. 당신이 직접 그 수준 높은 해설을 좀 해주시지 않으시겠습니까요?

퍼사: 그러죠, 하지만 그것에 대해서는 깊이 들어가지 않겠노라고 이미 말했었죠. 내가 이야기해드리는 것보다 더 깊이 알고 싶다면 혼자서 숙제로 하셔도 돼요. 나의 복음서는 지난 천 년 동안에 온전한 사본이 발견되기는 1945년이 처음이었어요. 남아 있는 다른 유일한 사본은 일부지만 그 전에 발견된 몇 부의 그리스어 본이 있어요.

나의 복음서에 대해서는 책이 한 권 나올 수도 있어요. 어떤 사람들은 실제로 그렇게 했구요. 이 사본에는 제이가 한 적이 없는 말이 들어 있다고 말했었죠. 어떤 말은 이해하려면 이집트 문화와 언어, 영지주의 사상이 3백 년 동안 나그함마디 본에 미친 영향까지도 고려해야만 해요. 그리고 이 복음서에는 제이가 나에게 개인적으로 한 말은 들어 있지 않아요. 그 부분적인 이유로는 전혀 뜻하지 않았던 때에 내가 일단의 사람들에 의해 처형됐기 때문입니다. 나는 그들에게 평화에 대해 이야기하고 있었어요. 당신을 포함해서 많은 사람들이 평화를 원합니다. 하지만 개리, 내 말을 들어봐요. 내면에서 평화를 얻지 못한다면 세상 사람들은 결코 평화롭게 살지 못할 거예요. 난 별로 오래 살지 않았지만 최소한 제이의 최초의 제자들 중 한 사람인 것은 틀림없습니다. 성경은 나와 다

> 난 인도에서 목을 잘렸어요. 육신 속에 있을 때는 한 치 앞날도 알지 못하는 법이랍니다.

대오와 같은 사람들을 아주 무시해버리지만 우리는 제이로부터 직접 가르침을 받는 특권을 누렸답니다.

개리: 대단한 영광이었겠군요. 당신은 사명을 받았나요?

퍼사: 그것은 예정되어 있었지요.

개리: 당신은 십자가에 매달렸나요?

퍼사: 아뇨. 난 인도에서 목을 잘렸어요. 육신 속에 있을 때는 한 치 앞날도 알지 못하는 법이랍니다. 사실 그것은 저쪽 세계로 건너가는 데는 나쁜 방법이 아니었어요. — 놀라울 정도로 빨랐죠. 그러고 보니 십자가형에 대해서 내가 말하고 싶었던 것이 생각나네요. 그것은 순전히 로마식 형벌이었어요. 다른 민족은 그런 짓을 결코 하지 않았지요. 나중에 쓰인 복음서의 저자들은 유월절에 재판을 행하여 제이를 죽음으로 몰아넣은 것을 강조함으로써 산헤드린(예수님을 십자가에 못 박는데 앞장선 이스라엘 최고의 종교법정)과 바리세인들을 비난하고 싶어했어요. 하지만 그들은 유대의 법을 어기는 역할을 자임하려들 사람들이 아니었어요. 누가 신을 거역하여 자진해서 백성

들의 증오를 사려고 하겠어요. 그들은 영리한 사람들이었어요. 그들이 그런 어리석은 짓을 할 리가 없지요. 그랬다면 성경에 묘사된 재판은 우리의 율법에 맞지 않았을 거예요. 신약성경의 그 부분을 엉터리로 쓰게 한 그 어리석은 정치적 반목은 훗날에 일어난 일이었어요.

　십자가형 당시에 모든 시민권을 행사한 것은 로마인들이었고 우리가 만장일치했던 단 한 가지가 있다면 그것은 로마인들에 대한 혐오였습니다. 몇몇 예외는 있었지만 제이를 조롱하는 사람은 줄을 설 정도로 많지 않았어요. 그를 조롱한 것은 대부분 로마인들이었지요. 대부분의 유대인들은 그를 그저 이교도 제국의 박해를 받는 또 한 사람의 희생양으로 생각했어요.

　앞으로는 제이를 죽게 했다고 생각하는 사람들을 떠올릴 때 유대인들은 좀 빼주세요. 우리는 십자가형의 대상이었지 집행자가 아니었답니다. 유다는 제이가 십자가형에 처해지리라는 사실을 몰랐어요. 그는 단지 실수를 저지른 것뿐입니다. 그리고는 그 때문에 극도로 죄책감을 느꼈어요. 그래서 스스로 목을 매달았던 거죠. 그를 용서하세요. 제이도 용서했으니 당신도 할 수 있어요. 내친 김에 당신은 로마인들도 용서할 수 있어요. 나중에 자기들의 주님이라고 부를 그의 육신을 죽인 로마인들을 말입니다. 제이는 그들이 자신을 죽이고 있는 동안에조차 그들을 용서할 수 있었어요. 왜냐하면 그는 사실 자신이 결코 죽임 당할 수 없는 존재라는 것을 알고 있었기 때문이지요. 그를 믿고 따른다고 주장하는 모든 사람들이 알지도 못하는 사람들에게 그 소행에 대한 죄를 물어야 한다고 느끼는 이유가 당신은 뭐라고 생각하나요?

　개리: 당신이 말해주리라고 느껴요. 그런데 당신의 설명에 이의가 있어요. 제이는 유다에게 입을 맞추면서 유다의 배신을 이야기하지 않았나요?

　퍼사: 아니에요. 최후의 만찬 전에 유다는 술에 취해서 술과 창녀를 살

돈이 더 필요했어요. 그가 제이와 함께 지내는 것을 봤던 한 로마 행정관이 그를 발견하고 정보를 캐물었습니다. 알다시피 본디오 빌라도는 유월절 동안에 공권력을 과시할 본보기로서 희생시킬 대상을 물색하고 있었지요. 빌라도는 이 모든 일에서 손을 뗀 적이 없어요. 그는 이 일이 일어나기를 바랐어요. 유다는 제이와 우리가 그날 밤에 만날 장소를 알려주고 돈을 받았어요. 온 세상 사람들이 그저 술김에 평소에는 꿈도 꾸지 않을 짓을 해서 많은 비극을 일으키고 있지 않나요?

개리: 그러니까 유다는 술에 취한 채 여자를 사려는 마음에 자신의 행동이 가져올 결과를 생각해보지도 않았단 말이지요?

퍼사: 그렇습니다. 그게 어떤 상황인지는 당신도 너무나 잘 알 텐데요. 단지 유다는 좀 많이 취했지요.

개리: 당신은 아까 제이가 십자가에서 고통을 느끼지 않았다고 했는데 믿기가 어렵네요. 당신은 그가 십자가형을 당하면서도 고통도 느끼지 않고 모든 사람을 용서할 수 있었다고 말하려는 겁니까?

퍼사: 물론입니다. 하지만 이번에 이야기할 건 아니에요. 우리가 마지막으로 당신을 만나고 떠날 즈음이면 우리도 당신에게 그 모든 전말을 다 전하고 당신을 당신의 길로 떠나보내게 될 겁니다. 그다음은 당신에게 달려 있습니다. 하지만 우리는 어떤 것도 숨기지 않을 거예요. 우리는 당신네 교회가 너무나 애용하는 수법인, "그건 신비지요" 하는 식의 회피는 하지 않을 겁니다. 성령의 사고체계는 대답되지 않은 의문을 남겨놓지 않습니다. 당신이 좋아하지 않는 대답들은 좀 있을지 모르지만 우리는 처음부터 당신이 듣기 좋아할 말만 하지는 않겠다고 못 박았지요.

이제부터 나의 복음서가 어떤 것이고, 또 어떤 것이 아닌지를 아주 정직하게 이야기해드리지요. 도마 복음서는 영성의 보물창고가 아니에요. 그것은 당신에게 구원을 가져다주지도, 혹은 구원을 얻는 데 필요한 방향의 사고를 하도록 마음을 훈련시켜주지도 않아요. 하지만 그것은 인류를 위해 세 가지의 아주 중요한 기여를 합니다.

그 첫째는, 당신이나 다른 일부 사람들이 믿고 있듯이 나의 복음서는 영지주의 문헌이 아니에요. 그것을 조금 들여다보면 그 일부분은 기독교 같은 종교가 따로 존재하지도 않았던 가장 초기 시대의 그리스도 사상을 포함하고 있는 것을 알 수 있지요. 우리는 가장 초창기의 유대-그리스도 지파 중의 하나였어요. 물론 온갖 지파들 간에는 차이가 있었지만 제이에 대해 우리처럼 느낀 것은 우리만이 아니었어요. 그런데 훗날 교회는 나의 복음에다 왜 그토록 필사적으로 영지주의에다 이단이라는 딱지를 붙이려고 했을까요? 그것은 그들은 초기의 그리스도인들이 실제로 어땠는지를 신도들이 알게 되는 것을 원치 않았기 때문입니다. 실제로 교회는 교회의 가르침의 일부가 역사적인 제이의 가르침에 비해 이단적이라는 사실을 숨기기 위해서라면 무슨 짓이든 다 할 거예요. 제이가 그들을 용서해주지 않을 것도 아닌데 말이에요.

나의 복음서가 신약성서에서 파생되어 나온 것이 아니라는 것을 깨닫는 성서학자도 이미 있어요. 그리고 거기에는 신약의 네 복음서에 나오는 비슷한 말들이 더 원형적이고 사실적인 방법으로 표현되어 있다는 것도요. 그 점은 이 학자들이 옳아요. 그들이 진짜라고 생각하는 일부 말들은 진짜가 아니지만 말입니다. 그리고 그들은 아직도 내 복음서에 나오는 몇몇 말씀들이 진짜라는 것을 승인하지 못하고 있습니다. 연구 규약상 필요한 확증이 없기 때문이지요.

하지만 제이가 나에게, 혹은 소수의 제자들에게 개인적으로 뭔가를 가르쳤다면 그것이 마가나 누가나 마태복음 속에 꼭 들어 있어야만 할 이유가 있나요? 이 복음서의 저자들은 우리 세대의 사람들이 아니었어요. 그들은 다만 40년 내지 80년이 지난 후에 이전에 전해온 복음 중에서 마음에 드는 것은 남겨놓고 그렇지 않은 것은 버리고는 거기다가 자신들의 새로운 종교적 신념에 맞도록 온갖 흥미로운 이야기와 루머와 추측을 덧붙인 것이지요. 나의 복음서를 포함해서 최초의 복음서들은 아람어로 쓰였어요. 그런데 기독교가 일어나는 동안에 제이가 사용한 언어로 된 제이의 말이 한 구절도 남아 있지 않다는 점이 좀 이상하지 않나요? 당신은 그것이 정말 그냥 우연히 그렇게 되었다고 생각합니까?

믿기 어렵지만, 나중에 나온 복음서들조차도 이후의 수백 년 동안에 내용이 바뀌었어요. 마가복음의 마지막 부분은 완전히 바뀌어버렸지요. 신학상의 변덕은 결코 멈춘 적이 없어요. 아턴이 기독교는 아직도 만들어지고 있다고 말했을 때 당신은 그게 과장이라고 생각했지요. 그건 과장이 아니에요. 18세기까지도 사람들은 다대오를 성 유다로 예배한 것이 아니라 최후의 소원, 혹은 불가능한 소원을 비는 수호성인으로 예배했답니다. 그리고 당신의 앞으로의 배움에 관한 한 끊임없는 계시*에는 잘못된 게 없지만, 기독교는 사실상 종교적 **창작물인** 신약을 가지고 그릇되게도 그것을 문자 그대로 절대적인 진리의 반열에 올려놓으려고 애썼지요. 화가가 자신이 참이라고 믿는 것을 표현하는 한 방식으로서 그림을 사용하는 것은 아무런 잘못이 없어요. 하지만 레오나르도 다 빈치의 '최후의 만찬'을 보고 그것을 문자 그대로 수난 직전에 우리가 마지막으로 만났던 때의 절대적인 역사적 사실을 기록한 것으로 받아들이는 사람은 거의 없을 겁니다.

---

* 끊임없는 계시(continuous revelation) : 모르몬교와 퀘이커교의 사상으로서, 신은 지금도 여전히 인류에게 여러 가지 경로를 통해 진리를 계시한다는 믿음. 역주

개리: 당신은 어떠세요? 당신은 나에게 절대적인 진실을 말하고 있다고 주장하고 있는 게 아닌가요?

퍼사: 수년 뒤 우리의 만남이 끝날 무렵이면 우리는 절대적 진실을 표현하는 제이의 가르침을 당신에게 다 전하게 될 거예요. 그것은 단 두 개의 단어로 요약될 수 있지만 준비된 마음만이 그것을 경험할 수 있어요. 그 두 단어는 이미 말했지만 당신은 그것을 깨닫지 못했어요. 그것은 절대적이고 총체적인 진실을 말해줍니다. 그것은 우주를 바로잡아주는 진실입니다. 앞으로 우리는 그것이 무엇인지에 관해서, 그리고 그것을 알기 위해서는 당신이 모종의 선택을 내려야만 한다는 사실과 관련해서 그 어떤 것도 숨기지 않을 것입니다. 그 선택을 제대로 내리려면 당신은 자신이 실제로 무엇을 두고 선택을 하고 있는 것인지를 더 확실히 깨달아야만 할 것입니다.

개리: 그 정도면 당분간은 받아들일 만하군요. 계속해보세요.

퍼사: 고맙군요. 나의 복음서의 살아남은 부분도 세월이 흐르는 동안에 내용이 바뀌었다고 말했지만, 그래도 그것은 우리의 스승이 했던 종류의 말에 근접한 보기로서 남아 있다고 할 수 있어요. 지금부터 '도마서'라고 애칭할 이 책은 영지주의 이전의 유대-그리스도 말씀 복음서입니다. 영지주의는 제이가 한 말들과 그가 했다고 사람들이 생각하는 말들이 뒤섞인 여러 가지 초기사상들의 혼합물입니다. 물론 제이도 영지주의적이라고 말할 수 있는 그런 성향을 가졌다고 할 수 있지만 영지주의도 전적으로 새로운 것은 아니었어요. 그 특징 중의 일부는 오래된 형태의 유대 신비주의까지 거슬러 올라간답니다.

후기 영지주의 신학을 조금이나마 엿보려면 언제든지 발렌티누스 복음서(Gospel of Truth)*를 읽어보세요. 이것이 가장 훌륭한 영지주의 문헌이니까요. 어떤 용어는 이해할 수가 없을 테지만 영지주의 교파가 믿었던 것이 무엇인지를 전반적으로 알 수는 있을 거예요. 제이는 그중 일부에 동의하기까지 해요. 그중 가장 중요한 것은 이 우주가 꿈과도 흡사하며, 신은 그것을 창조하지 않았다는 거예요. 하지만 발렌티누스 복음서는 역사인물 제이가 실제로 말했던 가르침이 일부 나와 있는 나의 복음서 초판이 나온 지 150여 년 후에 쓰인 것입니다. 내가 그것을 '일부의 가르침'이니, '초판'이니 하고 부르는 것은 앞서 말했던 이유 때문이지만 이 모든 것이 시사하는 것은 너무나 분명합니다. 나의 복음서가 한 첫 번째 공헌은 그리스도 사상이 '기독교'가 되어갈수록 역사인물 제이 — 우리의 메시아, 지혜의 스승 — 에게서 멀어져서, 갈수록 나중에 쓰인 복음 소설에 나오는 말세적 존재를 닮아가고 있다는 사실을 세상이 마침내 스스로 깨달을 수 있게 한 것입니다.

두 번째의 중요한 공헌은 가르침 그 자체의 전반적 논조에 있습니다. 제이는 중동지방 출신이지 미시시피 출신이 아닙니다. 그의 접근법은 마음으로부터 달아나는 서양식의 노골적 이원주의보다 훨씬 더 의식이 깨어 있고 동양적이었지요. 지금과 같은 서양 냄새는 나중에 끼어든 거랍니다.

세 번째 공헌은 몇 가지 말씀 그 자체의 의미에 있어요. 당시에는 우리도 제이의 말을 완전히 이해하지 못했다고 말했지만 도마서는 제이가 했을 종류의 말을 다른 복음서들보다 더 권위 있게 대변해주고 있어요. 그중에서 일부를 당신이 잘 이해할 수 있도록 일종의 수정판으로 제가 직접 일러드리지요. 도마서에 나오는 말들은 특별한 순서로 되어 있지 않다는 점을 주의하세요. 그리고 나는 제이한테서 직접 들은 것만을 인용할 거예요. 이 대화의 목적을 위해서 그중 단지 몇몇 가지만을 고를 겁니다. 해야 할 다른 더 중

---

* 발렌티누스 복음서(Gospel of Truth) : 초기 기독교 영지주의의 가장 유명한 신학자인 발렌티누스, 혹은 그의 제자가 썼다고 추정되는, 나그함마디 사본에서 발견된 영지주의 경전. 역주

요한 이야기들이 있다는 것을 잊지 마세요. 이것은 당신의 마음을 준비시키기 위한 것일 뿐이에요.

도마서의 말씀 114개 구절 중에서 제이는 실제로 70개 구절, 혹은 최소한 그에 근사한 숫자의 구절만을 실제로 말했어요. 나머지 44개 구절은 '위작'입니다. 위작 — 이 말은 교회가 나의 복음서를 싸잡아 매도할 때 애용했던 단어지요. 보시다시피 학자들 덕분에 교회도 이제는 옛날처럼 목청을 높이지는 못하고 있지만요.

개리: 죄송하지만 한 가지 의문을 참을 수가 없네요.

퍼사: 조심하세요. 너무 자주 끼어들면 단테의 신곡 중에서 **지옥편**과 같은 것을 들려줘야 하게 될지도 모르니까요.

개리: 저는 학자들이 마태, 마가, 누가, 소위 세 공관복음서가 모두 원전으로 삼았다고 믿고 있다는 이 신비한 가설 속의 Q 복음서에 대해 늘 듣고 있었습니다. 이 세 복음서가 모두 같은 원전을 베꼈다고 하는데 당신도 원전이란 말을 했지요? 당신의 복음서가 바로 이 사라진 Q 복음서인가요?

퍼사: 말했지만 우린 성서학 연구에 보탬을 주려고 온 게 아니에요. 무슨 수로도 증명할 수 없는 원전에 어떤 학자가 귀를 기울이겠어요? 당신이 꼭 알아야겠다면 Q 복음서가 무엇인지 가르쳐주지요. 마태복음과 누가복음은 정말 그것을 베낀 거예요. 하지만 마가복음은 아니에요. 마가복음의 저자는 자신만의 원전을 가지고 있었어요. 그리고 Q 복음서는 학자들도 이미 알고 있지만 나의 복음서가 아니에요. 당신은 모를 수 있겠지만.

개리: 그럼 그건 무엇이죠?

퍼사: 제이가 십자가형을 당한 이후에 많은 추종자들이 보기에는 제이의 친동생 야고보, 곧 '의인 야고보'라 불리던 동생이 분명히 제이의 후계자로 여겨졌어요. 그들은 제이가 그를 얼마나 사랑했는지를 알고 있었고 야고보

는 신실하고 흔들림 없는 사람이었지요. 하지만 그는 또한 매우 보수적이었어요. 보수적이란 말은 제이를 묘사하기엔 어울리지 않는데 말이죠. 그는 급진 중에서도 가장 급진적인 사람이었으니까요. 성격이 그랬다는 게 아니라 가르침에 있어서요.

이런 이유로 야고보의 추종자들 중에서, 야고보를 존경하기는 하지만 후대를 위해서는 제이가 공공장소에서 했던 가르침들을 들은 대로 보존해놓아야겠다고 결심한 세 사람이 있었습니다. 그들은 제이가 말했던 놀라운 원리에 충실하기 위해서 야고보나 그 밖의 다른 단체에는 크게 열렬한 믿음을 바치지 않았지요. 그래서 그들은 단순하게 〈스승의 말씀〉(Words of the Master)이라고 이름붙인 말씀 복음서를 집필했습니다. 하지만 그 후 40년이 흐르는 동안에 처음에 말씀을 기록했던 사람들이 죽자 세례 요한을 포함해서 다른 사람들이 한 왜곡된 말들과 일부 추종자들이 예수가 믿었다고 추측한 내용들과 그가 말했다고 잘못 생각한 말들이 말씀 속으로 끼어들어갔습니다. 주류교회들이 사용하는 후기의 두 복음서 저자들은 지금은 Q 복음서로 불리는 이 문헌을 참조해서 자신들의 스토리와 인용문을 적당히 섞어놓았지요. ― Q는 독일어로 '원전'(quelle)의 첫 글자입니다. ― 그들은 마가복음으로부터도 내용을 베꼈어요. 마가복음의 저자는 사람들이 이구동성으로 들었다고 하는 말씀만을 인용했습니다. 요한복음은 나중에 써졌는데, 새로운 교파와 유대교 사이의 분열이 심화된 다음이었지요.

흥미로운 것은, 〈스승의 말씀〉과 도마서의 몇몇 사본은 당신이 생각하는 것보다 오랫동안 여러 곳에 남아 있었다는 사실입니다. 교회의 공식 교리에 맞지 않는 내용은 모조리 지워버리라는 성 아우구스티누스의 명령에 의해 새로운 노력이 가해진 것은 서기 400년에 이르러서였어요. 그의 분서는 나치가 긍지를 느끼게 만들었겠지만, 물론 그 만행은 신의 이름하에 저질러졌습니다. 〈스승의 말씀〉과 도마 복음서는 영지주의적인 내용이 아니었는데도 존재하던 거의 모든 영지주의 문헌들과 함께 휩쓸려서 없애져버렸습니다. 사실 그 일부 내용은 교회의 목소리와 일치하지 않아서 이단으로 간주될 수밖에 없었을 거예요. 그런데 결국 강 근처에 묻혀 있다가 나의 복음서와 함께 발견된 나그함마디 문서가 아니었으면 세상은 제이를 다른 시각에서 바라볼 여지를 갖지도 못했겠지요.

자, 이제부터 도마서를 살펴보겠습니다. 그건 이렇게 시작하지요.

이것은 살아 있는 제이가 말하고 디디무스 유다 도마가 기록한 숨겨진 말씀이다.

   1. 그리고 그가 말했다. "이 말씀들의 의미를 깨닫는 자는 누구든 죽음을 맛보지 않으리라."

나의 복음서에는 구절마다 번호가 매겨져 있지 않았지만 나는 지금부터 번호를 사용하겠습니다. 이 말은 내가 한 말인지 제이가 한 말인지를 사람들이 잘 몰랐기 때문에 나중에 '1'이라는 번호가 붙여졌습니다. 이 말을 하고 쓴 것은 나인데, 이것은 제이가 한 말로 표시되지 않은 이 짧은 소개글의 일부로서 써진 것입니다. '숨겨진'이란 말은 단순히 여기 나오는 많은 말씀들이 제이가 일대일로, 혹은 아주 소수의 사람들 앞에서 말한 것들이라는 뜻입니다. 제이가 무엇을 숨기려는 의도를 가졌다는 뜻이 아닙니다.

사람은 죽음을 맛보지 않을 것입니다. 왜냐하면, 앞서 말했듯이, 제이는 우리에게 생명의 길을 보여줬기 때문입니다. 즉, 우리가 이 땅 위에서 경험하고 있었던 것은 생명이 아니었다는 뜻이지요. 우리는 그것이 생명이라고 생각했더라도 말입니다. 그는 영원히 살아 있는 제이였습니다. 왜냐하면 그는 진정한 깨달음, 곧 신과의 합일을 이뤘기 때문이지요. 그가 비록 육신 속에 있는 것처럼 보이기는 했어도, '살아 있는'이란 말은 그가 육신이었다는 뜻이 아닙니다. 그것은 앞서 말한 것처럼 마음의 부활을 가리키는 것이고, 또한 나중에 다시 방문할 때 이야기해드릴 내 복음서 속의 한 말씀을 가리키는 것이기도 합니다. 그리고 여기서 '살아 있는'이라고 하는 말은 육신의 부활과는 아무런 상관이 없습니다. 십자가형 이후에 제이가 실제로 우리 앞에 나타나긴 했지만 말입니다.

이제 이름들에 대해 잠시 밝혀둘 것이 있습니다. 그중 하나는, 제이의 이름은 실제로 예수Jesus가 아니었다는 겁니다. 우리가 그를 이름으로 부른 일은 거의 없었지만 그의 히브리 이름은 이슈아Y'shua였습니다. 우리에게 그는 '스승'이었습니다. 그가 스승이라고 불리거나 다른 특별한 호칭으로 불리기를 원했던 것이 아니라 그 당시에 우리는 그를 경외했기 때문입니다. 그의 이름은 그리스어로, 그다음에는 영어로 옮겨지면서 지저스Jesus가 아니라 제슈아Jeshua가 되었어야 합니다. 사실 그게 정말 중요한 건 아니지만요. 이름 속에 무엇이 있겠습니까? 그 밖에 다른 어떤 이름으로 불려도 그리스도는 하나가 아닐까요?

개리: 그게 정말 중요하지 않다면 당신은 왜 그를 제이라고 부르나요? 예수나 제슈아가 아니라 말입니다.

퍼사: 양쪽 다 해당되는 이름으로 부르면 왜 안 됩니까? 당신은 유태인이 아니지만 당신의 책을 읽을 유태인들도 있을 겁니다. 유태인들이 제이를 무시한다면 그들은 자신의 유산의 일부를 잃는 것입니다.

이름에 대해 말이 나온 김에 이야기하자면, 나는 종종 쌍둥이를 뜻하는 디디무스로 불렸습니다. 그래서 사람들이 내가 누구인지를 쉽게 알아보게끔 그냥 그것을 내 이름의 일부로 소개글에 넣은 것입니다. 나는 기이하게도 제이와 얼굴이 닮았습니다. 실제로 사람들은 자주 나를 그로 혼동하곤 했지요. 내가 제이의 쌍둥이 형제라고 믿는 사람들도 있는데, 그건 사실이 아닙니다. 훗날에 써진 영지주의 문헌인 도마 행전(Acts of Thomas)이 내가 제이의 쌍둥이라고 써놓은 것을 진지하게 믿고 있는 사랑스러운 사람들에게는 사과를 해야겠습니다. 말할 것도 없이, 도마 행전의 일부 내용은 사실이고 또 일부는 사실이 아닙니다. 하지만 도마였던 내 생애를 제대로 이야기하자면 우리가 당신을 방문하는 시간을 거의 다 써야 할 겁니다.

대신 나나 다대오만이 말해줄 수 있는 다른 것을 이야기해드릴게요. 나는 제이와 너무나 닮아서 그가 십자가형을 받으리란 말을 들었을 때 나는 그를 위해 내가 대신 매달리기를 원했어요. 다대오와 나는 그에게 접근하려고 몇 번 애를 썼어요. 처음에는 그가 갇혀 있을 때였고 행렬이 출발했을 때 다시 한 번 시도했었지요. 그러나 슬프게도 바꿔치기를 할 기회는 오지 않았어요. 나는 제이를 위해서라면 목숨이라도 선뜻 내놓았을 거예요. 우리는 그 자리에 있지도 않았던 사람들이 주장한 것처럼 모두 겁에 질려서 마을 밖으로 도망가지 않았어요. 제이가 십자가형을 당하고 나서 우리 앞에 나타났을 때에야 나는 그 모든 일들이 그가 가르침을 위해 선택했던 일임을 깨달았습니다. 처음에는 세상도 십자가형의 교훈을 깨닫지 못했어요. 하지만 세상의 스승으로서의 제이의 일은 그것으로 끝난 게 아니었어요. 내 사랑하는 형제인 당신도 그것을 곧 깨닫게 되겠지만 말입니다.

개리: 아, 내 노트를 보니 전에 당신과 다른 제자들이 제이의 육신에 엄청난 의미를 부여하는 실수를 저질렀다고 한 당신의 말이 있네요. 나중에는 당신 자신도 부활은 마음의 부활이지 육신과는 아무런 상관이 없다고 생각한다고 했어요. 실제로 당신은 어느 쪽을 믿었나요? 아니면 당신은 단지 날 찔러보고 있는 건가요?

퍼사: 아주 좋은 질문이에요. 우린 당신을 집적거리고 있는 거예요. 그리고 가끔씩 당신도 우리를 집적거리고 있지만 거기엔 아무런 잘못도 없어요. 대답은, 그 당시에 나는 양쪽을 다 믿었다는 겁니다. 나의 마음은 여전히 둘로 갈리어 있었어요. 우리는 또 이후의 깨우침 덕분에 지금 당신에게 이렇게 이야기하고 있는 것이라는 말도 했었지요. 시간이 지나면 당신도 그 말이 무슨 뜻인지를 훨씬 더 잘 이해할 수 있게 될 거예요. 내가 이 복음서를 기록할 당시에 나는 제이가 마음의 중요성에 대해 이야기한 것을 **지적으로**는 많이 이해하고 있었지만 **경험상으로**는 우리의 육신, 특히 제이의 육신은 매우 중요하다고 생각하고 있었어요. 다른 제자들은 나보다도 더 심했지만 말이에요.

그 당시의 나의 상황은 지금의 당신의 상황과 크게 다르지 않았어요. 오늘날 당신과 당신의 친구들은 몸과 마음과 영이라는 세 요소의 존재를 믿고 있어요. 당신들의 철학에서는 이 세 요소 사이의 '균형'이 중요하지요. 하지만 당신은 곧 그 대신에 육신을 만들어내고 사용하는 외견상 분리되어 보이는 마음은, 영원불변한 실재인! — 신과 그의 나라인 — 영과 비실재이며 끊임없이 변하는 육신의 우주 — 인식할 수 있는 **모든** 것을 포함한 — 중 하나를 택일해야만 한다는 사실을 깨닫게 될 것입니다. 당신이 육신 속에 있는 것처럼 보이든 말든 상관없이 말입니다. 이것이야말로 제이의 가르침의 근본입니다. 지금 말씀 47절로 번호가 매겨져 있는 곳에 내가 기록한 대로 그는 실제로 이렇게 말했지요.

한 사람이 한 번에 두 마리의 말을 타거나 두 개의 활을 당길 수는 없다. 한 하인이 두 주인을 섬기거나, 그 하인이 한 쪽은 섬기면서 다른 쪽을 공격할 수도 없다.

개리: 그러니까 몸과 마음과 영에 똑같은 가치를 두는 것이 사실은 자신을 해방시켜주는 대신에 이곳에 육신을 입고 자꾸만 되돌아오게끔 만든다는 말이지요?

> 이런 상태의 마음은 단번에 생기는 것이 아닙니다. 많은 훈련을 해야 하지요. 가치 있는 어떤 것도 하룻밤 만에 터득할 수는 없습니다.

퍼사: 그래요. 하지만 그것은 육신을 무시해야만 한다는 뜻은 아니에요. 우린 육신을 바라보는 다른 방식에 대해 이야기하고 있는 거예요. 나의 과거의 믿음에 관한 이야기를 마무리하자면, 나의 복음서는 단지 제이가 말한 것들을 기록한 것일 뿐입니다. 후기 복음서의 저자들과는 달리 나는 나의 개인적 소견을 마구잡이로 끼워 넣지 않았습니다. 그러니 도마서는 제이의 생각들을 일부 기록한 것이지 당시의 나의 이해를 반영하는 것이 아닙니다. 예컨대 다음은 말씀 61절에서 발췌한 것입니다.

> 나는 온전한 것으로부터 온 이다. 나는 내 아버지의 것을 물려받았다. 그러므로 내가 말하노니, 온전한 이는 빛으로 충만하리요, 나뉜 자는 암흑으로 충만하리라.

이전에 했던 말을 다시 하자면, 당신은 이 양쪽을 다 취할 수가 없습니다. 여자가 조금만 임신할 수가 없는 것처럼 조금만 온전할 수는 없는 것입니다. 당신의 믿음은 갈라져 나뉘지 않아야만 합니다. 당신은 오직 신을 위해서만 깨어 있어야 합니다. 이런 상태의 마음은 단번에 생기는 것이 아닙니다. 많은 훈련을 해야 하지요. 가치 있는 어떤 것도 하룻밤 만에 터득할 수는 없습니다. 당신이 기타를 잘 칠 수 있게 될 때까지는 시간이 얼마나 걸리던가요?

개리: 몇 년이 지나서야 잘 친다고 생각했지요. 그런데 10년이 지나니까 내가 아직도 배워가고 있다는 것을 깨닫게 되더군요.

퍼사: 제이와 같은 경지를 이루는 것이 그보다 쉬운 일이라고 믿으시나요?

개리: 난 훈련을 겁내지는 않아요. 단지 내가 올바른 길로 가고 있다는 것을 좀더 확신하고 싶을 뿐이에요.

퍼사: 아주 좋아요. 계속합시다. 더 많은 정보를 가지게 될 때까지 판단을 미뤄둘 수 있겠지요?

개리: 뭔가를 계획하고 있는 것처럼 들리네요.

퍼사: 이젠 성령과 완전히 동화되어 있는 제이가 얼마나 당신과 온전히 함께 하고 싶어하는지를 당신은 알지 못해요. 그가 말씀 108절에서 이렇게 말한 것은 그 때문이에요.

내 입으로부터 마시는 자는 누구든 나와 같이 되리라. 내가 그가 될 것이고 감춰진 일들이 그에게 드러내어지리라.

여기서 제이가 말하고 있는 이 신비로운 함께함이란, 문자 그대로 실제로 일어나는 일입니다. 이것이 일어날 수 있게 하는 진정한 용서의 교훈은 모든 사람이 단번에 깨우칠 수 있는 것이 아닙니다. 이것은 개인적 가르침을 받아들일 준비가 되어 있는 이들을 위한 것입니다.

나는 너희를 택하리니, 천으로부터 하나, 만으로부터 둘을 택하면 그들이 하나로 서리라.

물론 제이는 언제나 모든 사람들을 택합니다. 하지만 얼마나 많은 사람들이 들을 준비가 되어 있을까요? 이 말씀이 분명히 예언하고 있는 대로, 대중은 성령의 가르침에 귀를 기울이지 않을 것입니다. 하지만 귀를 기울이는 이들은, 택함을 받은 이들은 분명히 하나로 설 것입니다(stand as a single one). 그것이야말로 그들의 본질이기 때문이지요. 신의 아들은 온전하고 완전한 모습으로 왕국으로 돌아올 것입니다. 그리고 결국은 우리와 함께 서 있지 않은 사람은 아무도 없게 될 것입니다. 배후의 제이는 싸움에 질 수가 없습니다.

그러나 이기기 위해서는 말씀 5절에 있듯이 당신은 반드시 눈앞에 있는 것의 실상을 알아야만 합니다.

눈앞에 있는 것을 알라. 그러면 너희에게 감춰져 있던 것이 드러나리라. 감춰진 것으로서 드러나지 않을 것은 아무것도 없으리니.

눈앞에 있는 것은 환영입니다. 그리고 눈앞에 있는 그 어떤 것이든 제이가 했던 것과 같이 용서하는 유일무이한 방법을 성령으로부터 터득하는 사람에게는 감춰져 있는 것처럼 보이던 신의 왕국이 드러날 것입니다. 그리하여 결국 당신은 그와 하나가 될 것입니다. 그리고 하늘의 왕국에는 당신의 진정한 환희 외에는 아무 것도 없을 것입니다.

개리: 그건 다 멋지고 좋아요, 퍼사. 하지만 이 넌덜머리나는 왕국에서는 속세의 일들이 정말 코앞에 닥쳐오면 성령의 그 멋진 미소조차 붙들고 있기가 약간 힘들거든요.

퍼사: 내게 다 털어놔 봐요. 기억하시나요? 나도 여기에 몇 번 왔었다구요. 맹세하지만 우린 당신에게 이론 따위나 가르쳐주려는 게 아니란 말이에요. 당신은 코앞에 맞닥뜨린 상황을 마음속에서 간단히 처치해버리는 아주 실질적인 방법을 터득하게 될 거예요. 그러면 당신은 제이와 마찬가지로 바로 그 신의 평화를 이룰 수 있는 잠재력을 얻게 될 거고요. 바로 지금도 당신은 행복해지기 위해서는 세상에서 어떤 특별한 일이 일어나야만 한다고 믿고 있지요. 신의 평화를 얻으면 결국 당신은 세상에서 어떤 일이 일어나는 것 '처럼 보이든지' 말든지 **상관없이** 타고난 본연의 환희로운 상태를 되찾을 수 있는 능력을 얻게 될 겁니다.

왜냐하면 말씀 113절에서 보는 것처럼 제이는 하늘의 왕국은 **지금 이 순간 실재하는** 그 무엇이라고 가르쳤습니다. 비록 당신의 인식에는 시금 딩장 존재하는 것처럼 보이지 않더라도 말입니다.

제자들이 그에게 물었다. "왕국은 언제 옵니까?" 그가 말했다. "그것은 지켜서서 기다린다고 해서 오지 않는다. 사람들이 '여기 온다,' 혹은 '저기 온다'고 하게 되지는 않을 것이다. 아버지의 왕국은 땅 위에 널리 퍼져 있어서 오히려 사람들이 보지 못한다."

여기서 제이는 아버지의 왕국이 이 땅에 있다고 말하는 것이 아닙니다. 사실 그는 이 땅이 우리의 마음속에 있는 것임을 알고 있었습니다. 그는 사람들이 보지 못하는 어떤 것에 대해 이야기하고 있었습니다. 왜냐하면 하늘의 왕국은 한정된 상징물밖에 보지 못하는 육신의 눈으로는 보이지 않기 때문입니다. 천국은 인식의 영역에 존재하지 않습니다. 그것은 당신이 결국은 온전히 알게 될 생명의 진정한 모습입니다.

애벌레가 나비가 되듯이, 당신은 그리스도가 될 것입니다. 그리고 모든 진정한 창조물(true Creation)과 하나가 될 것입니다. 자신이 현존하는 신과 하나임을 당신은 알게 될 것입니다. 왜냐하면 그러한 본성을 신께서 당신에게 부여했기 때문입니다. 당신은 그것을 잊어버렸습니다. 하지만 그것은 여전히 거기에 있습니다. 당신의 마음속에 파묻힌 채 말입니다.(W268) 그것을 기억해내는 방법이 있습니다. 그리고 그것을 기억해냄으로써 당신은 자신의 본성과 본향집을 되찾을 것입니다. 우리는 당신을 도와주러 왔습니다. 그리고 당신을 통해 다른 사람들도 돕기 위해서 온 것입니다.

> 애벌레가 나비가 되듯이, 당신은 그리스도가 될 것입니다. 그리고 모든 진정한 창조물과 하나가 될 것입니다.

도마서에는 제이가 실제로 우리에게 가르친, 신약에 나오는 것과 비슷한 말씀이 있습니다. 그중 몇 가지를 잠깐 말해드리죠.

26. 너희는 형제의 눈에 든 가시는 보면서 너희 눈에 든 들보는 보지 못한다. 너희 눈의 들보를 **빼내면** 형제의 눈에 든 가시를 **빼내줄** 만큼 환히 보이리라.

31. 선지자는 자신의 고향에서 환영받지 못하고 의사는 아는 사람을 고치지 못한다.

36. 무엇을 입을까 하여 아침부터 밤까지, 밤부터 아침까지 걱정하지 말라.

54. 가난한 자는 복이 있나니, 아버지의 왕국이 너희의 것이니라.

마지막의 두 말씀은 물질적 차원에 적용되는 말이 아니라는 점을 주의하세요. 이것은 무엇에 정신적으로 집착하지 않는 것에 관한 이야기입니다. 물질적으로 무엇을 포기하는 것과는 아무런 상관도 없습니다. 만일 당신이 뭔가를 포기해야 한다고 믿는다면 그것은, 그것을 몹시 탐하는 것만큼이나 그것을 실질적인 대상으로 만들어놓는 짓이 됩니다. 제이가 한 말 중에서 가장 짧은 말인 다음 말씀에서도 그것은 마찬가지입니다.

42. 지나가는 사람(passerby)이 되라.

신약성경에 나오는 말의 원조격인 도마서의 두 구절을 더 알려드리죠.

94. 구하는 자는 얻을 것이요, 두드리는 자에게는 열릴 것이다.

95. 돈이 있을 때 이자를 받고 꿔주지 말라. 차라리 갚지 않을 사람에게 주라.

당신은 가끔씩 우리가 신약의 말씀을 인용하는 것을 들을 겁니다. 그것은 실제로 제이가 한 말이지만 우리에게는 그 뜻이 당신이 익숙해 있는 뜻과 늘 같지는 않을 겁니다. 이제 제이가 피력하던 사고체계, 곧 성령의 사고체계를 당신도 맛볼 수 있도록 도마서의 몇 구절을 더 들려드릴 게요.

11. 죽은 자는 살아 있지 않거니와, 또한 살아 있는 자는 죽지 않으

리라.

22. 둘을 하나로 만들면, 그리고 안의 것을 바깥의 것 같게, 바깥의 것을 안의 것 같게, 또 위의 것을 아래의 것 같게 만들면, 또한 남과 여를 하나로 만들어 남이 남이 아니고 여가 여가 아니게 하면 너희는 왕국에 들리라.

49. 외롭고 선택받은 자는 복이 있나니, 너희가 왕국을 발견하리라. 너희가 그로부터 왔으니, 그곳으로 다시 돌아가리라.

탕아의 이야기를 기억하시지요? 당신은 집으로 다시 돌아갈 겁니다. 하지만 그렇게 하기 위해서는 신으로부터 떨어져 나오기로 했던 맨 처음의 결심으로 발자국을 좇아 거슬러가야만 합니다. 왜냐하면 다음에서 제이가 말하듯이, 처음과 끝 — 알파와 오메가 — 은 사실은 같은 것이기 때문입니다.

18. 추종자들이 제이에게 말했다. "당신의 마지막이 어떠할지를 말해 주십시오." 그가 말했다. "끝을 묻는 것을 보니 시작을 발견했느냐? 시작이 있는 그곳에 끝이 있으리라. 시작점에 서 있는 자는 복이 있나니, 그는 끝을 알 것이니 죽음을 맛보지 아니하리라."

설명해둬야 할 말씀이 하나 더 있습니다. 왜냐하면 이 말씀은 오랜 세월 동안 숙고의 대상이 되어왔으니까요. 지난 50년뿐만 아니라 복음이 존재한 이래로 초기의 4백 년 동안을 말입니다. 말씀 13절에서 제이는 제자들 몇 명 앞에서 말씀을 하시고 나서 나를 따로 불렀습니다.

제이는 그를 데리고 한적한 곳으로 물러나서 그에게 세 가지 말을 했다. 도마가 친구들에게 돌아오자 그들이 그에게 물었다. "제이가 너에게 무슨 말을 했느냐?" 도마가 그들에게 말했다. "그가 한 말을 한 마디라도 너희에게 말하면 너희는 나에게 돌을 던질 것이고, 그러면 돌에서 불이 나와 너희를 태울 것이다."

마지막 줄의 불은 신의 노여움입니다. 그리고 돌을 던지는 것은 불경죄에 대한 유태인들의 전통적 처벌방식입니다. 비록 그런 일이 당신이 상상하는 것만큼 자주 일어나지는 않았지만 말입니다. 많은 사람들이 그때 제이가 나에게 무슨 말을 했는지를 궁금해했습니다. 나의 복음서에 대해 질투심을 느꼈던 신약의 저자들은 내가 아니라 베드로가 제이의 총애를 받은 제자라고 썼지만 말입니다. 그들은 나를 무시했다고 전에 말했었지요. 어쨌든 간에, 제이는 참람한 말을 해야 할 때가 와도 자신의 안전을 걱정하지 않았습니다. 그가 그 말을 다른 사람들에게 옮기지 못하게 한 이유는 나를 보호하기 위해서였습니다. 그날 그가 한 세 구절의 말은 이것입니다.

너는 신기루가 너를 지배하고 고문하는 사막을 동경하고 있지만, 그 광경들은 네게서 나오는 것이다.

아버지는 사막을 만들지 않으셨다. 그리고 네 집은 여전히 그와 함께 있다.

돌아가려면 네 형제를 용서하라. 오직 그때서야 너 자신을 용서할 수 있을 것이니.

그 당시에 사람들 앞에서 신이 세상을 창조하지 않았다고 말하는 것은 치명적인 짓이 될 수 있었지요. 그땐 그랬지만, 지금은 이렇습니다. 그리고 우리가 함께 하는 동안 이 모든 원리들은 표현의 자유를 누리고 있는 당신을 통해 증폭될 것입니다. 그 결과로 단선적單線的인 인과논리에 얽매이지 않고 홀로그램처럼 그 어떤 부분에서도 전체가 발견되는 하나의 사고체계가 형성될 것입니다.*

도마서에 대해서는 몇 시간이고 이야기할 수도 있지만 그러지는 않겠습니다. 말했듯이 그것은 영성의 보고가 아닙니다. 하지만 지금 이 지구상에는 그 어떤 것도 흉내 낼 수 없을 정도로 제이가 실제로 말하고자 하는 모든 것이 피력되어 있는 한 영적 문헌이 존재합니다. 그런 책이 존재할 수 있게 된 데는 완벽한 이유가 있습니다. 그것은 7년 동안의 삶을 바쳐서 그것을 받아 적은 어떤 사람에게, 제이가 직접 한 마디 한 마디 말을 불러줬기 때문입니다. 거기에는 제이 외에는 그 누구도 소견을 덧붙이지 않았습니다. 그것은 어떤 종교에 맞도록 편집되지도 않았고 대중의 비위를 맞추기 위해 내용을 조작하지도 않았습니다. 그 최종편집은 이 여인을 통해 제이가 감독했습니다. 도마서와는 달리 이것은 완전한 설교요, 총체적인 훈련입니다. 이것은 특정 종교의 참고서나 도덕적 행동의 지침으로서 쓰인 것이 아닙니다. 이것은 마음만 잘 다스리면 다른 모든 것은 저절로 해결된다는 사실을 보여주는 하나의 사고체계입니다.

다행스럽게도, 〈기적수업〉(A Course in Miracles)으로 알려진 이 가르침은 꿈꾸는 자의 마음을 변화시키려 하지는 않고 꿈속의 세상을 바꿔보겠다는 망

---

* 3차원 입체상을 담고 있는 필름인 홀로그램은 필름을 아무리 조각내어도 그 각각의 조각 안에 피사체의 전체상이 다 담겨 있다. 역주

상에 빠진 또 하나의 종교집단을 만들어내기 위한 것이 아닙니다. 이것은 당신으로 하여금 그리스도로 한 단계, 한 단계씩 변태變態해가게 하는 하나의 자습 과정입니다. 그 과정은 당신과 제이, 혹은 이렇게 말하는 쪽이 편하다면, 당신과 성령 사이의 마음높이에 맞게끔 진행됩니다. (제이든 성령이든 상관없습니다.) 이것은 당신에게, 이 스승으로부터 2천 년 전보다도 훨씬 더 많은 것을 배울 수 있는 행운의 기회를 제공해줍니다. 이 기회를 받아들일 준비만 되어 있다면 말입니다. 그리고 제이야말로 진정 스승으로 불려야 합니다. 많은 사람들이 스승을 자칭

이것은 당신으로 하여금 그리스도로 한 단계, 한 단계씩 변태해가게 하는 하나의 자습 과정입니다.

하지만 그들은 아픈 이들을 찾아가서 낫게 해주고 죽은 자를 일으키지 못합니다.

과거에는 이해가 불가능했는데 이 새천년의 벽두에 이르러서야 세상 사람들이 이해할 수 있게 된 것들이 있습니다. 제이의 메시지는 변하지 않았습니다. 하지만 그것을 이해하는 당신들의 능력은 변했습니다. 왜냐하면 이제는 세상과 마음을 더욱 포괄적으로 이해할 수 있는 바탕이 갖추어져 있기 때문입니다. 제이도 오직 사람들이 이해할 수 있는 개념들을 통해서만 그들을 인도할 수 있습니다. 따지고 보면 신을 제외한 모든 것은 상징물이지요. 하지만 신에 이르는 동안에 해야 할 가르침과 배움이 있습니다.

세상 사람들이 내면에 평화를 지니기 전에는 결코 평화롭게 살 수가 없을 거라고 말했었지요. 내면의 평화와 진정한 힘을 갖는 것이 〈기적수업〉의 주된 목표입니다. 이 공부는 당신의 내면에 그것을 이룩하게 하는 매우 독특한 방법을 제시합니다. 그러면 세상도 변할 것입니다. 하지만 그것이 이 공부가 목적하는 바는 아닙니다. 그것은 당신을 위한 것입니다. 그것은 하

나의 선물이지요. 그러나 그것은 동시에 하나의 어려운 과제이기도 합니다. 사람들이 이 공부가 단순하다고 하는 말은 가끔 들을 수 있어도 쉽다고 하는 말은 듣기가 힘들 겁니다. 때로는 세상이 당신에게 유리하도록 변하는 것처럼 보일 겁니다. 왜냐하면 이 공부는 매사에 결과가 아니라 그 원인을 다루기 때문이지요. 그리고 세상이란 것이 바로 결과물이 아니고 무엇이겠습니까? 물론 세상은 그렇게 믿지 않지만요. 하지만 이 세상은 그리 대단한 곳이 못 된답니다.

아턴: 떠나기 전에, 다음 세 주일 동안에 당신이 준비할 것이 있어요. 당신이 해야 할 일이 뭔지는 인도를 받게 될 거예요. 그리고 시간이 날 때마다 성령에게 인도를 청할 것을 명심해야 해요. 실질적으로 행동하세요. 성령에게 커피를 한 잔 마셔도 될지를 물어볼 필요는 없어요. 그게 당신에게 중요한 문제가 아니라면 말이에요. 하지만 중요한 문제를 혼자서 결정하지는 마세요. 정말 위급해서 물어볼 시간조차 없는 경우가 아니라면 말입니다. 그러면 필요할 때마다 인도가 스스로 찾아올 거예요.

다음 방문에 대해서입니다. 우린 21일 후에 다시 올 거예요. 그리고 당신은 그동안에 할 일이 있어요. 당신의 어머니가 플라톤의 동굴 비유를 읽어줬다고 했는데, 기억에 남아 있는 내용을 간단히 말해보세요. 기억나는 대로 전체적인 윤곽만요.

개리: 글쎄요, 정말 희미하지만 기억을 더듬어보지요. 동굴 속에 갇힌 사람들이 있었어요. 쇠사슬에 꽁꽁 묶여 있어서 고개도 못 돌리고 눈조차 돌리기가 어려웠지요. 그들이 볼 수 있는 것은 눈앞의 벽뿐이었어요. 그들은 거기에 하도 오래 있어서 그것만이 그들이 기억하는 모든 것이고 알고 있는 모든 것이었어요. 그들에게는 벽에 어른거리는 그림자만 보이고 약간의 소리만 들렸어요. 그들이 아는 것이라고는 그것이 다였기 때문에 그들은 자기

들이 보고 있는 그것이 현실의 전부라고 생각했지요. 그것은 정말 우울한 사실이지만 그들은 그것에 너무나 적응된 나머지 그것이 정상이고 거기서 일종의 편안한 기분을 느꼈어요.

그러다가 마침내 그중 한 사람이 쇠사슬을 부수고 자유로워졌습니다. 그는 주위를 돌아보고 자신이 동굴 속에 있다는 것을 알았지요. 그는 또 입구 쪽으로부터 약간의 빛이 들어오고 있는 것도 볼 수 있었어요. 그의 눈이 그 빛을 견뎌내는 데는 오랜 시간이 걸렸습니다. 마침내 그가 입구 쪽으로 기어갔을 때 그는 바깥의 길을 다니는 사람들을 볼 수 있었고 동굴 벽에 어른거리던 그림자는 바로 그들의 그림자라는 것을 깨달았지요.

동굴 안에 갇혀 있는 사람들은 자신들이 보고 있는 것이 현실이 아니라는 것을 모르고 있다는 사실을 떠올린 그는 자신이 알아낸 사실을 그들에게 전해주려고 동굴 안으로 돌아갑니다. 하지만 동굴 안의 사람들은 자신들만의 사고방식에 익숙해진 나머지 자유를 얻은 사람이 하는 말을 듣고 싶어하지 않습니다. 실제로 그들은 오히려 그를 죽이려고 합니다. 그건 당신의 말과도 같아요. — 사람들은 자신이 자유를 원한다고 **생각할지는** 모르지만 사물을 바라보는 자신만의 방식을 쉽사리 포기할 마음은 없어요.

아턴: 고마워요, 개리. 당신의 어머니께서 기뻐하시네요. 플라톤에게는 자유를 얻은 그 사람은 바로 그의 멘토인 소크라테스였습니다. 소크라테스는 사약을 마시는 형을 받았지요. 사람들로 하여금 세상에서 눈을 뜨고 일어나도록 부추겼던 훌륭한 스승들은 무수히 열거할 수 있습니다. 그런 과정에서 많은 사람들의 육신이 죽임을 당했지요. 하지만 그건 사실 중요한 게 아니에요. 플라톤이 그 이야기를 통해 세상에 말해주려고 했던 것처럼, 현실이란 결코 당신이 생각하는 것과 같은 그런 것이 아니니까요.

플라톤은 훌륭한 사람이긴 했지만 그는 사실 그림자가 어떻게 생기는 것인지를 몰랐습니다. 당신은 알게 될 거예요. 플라톤은 빛이 선善(Good)으로부터 온다고 생각했어요. 그건 상징적으로는 맞는 말이에요. 하지만 그는 또 사람들이 평생 동안 육안을 통해 보아온 그 그림자는 각 사물의 완전한 이데아에 의해 비치는 것이라고 생각했지요. 그건 사실이 아니에요. 제이는 무엇이 실제로 그림자를 만들고 있는지를 알았어요. 그리고 그에 대해 무엇을 어떻게 해야 할지도 정확히 알았지요. 우리는 앞으로 바로 그것에 대해 이야기를 나눌 겁니다.

제이의 현실은 세상의 현실과 같지 않다는 것을 이해해두는 것이 도움이 될 거예요. 그는 이 환영의 세계에 있지 않아요. 꿈에서 깨면 당신이 더 이상 꿈속에 있지 않은 것과 마찬가지로 말이에요. 당신은 자주 꿈을 현실처럼 생생하게 경험해봤을 거예요. 하지만 그건 현실이 아니었지요. 당신은 제이를 당신의 꿈속으로 데려오고 싶어할지도 모르겠지만 제이는 그보다 더 좋은 생각을 갖고 있어요. 그는 당신이 깨어나서 그와 함께 있을 수 있게 되기를 바란답니다. 그는 당신이 자유로워지기를 원해요. — 꿈에서 완전히 빠져나오기를요. 플라톤의 동굴에서, 모든 제약과 울타리에서 벗어나기를 말입니다.

당신은 제이의 사랑을 본받기 위해서, 더 사랑 깊은 사람이 되기 위해서는 더욱 열심히 애쓰고 노력해야 한다고 생각했지요. 하지만 그건 사실이 아니에요. 당신이 정말 제이나 신과 같이 완전한 사랑이 되고 싶다면 해야 할 일은 성령의 도움을 받아 당신이 자신과 신 '사이에' 쳐놓은 장애물을 거두는 방법을 배우는 것입니다. 그러면 당신은 저절로, 필연적으로 자신의 본성을 깨닫게 될 겁니다.

삶에서 갈등을 제거하고자 하는 당신의 찬양할 만한 결심과 각오가 당신으로 하여금 빠른 궤도로 옮겨갈 마음상태를 갖출 수 있게 했습니다. 당신이 기꺼이 배우고자 하는 마음만 유지한다면 영성의 첨단기술이 당신을 기다리고 있습니다. 우리가 당신에게 전해줄 제이의 가르침은 모든 사람을 위한 것은 아닙니다. 최소한 단선적인 환영의 세계*에 빠져 있는 모든 사람들 말입니다. 하지만 이 가르침은 **당신**을 위한 것입니다. 당신 스스로 그것을 깨닫게 될 거예요. 만일 깨닫지 못한다면 언제든지 편하게 말하세요. 그럼 우린 더 이상 당신을 찾아와서 괴롭히지 않을 테니까요. 우린 신의 명령을 수행하러 당신에게 온 것이 아닙니다. 당신은 아직 믿고 싶지 않을지 모르겠지만, 신은 사람들에게 무엇을 요구하지 않아요. 당신은 여기서 펼쳐지고 있는 일들이 신의 뜻이라고 생각하지만 그렇게 믿는 당신과 세상은 틀렸습니다. 이곳에서 끊임없이 연출되고 있는 것은 그게 아닙니다. 연출되고 있는 것은 이름하자면 '신으로부터의 외견상의 분리'입니다. 우리는 당신이 '신과 **함께하는** 당신의 본성'으로 돌아가도록 돕고 싶은 것입니다.

 당신과 신 사이에 일어나고 있는 것처럼 보이는 상호작용이란 사실은 당신 자신의 분열된 무의식적 마음속에서 일어나는 상호작용, 곧 자신의 본성을 망각해버린 당신의 부분과 성령이 거하는 당신 마음의 부분 사이에서 일어나는 상호작용일 뿐입니다. 성령은 당신을 떠난 적이 없습니다. 그의 목소리는 신에 대한 당신의 기억 — 본향에 대한 당신의 기억 — 입니다. 당신은 깨어서 그 목소리에 귀 기울이는 법을 터득하게 될 겁니다. 이 목소리는 오랜 세월 망각되었던 당신의 본성을 상징합니다. 이제 당신은 플라톤의 동굴 속의 죄수들처럼, 선택하기를 배워야만 합니다. 엄청난 저항을 느끼게 될 뭔가를 선택하는 법을 말입니다. 진정한 당신을 상징하는 성령과, 그릇

---

* 단선적單線的인 환영의 세계(linear illusion) : 과거에서 현재를 통해 미래로, 원인에서 결과로 꼼짝없이 일직선으로만 흘러가는 환영의 세계. 역주

된 당신을 상징하는 당신 마음의 부분 중에서 양자택일하는 법을 배워야만 합니다. 그리하여 감옥에 갇혀 있던 당신의 무의식적 마음이 오랜 세월 끝에 마침내 해방되게 할 방법을 말입니다. 이것을 당신이 혼자서 한다는 것은 그야말로 불가능합니다. 해보는 건 얼마든지 좋지만, 도움을 받아들이도록 자신을 허락한다면 많은 시간을 절약할 수 있을 겁니다.

그러면 당신도 우리처럼 배후의 제이와 하나가 될 것입니다. 당신은 그렇게 생각하지 않을지 모르지만 그것이야말로 당신의 진정한 과업이 될 겁니다. 그 밖에 당신이 세상에서 꾸려가는 다른 일들은 모두가 단지 부수적인 일밖에 되지 않을 것입니다. 이제부터 당신이 해야 할 진정한 일은 제이가 했던 것과 동일한 고도의 용서의 기술을 배우고 연마하여 마침내는 그것을 멋들어지게 해내는 것입니다. 이것이야말로 성령이 당신을 신의 왕국으로 데려다줄 방법입니다.

지금은 당신도 세상 사람들과 마찬가지로 '지혜란 훌륭한 판단을 내리는 것'이라고 믿고 있습니다. 우리가 다음에 방문할 때는 지혜가 정말 무엇인지를 말해드리겠습니다. 지금부터 우리가 돌아올 때까지 성령이 당신의 마음을 인도하게 하십시오. 날마다 최소한 몇 분 동안만이라도 신에 대해, 그리고 그가 당신을 얼마나 사랑하는지를 생각해보십시오. 그러고 나서 우리가 처음 나타나기 직전에 그랬던 것처럼 마음이 고요해지게 하십시오. 그러면 사랑하는 형제여, 당신은 고요한 물이 깊다는 것을 알게 될 겁니다.

많은 사람들이 그렇지만 당신도 살다 보니 이러다가 지옥으로 떨어지지나 않을까 걱정스러웠던 적이 있었습니다. 자신이 이미 지옥에 있다는 것을 몰랐던 거죠. 오래된 히브리 신비주의 전통의 속담에 이런 말이 있지요. — 지옥이란 신으로부터 '떨어진' 거리이고 천국이란 신으로까지 '남은' 거리다. 정말 옳은 말이에요. 당신의 마음이 이 새로운 모험 속으로 인도되어 가는 동안 다음을 명심하도록 하세요. 인식되는 우주 속에서 당신이 보는 모든 것은 당신이 택일해야 할 둘 중 하나의 목적을 가지고 있다는 것을 말입니다. 그 하나는 당신을 감옥에 가둬두는 것이고 다른 하나는 당신을 해방시키는 것입니다. 당신의 눈에 보이는 것에 대한 해석을 성령에게 맡기기를 택한다면 신약에서 제이가 말한 그것을 당신도 깨닫게 될 것입니다.

그대에게 주어지는 모든 것은 해방을 위한 것이니, 그대에게 주어지고 있는 눈앞의 광경과 통찰과 내면의 인도가 모두 그대를, 그대뿐만 아니라 그대의 사랑하는 이들을, 그리고 그들과 함께 온 우주를 지옥으로부터 벗어나도록 이끌어주고 있다. (T664)

3
기 적

목마르고 굶주린 생명들이 죽으러 오는 먼지투성이의 메마른 세상에,
천국에서 내리는 치유의 빗방울처럼 기적이 떨어지도다.

(W473)

다음날 아침 나는 아턴과 퍼사와의 긴 토론에 아직도 좀 압도된 기분에 싸인 채 잠자리에서 일어났다. 그래도 그들이 시간을 바꿔준 덕분에 잠을 곤하게 잘 수 있어서 고마웠다. 이것은 내가 지금껏 경험한 그 어떤 것보다도 중요한 일이었지만 한편으로는 이 모든 일이 어디로 어떻게 전개될지를 알 수가 없어서 불안한 감도 있었다. 그러다가 나는 생각을 멈추고 스스로 이렇게 물어보았다. ― 내가 앞날이 어떻게 될지를 알고 있었던 적이 한 번이라도 있었던가?

그 주일의 금요일 오후에 나는 종종 그러듯이 요금이 할인되는 영화를 보러 갔다. 집으로 돌아오는 길에 문득, 몇 달 동안 잊어버리고 지냈던 작은 뉴에이지 책방 생각이 떠올라서 오늘은 거기엘 꼭 들러봐야겠다는 생각이 들었다. 서점 문을 들어설 때 나는 또 다시 내 시야의 한 구석에서 빛이 반짝거리는 것을 느꼈다. 그리고 아턴과 퍼사에게 이 경험의 의미가 무엇인지를 물어보려고 했다가 잊어버렸던 것을 상기했다.

그러면서 한 서가로 다가갔는데 공교롭게도 〈기적수업〉이라는 제목의

책이 곧바로 눈에 들어왔다. 내가 오늘 하필 서점에 오고 싶어졌던 이유가 바로 이것 때문이었구나, 하는 생각이 들었다. 책을 뽑아 몇 페이지를 훑어보니 그것은 같은 출처로부터 나온 세 권의 책 — 〈교재〉(Text), 〈학생을 위한 실습서〉(Workbook for Students), 그리고 〈교사를 위한 지침서〉(Manual for Teachers) — 이 합본된 것임을 알 수 있었다. 나는 또 별다른 이유도 없이 〈기적수업〉 근처에 놓여 있던 다른 책 — 로버트 스커치라는 사람이 쓴 〈떠남 없이 떠나는 여행〉(Journey without Distance) — 에 이끌려 그것을 집어 들었다. 나는 그 책이 〈기적수업〉이 나오게 된 사연을 간추려놓은 내용이라는 것을 알게 됐다. 나는 속으로 성령에게 어떻게 해야 될지를 물어봤다. 그러자 이런 생각이 들려왔다. — 그게 널 물지는 않을 테니까 걱정 마.

그날 밤늦게 나는 〈기적수업〉의 〈교재〉 부분을 일부 읽어보았다. 그리고 책을 쓴 사람에게 그 내용을 불러주었던 '목소리'가 천연덕스럽게도 자신이 역사인물인 예수라고 했으며, 한 술 더 떠서 성경의 내용을 명확하게 바로잡아주기까지 했다는 것을 직접 확인할 수 있었다. 나는 그 사실에 마음의 혼란을 느꼈다. 그것이 정말 제이라고는 믿을 수가 없었다. 나는 그가 단지 목소리로서가 아니라 육신을 입고 돌아올 것으로 늘 생각하고 있었기 때문이다.

그러나 정확한 이유를 댈 수는 없어도 다른 한편에서는 영감을 주는 고요하고도 분명한 어떤 목소리가 내 가슴을 울리고 있는 것 같았다. 그날 밤 나는 성령에게 물어보지 않고 혼자서, 둘 중 한 가지를 택하겠노라고 결심했다. 장차 나의 경험이 이것이 정말 제이라는 것을 깨우쳐준다면 나는 그의 가르침을 십분 활용할 것이다. 하지만 장차의 경험이 그것이 엉터리임을 드러내준다면 나는 아턴과 퍼사의 출현 따위는 무시하고 〈기적수업〉이 사기임을 폭로하기 위해 무슨 짓이든 다 하리라.

나는 지난 3주 동안 이 책에 대해 속성 수업을 받았으므로 아턴과 퍼사에게 몇 가지 질문을 할 준비가 됐다. 나는 최대한 빨리 〈기적수업〉의 〈교재〉 부분을 다 읽고 '목소리'가 하는 말의 전체적인 내용을 파악했다. 나는 또 그것을 그토록 빨리 읽어버리는 것은 이 공부의 원리를 소화하는 데는 좋은 방법이 아니라는 것도 알았다. 그래도 〈교재〉의 마지막 장인 '다시 한 번 선택하라'에 나오는, 그리스도의 힘을 택한다는 것의 의미에 대한 놀라운 선언은 나를 흔들어놓았다. 나는 제이가 그의 학생들에게 요구하고 있는 — 그리고 제공하고 있는 — 것을 정확히 요약한 이 심오한 선언만큼 진정으로 가슴깊이 다가오는 글을 평생에 달리 읽어본 기억이 없었다.

나는 〈떠남 없이 떠나는 여행〉도 읽어보고 〈기적수업〉이 나오게 된 경위와, 그것을 받아 적고 전파하는 데 주요한 역할을 한 인물들에 대해 알게 되었다. 읽으면 읽을수록 내가 장차 〈기적수업〉을 비판하는 사람보다는 그것을 공부하는 학생이 될 것만 같다는 생각이 들었다. 나의 경험에 비추어보건대, 이 〈수업〉*이 제이로부터 나온 것일 뿐만 아니라 그가 아닌 다른 데서는 나올 수가 없다는 쪽이 벌써 훨씬 더 그럴 듯하게 느껴졌다.

나는 또 인터넷에서 〈기적수업〉에 관한 정보를 여러 시간 동안 검색해보았다. 분명히 읽기가 쉽지 않은 이 책이 단지 입소문만을 통해서 벌써 백만 부 이상이 팔렸다는 사실에 놀랐다. 이 책이 출판된 이래로 현재에 이르는 동안 이 공부를 하는 사람들의 그룹이 광범위하게 형성되어 있는 것이 분명했다. 하지만 나에게 이 〈수업〉이 특별하고 멋지게 느껴졌던 점은, 퍼사가 강조했던 것처럼 이것이 온전히 독자와 제이, 혹은 성령 사이에서 이루어지

---

* 수업(Course) : 이 책에서는 종종 〈기적수업〉을 줄여서 〈수업〉이라고도 부른다. 책보다 책이 제시하는 공부의 내용을 지칭하는 의미로 쓰이기도 하는데, 문맥에 따라서는 수업이란 표현이 적절하지 않을 때도 있지만 혼란을 피하기 위해 그대로 '수업'으로 옮겼다. 역주

는 자습 과정이라는 것이었다. 그러므로 이것의 의미와 이것을 가지고 무엇을 어떻게 해야 하는지에 대해 사람들 사이에 의견이 분분하더라도 〈기적수업〉의 내용만 다치지 않고 남아 있는 한 그것은 언제나 다음에 오는 사람이 스스로 그것을 해보고 스스로 그 진실을 찾아낼 수 있게끔 해줄 것이었다.

게다가 그것을 무수한 영적 행로들 중의 하나로서 제시하는 겸손에도 불구하고 나는 〈기적수업〉의 가르침은 모호한 구석이 없고 절대적인 것임을 느낄 수 있었다. 〈기적수업〉을 전하는 존재의 말에 의하면 그것은 실로 해설할 필요가 없다. 그것은 단지 이해하고 적용해야 할 뿐이다. 사실 애초에 이 말썽 많은 세상에 혼란을 가져온 것은 이해하기보다는 해설할 수 있다고 나서는 — 혹은 따르기보다는 이끌 수 있다고 나서는 — 배우는 자의 고집이었다. 그러니 아턴과 퍼사가 나를 〈기적수업〉의 공부를 순조롭게 시작할 수 있도록 도와주겠다고 한 것은 너무나도 감사한 일이었다.

또한 수백 년에 걸쳐서 여러 저자들에 의해 써진 서로 모순되는 가르침들을 모아놓은 성경과 같은 책이 아니라, 세 책을 합본한 이 책의 내용이 모두 동일한 스승으로부터 온 것이라는 사실이 다행스러웠다. 일관성 없게 들리는 모든 내용은 이 〈수업〉이 두 가지 차원, 곧 순전히 형이상학적인 가르침의 차원과 일상적 용서 훈련의 좀더 실질적인 차원에서 말하고 있다는 사실에서 파생되는 것이었다. 그 용서란 도마 복음서에서 제이가 말했듯이 눈앞에 있는 것의 실상을 아는 것이다.

어쨌든 나는 용서에 대한 〈기적수업〉의 더욱 폭넓은 가르침의 맥락에서 모든 문제를 판단한다면 — 그것은 세상이 말하는 용서의 개념과는 결코 같지 않다 — 용서가 필요한 문제들이 학생들의 마음에 더 이상 골칫거리로 느껴지지 않게 될 것이라는 사실을 깨닫기 시작하고 있었다. 그것은 행동을 취하는 것이 때로는 적절하지 않을 수도 있다는 뜻만은 아니다. 마음속에 성령의 자리를 마련한 학생은 주어진 상황에서 어떤 행동을 해야 할지에 대한 믿음직한 인도를 훨씬 더 잘 받을 수 있는 마음상태를 지니게 될 것이다.

그러던 어느 날 아침에 나는 유달리 맑은 마음상태로 잠에서 깨어났다. 그때 한 목소리가 들려왔다. ― 그것은 내 안 깊은 곳으로부터, 그리고 내 존재 전체를 관통해서 울려왔다. 그것은 너무나 완벽한 권위의 기운을 띠고 있어서 그 근원에게는 그 어떤 의문도 제기할 수가 없었다. 내가 들은 말은 이것이었다.

세상과 세상의 방식을 버리라. 그것이 그대에게 의미가 없게 만들라.

머릿속에는 희생 제물로 바쳐야 할 세상의 모습이 춤을 추고 있었지만 그래도 나는 그 말에 완전히 압도되어 버렸다. 나는 직관적으로 이렇게 말했다. "하겠습니다. 어떻게 하는지는 모르겠지만 하겠습니다." 목소리는 거기에 확실하게 응답해줬다.

내가 방법을 알려주겠다.

그 목소리가 내 삶에 가한 영향은 너무나 정화적淨化的이고 즉각적인 것이었다. 나는 그처럼 놀라운 목소리를 들어본 적이 없다. 목소리는 너무나 충만하고 온전하고 완벽했다. 그것은 내가 이제껏 들어온 다른 모든 목소리들에는 뭔가가 휑 하니 빠져 있는 것만 같이 느껴지게끔 만들었다. 그날 이래로 나는 제이가 나와 함께 있고 나의 상태를 알고 있으며 나에게 요구된 일을 해낼 방법을 가르쳐주려 한다는 것을 알았다. 나는 그것을 항상 기억하고 있지는 못했지만 ― 특히나 세상이 내 인생행로 위에 유쾌하지 않은 사건들을 던져줄 때는 그것을 잊어먹어 버리곤 했지만 ― 늦든 빠르든 그 기억은 늘 되돌아왔다. 그것을 빨리 기억해낼수록 고통은 덜했다.

내가 사실은 그 어떤 것도 희생하도록 강요받고 있는 것이 아니었음을 깨닫는 데는 오랜 시간이 걸릴 것이다. 하지만 퍼사가, 제이는 누구에게도

기적

물질적 차원에서 무엇을 포기하기를 요구하지 않는다는 것을 일찌감치 말해준 것이 고마웠다. 나는 제이의 가르침은 **결과인** 세상의 차원이 아니라 **원인인** 마음의 차원에서 적용되어야 한다는 것을 벌써부터 잘 이해하고 있었다. 그의 메시지 중에서 늘 나의 귀를 건드리는 말은 '의미 없다'는 말이었다. 나는 최근에 내가 경험한 것들을 아턴과 퍼사에게 이야기하고 싶어서 안달이 났다.

아턴과 퍼사는 약속한 대로 우리가 만난 지 꼭 스무하루 만에 세 번째로 조용히 모습을 나타냈다. 그들의 출현은 사라질 때와 마찬가지로 언제나 분명하게, 순간적으로 일어났다. 이번에도 아턴이 먼저 말문을 열었다.

아턴: 지난 몇 주는 다사다난했지요. 그것 읽어봤나요?
개리: 〈기적수업〉 말인가요?
아턴: 예.
개리: 아뇨, 난 영화가 나오기를 기다리고 있어요.
아턴: 신께서는 모든 사람을 도와주고 계시지요. 말문을 열려고 그냥 물어본 거예요. 당신이 〈교재〉를 다 읽었다는 건 이미 알고 있어요. 그것을 여러 번 읽어야 할 거예요. 〈실습서〉는 1년 동안 실천하게끔 만들어져 있어요. 하지만 사람들은 대개 그보다 더 오래 걸려서 끝내지요. **당신에게는 1년하고 4개월 반이 걸릴 거예요.** 〈교사를 위한 지침서〉는 가장 쉬운 부분이에요. 거의 모든 사람이 신의 교사*가 된다는 것은 곧 용서를 실천하는 것을 뜻한다는 사실을 까맣게 잊어버리곤 하지만 말이에요. 〈기적수업〉은 이렇게 말하지요.

---

* 신의 교사(a teacher of God) : 성령의 사고체계를 실천으로써 본보여주는 이. 역주

가르친다는 것은 곧 모범을 보여주는 것이다. (M1)

대부분의 학생들은 가르침이 교사와 학생이라는 전통적인 관계 형식에 맞춰져야 한다고 믿어요. 하지만 〈기적수업〉에는 전통적이라고 할 만한 게 거의 없습니다. 그들에게는 〈기적수업〉을 가르치려 드는 것보다는 배우는 편이 훨씬 더 나을 거예요.

개리: 내 생각엔 아마 누구라도 경전을 해설해보고 싶어할 거예요. 자연스러운 욕망이지요.

아턴: 제이가 만일 〈기적수업〉이 자신이 가르치는 대로가 아니라 당신이 해설하는 대로 전해지길 원했다면 애초에 그걸 왜 줬겠습니까? 당신이 당신 자신만의 경전을 만들어내게 하지 않고 말입니다. 분리된 것처럼 보이는 당신의 존재 기간 동안 당신이 내내 해온 짓이 바로 그거지만 말이에요. 사실을 말하자면, 드물기는 하지만 〈기적수업〉을 진정으로 이해한다면 가능한 해석은 오직 한 가지뿐입니다. 흔한 일이지만 그것을 당신이 바꿔놓으면 그것은 더 이상 〈기적수업〉이 아닙니다. 〈교재〉에서 혼돈의 제일 법칙이 뭐라고 했는지 기억나시나요?

개리: 기억이 날 것 같지만 책을 찾아보는 편이 낫겠네요.

아턴: 좋아요. "여기에…… 법칙이 있다……"로 시작되는 곳을 읽어보세요.

개리: 예.

여기에 그대가 만든 세계를 지배하는 법칙이 있다. 그러나 그 법칙은 아무것도 지배하지 못하거니와 깰 필요도 없다. 그저 그것을 직시하기만 하면 그것은 초월된다.

혼돈의 제일 법칙은, 사람마다 진리는 다르다는 것이다. 이런 종류의 모든 원리들과 마찬가지로 이 법칙은 모든 사람은 분리되어 있으며 자신을 다른 이들로부터 구별되게 하는 자기만의 생각들을 가지고 있다고 주장한다. 이 원리는 환영들 사이에 어떤 위계적 구조가 존재한다는 믿음으로부터 나온다. 즉, 어떤 환영은 다른 것보다 더 가치가 있고, 따라서 더욱 참이라는 것이다. (T489)

> 그는 진실은 당신이 이해하고 동의하거나 말거나 상관없이 진실이라고 말합니다. 진실은 당신의 해석에 좌우되지 않으며 그의 〈수업〉도 그렇습니다.

퍼사: 모든 사람들이 자신의 진리를 찾아내고 표현하려고 애씁니다. 그들의 소위 '진리(truth)'는 사실은 그들을 있는 곳에 그대로 갇혀 있도록 만들기 위해 고안된 것입니다. 〈기적수업〉에서 제이가 가르치고 있는 것은, 진실(truth)은 사람에 따라 다르지 않다는 것입니다. 그것은 상대적인 것이 아닙니다. 그는 진실은 당신이 이해하고 동의하거나 말거나 상관없이 진실이라고 말합니다. 진실은 당신의 해석에 좌우되지 않으며 그의 〈수업〉도 그렇습니다. 그는 교사요, 당신은 학생입니다. 그렇지 않다면 〈수업〉을 왜 합니까? 뭐든 당신이 하고 싶은 짓을 맘대로 하지요. 마음이 제멋대로 하게 내버려두세요. 술을 마시고 취하세요.

개리: 그러니까 당신이 당신의 복음서에서 "이 말씀의 해석을 발견하는 자는 죽음을 맛보지 않으리라"고 했을 때 그것은 해석은 오직 한 가지밖에 있을 수 없다는 뜻이었군요.

퍼사: 맞아요, 형제. 당신은 아주 잘 따라가고 있어요. 명심하세요. 〈기적

수업〉이 그처럼 수준 높은 가르침을 전할 수 있었던 것은 제이가 한 여성의 시간을 7년이나 빼앗아서 필요한 일들을 겪게 함으로써 자신이 들려주고 싶은 말을 정확하게 들려줄 수 있었기 때문입니다.

개리: 그건 생각을 좀 해봐야겠네요. 성경에나 나올 법한 이야기를 곧이곧대로 옮기는 진부한 이야기처럼 들려서요.

퍼사: 아시겠지만 〈기적수업〉은 성경이 아닙니다. 〈기적수업〉 중에서 비이원론을 표현하는 부분은 **문자 그대로** 받아들여야 하지만 이원성을 표현한 것으로 보이는 부분은 **비유로** 받아들여야 합니다. 거기엔 아무런 모순이 없어요. 하지만 이것을 이해하지 못하면 당신은 〈기적수업〉이 자기모순에 빠져 있다고 잘못 생각하게 될 거예요. 전에도 말했지만 결국 신을 제외한 모든 것은 비유(metaphor)입니다. 끝까지 가려면 자기만의 언어의 도움을 받아야만 합니다. 〈기적수업〉은 성령에 의해 당신의 무의식 속의 죄를 치유하기 위한 것이고, 용서의 힘을 통해 천국으로 돌아가기 위한 것입니다. 용서의 힘은 선택을 내리는 마음의 능력에 엄청난 권능을 부여해줍니다.

제이가 말하듯이,

이것은 마음을 훈련시키는 수업이다. (T16)

그리고

훈련되지 않은 마음은 아무것도 이룰 수 없다. (W1)

개리: 저는 어떤 스승이 이런 말을 하는 것을 들었어요. 진리(truth)를 찾고 있노라고 하는 사람은 따라야 하고, 진리를 찾았노라고 하는 사람에게서

는 도망가야 한다고요.

아턴: 실제로 진실(truth)을 아는 사람을 만난다면 그건 별로 쓸모없는 말이 될 거예요. 그 말이 당신을 오랜 세월 동안 도망 다니게는 해주겠지만요. 글쎄요, 제이는 진실을 알고 있는데 당신이나 그 스승이나, 제자가 되기보다는 스승이 되길 고집한다면 어떻게 훈련을 받을 수가 있겠어요?

개리: 당신의 말뜻을 알겠어요. 영화에서조차도 스승과 제자의 차이는 금방 드러나지요.

아턴: 맞아요. 그렇지만 그들은 대개 이 우주의 힘을 이용할 방법을 찾아 헤매지요. 우리는 신의 권능에 관심이 있지만 말이에요. 이 둘이 같은 것이 아니라는 것은 이미 분명히 말했지요?

개리: 통달의 경지에 도달하려면 시간이 얼마나 걸릴까요?

아턴: 모두들 그걸 궁금해해요. 그런데 그 대답을 처음 듣는 사람은 아무도 좋아하지 않더군요. 대답은, 될 때가 되면 된다는 거예요. 하지만 그런 의문은 더 이상 아무런 문제도 되지 않는다는 사실에 당신이 매우 기뻐한다면 그때는 더 **앞당겨** 올 겁니다! 어쨌든 성령이야말로 당신 내면의 스승이기 때문에 당신이 육신 속에 있는 것처럼 보이는 한 당신은 언제나 제자가 될 준비가 되어 있어야만 합니다. 이것은 세상의 구속을 벗어나서 본향으로 돌아가기를 진지하게 원하는 사람들에게는 필생의 영적 행로입니다. 〈기적수업〉이 하는 말이 있다면, 그것은 이 세상은 그토록 정색하고 심각하게 대해야 할 대상이 **아니라는** 것입니다.

개리: 좋아요. 하지만 아직은 필생의 영적 행로를 딱 하나만 가지고 싶지가 않다면 어떻게 해야 하죠? 다른 곳도 이리저리 기웃거려보고 싶다면 말이에요.

아턴: 영적 뷔페를 기다리는 줄에는 원하는 만큼 얼마든지 서 있을 수 있

어요. 분명한 것은, 마음은 스스로 의도를 내지 않으면 훈련시킬 수가 없다는 거예요. 그건 당신에게 달린 문제예요. 하지만 명심하세요. 당신은 제이에게서 배운다는 것은 어떤 경험일지를 늘 알고 싶어했어요. 당신의 기회가 여기 와 있어요.

개리: 〈기적수업〉을 받아 적은 사람들에 대해서 물어볼 참이었어요.

아턴: 〈기적수업〉이 쓰이게 된 사연에 관해서는 길게 이야기하지 않을 거예요. 당신은 그에 관한 책을 이미 한 권 읽었어요. 그 밖에도 몇 권의 책이 있지요. 관심이 있으면 혼자 있을 때 그 책들을 읽어보시면 돼요. 어떤 사람들에게는 〈기적수업〉의 서문에 나오는 이야기만으로도 그 내력에 대한 호기심이 다 채워지지만요. 지금까지 이 모든 것에 대해 당신이 느끼는 인상은 뭔가요?

개리: 아주 흥미로워요. '목소리'를 받아 적은 헬렌 슈크만 박사와 그녀에게 그 일을 계속하도록 격려한 빌 텟포드 박사는 뉴욕시에서 함께 일하던 심리학자였는데 그들은 사이가 좋지 않았다지요. 그러다가 하루는 빌이 그들 사이의 관계를 변화시킬 다른 방도를 찾아봐야겠다고 말했고요.(PRvii)

아턴: 뭔가 친숙한 느낌이 들지 않나요?

개리: 그럼요. 나도 그랬으니까요. 빌의 선언은 마음이 뭔가 더 나은 방법을 찾아보겠다고 결심한 것을 뜻하지요.

아턴: 아주 좋아요. 그것이 제이로 하여금 〈수업〉을 가르치도록, 혹은 당신으로 하여금 〈기적수업〉을 발견하도록 했지요. 제이는 단지 헬렌과 빌에게만 〈수업〉을 가르쳐준 것이 아니에요. 그것은 그들뿐만 아니라 들을 준비가 된 모든 사람을 위한 것이었지요. 헬렌에게는 그 일을 끝낸다는 것이 마치 영원의 시간이 걸릴 것처럼 보였고, 그녀가 글을 받아 적기는 했지만 빌의 격려와 후원이 없었으면 결코 마칠 수가 없었을 겁니다. 나중에 그녀가

속기록 노트를 읽어주면 그가 그것을 타자기로 쳐주곤 했지요.

그건 그렇더라도, 행여나 그들을 성자로 만들려들지는 마세요. 다시 말하지만 그들은 그저 당신과 같은 보통 사람들이었어요. 그들의 관계는 나아지기는 했지만 그래도 그들이 은퇴하고 빌이 캘리포니아로 떠날 때까지도 여전히 삐걱거렸어요. 그들은 인간이었어요. 하지만 배우며 성장해가고 있었지요.

개리: 그리고 헬렌과 빌을 도와 〈기적수업〉이 세상에 퍼져나가게 한 〈내면의 평화 재단〉(Foundation for Inner Peace)의 다른 창립멤버가 있지요. 켄네쓰 왑닉이 나타나서 〈기적수업〉이 출판될 때까지 몇 해 동안 헬렌과 빌과 함께 일했어요. 그는 헬렌과 함께 〈수업〉의 내용을 장별로 나누고 제목을 붙이고 특별한 단어에는 대문자를 붙여서 문장을 정리했어요. 그리고 쥬디 스커치는 헬렌과 빌과 켄(켄네쓰)의 손에서 책을 건네받아서 자신의 모든 친구들과 신사고 운동(new thought movement) 분야의 지인들에게 퍼뜨렸고요. 그리고 밥 스커치도 있어요. 하지만 그는 자신의 이야기를 하지 않기 때문에 나도 잘 알지 못합니다. 그리고 결국 그들은 〈기적수업〉이 편집되거나 생략되지 않은 상태로 출판되고 그것을 잘 보존할 수 있게 하는 유일한 방법은 그들 자신이 그 일을 하는 수밖에 없다는 제이의 인도를 받아들였지요. 나는 이 사람들이 일종의 영적 가족이 되게끔 타고났다고 생각해요. 그 진정한 목적은 용서를 실천하는 것이고 말이죠.

퍼사: 맞았어요. 〈수업〉도 이렇게 말하지요.

구원에는 우연이라는 것이 없다. (M7)

쥬디와 밥은 〈기적수업〉이 세상에 퍼지게 하는 데 결코 없어서는 안 될 역할을 했어요. 그리고 켄은 〈기적수업〉의 의미를 사람들에게 가르치는 임무를 맡게 되리라고 제이가 그들 앞에 천명했고요. 켄은 헬렌과 매우 가까워졌지요. 현재도 〈기적수업〉이 다른 언어로 번역될 때 그 번역자가 거의 1,300쪽에 이르는 내용을 낱낱이 다 진정으로 이해하는지를 확인하는 것이 켄의 역할입니다. 그것이 켄이 〈기적수업〉의 유일한 교사라는 뜻은 아니에요. 하지만 앞으로도 그는 가장 훌륭한 교사로 꼽힐 거예요. 지금으로부터 수백, 수천 년이 지난 후에도 많은 학생과 학자들이 그의 글을 읽을 겁니다. 그리고 똑똑한 학생인 당신도 원한다면 이번 생애에 그에게서 배울 기회를 갖게 될 거예요.

개리: 당신들이 있는데 그가 또 필요할까요?

퍼사: 우리가 있는 건 맞아요. 하지만 언제까지나 이렇게 정해놓고 찾아오진 않을 거예요. 우리는 가서 마음을 흔들어줘야 할 데가 많아요. 당신은 우리가 여기에 온 것처럼 보이든지 말든지 상관없이 계속 공부를 해야만 하고요. 약속하지만 우린 항상 당신과 함께 여기에 있을 겁니다. — 제이도 그럴 거고요.

개리: 당신들이 없을 때 누구와 함께 공부해야 할지는 좀 생각해봐야겠습니다. 그런데 나는 마리앤 윌리엄슨*이 〈기적수업〉의 가장 중요한 교사인 줄 알았어요. 지난 주 래리 킹 쇼에 그녀가 나오는 걸 봤거든요. 책을 읽어보지 않았다면 나는 그녀가 〈기적수업〉을 쓴 줄로 알았을 거예요.

퍼사: 아니에요. 내가 영적 수다의 달인이라고 부르는 우리의 자매 마리앤은 그저 한 사람의 교사일 뿐이에요. 그녀는 대중 앞에서 말하는 재주와

---

* Marianne Williamson : 매스컴에 자주 출연하는 여류인사로, 〈기적수업〉에 관한 저서와, 〈기적수업〉 스터디그룹을 이끄는 교사로서도 유명하다. 역주

성격을 타고나서 〈기적수업〉을 다른 누구보다도 더 많은 사람들에게 소개할 수 있었지요. 그래도 그다음에 얼마나 공부를 하느냐는 각자에게 달린 문제예요.

개리: 〈기적수업〉이 다른 언어로 번역되고 있다고 했지요?

퍼사: 예. 당신은 외국어를 할 줄 모르죠?

개리: 영어만 하기에도 벅차요.

퍼사: 번역에 관한 한 제이의 〈기적수업〉

> 제이의 〈기적수업〉은 사실 기독교가 전파된 것보다 훨씬 더 빠르게 퍼져가고 있어요.

은 사실 기독교가 전파된 것보다 훨씬 더 빠르게 퍼져가고 있어요. 지금부터 백년 후면 전 세계의 상당한 인구가 〈기적수업〉이 정말로 신의 말씀을 전하는 제이의 가르침이라는 것을 받아들일 거예요. 하지만 그것도 사람들이 실천하지 않는다면 무슨 소용이 있겠어요? 당신이 〈기적수업〉이 말하는 것을 분명히 이해하기를, 아니면 최소한 대충이라도 알게 되기를 우리가 바라는 이유도 바로 거기에 있어요.

그건 당신 생각만큼 쉽지는 않아요. 1975년에 〈기적수업〉이 사람들에게 공개된 이래로 채널링 메시지와 〈기적수업〉을 모방하는 기법들이 폭발적으로 쏟아져 나왔고, 그것을 따르는 많은 사람들은 그것이 〈기적수업〉과 똑같거나 흡사하다고 믿지요. 하지만 숙련된 사람의 눈에는 이 다른 가르침들에는 〈기적수업〉의 가장 핵심적인 부분이 빠져 있다는 것이 보입니다. 그 부분이야말로 〈기적수업〉을 〈기적수업〉답게 해주는 것인데 말이에요. 다른 교사들을 공격하고 싶지는 않지만, 〈기적수업〉의 메시지가 온전히 보존되게 하는 임무를 게을리 해서도 안 되지요.

〈기적수업〉을 달리 가르치는 교사들의 관점에 동의하지 않기로 하는 것은 아무런 문제가 없어요. 〈기적수업〉을 영적 사상의 양자도약처럼 독보적인 가르침으로 만들어주는 중요한 특징이 있답니다. 그 특징 중 일부는 〈기적수업〉의 학생과 교사와 해석자들 대부분이 사실상 무시해버리고 있지만요. 세상은 2천 년 전에 제이의 가르침을 그렇게 했듯이 〈기적수업〉의 특정 부분들을 환영 속으로 끌어들여서 성령의 진정한 메시지를 덮어버림으로써 진실을 왜곡하는 평소의 임무를 부지런히 다하고 있습니다. 우리는 당신이 좋아하지 않는다고 해서 그 내용을 빼먹지는 않을 겁니다. 그것을 듣고 나서 그것을 싫어하거나 받아들이고 싶어하지 않는다면 그것은 당신의 결정일 뿐이지요. 최소한 당신이 듣지 못했기 때문에 그렇게 되도록 놔두지는 않을 겁니다.

개리: 당신은 전에 절대적 진실은 단 두 단어로 요약할 수 있다고 말했지요. 책을 읽으면서 그 두 단어가 뭔지를 알아냈다고 생각하지만 확인해보고 싶어요. 그게 뭐죠?

퍼사: 서두르지 마세요, 친구. 그건 우리가 다섯 번 더 만난 후에 깨달음이란 것이 정말 무엇인지에 대해 이야기할 때 말해줄 거예요. 그건 그렇고 며칠 전 아침에 제이가 당신을 약간 놀라게 해주었던 걸로 아는데요.

개리: 농담 아니죠! 정말 대단했어요. 난 그게 정말 그라고 느꼈어요.

퍼사: 예, 그건 제이의 목소리였어요. 신을 대변하는 목소리, 성령의 목소리죠. 그리고 당신도 언젠가는 경험하게 되겠지만 그것은 또한 **당신의 진정한 본질을 상징하는 거예요.** 하지만 궁극적으로 〈기적수업〉은 성령에 대해 이렇게 설명합니다.

> 성령의 목소리는 신을 대변하는 목소리라, 그래서 그것은 형체를 취했으나 이 형체는 그의 실상이 아니다. 그 실상은 신의 일부인 그의 진정

한 아들 그리스도와 더불어 신만이 안다. (CL89)

그러니 목소리는 언제나 당신과 함께하는 성령의 상징입니다. 우리의 말로부터 짐작할 수 있었겠지만 성령은 남성도 여성도 아닙니다. 그리스도도 마찬가지고요. ⟨수업⟩에서 제이는 기독교를 바로잡기 위해서 비유적 언어인 성경의 언어를 사용하고 있습니다. 신의 아들, 곧 그리스도는 남자도 여자도 아니에요. 그는 바로 당신의 실상입니다. 그리고 당신은 사람이 아닙니다. ― 당신은 단지 사람이 된 경험을 하고 있는 것뿐입니다. 당신은 경험의 차원에서 훈련을 받아야만 하지만, 결국은 현재의 경험을 넘어서는 곳으로 이끌려갈 겁니다. ⟨기적수업⟩이 당신과 당신의 형제들에 대해 이야기할 때 그것은, 탕아 집단의 분열되고 분리된 **것처럼 보이는** 부분들에 대해 이야기하고 있는 겁니다. 지금 당신의 눈앞에 펼쳐져 있는 왜곡된 모습들이 바로 그것을 상징하지요.

아턴: 목소리는 다양한 방식으로 말을 해올 수 있습니다. 그날 아침에 들었던 것과 같은 방식으로 듣는 일은 흔하지 않을 거예요. 사실 사람들이 헬렌이 들었던 것과 같은 방식으로 목소리를 들어야 할 필요는 없고, 또 대부분의 사람들은 한 번도 듣지 못할 거예요. 헬렌은 전생에 길렀던 능력을 가지고 있었고 제이는 그녀의 허락을 받아서 그것을 이용할 수 있었어요. 하지만 그는 ― 혹은 이편이 낫다면, 성령은 ― 다양한 방법으로 사람들과 소통합니다. 그는 자신의 생각을 당신에게 줌으로써 말해올 수도 있어요. 이런 생각은 당신의 마음속에 문득 떠오르지요. 어떤 때는 그것이 당신에게 주어진 것인지도 깨닫지 못할 때도 있지만, 때로는 그것이 다른 어딘가로부터 오는 것처럼 느껴지는 것을 깨닫기도 할 겁니다. 사실 다른 어딘가는 존재하지 않지만 말입니다.

목소리는 또한 붓다의 소리, 그리고 제이와 마찬가지로 마침내 자신의 역할을 완수한 승천한 모든 스승들의 목소리입니다. 제이와 붓다는 서로 다투는 사이가 아니랍니다. 그런 환상은 종교를 믿는 사람들의 것이지 그들의 것이 아니에요. 그들의 목소리가 밤중의 꿈속에서 당신에게 이야기해올 수도 있습니다. 꿈은 당신이 일상적으로 투사하는 생각보다 더 실재적이지도, 덜 실재적이지도 않습니다. 꿈속에서 당신에게 말을 거는 것은 성령이 좋아하는 방식 중의 하나지요. 하지만 가끔은 그의 목소리가 단순히 당신이 공감하는 다른 사람의 생각의 형태를 취하고 찾아올 수도 있습니다.

그날 아침에 당신에게 전해진 제이의 메시지에 대해서 말하자면, 당신은 결국 그의 말 중에서 가장 중요한 것은 '의미 없다'는 단어임을 정확하게 깨달았어요. 〈기적수업〉을 처음 배우기 시작할 때 사람들은 늘 이 〈수업〉이 뭔가를 희생시키도록 강요한다고 잘못 생각하곤 하지요. 〈교사를 위한 지침서〉에서도 말하고 있지만요.

> (이 기간에는) 마치 무엇을 빼앗기는 것처럼 보인다. 실제로는 단지 그것들의 무가치함이 인식되고 있는 것일 뿐인데, 초기에는 이 사실이 거의 이해되지 않는 것이다. (M10)

〈기적수업〉은 이 점과, 환영의 세계의 무의미함에 대해 많은 가르침을 줍니다. 개리, 모든 사람이 자신의 삶이 의미 있는 것이기를 바라지요. 하지만 그들은 엉뚱한 곳에서 의미를 찾고 있답니다. — 세상 말입니다. 사람들은 어딘가 깊은 곳으로부터 공허를 느끼고는 그 빈자리를 물질 차원의 어떤 성취나 인간관계로써 채우려들지요. 하지만 이 모든 것들도 아무리 해봐야 덧없이 지나가는 것들임이 불 보듯 뻔합니다. 그러니 제이가 〈교재〉의 첫 부분부터 충고하듯이, 이것을 깨달아야 합니다.

> 신에게서 분리된 듯한 느낌, 이것이야말로 그대가 정말 바로잡아야 할 유일한 결함이다. (T14)

물론 〈기적수업〉의 제이는 기독교판의 제이와 같지 않습니다. 그리고 이 두 사고체계는 서로 통하지 않지요. 기독교에서는 육신인 제이의 수난 상은 아주아주 특별한 것입니다. 그는 당신과 다릅니다. 오로지 그만이 신의 독생자라는 의미에서 말입니다. 하지만 〈기적수업〉의 제이는 당신과 그가 하나이므로 당신도 똑같이 신의 독생자, 즉 그리스도이며 — 그와 다른 점이 없으며 — 한 술 더 떠서 당신도 결국은 그것을 경험할 수 있다고 일러줍니다.

> 내게 있는 어떤 것도 그대가 이룰 수 없는 것은 없다. 내가 가진 것 중에 신으로부터 오지 않은 것은 없다. 지금 우리 사이의 차이점이란, 나는 그밖에는 가진 것이 없다는 것이다. (T7)

개리: 두 사고체계가 서로 통하지 않는다면 기독교인들은 어떻게 〈기적수업〉을 공부할 수 있나요?

아턴: 아주 쉽죠. 아니면 최소한 다른 사람들과 마찬가지로 쉬워요. 〈수업〉은 언제나 마음의 차원에서 행해집니다. 세상에서 하는 게 아니에요. 교회나 절, 혹은 예배장소를 찾아가는 것은 하나의 사회적 현상으로 바라봐야 합니다. 어떤 형태든 대중적 숭배는 언제나 사회의 중요한 일부분이었지요. 오늘날의 많은 종교단체들이 그 사회에 긍정적 영향을 미친다는 것은 분명

한 사실이에요. 하지만 진정으로 구원을 찾는 것은 마음속에서입니다. 물리적인 장소나 대상에는 내재적으로 신성하달 만한 것이 없습니다. 그것들은 단지 상징물일 뿐이지요. 그러니 어떤 종교든 조직이든 거기에 소속되어 있으면서도, 또는 평소에 하는 일을 무엇이든 하면서도 마음의 차원에서는 누구든지 〈기적수업〉의 사고체계를 연습할 수 있습니다.

다른 이들을 〈기적수업〉으로 전도해야 하는 것도 아닙니다. 물론 마음이 이끌리는 것을 스스로 느낀다면 사람들에게 이야기를 해줄 수는 있지만 말입니다. 중요한 것은 그래야만 하는 것은 아니라는 겁니다. 원하기만 한다면 당신의 믿음을 그저 개인적인 일로 남겨놓을 수 있습니다. 당신이 정할 문제지요. 〈기적수업〉은 물리적 세계와는 전혀, 그 어떤 관계도 없습니다. 다시 말하지만 그것은 당신이 세상을 어떻게 바라보기로 선택하느냐에 관한 것입니다.

개리: 그러니까 카톨릭 신도들이 성모수난 교회에서 미사를 올리면서도 마음속에서는 제이가 사실은 아무런 희생도 요구하지 않는다는 것을 깨달을 수 있다는 거로군요.

퍼사: 그래요. 그건 카톨릭뿐만이 아니랍니다. 아시다시피, 모든 종교에는 행복한 사람들이 있는가 하면 고통에 찌든 비참한 사람들도 있지요. 일부 힌두교인들이 신을 숭배하면서 일부러 고통을 겪는 방식을 한 번 살펴보세요. 심지어는 행복한 종교인들조차 결국은 고통을 겪습니다. 고통은 무의식의 사고체계 속에 심어져 있지요. 그 때문에 기독교인들은 제이가 그들의 죄를 씻어주기 위해 고통을 겪고 죽었다고 믿고 싶어하는 것입니다. 예수의 피를 몸에 묻히지 않고는 천국의 문을 결코 지나갈 수 없다고 하던 남부 세례파의 예쁘장한 여교도가 기억나지 않나요?

개리: 맞아요! 그래서 난 그 피를 어디서 주문할 수 있느냐고 물어봤

었죠.

퍼사: 우리가 늘 하는 말을 명심하도록 하세요. 〈기적수업〉은 정신적 과정이지 물리적 과정이 아닙니다. 결국은 **모든 것이** 정신적 과정이지 물리적 과정이 아님을 당신도 깨닫게 될 거예요. 카톨릭과 세례파에 대해 이야기하다 보니 해석과 관련된 중요한 생각이 또 하나 떠오르네요. 당신은 현재 기독교에 얼마나 많은 교파가 있는지 아세요? 기독교에 대해 저마다 고유한 해석을 가지고 있는 단체들 말입니다.

개리: 분명히 수백 개는 되리라고 생각해요.

퍼사: 2만 개도 넘어요.

개리: 예수님, 요셉, 마리아님, 맙소사!

아턴: 그건 그들의 잘못이 아니에요. 다른 걸 하나 물어봅시다. 지금 제이의 메시지를 이해하지 못하는 — 확언하건대, 그들은 이해하지 못합니다 — 2만 개의 교파가 있다면, 그리고 그들이 모두 제이가 전하려고 했던 메시지에 대해 서로 견해가 다르다면, 그리고 그동안에 세상이 변하지 않았다면, — 정말 안 변했지요 — 만일 〈기적수업〉도 끝내 2만 가지의 다른 해석을 갖게 된다면, 정직하게 말해서 당신은 그것이 인류를 위해 큰 도움이 되리라고 생각하시나요?

개리: 그건 좀 과장된 질문이라고 생각해요. 내가 제이의 메시지를 〈수업〉에 제시된 대로 제대로 배워가면 거기에는 단 하나의 올바른 해석밖에 있을 수 없다고 당신이 늘 강조해온 이유도 그거잖아요? 그렇게 되려면 똑똑하다는 사람들이 **자신의** 해석을 기꺼이 포기해야겠지요. 하지만 한편으로는 그렇게 하는 것 자체가 자신에게 이로울 것 같기도 해요.

아턴: 아주 명민해요(perceptive), 똑똑한 제자님.

개리: 인식(perception)을 찬양하시는 건가요?

아턴: 곧 이야기할 테지만 올바른 인식이란 것이 있어요. 우린 〈수업〉의 올바른 해석을 위해서는 자신의 해석을 기꺼이 버려야 한다는 점을 지적하고 있지만, 당신이 쓰는 글에 〈기적수업〉의 글을 인용하려면 우리가 언급하는 여러 인용구들의 출처도 기꺼이 밝혀줘야 한다는 점도 분명히 해둬야겠어요. 당신은 그렇게 하고 싶지 않을지도 모르지만 우리를 믿으세요. 이것은 〈기적수업〉의 내용이 바뀌거나 유실되어 손상입지 않게 하기 위한 과정의 일부니까요. 2천 년 전에는 진실을 온전히 보존하는 일이 불가능했어요. 오늘날조차도 제이의 메시지가 또 다시 유실되지 않게 하는 것은 매우 어려운 일일 겁니다. 하지만 그를 위해 노력하는 건 전혀 잘못될 게 없지요.

개리: 그러니까 2천 년 전에는 사람들이 제이의 말을 자신의 믿음에 삿다 맞추기 위해 말을 바꾸고 자기의 말을 보태기 시작한 것이, 미저 깨낟기도 전에 어느 것이 진짜 그의 말이고 어느 것이 아닌지조차 가려낼 수 없는 지경이 되어버렸단 말이지요?

아턴: 맞았어요. 정말 그런 일이 또 일어나면 좋겠나요?

개리: 정말 싫어요. 하지만 과연 어떻게 해야 〈기적수업〉이 교단에서 법을 만들어내는 중앙집권식의 기독교처럼 되지 않도록 막을 수 있을까요?

아턴: 그것을 막아줄 것은 〈기적수업〉 자체가 지니고 있는 특성입니다. **〈기적수업〉은 종교가 아닙니다.** 말했듯이, 〈수업〉의 내용이 뿔뿔이 해체되지 않도록 메시지를 최대한 온전한 상태로 보존하기만 한다면 자습식으로 이루어진 형식 자체가 결국에는 그것이 늘 살아남아 있도록 해줄 것입니다. 사실 〈기적수업〉은 시대를 앞서서 나온 것입니다. 지금 중요한 것은 **당신이 그 공부를 하는 것입니다.**

개리: 처음에 교회가 생긴 후에는 오직 성직자만이 성경을 읽을 수 있도록 했고 대중은 단지 교회가 일러주는 것밖에는 들을 수 없었다는 것이 사

실인가요?

아턴: 맞아요. 아무튼 대부분의 사람들이 글을 읽을 줄 몰랐으니까요. 지금은 많은 것을 당연하게 받아들이고 있지만 우리는 1450년대까지만 해도 인쇄기가 존재하지도 않았다는 사실을 잊고 있어요. 교회는 경전을 포함해서 모든 정보를 엄격히 통제했어요. 오직 교회가 말해주는 것만 알도록 만들어놓으면 대중이 권력이 바라는 바와 다른 결론에 도달하기란 무척 힘들어지지요.

그러던 것이 1700년대에 와서야 충분한 숫자의 사람들이 글을 읽을 수 있게 되고 충분한 문헌이 보급되어서 사회에 변화가 일어날 수 있게 된 겁니다. 오늘날은 사람들이 스스로 글을 읽고 판단할 수 있는 데다, 접할 수 있는 정보의 수준도 훨씬 고도화되었지요. 제이가 〈기적수업〉을 전하는 데에 왜 그토록 오랜 세월이 필요했는지 궁금하겠지요. 그건 지금에 이르러서야 충분한 숫자의 사람들이 그것을 받아들일 준비가 갖춰졌기 때문이에요.

개리: 그런데 잠깐만요. 일부러 화제를 바꾸려는 건 아니지만, 깜박이는 이상한 빛이 자꾸 보이는 것에 대해 물어보는 것을 이번만은 잊어버리고 싶지 않아서요. 당신들은 나에 대해 모든 걸 알고 있는 것 같으니까 이게 무슨 말인지도 알겠지요? 이런 빛이 보이는 것이 〈수업〉과 무슨 관계가 있나요?

아턴: 예. 그 일은 몇 년 전부터 시작됐지만, 그건 당신이 마음의 차원에서 내린 어떤 결심과 관련되어 있고 그것이 결국은 당신이 〈기적수업〉을 공부하게끔 하고 있는 거예요. 말해두지만 대부분의 사람들은 그런 경험을 하지 않을뿐더러 그것은 〈기적수업〉을 제대로 공부하기 위해서 꼭 필요한 것도 아닙니다. 당신은 아직 〈실습서〉 공부를 하지 않았지만 〈실습서〉의 15과를 읽어보면 제이가 이런 현상에 대해 언급한 것을 볼 수 있을 거예요. 지금 읽어보시겠습니까?

개리: 예! 읽어보지요.

수업을 하다 보면 '빛의 에피소드'를 자주 겪게 될 수도 있다. 그것은 매우 다양한 형태를 띠는데, 어떤 것은 전혀 뜻밖의 형태로 나타날 수도 있다. 그것을 겁내지 말라. 그것은 그대가 마침내 눈을 뜨고 있음을 알려주는 징조다. 그것이 오래 지속되지는 않을 것이다. 왜냐하면 그것은 단지 올바른 인식을 **상징하는** 것일 뿐이기 때문이다. 또 그것은 진정한 앎과는 관계가 없다. (W25)

아턴: 우리는 앎과 앎으로 이끌어주는 것 간의 차이에 대해서도 이야기할 겁니다. 그러니 인내심을 발휘하세요. 앞으로 당신의 신비한 체험에 대해서도 좀더 이야기할 테지만, 당신은 아직도 의문이 한 가지 더 있군요.

개리: 내가 확실히 이해하고 있는지를 확인해보려는 건데, 〈기적수업〉에 대해서, 또 그것이 기독교뿐만 아니라 불교와 어떻게 연관되는지에 대해서 한 가지 질문이 있어요. 전통불교의 — 온갖 의식儀式의 함정이 없는, 전통을 벗어난 불교도 물론 있지만 — 중요한 가르침 중의 하나는 중생이 결코 충족될 수 없는 욕망 때문에 고통에 시달린다는 것이지요. 불교도들은 욕망을 다스리는 것이 행복과, 타인에 대한 자비심을 가져다준다고 믿어요. 이것은 결함을 바로잡기 위한 또 다른 방법이라고 할 수 있지요.

하지만 당신은 전에 〈기적수업〉에서 이런 말을 인용했었어요. "신에게서 분리된 듯한 느낌, 이것이야말로 그대가 정말 바로잡아야 할 유일한 결함이다." 당신은 불교가 성령에 의한 치유가 아니라 생각을 수정하는 것이라고 말하고 있는 건가요? 그리고 기독교의 접근방식은 그보다도 한 걸음 더 동떨어져서 정신이 아니라 물질을 수정하려는 것이고요?

아턴: 제대로 이해해가고 있네요. 우리가 했던 말을 몇 가지만 제대로 이해하고 나면 당신은 불교가 올바른 방향으로 가는 한 걸음이라는 것을 알게 될 거예요. 왜냐하면 그것은 기독교처럼 마음으로부터 달아나지는 않기 때문이지요. 교황이 그의 책에서 불교를 비판한 것도 그 때문이에요. 그는, 불교는 세상을 초월하려고 하지만 자신은 신이 세상 속에서 역사하는 것을 발견해야만 한다고 생각한다고 했지요. 신을 찾고 있건 말건 간에 교황은 거꾸로 생각하고 있고, 한편으로 불교에는 또 신이 거의 완전히 없어요. — 스승이나 해석자에 따라서 다르지만 말입니다. 처음에 만났을 때 지적했던 대로 당신 혼자서 정신적 훈련을 하는 것으로는 무의식 속의 마음을 치유할 수가 없어요. 우리가 앞으로 제이의 사고체계에 대해 자세히 알려주겠지만 그것을 그, 혹은 달리 말해서 성령과 함께 공부해나가면 당신은 올바른 인식을 기를 수 있도록 훈련될 겁니다. 그것이 성령이 당신을 치유할 수 있도록 도와서 당신이 본래의 모습을 되찾도록 인도해줄 거예요.

이것은 기적의 한 가지 흥미로운 특징을 부각시켜줍니다. 〈기적수업〉에 의하면 기적이란 성령의 사고체계로 인식*이 전환되는 것인데,(T325) 이것은 단지 생각이나 형체나 환경을 수정하는 수준의 것이 아니랍니다. 〈수업〉

---

* 인식(perception) : 〈기적수업〉의 중요한 용어 중의 하나로, 수준에 따라 여러 의미를 띤다. 그리스도의 관점에서 보는 것을 '올바른 인식'이라고 하는데, 그것은 이원세계의 형상과 차이를 지각하거나 생각으로써 분별하고 판단하는 것이 아닌 하나의 태도로서, 올바른 인식은 죄의식이 투사해놓은 것들을 지워주고 에고의 그릇된 인식을 바로잡아준다. 일반적 의미로 쓰일 때는 문맥에 따라 '지각'으로도 옮김. 역주

은, 이 기적이 영적 행로에서 당신을 다른 방법들보다 훨씬 더 멀리, 빠르게 진보해가게 해줄 수 있다고 말합니다. 예컨대 〈교재〉에는 이렇게 적혀 있지요.

> 기적은 시간을 제어하기 위해 그대가 언제라도 즉시에 마음대로 쓸 수 있는 유일한 도구다. (T6)

그리고

> 기적은 수천 년이 걸릴 배움을 대신해준다. (T8)

이것은 제이가 터무니없는 주장을 하고 있는 게 아닙니다. 그는 단지 마음의 법칙과 신의 법칙에 근거한 진실을 말하고 있는 것뿐입니다. 다시 만날 때 언젠가는 〈기적수업〉이 시간을 어떻게 바라보는지에 대해서도 집중적으로 이야기할 겁니다.

시간을 절약하는 법을 배우려면 〈기적수업〉을 기독교의 연장으로 — 물론 이건 아니죠 — 보는 대신 독창적인 사고체계로 — 이게 맞지요 — 접근하는 것이 아주 도움이 될 거예요. 제발 〈기적수업〉을 제3의 성경이라고는 부르지 말아 주세요. 그건 아닙니다. 이건 〈수업〉이에요. 당신은 종교를 개입시키지 않고 제이를 만나는 겁니다. 그는 성경과는 화해할 수 없는 많은 것들을 이야기할 겁니다. 그것을 화해시키려고 애쓰느라 시간을 낭비하지는 마세요. 성경은 이렇게 말하는 것으로 시작합니다. "태초에 하나님이 하늘과 땅을 창조했다." 그는 창조하지 않았습니다! 제이가 말하는 것을 이해하려면 〈기적수업〉의 이 말을 놓고 타협을 해서는 안 됩니다.

그대가 보는 세상은 환영의 세상이다. 신은 그것을 창조하지 않았다. 그가 창조하는 것은 그 자신과 마찬가지로 영원해야만 하므로. 그러나 그대가 보는 세상에는 영원히 남아 있을 수 있는 것은 아무것도 없다.
(CL85)

개리: 그렇지만 에너지는 어때요? 에너지는 파괴될 수가 없고 오직 변화될 수 있을 뿐이라는 건 사실이지 않습니까?

아턴: 에너지는 형체의 차원에서는 파괴되는 것처럼 보일 수가 없습니다. 왜냐하면 그것은 사실은 에너지가 아니라 생각이기 때문이지요. 아니, 더 정확하게 말하자면 그것은 결국에는 영원으로 변해갈 그릇된 생각(mis-thought) 입니다. 그건 그렇고, 〈기적수업〉은 진짜와 가짜를 구별하는 아주 단순한 기준을 제시해준답니다.

진짜인 것은 무엇이든 영원하여서 변할 수도 변화될 수도 없다. 그러므로 영은 변화가 있을 수 없다. 왜냐하면 그것은 이미 완벽하므로. 그러나 마음은 무엇을 받들지를 선택할 수 있다. 그 선택에 가해지는 유일한 제약은 두 주인을 섬길 수는 없다는 것이다. (T13)

그러니까 에너지가 변할 수 있다는 사실 자체가 그것이 진짜가 아님을 뜻하지요. 에너지에 열광하는 당신네 뉴에이지 친구들을 김빠지게 만들려는 의도는 없어요. 하지만 에너지는 아무것도 아니에요(nothing). 그건 시간의 낭비고 눈속임수예요. 집을 반석이 아니라 모래 위에다 짓기 위한 그저 또 하나의 술책일 뿐이지요. 물론 보이는 것보다 보이지 않는 것에 더 흥미가 당기는 일부 사람들에게는 유용한 아이디어일 수도 있겠지요. 하지만 우리는 당신이 시간을 절약하도록 도우려고 왔기 때문에 해야 할 말을 해야만 합니다. 에너지가 변화할 수 있다는 건 좋은 소식이 아니에요. 정말 좋은 소식은, 그것을 만들어낸 마음이 변할 수 있다는 사실이랍니다.

개리: 당신 말을 듣다가 다른 것이 궁금해졌어요. 사람들이 〈수업〉의 효과를 얻으려면 이 〈수업〉이 정말 제이의 것이라는 것을 믿어야 하고 또 그와 개인적인 관계를 맺어야만 하나요?

퍼사: 아니에요. 말을 하고 있는 것이 제이라고 믿지 않고도 〈수업〉의 효과를 얻을 수 있어요. 말했듯이 〈수업〉을 그저 성령과 함께 할 수도 있습니다. 아니면 영성에 대해 배우고자 하는 한 세속적인 개인으로서 그것을 공부할 수도 있고요. 또 불교도나 다른 종교를 믿는 사람들은 말을 바꾸어서 공부할 수도 있어요. 예컨대 그리스도의 마음은 붓다의 마음으로, 아니면 자기가 좋아하는 말로 바꿔서 써도 돼요. 여성운동가라면 '그'를 '그녀'로 바꿔도 되고요.

이렇게 하는 동안에 그들도 어느 시점에 가서는 자신이 그렇게 하고 있다는 사실은 뭔가를 용서할 필요가 있음을 뜻한다는 것을 깨달아야만 해요. 왜냐하면 그들이 상징에다 그토록 큰 의미를 부여하여 그것을 현실로 만들어놓지 않았다면 말을 바꿔놓을 필요는 애초부터 없었을 것이기 때문이지요.

물론 제이와 개인적인 관계를 가질 수 있거나 이미 가지고 있는 사람이라면 계속해서 모든 방법으로 그것을 더욱 키워나가야 합니다. 그들은 결국 그 경험이 이 세상을 넘어서는 것임을 깨닫게 될 거예요. 왜냐하면 마음의 차원에서 당신이 제이, 혹은 성령과 만나는 곳 또한 이 세상 너머에 있기 때문이지요. 처음에는 사람들도 열이면 열, 제이가 세상 속에서 자신을 돕고 있는 것으로 생각합니다. 하지만 〈수업〉이 그들로 하여금 그것을 넘어서도록 해주지요.

궁극적으로는 당신이 배울 그것을 모든 이들이 배우게 될 거예요. 신을 대변하는 목소리는 **당신**의 목소리예요. 그것은 당신의 진짜 목소리입니다. 왜냐하면 당신이 곧 그리스도이기 때문이지요. 실재 속에서는 성부와 성자와 성령 사이에 아무런 차이가 없습니다. 하지만 당신은 실재 속에서 살고 있지 않지요. 당신은 이곳에서 살고 있어요. 아니면 최소한, 그렇게 경험하고 있지요. 당신의 마음이 성령에 의해 치유될 때까지는 〈기적수업〉의 상징물들이 제공해줄 수 있는 도움을 받아야만 할 겁니다.

〈기적수업〉의 〈교재〉를 처음 읽을 때 많은 사람들이 그것이 다른 외국어로 쓰일 수도 있었을 텐데, 하는 생각을 합니다. 이것은 제이가 당신이 형상의 차원에서는 많은 것을 이해하지 못한다는 것을 알면서도 마치 당신이 이미 〈수업〉 내용을 다 이해하고 있는 것처럼 가르치기 때문입니다. 개념들을 소개해놓고는 한동안 언급을 하지 않다가 나중에야 다시 더 자세하게 가르칩니다. 이 사고체계는 스스로 형성되어가면서 당신이 그것을 배워가게 합니다. 이 공부는 어떤 하나의 '사건'이 아니라 하나의 '과정'으로 보아야 합니다. 유감스럽게도 많은 사람들이, 접근하기 쉬운 〈실습서〉만 공부하고 〈교재〉의 상당 부분을 무시해버립니다. 스터디그룹의 모임에 참석해서 공부하는 것 외에는 말이에요. 하지만 〈교재〉를 정말 이해하지 않으면 〈실습서〉가 말하는 모든 것도 **진정**으로 이해할 수가 없습니다.

개리: 저도 스터디그룹에 가야만 하나요?

퍼사: 아닙니다. 하지만 원한다면 가도 돼요. 그리고 난 어쩌다 보니 당신이 그러리라는 것을 이미 알고 있네요. 〈수업〉은 스터디그룹에 대해서는 전혀 언급하지 않습니다. 그리고 교회에 다니는 것과 마찬가지로, 그것도 근본적으로 하나의 사회적 현상으로 바라봐야 해요. 그것이 반드시 최상의

정보원인 것도 아니고요. 하지만 그것을 성령에게 바치고 용서의 실천을 위해 활용한다면 성령도 기꺼이 당신과 함께 참석하리라는 것을 확신해도 좋아요.

아턴: 〈기적수업〉의 의미를 이해하는 것의 중요성을 깎아내리는 사람들이 일부 있어요. 그들은 〈실습서〉 첫 부분의 몇 가지 과제만을 달랑 떼어내서 인용하거나 며칠 전 아침에 제이가 당신에게 줬던 것과 같은 메시지를 인용할 거예요. 그들은, 〈수업〉은 모든 것이 아무런 의미도 없다는 **형이상학적** 선언을 하고 있으니까 〈기적수업〉 자체도 마찬가지로 아무런 의미가 없다고 말할 거예요. 이 점을 명심하세요. 〈수업〉은 당신과 만나는 차원에서 분명히 어떤 의미를 지니고 있습니다. 그것을 당신이 이해하는 것이 매우 중요합니다. ─ 이해하지 못한다면 그것은 당신에게 아무런 소용도 없겠지요. 이 〈수업〉은 세상과 당신이 삶이라고 부르는 것을 재해석하는 문제에 관한 것이기 때문입니다. 그것은 세상에 대해 **당신이** 부여했던 의미를 버리고 **성령이** 부여하는 의미로 전환해가기 위한 것입니다. 이것은 성령이 당신을 꿈에서 부드럽게 깨어나도록 돕게끔 만들기 위해서는 절대적으로 필요한 일입니다. 〈실습서〉의 도입부를 읽었다면 어떻게 학생이 〈수업〉이 의미하는 바를 정확히 이해하는 것이 중요하지 않다고 생각할 수가 있겠습니까?

이 〈실습서〉의 연습들을 의미 있는 것으로 만들기 위해서는 〈교재〉가 제공하는 것과 같은 이론적 기초가 그 바탕으로서 꼭 필요하다. (W1)

그리고

그대는 단지 연습주제들을 지시된 대로 적용하기만 하면 된다. 그것을 판단하는 것은 결코 권하지 않는다. 단지 그것을 실제로 활용하기를 권할 뿐이다. 그것을 활용하는 것만이 그것이 당신에게 의미 있게 해주고 그것이 진실임을 보여줄 것이다. (W2)

쉬운 길을 택하고 싶어서 〈기적수업〉이 다른 것들과 똑같은 말을 하고 있다고 하는 사람들을 용서하고, 〈수업〉이 가르치는 내용으로 주의를 돌립시다. 우리가 지금까지 한 말에 비춰보면 제이가 당신에게 세상이 의미가 없게 만들라고 했을 때, 그것은 당신이 세상에 부여해놓은 **가치**를 버리고 그 대신 성령이 부여하는 의미를 받아들이라고 말한 것임이 분명합니다. 예를 들면, 그는 24장의 처음에서 이렇게 말합니다.

이 〈수업〉을 배우기 위해서는 그대가 품고 있는 모든 가치에 기꺼이 의문을 제기할 태세가 되어 있어야 한다. (T499)

개리: 물론 사과 파이나 가족이나 엄마구실 등을 놓고 하는 말은 아니겠지요?

아턴: 두고 봅시다. 퍼사가 전에, 제이의 사고체계는 부분과 전체가 다르지 않은 홀로그램과 같은 성질을 가지고 있다고 했지요. 이 사실을 이해하고 나면 〈기적수업〉의 모든 곳에서 그것을 발견하게 될 거예요. 이걸 보여주기 위해서 〈수업〉의 〈들어가기〉 부분을 잠깐 살펴볼까요? 〈서문〉(Preface)이 아니고 〈들어가기〉(Introduction)요. 그걸 지금 좀 읽어주시겠어요, 개리? 그다음에 제가 그걸 간략하게 설명해드릴 테니까요.

개리: 좋아요. 소리 내서 읽으면 최소한 책을 볼 때 입술을 움직이는 나의 우스꽝스러운 버릇이 탄로나지는 않겠지요.

들어가기

이것은 기적에 관한 수업이다. 이것은 반드시 해야만 하는 공부다. 수업받을 시간만을 그대가 택할 수 있을 뿐이다. 자유의지란 그대가 교과과정을 정할 수 있다는 뜻이 아니다. 그것은 단지 주어진 시간에 무엇을 배우고 싶은지를 그대가 고를 수 있다는 뜻이다. 이 수업은 사랑의 의미를 가르치기 위한 것이 아니다. 왜냐하면 그것은 가르칠 수 있는 경계 너머에 있기 때문이다. 이 수업이 목표로 하는 것은 그대의 타고난 본성인 사랑의 현존을 알아차리지 못하게 하는 장애물들을 제거하는 것이다. 사랑의 반대는 두려움이다. 그러나 모든 것을 포함하는 것에는 반대가 존재할 수 없다.

그러므로 이 수업은 이렇게 간단히 요약할 수 있다.

진짜인 것은 위협받을 수 없다.
진짜가 아닌 것은 실재하지 않는다.

여기에 신의 평화가 놓여 있다. (T1)

아턴: 고마워요, 개리. 이 〈수업〉은 진실을 드러내어주기 때문에 반드시 해야만 하는 공부입니다. 혹시 오만하게 들린다면 미안해요. 진실을 발견하기 위해서는 모두가 반드시 이 〈수업〉을 받아야만 한다는 뜻은 아니에요. 진실이란 깨어 있는 의식이지 책이 아니거든요. 하지만 당신 혼자서는 이 깨어 있는 의식을 발견할 수가 없습니다. 아픈 사람이 혼자서 나을 수 있나요?

세상의 차원에서는 대답은 '노'입니다. 도움이 필요하지요. 기적이 필요해요. 수업내용을 배우고 터득할 시간은 당신이 마음대로 정합니다. 원하는 만큼 뒤로 미룰 수도 있지요. 하지만 교과과정은 이미 다 정해져 있습니다. 주어진 시간에 배울 것을 당신이 고를 수는 있어요. 하지만 사실은 오직 두 가지 선택밖에 없다는 것을 결국은 깨닫게 될 겁니다. 당신은 무수한 선택의 가능성이 열려 있다고 믿고 있겠지만 말입니다.(T85) 〈기적수업〉은 다른 영적인 길들에 비해서 자신이 우월하다고 주장하지 않습니다. 하지만 동시에 그것이 당신에게 궁극적으로, 절대적으로 필요한 것이라는 사실을 숨기지도 않습니다.

사랑의 의미는 가르칠 수도 배울 수도 없습니다. 사랑은 스스로 자신을 돌봅니다. 〈들어가기〉에서 말하는 것처럼 당신이 할 일은, 당신이 버린 것처럼 보이는 유산을 알아보지 못하게 가리고 있는 장애물을 성령과 함께 제거하는 법을 배우는 것입니다. 신과 그의 왕국의 반대는 신과 그의 왕국이 아닌 모든 것입니다. 그러나 모든 것을 포함하는 것 — 신 — 에게는 반대가 존재하지 않습니다.

〈기적수업〉은 두려움 대신 사랑을 선택할 것을 요구한다는 말을 다른 데서도 틀림없이 들었을 겁니다. 그건 옳습니다. 하지만 그것만으로는 분명히 부족합니다. 70년대에 〈기적수업〉이 나온 이래로 무수한 작가들이 두려움 대신 사랑을 선택하는 사람들에 대한 글을 썼습니다. 그러나 사람들에게 두려움 대신 사랑을 택하라고 하면 그들은 당신이 '그들의' 사랑을 택하라고 하는 줄로 알 겁니다. 그런데 그건 〈기적수업〉이 가르치는 바가 아니에요. 알게 되겠지만, 세상과 세상 사람들의 사랑은 〈기적수업〉이 특별한 사랑이라고 부르는 것입니다.(T337) 그리고 성령의 사랑은 그와는 전혀 다릅니다. 〈기적수업〉에 나오는 사랑과 두려움이란 말은 서로 완전히 배타적인 두 가지 사고체계를 대변합니다. 그리고 당신이 양자택일하려고 하는 대상이 실제로 무엇인지를 알고자 한다면 이 양쪽을 다 이해해야만 합니다.

사실 당신의 무의식적 신념체계는 당신이 그것을 직면하지 않음으로써 거기에 있게 된 것입니다.(T202) 사람들이 스스로 부인하고 외부로 투사했던 두려움의 사고체계에서 벗어나려면 삶 속에서 그것을 속속들이 들여다보아야 한다는 사실을 직면하게 하는 것 말고 그 무엇으로 사람들을 도울 수 있겠습니까? 세상과 세속적 관계에 관련된 문제에 대한 해결책이 육신들 사이의 상호작용의 차원에서는 결코 찾을 수 없다는 사실을 사람들에게

〈기적수업〉에 나오는 사랑과 두려움이란 말은 서로 완전히 배타적인 두 가지 사고체계를 대변합니다.

알려주지 못한다면 파티에 가져갈 만한 것이 무엇이 있겠습니까?

진짜인 것 — 〈기적수업〉의 사랑의 사고체계가 당신을 데려다줄 곳인 당신의 영원불변한 영 — 은 털끝만치도 위협받지 않습니다. 진짜가 아닌 것 — 두려움의 사고체계가 만들어낸 다른 모든 것 — 은 결코 현실 속에 존재하지 않습니다. 〈기적수업〉의 목표는 신의 평화입니다. 왜냐하면 신의 왕국에 있는 당신의 현실을 다시 깨닫기 위해서는 반드시 신의 평화를 얻어야만 하기 때문입니다.(T138)

개리: 그러니까 이 모든 것이 육신과 세상의 차원 너머에서 이루어진다는 거로군요. 그리고 당신은 2천 년 전 제이의 현실에서 육신은 전혀 의미가 없었다는 점을 계속 강조하고 있는 것 같네요. 그리고 비록 지금도 우리는 몸속에 있는 것처럼 보일지라도, 부활이란 마음속에서 일어나는 현상이지 육신과는 실로 전혀 무관한 일이란 말이지요? 육신의 부활과 육체적 차원의 불멸성은 환상일 뿐만 아니라 전혀 불필요한 것이고요.

아턴: 브라보! 당신이 유망주라는 건 진작 알아봤어요. 진정한 실체와 사랑은 본연의 것이고 추상적인 것입니다. 반면에 육신과 두려움은 본연의 것이 아니고 구체적인 것입니다. 〈수업〉이 가르치듯이,

완전한 추상이 마음의 본래 상태다. (W304)

다음에 만나서 어떻게 사람이 육신이라는 생각을 하게 되었는지를 — 그리고 우주가 어디서 왔는지를 — 논할 때 이것에 대해서 좀더 이야기할 겁니다.

개리: 당신이 왜 〈기적수업〉과 기독교가 통하지 않는다고 하는지를 이해하기 시작했어요. 〈수업〉은, 육신은 환영이고 신과는 대립된 사고체계에 근거한 것이라고 말하고 있지요. 신의 대립 개념이 존재할 수 있다면 말입니다. 기독교는 제이의 육신을 지극히 특별한 것으로 받듦으로써 분리된 육적 **존재처럼 보이는** 상태를 만들어내는 사고체계를 **영속화하는** 짓을 했습니다. 그로써 자신의 개체성과 개성의 경험을 확인하고 싶어하는 인간의 욕구를 충족시켜주었지요.

아턴: 맞았어요. 성경의 제이는 이 세상이 꾸는 육신의 꿈속의 한 대상이지만 진정한 제이는 절대적으로 자유롭습니다. 이미 말했지만, 그가 당신에게 바라는 것도 그것입니다. 당신은 여러 방면으로 계속 깨우쳐서 종교적인 사고방식을 벗어나야 합니다. 예컨대 유대-기독교 전통은 성경 전체에 걸쳐서 죄가 하나의 사실인 양 거기에 직접적으로 **반응하는** 신의 모습을 그리고 있습니다. 기독교는 또 이미 말했듯이 신이 제이로 하여금 당신의 '죄'를 대속하기 위해 고난 끝에 죽임당하게 했다고 주장합니다. 어떤 교회는 여기에다 너무나 큰 중요성을 부여한 나머지 성찬식이나 기타 비슷한 의식

을 통해 상징적으로 제이의 살을 먹습니다. 그들은 신이 '육신의 죄'를 대속하기 위해 그의 아들의 육신을 희생시켰다고 믿는 것이지요.

그러나 당신이 곁에 누워 자는 아내가 꾸는 악몽 속의 사건에 반응하지 않는 것과 마찬가지로 신은 꿈속의 사건에 반응하지 않습니다. 애당초 그런 사건은 보이지도 않습니다. 왜냐하면 **그것은 실제로 일어나고 있는 것이 아니기 때문이지요**. 둘째로 설령 그것이 보인다고 할지라도 마찬가지로 거기에 반응할 필요가 없습니다. 왜냐하면 그것은 실재가 아니므로 당신에게 어떤 영향도 미칠 수가 없기 때문입니다. 당신이 이성적이라면 할 수 있는 유일한 일이란 아내를 흔들어 꿈에서 깨게 하는 것입니다. 하지만 그녀가 더 놀라지 않도록 **천천히, 부드럽게** 깨워줘야 할 거예요. 어깨를 마구 흔들어 깨우지는 않지요. 마찬가지로 성령도 당신을 부드럽게 깨워줄 겁니다. 그는 당신의 꿈에 반응하는, 분리된 신이 아닙니다. 사실 성령은, 이 먼 나라로까지 떠나온 당신의 환상속의 여행에도 여전히 내면에서 동행하는, 신을 대변하는 목소리입니다.(CL89)

성령이 당신을 깨우는 방법 중 하나는 당신이 일어나고 있다고 **생각하는** 그것이 사실은 일어나지 **않았다**는 것을 가르쳐주는 것입니다. 실재(reality)는 눈에 보이지 않습니다. 그리고 **어떻게든** 인식되거나 관찰되는 모든 것은, 과학적으로 계측되는 것까지 포함해서 모두가 환영입니다. 세상사람들이 생각하는 것과는 정반대지요. 그럼에도 〈기적수업〉은 한두 가지가 아니라 여러 방면에서 실질적입니다. 당신은 〈기적수업〉의 진정한 용서의 사고체계를 활용해서 육신의 눈이 보여주는 문제들을 해결할 수도 있고, 사회생활을 원만하게 유지할 수도 있습니다. 환영 속의 일들은 다 같아서, 그 어떤 일도 다른 일들보다 본질적으로 더 신성하지 않습니다. 그러니 당신이 이전에는 죄요, 공격이요, 벌이요, 분리라고 생각했던 것들이 사실은 그와는 다른 무엇임을 조금씩 배워가는 동안에도 여전히 당신은 꽤나 멀쩡한 세속인으로서 살아갈 수 있고, 꿈으로부터 서서히, 부드럽게 깨어날 수 있는 것입니다.

개리: 당신의 말에 의하면 — 또 〈교재〉에서 제이가 십자가형의 진정한 교훈에 대해 이야기한 내용에 의하면 — 십자가형은 겉으로는 끔찍한 가혹행위처럼 보였음에도 그에게는 사실 아무것도 아니었군요. 그는 상처받지 않는 신의 사랑과 너무나 완전히 동화되어 있었기 때문에 말이죠. 그는 자신이 육신과 같은 환영이 아니라 실로 신의 사랑임을 알았던 거죠. 제이가 십자가에 매달려 인간의 죄를 대속하기 위해 고난을 당했다는 것이 기독교의 중심사상이라는 사실은 그의 가르침이 얼마나 잘못 이해되고 왜곡되었는지를 보여주는 증거일 뿐이란 말이네요.

아턴: 맞아요. 하지만 〈기적수업〉 1년 만에 당신도 제이처럼 고통받지 않는 경지에 도달하리라고는 기대하지 마세요. 그것은 무수한 경험을 통해서만 이를 수 있는 이상적 경지입니다. 물론 당신에게도 결코 고통당하지 않는 때가 마침내는 올 겁니다. 그것은 이 영적 길이 제공하는 장기적인 보상 중의 하나입니다. 당신이 아직도 육신 속에 있는 것처럼 보이더라도 심리적으로는 상처받지 않는 경지에 도달할 수 있습니다. 〈수업〉이 말하듯이,

죄의식이 없는 마음은 고통받을 수 없다. (T84)

하지만 당신이 용서의 교훈을 배우고 목표에 도달하려면 시간이라는 환영이 필요합니다.

개리: 그럴지는 몰라도 난 느리게보다는 빨리 도달하고 싶네요.

퍼사: 누구나 그렇게 되길 원하지요. 그런 당신을 위해서 지금 당장 중요

한 개념을 한 가지 가르쳐주지요. 이것은 포괄적인 내용이 아니라 전체의 중요한 일부분입니다. 처음엔 동의하지 않을지도 모르지만 곰곰이 생각해 보세요. 지난번에 우리가 다음에 오면 지혜란 것이 진정 무엇인지를 알려주 겠다고 했지요. 이것에 대해서 더 자세히 이야기해줄게요. 우리의 설명이 당신의 이해를 돕기 위해서 좀더 일직선으로 변해가는 것을 발견할 거예요.

세상은, 지혜란 모름지기 판단을 잘 해서 답을 맞추는 것이라고 믿지요. 그건 사실이 아닙니다. '옳음'이 하는 일이란 기껏해야 당신을 이곳에 영원히 갇혀 있게 만드는 것입니다. 제이가 〈기적수업〉에서 지혜에 대해, 그리고 지혜와 순진무구함(innocence)의 관계에 대해 말한 것을 인용해볼게요. 그런데, 이건 또 가슴이 순수하다는 말의 진정한 의미이기도 합니다.

순진무구함은 부분적인 어떤 속성이 아니다. 순진무구함은 전적인 것이 될 때까지는 진짜가 아니다. 부분적으로 순진무구한 이들은 때때로 매우 어리석어지기가 쉽다. 그들의 순진무구함이 만사에 작용하는 하나의 관점이 될 때라야 그것은 지혜가 된다. 순진무구함, 혹은 올바른 인식이란 결코 그릇 인식하는 일 없이 언제나 올바로 보는 것을 뜻한다. (T38)

개리: 그러니까 무엇이 어찌됐든 간에 모든 이들을 완전히 순진무구한 존재로 봐야만 한다는 말인가요?

퍼사: 맞았어요. 다시 경고하지만, 하룻밤에 그렇게 되리라고는 기대하지 마세요.

개리: 모르겠어요. 히틀러 같은 인간이 어떻게 순진무구할 수가 있나요?

퍼사: 다들 그렇게 반문하지요. 그 대답은 히틀러와는 전혀 상관이 없어

요. 유태인이었던 전생을 잘 알고 있는 나로서도 나치나 스킨헤드족, KKK단이나 기타 정신이상자들의 단체들을 그리 좋아한다고 할 수는 없어요. 그들이 순진무구한 이유는 형체의 차원과는 아무런 상관이 없답니다. 히틀러와 당신을 포함해서 세상의 다른 모든 사람들은 똑같이 순진무구합니다. 왜냐하면 **당신이 보는 것은 참이 아니기 때문입니다.**(PRxi) 이것은 당신의 꿈입니다. 〈수업〉이 가르치듯이, 그 꿈은 다른 누군가가 꾸고 있는 것이 아닙니다.(T623)

히틀러는 두려움의 사고체계가 그 극단까지 떠밀려가는 하나의 예를 보여줬습니다. 당신은 홀로코스트(나치의 유태인 대학살)가 흔한 사건이 아니라고 생각하지요. 하지만 그것은 그 규모 면에서만 그렇습니다. 똑같은 종류의 일이 규모만 달리 해서 역사를 통틀어 늘 일어나고 있습니다. 조금만 생각해보고 조사해보면 금세기에만도 그와 같은 일이 여러 번 일어났다는 걸 발견할 거예요. 희생자가 되기 위해서 유태인이나 흑인, 인디언, 또는 기타 유색인종이 될 필요까지도 없어요. 박해받지 않은 인종을 찾기란 쉽지 않을 겁니다. 백인들조차도 어떤 공교로운 시대의 공교로운 장소에 사는 어떤 부류의 사람이라면 그 해의 대표적인 희생자가 될 수도 있습니다. 그들은 카톨릭이거나 프로테스탄트거나 아니면 소위 마녀일 수도 있지요. 당신은 살렘에서 태어나서 그 이야기를 알고 있지요. 살렘의 마녀사냥에서 얼마나 많은 사람이 죽었습니까?

개리: 열아홉 내지 스무 명요.

퍼사: 그래요. 그것은 무의식 속의 죄책감이 외부로 투사된 전형적인 사례지요. 그 이전에 유럽에서 있었던 마녀사냥에서는 몇 명이 죽었는지 아시나요?

개리: 몰라요. 수백 명?

퍼사: 4만 명입니다.

개리: 4만 명이라구요!

퍼사: 예. 인구비율로 따지자면 그것은 오늘날에 백만 명이 죽은 것과도 같을 겁니다.

개리: 우와! 그건 대단한 뉴스거리로군요. 어디선가 엄청난 섹스 스캔들이 일어나지 않는다면 말이죠.

퍼사: 이 모든 것이 자신의 무의식적 죄책감을 다른 누군가에게 투사하고 싶어하는, 인간의 깊이 감춰진 요구가 일으키는 문제지요. 핑계는 무엇이든 상관없어요. 극단적인 예만 들었지만, 사실 사람들은 온갖 교묘한 방식으로 이런 짓을 하고 있어요. 그들은 자신이 그것을 필요로 한다는 것을, 또 왜 필요로 하는지를 알지 못 합니다. 알았으면 하지 않았겠지요. 이런 상황에 대해서 당신은 좀더 배우게 될 겁니다. 당신은 왜 대량학살과 같은 미친 짓이 인간이 인간을 향해 저지르는 비인간적 드라마의 단골메뉴가 되는지를 정확히 알게 될 겁니다. 그리고 진정한 용서야말로 이 패턴을 깨뜨리는 유일한 방법임을 배우게 될 겁니다. 말했듯이, 모든 사람이 완전히 순진무구하다는 생각이나, 〈기적수업〉의 다른 어떤 생각도 지금 당장 받아들여야 하는 것은 아닙니다.(W2) 하지만 공부해가는 동안 당신은 용서가, 단지 그럴 듯한 이미지를 위해서가 아니라 당신 자신을 위해서, 이루 헤아릴 수 없이 이로운 일임을 알게 될 겁니다.

말 나온 김에 덧붙이자면, 두려움과 신으로부터의 분리라는 사고체계를 〈수업〉에서는 에고^{ego}라고 이름 붙였습니다.(CL81) 그러니 이 말을 전통심리학에서 사용되는 에고라는 말과 혼동하지 마세요. 제이는 늘 모든 것을 포함하는 포괄적인 단어들을 써서 이야기했어요. 〈수업〉에서 쓰는 에고라는 말도 예외가 아니에요. 에고는 그것이 아무리 크고 포괄적으로 보이더라도 단지 하나의 생각에 지나지 않는다는 점을 명심해야 해요. 생각은 바뀔 수 있지요.

개리: 당신도 말했듯이 아직 전체 내용을 다 듣지 못했다는 건 알지만 당신이 말하는 용서는 일종의 부정否定처럼 들리는데요.

퍼사: 우리가 하고 싶은 말을 다 들려주고 나면 당신도 진정한 용서가 실제로 어떤 일을 일으키는지를 알게 될 뿐만 아니라 사랑의 사고체계와 두려움의 사고체계가 둘 다 부정의 형태라는 것을 깨닫게 될 겁니다. 역시 부정의 한 형태인 성령의 가르침은 진실을 부정하는 에고를 폭로하고 그것을 뒤집음으로써 천국으로 인도하지요. 성령의 가르침이 가져오는 평화에 대해 〈수업〉은 이렇게 말합니다.

> 이 평화는 신의 것이 아닌 것이 그대에게 영향을 미칠 수 있는 힘을 부정한다. 이것이 부정의 올바른 용도다. (T19)

평화로 이끄는 용서에 대해 〈수업〉은 이렇게 말합니다.

> 그러므로 용서는 하나의 환영이다. 그러나 그것의 목적하는 바 — 그것은 곧 성령의 목적인데 — 로 인해 그것은 한 가지 차별점을 지닌다. 다른 모든 환영과는 달리, 그것은 오류로 이끌고 가는 것이 아니라 오류에서 벗어나게 한다. (CL83)

개리: 신의 것이 아닌 것이 나에게 영향을 미칠 수 있는 힘을 부정한다면 그것은 사람들이 나의 몸에 공격을 가해오더라도 그냥 내버려두고 방어하지 말아야 한다거나, 아플 때도 병원에 가지 말아야 한다는 뜻인가요?

퍼사: 그건 물론 아니에요. 멀쩡한 세속인처럼 사는 것에 대해 이야기했었지요. 어떤 것을 증명해 보이려고 몸을 다치게 하거나, 위험이나 고난을 일부러 무릅써서는 절대로 안 됩니다. 십자가의 고난은 하나의 극단적인 가르침입니다. 거기서 교훈을 얻기 위해 당신이 그것을 몸소 겪을 필요는 없습니다.(T94) 대부분의 경우 당신은 평소에 하던 대로 행동하게 될 겁니다. 하지만 그것을 혼자서 하지는 않도록 하세요. 할 수 있을 때마다 인도를 요청하세요. 당신은 성령의 모든 사고체계를 가지게 될 것이고, 그 사고체계를 표현해낼 수 있게 될 겁니다. 제이는 꿈속에서 그것을 되살려내는 자신의 역할을 완벽하게 수행한 최초의 존재였으므로 성령의 모든 사고체계를 명확히 표현해낼 수 있는 것입니다.(CL89) 시간이 가면 당신도 이 사고체계가 나타내는 바가 될 거예요.

> 십자가의 고난은 하나의 극단적인 가르침입니다. 거기서 교훈을 얻기 위해 당신이 그것을 몸소 겪을 필요는 없습니다.

명심해두세요. 제이가 행했던, 그리고 그의 〈수업〉이 가르치는 용서는 기독교와 세상이 가끔씩 행하는 용서와는 같은 종류의 것이 아니라는 것을 말입니다. 만일 그것이 같은 것이라면 우리는 시간을 낭비하고 있는 것이 되겠지요. 기독교는 제이를 잘못 이해했어요. 제이는 그의 〈수업〉에서 진정한 용서를 가르치고 있습니다. 그리고 우리는 구체적인 상황에서 어떻게 용서를 실천할 것인지를 당신에게 보여줄 거예요. 그러면 결국 당신도 어떤 상황에서든 그것을 스스로 실천할 수 있게 될 겁니다. 하지만 이것을 공부하고 실천하는 것을 대신할 것은 아무것도 없다는 것을 명심하세요. 우리는 당신의 배움을 도와줄 수 있을 뿐입니다. 우리는 우리의 것을 가르치는 것이 아니니 당신도 **자신**의 것을 시작하려 들지 마세요. 당신은 자신의 것을 무수한 세월 동안 해왔습니다. 그건 마치 이런 속담과도 같지요. 늘 해오던 짓만 하고 있으면 늘 가지고 있던 것밖에 못 갖는다. 당신이 늘 가지고 있던 것이란 정신병자들의 혹성, 아니면 그 비슷한 곳으로 돌아오는 왕복티켓이지요. 이젠 그 유쾌하지 못한 회전목마에서 내려올 때입니다.

개리: 제 생각엔 많은 구도자들이 환생하는 것엔 더 이상 큰 흥미가 없는 것 같아요. 이제 기적이란 것이 무엇인지가 분명해졌습니다. ― 〈수업〉도 〈수업〉 그 자체를 기적이라고 일컫곤 하지만, 〈수업〉에 의하면 기적은 물질적 차원과는 아무런 상관이 없군요. 기적은 마음속에서 일어나는 인식의 전환이지요.

퍼사: 맞아요. 아주 좋습니다. 그러면 당신은 근본인 원인을 다루게 되는 겁니다. 〈수업〉은 이렇게 말하지요.

이것은 원인에 관한 수업이지 결과에 관한 것이 아니다. (T463)

그리고

그러니 세상을 바꾸려하지 말라. 단지 세상에 대한 그대의 마음을 바꾸기로 선택하라. (T445)

개리: 잘 살펴보면 어쨌든 사람들이 내리는 대부분의 판단이 실제로 그들을 행복하게 만들어주지는 않는다는 것이 뻔히 보여요.

퍼사: 그건 정말 사실이에요. 실제로 〈수업〉도 이런 질문을 던지지요.

그대가 옳은 것과 행복한 것, 어느 쪽이 더 좋은가? (T617)

개리: 우리는 대부분 행복한 것이 더 좋다고 말하지만 옳은 것을 더 좋아하는 것처럼 **행동하는** 것 같아요.

퍼사: 맞아요. 에고의 기만술 중의 하나는, 사람들은 타인을 심판하고 자신이 옳다고 믿을 때 잠시 좋은 기분을 느낀다는 겁니다. 왜냐하면 무의식적 죄책감의 일부를 다른 사람에게 투사할 수 있었기 때문이지요. 그러면 며칠 후에 무의식적 죄책감이 또 부지불식간에 그들을 덮쳐와서 영문도 모르는 채 자동차 사고를 당하거나, 혹은 그보다 좀더 미묘한 온갖 경위로 몸을 다치게 되지요. 물론 이것은 환영의 차원, 인과적인 차원에서 예를 든 것이고, 나중에 이야기하겠지만 사실 그 전말은 일찌감치 미리 다 정해져 있답니다. 이건 사건이 펼쳐지는 방식의 한 예일 뿐이지요.

개리: 그래서 사람들은 심판을 하고, 자신의 죄책감을 외부로 투사하는가 내부로 투사하는가에 따라 기분이 좋아지거나 나빠지거나 하지만, 결국은 자신을 스스로 벌하고 말아요. 자신이 이겼다고 생각하지만 결국은 카르마(업보)가 그들의 도그마를 압도해버리는 거죠.

퍼사: 당신은 진도가 빠르군요. 하지만 아직도 배울 게 많아요. 명심하세요, 카르마는 단지 결과일 뿐이에요. 우리는 마음을 바꿈으로써 **모든 것의 원인을** 바꿀 거예요. 물리적 차원의 결과는 우리가 고려할 대상이 아닙니다. 왜냐하면 그것은 진짜가 아니기 때문이지요. 당신이 관심을 가져야 할 진짜의 것은 내면의 평화를 되찾아 천국으로 돌아가는 것입니다. 덧없는 일시적 이득에 관해서는 진정한 기도와 함께 다루어질 풍요에 대해 논할 때 이야기하겠습니다.

아턴: 〈수업〉이 형제들을 심판(judge)*하지 말라고 하는 것은 비난하지 말

---

* 심판(judge) : 같은 문단 안에서도 문맥에 따라서는 분별, 판단, 심판 등으로 옮김. 역주

라는 뜻이라는 점도 지적하고 갑시다.(T207) 물론 길을 건너려고만 해도 분별을 해야 합니다. 우리는 그런 종류의 분별력까지 버리자는 것이 아닙니다. 분별하지 않으면 아침에 잠자리에서 일어날 수도 없습니다. 〈수업〉이 전혀 반대하지 않는 것 하나는 상식입니다.

개리: 어떤 사람들에게는 상식도 하나의 도전거리인데요.

아턴: 생각을 분별하지, 사람을 분별하지는 마세요. 그리고 참된 생각을 받아들이세요. 도전거리라고 하셨지만, 우리는 당신에게 도전거리를 던져줄 거라고 여러 번 말했지요. 당신에게 더 이상 도전거리가 없어지는 날이 올 거예요. 〈교사를 위한 지침서〉는 높은 단계의 교사들에게 이렇게 말하지요.

> 신의 교사에게는 도전거리가 없다. 도전거리란 의심을 내포한다. 신의 교사들이 기대는 신뢰에는 의심이 발붙일 수 없다. (M12)

하지만 우리 모범생, 당신은 아직 멀었어요. 당신의 마음이 본연의 상태를 되찾도록 부지런히 공부해야 할 때예요.

개리: 난 괜찮아요. 당신 말마따나 그건 내 마음이 아닌데요 뭘. 약간 불편한 것은, 당신이 일체성보다는 차이와 분별을 강조하고 있다는 사실이에요.

아턴: 그 점을 지적해주니 반가워요. 중요한 이유가 있거든요. 그것은, 궁극적으로 따져보면 결국은 오직 두 개의 사고체계만이 존재하고, 성령은 그 둘을 비교함으로써 당신을 가르치기 때문이에요.

> 기적은 그대가 만들어낸 것을 창조*와 비교하여 창조에 부합하는 것

은 진실로 받아들이고 부합하지 않는 것은 그릇된 것으로 배척한다.
(T6)

퍼사: 무엇이 기적과 성령에 부합하는지, 그리고 무엇이 성령과 〈수업〉에 부합하지 않는지에 대해 사람들의 의견이 늘 일치하지는 않을 것입니다. 영성을 따르는 사람들 사이에는 언제나 얼마간의 불일치가 있을 것이고 〈기적수업〉의 학생들에게도 그것은 마찬가지입니다. 세상이란 늘 그래요, 개리. 그건 마치 현미경 속의 세포처럼 분열하지요. 그건 천성이에요. 에고의 마음이란 현미경 속의 세포처럼 분열하여 분리된 것처럼 보이는 마음들을 — 혹자들이 영혼이라 부르는 것들을 — 만들어내기 때문이지요. 그것에 대해서는 걱정하거나 저항하지 마세요. **당신이** 할 일은 문제의 근원 — 세상이 아니라 마음 — 으로 돌아가서 용서를 통해 마음을 바꿔놓는 것입니다.

제이는 자신의 〈수업〉이 〈수업〉을 공부하는 사람들 사이에서든 그 외부에서든 늘 논란 없이 받아들여지기만을 기대하지는 않습니다. 하지만 〈용어설명〉(Clarification of Terms)의 〈들어가기〉(Introduction)에서 그가 말하듯이,

모든 용어는 논란의 여지를 품고 있다. 그리고 논란거리를 찾는 이들은 그것을 찾아낼 것이다. 그러나 명확한 뜻을 구하는 이들은 또한 그것을 찾아낼 것이다. 그러나 그들은 논란이란 지연의 형태로 진리에 맞서는 방어전략임을 인식하면서 그것을 기꺼이 보아 넘길 수 있어야만 한다. (CL77)

---

* 창조(creation) : 이 단어는 세속적, 일반적 의미가 아니라 〈기적수업〉만의 특별한 의미로 쓰이고 있다. — 결과인 신의 아들이 있게 한 원인. 아들을 창조함에 있어서 창조가 신의 역할이었던 것과 마찬가지로 천국에서는 창조가 신의 아들의 역할이다. 기적수업 재단 왑닉 박사의 용어정의.

다음번 논의에서 알게 되겠지만, 그런 논란이 일어날 수 있는 곳 중의 하나는, 실제로 이 세상을 몰아가고 있는 힘은 죄악과 관련된 무의식 속의 죄책감인데 그 죄악이란 단지 하나의 그릇된 생각일 뿐이라는 개념입니다. 당신은 죄악을 꾸짖고 저주함으로써 그것을 심리적인 현실로 만들어놓지 말아야 합니다.

아턴: 다음번에 만날 때까지, 영적 행로들은 서로 같지 않으므로 일체성을 추구한다면 그것은 **목표지점**에서 발견되리라는 사실을 잘 생각해보시기 바랍니다. 목표는 동일합니다. 모든 영적 행로들이 결국은 신에 이릅니다.(PRix) 하지만 길은 같지 않습니다. 이것은 슬퍼할 일이 아닙니다. 그건 실로 불필요합니다. 어떤 길이든 최대한 활용하려면 그것을 이해하고 실천해야만 합니다. 이해하지 **않고** 어떻게 실천할 수가 있겠습니까? 당신이 불교와 기독교가 같은 것을 말하고 있지 않다고 말하더라도 그것이 큰 분란을 일으키지는 않을 것입니다. 그렇다면 〈기적수업〉이 그들과 같은 것을 말하고 있지 않다고 말하는 것이 대단한 분란을 일으켜야 할 이유는 또 어디 있겠습니까?

〈기적수업〉은 사회적 운동이 아닙니다. 그런 것은 얼마든지 많습니다. 세계를 지배해야 할 필요는 없습니다. 얼마나 많은 사람들이 〈기적수업〉을 공부하는지는 중요하지 않습니다. 제이는 자신이 무엇을 하고 있는지를 잘 알고 있습니다. 〈수업〉을 받을 준비가 된 사람은 그것을 만날 것입니다. 그의 〈수업〉은 독특합니다. 〈수업〉은 학생이 한 개인이 **아니며**, 결코 혼자가 아니라는 것을 깨우칠 수 있는 '개인적' 기회를 제공합니다. 〈수업〉은 당신에게 성령과, 그리고 궁극적으로는 신과 교감할 기회를 줍니다. 〈수업〉은 성령이 당신을 치유하도록 도움으로써 당신이 신께로 더 빨리 돌아가게 합니다. 그러나 그런 일이 일어나려면 〈수업〉에서 제이가 말하는 다음과 같은 가르침을 배워서 깨우치지 않으면 안 됩니다.

> 진실로, 에고는 죄 위에다 자신의 세상을 지어냈다고 할 수 있다. 오로지 그런 세상에서만 모든 것이 거꾸로 뒤집어져 있을 수 있다. 이 희한한 환영이 죄의식이라는 구름을, 뚫고 지나갈 수 없는 무거운 무엇처럼 보이게 만든다. 이 세상의 든든해 보이는 기반도 이 환영 위에 놓여 있다. 죄가 창조를 신의 이데아로부터 에고가 바라는 이상 — 마음이 없는, 완전히 썩어서 문드러질 수 있는 육신으로 만들어진, 에고가 지배하는 세상 — 으로 바꿔놓았기에. 이것이 실수라면 그것은 진실에 의해 쉽게 바로잡힐 수 있다. 진실에게 판단을 맡기면 어떤 실수도 바로잡을 수 있다. 그러나 실수가 진실의 자리를 차지하고 있다면, 그것을 그 어디에 맡길 수가 있겠는가? (T403)

퍼사: 그러니 사랑하는 사자(messenger)여, 이제는 **당신이** 세상에 부여한 그릇된 가치를 버리고 대신 성령이 부여하는 의미를 받아들일 때입니다. 성령에게 세상이 지닌 용도는 그 **의미가** 깊답니다.

아턴: 당신의 공부를 계속하세요, 개리. 그러면 다음 방문 때부터 우리가 당신의 실수들을 진실 앞으로 데려가기 시작할 겁니다. 그러면 당신을 해방시키는 것이 할 일인 그(the One)가 그것을 바로잡아줄 수 있습니다.

4
존재의 비밀

생명은 신께서 그것을 창조한 거기밖에 있을 수 없다.

(T493)

나는 아턴의 충고를 명심하고 공부에 박차를 가했다. 〈수업〉의 〈실습서〉에 나오는 연습을 하루에 하나씩 하기 시작했다. 그중에서 특히 도움이 된다고 여겨지는 연습은 하나로 2~3일을 보내기도 했다. 그러다가 이따금은 하루를 쉬기도 했다. 그럴 때도 그때까지 배운 것을 유념하면서 지냈다. 생각보다 더 오래 걸릴지는 몰라도, 나는 이제 진정한 용서의 기술을 연마하고 있었다. 〈실습서〉의 앞부분은 세상을 바라보는 내 현재의 방식을 '지우기'* 시작하게 해주는 것이었다.(W1) 나는 아턴과 퍼사가 내가 〈실습서〉의 첫 50개 연습을 마치도록 두 달이나 기다렸다가 나타날 줄은 미처 몰랐다. 이 50개의 연습은 '지우는' 목적을 위해 특별히 고안된 것이었다. 한 달 가량이 지나자 이 친구들이 과연 다시 나타나기나 할 것인지 의심이 들기 시

---

* 지우다(undo) : 어떤 것이 실재한다는 착각에서 깨어남으로써 착각 이전의 본래상태로 돌아가는 것을 뜻한다. 사실 무엇을 '지운다'는 것은 주체와 대상을 전제하는 이원론적 태도로서 그 무엇을 실재하는 대상으로 인정하는 것이므로 엄밀히 따지면 적절한 표현이 아님을 이해하고 읽으시기 바란다. 문맥에 따라서는 '원래의 상태로 되돌리다' 등으로 옮김. 역주

작했다. 하지만 이 연습은 너무나 흥미로워서 나는 내가 어떤 일이 일어나는 것처럼 ― 혹은 일어나지 않는 것처럼 ― 보이든 말든 상관하지 않고 〈기적수업〉의 여행을 계속해갈 것임을 알고 있었다.

어느 날 나는 전에 〈기적수업〉을 샀던 그 작은 서점에 다시 가서 점원에게 이 지역에 혹시 〈기적수업〉 스터디그룹이 있는지를 물어보았다. 메인 주는 미국에서도 한적한 지역이어서 영적 운동이 활발하게 일어날 만한 곳은 결코 아니다. 그래도 그녀는 〈기적수업〉을 공부하는 학생들이 관심 있는 사람들을 불러 모으기 위해서 남겨놓은 전화번호를 몇 개 가지고 있었다. 성령의 인도를 청하면서 몇 번 고민을 한 끝에 나는 마침내 주도州都인 오거스타에서 멀지 않은 리즈라는 작은 마을로 차를 몰고 갔다. 그리고 거기서 당분간은 즐거이 함께 공부할 수 있는 일단의 사람들을 만났다.

〈기적수업〉을 여러 해 공부했다는 스터디그룹 인도자는 나에게 두 개의 소책자를 빌려주었다. 그것은 제이가 말하고 헬렌이 쓴, 〈기적수업〉의 유일한 후속편이라고 할 수 있는 것으로 〈심리치료: 목적, 과정, 그리고 실제〉, 그리고 〈기도의 노래〉라는 제목이었다. 그는 또 〈수업〉 내용의 이해를 돕기 위해 만들어진 카세트테이프도 빌려가고 싶으냐고 물었다. 살펴보았더니 그것은 켄네쓰 왑닉이 만든 〈에고와 용서〉라는 제목의, 〈수업〉에 대한 소개였다. 퍼사가 켄을 추천해준지 얼마 안 되어서 그의 테이프를 빌릴 수 있게 된 이 동시성 현상을 내가 놓칠 수는 없었다. 얼마나 미적거린 후에 그것을 듣게 될지는 몰라도, 일단 그 테이프도 가지고 왔다.

이제 나는 〈실습서〉의 〈들어가기〉에 쓰인 말의 뜻을 깨닫고 있었다. 〈교재〉의 이론적 바탕은 〈실습서〉가 제대로 활용되기 위해서 꼭 필요한 것이었다.(W1) 제이가 〈교재〉에서 가르친 내용을 주의 깊게 자세히 이해하지 못하면 〈실습서〉의 연습을 오해하고 때로는 그것을 전체 문맥에서 뚝 떼어내어 자신의 믿음에다 갖다 맞추게 되기가 매우 쉽다는 것을 곧 알아차릴 수 있었다. 학생인 우리는 아직 신의 목소리를 분명히 들을 수가 없다. 사실 〈기적수업〉도 이렇게 말하고 있다. "오직 극소수만이 신의 목소리를 들을 수 있다……"(M31) 그래서 나는 인터넷에서 봤듯이 많은 학생들이 하고 있는 짓 ― 성령이 그들에게 말하고 행하라고 인도해줬다는 바를 세상에 공표하는 것 ― 을 따라하는 대신에 나는 〈수업〉의 원리를 이해하고 그것을 내가 보는 것들 하나하나에 일일이 적용하는 일에 최선을 다하기로 마음먹었다. 나는 신의 목소리를 분명히 듣지 못하게 가로막고 있는 장애물을 성령이 제거해줄 수 있도록, 성령을 돕고 싶었다.

어느 날 오후, 내가 비디오 가게에서 빌려 온 야한 영화를 보고 있다가 갑자기 아턴과 퍼사가 나타나는 바람에 놀라 자빠졌을 때는, 그들을 다시 만날 수 있으리라는 생각을 거의 포기하려던 참이었다. 나는 당황해서 허겁지겁 리모컨을 찾아 거의 벌거벗은 두 남녀가 뜨거운 전희에 몰두하고 있는 장면을 황급히 껐다. 퍼사가 먼저 입을 열었다.

퍼사: 잠깐 개리, 그게 뭐예요? 재미있어 보이던데.

개리: 이원성에 관한 일종의 실험이지요.

퍼사: 연구중이었군요. 이해해요.

아턴: 〈기적수업〉을 공부하고 실천하는 데 최선을 다해줘서 고마워요. 당신에게 시간을 넉넉히 주고 싶었어요. 열일곱 번에 걸친 당신과의 만남을 다 마치려면 여러 해가 걸리리라는 사실을 당신에게 일러준다는 것이 깜박했어요.

당신이 스터디그룹을 찾아냈다는 것도 기뻐요. 스터디그룹이 세상의 차원에서 일어나는 개인들의 만남을 위한 것이 아니라 당신 자신의 에고와 인간관계를 들여다봄으로써 가능해질 용서를 위한 것임을 깨달으려면 시간이 좀 걸리겠지만요. 스터디그룹이든 교회든 세계 어느 곳에서든, 다수의 가르치는 사람과 다수의 배우는 사람이 존재하는 것처럼 보입니다. 하지만 사실은 〈기적수업〉의 교사도 단 하나뿐이고 학생도 단 하나뿐입니다.

한 가지 사실을 지적하는 것으로 오늘의 이야기를 시작해볼까요. 당신네 미국인들은 대부분 '신은 죽었다'고 처음 선언한 것이 1960년대의 타임지라고 생각하고 있어요. 하지만 사실 그 유명한 말은 1880년대에 프리드리히 니체가 한 말이에요. 신을 죽이고 그 왕좌를 차지하는 건 에고의 은밀한 소망이지요. 니체는 그걸 몰랐지만요. 그는 겨우 사십대에 치매에 걸려서는 헤어 나오지 못했어요.

인간은 늘 자기 존재의 본질과 그 기원에 대해 곰곰이 생각해왔어요. 많은 사람들이 그 답을 찾았다고 생각하고는 무수한 철학을 만들어냈지요. 하지만 오직 한 사람, 더 이상 사람이 아닌 그만이 진정으로 우리의 기원을 설명해낼 수 있었어요. 물론 니체를 깎아내리려고 이런 말을 하는 건 아니에요. 그도 다른 모든 사람들과 마찬가지로 신 안에서 자신을 발견할 거니까요. 나는 단지 〈기적수업〉의 다음 구절을 강조하기 위해서 그 말을 한 겁니다.

> 이보다 세상이 듣기를 겁내는 말은 없다:
> **나는 자신의 정체를 모른다. 그러니 내가 무엇을 하고 있는지, 어디에 있는지, 세상이나 나 자신을 어떻게 바라봐야 할지도 모른다.**
> 그러나 구원은 바로 이 깨달음 속에서 시작된다. 그리고 바로 당신의 본성이 자신에 대해 말해줄 것이다. (T660)

퍼사: 당신이 무엇인지, 어디서 왔는지를 이야기해봅시다. 그러고 나면

당신이 진정 가고 있는 곳으로 얼마나 빨리 가고 싶은지를 스스로 결정할 수 있어요. 〈기적수업〉에 나오는 한 가지 이야기를 들려주는 걸로 시작하지요. 그러지 않으면 당신에게는 이 이야기가 잊혀져버릴 테니까요. 기억해두세요. 이걸 배우는 건 대단한 특권이에요. 제이가 아니었으면 이 이야기는 영원히 무의식 속에 남아 있었을 거예요. 당신이 이 이야기를 들은 후에조차 **여전히 그 대부분은 무의식 속에 남아 있을 거예요.** 그래도 앞으로 최소한 당신은 성령의 도움을 받아 망각의 베일을 헤치고 당신이 진정으로 속한 곳으로 돌아가는 길을 찾을 기회를 가지게 될 겁니다.

우주가 창조되기 직전에 일어난 것처럼 **보이는 일들을 상징으로써는 제대로 표현할** 수가 없습니다. 경측두골의 마음*은 말로써 표현하기에는 너무나 크지요. 하지만 소위 인간의 타락, 곧 많은 이들이 원죄라 부르는 것의 배후에 실제로 무엇이 있는지를 얼핏이나마 보여줄 수는 있어요. 당신들이 빅뱅이라 부르는 사건을 일으킨 것이 무엇이었는지도 말해줄 수 있어요. 어떤 과학자도 그 이전으로는 추적해갈 수가 없을 겁니다. 이론으로 말고는 말이에요. 하지만 태초를 기억해내는 것은 가능해요. 그리고 그에 대한 당신의 마음을 바꾸는 것도요. 하지만 지금 당신이 태초를 기억해낼 필요는 없습니다. 왜냐하면 당신은 이 태초의 **상징**을 용서함으로써 진정으로 마음을 변화시키게 될 테니까요. 그러니 당신의 구원은 언제나 당신이 바로 **지금** 내리는 결

당신은 성령의 도움을 받아 망각의 베일을 헤치고 당신이 진정으로 속한 곳으로 돌아가는 길을 찾을 기회를 가지게 될 겁니다.

---

* 경측두골의 마음 : 현상계의 본질을 통찰하게 되는 비일상적 의식상태를 가리킴. 역주

정에 달려 있었고, 앞으로도 그럴 것입니다. 아턴, 당신이 계속하실래요?

아턴: 태초 이전에는 태초도, 종말도 없었어요. 영원한 변함없음만이 있었고, 그것은 아직도 있고 또 언제나 있을 겁니다. 흠 없는 일체성에 대한 앎만이 있었고, 그 일체성은 너무나 완전하고 경외롭고 그 환희가 끝없어서 그것이 아닌 어떤 것을 의식한다는 것은 불가능했습니다. 이 실재 속에는 오직 신만이 있었고, 또 있습니다. ― 우리는 그것을 천국이라고 부르겠습니다.

신이 자신의 연장延長으로서 창조해내는 그것을 그리스도라고 합니다. 그러나 그리스도는 어떤 식으로도 신과 분리되어 있거나 다르지 않습니다. 그것은 정확히 동일합니다. 그리스도는 신의 일부가 아닙니다. 그것은 전체의 **연장입니다**. 진정한 사랑은 공유되어야만 합니다. 신의 우주에서 공유되는 완전한 사랑은 인간의 모든 이해를 초월합니다. 인간은 전체의 일부인 것처럼 보이지만 그리스도는 모든 것입니다. 그리스도와 신의 유일한 구분은 ― 구분이 가능하기나 하다면 ― 신이 그리스도를 창조했다는 것일 겁니다. 신이 창조자입니다. 그리스도는 신이나 자신을 창조하지 않았습니다. 하지만 천국에서는 이것은 하나도 중요하지 않습니다. 왜냐하면 이들은 완벽하게 하나이기 때문이지요. 신은 그리스도를 자신과 똑같이 만들었고, 걸림 없고 무한한, 상상 불가능한 황홀경 속에서 자신의 영원한 사랑과 기쁨을 함께 누리게끔 창조했습니다.

지금 당신이 살고 있는 것처럼 보이는 구체적인 세상과는 달리, 이 한결같고 매혹적인 의식상태는 완전히 추상적이고 영원불변하며 하나인 상태입니다. 그다음에 그리스도는 새로운 창조물, 곧 전체의 동시적 연장을 창조함으로써 자신을 연장하는데, 그것 또한 신과 그리스도와 완벽하게 하나인 일체성 속에서 완전히 동일합니다. 이 연장은 안으로 들어가지도, 바깥으로 퍼져나가지도 않습니다. 왜냐하면 천국에는 공간이란 개념이 없기 때문이지요. 모든 곳만이 있을 뿐이랍니다. 이 모든 것의 결과가 바로 이해理解 너머에 있는 완벽한 사랑의 영원한 공유인 것이지요.

그때 뭔가가 일어나는 것처럼 보입니다. 그것은 마치 꿈속에서처럼, 실제로 일어나는 것이 아니라 단지 일어나는 것처럼 보이는 것일 뿐입니다. 그저 한 순간, 한 찰나의 동떨어진 한 귀퉁이와도 같은 한 순간 동안, 그리스도의 아주 작은 한 측면이 신과 공유되지 않는 생각을 품는 것처럼 보입니다. 그것은 일종의 '~면 어떨까' 하는 식의 생각입니다. 의문의 형태를 띤 하나의 순진한 궁금증이지요. 하지만 그것은 유감스럽게도 명백한 대답을 달고 옵니다. 그 의문을 말로 나타내자면, '떨어져 나와서 나 혼자서 놀아보면 어떨까?' 하는 것입니다. 순진한 아이가 성냥을 가지고 놀다가 집을 다 태워버리는 것처럼, 당신은 차라리 이 의문에 답을 찾지 **못했**으면 훨씬 더 행복했을 겁니다. 당신의 순진한 상태는 이내 두려운 마음, 그리고 그런 마음상태가 요구하는 **것처럼 보이는** 악질적이고 그릇된 방어심리로 대치되어 버릴 테니까요.

당신의 생각은 신의 생각이 아니므로 신은 거기에 반응을 하지 **않습니다**. 거기에 반응한다는 것은 거기에 현실성을 부여하는 짓이 될 것입니다. 만일 신 스스로가 완벽한 일체성의 생각 **이외**의 그 어떤 것을 인정한다면 그 순간부터 완벽한 일체성은 더 이상 존재하지 않게 될 겁니다. 당신이 돌아갈 천국의 완벽한 상태도 더 이상 존재하지 않을 거고요. 알게 되겠지만, 아무튼 당신은 한 번도 떠난 적이 없습니다. 당신은 여전히 거기에 있습니다. 하지만 당신은 악몽 같은 환상에 빠져들어 있습니다. 당신이 단지 꿈속에서 떠돌고 있는 동안에도(T257) 언제나 하나인 신과 그리스도는 과거에도 그랬고 앞으로도 그럴 것처럼, 제이가 〈수업〉에서 말하는 분리라는 "정신

나간 작은 생각"(T586)에 전혀 영향 받지 않고 남아 있습니다.

개체성처럼 보이는 어떤 것이 나타난 우주의 이 순간에 — 당신이 개체성을 아무리 매력적인 것으로 생각하더라도 그것은 분리 이외의 아무것도 아닙니다 — 이제는 뭔가 다른 것을 인식하는 그리스도의 한 작은 귀퉁이가 있는 것처럼 보입니다. 그것이 바로 이원성입니다. 이제 당신은 일체성 대신 '이체성異體性'을 가집니다. 이전에는 천국의 완벽한 일체성 외에는 아무것도 없었습니다. 그것이 비이원성, 혹은 비이체성입니다. 그것은 아직 실재입니다. 하나 이상은 실제로 존재하지 않습니다. 그런데 이제는 당신에게 뭔가 다른 것이 일어나고 있는 것처럼 보입니다. 신과, **그리고** 그 밖의 뭔가가 있는 것처럼 보입니다. 이것이 이원성의 환영입니다. 그리고 복잡다단한 세계와 당신이 그 속에서 인식하는 끝없는 주객의 대치는 단지 이 분리의 상징에 지나지 않습니다. 당신은 여전히 뭔가를 창조해내려고 애를 쓰지만 신의 권능이 없이는 아무것도 진정으로 창조할 수가 없습니다. 그래서 당신이 만들어내는 것은 모두가 결국은 파괴되고 맙니다.

아기가 이 세상에 태어나는 것처럼 보일 때마다 그것은 단지 신 안의 완벽한 환경을 떠나는 것처럼 보였던 그 당시를 재현하는 것에 지나지 않습니다. 그곳은 모든 것이 주어지고 완벽하게 보살핌을 받는 니르바나(열반)였지요. 그러다가 느닷없이, 그에 비하면 마치 살아 있는 지옥 같은 **현실처럼 보이는 것**에게서, 뺨을 한 대 얻어맞은 거지요. 당신은 아기가 태어나는 것을 하나의 기적처럼 생각할지 모르지만 아기가 웃으면서 세상으로 나오지는 않지요. 그렇지 않은가요?

개리: 울고 비명을 지르면서 나오지요.

아턴: 맞아요. 분리처럼 보이는 것을 재현해내는 마음은 사실상 잠에 빠져들어서 덧없는 꿈, 아니면 악몽을 꾸고 있습니다. 왜냐하면 천국으로부터

떨어져 있는 것처럼 보이는 것은 무엇이나 천국의 반대극의 상징물임이 분명하니까요. 그러므로 그것은 반대되는 성질을 띠고 있는 것처럼 보이겠지요. 여기서도 너무 진도를 앞질러 나가지는 맙시다. 당신이 분리된 것처럼 보이는 마음으로부터 육신의 우주로 넘어간 사연과, 당신에게 그것이 왜 그토록 현실적으로 느껴지고 또 그렇게 보이는지는 설명해야 할 것이 아직도 남아 있어요.

개리: 우리가 여기서 현실을 경험하고 있다고 **믿는다**는 것은 의심의 여지가 없어요.

아텐: 물론이지요. 이 경험에서 빠져나가는 법을 배워야만 해요. 잠들어 있는 당신의 마음은 그걸 모릅니다. 하지만 우주적 스케일에서 말하자면 당신은 한순간에 깨어날 겁니다. 왜냐하면 신과 천국을 대변하는 목소리, 곧 우리가 성령이라 부를 그것은 아직도 당신 곁에서 진실을 상기시켜주면서 돌아오라고 부르고 있기 때문입니다.(T75) 당신의 진정한 정체에 대한 지워지지 않는 이 기억은 결코 잃어버릴 수 없는 것이어서, 실재하는 천국으로의 깨어남을 전적으로 불가피한 일로 만들어놓습니다.

하지만 이 기억은 꿈속의 지혜롭지 못한 선택 때문에 외견상 늦게 회복될 수도 있습니다. 지혜롭지 못한 선택은 당신이 늘 해온 짓입니다. 당신은 그 기억과 신의 힘을 택하거나, 아니면 그 대신 다른 것을 택할 권리를 가지고 있습니다. 그리고 당신의 생각을 정말 잘 살펴본다면 자신이 늘 다른 것을 선택하고 있다는 것을 깨달을 것입니다. 그것이 분리처럼 보이는 것이 일어난 직후에 당신의 선택하는 마음이 한 일입니다. 당신의 마음은 충격과 두려움과 혼란에 휩싸인 나머지 당신이 여기에 있는 **것처럼 보이게** 만든 일련의 지혜롭지 못한 선택을 내렸던 것입니다. 마음의 놀라운 힘을 깨닫기만 한다면 당신의 특정한 선택이 분리처럼 보이는 것을 종식시킬 수 있다는 것을 — 언제라도 종식시킬 수 있었다는 것을 — 당신은 아직도 알아차리지 못하고 있습니다. 이것은 그것이 지금은 쉬워졌다는 뜻이 아니라 — 약간의 도움을 받으면 — 당신도 그것을 해낼 수 있다는 뜻입니다.

명심하세요. 신의 도우미인 성령을 진정으로 받아들이려면 신을 신뢰하기 시작해야만 합니다. 당신의 경험을 책임져야 하는 것은 신이 아니라 당신임을 깨닫기 전에는 그를 신뢰할 수가 없습니다. 이 세상이 실재가 아님을, 그리고 아무것도 실제로 일어나지 않았다는 것을 이해하기 전까지는 당신은 죄책감을 느낄 겁니다. 그렇다고 해서 이것은 환영이니까 그 속에서 책임 없이 멋대로 행동해도 된다는 뜻은 아닙니다. 그것은 성령이 당신을 가장 잘 도울 수 있게끔 만들어주는 진정한 용서를 실천하기 위해서는 이해해야만 할 것이 있다는 뜻입니다.

신은 이 세상을 창조했을 수가 없습니다. 그것은 그의 본성에 어울리지 않습니다. 제이도 지적하듯이, 그는 잔인하지 않습니다.

이것이 실재 세계라면 신은 잔인하다. 그 어떤 아버지도 구원을 빌미로 자녀를 여기에다 집어넣어놓고서 사랑한다고 할 수는 없는 노릇이기에. (T236)

다행히도 이것은 실재 세계가 아니고, 신은 잔인하지 않습니다. 바로 이 때문에 우리도 새천년의 학생들에게 한 가지 중요한 점을 강조하려고 하는 겁니다. 당신은 우리가 그것을 너무 자주 강조한다고 생각하지만요. 방금 말한 모든 것은 천국의 완전한 일체성이 아니며, 그 이후로 일어난 것처럼 보이는 모든 것은 신과는 아무런 상관도 없습니다. 분리라는 생각과 그에 잇따른 당신의 결정들은 신과는 전혀 무관한 일입니다. 꿈속의 사건들은 전혀 중요하지 않습니다. 이유는 간단히, 실제로 일어나고 있는 일이 아니기 때문이지요. 당신에게는 그것이 매우 실제적이고 종종 끔찍한 것처럼 보일지라도 당신의 우주는 잘못 지어낸 하나의 허망한 생각에 지나지 않습니다. ─ 그리고 에너지란 한갓 투사된 사념에 지나지 않습니다. 물질은 다양한 형태의 에너지라는 점도 분명히 말했던 걸로 알고 있어요. 신의 권능이 없는 당신의 마음이 할 수 있는 일이란 고작 쪼개고 또 쪼개어놓고는 그 결과를 미화하고 찬양하려드는 짓뿐이지요.

다시 말하자면, 당신은 사실은 아직도 고스란히 천국에 있습니다. 그리고 당신이 보고 있는 것은 진짜가 아니므로 당신은 사실상 다칠 수가 없습니다. ─ 당신이 다치거나 심지어 죽는 꿈을 꾸더라도 말입니다. 사실 당신은 꿈에서 깨어서 이전과 정확히 마찬가지로 천국의 완벽한 일체성을 유지해갈 수 있습니다. 하지만 에고의 생각 대신 성령의 생각에 지배되려면 마음을 훈련시켜야만 합니다. 이것은 당신의 사고체계가 아니라 성령의 사고체계를 반영하는 결정을 내릴 능력을 요구하지요. 그러니 우리는 〈기적수업〉과 존재하는 사실상 모든 영적 사고체계를 무수히, 확고하게 구분해야만 합니다. ─ 선사시대로부터 고대에 이르는 이집트의 사고체계, 도교, 힌두교, 조로아스터교, 구약, 코란, 신약, 그리고 그 밖의 신이원주의 철학 등등을 말입니다. 이것들이 모두가 모종의 근원 ─ 대개 신, 혹은 신들 ─ 을 가진 이원적 사고체계로서, 그 근원은 자신이 아닌 어떤 것을 모종의 방법으로 창조해내고, 그것에 반응하거나 그것과 상호작용을 합니다.

20세기 말인 지금도, 가장 인기 있는 영성서 중의 하나에서는 신이 스스로 자신이 두려움을 창조했노라고 말하고 있습니다! 이것은 너무나 흔한 오류라서 그것이 얼마나 완전히 틀려먹은 것인지를 강조하지 않을 수가 없어요. 신은 천국의 완벽한 일체성이 아닌 것은 그 무엇도 창조하지 않습니다.

존재의 비밀 213

제이도 〈수업〉의 앞부분에서 성령의 사고체계를 반영하지 않는 모든 것을 이렇게 묘사합니다.

> 다른 모든 것은 그대가 꾸고 있는 악몽일 뿐, 존재하지 않는다. (T4)

그리고 뒷부분에서는 이렇게 말합니다.

> 그대는 신의 품 안인 집에서 떠돌이 신세가 된 꿈을 꾸고 있다. 그러나 실재 속으로 깨어날 능력만은 완벽하다. (T182)

이것은 비이원적인 선언입니다. 이것은 당신의 시간을 절약시켜주기 위한 말입니다. 〈기적수업〉에는 이와 같은 말들이 수천 구절 더 있습니다. 당신이 제이의 말을 첫마디에 못 알아들을 경우를 대비해서 말입니다. 당신의 동료 학생들 중 많은 이들에게는 그 수천 구절도 모자라기는 하지만요.

개리: 그건 우리가 무의식적으로 그 메시지를 두려워하기 때문일까요?

퍼사: 맞아요. 그건 지적 능력이 모자라서 그런 것이 아니라 무의식적 저항이 많아서 그런 거예요. 사람들이 들으려고 하지 않는 말들을 전하는 이 일에 당신의 도움이 필요해요. 많은 사람들이 무시해버리는 중요한 것들을 말이에요. 개리, 그건 힘든 일이지만 누군가는 해야 해요. 우리는 당신에게 다른 교사들을 심판하거나 공격하거나, 사람들과 논쟁을 벌이기를 요구하는 게 아니에요. 용서와 논쟁은 서로 배타적인 것이기 때문이지요. 그리고 용서야말로 언제나 정답입니다. 하지만 세상이 온통 달콤하고 밝기만 한 것은 아니지요. 그리고 당신이 쓸 글에 관해서 말하자면, 다른 모든 사람들의 생각에 맞춰줘야 할 필요는 없습니다. 〈수업〉이 자습체제로 구성된 것

임을 강조하기만 하면 사람들이 각자 스스로 그것을 시험해볼 기회를 가질 겁니다.

아무것도 망설이지 마세요. 사람들이 이미 믿고 있는 것은 누구든지 쓸 수 있습니다. 하지만 당신이 우리의 말을 전할 작정이라면 필요한 것은 사람들이 아직 믿지 않고 있는 것을 기꺼이 말하려는 의지입니다. 하지만 당신이 우리의 메시지를 충실히 전한다면 약속하건대, 이 일이 끝나고 우리가 떠날 때가 되면 그것은 가장 훌륭한 글이 되어 있을 것입니다. 그리고 당신은 육체적 차원이 아니라 마음의 차원에서 진정으로 사람들과 하나가 되는 법 — 모든 형상 너머의 만남 — 을 터득해 있을 겁니다.

> 용서와 논쟁은 서로 배타적인 것이기 때문이지요. 그리고 용서야말로 언제나 정답입니다.

개리: 당신들이 이원론과 비이원론의 구분과 〈수업〉의 진정한 의미를 계속 강조하는 데는 중요한 이유가 있다고 보는데요.

퍼사: 예. 그건 마음의 법칙과, 그리고 진정한 용서가 작용하는 이치와 관계있어요. 개리, 〈기적수업〉을 이해해야 하는 것은 단순한 지적 만족을 위해서가 아니에요! 거기다 1달러를 보태면 즉석커피 한 잔은 살 수 있겠지만요. 제이의 〈수업〉을 이해하는 것이 당신에게 엄청난 도움이 되는 이유는, 그럼으로써 당신이 그것을 당신의 '나날의 존재' 속에서 부딪히는 문제와 상황에 더 잘 적용할 수 있게 되기 때문입니다. 제이, 곧 성령과 함께 당신을 진정한 행복과 평화로, 그리고 결국은 천국으로 이끌어주는 것은 진정한 용서의 실천입니다.

개리: 좋아요. 멍청하게 보이고 싶지는 않지만 확실히 이해했는지를 확인해야겠어요. 당신은 〈기적수업〉이 순수한 비이원론이라고 말하고 있어요.

말하자면, 두 개의 존재하는 **것처럼 보이**는 세계, 곧 신의 세계와 인간의 세계 중에서 신의 세계만이 진짜이고 신은 가짜 세계와는 거래하지 않는다. 하지만 성령은 우리를 집으로 인도하기 위해 이곳에 있다. ─ 이런 뜻이지요. 〈기적수업〉에서 신이 그 자녀들을 위해 울고 있다든가 그런 비슷한 말을 할 때, 그것은 성령이, 우리가 에고의 목소리가 아니라 성령의 목소리를 택하기를 바라고 있음을 상징하는 것으로 받아들여야겠지요?

퍼사: 정확해요, 아주 좋아요. 당신은 멍청하지 않아요, 개리. 당신의 에고는 당신이 멍청하길 바라지만요. 에고의 세계야말로 온통 하나의 멍청한 생각이지요. 왜냐하면 그것은 멍청한 결정 위에 세워져 있거든요. 당신은 방금 중요한 말을 했어요. 〈수업〉을 바라보는 올바른 방식에 멋들어지게 어울리는 말을요. 오늘날 대부분의 사람들이 〈수업〉에 대해 이야기하는 것을 통해서는 당신도 결코 이해하지 못할 테지만, 헬렌이 〈기적수업〉을 받아 적던 꼬박 7년의 세월 동안, 그리고 그 이후에 그녀가 살았던 8년 동안에도 그녀나 켄 ─ 그 세월 동안 헬렌의 가장 친한 친구였던, 그리고 당신이 꼼꼼히 경청해야 할 테이프의 주인공인 ─ 에게는 **행여라도** 〈수업〉의 다른 해석이 있을 수 있다는 생각이 단 **한** 번도 들지 않았어요. 하지만 세상이 제이의 메시지를 엉망으로 만들어놓도록 몇 년쯤 시간을 줘요. 볼만할 테니까요. 그러니 우린 우리의 해야 할 일을 계속합시다. 창조의 배후에서 어떤 일이 일어났는지, 아니면 더 정확히 말해서 당신네 우주를 잘못 창조하게 된, 그리고 육신을 만들어내게 된 경위에 대한 설명을 당신이 들을 수 있도록요.

아턴: 아까 얘기했었죠, 태초에 그리스도 마음의 한 작은 조각이……

개리: 그리스도의 마음을 우리의 책에는 대문자로(Mind) 표기해야 할까요?

아턴: 자질구레한 것들에는 너무 신경 쓰지 마세요. 〈기적수업〉은 그리

스도의 마음을 언급할 때 대문자를 쓰지요. 하지만 우린 지금 분리에 대해 이야기하고 있으니까 당신이 소문자든 대문자든 마음대로 사용해도 돼요. 책을 쓰기 시작했나요?

개리: 아뇨. 아직도 제목을 생각하고 있어요.

아턴: 떠오른 게 있나요?

개리: 아직은 〈사랑이란 맥주 생각을 내려놓는 것〉이나 〈맥주로 돌아가다〉 정도예요.

아턴: 계속 생각해보세요. 제목은 퍼사가 벌써 말했어요. 나중에 기억날 거예요.

아무튼, 그리스도의 이 작은 조각은 잠시 졸음에 빠져서 분리와 개체성의 꿈을 꾸고 있어요. 잠시 졸음에 빠진다는 것에 대해서는 에고의 속임수인 시간에 대해 이야기할 때 설명할 겁니다. 개체성에 관해서 말하자면, 그건 당신들이 그릇되게도 매우 높은 가치를 부여하고 있는 것 중의 하나지요. 이 동네를 얼쩡대는 사람들은 그들의 소위 야무진 개성을 꽤나 자랑스러워하지요. 당신은 이 난센스의 뿌리를 곧 발견하게 될 겁니다. 우리 이야기의 이 시점에서 바야흐로 의식이 태동합니다. 이것도 당신들이 바보처럼 매우 가치 있게 여기는 것 중의 하나지요. 의식을 가지기 위해서는 분리가 일어나야만 합니다. 하나 이상의 것이 있어야만 하지요. 의식하기 위해서는 뭔가 대상이 있어야만 하는 겁니다. 이것이 분리된 마음의 시작이지요.

수업은 분명히 다음과 같이 가르칩니다.

의식(consciousness), 곧 인식의 차원은 분리 이후에 마음에 일어난 최초의 갈라짐이었다. 그것은 마음을 창조자가 아니라 인식자로 만들었다. 의식은 에고의 영역으로 간주함이 옳다. (T42)

바로 그 앞에서 〈수업〉은 또 이렇게 말합니다.

> 분리가 온갖 측면들과 정도程度와 간격을 만들어내기 전에는 인식이 존재하지 않았다. 영(spirit)에는 계층이 존재하지 않는다. 모든 갈등은 계층이라는 개념으로부터 일어난다. (T42)

그러니 전에도 말했듯이 에너지는 영이 아니라는 것을 명심해야 합니다. — 영이야말로 당신의 변함없는, 진정한 실재입니다. 측정 가능하고 변화하는 에너지는 인식의 영역 안에만 존재합니다. 제이도 가르치듯이,

> 인식은 언제나 마음의 오용을 야기한다. 왜냐하면 그것은 마음을 불확실성의 영역으로 데려다놓기 때문이다. (T42)

천국에는 불확실성이란 없습니다. 왜냐하면 거기에는 모든 것밖에 없기 때문이지요. 그렇지만 이곳에는 정체성이 있습니다. 사람들은 태어나자마자 뭔가 각별한 관계를 맺기 시작합니다. 맨 먼저 어머니와, 그리고 그다음엔 아버지와요.

개리: 당신이 저를 좀 불편하게 만들고 있군요.

아턴: 편안해지는 게 목표예요. 그건 수단이라고만 할 수는 없어요. 뭐가 문제죠, 친구?

개리: 글쎄요, 난 부모님을 그리워하고 그들과의 추억을 소중하게 여겨요. 그들이 환영으로밖에는 존재하지도 않는다고 생각하는 건 좀 이상하게 느껴지네요.

퍼사: 그건 이해할 만해요. 배우자나 자식과 함께 부모는 인간관계의 가

장 밑바탕을 이루지요. 〈수업〉은 세상이 각별한 관계로 여기는 관계에 대해 언급합니다.(T312) 우린 그것과, 당신이 자신의 것이든 남의 것이든 정체성을 포기하기 싫어하는 점에 관해서 앞으로 더 이야기할 거예요. 기억하세요, 제이는 그의 부모 — 석공인 요셉과 세포리스Sepphoris의 마리아 — 를 사랑했어요. 하지만 다른 모든 사람들도 똑같이 사랑했지요. 각별한 사랑은 특정한 대상에 대한 것입니다. 성령은 모든 사람을 똑같이 사랑하지요.

개리: 난 요셉이 목수인 줄로 알고 있었는데요?

퍼사: 아닙니다. 하지만 그건 중요하지 않아요. 만일 요셉에게 직업이 없었으면 제이가 그를 조금이라도 덜 사랑했을 거라고 믿나요? 사회는 그를 덜 사랑했을 테지만 제이는 그렇지 않아요. 그는 우리 모두를 사랑했어요. — 조건 없이.

개리: 그렇다면 그는 성 바울도 사랑했겠군요. 그가 가르친 바는 같지 않았는데도 말이에요.

퍼사: 물론이지요. 바울은, 아니, 타르수스Tarsus의 사울은 오늘날까지도 제이에게서 우리들과 똑같이 사랑받고 있습니다. 한번은 내가 지금의 이란인 파르시아Parthia에서 연설을 하고 있었는데, 사람들이 다양한 신학적 가르침에 관한 논쟁에 나를 끌어들이려고 했던 일이 기억납니다. 나는 그들에게, 제이에게 중요한 것은 신학이 아니라 진실이라고 말해줬지요. — 그 진실이란 신의 사랑이고, 그것이 제이의 본질이라고요.

자, 당신이 사실은 사람이 아니라 사랑이라면 어떻게 어떤 사람은 사랑하고 어떤 사람은 사랑하지 않을 수가 있나요? 그건 불가능한 일입니다. 어떤 사람을 사랑하지 않는다면 당신은 사랑이 아닙니다. 그렇지 않나요? 당신은 사랑이 아니라 뭔가 다른 것이지요. 그래요, 제이는 부모를 사랑했고, 당신도 부모님을 사랑해야지요. 하지만 그는 그들을, 아니 그 누구도 그릇된 자아상에 제약받게 할 생각이 없었습니다. 그는 자신의 본향이, 그리고 그들의 본향이 야훼Yahweh 안에 있다는 것을 알았습니다.

개리: 어디요?

퍼사: 야훼Yahweh, 엘로이E' lo-i, 신, 아도나이Adonai, 엘로힘Elohim, 키리오스Kyrios — 이 모두가 신성을 뜻하지요. 신 안에서 말과 신학은 사라져버립니다. 천국에는 성경이나 〈기적수업〉 책을 가져가지 못합니다. 〈수업〉은 도구입니다. 그것은 가고자 하는 곳으로 올라가기 위해서 사다리처럼 사용하지요. 거기에 도착하면 사다리는 버립니다. 더 이상 필요하지 않으니까요.

아턴: 그건 그렇고, 좀 전에 각별한 사랑에 대해서 말했었지요. 각별한 관계에는 두 가지가 있어요. — 별난 사랑과 별난 미움 말입니다. 때가 되면 이 두 가지에 대해서, 그리고 그 목적에 대해서(그 목적은 사실 같아요) 더 설명하겠지만 지금은 우리의 이야기를 계속 해야겠습니다.

마음의 첫 번째 분리에 대해서는 이미 이야기했지요. 그것과 함께 의식이 생겨났어요. 그 때문에 당신에게는 처음으로 의식적으로 **선택할** 것이 생겼습니다. 그 이전에는 선택해야 할 **양자**兩者가 없었습니다. 하지만 이제는 이 분리라는 개념에 대해 두 가지의 반응을 할 수 있게 되었습니다. 이것이 마음을 두 번째로 갈라지게 만들었지요. 분리된 것처럼 보이는 마음은 쪼개지고 또 쪼개지는 것처럼 보인다는 것은 이미 말했지요. 이것이 분리를 상징합니다. 하지만 모든 분리는 최초의 몇 번의 분리의 상징일 뿐이지요. 첫 번째 분리를 진정으로 이해하고 나면 당신은 모든 분리를 그와 동일한 것으로 이해하게 될 겁니다. 비록 겉으로는 그와 반대인 것처럼 보일지라도 말입니다. 최초의 분리 이후에는 천국이란 단지 하나의 기억으로만 남는다는 것을 명심해야 합니다.

개리: 그게 무슨 뜻이죠?

아턴: 의식은 신의 것이 아니에요. 그러니 이제 당신에게는 뭔가 **완전히 엉뚱한** 일이 일어나고 있는 것처럼 보이는 겁니다. — 바로 개체성의 경험 말입니다. 마음이 분리될 때마다 그 새로운 현실이 마음에게는 실재가 됩니다. 그리고 그 이전의 상황은 부인되고 망각되지요. 심리학자들은 이것을 억압이라고 부르겠지만, 우리가 논하고 있는 이것은 인간이 감지할 수 있는 정도를 한참 초월한 규모의 것입니다. 그래도 억압된 것은 의식되지 않는다는 점에서 그 작용 메커니즘은 동일합니다. 내친 김에 말하자면, 무의식이란 어떤 장소가 아닙니다. — 그것은 마음이 사용하는 하나의 도구입니다. 부인한 것을 기억해내는 것은 아직도 **가능합니다**. 그러나 도움이 없이는 자신이 떨어져 나온 그것을 기억해내기란 매우 가능성이 희박합니다.

자, 우리가 지칭하는 '당신', 그리고 〈기석수업〉이 시칭하는 '그대'는 사람인 당신과는 아무런 관계도 없습니다. 사람인 당신은 당신 마음의 결정을 내리는 부분입니다. 당신이 여기 이 세상에서 결정을 내리고 있는 것처럼 보일 때조차도 사실 당신은 여기서 결정을 내리고 있는 것이 아닙니다. 왜냐하면 당신은 여기에 있지 않기 때문입니다. 우리의 이야기 속에서 이 새로운 마음, 개체적인 것처럼 보이는 마음은 그 최초의 결정을 내리려고 하고 있습니다.

이 시점에서 선택은 둘밖에 없습니다. 그리고 앞으로도 언제나 두 가지의 선택밖에 없을 것입니다. 거기서 당신은 마음의 두 번째 분리를 겪습니다. 이제 당신은 올바른 마음과 그릇된 마음을 가지고 있는 것처럼 보입니다. 그 각각은 정신 나간 작은 생각에 대해 다른 선택과 다른 반응을 보입니다.

그 한쪽의 선택은 신과 함께 하는 진정한 본향에 대한 기억으로서, 〈기적수업〉이 성령으로 상징하는 것이며, 다른 선택은 신으로부터의 분리, 곧 개체성이라는 생각으로서 〈기적수업〉이 에고로 상징하는 것입니다. 제이는 〈수업〉에서 성령과 에고를 사람처럼 만들어놓고 그것이 개체적 존재인 것처럼 이야기하지만 다음을 또한 분명히 밝히고 있습니다.

> 선택은 둘밖에 없습니다. 그 한쪽의 선택은 신과 함께 하는 진정한 본향에 대한 기억으로서, 〈기적수업〉이 성령으로 상징하는 것이며, 다른 선택은 신으로부터의 분리, 곧 개체성이라는 생각으로서 〈기적수업〉이 에고로 상징하는 것입니다.

에고란 그대의 자신에 대한 한 조각 믿음, 그 이상의 아무것도 아니다. (T67)

제이에게 〈기적수업〉은 하나의 예술작품이지 과학 프로젝트가 아닙니다. 그것은 다른 차원에 제시된 하나의 완전한 표현물입니다. 당신은 그의 예술성을 인정해야 합니다. 〈기적수업〉의 많은 부분이 셰익스피어 식의 무운시無韻詩*, 곧 단장격短長格 오운시로 표현되어 있답니다. 그 이유를 아시나요?

개리: 모르겠는데요.

아턴: 그건 아름답기도 하지만 〈수업〉의 내용을 더 천천히, 주의 깊게 읽게끔 만들지요. 그것은 또 진지한 태도로 오랜 시간을 두고 〈기적수업〉을 배우고자 하는 학생들을 끌어들입니다. 〈기적수업〉은 분명 모든 이를 위한 것은 아닙니다. 혹은 말했듯이, 최소한 동시에 모든 이를 위한 것은 아니지요.

당신의 마음은 다시 둘 중에서 하나를 선택해야 합니다. 우리는 지금 분

---

* 무운시 : 서양시의 한 형식. 산문시의 모체로, 각운(脚韻)이 없는 약강(弱强) 오보격(五步格)의 시형. 운의 구애를 받지 않아 산문에 가까운 서술적 시인 시극(詩劇)이나 서사시(敍事詩)의 기본형식으로 쓰임. 역주

리처럼 보이는 것의 중요한 갈림길에 서 있습니다. 당신 자신의 본성에 대한 기억이 분리에 대한 대답인 동시에 속죄의 원리가 됩니다. 〈수업〉은 성령에 대해 이렇게 가르칩니다.

> 분리가 일어나자 그와 동시에 하나의 보호책으로서 속죄의 원리를 고취시키는 그(성령)가 생겨났다. (T74)

속죄(Atonement)를 비롯하여 〈기적수업〉의 다양한 용어에는 물론 고유한 의미가 있습니다. 〈교재〉가 말하는 것처럼, 성령은 항상 속죄를 가르쳤습니다.

> 그는 그대의 온 마음을 신께로 되돌리라고 한다. 왜냐하면 그대의 마음은 그를 결코 떠난 적이 없기에. 떠난 적이 없으므로 그것을 되돌리려면 그대는 단지 그것을 있는 그대로 인식하기만 하면 된다. 그러니 속죄에 대한 온전한 인식은 곧, **분리가 일어난 적이 없음을** 깨닫는 것이다. (T98)

이 이야기 속의 우리가 처한 시점에서, 당신이 분리에 대한 에고의 해석 대신 성령의 해석을 믿기를 택했다면 당신의 이 작은 꿈속의 모험은 종료되었을 것입니다. 하지만 에고는 이기적이지만 흥미를 돋우는 조건을 제시했지요. 에고는 당신이 계속 분리를 믿기만 한다면 신과는 별개로 아주 특별하고도 중요한 당신만의 개인적 정체성을 가지도록 해주겠다는 것이었습니다. 〈교재〉에서 제이는 이렇게 말하지요.

존재의 비밀

이 믿음을 지키는 대가로서 에고는 그대에게 뭔가 보상을 해야 한다. 그것이 줄 수 있는 것이란 기껏해야 자기만의 태초로부터 시작하여 자기만의 종말로 끝을 맺는 일시적 존재의 느낌이지만, 에고는 이 삶이 곧 당신의 존재라고 말한다. 왜냐하면 그것이야말로 에고의 것이기에.
(T60)

물론 당신은 자신을 스스로 어떤 구렁텅이로 몰아넣고 있는지도 모르는 채 또 하나의 멍청한 선택을 내립니다. 이 모든 것은 당신에게 새롭고 신기한 것이어서, 당신은 그 호기심으로 기꺼이 개구리를 죽일 태세가 되어 있지요. 특별하고 별개인 것이 어떤 것인지를 보고 싶어서, 당신은 에고의 편을 선택합니다. 이것이 다시 마음의 세 번째 분리를 일으키지요.

개리: 당신이 '당신'이라고 말할 때 그것은 우리 모두를 하나로서 지칭한다고 보면 되나요?

아턴: 예. 당신을 개인적으로 비하하려는 것이 아니에요. 단지 당신의 마음의 힘에 대해 당신이 책임을 지도록 도우려는 것일 뿐이지요. 제이조차도 그런 지경에 빠져 있었어요. 다만 그는 우리만큼 그것을 굴뚝같이 믿지는 않았지요. 그가 우리보다 먼저 깨어난 것도 그게 큰 이유이고요.

개리: 그러니까 마음의 첫 번째 분리는 내가 신과 별개라고 생각하게 만드는 의식이란 말씀이죠. 사실은 신과 별개가 될 수 없지만 말입니다. 그건 마치 잠속에서 꿈을 꾸는 것과 마찬가지지요. 나는 잠을 자고 있지만 그것을 알지 못해요. 당신이 이야기하고 있는 이 분리의 꿈속에서 나는 천국을 잊어버리고 꿈을 현실로 여기고 있지요. 잠속에서 꿈을 꿀 때와 마찬가지로 내가 경험하고 반응하는 것은 모두 꿈속의 대상들이고, 내가 정말 어디에 있는지는 완전히 잊어버리는 거지요.

두 번째 분리에서 일어나는 일에 대해, 나는 두 가지의 해석을 발견합니다. 하나는 나의 진정한 자아인 성령이 되는 것이고 다른 하나는 분리와 개체적 자아를 옹호하는 에고가 되는 것이지요. 이제 마음은 두 부분으로 나뉜 겁니다. 세 번째 분리는 내가 에고를 택했을 때 일어난 거죠?

아턴: 그래요, 하지만 명심하세요. 이 차원에서 한 번 선택을 내리면 그것이 당신의 새로운 현실이 됩니다. 그리고 이전의 현실은 완전히 잊혀져버리지요. — 마음의 벽으로 차단되는 겁니다. 에고를 선택해서 세 번째 분리를 일으키면 이제 성령은 단지 하나의 기억이 됩니다. 이제 당신은 에고와 완전히 하나로 동화됩니다. 그러나 신의 은총 덕분에 우리의 본성은 홀로그램과도 같아서, 마음이 분리되는 것처럼 보일 때조차도 각각의 부분들은 여전히 전체의 속성을 그대로 지니고 있습니다. 그러니 당신은 결코 정말로 길을 잃을 수는 없는 것이지요. 모든 마음속에서 에고와 성령 **양쪽**을 다 발견할 수가 있는 겁니다. 다만 성령의 목소리가 에고의 목소리에 묻혀서 들리지 않게 된 것일 뿐입니다. 왜냐하면 당신이 귀를 기울이기로 한 것은 에고의 목소리이기 때문이지요. 그래서 당신의 본성은 의식에서 밀려난 것입니다. 전에도 말했듯이 당신은 진실을 잊어버렸을지 몰라도 그것은 마음속에 묻힌 채로 여전히 거기에 있습니다.

퍼사: 형제, 당신은 마음이 얼마나 강력한 힘을 가지고 있는지를 모릅니다. 우리가 이야기하고 있는 차원, 곧 아직도 형이상학적인 이 차원에서는 당신이 우주라 부르는 찻잔 속의 온갖 소동이 당신이 내리는 단 몇 번의 결정에 의해서 바야흐로 그릇 창조되려는 찰나에 있습니다. 그 궁극적 결과물은 소위 당신이라는 존재가 될 테지만, 이제 그는 자신이 발휘할 수 있는 진정한 힘에 대해서는 까맣게 모르고 오히려 거의 정신을 잃은 채로 한 육신 속에 갇혀 있는 것처럼 보입니다.

개리: 그것이 '신이 전지전능하다면 그는 자신이 들어 올릴 수 없는 바위도 창조할 수 있을까?' 하는 이 해묵은 의문에 대한 답이 될지도 모르겠군요.

아턴: 실제로 답을 주지요. 그런데 그 대답은 '노'입니다.

개리: 왜 그렇죠?

아턴: 왜냐하면 신은 멍청이가 아니기 때문이지요.

개리: 그런데 나는 멍청이란 말이에요?

아턴: 아니에요. 하지만 당신은 멍청이가 된 꿈을 꾸고 있지요. — 그리고 이제 거기서 깨어나기 시작하고 있고요. 주제로 돌아가서, 당신이 최초로 진실을 환영으로 바꿔놓았던 때에 대해서 〈기적수업〉이 말하는 것을 조금 들어보세요.

> 그대는 그 하나의 오류가 얼마나 큰 것이었는지를 깨닫지 못한다. 그것은 너무나 어마어마하고 믿기지 않는 것이라서, 그로부터 전혀 비실재인 하나의 우주가 출현해야만 했다. 거기서 다른 무엇이 나올 수 있었겠는가? 그대가 그것을 바라보기 시작함에 따라 그 산산이 파편화된 측면들은 너무나도 무시무시해 보인다. 그러나 그대가 본 그 무엇도 그 최초의 오류가 얼마나 중대한 것이었는지를 보여주기 시작조차 못한다. 그 최초의 근본적 오류는 그대를 천국에서 쫓아내고 앎을 무의미한 인식의 파편들로 부숴놓고 더 많은 대용물을 만들어내도록 강요하는 것처럼 보였다. (T373)

개리: 예, 하지만 이 이야기에도 창세기와 똑같은 문제가 있지 않나요? 신이 그런 일을 하다니…… 하는 식의 문제 말이에요. 그러니까, 만일 모든

것이 너무나 완벽했다면 애초에 그리스도의 한 부분이 신에게서 떨어져 나올 생각을 왜 했느냐는 거죠.

아턴: 무엇보다도, 창세기에서는 당신 눈앞의 이 세계가 신의 책임이고 당신은 원인이 아니라 그 결과물일 뿐입니다. 〈기적수업〉에서는 당신이 눈앞의 세계에 책임이 있고, 당신은 그것의 희생자가 아닙니다.(W48) 신과 그리스도는 천국이 그런 것처럼 여전히 완벽합니다. 그리고 당신이 생각하는 이 세상 속의 그 '당신'은 꿈에서 깨어나는 법을 배워야만 합니다. 성령에 귀를 기울임으로써 말입니다.

당신의 다른 의문을 살펴봅시다. 그건 정말 의문일까요, 아니면 하나의 선언일까요? 당신은 신으로부터의 분리가 실제로 일어났다고 말하고 있지 않나요? 그것이 일어났다고 믿지 않는 한 당신은 어떻게 분리가 일어날 수가 있었느냐고 물어볼 수가 없습니다. 하지만 우리가 이미 말했듯이, 속죄의 원리는 그것이 일어나지 않았다는 데에 있습니다. 그런데 당신은 그리스도가 어떻게 에고의 편을 택할 수가 있었느냐고 묻습니다. 우리는 그것이 그리스도가 아니라 환영인 의식이 그것을 한 **것처럼 보였던** 것이라고 말했는데 말입니다. 게다가 당신은 바로 지금 또다시 그런 멍청한 선택을 내리고 있으면서 어떻게 그런 멍청한 선택을 할 수가 있었느냐고 묻고 있지요.

개리: 당신은 정말 똑똑하시군요, 그건 아시나요?

아턴: 가르치기 위해서만이지요. 개리, 우린 당신을 사랑해요. 단언하건대, 에고의 틀 안에서는 그런 종류의 의문에 대해 **지적으로** 만족할 만한 대답은 결코 얻을 수 없을 겁니다. 〈기적수업〉도 말하듯이,

에고의 목소리는 환청이다. 에고가 '나는 진짜가 아니다'고 말하리라고는 기대하지 말라. 하지만 그 환청을 몰아내는 일을 그대 혼자서 하

라는 것은 아니다. (T138)

당신의 의문에 대한 답이 지성의 틀 밖에서, 에고의 시스템을 완전히 벗어난 곳에서 발견될 날이 올 겁니다. 그 답은 당신이 여전히 집에, 곧 신의 품 안에 있다는 경험 속에서 얻어질 것이고, 그것은 그렇지 못한, 오인된 경험을 바로잡아줄 것입니다. 제이는 이렇게 말합니다.

일시적 존재의 이 느낌에 반해 영은 그대에게 영원하고 불변하는 있음에 대한 앎을 제공한다. 이 계시를 경험한 자는 다시는 에고를 온전히 믿지 못한다. 에고의 초라한 선물을 신의 영광스러운 선물에다 어찌 비길 것인가? (T60-61)

계시란 것이 대부분의 사람들이 생각하는 것에 반하여 진정으로 무엇을 의미하는지에 대해서는 나중에 더 이야기할 겁니다.

개리: 제가 잘 이해하고 있는지를 확인해보고 싶은데요, 그러니까 그건 꿈을 꾸다가 깨어나서 내가 침대를 벗어난 적이 없다는 것을 깨닫는 것과 같군요. 마찬가지로 신으로부터 떨어져 나온 이 꿈에서 깨어나면 내가 천국을 정말 떠난 적이 없었다는 것을 알게 될 거란 말이지요.

아턴: 맞아요. 하지만 그것을 육신의 눈으로 보게 되지는 않을 거예요. 그 때문에 〈기적수업〉에서는 깨달음에 대해 이야기할 때 에고의 것이며 분리를 암시하는 의식(consciousness)과 같은 말 대신 앎(awareness)과 같은 좀더 추상적인 말을 쓰지요. 깨달음에 대해서는 곧 이야기하게 될 거예요.

개리: 〈들어가기〉에서도 우리 본연의 상태인 사랑의 현존에 대한 앎(awareness)을 가로막는 것들을 제거하는 일에 대해 이야기하고 있지요.(T1)

아턴: 맞아요. 하지만 당신이 사다리를 올라가게 하기 전에, 거기를 어떻게 내려왔는지에 대한 우리의 요약된 이야기를 먼저 끝내야 합니다. 그건 중요해요. 바로 지금도 세상은 그 그루터기로부터 튼튼히 자라나서 머리를 쳐들어 빛을 찾고 있거든요. 그 위에는 빛이 없어요, 개리. 마음의 세 번째 분리로 말미암은 성령 아닌 에고의 선택은, 신을 대변하는 목소리가 당신의 귀에 거의 들리지 않게 만들어버렸습니다. 한편 에고는 당신에게 이 세계의 실상에 대한 자기의 버전의 해설을 제공하고 있고요. — 바로 여기서부터 일이 꼬이기 시작하는 겁니다.

> 성령 아닌 에고의 선택은, 신을 대변하는 목소리가 당신의 귀에 거의 들리지 않게 만들어버렸습니다.

개리: 아턴, 미안하지만 계속하시기 전에 딱 한 가지 할 말이 있어요. 그러지 않으면 집중할 수가 없을 것 같아요.

아턴: 알아요. 빨리 하세요. 아니면 썸스크루(엄지손가락을 죄는 고문도구)를 가져와야 할지도 몰라요.

개리: 난 기억력은 좋아요. 하지만 책을 쓰려면 이 대화를 다 기억해야 할 텐데 그만큼 잘 기억할 수 있을지 자신이 없어서……

퍼사: 알아요, 개리. 당신은 우리가 두 번째로 방문했을 때부터 줄곧 우리의 말을 녹음해왔지요. 우리는 단지 우리가 나타났었다는 것을 사람들 앞에서 증명하려는 목적으로는 녹음하지 말라고 했어요. 하지만 개인적인 용도로도 녹음하지 말라는 뜻은 아니었어요. 당신이 이미 녹음을 하고 있으면서 짐짓 녹음을 하는 게 좋겠느냐고 물었을 때도 우리는 다 알고 있었어요. 성령과 함께 올바로 판단하는 이들은 당신의 모든 실수를 너그럽게 눈감아 줍니다. 당신이 미친 것이 아니라 우리가 정말로 이곳에 나타나서 당신과 대화했다는 것을 당신이 스스로 확신할 수 있어야 한다는 점도 우린 이해했

어요. 당신은 녹음한 것을 나중에 다시 들어봄으로써 자신이 정말 우리의 목소리를 들었다는 사실을 확인하고 싶었던 거죠. 그건 별 문제도 아니에요. 나중에 우리는 우리의 육신과 목소리와 그것의 실체에 대해서도 이야기해드릴 거예요. 그러면 그것이 마리아와 천사들이 출현하는 현상도 설명해줄 겁니다.

아턴: 당신이 우리가 나타날 경우를 대비해서 오디오 시스템의 녹음기가 음성을 감지해서 자동으로 작동하게 하는 스위치를 이 방에 들어올 때마다 켜놓는 것을 우리가 정말 모르리라고 생각했나요? 정말이에요, 개리! 이제부터는 그냥 우리가 나타나면 그때 녹음기를 켜도록 하세요.

개리: 당신들이 아무 말도 안 하니까 아마도 개의치 않는가보다 하고 생각했지만 사실은 확실히 해두고 싶었어요. 책을 다 쓴 다음에 테이프를 버리면 어떻겠어요? 그렇게 하면 그것을 다른 용도로 쓰려는 유혹이 일어나지 않을 테니까요.

퍼사: 그건 당신 소유예요. 하지만 그건 좋은 생각이네요.

아턴: 그건 그렇고 — 이야기로 돌아가서, 당신은 에고의 편을 택했어요. 그리고 이제 그것과 하나로 동화됐어요. 첫 번째 분리는 신과의 완벽한 일체성에 대한 당신의 앎을 한갓 기억으로 만들어버렸어요. 두 번째 분리는 마음을 두 쪽으로 나눠놓았죠. 세 번째 분리는 성령을 한갓 기억으로 만들어놓았어요. 그리고 이제는 에고가 당신의 주의를 사로잡았어요. 당신은 무엇이 어떻게 되어가고 있는지를 알기 위해 그것을 살펴봅니다. 그러면 에고가 기다렸다는 듯이 메시지를 주지요. 그 메시지는 이런 겁니다. 여길 뜨는 게 좋을걸, 친구. 그리고는 그 이유를 몇 가지 댑니다. 혼란스러운 당신의 마음에는 이 이유들이 정말 논리정연하게 확신을 줍니다.

"네가 무슨 짓을 했는지 모르겠니?" — 에고가 비유적인 이야기를 늘어놓으며 이렇게 묻습니다. ― "넌 신으로부터 떨어져 나왔어! 넌 그에게 죄를 지은 거야, 알겠어? 이제 넌 발을 담근 거란 말이야. 넌 그의 얼굴에다 낙원을 ― 그가 준 모든 것을 ― 냅다 집어던지고는 이렇게 말했어. '너 따윈 필요 없어!' 넌 그를 공격했어! 넌 죽었어. 지옥에서 신을 거역했다간 꼼짝 없어. 그는 무서운 존재지만 넌 아무것도 아니란 말이야. 넌 완전히 망했어. 완전 죄인이야. 지금 당장 여길 뜨지 않으면 죽기보다 더 끔찍한 변을 당할 거라구!"

에고의 말에 당신은 이렇게 생각합니다. 이런 맙소사, 내가 무슨 짓을 한 거지? 네 말이 맞아. ― 천국을 공격했으니 난 완전히 망했어! 하지만 갈 데가 어디에 있단 말이야? 뭘 해야 되지? 도망갈 수는 있지만 숨을 데가 없잖아. 신으로부터 몸을 숨길 데는 아무 데도 없어!

"글쎄, 그건 정확한 사실은 아니야," 에고가 말합니다. "왜냐하면 내가 도와줄 수 있거든. 난 네 친구잖아. ― 그리고 내게 좋은 생각이 있어. 우리가 같이 갈 수 있는 곳을 알아. 거기서는 네가 너의 대장이 될 수 있고 신을 보지 않아도 돼. 그를 결코 보지 않게 될 거야. 거기엔 그도 들어올 수가 없거든!"

정말? 당신은 묻습니다. 그거 정말 멋지게 들리는 걸, 당장 가자!

에고가 대답합니다. "좋아, 그럼 내가 시키는 대로만 해."

퍼사: 물론 에고가 신에 대해서, 그리고 일어난 일에 대해서 말하는 모든 것은 사실이 아닙니다. 에고는 칼리굴라 카이사르*만큼이나 제정신이 아니거든요. 신은 당신을 사랑하는 것밖에는 아무것도 하지 않아요. 이쯤에서 마음이 작용하는 방식을 조금만 더 알아볼 필요가 있어요.

---

* 칼리굴라(caligula) : 로마 황제 Caius Caesar의 별명. 잔인함과 방탕한 생활로 미움 받아 암살됨. 역주

존재의 비밀 231

마음의 힘을 인정한다면 당신은 믿음의 힘을 인정해야 합니다. 신으로부터 떨어져 나올 수 있다는 생각에 그토록 큰 외견상의 힘과 현실감을 부여한 것은 그것에 대한 당신의 믿음 — 그것을 진지하게 받아들인 것 — 이었습니다. 〈수업〉은 이렇게 말하지요.

환영으로부터의 해방은 오로지 그것에 믿음을 주지 않는 데에 있다.
 (T154)

또한, 당신은 인식하는 자가 되기로 함으로써 이원성을 만들어냈기 때문에 당신이 인식하는 모든 것은 당신이 떨어져 나온 것처럼 보이는 그것의 반대극처럼 보이는 속성을 포함하게 될 것임을 알아야 합니다. 당신이 떨어져 나온 것처럼 보이는 그것 — 천국 — 은 특정한 조합의 속성을 지니고 있고, 당신이 당신의 현실로 인식하는 그것은 그와 반대되는 조합의 속성을 지니고 있습니다.

천국은 모든 말을 초월하지만 다음과 같은 속성을 지니고 있습니다. — 그것은 완벽하고 형상 없고 변함없고 추상적이고 영원하고 순수하고 온전하고 풍족하고 완전한 사랑입니다. 그것은 실재입니다. 그것은 생명입니다. 신과 그리스도와 그리스도의 창조물들은 완벽한 하나입니다. 그밖에는 아무것도 없습니다. 이것은 신의 뜻 — 아버지의 앎 — 의 영역입니다. 이 완벽한 일체성에 대한 당신의 앎의 경험을 묘사하는 것은 사실상 불가능합니다. 하지만 당신이 잠시라도 그것을 직접 경험해보면 그것을 알게 될 것임을 장담합니다. 그것은 당신이 친숙하게 알고 있는 그 어떤 것과도 같지 않습니다.

반대로 천국의 반대극처럼 보이는 인식의 영역은 이와는 매우 다른 속성을 띠고 있습니다. 우리가 여기서도 여전히 형이상학적 차원에서 이야기하고 있다는 점을 유념한다면, 이 속성은 다음과 같습니다. — 개체성, 형체, 모양, 구체성, 변화, 시간, 분리, 분화, 환영, 욕망, 결핍, 그리고 죽음. 그래서 저자의 무의식적 마음에서 곧바로 나온 것인 창세기는 2장 16-17절에서 이렇게 말합니다. "동산의 모든 나무의 과일은 마음대로 먹어도 되나 선악과는 따먹어서는 안 된다. 그것을 먹는 날에는 너희는 죽으리라." 선과 악은 반대극입니다. 그리고 천국에 반대되어 보이는 것을 갖는다는 것은 곧 죽음을 갖는 것입니다. 그러나 〈기적수업〉이 〈들어가기〉에서부터 시작하여 방식을 누수히 바꿔가며 끊임없이 말하듯이, "…… 모든

당신의 마음은 거의 전체가 당신에게 의식되지 않습니다. 빙산의 거의 모두가 수면 아래에 있는 것과 마찬가지지요.

것을 포함하는 것에는 반대극이 있을 수 없다."(T1) 이게 무슨 뜻인지를 이제 이해하겠나요?

개리: 예, 이제 그 엄청난 의미가 파악되기 시작하는 것 같아요. 그리스도란 이름으로 알려진 그 화가가 언제나 혼수상태에서 빠져나와서 내게 창조의 오르가즘을 다시 느낄 수 있게 해줄까요?

퍼사: 그때가 오고 있어요. 당신이 어떻게 여기에 와 있는 것처럼 보이게 됐는지에 대해서는 아직도 이야기가 끝나지 않았어요.

분리된 개인이 되라는 에고의 유혹에 일단 귀를 기울이기로 하면 분리의 현실에 대한 믿음이 당신에게 매우 심각한 문제를 일으키기 시작합니다. 이제는 신이 당신의 외부에 있는 것처럼 보입니다. 그리고 당신이 경험하는 모든 것은 당신이 그로부터 떨어져 나왔다는 것을 말해줍니다. 이것이 지금 이 순간에도 당신이 가지고 있는 문제입니다. 비록 당신은 그것을 의식하지

못하고 있지만 말입니다. 당신의 마음은 거의 전체가 당신에게 의식되지 않습니다. 빙산의 거의 모두가 수면 아래에 있는 것과 마찬가지지요. 개리, 당신이 물리적 우주를 믿고 있는 한은 인식되는 모든 것이 당신이 신으로부터 떨어져 나오는 행위를 저질렀다는 사실을 무의식 속에서 끊임없이 상기시켜줄 것입니다. 알게 되겠지만 이것은 매우 중요한 점입니다.

아턴: 우주를 그릇 창조했던 우리의 작은 광상곡으로 돌아가자면, 마음속 에고의 목소리는 당신의 상태와 신에 대해 전혀 사실이 아닌 것을 말해줬습니다. 당신은 독립적인 **것처럼 보이는** 의지를 가진 개인이 된다는 — 사실은 가능하지 않은데도 — 생각이 마음에 든다는 것을 핑계의 일부로 삼아 그것을 받아들였습니다. 분리와 에고의 목소리를 **진지하게** 받아들임으로 해서 그것은, 당신의 분리된 것처럼 보이는 마음속에서 **신에 대한 죄로** 해석됩니다. 악을 저질렀다면 그것은 당신이 **죄인임**을 뜻하고 당신은 이 형이상학적 차원에서 그것을 느낍니다. — 세상의 차원에서는 그것을 늘 느끼고 있지 않더라도 말입니다. 당신이 생각하는 그 죄지은 자가 된다는 것은 곧 호되게 벌을 받으리라는 것을 뜻합니다. 이 세상의 차원에서조차도 심리학은, 죄책감은 무의식적으로 처벌을 원한다고 말하지요. — 이것은 잘 생각해보면 많은 것을 설명해줍니다. 이것은 당신이 형이상학적 차원에서 신으로부터 직접 벌받고 공격받으리라는 믿음을 얼마나 진지하게 품고 있는지를 말해주고 있는 겁니다!

신으로부터 죽음보다도 끔찍한 이 운명과 같은 벌을 받으리라는 생각은 **두려움** — 너무나 끔찍해서 상상조차 할 수 없는 — 을 만들어냅니다. 당신은 억겁처럼 보이는 세월 동안 그것으로부터 도망다녀 왔습니다. 그리하여 **이제야** 우리는 당신에게 애초에 마음이 왜 당신의 우주와 당신의 세상과 당신의 육신을 만들어냈는지를 말해줄 수 있게 됐습니다. 이것들은 인과적인 꿈속에서는 따로 따로 일어난 일처럼 보이지만 사실은 모두 동시에 만들어졌습니다.

오늘날 세상이 돌아가게 하고 있는 동기와 동일한 동기인 이 세상을 만들어낸 배후동기를 이해하고 설명해주는 다른 영적 원리는 없습니다. 그 동기는 두려움입니다. 그것은 궁극적으로 가면 언제나 신에 대한 두려움으로 밝혀지지요.(T420) 초시간적이고 비공간적이며 분리되어 있는 것처럼 보이는 마음은 당신이 신으로부터 내려지리라고 믿고 있는 벌 때문에 완전히 겁에 질린 상태에 있습니다. 그래서 에고는 당신에게 **방어**가 필요하다고 설득합니다. 자기가 제공하는 방어는 당신의 개체성을 통해서 에고 **자신이** 살아남기 위해서 만들어낸 것이라는 말은 쏙 빼먹은 채 말입니다. 사실 개체성(individuality)이라는 말의 마지막 네 음절을 떼놓고 보면 그것은 곧 이원성(duality)이라는 것을 발견할 겁니다. 이것은 단순한 우연이 아닙니다.

에고의 목소리는 마치 당신의 친구인 것처럼, 그리고 **당신의** 이익을 최대한 배려해주는 것처럼 말합니다. 에고가 당신으로 하여금 신이 당신을 잡으러 오고 있으니 안전한 곳으로 도망가는 게 좋을 거라고 믿게 만들었다고 한 이야기를 기억하지요? 그곳이 바로 이 우주랍니다. 에고에게는 최선의 방어는 곧 공격입니다. 사실 방어와 공격은 같은 동전의 양면이지만 말입니다. 이런 개념들이 서로 어떤 관계가 있는지를 논하면서, 〈수업〉은 이렇게 가르치지요.

> 에고란 분리를 믿는 마음의 한 부분이다. 자신이 신을 공격하고 있다고 믿지 않는 한 신의 일부가 어떻게 자신을 스스로 떼어낼 수 있겠는가? 앞서 우리는 권위의 문제란 신의 권능을 찬탈한다는 개념을 근거로 한 것이라고 말했다. 에고는 그대가 바로 그 짓을 했다고 믿는다. 왜

냐하면 에고는 에고 자신이 곧 그대라고 믿기 때문이다. 자신을 에고와 동일시하면 그대는 자신을 죄인으로 여기게끔 되어 있다. 자신의 에고를 대할 때마다 그대는 죄책감을 느끼고 벌 받을 것을 두려워할 것이다. 에고란 문자 그대로 하나의 겁에 질린 생각이다. 제정신인 마음에게는 신을 공격한다는 생각이 아무리 터무니없게 여겨지더라도, 에고는 제정신이 아니라는 것을 결코 잊지 말라. 에고란 하나의 망상적 체계이며, 스스로 그 체계를 변호한다. 에고의 목소리에 귀를 기울이는 것은 신을 공격할 수 있다고 믿는다는 뜻이며 신의 일부를 그대가 떼어냈다고 믿는다는 뜻이다. 외부로부터의 보복에 대한 두려움이 뒤따른다. 왜냐하면 죄책감이 너무나 격렬하여 그것을 외부로 투사하지 않을 수가 없기 때문이다. (T84)

그리하여 분리가 실제로 일어났다고 믿고, 신의 처벌과 보복이 두려워서 당신은 자신을 방어해야 한다는 생각에 필사적으로 매달립니다. 당신은 — 에고의 목소리에 귀를 기울임으로써 — 당신이 죄를 지었고 불가피한 신의 처벌에 대비해야 한다고 말하는 사고체계를 벌써 형성시켜놓았습니다. 당신이 완전히 무방비상태로 노출된 느낌에 두려워 떨고 있을 때, 에고가 자기에게 좋은 생각이 있다고 말했었지요. — 신이 당신을 절대로 찾아낼 수 없는 곳으로 갈 수 있다고 말입니다. 당신은 혼란 속에서 이젠 신의 뜻을 따르는 것이 아니라 에고를 따르는 추종자가 되었고, 당신이 더 이상 기억하지 못하는 — 사실은 당신의 진정한 본성인 — 그것으로부터 안전하게 보호해준다는 에고의 기발한, 그러나 뒤틀린 생각에 귀가 솔깃해집니다. 그리하여 당신은 이제 필멸의 존재가 되어 자신의 진정한 본성을 두려워하면서 살고 있지요.

개리: 잠깐만요. 한 가지만 더 물어볼 게 있어요.

아턴: 좋아요. 하지만 난 벌써 당신의 입에 테이프를 붙인 모습을 떠올리고 있어요.

개리: 당신들이 〈기적수업〉에서 인용하는 이 모든 글들이 어디에 나오는 것인지를 다 말해줄 건가요? 당신이 전에 말한 바에 의하자면 이것들에다 모두 주를 달아줘야 할 텐데요?

퍼사: 사실은 말해주지 않을 거예요. 당신이 혼자서 찾기를 바랍니다.

개리: 〈기적수업〉은 거의 1,300쪽이나 되는데요! 그건 엄청난 일거리일 텐데, 원칙적으로 말하자면 난 보통 그런 일엔 반대해요.

퍼사: 그걸 그저 공부거리로 생각하세요. 이 메시지는 **당신**을 위한 것이란 사실을 기억하세요. 그것을 배우고 그런 다음엔 전해주세요. 게다가 진짜 일거리는 아직 개시도 안 했어요. 실천하는 일 말입니다. 전에도 말했지만, 배우지도 않은 것을 어떻게 실천할 수가 있겠어요?

아턴: 그러니 이제 바야흐로 우리의 장엄한 익살극 속에서 당신이 스스로 지어낸 악몽 속의 곤경에 대해 에고가 그 궁극의 해결책을 제시해줄 순간이 드디어 왔습니다.

당신이 스스로 저질렀다고 믿는 짓으로부터 일어나는 고통스러운 수치감과 마음속의 통렬한 죄책감은 하도 엄청나서, 지금 당장 완전히 몸을 숨겨야 할 것만 같습니다. 그래서 당신은 에고와 손을 잡고, 그러면 인식자로서 환영을 만들어내는 — 창조자로서 영을 만들어내는 대신 — 마음의 엄청난 능력이, 당신의 피신책을 현실화시켜줍니다. 이 시점에서 이제 당신과 완전히 동화한 에고는 마음 밖으로 분리의 생각을 던져보내기 위해 교묘하지만 환영일 뿐인 투사投射의 방법을 동원합니다. 그러면 당신 — 혹은 최소한 의식을 지닌 것처럼 보이는 당신의 부분 — 도 마치 바로 그것과 함께 투사된 것처럼 보입니다. 이것은 즉시 소위 빅뱅이라는 것, 곧 우주의 창조를 일으킵니다. 이제 당신은 우주 **안**에 있는 것처럼 보이지만 사실 당신은 자신이 문자 그대로 마음 **밖**에 있다는 사실을 알아차리지 못합니다.

이제 당신이 두려움에 떨며 살게 하는 원수인 신은 더 이상 당신과 함께 마음속에 있는 것 같지 않습니다. — 그곳에서는 당신은 감히 그에게 대항할 꿈조차 꿀 수 없다고 생각했지요. 신은, 그리고 이 문제에 관한 한 다른 모든 것들도 이제는 완전히 당신의 **외부**에 존재합니다. 죄책감을 포함해서 당신의 온갖 문제들의 근원은 이제 어딘가 다른 곳에 있습니다. — 다른 어떤 곳이란 있을 수가 없다는 것을 우리가 이미 분명히 했음에도 불구하고 말이지요. 우주를 만들어낸 것은 당신이 자신을 신으로부터 보호하기 위한 짓이며, 그것은 당신의 교묘하고 기발한 은신처입니다. 동시에 우주 자체는 궁극의 희생양이 됩니다.

이제 당신의 분리 문제의 원인이자 원흉은 — 환영 속의 모든 새로운 문제들의 원흉은 말할 것도 없지만 — 당신의 외부에서만 찾을 수 있습니다. 에고와 함께 열심히 찾아본다면 말입니다. 완전히 무의식 속에 숨어 있는 깊은 죄책감과 두려움으로 인해, 당신이 지금 자신의 영혼이라고 생각하는, 분리된 것처럼 보이는 마음을 보호하도록 죄와 벌과 두려움과 공격과 방어의 사고체계를 행동으로 펼쳐낼 수 있는 **전혀 새로운 차원**이 만들어졌습니다. 에고가 마음속의 이 죄를 들여다보기를 얼마나 싫어하는지는 〈기적수업〉이 이 무의식 속의 죄를 치유하기 위한 것임에도 불구하고 이 내용을 전하는 대부분의 교사들은 그것을 언급조차 하지 않는다는 사실만 봐도 알 수 있습니다.

이제 에고는 그 장대한 계획의 대단원을 장식하는 업적으로서 — 기대하시라! — **육신**을 만들어냅니다. 이것은 에고로 하여금 자신이 애지중지하는 환영의 세계가 현실임을 증거해주는 정보만을 골라서 당신의 의식 속에 들여보내줄 수 있게 해줍니다. 하지만 육신 그 자체가 단지 환영의 또 다른 일부일 뿐입니다. 그러니 육신에게 환영을 설명해달라고 하는 것은 환영에게 그 자신을 설명해달라고 하는 것과 다를 바가 없지요. 그리고 물론 에고는 당신에게 그 대답을 제공하기를 기뻐해 마지않을 거고요.

이 우주, 세상, 그리고 당신의 육신은 당신이 상상하는 죄와, 그에 수반하는 신의 처벌에 대한 두려움으로부터 몸을 숨길 은신처가 되어줍니다. 에고는 이제는 무의식 속으로 숨어든 이 죄와 두려움에 대처할 방법을 확고히 갖추고 있습니다. — 그것을 타인들에게 투사하는 것이지요.

다음 방문 때 이 사고체계가 이 세상의 차원에서 어떻게 작동하고 있는지를 설명해드리면 당신은 곳곳에서 그것이 책동을 벌이는 현장을 분명히 목격할 수 있게 될 겁니다. — 당신의 사적인 인간관계, 주변 사람들 간의 인간관계, 국제관계, 정치와 기타 직업세계나 당신이 눈을 돌리는 그 어느 곳에서든지 말입니다. 그러면 당신은 〈기적수업〉의 메시지가 진실임을 몸소 깨닫기 시작할 거예요. 우리가 이것을 논할 때면 비위가 약한 사람한테는 역겨운 이야기도 나올 겁니다. 에고는 예쁘지 않거든요. 하지만 그다음부터는 좀 재미있게 놀 수 있을 겁니다.

에고의 사고체계가 작동하는 것을 관찰할 수 있게 되면 — 물론 그건 무엇보다도 아주 흥미롭지요 — 그때는 당신이 성령을 도와 에고에게 반격을 가하고, 그리하여 동시에 당신 자신의 구원을 앞당겨 마침내는 탄생과 죽음의 쳇바퀴를 깨고 나오게 할 방법을 우리가 설명해줄 수 있게 됩니다.

개리: 그러니까 나는 내 마음 속에 있는 이 무의식적 죄책감과 두려움 때문에 계속 환생을 반복한다는 거로군요. 이 죄책감을 치유하여 감춰진 두려움이 없어지면 육신도 세상도 우주도 필요가 없게 된다는 말이죠?

아턴: 훌륭해요. 당신이 멍청이가 아니라는 건 이미 알고 있었어요. 제이에게 그걸 말해주려고 했지만 들은 척을 안 하더군요. 농담이에요. 다음 만남 이후로부터는 만나는 시간은 짧아지지만 이야기 내용은 더 감미로워질 거예요. 진정으로 제이, 곧 성령과 함께 일하려면 에고의 사고체계가 작동하는 것을 **관찰할 줄 알아야** 해요. 에고의 사고체계란 당신이 억겁의 세월 동안 부지불식간에 받아들여왔던 바로 그 사고체계입니다. 당신은 스승인 성령, 혹은 제이와 함께 그것을 기꺼이 **들여다보아야만** 합니다.

제이는 〈수업〉에서 이렇게 이야기하지요.

환영을 직시하지 않으면 거기서 벗어날 수가 없다. 직시하지 않는 것 이야말로 환영을 보호해주는 비결이니까. 환영 앞에서 몸을 움츠릴 필 요는 없다. 환영은 위험할 수가 없기 때문이다. 우리는 에고의 사고체 계를 더욱 속속들이 들여다볼 준비가 되어 있다. 그것을 몰아낼 등불을 우리 함께 가지고 있으므로. 그대가 스스로 그것을 원하지 않음을 깨달았으니 그 또한 준비가 갖추어진 것이다. 우리는 다만 정직하게 진실을 찾고 있을 뿐이니, 지극히 평온한 마음으로 그것을 하자.

(T202)

퍼사: 이번에 이야기한, 그리고 다음번에 이야기할 에고의 모든 생각들은 진실 — 제이, 혹은 성령 — 앞으로 인도되어야 합니다. 그것을 굴복시켜 속죄와 맞바꿀 수 있도록 말입니다. 이 생각들은 외견상의 분리 이래로 당신의 무의식 속에 아주 교묘히 감춰져 있었습니다. 당신은 그것을 모릅니다. 하지만 잊어버린, 혹은 결별했던 그것을 당신은 너무나 두려워합니다. 그 때문에 당신은 이것을 정말 들여다보고 싶어하지 않는 것입니다. 이 감

추어진 두려움 때문에 당신은 무의식에 다가가기를 극구 저항할 것입니다. 〈수업〉의 〈교재〉는 그것을 이렇게 지적하지요.

먼저 뭔가를 알지 않고는 그것과 결별할 수가 없다. 결별에는 반드시 앎이 선행되며, 결별이란 (그것을) 잊기로 결정하는 것 이상의 아무것도 아니다. 그러고 나면 잊혀진 것은 왠지 무서워 보인다. 하지만 그것은 결별이란 곧 진실에 대한 공격이기 때문일 뿐, 다른 이유는 없다. (T183)

잊어버린, 혹은 결별했던 그것을 당신은 너무나 두려워합니다. 이 감추어진 두려움 때문에 당신은 무의식에 다가가기를 극구 저항할 것입니다.

〈교재〉는 또 이렇게 말합니다.

그대는 자신의 정체성으로부터 떨어져 나와서 평화롭게 있을 수 있는가? 결별은 해결책이 아니다. 그것은 착각이다. 착각에 빠진 자들은 진실이 자신을 공격하리라고 믿는다. 그들은 그것이, 자신이 착각에 빠져있기를 더 좋아하고 있기 때문이라는 사실을 깨닫지 못한다. 그들은 진실을 뭔가 좋지 않은 것으로 간주하고는 앎을 가리고 있는 자신의 환영만을 바라보고 있는 것이다. (T146)

개리: 육신에 대해 이야기하실 때 인간의 육신만을 연상했었는데 당신의 말에 비추어본다면 에고가 모든 육신 — 우리 개 누피와 다른 모든 동물들을 포함해서 — 을 만들어낸 것이 틀림없군요. 만일 그게 사실이라면, 그리

고 만일 모든 일이 어떻게든 동시에, 한순간에 일어난 것이라면 그것은 진화 또한 하나의 환영, 일종의 연막임을 의미하지 않나요?

퍼사: 그걸 알아냈으니 축하해요. 당신네 세대는 진화를 숭배합니다. 자기네들이 뭔가 새로운, 대단한 의식을 창조해낼 참이라고 생각하고 말이지요. 당신들은 에너지를 높이 사는 만큼이나 진화를 높이 삽니다. 소위 진화라는 것은 단지 에고가 한순간에 분리되어 나온 일일 뿐입니다. 외견상 세포를 분열하고 또 계속 계속 분열해서 갈수록 **복잡해** 보이는, 그래서 더 멋져 보이는 육신과 두뇌를 만들어내려고 말이지요. 하지만 **모든** 육신은 비현실이라는 점에서 다를 것이 없습니다.

당신네 우주의 모든 것은 육신이 진짜이고 당신만의 고유한 것임을 확신시켜주기 위해, 그리하여 에고의 모든 시스템이 유효하고 정당한 것임을 확신시켜주기 위해서 설정된 것입니다. 그래서 에고는 언제나 신이 세상을 만든 것처럼 보이게 하려고 기를 쓰지요. 그럼으로써 당신이 계속 신을 두려워하게 하는 한편 신이 당신 생명의 근원으로 남아 있게 하는 것입니다. 에고가 어떻게든 신의 일을 대신 하기를 원했다는 사실과 관련지어서 말하자면, 에고는 당신이 제이처럼 육신을 영성화시키기를 원합니다. ― 제이에게는 그것이 아무런 의미도 없었지만 말입니다. 그리고 당신이 온갖 장소와 대상을 영적인 것으로 여기기를 갈망합니다. 이것은 어떤 장소나 사물이 다른 것보다 더 특별해지게 만들고, 그리하여 그것들을 모두 진짜가 되게 합니다. 만일 신이 세상과 육신을 만들었다면 당신은 **진짜여야** 합니다. 이것은 당신이 주장하는 개체적 존재를 정당화시켜주고, 그것은 또 당신을 자신의 진정한 문제로부터 계속 달아나게 만듭니다. 그리고 가장 중요한 것은, 그것은 또 당신의 주의를 문제의 진정한 해결책 ― 세상이 아니라 당신의 마음속에 있는 성령 ― 에서 떼어놓는다는 것입니다.

개리: 그러니까 우주의 창조는 마음의 네 번째 분리였고 그것은 빅뱅을 일으켜 거의 무한수의 분열처럼 보이는 것, 즉 중중무진重重無盡한 우주를 만들어냈군요. 내가 이 우주가 진짜라고 믿는 한 나는 또한 — 정의에 의해서 — 내가 신으로부터 떨어져 나왔으며 죄를 지은 자라고 무의식적으로 믿을 것이란 말이지요?

아턴: 그렇습니다. 당신은 말솜씨가 있어요. 당신이 태어나는 꿈을 꾸던 때로부터 죽는 꿈을 꿀 때까지, 그리고 그 사이에 꾸는 꿈에서 당신이 보는 모든 것은 당신이 신으로부터 스스로 떨어져 나왔다는 그 한 생각을 상징하는 것들입니다. 천국은 무수

당신이 태어나는 꿈을 꾸던 때로부터 죽는 꿈을 꿀 때까지, 그리고 그 사이에 꾸는 꿈에서 당신이 보는 모든 것은 당신이 신으로부터 스스로 떨어져 나왔다는 그 한 생각을 상징하는 것들입니다.

한 조각으로 산산이 부서져서 그 반대의 것으로 대체된 것처럼 보입니다. 하지만 우주의 역사 — 과거든 미래든 — 란 한갓 에고가 쓴 시나리오(T641-642)일 뿐입니다. 그것은 형편없는 바보, 곧 에고가 써놓고 자화자찬하는 이야기로서, 상상할 수 있는 모든 방법을 동원해서 분리의 짓거리를 벌이지요.

개리: 이 차원에서도 결합은 일어나지 않습니까? 사람들은 결혼을 하잖아요. 그건 분리가 아니지요. 최소한 당장은요.

아턴: 당신이 스스로 대답을 했네요. 이 세상에서는 죽음이 분리를 불가피한 것으로 만들어놓습니다. 그것은 '만일'의 문제가 아니지요. — 그것은 언제, 어떻게의 문제일 뿐입니다. 물론 시도해보셨겠지만 육신은 진정으로 합쳐질 수가 없습니다. 하지만 마음은 합해질 수 있습니다. — 마음은 영원히 합할 수 있습니다. 에고는 당신이 마음에 주의를 보내기를 원하지 않습

니다. 에고는 당신이 육신을 현실로 여기고 거기에만 집중하기를 바랍니다. 그런데 다행히도 성령 또한 하나의 시나리오를 가지고 있습니다.(W324) 그리고 당신은 원한다면 언제든지 그것으로 시나리오를 바꿀 수 있습니다. 성령의 시나리오는 일관적입니다. 〈수업〉은 이렇게 말하지요.

진실은 흔들리지 않는다. 그것은 항상 참이다. (T179)

퍼사: 제이나 성령이나, 아니면 둘 다, 혹은 당신이 함께 하고 싶어하는 누구든지와 함께 — 혼자서는 하지 말기를 권하지만 — 용서를 연습하기 시작하면 당신은 〈수업〉이 매우 실질적인 것이 될 수 있다는 것을 깨닫게 될 겁니다. 〈수업〉은 두 가지의 다른 차원에서 써졌습니다. — 우리가 방금 이야기한 형이상학적 차원과, 그리고 다음에 이야기하게 될 세상의 차원에서 말입니다. 우리는 당신에게 단지 이론만 전하지는 않겠다고 이미 약속했었고, 이 세상이 환영이라는 것을 아는 것 자체만으로는 충분하지 않다는 것을 이미 강조했습니다. 용서의 실천적 방법론이 없다면 〈수업〉은 한 권의 아름답지만 쓸모없는 책밖에는 되지 않을 겁니다. — 논쟁의 불쏘시개 아니면 에고의 노리개나 될 수 있을 뿐이겠지요. 다행히도 〈용어설명〉의 〈들어가기〉에서 제이는 이렇게 말합니다.

이것은 철학적 사색을 위한 수업도 아니며 용어의 뜻을 명확히 밝히기 위한 것도 아니다. 이것은 오로지 속죄, 곧 인식을 바로잡기 위한 것이다. 속죄의 방법은 용서다. (CL77)

당신은 〈수업〉의 용서라는 개념이 매우 독특하며, 에고를 지우기 위해 고안된 것임을 발견할 것입니다. ― 그것은 공격을 통해서가 아니라 선택의 힘을 통해서 이루어집니다. 당장 눈앞에 보이는 것들을 용서하면 내면의 평화와 그리스도의 힘이 거기에 임할 것입니다. 잘 이용하기만 하면 그것은 마음의 법칙과 성령을 도와 당신을 천국으로 돌아가도록 인도하게 할 완벽한 기회입니다. 늘 쉽지만은 않겠지만, 가는 길에서 〈수업〉이 제대로 먹힌다는 것을 깨닫게 되는 멋진 순간들을 자주 맞이하게 될 겁니다. 지금까지 당신은 허구한 날 에고의 사고체계만 되풀이해서 연출하는 시나리오에 갇혀 있었습니다. 이제는 그것을 벗어나서 새로운 시나리오를 따르기 시작할 때입니다. ― 당신을 집으로 데려다줄 시나리오를 말입니다!

우리의 메시지를 다른 사람들과 공유할 수 있도록 글을 쓰기 시작하고 싶은 마음이 들 겁니다. 문법적인 어려움에 부딪히더라도 재미있게 일하는 태도를 잊지 마세요. 이것은 어떨까요? 우리의 이야기를 대화형식으로 적는 것 말입니다. 그렇게 하면 대부분을 녹음테이프에서 바로 받아 적을 수 있고 당신이 노트하고 있는 내용도 활용할 수 있어요. 우리가 방문을 마칠 때쯤이면 우리의 책은 거의 마쳐져 있을 거예요. ― 꾸준히 실천하기만 한다면요. 해보세요. 재미있을 거예요.

개리: 예, 하지만 능력이 딸려서 도저히 못 따라갈 지경이 되면 어떡하죠?

퍼사: 우리가 모든 답을 가지고 있어야만 하나요? 제이에게 인도를 청하세요!

아턴: 작업을 하는 동안 이것을 기억하세요. 에고는 당신이 스스로 신으로부터 떨어져 나왔다고 생각하면서 죄책감을 느끼기를 은밀히 바라고 있다는 것을요. 하지만 그건 사실이 아니에요. ― 겉으로 보이는 모든 것과 경험들이 그렇게 말하더라도 말입니다. 다음에 방문할 때는 에고가 그 기만책

을 성공시키려고 애쓰는 꼴을 자세히 이야기해 드리겠습니다. 그때까지 당신은 우주와 이 세상의 진정한 본질에 대해 생각할 때 자신에게 정직해지도록 애쓰세요. 제이는 일부 사람들이 신의 신성한 창조물이라고 잘못 믿고 있는 '아름다운' 것들에 대해 매우 분명한 입장을 밝힙니다. 그 예는 많지만 한 가지만 말하자면, 〈교재〉에서 그는 이 그릇된 우상의 세계에 대해 이렇게 말하지요.

우상은 믿음에 의해 만들어진다. 믿음을 거둬들이면 우상은 '죽는다.' 전능함 밖에 어떤 힘이 있다거나, 무한 너머에 어떤 장소가 있다거나, 영원을 초월하는 어떤 시간이 있다는 요상한 생각, 이것이 바로 적그리스도(anti-Christ)다. 이 힘과 장소와 시간이 형체를 띠고 있다는 생각에 의해 이 우상의 세계가 세워졌고, 불가능한 일이 일어난 세상을 만들어낸다. 여기서는 불멸의 존재가 죽고 만물을 품는 존재가 상실을 겪으며, 무시간의 존재가 시간의 노예가 된다. 여기서는 변함없는 존재가 변하고, 살아 있는 만물에 영원히 주어진 신의 평화가 혼돈에 밀려난다. 또한 여기서는 아버지만큼이나 완벽하고 순결하고 사랑 많은 신의 아들이 덧없이 미움을 느끼다가 고통을 겪고 결국은 죽는다.
(T620-621)

개리: 그걸 제이의 크리스마스 메시지로 받아들이겠습니다.

아턴: 아시다시피 제이는 〈수업〉에서 크리스마스와 부활절에 대해 아주 아름다운 이야기를 했답니다. 〈교재〉를 규칙적으로 읽으시기를 권합니다. 그 내용이 흡수되는 데는 시간이 걸리겠지만 그렇게 하면 아주 좋아요. 대부분의 학생들은 〈실습서〉와 〈교사를 위한 지침서〉 공부에만 주력하지요.

그건 물론 중요해요. 하지만 퍼사도 말했듯이 사람들은 〈교재〉를 별로 읽지 않아요. — 스터디 그룹에서 돌아가면서 읽을 때를 제외하면 말이에요. 그러나 〈교재〉를 소홀히 대하는 것은 정말 〈수업〉의 핵심을 잃어버리는 것이랍니다.

퍼사: 당신의 글쓰기에 대해서 마지막으로 두 가지 제안을 하려고 해요. 이후로는 당신이 물어보지 않는 이상 그에 대해서는 별로 이야기하지 않을 겁니다. 지금부터 주체는 늘 당신이거나, 아니면 성령이어야 합니다. 성령과 함께 하는 작업에 익숙해지기를 바랍니다. 무엇이든 우리의 사명과 관련된 일에 마주치면 성령께 어떻게 해야 하는지를 물어보세요. 하지만 내가 말하고 싶은 두 가지는 이거예요. 첫째, 아턴과 나에 대해서 이야기하려고 애쓰지 마세요. 중요한 것은 사람들에게 그들이 **육신이 아니라는** 사실을 가르치는 것입니다. 그들이 육신이 아니라면 당연히 환영인 우리의 육신도 강조할 필요가 없지요. 이 책은 우리에 관한 책이 되어서는 안 됩니다. — 그것은 **우리가 하는** 말에 관한 책이 되어야 합니다. 둘째, 당신은 죄책감에서 완전히 자유로운 상태에서 글을 써야 합니다. 책을 쓰는 것은 당신의 책임이 아닙니다. 그것은 성령의 책임입니다.

자, 이 세상의 본질에 대한 우리의 이야기에 결론을 맺어야겠네요. 우리는 이 세상 자체보다는 그것의 본질을 강조합니다. 왜냐하면 이 세상이라는 꿈은 진짜가 아니니까요. 제이는 나의 복음서 40절에서 이 세상에 대해 간단히 이렇게 말합니다.

> 아버지의 밖에(outside of the Father) 포도나무가 심어졌으나 그것은 튼튼하지 않은 고로 뿌리 뽑혀 버려지리라.

그는 또 나그함마디 본의 56절에서 이런 말을 했지요.

이 세상을 이해하게 된 자 모두가 송장만 발견했고, 송장을 발견한 자 모두에게 이 세상 더 이상 가치 없어졌도다.

그리고 천국에 관해서라면 49절의 말씀을 명심하세요.

혼자이고 선택받은 자들을 축하하노니, 너희는 신의 왕국을 발견하리라. 너희가 거기서 왔으니 다시 그곳으로 돌아가리라.

> 오늘날도 세상은 그때만큼이나 제정신이 아니기는 하지만, 그보다 훨씬 더 많이 배울 수 있는 위치에 와 있습니다.

이 말씀 속의 그런 사람들은 혼자입니다. 왜냐하면 그들은 사실 우리가 오직 하나라는 것을 알기 때문이지요. 물론 실제로 혼자인 것은 아닙니다. 그들에게는 성령이 있으니까요. 앞에서 말했듯이, 그들은 귀를 기울이기로 선택했기 때문에 선택받았습니다. 이 말씀의 나머지 부분은 우리가 한 이야기에 비춰보면 그 뜻이 너무나 자명합니다.

〈기적수업〉은 제이가 당신들에게 하늘의 왕국으로 돌아가는 방법을 보여주기 위해서 제공하는 것입니다. 왜냐하면 이미 말했듯이 2천 년 전에는 세상을 그만큼밖에 이해하지 못했기 때문입니다. 오늘날도 세상은 그때만큼이나 제정신이 아니기는 하지만, 그보다 훨씬 더 많이 배울 수 있는 위치에 와 있습니다.

개리: 이건 기독교는 물론이고 그 어떤 것과도 정말 다른 것 같아요.

퍼사: 간단히 말하자면 개리, 기독교는 구약성서를 새로운 형태로 이어

온 것일 뿐이에요. 로마서 1장(신약)만 읽어봐도 미래의 성 바울이 정치적인 이유로 레위기 20장(구약)의 사상을 동조해주고 있다는 것을 알 수 있습니다. — 당시 예루살렘 지역의 지도자였던 야고보 사도와 예루살렘 지파의 환심을 사기 위해서 말입니다. 조직화된 종교는 정치입니다. 요한계시록(신약)이 다니엘서(구약)를 얼마나 이용해먹는지를 보세요. 기독교는 똑같은 것을 새롭게 포장한 것일 뿐입니다. — 신의 독생자가 희생제물이 되어 예배받는 것만 빼고 말입니다. 하지만 제이는 포장만 새로 한 고물이 아닙니다. 〈기적수업〉도 마찬가지고요. 자습식인 〈수업〉은 조직화된 종교를 필요로 하지 않습니다. 말했지만, 제이는 종교를 만드는 데는 전혀 관심이 없었어요.

아턴: 우리가 가고 나면 이 환영 속에서 다음에 만날 때까지 성령과 함께 세상을 솜더 수의 깊게 살펴보기를 시작해보세요. 그러면 당신은 성령의 사고체계와 에고의 사고체계 중 한쪽을 택일할 수 있는 매우 높은 — 제이만큼이나 높은 — 기준을 가지게 될 겁니다. 〈수업〉은 이렇게 말하지요.

> 그대에 관한 진실은 너무나 높아서, 신께 가치 없는 것은 무엇이든 그대에게도 가치가 없다. 그러니 이에 비추어 그대가 소망하는 것을 택하라. 또한 신께 바치기에 전적으로 합당하지 않은 것은 받아들이지도 말라. (T177)

그동안 잘 지내요, 개리. 이것은 확실히 기억하세요. 성령을 스승으로 모실 준비만 되어 있으면 언제든지 제이가 당신과 함께 하리라는 것을요. 당신이 준비되어 있지 않더라도 제이는 여전히 당신과 함께 있을 겁니다. 그가 〈교재〉에서 말하듯이요.

그대가 나와 같이 되고 싶다면 우리가 같음을 아는 내가 그대를 도와주리라. 그대가 나와 다르게 되고 싶다면 나는 그대가 마음을 바꿀 때까지 기다리리라. (T145)

아턴과 퍼사는 내가 이 이야기들의 깊은 의미 — 천국에서의 내 실상 외에는 내가 진정 존재하지 않는다는 사실에 다름 아닌 — 를 조용히 음미해보도록, 그리고 변하지 않은 것처럼 보이지만 다시는 동일한 눈으로 바라보지 않게 될 이 세상의 배후에 감춰져 있는 동기에 대해 깊이 생각해보도록 나를 남겨두고는 사라져버렸다.

5
에고의 계획

에고에 대한 모든 반응은 싸움터로의 부름이다.
싸움은 그대에게서 평화를 앗아간다. 그러나 이 싸움에는 상대가 없다.

(T138)

나는 다음날 새벽녘에 잠을 깨어 눈을 떴다. 그런데 놀랍게도 나는 어떤 독립적인 형상도 눈에 보이지 않는다는 사실을 깨달았다. 내가 분간할 수 있었던 것은 오직 눈가리개와 같은, 눈을 덮고 있는 것처럼 느껴지는 어떤 것뿐이었다. 그 덮개는 한 점의 티끌도 없이 완벽하게 흰 빛이었다. 이 빛은 메인 주의 북서풍이 몰아친 다음날 아침에 우리 집 뒤 들판에서 가끔씩 보았던, 아무도 밟지 않은 눈보다도 더 순수했다.

눈을 감자 뭔가 다른 것이 보였다. 내 시야를 차지하고 있던 그 아름답고 하얀 빛은 여전히 남아 있었지만 이제는 추한 어둠의 커다란 반점이 빛의 상당 부분을 뒤덮고 있었다. 아직도 빛은 보였지만 상당 부분 ─ 반 이상 ─ 을 사악한 검은 반점이 장악하고 있었다.

나는 당황스러운 마음에 눈을 떴다. 그러자 다시 손짓하는 듯한 아름다운 흰 빛만이 보였다. 눈을 감으면 다시 보기 싫은 어둠의 반점이 돌아왔다. 나는 이것을 어떻게 받아들여야 할지를 몰라서 ─ 그리고 나는 웬만한 지진 속에서도 곤히 잠자는 종류의 사람이어서 ─ 이 경험이 꿈의 일부인지 어떤

지도 모른 채 다시 잠속으로 돌아갔다.

　나중에 다시 깨었을 때 나는 그 경험을 기억하고 졸리는 의식으로 제이에게 물었다. "좋아요, 포기했어요. 그게 뭐였나요?" 아무것도 생각하지 않으려고 애쓴 끝에 이런 생각이 주어졌다. "나와 함께 그것에 대해 생각해보라." 나는 곧 순백의 빛이 나의 본성인 순수한 영을 상징한다는 것을 깨달았다. 그리고 내가 진정으로 눈뜨고 깨어나면 다시 그렇게 되리라는 것을 깨달았다. 어둠은 내 마음 속에 묻혀 있는 깊은 무의식 속의 죄책감이었다. 나는 생각했다. '이 어둠은 내가 — 성령과 함께 — 내 밖에 있는 것처럼 보이는 내 죄책감의 상징들을 용서하는 동안에 성령에 의해 내면에서 치유받아야 해. 그 일이 끝나면 오직 빛만 남을 거야.'

　이 경험과, 그리고 퍼사와 아턴과 나누었던 엊저녁의 이야기를 생생히 기억하면서 나는 그날 오후 몇 시간 동안 스터디 그룹 안내자에게서 빌려왔던 켄네쓰 왑닉의 테이프를 들었다. 처음에는 대학교수가 강의하는 것 같은 켄의 스타일에 별로 마음이 끌리지 않았다. 켄은 역시 학자였다. 그런데 계속 듣다가 〈수업〉의 높은 형이상학적 원리를 설명하는 부분 — 그리고 그것을 나날의 삶에서 실천하는 부분 — 에 이르자 나는 켄의 설명이 크게 도움이 된다는 것을 깨달았다. 그날 늦은 밤에 나는 앉아서 〈교재〉의 몇 페이지를 읽었다. 상당 부분을 나 혼자서 이해하는 것이 전보다 훨씬 쉬워진 것에 나는 놀랐다.

　이후의 몇 주 동안 나는 또 용서를 실천하기 위해 최선을 다했다. 특히 카렌과 나 사이에 문제가 생길 때 말이다. 〈실습서〉의 연습이 도움이 되었는데 나는 종종 카렌을 연습 대상으로 삼았다. 우리는 특히 생활비가 모자라서 압박을 받을 때는 쉽게 서로의 신경을 건드리곤 했다. 카렌은 나를 사랑하고 위해주는 좋은 여인이었다. 우리는 11년 동안 행복한 결혼생활을 함께

했다. 그러나 내가 그녀에게 한 가지 흠을 잡으면 그녀에게서는 불만이 한 보따리씩 쏟아져 나왔다. 그 이유 중 하나는, 그녀는 몇 가지 일을 시도했었는데 만족할 만한 일이나 돈을 많이 벌 수 있는 일자리를 찾지 못했기 때문이다. 내가 나의 일에서 돈을 많이 벌어들이지 못한다는 사실도 상황을 더욱 악화시켰다.

어느 날 밤 카렌은 자신의 일과 생활형편에 대한 불평과 한탄을 늘어놓기 시작했다. 나는 내가 그녀의 부정적인 독백에 이전과 같은 분별심으로써 반응하지 않고 있다는 사실을 흥미롭게 지켜보고 있었다. 그 대신, 나는 두 가지의 생소하고 특이한 경험을 하고 있었다. 첫째는 카렌이 사랑을 호소하고 있다는 사실을 깨달은 것이다. 그것은 그녀의 말이 내게 다른 느낌으로 들리게 했다. 그것은 마치 이해를 구하는 순수한 호소의 목소리처럼 늘렸다. 두 번째의 새로운 경험은, 내가 보고 있는 것은 그녀의 본래 모습이 아니라 내가 나만의 꿈속에서 원했던 모습으로서, 그것이 나에게는 집안 분위기를 망쳐놓는 그녀를 비난할 빌미가 생기게 해준다는 것을 깨달은 것이다. 그러면 그것이 나 자신의 무능력을 덮어 감출 수 있는 손쉬운 핑계거리가 되어줄 테니까 말이다.

이 새로운 경험들은 카렌을 바라보는 나의 방식에 변화를 가져오면서 그녀와 대화하는 것(그리고 그녀와 자는 것)을 더 즐거운 일로 만들어줬다. 용서를 연습할 기회를 항상 알아차리지는 못했어도, 나는 나날이 빠르게 배워가고 있었다.

승천한 방문자들을 다시 만난 것은 네 달이 지나서였다. 나에게 그것은 무척 긴 시간으로 느껴졌다. 화가 치밀 때도 있었고 완전히 버림받은 기분이 들 때도 있었다. ― 내가 그 와중에서 그들과의 만남을 특별한 관계로 만들고 있다는 것을 알아차리고 용서를 시도하기는 했지만 말이다. 때로 나는 이렇게 생각했다. 이건 모두가 어쩌면 내가 용서할 수 있는지를 시험하기 위한 것일지도 몰라. 그리고는 실제로 용서했다. — 하지만 이 용서는 아턴과 퍼사가 나에게 하고 있는 어떤 짓이나 해주지 않고 있는 어떤 일에 대한 것이 아니었다. 그것은 그 '잘못'을 나에게 실재하는 현실로 만들어놓을 따름이다. 왜냐하면 세상이란 한갓 꿈일 뿐이어서, 〈수업〉은 학생들에게 형제들이 한 적이 없는 일을(T354) 용서하라고, 그리고 그럼으로써 잘못을 우리에게 현실로 만들어놓는 일을 피하라고(T215) 신신당부하기 때문이다. 이런 식으로 생각하니까 나 자신을 꿈의 희생물이 아니라 꿈을 지어내는 자로서(W48) 더 잘 경험할 수 있게 된다는 것을 발견했다.

어느 날 저녁 카렌이 컴퓨터 강의를 들으러 가고 없을 때 맥주나 마셔야지, 하고 막 첫 잔을 들던 참에 아턴과 퍼사가 다섯 번째로 거실에 나타났다. 그들의 부드러운 미소를 보는 순간 나는 내가 그들과 함께 앉아 그들의 이야기에 귀를 기울이는 것을 얼마나 영광스러워하고 즐거워했는지를 상기할 수 있었다. 나는 맥주잔을 내려놓고 응접 테이블로 와서 노트를 집어 들었다. 녹음기도 틀어놓았다. 나는 과거에 나의 밴드가 장시간 연주하는 것을 녹음하면서 많은 밤을 보냈기 때문에 내 친구들이 이야기하고 있는 동안에 테이프가 멈춰버리지 않도록 장시간용 테이프를 사용할 만큼의 기본지식은 갖추고 있었다. 테이프에 녹음하는 문제에 대해서는 마지막 만남까지 아무도 더 이상 시시비비하지 않았다.

나는 먼저 말문을 열어서 나 자신도 놀라게 만들었다.

개리: 안녕하세요, 친구들. 만나서 너무 반가워요! 와주셔서 고마워요. 지난 네 달 동안의 제 경험에 대해서는 아시리라고 생각합니다. 당신들이 저를 도와주고 있어서 너무나 감사해요.

퍼사: 물론 알죠. 우리도 당신에게 감사해요. 아무리 일러주고 가르쳐주

어도 그걸 활용할 줄 모른다면 헛일이지요. 형제, 당신은 우리가 말해준 것을 잘 써먹고 있어요. — 깨달으셨을 테지만 그게 늘 쉬운 일만은 아니라도 말이에요.

좀더 배워 가면 당신도 우리가 진실에 대한 가장 순수한 비이원적 관점을 가르치고 있다는 것을 깨달을 거예요. 시간이 가면 〈수업〉을 이런 식으로 가르치는 사람도 더 많아질 겁니다. 비록 우리는 다른 사람들처럼 예의바르지는 못하지만 말입니다. 지금은 사람들이 〈수업〉의 형식을 도용해서 자기 것을 가르치는 경향이 있어요. 하지만 앞으로는 순수주의자가 더 많아질 거예요.

개리: 스스로 예의바르지 못하다고 하시는데, 그럼 왜 좀더 정중해지지 않나요, 나의 똑똑한 스승님들?

퍼사: 그렇게 하려면 대신 잃는 것이 있답니다, 능구렁이 양반. 게다가 당신도 한 사람의 사자(messenger)예요. 그리고 누군가는 우주를 제자리에 돌려놓아야 할 때가 됐어요.

하지만 당신이 알아야 할 다른 것이 있어요. 용서를 더 많이 경험하고 나면 — 에고를 좀더 자세히 들여다보기 이전에 우린 곧 용서의 한 측면에 대해서 이야기할 거예요. — 그것이 결국 당신의 풍자적인 유머가 생각만큼 그렇게 꼭 필요한 것은 아니라는 것을 깨닫게 해줄 겁니다. **당신에게 그것이 더 이상 필요하지 않게 되면 우리도 당신에게 다가가는 데에 그것이 더 이상 필요하지 않게 되겠지요.** 성령은 사람들에게 매우 다양한 방법으로 말을 건답니다. 사람이 변해가면 — 확실히 말하지만, 성령을 스승으로 택하면 사람들은 거짓되게 변해온 에고를 원래 상태로 되돌림으로써 본성으로 돌아가게 됩니다 — 성령도 거기에 알맞은 방법으로 말을 걸 수 있지요. 당신은 우리가 당신에게 너무 가혹하게 군다고 생각하지만 당신에게 그렇게 구는 것은 다름 아닌 당신 자신이라는 사실을 곧 깨닫게 될 겁니다. 당신은 자신의 증오를 진정으로 들여다보려고 하지 않지만 우리는 이번에 그걸 조금 들여다볼 작정이랍니다.

당신은 또 우리가 다른 사람들에게도 너무 가혹하다고 생각합니다. 하지만 거듭 말했듯이 다른 사람이란 존재하지 않습니다. 다른 사람은 없다구요. 그러니 공부나 계속합시다. 우리가 하는 말들이 종국의 어떤 결실을 위한 것이지, 존재하지도 않는 세상에 심판을 가하기 위한 것은 결코 아니라는 것을 당신도 깨달을 때가 올 겁니다.

아턴: 당신의 거짓 친구인 에고의 가면을 벗겨내기 전에 〈실습서〉의 연습 한 가지를 다시 해봅시다. 여기서 용서의 주제를 짚어보고자 하는 이유는, 우리는 에고에 관한 어떤 것을 좀 캐볼 텐데 그것이 당신을 약간 불편하게 만들 것이기 때문입니다. 그래서 용기가 꺾이지 않게 하기 위해 에고를 지우는 간단한 — 노련한 교사가 아닌 이상 꼭 쉽지만은 않겠지만 그래도 간단한 — 방법이 있다는 것을 미리 강조해두려는 것입니다.

당신은 이제까지 여섯 달 이상 〈실습서〉 공부를 잘 해왔어요. 하지만 당신의 세계에서 사건들이 빠르게 전개될 때는 아직도 당신은 가끔씩 남을 저주하는 자신을 내버려두고 있습니다. 오래된 〈기적수업〉 학생들조차 마찬가지지만 거의 모든 사람들이 그렇게 하지요. 그러니 질문을 한 가지 해볼게요. 〈수업〉에서 배운 것에 대해 타협을 거부한다면 어떻겠습니까? 난 당신이 〈기적수업〉의 원리에 대해 다른 사람들에게 이야기하는 방식에 대해서 말하고 있는 게 아니라 당신이 말하는 것을 실천하는 방식에 대해서 이야기하고 있어요. — 남들에게 〈기적수업〉에 대해 꼭 이야기를 해야만 하는 것은 아니지만요. 아무튼 당신이 제이가 이 땅에 육신으로 나타났을 때 했던 것과 똑같이 〈실습서〉의 연습을 문자 그대로 따라서, 날마다 그 원리를 실천한다면 어떨 것 같습니까?

개리: 〈실습서〉의 어떤 연습을 문자 그대로 따라 하기를 원하세요?

아턴: 아주 중요한 연습이 있어요. 연습 68번의 전반부를 읽어보시겠어요? 넷째 문단의 세 번째 문장까지 읽고 멈추세요. 그 나머지는 나중에 읽어도 되니까요. 읽으면서 그것을 항상 실천한다면 어떨지에 대해 생각해보세요. 그것을 늘 실천한다면 그것이 마음의 평화와 심리적 건강에 어떤 영향을 미칠지를 생각해보세요. 많은 사람들이 그걸 늘 실천하고 있다는 말이 아니에요. 대부분의 사람들이 하지 않고 있지요. 난 그저 만일 **당신이** 그것을 한다면 어떨지를 묻고 있는 거예요.

> 〈수업〉의 목표 중 하나는 마음을 훈련시켜서, 자동적으로 심판하는 대신에 자동적으로 용서하게 되는 때가 오도록 하는 것입니다.

보시다시피, 지금 당신의 마음은 그냥 자동적으로 심판과 저주를 퍼부어 내고 있어요. 대부분 사람들의 생각과 행동은 아주 정확히 예측 가능합니다. 그들 자신은 자기가 멋지고 개성적이라고 생각할지 모르지만 말입니다. 〈수업〉의 목표 중 하나는 마음을 훈련시켜서, 자동적으로 심판하는 대신에 자동적으로 용서하게 되는 때가 오도록 하는 것입니다. 그런 습관이 마음에 가져다주는 이득은 헤아릴 수가 없답니다.

개리: 그건 〈교재〉의 앞부분에 나오는 기적의 원리 중 "기적은 습관이다"라는 말과도 같군요.

아턴: 맞아요. 성령의 사고체계에 익숙해진 나머지 성령의 진정한 용서가 제2의 천성이 되는 것이지요. 자, 〈실습서〉의 그 부분을 읽어보세요. 이미 읽었다는 걸 알아요. 하지만 이번에는 더욱 의도적으로 읽어보세요.

개리: 알았어요, 승천하신 도사 선생님.

사랑은 불만을 품지 않는다

사랑에 의해 사랑을 빼닮도록 창조된 그대는 불만을 품을 수 없으며 자신(your Self)을 알고 있다. 불만을 품는다는 것은 자신이 누구인지를 잊어버리는 것이다. 불만을 품는다는 것은 자신을 육신으로 여기는 것이다. 불만을 품는다는 것은 에고가 그대의 마음을 지배하게 하는 것이며 육신을 저주하여 죽음으로 내모는 것이다. 그대는 아마 불만을 품는다는 것이 마음에 어떤 해를 가져오는지를 제대로 깨닫지 못했을 것이다. 그것은 그대를 그대의 근원으로부터 떼어놓는 **것처럼**, 그대를 그(Him)와 달라지게 만드는 **것처럼 보인다**. 그것은 그대로 하여금 그(He) 역시 '그대가 되었다고 생각하는 그것'과 닮은 존재라고 믿게 만든다. 왜냐하면 아무도 자신의 창조자(Creator)를 자신과 닮지 않은 모습으로 상상할 수가 없기 때문이다.

자신이 자신의 창조자(Creator)와 닮았음을 알고 있는 자아(Self)로부터 차단되면 자아(Self)는 잠든 것처럼 보이고, 반대로 꿈속에서 환영의 거미집을 짓는 그대 마음의 부분은 깨어 있는 것처럼 보인다. 이 모든 것이 불만을 품는 것으로부터 일어날 수 있을까? 오, 물론이다! 불만을 품는 자는 자신이 사랑에 의해 창조되었음을 부인하며, 그의 증오의 꿈속에서 그의 창조자(Creator)는 그에게 두려운 존재가 되어 있기 때문이다. 증오의 꿈을 꾸는 자, 누구라서 신을 두려워하지 않겠는가?

신이 자신을 닮은 모습으로 그들을 창조하고 그들을 자신의 일부로 정의하는 것이 당연한 것처럼, 불만을 품는 자들이 신을 자기만의 이미지로 재정의하는 것도 당연한 일이다. 용서하는 자가 평화를 발견하는 것이 당연한 것처럼, 불만을 품는 자가 죄책감에 시달리는 것도 당연한 일이다. 용서하는 자가 자신이 누구인지를 기억해내는 것이 당연한 것처럼, 불만을 품는 자가 자신이 누구인지를 잊어버리는 것도 당연한 일이다.

그대 이 모두가 옳다고 믿는다면 그대의 불만을 기꺼이 놓아버리지 않겠는가? 어쩌면 그대는 불만을 놓아 보낼 수 있다고 생각하지 않을 것이다. 그러나 그것은 단지 동기의 문제일 뿐이다. (W115)

퍼사: 담배를 끊었을 때를 기억하나요?

개리: 예. 12년이나 피우던 담배를 끊기는 무척 힘들었지요. 하지만 동기가 있었어요. 부모님이 담배 때문에 돌아가시는 것을 봤거든요. 그들은 40년 동안이나 담배를 피웠기 때문에 끊을 수가 없었어요. 그래서 나는 그들과, 그리고 나 자신을 위해서 끊었지요.

퍼사: 담배를 끊는 것이 당신의 육체적 삶에 중요했던 것과 마찬가지로 불만을 끊을 동기는 당신의 진정한 삶을 위해 중요합니다. 모든 육신은 결국 죽습니다. 하지만 당신의 진정한 삶은 천국에 있습니다. ─ 그리고 여기에 머무는 동안의 일시적 삶에서도 당신은 평화와 기쁨을 이룩할 수 있습니다. 이것들이 당신의 동기입니다.

아턴: 때로는 이런 동기들이 충분하게 느껴지지 않을 수도 있을 겁니다. 개리, 당신이 용서하려고 노력할 때 경험하게 될 일은, 어떤 때는 그게 가능하지만, 이 〈수업〉을 정말 실천해보려고 나서면 자신이 용서하기를 원치 않는, 포기하기를 원치 않는 많은 것들과 자주 부딪치게 된다는 겁니다. 그것이 당신의 저항과 감춰진 무의식적 증오가 자신을 드러내는 방식이지요. 바로 그것들이 보고 싶지 않지만 들여다보아야만 할 것들입니다. 에고의 사고체계와 공격의 전략을 이해하고 나면 그것들이 무엇으로 이루어져 있는지

를 알 수 있게 됩니다.

개리: 내가 용서하기 싫어하거나 심지어 제대로 들여다보기조차 싫어하는 것들은 〈수업〉이 이야기하고 있는 은밀한 죄와 감춰진 증오(T668)로서, 이것이야말로 내가 나 자신을 얼마나 미워하는지를 상징하는 것이라는 말이로군요. 그것이 내 외부에 있는 것처럼 보이도록 투사해놓긴 했지만요. 나 자신을 용서하고 성령이 나의 무의식적 마음을 지배하도록 돕는 길은 성령과 함께 이것들을 관찰하고 실체를 밝혀내서 계속 용서하는 것이지요. 성령이 나의 무의식을 지배한다고 말할 때, 나는 성령이 사실은 나임을 기억하고 있어요. 나의 높은 자아(higher Self), 혹은 그리스도, 혹은 진실(the Truth)이라고도 부를 수 있겠지만요.

내가 포기하기 싫어하는 물질과 세속적 욕망은 진실의 대용물 — 내가 좇거나 숭배할 수 있는 — 로서 실제로 거기에 있는 거짓 우상, 그리고 그게 모두 진짜라고 믿도록 만드는 거짓 우상이라고 생각해요.

아턴: 아주 좋았어요, 개리. 바로 그 때문에 〈기적수업〉은 사람들로 하여금 무의식 속에 들어 있는 것을 깨닫게끔 도우려는 겁니다. 그것을 제거할 수 있도록 말이에요. 대부분의 사람들은, 특히 상냥하고 영적인 사람들은 이 우주를 지배하고 있는 사악한 사고체계나 그들의 마음 근저에 숨어 있는 증오에 대해서는 아무것도 모르고 있어요. 그 대부분은 그걸 알고 싶어하지도 않지요. 대부분의 사람들은 만사가 그저 아무 일 없이 멋지게 지나가기를 바랄 뿐입니다. 평화를 바라는 그들을 탓할 수는 없어요. 하지만 **진정한 평화는 에고를 덮어 가림으로써가 아니라 에고 이전의 상태로 돌아감으로써만 발견할 수 있답니다.**

퍼사: **이 생에서 평화와 기쁨의 동기를 기억해내야만 하는 이유가 바로 그것입니다.** 그 편이 고통을 겪는 것보다 낫지 않겠어요? 사람들은 이렇게

생각할지도 모르지요. '난 고통스럽지 않아.' 혹은 '난 죄책감을 느끼지 않아.' 하지만 그것은 펼쳐져 나올 기회만을 기다리면서 마음속에 도사리고 있답니다. 해결할 수 있는데 왜 피할 수 없는 일을 기다리고만 앉아있나요?

개리: 두렵고 하기 싫기 때문이지요.

퍼사: 그건 에고가 원하지 않기 때문이랍니다. 당신에게 옳기를 원하는지 행복하기를 원하는지를 묻는 제이는(T617) 당신이 온갖 불만과 우상과 유혹을 정말 포기하고 싶어하지는 않는다는 것을 잘 알고 있습니다.

개리: 난 유혹만 빼고는 뭐든지 이겨낼 수 있어요.

퍼사: 그래요, 하지만 유혹이란 과연 무엇일까요? 〈수업〉은 이 의문에 한 치도 모호한 구석 없이 대답해줍니다.

> 유혹이 그 어떤 형태로, 어디서 일어나든 간에 그것이 가르치고자 하는 것은 단 한 가지다. 그것은 신의 거룩한 아들에게, 그가 육신이며 필멸의 몸으로 태어났으며 그 나약함을 벗어날 수 없으며 몸이 강요하는 감정에 속박된 존재임을 설득하려는 것이다. (T666)

에고의 계획을 들여다보고 그것이 이 일을 성사시키려고 어떻게 애쓰는지를 알아봅시다. 진정한 용서에 대해서는 다음의 만남들에서 훨씬 더 많은 설명을 해드리겠습니다. 지난 번 방문 때 우리는 에고의 사고체계가 당신도 모르는 틈에 당신을 통해 자신을 펼쳐낼 수 있게끔 전혀 새로운 차원의 마음이 만들어졌다는 것을 이야기했습니다. 당신은 이용당하고 있으면서도 그것을 알아차리지도 못하고 있습니다. 당신은 로봇이 되어 있었던 것이지요. 당신의 삶을, 당신의 진짜 삶을 되찾을 때가 됐습니다. 그러나 그러기 위해서는 상대를 알아야만 합니다.

에고는 꽤 만만찮은 작품이랍니다. 신으로부터 떨어져 나온다는 생각이 외견상 당신의 마음으로부터 밖으로 투사되었고 — 그와 함께 당신도요 — 당신의 육신과 다른 모든 육신을 포함하는 온 우주가 만들어졌다는 것을 이미 이야기했습니다. 그런데 당신의 육신은 당신에게 붙어 있는 것 같지만 사실은 당신의 외부에 있습니다.(W125) 당신이 지각하는 다른 모든 것들과 마찬가지로 말이지요. 외부에 보이는 것은 모두가 똑같이 환영이기 때문에 당신의 육신이 다른 사람의 육신보다 더 현실적이거나 더 중요하다고 볼 수가 없습니다.

> 사람들은 유령과도 같습니다. 그들은 자신의 몸이 살아 있다고 생각하지만 그렇지 않습니다. 그들은 단지 자신이 원하는 것을 볼 뿐입니다.

사람들은 유령과도 같습니다. 존재하는 외견상의 차원이 서로 다르다는 것만 뺀다면요. 그들은 자신의 몸이 살아 있다고 생각하지만 그렇지 않습니다. 그들은 단지 자신이 원하는 것을 볼 뿐입니다. 그래서 제이는 이렇게 말하지요. "죽은 자가 죽은 자를 장사지내게 하라." 사람들이 진실을 깨닫고 집으로 돌아가려면 도움이 필요합니다. 그들은 성령의 도움이 필요하지만 성령도 또한 당신의 도움을 필요로 합니다. 눈에 보이는 형상들을 당신이 용서하는 것 말입니다.

물론 이것은 육신을 경멸하란 뜻이 아닙니다. 하지만 동시에 당신은 제이처럼 육신에 대해 초연해져야 합니다. — 〈수업〉에 나오는 다음의 짧은 구절처럼 말입니다.

육신은 에고의 우상이다. 죄에 대한 믿음이 육을 만들어내고, 그것을 외부로 투사했다. 이것은 마음의 주위에 육의 벽처럼 보이는 것을 만들어내어 시간과 공간의 작은 점 속에다 가둬놓고, 죽음의 손아귀에다 마음을 내맡긴다. 그러면 그것은 한숨과 비탄을 내뱉을 잠시의 시간을 부여받았다가는 주인에게 경의를 표하며 죽어간다. 그리하여 이 거룩하지 못한 순간 — 망각의 바다 위에 불안하게 떠 있는, 물도 없는 작고 메마른 모래섬과도 같은 절망의 한 순간이 바로 삶인 것처럼 보인다. (T438)

개리: 〈교재〉는 평화의 네 가지 장애물 중 두 번째는 육신이 제공해주는 것을 가지고 육신이 가치 있다고 판단하는 믿음이라고 하지요.(T412)

아턴: 아주 좋아요. 사람이 죄책감과 고통으로 이끌리는 것은 그것과 직접적인 관련이 있습니다.(T410-414-415) '평화의 장애물'을 주의 깊어 읽어 보세요. 당신은 에고 시스템에 온통 매혹되어 끌려간다는 사실을 이해해야 합니다. 당신은 고통을 쾌락으로 혼동한 겁니다.(T415) 당신은 무의식중에 죄와 죄책감과 두려움과 고통과 시련에 끌려갑니다. 그것은 당신을 별다른 사람으로 만들어주지 않습니다. 당신도 그것을 알아차리는 사람들 중의 하나가 되지 않는 한은 말이지요. — 그러면 당신도 그것을 관찰하고 용서하고, 결국은 그것으로부터 해방될 수 있습니다. 대부분의 사람들은 자신이 어떻게든 자신을 벌하게 될 짓을 자기도 모르게 찾아서 벌이고 있다는 사실을 모르고 있지요. — 삶의 전 영역에서는 아니라도 **모종의** 방식으로 언제나 말입니다.

개리: 불속으로 달려드는 나방처럼요.

아턴: 맞아요. 당신이 이 수업을 이끌어도 되겠어요.

개리: 제가 수업 자체인 걸요.

아턴: 그럼 뒤처지지나 마세요. 사람들은 무의식적으로 자신이 신을 공

격하고 천국을 버렸으므로 벌받아 마땅하다고 믿고, 그것을 명백하고도 극적인 온갖 방식으로 연출해낸답니다. 그들은 또 그것을 불분명하고 미묘한 온갖 방식으로 연출해내기도 하지요 — 당신이 레드 삭스Red Sox(미국 프로야구 구단 중 하나)의 팬이 되는 것과 같이 말입니다.

개리: 이봐요! 어떤 팀이라도 지지부진할 때는 있는 법이라구요.

아턴: 넘어가기 전에 다른 질문 있나요?

개리: 글쎄요, 질문을 더 하면 신의 징벌이 있을 건가요?

아턴: 아뇨, 우주의 역사상에도 그런 일은 없었지만요.

개리: 그렇다면 하나만. 당신들의 말을 조금씩 받아 적기 시작했는데요, 당신들이 멋진 분들이란 건 알겠지만 어떤 말들은 좀 거만하게 느껴져요. 그러니까, 나야 당신들의 표정과 목소리와 태도를 보고 듣고 하지만 그러지 못하는 사람들에게는 어떤 말들을 직접 듣지 않고 읽을 때는 좀 달리 느껴질 수 있다는 거지요. 여기에 대해서 내가 할 수 있는 일이 없을까요?

아턴: 물론 있지요. 방금 한 것처럼 그렇게 설명하세요. 그리고 우리가 무뚝뚝하고 퉁명스러울 것이라고 말한 것을 사람들에게 기억시켜야 해요. 하지만 우리가 말하지 않은 것 두 가지를 분명히 해둡시다. 우리는 〈기적수업〉이 신께로 가는 유일한 길이라고 말한 적은 결코 없습니다. 그리고 우리가 말하는 것이 〈기적수업〉으로 가는 유일한 길이라고 말한 적도 결코 없고요. 우리가 보여주는 것은 한 가지의 접근법입니다. 그것은 어떤 일부의 사람들을 위한 것이지 모든 사람을 위한 것은 아닙니다. 말이 나온 김에 상기시켜드려야겠군요. 우리는 당신이 시간을 절약할 수 있도록 도와주려고 온 겁니다. 당신이 진정으로 신을 알기 원한다면 우리는 당신이 가능한 한 빨리 절대적 진실의 체험에 이르는 길을 찾기를 바랍니다. 먼저도 말했지만, 〈수업〉은 "기적은 시간의 필요를 최소화한다"(T8)고 가르칩니다. 우리의 목

표는 당신이 기적을 이해하도록 돕는 것입니다.

나중에 우리는 우주에 대한 성령의 목적에 대해 이야기해드릴 겁니다. ― 그건 당신이 삶이라 부르는 것에 대한 대답 이상의 것을 제공할 겁니다. 말했지만 모든 사람이 삶에서 의미와 목적을 찾고자 합니다. 〈수업〉은 그 탐구의 답이 무엇인지를 감추고 신비화하지 않습니다. 우선 세상의 차원에서 에고의 불꽃을 좀더 자세히 들여다보고 나서, 나방이 왜 그것에 그토록 매혹되는지를 알아봅시다.

퍼사: 이미 말했듯이, 당신이 보고 있는 우주는 당신이 신으로부터 떨어져 나왔다는 한 생각의 상징물 ― 다양한 형태로 나타난 ― 이며 당신은 은밀히 두려움을 품고 그 분리에 대해 깊은 죄책감을 느낍니다. 육신의 세계의 이 새로운 차원에서, 분리의 생각이 외견상 외부로 투사되었습니다. 이제 죄의 대리원인, 죄책감의 투사된 근원, 그리고 모든 종류의 두려움에 대한 상상 속의 온갖 이유들은 외부의 어딘가에서 찾을 수 있게 됐습니다. 그리고 물론 다른 사람들도 모든 것이 그들의 외부에 있는 것으로 생각합니다.

이것을 이해하면 세상 속에서 늘 작용하고 있는 무의식적 죄책감의 투사와 분리가 일어나는 양상을 간파하는 것이 어렵지 않지요. 에고는 우주 역사의 시나리오 전반에 걸쳐서 사람들과 그룹들이 서로를 적대시하도록 설정해놓았습니다. 그럼으로써 개인적 관계 속에서도 어떻게든 늘 분리가 일어나도록 만들어놓은 것이지요. 분리의 생각은 오로지 모든 사람이 꿈에서 깨어날 때만 종식될 수 있을 겁니다.

이 세상에서는 만나고 합할 때조차 여전히 분리가 존재합니다. 이것을 실현시키기 위해서 에고는 **특별한 관계**를 만들어냈지요. 앞에서 말했듯이, 이원적 세계에는 유별난 사랑과 유별난 증오가 함께 존재합니다. 이제 사랑은 더 이상 모든 것에 대한 포용이 아니라 선별입니다. 그러니 그것은 진정한 사랑이 아니라 하나의 허가증입니다. 사람이 하나의 생애 속으로 들어오는 것처럼 보일 때, 그는 곧 특정한 가족의 일원이 됩니다. 말하자면 그는 다른 가족, 다른 경제층, 다른 문화, 다른 민족, 다른 나라의 일원이 아닙니다. 그는 이미 나머지 사람들과 여러 모로 다릅니다. 심지어 그는 집안 사이에서, 혹은 가족 내의 그룹이나 개인들 사이에서 경쟁심까지 품고 있습니다.

혈육의 가족이든 입양된 가족이든 간에 가족 내에서의 특별한 관계는 좋은 관계일 수도 나쁜 관계일 수도, 사랑하는 관계일 수도 미워하는 관계일 수도 있습니다. ― 그로부터 유별난 사랑이나 모종의 희생이 일어나지요. 이 세상으로 들어와 살기를 꿈꾸는 이는 누구나 자신을 처음부터 하나의 육신으로 여깁니다. 그야말로 아주 특별한 하나의 육신이지요. 이 관점에서 보면 희생된다거나 희생시킨다는 생각이 불가피하게 일어납니다. 이로 인해서 자신의 죄 ― 망각의 벽 뒤에 감춰져 있는 ― 를 누군가에게, 혹은 어떤 것에다 부지불식간에 투사하게 되는 것입니다.

이제 당신이 자신에 대해 품고 있는 은밀한 죄책감과 감춰진 증오는 모두 다른 어딘가에 있는 것처럼 보입니다. 당신이 망각된 자신의 마음이 투사하는 비현실적 꿈을 경험하고 있다는 사실은 인식에서 완전히 차단되어 있습니다. 다른 사람들과 외부의 사건들, 혹은 자신의 육신과 뇌의 오도에 의한 외견상의 악행들이 삶의, 곧 '크고 작은 상황들과 두려움의 끝없는 연속'의 원인인 것처럼 보입니다. 제이는 〈수업〉에서 밤에 잠자리에서 꾸는 꿈과 낮에 꾸는 꿈을 비교하면서 이렇게 가르칩니다.

(세상이라는 꿈속에서) 그 꿈을 만들어내는 것처럼 보이는 것은 꿈속의

인물들과 그들의 행동이다. 그대는 바로 자신이 그들로 하여금 그렇게 행동하게 만들고 있다는 것을 깨닫지 못한다. 만일 그대가 그것을 깨달았다면 죄는 그들의 것이 아니게 되고, 따라서 만족이라는 환영도 사라져버렸을 테니까. 밤에 꾸는 꿈에서는 이런 특징이 뚜렷이 나타난다. 그대가 깨어난 **것처럼 보일** 때면 꿈도 사라지는 것이다. 하지만 이때도 그대가 깨닫지 못하는 것이 있으니, 꿈은 사라졌어도 그 꿈을 일으킨 원인은 그대로 남아 있다는 것이다. 실재가 아닌 또 다른 세상을 만들어내고자 하는 그대의 욕구는 그대로 남아 있다. 그리고 그대가 그 속으로 깨어나는 **것처럼 보이는** 세상은 꿈에서 보는 세상과 똑같은 세상이며, 단지 그 형태만 다를 뿐이다. 그대는 모든 시간을 꿈꾸는 일에 보내고 있는 것이다. 잠속의 꿈과 깨어서 꾸는 꿈은 형태만 다를 뿐, 내용은 똑같다. (T376)

개리: 그러니까 환영 속에서 사람들은 자신이 부인하는 죄책감을 타인에게 투사한다는 말이로군요. 그들은 자신의 그런 행위를 알아차리지 못할 뿐만 아니라 설상가상 — 아무튼 외부에는 사실 아무도 존재하지 않으니까 — 그들이 실제로 하는 짓은 자신의 무의식적 마음속에서 죄책감을 고스란히 재순환시키는 것이지요. 에고는 건드리지 않은 채 말입니다. 제이가 "심판받지 않으려거든 남을 심판하지 말라. 너희가 남에게 하는 그 심판으로 너희가 심판받을 것이요, 너희가 되질하여 주는 그 되로 너희가 받을 것이니"(마태복음 7장)라고 한 말씀이 바로 그 뜻이라고 생각해요. 이건 사실이에요, 왜냐하면 사람들은 실제로 자신의 이미지에다 심판을 가하고 저주를 퍼붓거든요. 이것이 죄지은 **것처럼 보이는** 에고를 생에서 생으로 이어지게 하지요. 왜냐하면 꿈을 일으킨 장본인이 바로 그 죄책감, 그리고 그것에서 벗어

나고자 하는 욕구니까요.

퍼사: 아주 훌륭해요, 나의 형제. 이걸 잊지 마세요. 에고는 유별나게 미워하는 관계만큼이나 자주 유별나게 사랑하는 관계도 투사해냄으로써 죄책감이 재순환되는 역학을 유지시키는 교활한 술수를 쓴다는 사실을요. 대부분의 사람들은 이것을 깊이 들여다보려들지 않지만 그렇게 하기만 하면 세상의 사랑은 어떻게든 늘 구실을 갖춘다는 사실을 알게 될 겁니다. 구실을 갖추지 못한다면 조심해야 해요.

> 에고는 아주 노련한 마술사예요. 에고가 당신이 태어난 순간부터 당신의 주의를 빼앗는 방법 중의 하나는 문젯거리를 안겨주는 것이랍니다.

아턴: 이제 우리는 에고가 그 거대한 환영세계를 유지하기 위해 애용하는 술수 중의 또 한 가지를 마주칩니다. 개리, 당신은 연예계 출신이니까 말해보세요. 마술사는 관중을 속이기 위해 어떻게 하지요?

개리: 한 가지는, 속임수를 쓰는 동안 관중의 주의를 엉뚱한 곳으로 쏠리게 하는 것이지요.

아턴: 맞아요! 에고는 아주 노련한 마술사예요. 에고가 당신이 태어난 순간부터 당신의 주의를 빼앗는 방법 중의 하나는 — 또 한 번 기대하시라, — 문젯거리를 안겨주는 것이랍니다. 이 문젯거리들은 대개 당신 눈앞에 놓여 있고 그 답은 저기 바깥세상 속에서 찾아야 합니다. 그 문제가 당신 자신의 생존에 관한 것이든지, 아니면 세계평화와 같은 고상해 보이는 것이든지 그건 아무런 상관이 없습니다. 문제와 답은 언제나 저 밖의 세상이나 우주 어딘가에 있습니다. "진리는 저 밖에 있다"고 당신네 세대는 말하지요. 그것이 외계이든, 에고의 다른 어떤 신비나 문제의 대용물이든 그건 상관없습

니다. 왜냐하면 참된 진실은 외부에 있지 않기 때문입니다. — 진정한 문제는 외부에 있지 않거든요.

그런데도 당신은 계속 밖으로만 나갑니다. 〈수업〉에서 에고에 대해 말하는 이 가르침을 깨닫지 못한 채 말입니다.

그러니 그것(에고)이 시키는 것은 간단히 이렇게 요약할 수 있다. – '구하라, 그러나 발견하지는 **말라**.' (T223)

당신이 그렇게 구하고 있는 동안 당신에게는 모든 것이 아무리 변하는 것처럼 보여도 그것들은 더욱 구태의연하게 머물러 있고, 외견상의 분리 위에다 묻어둔 죄책감의 덩어리들은 그대로 남아 있습니다. 당신이 어느 날 아침 침대에 누워 있을 때 성령이 당신의 눈에 빛과 그림자가 보이게 한 것을 알고 있는데, 그것은 무의식적 죄책감이 상징화되어 당신에게 나타난 것이었습니다.

개리: 예, 매우 신기했어요. 그건 별로 기분이 좋지는 않았지만 그 배후의 빛은 용기를 북돋아줬어요. 그리고 이제는 내가 치유를 받고 있다는 걸 알아요. 그건 고무적인 일이지요.

내가 바로 그런 식으로, 이렇게 〈기적수업〉의 가르침을 받고 있다는 것을 알아요. — 당신들이 지난 번 이야기했던, 〈수업〉이 주어지는 첫 번째 차원, 곧 형이상학적 차원에는 인식이 개입됩니다. 당신들이 지금 이야기하고 있는 두 번째 차원, 곧 육신, 세상, 우주의 차원도 **또한** 인식이 개입됩니다. 이들 간의 중요한 차이 중 하나는, 내가 지금 경험하고 있는 이 두 번째 차원은 첫 번째 차원, 곧 형이상학적 차원에서 일어났던 집단적 부인과 집단투사 — 내 숨겨진 죄책감과 두려움과, 또한 신으로부터 자신을 방어하기 위해 외부에 있는 것처럼 보이는 시공간 우주를 만들어낸 ─ 의 결과물이라는 것이지요. 나는 어리석게도 신에게 겁을 먹고 달아나려고 애씁니다. 다만 그것이 무의식 속에 있어서 직접적으로 느껴지지는 않지만요.

내 두려움의 원인처럼 보이는 것, 즉 고통과 죽음은 이제 내 바깥에 있는 것처럼 보입니다. ─ 두려움은 아직도 내 안에 있지만요. 사실 내 마음의 내용물은 이제 내 안에 있는 것이 아니라 상징으로서 내 주변에 온통 널려 있는 것으로 인식된다고 말할 수 있어요. 내가 '뭘 모르는' 이유도 이 때문이지요. ─ 기억을 잃어버렸으니까요. 에고가 자신을 유지하는 비결은 미묘한 것이든 노골적인 것이든 비난과 공격, 그리고 지속적인 투사와 죄책감의 재순환을 통해서입니다. 이것이 나로 하여금 실제로는 죄책감을 붙들고 있으면서도 ─ 그것을 자신의 무의식 속에 간직한 채 그 악순환을 지속시키고 있으면서도 ─ 그것을 제거해가고 있다고 생각하도록 만들지요.

퍼사: 아주 정확하게 잘 말했어요, 형제. 당신 이마에 붙여줄 황금별을 구해야겠는 걸요.

개리: 오각별인가요, 아니면 육각별인가요?

아턴: 닥쳐요, 종교적인 농담은 우리 전공이니까.

퍼사: 좋은 소식은, 성령의 용서의 힘은 양쪽 차원 모두에서 에고를 지워준다는 겁니다. 속죄의 원리는 당신이 인식하는 것들을 용서함으로써 마음의 차원에서 부인과 투사를 지워주고, 동시에 성령은 마음의 형이상학적 차원에서 부인과 투사를 지워줍니다. ─ 당신을, 그리고 그와 함께 분리의 생각 또한 통째로 지워주지만 말입니다. **당신**은 당신의 경험이 있는 그 차원에서 용서를 실천해야만 합니다. 자신이 하고 있는 일을 이해하기 위해서는 물론 〈수업〉의 형이상학을 이해해야 해요. 그러나 **용서는** 여기서 행하는 겁니다. 즉, 당신은 실질적이어야 한다는 뜻이에요. ─ 그리고 다른 사람들과

그들의 경험을 존중해줘야 하고요. 달리 말하자면, 나날의 삶 속에서 친절하라는 거죠. 당신의 일은 남을 바로잡아주는 것이 아니에요. 그저 성령이 당신의 그릇된 마음을 청소해줄 수 있도록 도우세요. 올바른 마음으로 주의를 돌리고 그 나머지 일은 성령에게 맡기는 거죠.

개리: 그러니까 이 차원에서는, 내가 에고와 함께 생각할 때 그것은 그릇된 마음상태이고 성령과 함께 생각할 때는 올바른 마음상태로군요.

퍼사: 그렇습니다. 생각하는 당신은 인간의 뇌나 육신인 당신이 아니라 마음인 당신입니다. 〈기적수업〉은 에고와 성령 중에서 택일해야 하는 당신 마음의 부분에게 주어지는 공부입니다. 그 선택을 올바로 하는 방법을 당신이 배울 수 있도록 — 그리고 시행착오의 시간을 수천 년 줄여서 그만큼의 생을 절약할 수 있도록 — 다음 몇 번의 방문 동안 더 이야기하겠습니다. 그것이 모두 생활태도의 일부가 되어버리면 매사가 얼마나 단순해지는지를 알면 당신도 놀랄 겁니다.

잠정적으로 우리는 그것을 단계별로 나눌 겁니다. 하지만 결국은 각 단계들이 하나로 합해져서 하나의 태도가 됩니다. 그 결과는 신의 평화지요. 우리는 모든 사람이, 그리고 따라서 당신 자신도 순결하다는 사실을 이미 강조했었습니다. 왜냐하면 당신이 보고 있는 그것은 사실이 아니기 때문입니다. 신으로부터의 분리가 일어난 적이 없다면 당신이 보고 있는 그것이 어떻게 사실일 수가 있겠습니까? 분리가 일어난 적이 없다면 당신이 보고 있는 그것이 어떻게 제이에게든 당신에게든 영향을 미칠 수가 있겠습니까?

아턴: 항상 명심하도록 애써야 할 것은, 에고는 당신이 계속 외부를 두리번거리게 만듦으로써 당신이 에고의 사고체계를 진정으로 들여다보지 못하도록 훼방한다는 사실입니다. 이미 말했듯이, 〈수업〉은 환영을 직시하지 않는 것이야말로 환영을 보호하는 비결이라고 가르칩니다.(T202)

에고의 사고체계의 본질을 잠시 살펴보겠지만, 그것은 당신을 겁주기 위한 것이 아니라 그것이 추하긴 해도 그것은 당신이 **아니라는** 것을 이해하게 하기 위한 것입니다. 그 방법은 그것을 성령과 함께 들여다보는 것입니다. 에고는 당신이 그것을 들여다보기를 원하지 않습니다. 에고는 에고에 반하는 선택을 할 수 있는 당신의 힘을 두려워합니다. 당신이 그것을 들여다보고 있다면 성령과 함께 들여다보고 있는 것이 틀림없습니다. 당신이 성령과 함께 하고 있다면 당신은 그릇된 마음이 아니라 올바른 마음으로 사물을 바라보고 있는 것입니다. 당신은 더 이상 죄지은 외로운 개인이 아니라 진정한 자아와 다시 연결되어 있는 것입니다.

심판이나 두려움 없이 에고를 바라보십시오. 실재하는 진짜가 아니라면 그것은 두려워할 대상이 아닙니다. 그것은 용서해야 할 대상입니다. 그러니 타인들뿐만 아니라 자신도 용서하고자 한다면 당신이 마음속에서 사람들을 이용하고 파멸시키는 방식을 기꺼이 들여다보아야만 할 것입니다. 그것은 진정한 당신이 아닙니다. 그것은 당신이 무의식적으로 자신이라고 **여기는** 시스템의 일부입니다.

내친 김에 시간이라는 환영에 관해 말하자면, 죄는 과거와, 죄책감은 현재와, 두려움은 미래와 동일하다는 것을 이해해야만 합니다. 물론 그것은 당면한 미래일 수도 있고 먼 미래일 수도 있습니다. 그건 별로 상관없습니다. 예컨대 강도가 당신에게 총부리를 들이대고 있어서 당신은 죽을지도 모르겠다고 생각한다고 합시다. 혹은 당신은 20년 후에 은퇴하게 되면 어떻게 해야 할지를 걱정하고 있을 수도 있습니다. 이것은 형태는 달라도 본질은 같습니다. 당신이 두려워하는 진짜 이유는 자신이 죄를 지었다고 믿기 때문입니다. 에고의 사고체계를 믿지 않는다면 당신은 두려워할 수가 없습니다. 당신은 두려워하지 않는 것은 능률과 생존을 위해서 좋지 않다고 생각할지도 모릅니다. 하지만 어떨 때 더 능률이 높습니까, 두려워할 땝니까, 아니면 두렵지 않은 땝니까?

당신은 또 두려움, 죄, 분노, 죄책감, 시기심, 고통, 걱정, 후회, 원한, 혐오, 질투, 기타 모든 부정적 감정은 동일한 환영의 파생물임을 알아야 합니다. 그래서 〈수업〉은 가르침을 도용하려는 온갖 사람들이 달라붙기 전에 이렇게 분명히 밝혀놓았습니다.

두려움과 사랑이 그대가 가질 수 있는 유일한 감정이다. (T217)

수업을 가르치지 않고 도용하는 사람들은 대개 두 가지 중 하나의 실수를 저지릅니다. 그들은 〈수업〉의 세속적 버전을 만들어내려고 하거나 — 신을 빼버리면 진짜 문제(신으로부터의 외견상의 분리) 한 가지를 무시해버리는 것이기 때문에 이것은 힘이 없습니다. — 아니면 신을 포함하지만 이원적인 체계를 만들어냅니다. 이것도 바로 그 이원성 때문에 한 가지 진짜 문제를 해결하지 못합니다. 신이 분리를 만들어내고 그것을 인정한다고 믿는다면 신으로부터의 분리를 어떻게 원상태로 되돌릴 수가 있겠습니까? 그래서 그들은 외견상의 분리를 바로잡기는커녕 강화시킴으로써 많은 시간을 낭비하고 말지요.

퍼사: 당신이 무의식 속에 품고 다니는, 당신이 들여다보는 것을 에고가 원치 않는, 에고의 본성은 과연 무엇일까요?

개리: 그건 묻지 않으리라고 생각했는데요.

퍼사: 영리하시군요. 그 본성은 증오랍니다. 대부분의 사람들이 합리화하거나 적당히 얼버무려버리는 증오를 행여 발견하게 된다손 치더라도 그들은 그것이 사실은 — 당신이 이미 빈틈없이 지적했듯이 — 자기혐오라는

것을 깨닫지 못하지요. 그래서 당신은, 그리고 다른 사람들도 세상 사람들이 서로 미워하고 공격하고 심지어는 서로 죽이기까지 하는 것을, 그리고 기회만 온다면 당신을 해치고 심지어 죽이기까지 하는 것을 보게 되는 것입니다. 이것의 변형판은 무궁무진합니다. 그것은 개인적으로, 혹은 정치적으로 의견이 맞지 않는 사람들에 의해 심기가 불편해지는 것처럼 단순한 일일 수도 있습니다. 그것은 또 당신의 삶을 망쳐놓으려고 애쓰는 사람들이나 당신을 위로해주지 않는 친척의 형태로 나타날 수도 있습니다. 혹은 그것은 육체적으로 좀더 위협을 가하는 어떤 상황이 될 수도 있습니다.

하지만 그것은 언제나 **당신이** 자신에 대해 — 천국을 박차고 나온 데 대해 — 증오를 느끼고서, 이 증오와 죄책감과 불안의 이유를 자신의 외부에서 찾을 수 있는, 그 이유가 거의 언제나 다른 존재와 이런저런 방식으로 연결되어 있는 그런 세상을 만들어내었기 때문입니다. 이제 당신 안에는 죄책감이 없습니다. 당신에게서 신의 평화를 빼앗아간 것은 **당신이** 아니라 **그들입니다.** 물론 당신 자신의 결정에 의하지 않고서 당신에게서 신의 평화를 빼앗아갈 수 있는 자는 사실 아무도 없습니다. 그것은 외견상의 분리가 일어났던 최초의 순간에 그랬던 것과 마찬가지로 오늘날에도 사실입니다. 당신은 이 모든 것이 참인 것처럼 보인다는 편에 손을 들어줬고, 거기에 맞춰서 모든 것을 조작하여 책임은 이제 외부에 — 당신이 원했던 바로 그곳에 — 있게끔 만들었습니다.

개리: 나에게 말썽거리를 안겨주는 사람들이 나타나기를 내가 **원한단** 말인가요?

퍼사: 그래요, 틀리지 마세요. 당신이 그들이 거기 있기를 원한 거예요, 예외 없어요. 그들은 당신의 희생양입니다. 이 사실을 기억하기만 한다면 다음번에 정말 파렴치해 보이는 자가 당신을 집적거릴 때는 입을 다물고 성

령과 함께 생각하면서 마음을 바꿀 수 있을 겁니다. 암요, 그들이 거기에 있기를 원하는 건 당신입니다. 언제나. 당신에겐 그게 필요하니까요. 당신은 그런 술수로 자신을 속여서 자신은 죄가 없다고, 아니 최소한 그렇게 끔찍하게 못된 놈은 아니라고 생각하는 겁니다. 그렇게 해서 당신은 대부분의 경우를 넘길 수 있는 겁니다. 죄는 다른 데에 있으니까요. 당신이 이 미궁 속에 갇혀 있는 한은 이 모두가 불필요한 짓임을 깨닫지 못합니다. 당신은 애초부터 죄가 없었는데 말입니다. 그 미궁은 모두가 환영으로부터 자신을 방어하기 위해 만들어낸 또 다른 환영일 뿐이에요.

잊지 마세요. ― 당신은 스스로 생각하는 것보다 훨씬 더 깊은 차원에서 자신이 정말 죄를 지었다고 믿고 있습니다. 당신의 에고는 달리 ― 자신의 죄를 정말 들여다볼 수 있다고 ― 생각할 수가 없기 때문에 방어를 필요로 합니다. 현재로서는 세상이 그 두려움을 감싸주고 있지만 말입니다. 에고는 당신이 이 무서운 죄를 들여다보는 것은 곧 죽음과 같은 것이라고 굳게 믿도록 만들었습니다. 이 고통 덩어리가 몰고 올 끔찍한 것들을 피하려고 당신은 그것을 외부로 투사합니다. 나간 것은 돌아온다는 사실은 까맣게 잊고 말입니다. ― 왜냐하면 그것은 사실 애초부터 나간 것처럼 보인 것뿐이었으니까요.

형제를 육신으로 여기는 자는 그를 두려움의 상징으로 바라본다. 그리고 그는 공격한다. 그가 보는 것은 자신의 외부로부터 그와 다시 하나가 되고자 울부짖으며 대드는 자기 자신의 두려움이기 때문이다. 투사된 두려움이 반드시 일궈내는 격렬한 분노를 간과하지 말라. 그것은 노여움에 울부짖으며 자신을 지어낸 자를 만나 그를 삼켜버리려는 광적인 갈망으로 허공을 할퀸다.

하늘이 아끼고 천사들이 사랑하고 신께서 완벽하게 창조한 그에게서, 육신의 눈은 실로 이것을 본다. (W305)

아턴: 이 맥락에서 〈수업〉의 가르침을 이어보자면, 에고는 당신이 그 사고체계를 자세히 들여다보지 못하게 할 방법을 늘 찾고 있습니다.

에고는 안을 들여다보지 말라고 소리친다. 들여다보면 그대의 눈은 죄악을 목도할 것이고, 그러면 신께서 그대를 눈멀게 하시리라고. (T454)

제이가 설명하듯이, 실은 이것도 에고가 진정으로 걱정하는 바는 아닙니다.

그대가 죄로 인해 내면을 들여다보기를 두려워한다는 그 이면에는 또 다른 두려움이 있으니, 그것이야말로 에고를 두려워 떨게 만드는 것. 내면을 들여다봤는데 죄가 보이지 않는다면 어쩌겠는가? 이것이야말로 에고가 결코 묻지 않는 '두려운' 질문이다. 이제 그것을 묻는 그대는 에고의 방어체계를 너무나 심히 송두리째 흔드는 고로, 에고는 그대의 친구처럼 굴기를 그만두고 본색을 드러낸다. (T454)

퍼사: 그건 그렇고, 마지막 말에 겁먹지 마세요. 그건 결코 제이의 의도가 아니니까요. 에고는 이미 당신을 증오합니다. 그것이 악의를 품어봤자 어떡하겠어요? 어떻게든 에고는 결국 악의를 드러낼 겁니다. 희한한 것은, 이제 당신이 에고에 대해 생각할 때, 당신을 증오하는 그것이 무엇이든 간에 그것은 사실 외부에 있는 것이 아니라 내부에 — 바로 당신과 함께 — 있

음을 깨닫게 된다는 거예요. 에고의 사악한 사고체계는 더 이상 부인하거나 투사할 수가 없습니다. 빠져나갈 유일한 길은 에고를 지우는 것이지요.

개리: 잠깐만요. 나의 미움과 죄책감을 포함해서 내 마음속의 내용물이 모두 상징물이 되어 내 주변을 에워싸고 있다면 오로지 외부밖에 인식할 줄 모르는 육신과 뇌에 갇혀 있는 내가 어떻게 정말 내면을 들여다볼 수가 있나요?

아턴: 그거예요! 바로 그게 에고가 당신을 설정해놓은 방식이에요. 당신의 모든 경험이 환영을 진짜라고 증언하고 있지요. 그리고 당신은 그것을 심판함으로써 그 모든 것을 고스란히 자신의 현실로 만들고 말지요. 당신이 방금 던진 질문에 대한 답은 곧 인생에 대한 답입니다. 그 탈출로는 성령이 제공하는 대안, 곧 용서의 법칙입니다. 당신은 에고와의 형세를 역전시키는 방법을 터득해야 합니다. 내면에 있는 것을 용서하는 유일한 방법은 외부에 있는 것처럼 보이는 그것을 용서하는 것입니다. 다음 두 번 방문할 동안에 우리가 이것을 설명해줄 겁니다. 재미있을 거예요. — 아니라면 최소한 결과만은요. 주변에 보이는 모든 것을 용서하는 법을 배우기 전까지는 결코 탈출로를 찾아 자신의 순결과 신성을 경험할 수 없다는 것을 당신이 정직하게 이해하고 있는지를 확인해야겠어요. 그러기 전에는 진정한 탈출이 불가능하니까요. 당신은 세상을 벗어나고 싶어하는 사람들을 나약한 사람으로 생각해요. 그러나 사실 그들은 올바로 생각하고 있어요. 단지 올바른 방법을 모를 뿐이지요.

아무튼 당신이 주변에서 보는 모든 것은 지나가는 그림자, 당신 자신의 미움과 죄책감이 상영해내는 영화가 아니고 무엇이겠어요? 그래요, 당신은 사물을 호도하기 위해 고안된 좋은 경험처럼 보이는 온갖 것들을 가지고 있어요. 하지만 그건 단지 이원성의 세계일 뿐이에요. 이 차원에서는 우주에서 인식되는 이원성이란 단지 양극성과 반대극으로 상징되는 당신 자신의 분열된 마음의 이원성을 비춰주고 있는 것일 뿐이지요. 그리하여 당신은 선과 악, 생과 사, 추위와 더위, 남과 북, 동과 서, 안과 밖, 위와 아래, 빛과 어둠, 왼쪽과 오른쪽, 병과 건강, 부와 빈, 음과 양, 사랑과 미움, 젖은 것과 마른 것, 남과 여, 딱딱함과 부드러움, 가까움과 멂, 그밖에 무수히 많은 양극성과 이원적 힘들을 지니지만 그 모두가 신과는 아무런 상관도 없는 것들입니다. 신은 완벽하게 온전하고 완전하며, 그렇지 않은 것은 결코 창조하지 않으니까요. 모든 분화는 신과의 분리를 상징하고 있을 뿐이고, 당신으로 하여금 '좋다고 여겨지는' 것을 계속 좇게끔 만들려고 고안된 것입니다. 그리하여 선과 악은 둘 다 진실이 아니라는 사실을 영원히 깨닫지 못하도록 당신을 훼방하려고 말입니다. 이런 식으로 당신의 주의는 언제나 성령의 답 대신 에고의 속임수에 묶여 있는 것입니다.

  에고는 외부에서 끊임없이 목격되는 싸움에 휘말려들도록 당신을 속여넘겼습니다. 답이 없는 그곳에서 늘 싸움이 일어나게끔, 죄와 죄책감과 두려움의 사고체계가 투사되지요. 그 답, 곧 성령은 분열된 마음속에 남아 있습니다. 우주를 투사해내고 있는 에고의 마음과 함께 말입니다. 이제 당신이 할 일은 이길 수 없는 싸움을 그만두고 성령이 있는 곳인, 결정을 내릴 힘이 있는 당신의 마음으로 주의를 돌리는 것입니다.

  명심하세요, 성령은 세상 속에는 없습니다. 성령이 어떻게 존재하지 않는 세상 속에 있을 수 있겠습니까? 성령은 당신의 마음속에 있습니다. 거기가 문제가 있는 곳이며, 또한 답이 있는 곳입니다. 성령의 사고체계로 전환하면 질 수가 없습니다. 명심하세요, 우린 세상에서 이기고 지는 것에 대해 이야기하고 있는 것이 아닙니다. 그것은 〈수업〉이 가르치는 바가 아닙니다. 가르쳐드리기로 약속했지만, 〈수업〉은 영감을 통해 진정한 인도를 받는 방법을 가르칩니다.

바로 지금, 일이 잘 풀리지 않고 꼬이기만 할 때가 바로 당신의 무의식적 죄책감을 정말로 경험할 때입니다. 당신은 그것을 실제적인 몸의 통증이나 심리적 고통, 혹은 양쪽 모두로 경험합니다. 이것은 분리가 진짜인 것처럼 느껴지게 만듭니다. 당신이 재치있게 왕국(kingdom)을 똥국(suckdom)이라고 부르는 것도 단지 당신 자신의 무의식적 죄책감이 표면으로 올라와서 당신을 괴롭히는 것일 뿐입니다. 하지만 이미 말했듯이, 〈수업〉은 순결한 마음은 고통 받을 수가 **없음**을 가르쳐줍니다. 그렇다면 당신에게 남은 일은 성령으로 하여금 당신이 완벽히 순결함을 깨우쳐주도록 허용하는 것입니다.

사실이지, 성령이 아니면 당신의 상황은 가망이 없습니다. 당신의 미움과 죄책감은 깊은 무의식 속에 갇힌 채 영원히 남아 있을 것입니다. 그러나 다행스럽게도 성령은 바보가 아니랍니다. — 그리고 에고는 성령의 적수가 되지 않습니다. 당신이 성령의 용서에 함께한다면 당신에게도 에고는 상대가 되지 않습니다. 어떤 차원에서는 에고도 이 사실을 알고 있습니다. 그리고 소문에 들려오는 성령의 존재에 늘 두려워 떨고 있습니다. 당신도 마찬가지입니다. 하지만 그것은 오직 당신이 성령 대신 에고와 동화되어 있을 때만이지요. 제이는 결국 성령과 **완전히** 동화되었습니다. 그리하여 이제 그는 성령과 정확히 동일합니다.

개리: 그리고 당신들도 그런가요? 난 미래의 독자들을 위해서 이렇게 묻는 겁니다.

퍼사: 그렇습니다. 하지만 독자들은 우리를 믿을 필요가 없어요. 그들이 우리를 믿든 안 믿든 간에 우리의 말은 그들에게 이로운 영향을 줄 수 있으니까요. 중요한 것은 성령의 메시지예요. — 그것을 전하는 것처럼 보이는 사람이 중요한 게 아니지요. 우리가 스스로 자신의 투사된 육신을 믿지 않

는데 다른 사람이 믿지 않는다고 해서 흥분할 필요가 어디 있겠습니까?

개리: 우리의 책이 잘 팔릴까요?

퍼사: 그런 건 걱정하지 마세요. 어떤 일이 일어나든지 그걸 가지고 호들갑을 떨지 마세요. 그건 아무것도 아니에요. 이렇게 생각해보세요. 〈수업〉이 말하는 것 — 이 세상에 오는 모든 사람들은 망상에 사로잡혀 있다, 그렇지 않다면 그들은 자신이 여기에 있다고 애당초 생각하지도 않았을 것이다. — 이 사실이라면 당신이 베스트셀러 저자가 된다고 해봤자 무수한 정신이상자들로부터 칭송을 듣는다는 것 외에는 아무런 의미도 없습니다.

개리: 그건 농담이죠, 그렇죠?

퍼사: 예. 그런 농담에 심각하게 반응하는 사람들에 대해서는 걱정하지 마세요. — 그들이 **누구**든 간에요. 방어적인 태도로 안절부절못하지 말고 그냥 그대로 드러내놓으세요. 그 때문에 누군가가 당신을 싫어한다면 그들을 용서하세요.

개리: 아주 최근에 내가 f로 시작하는 말(욕: fuck)을 쓸 뻔했던 때가 있었어요.

퍼사: 이제 당신은 f로 시작하는 새로운 말을 가지고 있어요. 그들을 용서하세요.(Forgive them.) 이번에 우리가 떠나고 나면 당신은 '사랑은 불만을 품지 않는다'는 생각을 가지고 우리가 돌아올 때까지 다섯 달 동안 공부하게 될 겁니다. 〈실습서〉의 나머지 부분도 해야 하고 〈교재〉도 계속 읽어야 하지만 중요한 상황에서 정신이 들 때마다 '불만 없는 상태'를 곰곰이 생각해봐야 합니다. 저마다 진실을 가장 잘 상기시켜주는 〈수업〉의 좋은 구절이 있게 마련인데, 이건 당신에게 좋은 구절 중의 하나예요.

개리: 왜 그렇게 오래 있다가 온다는 거죠, 친구들?

아턴: 이건 하룻밤 만에 이루어질 일이 아니라는 걸 늘 강조했을 텐데

요? 사실은 그다음부터는 여덟 달만에 한 번씩 올 거예요. 우리가 당신을 방문하는 이 일을 다 마치려면 몇 년이 걸릴 거라고 얘기했을 때 우린 9년을 생각하고 있었어요. ― 지난 몇 번의 방문에만도 1년이 걸렸지요.

개리: 9년씩이나! 제가 뭐 지진아라도 된단 말이에요?

아턴: 아뇨, 하지만 이건 아주 진중한, 필생의 여정이에요. ― 당신이 아직도 흥미를 가지고 있다면 말이지요. 당신의 진정한 변성은 이제 막 시작되려고 하고 있어요. 그냥 열심히 하세요. 시간은 상관 말고요. 그건 아무것도 아니에요. 마음은 나이가 없어요. 왜냐하면 시간은 실재하는 것이 아니니까요. 〈수업〉을 경험할 땐 그냥 그 결과만 즐기세요. 결과도 재미있지만 용서를 실천하는 것 역시 많은 시간 충분히 즐길 수 있을 만큼 재미있답니다. ― 당신이 **언제나** 그것을 하고 싶어하지는 않을지도 모르지만요.

누차 강조했지만, 잊지 마세요. 〈수업〉은 당신이 누구의 마음이나 세상을 바꾸려고 나설 필요가 없다는 것을 가르치고 있다는 것을요. 당신이 할 일은 다만 세상에 대한 **당신의** 마음을 바꾸는 것입니다. 예컨대, 세상의 평화를 염려하지 마세요. 세상에 평화를 가져오기 위해 당신이 할 수 있는 최선의 일은 스스로 용서를 실천하고 그 경험을 사람들과 나누는 것입니다. 세상 사람들이 마침내 용서의 법칙을 이해하고 올바로 실천함으로써 진정한 내면의 평화를 추구한다면 그때서야 외부적 평화처럼 보이는 그것이 반드시 따라올 것입니다. 하지만 그것은 제이의 〈수업〉이 중점을 두고 있는 것이 아닙니다. 중점은 당신의 꿈에 대한 당신의 마음을 변화시키는 데에 있습니다.

개리: 꿈에 대해 말이 나왔으니 얘기지만, 〈수업〉을 시작하기 전에는 밤에 악몽을 꾼 적이 없었는데 최근에 저는 매우 이상하고 무서운 형상을 꿈에서 봤어요. 어떤 이유로 나는 이런 것들을 봐도 무섭지 않아요. 잠에서 깨

도 무섭지 않고요. 그런 것들이 마치 일부러 나에게 보여지는 것 같거든요. ― 지옥의 광경과 같은 치욕적이고 살인적인 끔찍한 모습들이 말이에요.

아턴: 예. 비교하자면, 당신은 책에서 지옥의 광경을 연상시키는 옛날의 종교화를 본 적이 있지요?

개리: 예. 어떤 것들은 정말 사실적이지요.

아턴: 맞아요. 끔찍하게 무서운 그림이 많지요. 그건 모든 사람들에게 똑같이 나타나지는 않아요. 하지만 그런 그림이나 당신의 꿈에서 일어나는 일은, 무의식 속의 죄책감이 표면으로 떠올라서 당신에게 보이는 겁니다. 당신의 경우엔 그것이 풀려나는 거죠. 화가의 경우에는 그들의 두려움이 그림 속에 상징화되는 것이고요. 당신의 꿈의 경우에는 당신의 더 이상 무의식적이지 않은 두려움, 죄책감, 그리고 자기혐오가 형상으로 나타난 겁니다. 당신은 〈실습서〉의 연습을 따라 용서를 실천하고 있으므로 이 낡은 사고체계가 용서받고 성령에게로 풀려나고 있는 것이지요. 그 때문에 당신은 그 끔찍한 광경에도 두렵지 않은 거예요. 제이가 당신과 함께 그것을 지켜보고 있어요. 당신의 올바른 마음은 그가 거기 있다는 걸 알고 있어요. 그것이 단지 꿈일 뿐이고 두려워할 이유가 전혀 없다는 것을 아는 당신의 부분이 말입니다.

언젠가는 당신의 깨어 있는 삶이 바로 그렇게 될 겁니다. ― 당신의 모든 은밀한 죄와 감춰진 증오가 용서되고 나면 말이에요. 어떤 것을 보든지, 당신이나 당신 주변의 누구에게 어떤 일이 일어나는 것처럼 보이든지 간에 당신은 두려워할 이유가 없다는 것을 알 겁니다. 이런 광경들의 구체적인 내용은 사람마다 다릅니다. 하지만 당신도 잘 알고 있듯이, 사람들이 깨어 있는 진짜 삶이라고 부르는 것 속의 광경들도 때로는 이처럼 지옥 같은 것이 될 수 있습니다. 하지만 그것은 모두가 두려움과 죄책감과 죽음이라는 에고의 사고체계를 상징하는 것들일 뿐이고, 그것은 진짜가 아니에요. 그러니 그걸 왜 두려워합니까? 모든 형상은 단지 형상일 뿐입니다. 그것이 언제 어디서 일어나는 것처럼 보이든 상관없이 말입니다.

퍼사: 당신이 악몽 속에서 보았던 이런 모습들은 무의식 차원에 있는 에고의 사고체계의 성질에 어울리는 아주 전형적인 종류입니다. 알아두세요, 무의식은 겉으로 드러나 있는 것보다 훨씬 더 끔찍하고 무섭답니다. 이것이 에고가 자신의 정체와 속셈을 숨기는 수법이지요. 당신이 주위에서 늘 목격하는 의식의 투사는 무의식적 마음으로부터 통째로 가져온 하나의 세계입니다. 그러니 당신이 보는 우주가 때로는 끔찍하고 무섭게 보일 수도 있지만 그것이 나오는 근원인 그 무시무시한 사고체계에 비하면 그건 아무것도 아닙니다. 사실 당신이 보는 투사는 하나의 방어책이므로, 당신의 무의식적 마음속에 들어 있는 것에 비한다면 우주는 그래도 당신에게는 참을 만하기 때문에 존재하는 것이라고 말할 수 있습니다. 세상이 모든 사람에게 언제나 참을 만한 것은 아닐 수도 있습니다. ─ 그래서 종종 살인과 자살이 일어나지요. 그래도 표면 아래에 숨어 있는 뿌리 깊고 사악한 덩어리에 비한다면 그건 공원을 산책하는 거나 마찬가지랍니다. 이제 당신은 당신의 죄책감이 다양한 방식으로 상징화되어 표현된 것을 봤습니다. 그걸 뭐라고 표현하겠나요?

개리: 음……, 추하고, 괴물 같고, 악마 같고, 야만스럽고, 소름끼치고 괴롭다는 등의 말들이 떠오르네요.

아턴: 그거예요. 당신은 방금 인간의 무의식이 어떤 것인지를 점잖게 표현했습니다. 사람들은 그것을 ─ 그리고 그것이 성령에게로 풀려날 때까지 남아서 머물러 있다는 것을 ─ 인식하지 못하고 있을지라도 말이죠. 그것은 그것이 상징하고 있는 것으로 인해서 그렇게 끔찍한 것입니다. 그것은 다름

아니라 신으로부터의 분리와 신에 대한 공격, 그리고 죄악을 저질렀다고 생각하는 신의 아들에 대한 죽음의 형벌, 그리고 그를 시달리게 하는 죄책감의 끔찍한 요구들을 상징하고 있지요. 물론 당신이 보는 세상은 때로 구역질나는 것일 수도 있지만, 믿기지 않게도 사실 그것은 그보다 더한 불행처럼 보이는 것으로부터의 피난처랍니다. ― 있는지조차 모르고 있는 자기 마음속의 죄책감 말입니다.

> 살인하는 사람들은 자신을 정말 증오합니다. 그러니까 살인은 자신을 파멸시키려는 매우 복잡 교묘한 시도랍니다.

개리: 다른 사람을 죽이거나 자살하는 사람들에게는 그것이 탈출이라고 할 수도 없지요. 그것이 그들을 더 큰 죄책감에 빠지게 하지 않을까요?

아턴: 아닙니다. 명심하세요. 죄책감이란 단지 마음속의 한 생각입니다. 그리고 세상에서 하는 행위에 의해서는 그 어떤 결과도 실제로 만들어질 수가 없습니다. 살인이나 자살은 뭇 인간이 무의식속에서 현실로 착각하고 있는 죄를 재순환시켜서 존속되게 합니다. 타인이나 자신을 죽이는 사람들은 죽음을 하나의 탈출구로 생각합니다. 살인하는 사람들은 자신을 정말 증오합니다. 단지 그 증오를 타인에게 투사한 것이지요. 그러니까 살인은 자신을 파멸시키려는 매우 복잡 교묘한 시도랍니다. 말했듯이 모든 증오가 사실은 자기증오입니다. 모든 범죄자는 자신이 잡혀서 벌받게 되기를 은밀히 바라고 있습니다. 기억하세요, 죄책감은 흔히 외부로 투사되지만 자신의 육신이라는 환영에도 투사된답니다. 이미 말했듯이 육신은 마음이 외부로 투사된 것이지요.

'경찰에 의한 자살방법'과 같은 변형판도 다양하게 존재합니다. 경찰을 쏘면 십중팔구 자기도 죽게 되리라는 것을 알고 발포하는 것이지요. 어떤 방법으로든 자살을 저지르는 사람들은 자신의 죄와 고난의 참을 수 없는 심리적 고통을 끝장내고 싶어하는 것입니다. 무의식 속의 죄책감은 그대로 남아 있으므로 그들은 결국 문제를 해결하지 못한 채로 다시 태어날 뿐이지요. 죽음은 탈출구가 아니랍니다. 진정한 용서야말로 탈출구지요. 〈수업〉은 이렇게 가르칩니다.

> 죽음으로써 세상을 떠나는 것이 아니다. 진실로써 세상을 떠난다. 그리고 왕국이 그를 위해 지어졌으며 왕국이 그를 기다리고 있는 모든 이 앞에, 진실은 열려 있다. (T51)

퍼사: 의식의 표면 아래에 있는, 당신이 끔찍한 죄라고 생각하는 그것을 대면하기를 극구 저항하고 있는 것은 당신만이 아닙니다. 당신의 에고 또한 당신이 그 대면에 성공하여 마음이 바뀐다면 자신은 독립적인 개체로서의 정체성을 잃게 될까봐 겁을 먹고 있습니다. 당신 내부의 이 사고체계가 작동하는 것을 관찰하면서 그것을 인정하고, 외부에 보이는 에고의 상징적 이미지들을 용서함으로써 성령이 그것을 지워주게끔 하려면 당신 쪽에서 의지력을 좀 발휘해야 할 겁니다.

개리: 그 방법을 가르쳐주실 거죠? 〈실습서〉가 물론 그것을 가르쳐주고 있지만 당신들이 좀더 도와주실 거죠?

아턴: 우리가 가르쳐줄 모든 것은 〈수업〉 속에 다 있습니다. 우린 단지 전체 책 속의 특정 부분들을 꺼내어 당신이 혼자서 그것을 효과적으로 적용할 수 있도록 그것을 종합해주고 있는 겁니다. 우리는 당신에게 이론만이 아니라 눈앞의 문제에 대처할 방법까지도 알려주겠다고 말했었지요.

개리: 글쎄, 그렇게 되기를 바라요. 왜냐하면 때로 전 이 모든 것을 해내

려면 내가 대단한 성자가 돼야만 할 것 같다는 생각이 들거든요. 예컨대, 누구에게도 **절대로** 불만을 품지 말라구요? 남을 심판하지도, 비난하지도, 공격하지도 말라구요? 나쁜 생각을 **모조리** 알아차리고 용서하라구요? 나의 화를 정당화할 수 있다고는 절대로 믿지 말라구요? 농담 마세요, 그건 불가능해요.

아턴: 개리, 당신은 실제로 성자예요. 그걸 아직 모르고 있을 뿐이죠. 〈수업〉을 실천하는 것이 불가능하다고 하는 한 당신은 틀렸어요. 당신도 말했다시피 〈수업〉은, 기적은 습관이라고 말합니다. 당신은 앞으로 〈수업〉의 이 말이 뜻하는 바를 점점 더 자주 경험하게 될 거예요.

분노는 결코 정당화되지 않는다. 공격에는 그 어떤 근거도 없다. 두려움으로부터의 탈출이 시작되고 완료되는 지점이 바로 여기에 있다.
(T638)

이런 것들이 왜 중요하냐구요? 왜냐하면 당신이 생각으로써 상대방을 공격하고 있든지, 아니면 다른 누군가가 당신을 말로, 또는 신체적으로 공격하고 있는 것처럼 보이든지 상관없이, 〈수업〉은 또한 이렇게 가르치고 있기 때문입니다.

구원의 비밀은 이것뿐이다. ─ 이것은 모두 그대가 **스스로에게** 하는 짓이라는 것. 공격이 그 형태를 아무리 바꾸더라도 이것은 여전히 사실이다. 누가 적의 역할을, 누가 공격자의 역할을 맡든 간에 이것은 여전히 사실이다. 그대가 겪는 고통과 고난의 원인이 그 무엇인 것처럼 보이든 간에 이것은 여전히 사실이다. ─ 자신이 꿈꾸고 있음을 안다면 그대는 그 꿈속의 인물들에게 아무런 반응도 하지 않을 것이므로. 그들이 아무리 증오에 차서 사악하게 굴더라도 그냥 내버려두라. 그대가 그것이 자신의 꿈임을 알아차리기에 실패하지 않는 한 그들은 그대에게 아무런 영향도 미치지 못한다. (T587-588)

꿈속의 인물을 심판하여 꿈을 현실인 것처럼 만들어놓을 때마다 당신은 에고의 함정 속으로 곧장 빠져 들어가고 있는 것입니다. — 당신이 죄를 속죄해야 한다고 믿든, 상대방이 자신의 죄를 속죄해야 한다고 믿든, 아니면 그들이 당신의 비난을 들어 마땅하다고 믿든 간에 말입니다.

죄를 현실로 만들어놓고 그것을 속죄하는 것으로는 죄를 몰아내지 못한다. 죄를 몰아내기는커녕 오히려 주는 것이 에고의 속셈이다. 에고는 공격을 통한 속죄를 믿는다. 공격이야말로 구원이라는 미친 생각에 완전히 빠져서 말이다. (T239)

수업은 또 이렇게 말합니다.

······ 그렇다면 에고의 가르침에는 죄의식에서 벗어날 길이 없다. 공격은 죄의식을 현실로 만들어놓으므로. 그리고 죄의식이 현실이라면 그것을 극복할 길은 없다. (T239)

개리: 그러니까 신은 날 용서할 필요가 없네요. 내가 스스로 남을 공격하는 대신 용서함으로써 자신을 용서해야 하는 거로군요. 그것이 말도 행동도 아니라 마음속의 심판일 뿐이라 할지라도 공격적인 생각은 어딜 가나 공

격적인 생각일 뿐이구요. 그 때문에 생각을 잘 감시해야 한다는 거지요. 공격을 하든지 용서를 하든지 간에 그것은 모두가 내가 나에게 하는 일입니다. 왜냐하면 아무튼 이 사람들은 진짜가 아니니까요. 그들은 단지 내 마음 속에 들어 있는 것들의 상징일 뿐이지요. 사람들의 마음속에서 내가 하나의 상징물일 뿐인 것과 마찬가지로요. 세상은 신에게 용서받아야 하는 것이 아니에요. 사람들이 스스로 자신이 보는 이미지들을 용서함으로써 자신을 용서해야 하는 거죠.

아턴: 맞아요. 〈수업〉은 그 점을 너무나 분명하게 밝혀놓고 있습니다.

신은 용서하지 않는다. 왜냐하면 그는 죄를 선고한 적이 없기 때문이다. 용서란 죄가 있어야 필요한 것이다. 용서는 이 세상에 가장 필요한 것이지만 그것은 이 세상이 환영의 세계이기 때문이다. 그러므로 용서하는 자는 환영으로부터 자신을 해방시킨다. 반면에 용서를 아끼는 자는 자신을 환영 속에 속박시킨다. 그대는 오로지 자신에게만 죄를 선고하므로 용서 또한 오로지 자신에게 하는 것이다.
신은 용서하지 않으나 그럼에도 그의 사랑이야말로 용서의 밑바탕이다. (W73)

신은 당신에게 죄를 선고한 적이 없으므로 신의 용서가 필요하지 않지만 당신은 그의 목소리, 곧 성령에게 다가갈 수 있습니다. 성령은 죄의식을 이렇게 다루지요.

성령은 죄의식이 있었던 적이 없음을 그저 고요히 인식함으로써 그것을 몰아낸다. (T239)

다음 방문 때 이것에 대해서 좀더 이야기하도록 하지요.

퍼사: 아마 당신은 진정한 용서의 혜택은 **자신에게** 돌아온다는 사실을 아직 제대로 이해하지 못했겠지요? 항상 즉석에서 용서해야만 하는 것은 아니에요. 가끔씩은 30분 전에, 혹은 이틀 전에 일어났던 일을 용서해야 할 때도 있을 거예요. 그게 세상이랍니다. 아무도 완벽하지는 않아요. 게다가 바로 지금도 이 세상에는 화가 전염병처럼 돌고 있어요. 그래서 거기에 반응하지 않기가 이전보다 더 어려워졌지요. 2천 년 전의 제이조차 때로는 육신과 동화되고 싶은 유혹을 느꼈어요. 하지만 그는 달인이었기 때문에 그것을 용서하고 **아주** 재빨리 극복할 수 있었지요. 하지만 당신의 경우에는 시간은 진짜가 아니기 때문에 ― 그리고 기억이란 다른 모든 심상心象과 마찬가지로 한갓 인식에 지나지 않기 때문에 ― 관련된 사람이 더 이상 육신으로 살아 있는 것처럼 보이지 않을지라도 언제든지 과거의 일을 용서할 수 있습니다.

개리: 내 부모님과의 사이에 해결되지 않은 일도 용서받을 수 있단 말인가요? 과거에 내가 그들에게 했던 말이나 행동에 대해 나 자신을 용서하는 것도 포함해서 말이죠.

퍼사: 물론이지요. 타인을 용서해야 하는 것과 똑같이 자신도 용서해야 해요. 그러지 않는다면 당신은 아직도 육신의 무의미함을 제대로 깨닫지 못하고 있는 겁니다. 말했듯이 당신의 육신이라고 해서 다른 육신보다 털끝만큼도 더 현실적이거나 더 중요하지 않거든요.

육신에 대해서 말이 나왔으니 말인데, 윤회환생이라는 주제에 대해서 강조해둬야 할 게 있어요. 우리는 그것이 마치 실제로 일어나는 일인 것처럼 이야기합니다. 하지만 그것은 다른 어떤 것과도 마찬가지로 단지 하나의 꿈일 뿐이에요. 맞아요, 당신은 육신 속으로 환생하는 **것처럼** 보이지요. 그리고 당신은 육신인 경험을 하지요. 하지만 우리가 즐겨 지적하듯이, 〈수업〉은 당신이 보는 것은 사실이 아니라고 말합니다. 형제, 이 경험이 모두가 꿈이라는 것이 당신에게 완전히 생소한 개념만은 아니랍니다.

주: 처음에 아턴이 우주가 꿈이라고 말했을 때 나는 그 말에 뒷걸음질을 쳤다. 왜냐하면 나의 경험은 그와는 반대였으므로. 하지만 아턴과 퍼사도 알고 있었다시피 나는 1980년대에 셜리 맥클레인의 놀라운 책 〈궁지에서〉(Out on a Limb)를 읽었었다. 그녀는 레오 톨스토이의 〈편지〉에서 아주 흥미로운 글을 인용했었다. 그것은 나의 심금을 울리게 한 수사적 의문이었는데, 그 당시에는 몰랐지만 그것은 발렌타인파 영지주의자들이라면 쉽게 제기했을 법한 것이었다. "…… 탄생으로부터 죽음에 이르는 우리의 온 생애도 — 그 속의 꿈도 포함해서 — 또한 하나의 꿈이 아닐까? 우리는 그것을 현실의 삶이라고 여기지만 우리는 단지 그보다 더 현실적인 삶을 알지 못한다는 이유만으로 그 현실성을 의심하지 않고 있는 것은 아닐까?"

개리: 그 말이 완전히 낯설다는 건 아니에요. 그런 경험을 해보긴 했지만 단지 그리 자주, 꿈인 것이 새록새록 **느껴지지는** 않는다는 거죠.

아턴: 당신은 더 자주 그걸 느끼게 될 거예요. — 좀더 일상적으로 그런 경험을 하고 싶다면 그 열쇠는 용서하는 데에 있어요.

개리: 에고의 계획이 세상에 모습을 드러낼 때는 어떻게 나타나는지를 좀더 자세히 말해줄 수 있나요? 그러면 무엇을 경계해야 할지를 알 수 있을 테니까요. 당신도 그건 모두가 설정되어 있는 거라고 말했잖아요, 그죠?

아턴: 예. 에고는 자신이 신으로부터 떨어져 나왔다고 믿습니다. 그리고

여기서 끊임없이 연출되고 있는 외견상의 분리는 당신에게는 점잖게 말하더라도 매우 속 뒤집히는 일이었지요. 살다 보면 일이 잘 풀려나가는 것 같다가도 갑자기 어떤 일이 일어나서 속을 뒤집어놓는 일이 무수히 많습니다. 그건 당신이 중요하게 여기는 일일 수도 있고 하찮게 여기는 일일 수도 있습니다. 그건 상관없어요. 그것이 마음의 평화를 조금이라도 흔들어놓는다면 그것은 곧 분리의 상징입니다. 언제, 어떤 형태로 일어나든 간에 그것은 다름 아니라 천국에서 완벽한 행복을 누리고 있던 당신을 처음으로 갑자기 심한 혼란에 빠지게 했던 그 일이 삶 속에서 반복 재연되는 방식입니다. — 당신이 처음으로 신으로부터 떨어져 나왔다고 생각했던 그때 말이에요. 세상에서 일어나는 다른 모든 혼란이 바로 거기서부터 일어나는 겁니다. 하지만 당신의 일상적 삶이라는 꿈에서는 혼란의 원인이 당신이 육신으로서 가지고 있는 고유의 정체성에서 일어나는 것처럼 보입니다. 육신은 그 자체가 분리라는 그릇된 생각일 뿐인데 말입니다.

개리: 그건 마치 랄프 왈도 에머슨의 이 말과도 같군요. "우리는 상징이다. 그리고 상징 속에 거한다."

아턴: 그럼요. 그건 〈에세이: 두 번째 시리즈〉(1844)의 'The Poet'에 나오는 구절일 거예요. 당신은 철없기는 해도 지성미는 있어요.

개리: 고마워요. 앞으론 이력서에다 그렇게 써야겠군요.

아턴: 다음 방문 때는 진정한 문제는 하나뿐이며 그 해결책도 하나 — 성령의 답 — 뿐임을 〈수업〉은 어떻게 가르치고 있는지에 대해서 좀더 자세히 배우게 될 겁니다. 에고의 속셈에 관한 한, 이 세상에서 일어나는 외견상의 무수한 문제들은 모두가 당신의 **반응** — 기분 나쁨, 죄책감, 분노, 좌절, 무료함, 두려움, 열등감, 자의식, 신경질, 외로움, 우월감, 겸손부리기 등 — 을 끌어내기 위한 것입니다. 형태야 어땠든 이런 반응들은 모두가 모종의 분별

혹은 심판입니다. 이런 판단을 내리는 순간, 당신은 에고의 세계에 정당성을 부여해주고 외견상의 분리에 현실성을 강화시켜줌으로써 만사가 그렇게 보이도록 만드는 것이지요.

에고는 모든 시간 — 나중에 이야기할 주제지만 — 을 포함하는 자신의 시나리오 속에 분리의 가능한 모든 변형판을 보유하고 있습니다. 갈등이 확실히 영속되게끔 말이죠. 이것이 더 현실적인 것으로 보이도록 만들기 위해서 에고는 이것을 당신의 즐거운 순간들과 한데 뒤섞어놓았습니다. 이 혼합은 사실 이원성의 또 다른 본보기일 뿐이지만 말입니다. 당신의 본성 — 영 — 은 분리될 수 없음에도 불구하고 에고가 어떻게 당신으로 하여금 분리를 믿게끔 꼬드기는지, 그 예를 지금 당장 몇 가지 더 보여주지요.

퍼사: 신으로부터의 분리를 현실처럼 보이게 만드는 것은 당신이 보는 것에 대한 당신의 반응입니다. 당신이 현실로 만들어내고 있는 것들의 구체적인 내용은 당신의 인간관계와 당신 앞에 펼쳐지는 곤혹스러운 상황들 속에서 드러납니다. 그것이 언제나 당신에게 일어나는 **것처럼 보이는** 일로만 나타나는 것은 아닙니다. 그것은 당신이 구경꾼으로서 관찰하는 사건 — 타인의 인간관계나, 심지어는 텔레비전이나 인터넷에서 접하는 뉴스 등 — 으로 나타날 수도 있습니다.

예컨대, 비행기 추락 사고로 사람들이 죽는다면 인간의 타락을 그보다 더 절묘하게 상징하는 것이 어디 있겠습니까? 혹은 아기가 엄마의 뱃속으로부터 세상으로 내던져지는 것은 신으로부터의 분리 말고 그 무엇을 그처럼 절묘하게 상징할 수 있겠습니까? 총알이나 칼, 레이저 광선, 화살, 창, 혹은 가시면류관이 사람의 살갗을 찌르면 살갗은 어떻게 됩니까?

개리: 갈라지지요.

퍼사: 지진이 나면 당신이 지어 올리는 삶이라는 환영의 토대인 땅은 어

떻게 됩니까?

개리: 갈라집니다.

퍼사: 어린이나 갓난아이가 버림을 받는다면 그것은 명백한 분리입니다. — 그것이 그 아이들로 하여금 자신을 버린 부모를 비난하고 무의식적인 죄책감을 그들에게 투사함으로써 에고의 증세를 보존할 훌륭한 기회인 것은 말할 필요도 없구요. 예를 들자면 끝이 없어요. 하지만 그것도……

개리: 사실은 모두가 다 한 가지라는 말씀이죠.

> 당신 삶의 모든 국면들에도 분리를 상징하는 갈등이 담겨 있습니다.

퍼사: 병의 경우라면, 마음속의 — 흔히 무의식속의 — 공격적인 생각이 몸속에서 암이나 무수한 형태의 병증으로서 서로 싸우는 세포로 상징화되어 나타날 수도 있습니다.

당신 삶의 모든 국면들 — 유아기, 학창시절, 지난 수십 년 동안 당신이 참여했던 모든 활동들, 온갖 권모술수를 보유한 다양한 경력들 — 에도 분리를 상징하는 갈등이 담겨 있습니다. 운이 좋다면 당신의 나라가 모든 갈등 중에서도 가장 특별한 형태인 전쟁을 겪지는 않겠지만, 안심은 금물입니다. '평화기' — 아이러니컬한 표현이지만 — 라고 불리는 시대를 살든 어떻든 간에, 요람에서 무덤에 이르기까지 끊임없이 접하게 되는 무수한 폭력의 기회에는 절대로 눈길을 주지 마세요.

단순히 누군가를 좋아하지 않는 형태로 나타나는 이 같은 유별난 미움의 관계 말고도 당신은 또한 유별난 애정관계를 가질 겁니다. 하지만 육신이 없다면 그것이 가능할까요? 육신이란 죄라는 생각이 육화되어 외부로 투사된 것이며, 그것이 육의 벽처럼 보이는 것으로써 마음을 에워싸서 가둔다는 〈수업〉의 가르침을 이미 들려줬었지요.(T438) 이것이 당신이 가지고 싶은 종류의 사랑인가요? 성령의 사랑은, 육신이 당신을 분리시킬 수 없다고 말합니다. 용서를 통해서 자신과 다시 합하세요. 그리하여 당신과 당신의 형제자매들이 하나요, 무한한 존재가 되도록 말입니다. 그런 연후에 형상의 차원에서 육신과 합체하기를 택하게 된다면 그것은 그저 당신에게 하게끔 되어 있는 일을 하는 것입니다. — 그러지 않아도 했을 일 말입니다. 그러나 이제 당신은 그것을 용서로써 합니다. 그리고 성령이 당신과 함께합니다.

개리, 당신이 누군가와 헤어질 때, 당신의 개인적 인간관계에서는 상징적으로 어떤 일이 일어나지요?

개리: 서로 분리되지요. 좋아요, 무슨 뜻인지 알아요. 외부에는 아무도 존재하지 않는다고 말해놓고서 돌아서서는, 집으로 돌아가는 유일한 길은 외부에 있는 것을 용서하는 것이라고 말하더라도 그건 모순이 아니에요. 왜냐하면 그것은 단지 외부에 있는 **것처럼 보이는 것** — 자신의 마음속에 있는 것의 상징물인 — 을 용서하는 것이니까요.

퍼사: 예. 그리고 그것을 구체적으로 어떻게 하는지는 좀더 이야기할 거예요. 그리고 전에 말했듯이 우리의 방문은 점점 더 짧아질 거예요. 그 이유 중 하나는, 성령의 대답은 에고의 무수해 보이는 문제들에 비하면 훨씬 더 단순명료하기 때문입니다. 실제로 〈기적수업〉이 그토록 긴 이유 중 하나는 진실은 단순하고 일관되지만 에고는 그렇지 않기 때문입니다. — 그것을 지우려면 많은 단계가 필요하지요.

개리: 이해하겠어요. 그런데 난 거대해 보이는 우리의 시나리오가 어떻게 하여 보이지 않는 생각으로부터 눈에 보이는 현상으로 옮겨지는지가 늘 궁금했어요. 그러니까, 모든 것이 미리 계획되어 있다면 우주에서 일어나게

되어 있는 모든 일들이 어떻게 마치 시계처럼 정확히 일어나야 할 그대로 일어날 수가 있나요?

　퍼사: 아주 복잡한 질문을 했네요. 그런데 당신이 '시계처럼'이란 말을 쓴 것이 흥미롭군요. 우주는 정말 거대한 태엽시계, 아니, 태엽장난감과도 흡사하답니다. 당신네 태양계를 하나의 소우주로 예를 듭시다. 그리고 소위 자연의 힘 중 하나만을 보기로 사용하겠습니다. 이건 전체를 설명해주진 않지만 에고의 교묘한 속임수가 어떤 것인지를 간파할 수 있게 해줄 겁니다.

　에너지 — 기$_氣$라고도 불리는 — 는 환영이기는 하지만, 그것이야말로 에고가 마음속의 시나리오를 가지고 그것을 보이지 않는 생각으로부터 보이지 않지만 측량가능한 형태로, 그리고 다시 그것을 눈으로 보고 경험할 수 있는 현상으로 변환시키는 과정에 개입되는 하나의 중요한 요소입니다. 이것은 사실 모두가 한 순간에 일어나지만 당신이 이해하기 쉽게 하려면 시간적으로 펼쳐놔야 합니다.

　예를 들어, 당신이 지구와 달 사이의 우주공간으로부터 지구를 바라볼 수 있다고 합시다. 그리고 기$_氣$도 볼 수 있다고 합시다. 그러면 당신은 태양으로부터 방사되는 거대한 전자기적 기의 흐름이 지구를 온통 감싸고 지나가는 것을 볼 수 있을 것입니다. 이 기의 흐름은 끊임없이 변합니다. 음과 양이 균형점을 사이에 두고 균형을 이뤘다, 벗어났다 교차하면서 말입니다. 이 기의 변화는 끊임없이 변화하는 태양의 방사에너지에 의해서 생깁니다.

　이제 우주공간으로부터 태양을 자세히 들여다볼 수 있다면 당신은 소용돌이치는 엄청난 가스의 대양이라고 할 수 있는 것을 보게 될 겁니다. 사람들이 거의 깨닫지 못하는 것은, 이 가스의 대양이 지구의 대양과도 흡사한 양상을 보인다는 점입니다. 달의 움직임에 따라 지구의 대양에 밀물과 썰물이 일어나듯이 태양계의 모든 행성들과 심지어 그 너머의 우주 — 물론 그

에고의 계획　　295

것은 모두가 서로 연결되어 있지요 — 가 밀고 당기고 하는 힘들의 총합에 의해 태양을 둘러싼 가스의 대양에도 밀물과 썰물 같은 현상이 일어납니다. 이것이 가스의 다양한 흐름과 태양흑점과 그 밖의 태양현상을 일으킵니다. — 이것은 또 태양풍을 통해 입자 형태로, 혹은 태양광 형태로 직접 지구로 오는 방사광의 흐름에 변화를 일으킵니다.

태양계 전체의 움직임에 의해 조종되는 방사광 흐름의 이 변화는 지구를 둘러싼 기에 상응하는 변화를 일으키고 지구 전체에 속속들이 전자기장의 영향력을 미칩니다. 이 기의 장은 육안으로는 보이지 않으나 모든 곳에 존재합니다. — 그리고 당신은 날마다 그 속을 걸어 다닙니다. 그것은 당신의 결정과 그에 따른 행동을 포함해서 당신의 모든 것을 조종합니다. 사실 그것은 완전히 다른 차원의 **생각입니다**. 그것이 기의 형태로 변형되어서 당신에게 이 차원에서 무엇을 생각해야 할지를 일러주는 것입니다. 당신이 하는 모든 행위는 당신의 생각을 따르는데, 가끔씩 그것은 마치 빛이 반사되듯이 즉각적으로 반영됩니다. 이것은 눈에 보이는 모든 움직이는 대상과 움직이지 않는 것처럼 보이는 대상에 적용되는 사실입니다.

간단한 예로서, 남아메리카를 날아다니는 제비 같은 작은 새가 어떻게 해마다 비슷한 시기만 되면 갑자기 캘리포니아까지 수천 마일을 날아갈 수가 있다고 생각하나요?

개리: 어떤 사람들은 그것이 신의 섭리라고 생각할 테고 어떤 사람들은 본능이나 자연의 섭리와 같은 표현을 쓰겠지요. 하지만 당신은 새가 원격조종을 당하고 있다고 말하고 있는 거죠?

퍼사: 어떤 의미에선 그래요. 그리고 당신도 그래요. — 여기서 **원격이란** 말은 상대적인 뜻이라는 것을 유념하세요. 우리는 사실 마음의 완전히 다른 차원 — 비공간적인 — 으로부터 오는 결정에 대해 이야기하고 있는 겁니

다. 당신은 당신의 결정이 여기서 내려지고 있는 것으로 **경험하지만** 그건 사실이 아니에요. 새들이 그 작은 머리로 결정을 내리지 못하듯이 결정은 인간의 머리가 내리는 것이 아니랍니다. 우리가 당신들을 흡사 로봇과도 같다고 하는 것은 농담이 아닙니다. 그렇다고 해서 프로그래머가 다른 누구인 것도 아닙니다. 다른 사람은 존재하지 않습니다. 우리는 **자가결정론**自家決定論을 말하고 있는 겁니다. 이 차원에서 당신의 운명은 신이 아닌 에고와 당신 사이의 거래에 의해 타결된 겁니다. 신은 거래 같은 것은 하지 않습니다. 당신의 에고의 마음이야말로 당신의 머리에 신호를 보내는 프로그래머입니다. 당신의 뇌는 단지 하드웨어 부품입니다. 그것은 하드웨어인 육신에 무엇을 할 것인지, 무엇을 볼 것인지, 무엇을 감지할 것인지를 명령하는 신호를 보냅니다.

당신은 신으로부터, 형제와 자매로부터 떨어져 나와서 분열된 이원적 마음에 어울리는 분리와 갈등의 생각을 연출하면서 컴퓨터 화면 위에 있는 자신을 경험합니다. 당신의 형제자매들은 정확히 당신이 바라는 그대로 행동합니다. 당신이 그들로 하여금 당신을 위해 행동하도록 만들고 있다는 사실을 당신은 깨닫지 못하고 있다는 〈수업〉의 가르침은 이미 들려준 적이 있지요.(T376)

전자기장의 변화는 당신이 사물을 바라보는 방식까지도 조종합니다. 당신에게 뭔가가 보인다는 것은 단지 그것이 인간의 시야에 지각되는 전자기적 스펙트럼 영역 안에 놓여졌음을 뜻하는 것일 뿐입니다.

개리: 그래서요?

퍼사: 중요한 것은, 당신의 결정이 정말 여기서 당신에 의해 내려지는 것이 아니라는 점입니다. 그것은 당신이 에고의 계획에 동의했을 때 전혀 다른 차원에서 내려졌던 것이고, 이 구렁텅이에서 빠져나올 유일한 방법은 당

신의 올바른 마음으로 주의를 돌려서 당신이 보는 것에 대한 에고의 해석 — 당신을 시나리오에 갇혀 있게 하는 — 대신 성령의 다른 해석을 택하는 것입니다. 이 모든 것이 단지 기록되어 있던 것이 스스로 재생되는 것임을 잊어버리지 않도록 애쓴다면 도움이 될 겁니다. 예컨대, 컴퓨터는 정보를 어떻게 저장하지요, 플로피 디스크에서라면요?

개리: 자기막磁氣膜 위에요?

퍼사: 그건 아주 변하기 쉬운 물질이지요. 처음 만났을 때 이야기했듯이, 이 차원에서의 발명이란 대개 마음의 작용의 어떤 측면들을 흉내 낸 것이랍니다. 당신은 이곳에서 자유의지를 가지고 살면서 자신에게 일어날 일을 결정할 수 있다고 생각할지 모르지만 사실은 그 모두가 이미 일어난 일입니다. 당신은 그저 레코드를 틀어서 그것을 보고 듣고 있는 겁니다. – 그것이 모두 현실이고 이 차원에 있는 자신의 의지나 기회의 소산이라고 생각하면서 말이죠. 그것이 다른 차원에서 이미 설정해놓은 연출이라고는 생각하지 않지요.

개리: 그렇다면 내가 뭔가를 하겠다고 나설 이유가 없겠군요?

퍼사: 두 가지 이유가 있어요. 맨 먼저, 각 생애는 비록 닫힌 시스템이기는 해도 당신에게 열려 있는 다른 시나리오들을 가지고 있습니다. 꿈속에서 성령이 개입하지 않는 선택을 내리는 것은 당신의 무의식적 죄책감을 지워서 시스템 밖으로 빠져나가게 해주지는 못하지만 잠시 다른 경험을 할 수 있게는 해줍니다. 이것은 여러 가지 선택이 가능한 시나리오여서 다른 결정을 하면 다른 시나리오가 연출되어 펼쳐지는 것입니다. 어떤 결정을 내리면 당신은 그 여자와 달콤한 시간을 보냅니다. — 그러나 다른 결정을 내리면 여자는 물 건너 가버리고 당신은 우울해집니다. 같은 생애기간을 다시 살면서 다른 세속적 결말을 보는 것조차 가능합니다. 그러나 다시 말하지만 이

것은 결코 당신이 진정으로 원하는 곳으로 데려다주지 못합니다. 그것은 당신을 그저 일시적인 행복을 붙잡으려고 애쓰면서 이곳에 갇혀 있게끔 만들지요.

당신이 의사결정에 개입해야 할 또 다른, 이보다 훨씬 더 중요한 이유는 올바른 마음으로 돌아와서 에고 대신 성령을 선택하는 데에 있습니다. 그것은 당신이 진정으로 원하는 곳으로 당신을 데려다줄 것입니다. 꿈속에서, 용서는 다른 이로운 점도 가지고 있습니다. 그중 어떤 것은 당신이 항상 알아차릴 만큼 분명하지는 않지만요. 예컨대, 남편이 아내를, 아니면 아내가 남편을 죽였다고 합시다. 둘 중 하나는 죽고 나머지 하나는 감옥에서 평생을 살거나 아니면 처형당합니다. 하지만 그들이 용서를 배우고 살인은 일어나지 않았다는 것을 깨닫는다면 어떻겠습니까? 그것이 이 차원의 일에도 변화를 가져올까요?

개리: 그러면 모든 것이 바뀌겠지요. 그리고 아마도 사람들은 그것을 알아차리지도 못할 걸요.

퍼사: 맞아요. 이건 극단적인 예지만, 용서가 형상의 차원에까지 변화를 가져올 수 있는 무수한 시나리오가 존재합니다. ― 그렇지만 사람들은 용서하지 않았을 때보다 용서하니까 얼마나 더 나아지는지를 잘 깨닫지도 못하지요. 이것이 성령에 대한 신뢰를 키워야 하는 이유입니다. 성령은 진정으로 당신에게 가장 좋은 것이 무엇인지를 알고 있습니다. 그러니 이 형상의 차원에서는 마음을 다스리는 것이 중요하지 않다고 생각하지는 마세요. 사실 〈수업〉이 당신에게 훈련시키는 것이야말로 바로 그것입니다. 마음을 조절할 줄 알면 몸의 통증을 멈추는 힘까지도 생긴답니다. ― 하지만 그것에 대해서는 나중에 더 이야기합시다.

개리: 아, 내가 며칠 전에 운전을 하고 있는데 어떤 녀석이 내 엉덩이를

만지더군요. 그러니까, 그가 내 차의 범퍼를 밀어붙이더라구요. 정말 신경질이 났어요. 난 아이들이 노는 동네에서는 빨리 달리고 싶지 않거든요. 그래서 이 녀석의 똥구멍에 손가락을 찔러 넣어주려고 하던 참에 〈수업〉 생각이 났어요. 그래서 난 아무 반응도 안 했고 그는 몇 블록 지난 후에 다른 방향으로 가 버려서 그걸로 상황이 끝났어요. 나중에 난 이렇게 생각해봤지요. 만일 내가 그에게 시비를 걸었고 그가 총을 가졌더라면 어떻게 됐을까? 그랬다면 난 노상에서 죽었을지도 모르지요.

아턴: 맞아요. 그 차에 탄 당신의 형제는 **당신의** 마음속에 들어 있는 것의 상징이었음을 명심하세요. 물론 당신이 삶의 다른 영역에서 드러내는 참을성 없는 성질도 그의 참을성 없음으로 상징화되어 나타난 것이고요. 사업에서 참을성을 좀더 발휘했다면 아마도 지금쯤은 더 부자가 되어 있으리라는 것을 당신도 이제는 알고 있지요. 당신과 당신의 형제가 참을성이 없는 것은, 당신이 분리를 마치 현실처럼 만들어놓고서 신을 이기기 위해서는 어딘가에 도달해서 자신이 옳음을 증명해보여야만 한다고 생각하기 때문입니다.

그래서 당신은 자신에게서가 아니라 당신의 형제에게서 자신의 잘못과 죄책감을 발견한 것입니다. 하지만 다행스럽게도 이 경우에는 당신이 올바른 결정을 내렸습니다. ― 마음의 차원에서나 형상의 차원에서나 모두요. 평화로운 마음상태에서는 폭발적인 행동을 하더라도 그릇될 수가 없습니다. 생명을 위협하는 육체적인 공격 앞에서 자신을 방어해야 하는 상황이 아닌 한 말입니다. 그럴 경우엔 상대방의 엉덩이를 차줘도 괜찮지만, 그보다 나은 방법은 빠져나갈 길을 찾는 것이겠지요.

개리: 그래도 그가 못된 놈의 똥통(asshole)이라는 생각은 하지 말았어야겠죠?

아턴: 맞았어요, 똥통각하(your assholiness). 〈수업〉에서 제이는 이렇게 충고하지요, "그대가 그를 바라보는 것처럼 그대 자신을 바라보게 되리라." (T142)

개리: 알겠습니다. 아참, 잊어버리기 전에…… 태양계와 기에 대해서 말해주신 것은 점성학의 예언이 가끔씩 들어맞는 이유를 설명해줄 수 있겠지요?

퍼사: 그래요, 하지만 점성학은 정확하지 않아요. 우리가 이야기한 것은 언제나 정확하고요. 왜냐하면 그것은 에고의 시나리오가 원하는 대로 우주 차원의 원인과 결과에 정확히 상응하니까요. 점성학, 수비학數秘學 같은 것들이 가끔씩 시나리오와 맞아떨어지는 것은 사실이지만 그것들은 맞다가 안 맞다가 합니다. — 왜냐하면 그 시나리오의 일부는 시나리오 자체가 결코 예측할 수 없다는 것이기 때문입니다. 그렇지 않다면 우연은 일어날 수가 없지요. 우연이야말로 시나리오의 단골 메뉴인 불가피한 충격, 혼란, 두려움 등이 일어날 수 있게 해주는 요소인데 말입니다.

개리: 그건 시스템 속에 심어져 있군요.

퍼사: 예. 에고의 혼란스러운 속성은 시간이 지나도 변하지 않는 우주의 대통일이론 같은 것이 결코 존재하지 않도록 보장해줍니다. 왜냐하면 우주는 사실 통일이라는 개념의 바탕 위에 존재하는 것이 아니라 분리와 분열의 개념 위에 존재하기 때문이지요. 하지만 우주의 매혹적이고 교묘한 패턴은 그것이 마치 하나의 통일체인 것처럼 보이도록 환상을 심어놓습니다.

우주에 대한 온갖 새로운 발견과 이론에 눈을 팔 필요가 없는 이유가 바로 이것입니다. 초끈(super-string)이 뉴턴 물리학의 차원과 아원자 물리학의 차원 양쪽에서 모두 중력 효과를 일으킬 수 있다는데, 그래서 그게 어쨌단 말입니까? 환영은 어디까지나 환영일 뿐이에요. 연구와 분석을 하지 말라는 말은 아니에요. 그게 당신의 일이라면 얼마든지 하세요. 단 프로그램이 미리 짜인 꿈의 시나리오가 펼쳐지고 있는 동안만 그것을 하고 있다는 사실을 잊지 말도록 하세요.

개리: 우리가 빌어먹을 로봇이라는 사실은 두말할 필요도 없고요.

퍼사: 잠시 동안만요. 선택을 내릴 수 있는 힘을 얻기만 하면 당신은 더이상 로봇이 아니에요. 그건 독립기념일이에요, 개리. 용서하는 법을 터득하기만 하면 당신은 결코 이전과 같지 않아질 거예요.

아턴: 퍼사가 설명해준 과정은 우주가 홀로그램과 같은 방식으로 기록된 시나리오를 따르지만 그것이 어떻게 편집을 마친 영화 필름처럼 직선적인 시간 위에서 상영되는지, 그 한 예를 보여줍니다.* 모든 것이 이미 다 쓰여 있습니다. 당신의 인생 스토리도 마찬가지고요. 당신의 육신이 죽을 날까지도 이미 다 정해져 있어요. 당신이 가진 유일하고 진정한 자유는 신과는 아무런 상관도 없는 틀에 박힌 시스템 속에서 하염없이 살아가는 대신 신을 대변하는 목소리에 귀를 기울임으로써 신께로 돌아가기로 선택하는 것입니다. 당신의 뇌회로는 신을 알 수 있도록 배선되어 있지 않습니다. 마음이 머리를 지배하고 부리지요! 우주와 당신의 머리가 신과는 아무런 상관도 없다는 사실을 다행으로 여기세요. 그리고 **신**의 우주로 돌아갈 길이 있다는 사실도요.

당신은 당신의 우주가 굉장하다고 생각합니다. 왜냐하면 당신이 기억하는 것은 그것이 전부니까요. 당신은 그것이 크다고 생각합니다. 그러나 그

---

* 이론상으로는 한 장의 홀로그램(입체상을 담은 필름) 안에다 무한한 시공간 속의 영상을 다 담을 수 있다. 우주의 시나리오가 홀로그램과 같은 방식으로 기록된다면 그 안에는 시방삼세十方三世, 과거와 현재와 미래의 모든 공간 속의 가능한 모든 시나리오가 동시에 존재한다. 그러므로 홀로그램상에는 직선적 시간은 존재하지 않는다. 역주

것은 크지 않습니다. 당신이 한 일은 자신이 퍼즐의 한 조각처럼 작게 보이고 작게 느껴지게끔 한 것입니다. 당신은 버리고 싶지 않은 장난감을 안고 있는 아이와도 같습니다. 하지만 진정한 당신은 당신의 우주 안에 담을 수조차 없습니다.

개리: 태엽장난감 같은 이 우주 — 이 개념을 과학적인 예를 들어서 설명해줄 수 있나요?

퍼사: 일부는 가능하고 일부는 불가능해요. 생각을 측량할 수는 없어요. 자기장의 변화는 측량할 수 있지만 무엇이 뇌 안에서 전

> 동시성 현상은 환영 속에조차 늘 존재하고 있는 사이비 일체성의 한 상징일 뿐입니다.

기적 변화를 발생시키는지를 보여줄 수는 없어요. 몸 안에서 일어나는 화학적 반응과 호르몬 반응을 기록할 수는 있지만 뇌가 무엇을 할 것인지에 대한 신호를 얻고 나면 모든 것은 결과일 뿐입니다. 당신은 몸이 독립적이라고 생각하도록 설정되어 있습니다. 하지만 〈수업〉은 머리말에서부터 이렇게 가르치지요.

> 육신은 대체로 자기 동기에 의해서 독립적으로 움직이는 것처럼 보인다. 그러나 사실 그것은 마음의 의도에만 반응한다. (PRxii)

아턴: 물론 당신의 육신과 세상과 우주는 모두 동시에 당신 마음의 의도에 반응하고 있습니다. 그것은 실제로 존재하는 것은 하나(one thing), 곧 하나의 에고 마음, 곧 분리의 한 생각뿐이기 때문입니다. 그것을 연출하여 펼쳐놓으면 온갖 종류의 매혹적인 발견들이 이어지고, 그것은 당근과 채찍처럼 작용하여 당신의 관심을 계속 붙들어 매놓습니다. 예컨대 동시성 현상

(synchronicity) 같은 것 말입니다. 그것은 환영 속에조차 늘 존재하고 있는 사이비 일체성의 한 상징일 뿐입니다. 에고는 당신이 환영은 영적인 것이며 그것이 만들어낸 것은 신성한 것이라고 생각하기를 원한다는 점을 명심하세요.

그건 그렇고, 신의 아들 ─ 당신도 그이지만 ─ 이 하나뿐인 것처럼 에고의 마음도 하나뿐이지만 이 하나인 에고의 마음이 어떻게 양자택일을 해야만 하도록 올바른 마음과 그릇된 마음으로 나뉘어졌는지를 당신에게 말해줬던 사실을 상기해보세요. 당신은 모든 것을 주시하고 있습니다. 그리고 그렇게 주시하면서 에고를 당신의 스승으로 삼을지, 성령을 스승으로 삼을지를 선택해야만 합니다. 〈기적수업〉이나, 또는 우리가 에고에 대해 언급할 때는 거의 언제나 성령이 거하는 올바른 마음이 아니라 그릇된 마음에 대해 말하는 것입니다.

개리: 좋아요. 했던 말을 반복하려는 건 아니지만 제 생각을 잠시 좀 요약해보자면 그러니까……

아턴: 친구, 한 가지만 말해둬야겠어요. 반복은 완벽하게 괜찮을 뿐만 아니라 필요한 겁니다. 그것이야말로 한 사고체계를 배우고 그것이 당신의 일부가 되게 하고 그것이 ─ 마침내는 생각조차 하지 않고 ─ 자동적으로 적용되는 경지에까지 이르게 할 수 있는 유일한 방법입니다. 이 때문에 용서를 **연습한다고** 말하는 겁니다. 당신은 그것이 제2의 천성이 될 때까지 계속 반복해서 연습해야 해요. 곧 실감하게 될 테지만.

개리: 좋아요. 난 에고의 사고체계와 시나리오가 많은 것을 설명해주리라고 생각하고 있어요. 예컨대 어떤 아이들은 날 때부터 아프거나 기형인 이유 같은 것 말이에요. 신이 그렇게 하는 것이 아니라는 것을 아는 것만으로도 속이 시원해져요. 그것은 또 아이들이 거의 눈이 마주치는 순간부터

장난감이니 뭐니 온갖 것을 가지고 서로 다투고 학교에서 서로 놀리고 괴롭히고 패거리를 만들고 자신들의 무의식적 죄책감을 상대방에게 투사하여 상대방을 나쁜 사람, 죄지은 사람으로 만들려 드는 이유를 설명해줄 것 같습니다.

사람들은 언제나 결국은 이런저런 방식으로 한쪽 편에 서게 됩니다. 그래서 괴롭히는 편과 괴롭힘을 당하는 편이 주변에 늘 존재하게 마련인 거죠. 어떤 사람들을 다른 사람들보다 나아 보이게 만드는, 어떤 사람들은 우월하고 어떤 사람들은 가치 없게 만드는 것처럼 보이는 이런 모든 차이가 존재합니다. 건강과 질병, 아름다움과 추함 같이, 사람들이 당연하게 받아들이는 양극성이 세상을 지배합니다. 그러나 무엇이 아름답다거나 추하다고 일러주는 것은 우리의 육신밖에 없습니다. — 그러니까 그건 모두가 주관적이고 별 근거도 없는 것들입니다. 그런데도 우리는 그걸 그대로 받아들입니다. 왜냐하면 우리가 아는 것이 그것밖에 없기 때문이지요.

그리고 우리는 또 유별난 미움의 영구적인 갈등뿐만 아니라 유별난 사랑도 가지고 있습니다. 사랑하는 사람은 우리 눈에는 그 어떤 잘못도 행할 수가 없습니다. 그리고 설사 잘못을 저지르더라도 그들을 용서하기는 쉽습니다. 미워하는 사람은 그 어떤 올바른 일도 할 수 없습니다. 그리고 그들이 어떤 짓을 하건 그것은 용서되지 않습니다. 그리하여 우리는 동일한 에고 패턴을 따르는 온갖 종류의 적수와 사업 경쟁자들에 둘러싸인 채 평생을 살아갑니다. 많은 사람들이 다른 육신에 대한 지배력을 획득하기 위해 발버둥 쳐야만 하는 그런 자리에 앉고 싶어합니다. 이것은 사실 진정한 권능에 비하면 한갓 병적인 짝퉁일 뿐인데도 말이죠. 이런 자리는 스스로 의식하지 못하는, 죄책감의 무의식적 투사로 점철되어 있습니다. 가장 명백한 보기를 들자면, 소송에서 잘 이기는 변호사란 상대편이 잘못한 것처럼 들리게 만들어서 배심원들로 하여금 자신들의 무의식적 죄책감을 상대편에게 투사하게 끔 만드는 데에 가장 능수능란한, 영리한 사람이지요.

선거에서 이기는 정치인은 상대편을 비난하여 사람들로 하여금 상대편에게 문제의 책임이 있다고 생각하게끔 만드는 데에 가장 능한 사람이고요. 이것은 신으로부터 떨어져 나온 것을 상대편의 탓으로 돌려 비난하는 것과 차원만 다른, 똑같은 짓입니다. 그리고 거기에는 모든 고통과 불행이 함께 몰려다니지요. 우리가 아니라 그들이 죄지은 자들입니다. 흔히는 양편이 다 아주 진지하게 자신이 옳다고 믿지만 어느 편도 옳지 않아요. 왜냐하면 그들이 보고 있는 것은 사실이 아니기 때문이지요. — 그리고 우리가 반응하여 어느 한 편에 서는 순간 우리는 해결책이 아니라 문제의 일부가 되는 겁니다. 그러는 동안에도 용서하지 않는 사람들은 자기가 하는 짓이 모두 스스로의 설정에 반응하여 에고의 계획에 말려들어서 하는 짓임을 깨닫지 못하지요.

우리는 문제가 생기면 그것을 공격합니다. 빈곤과 싸우고 암과 마약과 전쟁을 하고 모든 것에 맞서서 싸움을 벌입니다. — 하지만 그 어느 것도 성공하지 못합니다. 어린이들로부터 성인에 이르기까지 우리는 스포츠 게임조차도 마치 전쟁 치르듯이 치릅니다.

생각해보면 에고의 시나리오는 종교를 믿는 사람들이 흔히 신께 이르려면 희생과 고난을 겪어야 한다고 믿는 이유도 해명해줍니다. 기독교인들은 제이가 모든 사람의 죄를 대신해서 고난을 겪고 죽었다고 믿습니다. 하지만 희생은 에고의 속성이지 신과는 아무런 상관도 없습니다. 그래서 나는 제이가 복음서에 나오는 대로 실제로 이렇게 말했다고 생각합니다. "'내가 바라는 것은 자비로운 마음이지 희생제물이 아니다'(구약 호세아서 6장6절)라는 이 말의 의미를 너희가 알았다면 죄 없는 사람들을 정죄하지 않았을 것이

다."(신약 마태복음 12장 7절)

　사람들이 할 줄 아는 짓이란 자신의 유별난 미움의 대상을 이런저런 방법으로 벌하는 것뿐인 것 같습니다. 그런 짓을 잘 하지 않는 사람마저도 고난을 통해서 에고 체계를 연출해내는 다른 방법을 찾아냅니다. 사고나 질병이나 그 밖에 온갖 다양한 방식을 통해서 말이에요. 왜냐하면 죄책감은 타인에게만이 아니라 자신의 육신에도 투사할 수 있기 때문이지요. 아무튼 모든 증오가 실은 자신에 대한 증오니까요.

　우리는 이 모든 것을 삶 속에서 날마다 목격합니다. 토크쇼, 뉴스 등등의 온갖 대중매체를 통해서요. 유감스럽게도 이 투사는 끝내 마음이 나쁜 놈으로 지어내는 사람들에 대한 폭행으로까지 확장됩니다. — 그 폭행이 어떤 형태로 표현되느냐는 중요하지 않아요. 그래서 결국 증오로 인한 범죄나, 국제적인 수준에서는 전쟁까지도 일어날 수 있습니다. 한 나라 안에서는 사람들이 말로써 인신공격을 주고받는 정치싸움이나, 시간과 장소에 따라서는 미국에서 그랬던 것처럼 전면적인 내란까지도 가져오는 정치적 투쟁이 일어납니다.

　이 모두가 분열된 에고의 마음이 일으키는 갈등을 상징하는 이원성이지요. — 개인의 차원과 거시적 차원을 막론하고 자연의 힘에서부터 경제의 팽창과 수축에 이르기까지 모든 것에서 말입니다. 늘어놓자면 끝도 없을 거예요.

　아턴: 벌써 다 늘어놨어요! 당신의 말이 맞아요, 형제. 그리고 진정한 용서는 세상을 변화시킬 수 있어요. 왜냐하면 세상이란 단지 하나인 에고의 마음, 곧 집단적인 에고의 마음의 상징물일 뿐이기 때문이지요. 좀더 강조하자면 용서만이 세상을 진정으로 바꿔놓을 수 있는 유일한 것입니다. 하지만 그것마저도 용서의 목적은 아닙니다! 진정한 용서의 진짜 혜택은 용서하

는 자에게로 돌아갑니다.

개리: 난 그 혜택이 용서받는 사람에게도 동시에 간다고 받아들이겠어요.

아턴: 물론이죠, 하지만 그건 성령이 알아서 할 일이에요. 성령은 양쪽이 다 돌봄을 받도록 해줄 겁니다. 당신이 할 일은 자기 몫의 역할을 성실하게 하는 것이지요. 당신이 이 세상의 차원에서 용서를 선택하는 **것처럼 보일 때** — 이렇게 말하는 것은, 사실 당신은 여기에 있지 않기 때문입니다 — 성령은 당신의 **전체 마음**(entire mind)에 메시지를 줍니다. 당신이 그것을 알아차리지 못해도 상관없습니다. 에고의 계획 대신 성령의 대안을 택할 때마다 당신은 큰 차원에서 치유되고 있는 것입니다. 당신은 에고의 시나리오를 연출해내도록 프로그램되어 있지만 그 프로그램을 깨고 나올 수 있고, 또 그렇게 할 것입니다.

개리: 〈교재〉에서 읽은 기억이 나는데, 성령, 곧 제이가 나를 위해 시나리오를 조정해줄 거라구요?

아턴: 예. 그리고 당신은 시간이라는 주제에 관해 더 배우게 될 겁니다. 지금은 에고의 것과 성령의 것, 두 가지의 시나리오가 존재한다고 말했던 것만 기억해두세요. 기적의 목적 중 하나는 당신이 시간을 절약하게 해주는 것입니다. 당신이 에고 대신에 용서를 택한다면 제이는 이렇게 하겠다고 약속했습니다.

> 그대가 기적을 행하면, 나는 그에 맞추어 시간과 공간을 조정할 것이다. (T27)

그는 여기서 시간을 변화시키는 것을 이야기하고 있는 것이 아니라 당신에게 앞으로 더 이상 소용이 없게 될 것들을 덜어내는 것에 대해 이야기하고 있습니다. 왜냐하면 당신은 이미 이 특별한 용서의 수업을 배웠기 때문이지요. 그는 이렇게 말합니다.

> 기적은 시간을 붕괴시켜 그 속의 특정 기간들을 제거함으로써 시간을 단축시킨다. 그러나 이것도 규모가 더 큰 시간의 흐름 속에서 이루어진다. (T8)

하지만 시간에 관한 자세한 이야기는 다음에 하지요.

퍼사: 이제부터는 이야기를 정리해보겠습니다. 다음에 돌아오면 그때부터는 그릇된 마음 대신 올바른 마음에 더 초점을 맞출 겁니다. 그쪽이 더 재미있지요. 우리의 방문이 점점 더 짧아지고 달콤해질 것이라고 했지요. 그건 사실이에요. 하지만 자신이 어떤 문제에 부딪혀 있는지를 결코 잊지 마세요. 우리는 제이의 메시지에 번지르르하게 광택을 내거나 이 세상의 정체에 대해 점잖게 말하기를 거부했습니다. 〈수업〉에는 제이가 당신네 세상에 관해서 영지주의자들만큼이나 신랄한 시각을 표해놓은 수많은 구절들이 있습니다. 우리가 타인에게 친절해야 한다고 말할 때, 그것은 에고의 사고체계를 부정하지 말아야 한다는 뜻이 아닙니다. 다만 타인을 변화시키려 들지 말고 당신 자신의 마음을 바꾸세요.

개인으로서의 정체성을 잃을까봐 두려워하는 마음이 용서의 훈련에 저항을 — 때로는 극렬한 저항을 — 일으키리라는 것을 절대로 잊지 마세요. 그것이 때로는 세상에서건 자기 내면에서건 에고를 들여다보려는 마음을 방해할 겁니다. 그래서 깨어 있어야 한다는 겁니다. 당신 마음의 표면 아래에는 증오가 있습니다. 하지만 그것은 표면으로 떠오를 때마다 그저 알아차리고 에고 대신 성령의 손을 잡음으로써 놓아 보낼 수 있습니다. 다음 두 번째 방문 때는 이것을 하는 방법에 관해서 훨씬 구체적으로 알려드리고 실제적인 예도 보여드리겠습니다.

지금 당장 물어보고 싶은 질문이 있나요?

개리: 예, 우주에 대해서 이야기하고 있으니까, 외계인은 있나요? 그렇다면 그들도 용서를 배워야 하나요?

아턴: 환영의 차원에서는 그렇습니다. 다른 행성에 사는 존재들이 있고, 그들 중 일부는 지구를 방문합니다. 그래요, 그들도 그들 나름대로 용서를 배웁니다. 그들은 사실은 저 외부세계에 있는 것이 아닙니다. 왜냐하면 우주는 당신의 마음속에 있으니까요. 그들이 기술적으로 더 발달해 있기 때문에 영적으로도 반드시 더 수준이 높다고 믿는 것은 언제나 옳지만은 않습니다. 중요한 것은, 그들이 자비심이 있든지 없든지, 그들이 인간을 닮은 존재이든지 아니든지 간에 그들도 그리스도 안에서 당신의 형제자매라는 사실입니다. ― 이것이 그들에 대해 가져야 할 관점입니다.

> 크롭 써클은 무의식의 차원에서 조종되는 전자기적 기에 의해 만들어진 것입니다. 그것은 수수께끼의 더미 위에다 또 다른 흥미로운 수수께끼를 던져놓아 사람들로 하여금 외부의 세상에서 그 답을 찾아 두리번거리게끔 만드는 또 하나의 책략일 뿐입니다.

개리: 멋지군요. 또 제가 늘 궁금해 하는 건데, 크롭 써클crop circle을 무엇이 만들어내는 건지 아시나요? 어떤 것들은 정말 복잡 정교하던데요.

아턴: 물론이죠. 어떤 것은 은밀히 자신을 증오하는 어리석은 사람들이 만들어낸 장난질입니다. 그들은 용서받았지만 스스로 용서를 실천하기 시작하기 전에는 그것을 깨닫지 못합니다. 대부분의 크롭 써클은 진짜입니다.

— 특히 정교한 그림들은 말입니다. 그중 어떤 것은 실제로 혼돈과 질서의 이원성을 수학적으로 상징하는 도형이지요! 그것을 찍은 사진을 찾아볼 수 있어요. 다른 것들도 마찬가지지만 그것은 무의식의 차원에서 조종되는 전자기적 기氣에 의해 만들어진 것입니다. 그것은 수수께끼의 더미 위에다 또 다른 흥미로운 수수께끼를 던져놓아 사람들로 하여금 외부의 세상에서 그 답을 찾아 두리번거리게끔 만드는 또 하나의 책략일 뿐입니다. 그것들은 사실 무의식적인 마음에 의해 만들어지고 있는 것입니다.

개리: 좋은 질문이 생각났어요. 케네디 대통령은 누가 죽였나요?

아턴: 그걸 알면, 그를 용서하시겠습니까? 그게 진짜 질문입니다. 형제, 우린 당신이 세상에서 그림자를 쫓게끔 만들려고 여기 온 게 아니에요.

개리: 한 번 그래본 걸 갖고 너무 그러시지 마세요. 아 참, 잊어버리기 전에, 당신에게 알려드릴 또 한 가지 모순어가 생각났어요.

퍼사: 들어봅시다.

개리: 스마트 폭탄*

아턴: 아주 좋아요, 동의해요.

개리: 가만 있자, 또 뭐 있나? 아, 예. 마리앤 윌리엄슨을 TV에서 또 봤어요. 그녀는 두 번째 책을 냈는데 그건 대부분 여성해방론에 관한 내용이었습니다. 그녀가 다른 데서 연설하는 것을 봤는데 이렇게 말하더군요. "세상이 필요로 하는 것은 더 맹렬한 여성입니다" 난 마리앤을 좋아하지만 한 가지 궁금한 게 있어요. 〈기적수업〉이 여성해방론을 담고 있다고 할 수가 있나요?

---

* 스마트 폭탄(Smart Bomb) : 비행기 등에서 레이저 광선으로 조종할 수 있는 정밀유도 무기. '영리한 폭탄'이라는 이름이 모순적이다. 역주

퍼사: 물론 마리앤은 원하기만 한다면 여성해방론을 가르칠 자격이 있어요. 거기엔 잘못된 게 없어요. 하지만 그것을 〈수업〉과 혼동하지는 말아야 해요. 〈수업〉은 여성들에게 더 나은 여성이 되는 법을 가르치기 위해서 여성 교사를 필요로 하는 건 아니에요. 그런 것을 가르치는 사람은 무수히 많고, 또 환영받고 있어요. 〈수업〉이 필요로 하는 것은, 여성들에게 그들이 여성이 아니라는 것을 깨우쳐줄 여성 교사들이지요. — 왜냐하면 그들은 육신이 아니니까요. 요점을 분명히 가르쳐주기만 한다면 그것은 정말 귀한 일이 될 겁니다.

아턴: 개리, 사람들이 당신의 표정과 태도와 목소리를 보지도, 듣지도 못하는 상태에서 당신이 한 말을 글로 읽게 되면 당신도 우리와 똑같은 상황에 처하게 되리라는 것을 지적해줘야겠네요. 지금까지 당신이 한 말을 통해서는 사람들도 당신이 여성에 대해 호감을 갖고 있다는 사실을 모를 거예요. 하지만 사실 당신은 늘 여성이 남성보다 더 지적이라고 생각하지 않았나요?

개리: 여성들이 더 지적이라는 건 분명하다고 봐요. 그들은 덜 폭력적이고 더 교육적이고 투표성향이 더 지적이에요. 남자들은 대부분이 근육질의 새대가리들이지요.

퍼사: 당신은 아니지요 — 완전히는.

개리: 맞았어요. 저야 온 세상이 본받아야 할 멋지고 찬란한 본보기지요.

아턴: 우리가 괴물을 만들어냈군요! 말이 나왔으니 말이지만, 당신은 곧 육체적 차원의 모험에는 흥미가 좀 떨어지면서 성취 쪽에 — 당신의 경우엔 영적 성취에 — 좀더 관심을 갖는 지상의 삶의 국면에 접어들게 될 거예요. 대개의 남자들이 젊을 때는 육체적 쾌락에 몰두하지만 나이가 좀더 들면 관심이 성적 추구로부터 뭔가 다른 것으로 바뀌게 되지요.

개리: 발기불능이 된다구요?

아턴: 아뇨, 그건 성숙이라는 거예요. 당신이 에고의 방어체계가 기대하는 것보다 훨씬 더 성숙하게 행동하고 있다는 건 우리도 이미 알고 있어요. 하지만 당신은 변신하고 있어요. 몸이 나이를 먹을수록 당신은 호르몬의 영향을 덜 받게 됩니다. 그것이 나이가 더 든 사람들이 〈기적수업〉 공부를 더 잘 하는 경향을 보이는 이유 중의 하나입니다. 건강이 관심사가 되기는 하지만 그들은 대체로 육체적인 관심사에 덜 빠져듭니다. 당신네 사회가 섹스에 미쳐 돌아가고 있다는 건 오래 관찰하지 않아도 금방 알 수 있어요. 육체적 쾌락은 사람들로 하여금 육신이 가치 있는 것이라고 생각하게끔 만드는 에고의 전략 중 하나입니다. 하지만 섹스에 대해서는 나중에 이야기하기로 하지요.

개리: 준비물이 필요하겠죠?

퍼사: 예, 용서요. 상대적으로, 세상에서의 성공도가 낮은 사람들이 매우 성공적인 사람들보다 〈기적수업〉에서 더 많은 것을 배우는 경향을 보인다는 점을 말해둬야겠어요. 세상에서 성공을 이룬 것처럼 보이는, 그래서 자기 몫의 삶에 비교적 만족을 느끼는 사람들은 사실은 함정 속으로 빠져들고 있는 겁니다. 에고가 그들로 하여금 세상은 좋은 곳이라고 생각하도록 꾀어들이고 있는 거지요. 하지만 실상을 말하자면, 그들은 시나리오에 선업善業이 올라오는 몇 안 되는 생을 살고 있는 거랍니다. 그래서 좋은 시절을 보내고 있는 거죠. 편안한 직업을 갖고, 그래서 부자가 되고 온갖 행운을 다 차지하는 것처럼 보이는 거죠.

개리: 배나 화이트* 같은 사람 말이죠?

---

* Vanna White : 80년대 NBC의 인기 게임 쇼 〈행운의 바퀴〉 공동 진행자로 크게 인기를 얻은 연예인. 역주

퍼사: 맞아요. 그녀가 다음 생에는 아프리카에 태어나서 굶어죽을지 어떻게 알겠어요?

개리: 전 그녀가 생애마다 최고이기를 바래요. 게다가 그녀는 영적인 사람이라고 들었는데요.

아턴: 알겠어요? 당신도 알아차리고 있군요. 당신은 방금 자신에게 최고만을 빌었어요. 가까운 장래에 공부의 차례가 되면 당신에게 용서의 기술을 가르쳐줄 겁니다. 용서를 하면 자신이 평소보다 말을 잃고 멍해진 것을 깨달을지도 몰라요. 그건 걱정하지 마세요. 이건 똑똑해 보이기 위한 공부가 아니라 성령에 의해 치유되기 위한 공부니까요. 그 과정이 벌써 당신의 내면에서 가속되고 있어요. 〈수업〉이 말하듯이 이젠 당신은 완전히 미치지는 않았어요.(T346)

개리: 그건 이력서에 쓰지 않을 테니까 봐주세요. 하지만 내가 육신이 아니라 자유로운 존재여서 지구자기장을 변화시키는 자기폭풍 같은 것에 조종받지 않는다는 건 좋은 일이네요.

아턴: 그건 지구자기장에만 국한된 일이 아니에요. 우주의 모든 자기장도 마찬가지랍니다. 그 힘들은 모든 종류의 다른 존재들에게도 작용하지요. 그것은, 실제로 시나리오를 연출하는 것은 무의식적 마음이고 눈에 보이는 현상은 그 결과일 뿐이기 때문이에요.

개리: 그러니까 조종받는 로봇과 같은 육신들이 온 우주에 널려 있군요. 그들은 자신이 실제로 육신이라고 믿기 때문에 그 사실을 모르고 말이죠.

아턴: 그렇죠. 한 예로, 어디에 있는 태양이든지 모든 태양에는 흑점과 흑점의 덩어리가 있습니다. 그것은 자기장에 일시적으로 심한 뒤틀림이 일어나서 태양의 표면이 덜 뜨거워진 장소입니다. 그것이 다시 태양의 대기 속으로 불꽃과 같은 거대한 분출을 일으킵니다. 그것이 태양계의 행성들에

게 전기를 띤 가스의 구름을 보내는 것이지요. 이것은 범우주적인 현상입니다. 그리고 그것이 거기에 있는 모든 것의 생각과 움직임을 조종하지요. 당신네 과학자들은 모든 것에 제각기 다른 원인을 갖다 붙임으로써 사람들로 하여금 소위 자연의 힘에서, 그리고 마음으로부터 분리되어 있다는 환상을 갖게 만듭니다. 사람들은 실제로 집단의식의 조종을 받고 있습니다. 집단의식은 그것의 생각들을 보이지 않는 것으로부터 보이는 현상으로 옮겨놓지요.

개리: 카르마와 기타 등등의 결과로 연출되는 시나리오에 대해서 말하셨지만, 세상을 다 가졌다고 생각되는 그런 좋은 생애를 보내고 있을 때, 사람들은 그것을 자신이 다른 사람들보다 낫다고, 그래서 죄가 없다고 생각할 핑계로 이용하지 않나요?

아턴: 그래요, 하지만 그걸 가지고 그들을 그른 사람으로 만들지는 마세요. 그들은 자신의 카르마가 좋으므로 자신이 영적 수준이 높거나 신이 자신에게 미소를 보낸다거나, 아니면 다른 사람들보다 그저 더 낫다고 생각할 수도 있습니다. 하지만 모든 사람이 똑같이 시나리오에 참여하고, 다른 사람들과 마찬가지로 같은 수의 소위 좋은 생애와 나쁜 생애를 가지게 됩니다. 그러니 전에도 강조했듯이 얼마나 많은 돈을 벌고 성공을 이뤘느냐는 당신이 얼마나 영적으로 높은 깨달음의 상태에 있느냐와는 전혀 무관합니다. 남보다 잘 살게 되면 교묘해서 스스로는 알아차리지 못할지라도 자신이 다른 사람들보다 더 낫다는 우월감을 품게 될 위험성이 있습니다. 그러나 그것도 단지 외부로 투사된 무의식적 죄책감의 한 형태일 뿐입니다. 다른 한편으로, 외견상 덜 성공적인 생애를 사는 사람들은 자신이 더 훌륭하지 못하다는 이유로 죄책감을 느낍니다! 명심하세요, 죄책감은 상대방에게만이 아니라 자신에게도 투사될 수 있다는 것을요. 어느 쪽이든 간에 사람들

이 맡은 역할은 생애가 바뀔 때마다 역전됩니다.

개리: 이 모든 것이 우리 자신의 무의식적 죄책감을 회피하기 위한 또 다른 방식일 뿐이란 말인가요?

아턴: 그렇습니다. 명심하세요. 무의식 속의 죄책감은 표면에서 보이고 느껴지는 것보다 더 끔찍하고 심각하다는 것을요.

개리: 그건 또 왜 그런가요?

아턴: 그것에 가까이 다가갈수록 그렇게 되지요. ─ 무의식 속으로 들어가면 말입니다. 기억나나요? 그것이야말로 애초에 이 우주가 온통 그릇 창조되게 한 원인이었지요. 죄책감, 그리고 신에 대한 끔찍하고도 왜곡된 두려움에서 도피하고 싶어하는 마음 말입니다. 그러나 이제 당신은 육신의 세상을 가지고 있고, 거기서는 분리의 생각과 무의식적 죄책감을 포함해서 마음의 모든 내용물들이 상징으로서 당신의 외부에, 세상과 다른 사람들에게 존재하는 것처럼 보입니다. 그리하여 당신은 세상의 창조자가 아니라 세상의 무고한 희생자가 된 것입니다. 세상과 다른 육신들이 당신의 문제의 원인이고, 그래서 행여 죄책감이 느껴지더라도 그것은 결코 당신의 잘못이 아닙니다. 설마요! 당신의 상황을 감싸고 변호해줄 외부의 핑계거리는 언제나 존재한답니다. 이해하셨나요?

개리: 그런 것 같아요. 하지만 지금 당장은 이해하고 싶지 않아요.

아턴: 괜찮아요. 당신에겐 긴 방문이 됐군요. 다음 방문은 길지 않을 거예요. 말했듯이, 진실은 에고보다 단순합니다. 게다가 저항이 당신을 특별한 사람으로 만들어주지는 않아요. 말했듯이 이런 이야기는 깊이 이해되려면 자꾸 반복하는 것이 정말 필요하답니다. 당신은 전반적으로 잘 하고 있어요. 그리고 〈수업〉은 당신이 로봇이 되지 않도록 일깨워주고 있어요. ─ 당신은 마음을 가지고 있고, 그것을 변화시킬 수 있어요. 온갖 자연의 힘이

당신을 끌어당기든지 말든지, 전자기장이 당신에게 할 일을 지시하든지 말든지, 중력의 힘이 당신을 이쪽으로 끌어당기고 암흑의 에너지가 반대쪽으로 끌어당기든지 말든지, 그와 동시에 우주는 팽창하도록 놔두든지 말든지 — 그리하여 무수한 다른 힘들이 이원성의 춤을 추는 마음을 온통 사로잡고 있든지 말든지 그건 아무런 상관이 없습니다. 그 어떤 일이 벌어지는 것처럼 보이더라도 당신은 에고를 이길 수 있습니다. 그저 선택에는 두 가지밖에 없음을 기억하고 자신의 에고 마음의 내용물을 용서하는 것으로써 말입니다. 당신은 용서라는 개념에 대해 듣는 순간부터 진정한 용서의 기술을 배우기 시작했습니다. — 왜냐하면 그 순간부터 당신은 세상을 달리 보기 시작했기 때문이지요.

한 가지 중요한 점을 강조하자면, 당신은 아직도 자신이 무수한 문제를 안고 있다고 믿고 있습니다. 하지만 〈수업〉은 당신이 오직 하나의 문제만을 가지고 있음을 압니다. — 신으로부터의 외견상의 분리 말입니다.(W141-142) 다음 방문 때 우리는 그 문제에 대한 하나의 진정한 답 — 성령의 답 — 을 이야기하겠습니다. - 그런 후에 그것을 써서 에고를 지우는 방법에 대해 더 구체적으로 들어가도록 하지요.

퍼사: 최소한 2,600년 동안 대부분 불교도인 명석한 사람들 사이에 삶의 세 가지의 큰 신비에 관한 이야기가 전해져왔습니다. 그것은 물고기에게는 물입니다. 새에게는 공기이고요. 그리고 사람에게는 그것은 그 자신입니다. 우리는 외부에는 아무도 존재하지 않는다고 말했습니다. 당신은 곧 그것을 느끼고 그렇게 행동하기 시작할 수 있게 될 겁니다.

개리: 외부에는 아무도 존재하지 않는다고 사람들이 말하는 것을 들은 적은 있어요. 하지만 그들은 내가 지금 불만 없이 지니고 있는 관점에 대해서 무엇을 어떻게 해야 하는지는 제대로 말해주지 못했어요. 아무튼 당신들

이 돌아올 때까지 세상이 내 앞에 다가와서 삶의 고달픈 주문을 들이밀면, 그리고 내가 먹이사슬의 어디에 위치해 있는지를 별로 보드랍지 못한 방식으로 알아차리게 된다면 그것이 모두 단지 투사를 돕기 위한 것일 뿐임을 알아차리도록 애쓸게요. 〈수업〉이 '이미지'에 대해서 말하면 그것은 기억, 광경, 소리, 생각을 포함한 모든 인식에 적용되는 것으로 간주하겠습니다. 맹인들조차도 마음속에 이미지를 갖고 있을 것이고, 그것은 다른 사람들이 지닌 이미지보다 현실감이 더 나지도, 덜 나지도 않을 겁니다. 그것은 모두가 이미 만들어져 있는 기록에 지나지 않습니다. 이왕 공부하는 김에, '사랑은 불만을 품지 않는다'는 생각을 떠오를 때마다 적용해보도록 하겠습니다. 시종일관한 태도를 지키는 것이 쉽지는 않지만, 해볼게요.

> 에고는 킬러라는 것을 절대로 잊지 마세요. 그래서 에고는 당신이 신을 킬러로 생각하고 두려워하기를 바라는 거예요.

퍼사: 훌륭해요. 총명한 학생이에요. 에고는 킬러라는 것을 절대로 잊지 마세요. 그래서 에고는 당신이 신을 킬러로 생각하고 두려워하기를 바라는 거예요. 에고를 존속시키는 가장 좋은 방법은 당신이 시나리오에 반응하도록 계속 꼬드겨서 그것이 당신의 마음속에서 현실이 되게 하는 것이지요. 에고는 갈등을 원합니다. 당신이 부정적인 감정으로써 반응하면 그것이 곧 갈등입니다. 에고 체계가 살아 있게 해주는 것은 당신의 심판하고 분별하는 마음입니다. 그러나 용서는 당신을 거기서 해방시켜줄 것입니다. 그러니 조심해야만 합니다.

용서(forgive)한다는 것은 **미리 주는 것**(fore+give)을 뜻합니다. 달리 말하자면 당신의 태도는 인식범위에 들어오는 것이 그 무엇이든 간에 서슴없이 용서할 준비가 된 상태입니다. 처음에는 이것이 터무니없는 요구처럼 들릴 거예요. 하지만 당신도 에고가 던져주는 것이 무엇이든 간에 그걸 그냥 웃어넘겨버릴 수 있게 될 날이 올 것을 장담합니다. — 제이가 그랬던 것과 마찬가지로요. 그리고 우리도 마침내 그렇게 되었던 것과 마찬가지로 말입니다. 당신이 우리와 같이 되어서 시나리오를 떠나, 다른 이들을 꿈에서 빠져나오도록 인도해주는 빛으로서 봉사하게 될 날이 올 겁니다.

개리: 좋은 말씀이네요. 우리의 책을 쓰는 일도 착수해야 할 것 같아요. 오랜 시간 공들여서 작업하기로 약속할게요. 중간중간 자주 놀면서 말이죠.

퍼사: 좋아요. 당신이 자신의 생활방식을 바꾸기를 원하지는 않아요. 그건 그저 되어가는 거죠. 무엇이 되어가고 있는지는 나도 잘 몰라요.

개리: 참, 한 가지 생각났어요. 당신들은 같은 말을 여러 번 반복하는 경향이 있는데 나도 그렇게 해야 할까요, 아니면 지나치다 싶은 것은 뺄까요? 사람들이 당신들을 정신 못 차리고 같은 말을 자꾸만 반복하는 사람으로 생각하게 만들고 싶지는 않거든요.

아턴: 당신이 우리의 대화를 적당한 형태로 정리해주길 원해요. 반복하는 것은 우리의 가르침 방식 중 매우 중요한 부분입니다. 영적인 생각을 단 한 번 읽거나 듣는 것으로는 충분하지 않아요. 처음 시작할 때부터 우리는 당신의 배움을 위해 이야기를 반복해가면서 하겠노라고 말했었지요.

개리: 좋아요. 최선을 다하겠습니다.

퍼사: 예, 당신은 그럴 거예요. 잊지 마세요, 당신은 역사상 매우 특유한 시점에서 살고 있고 뭔가 크게 기여할 기회가 왔어요. 나의 복음서를 비롯한 다른 복음서들은 1945년 말에 발견됐고 사해문서도 곧 뒤이어서 발굴됐지요. 그보다 1,600년 전에는 교회가 경전이나 교회의 신학에 대해서는 어떤 의문도 제기하지 못하도록 엄금했습니다. 그러다가 갑자기 1960년대에

와서 모든 것이 바뀌었습니다. 제2회 바티칸 공의회는 여러 세기 동안 행해 왔던 지적 억압정책을 폐지했습니다. ─ 전에는 제이에 대한 교회의 입장에 의문을 제기하는 것조차 이단으로 간주되었으니까요. 공의회가 '현대 세계의 교회에 관한 사목 헌장〈기쁨과 희망〉'이라는 제목의 역사적인 공람을 발표한 것은 1965년입니다. 마침내 신학과 성경과 제이의 본질과 세계 속의 교회의 위치 등에 대해 의문을 제기할 수 있는 자유가 허락된 겁니다. 이제 이런 주제들을 정직하게 연구하고 지적으로 분석할 수 있는 길이 열렸습니다. 실제로 학자들은 모든 것을 조사하고 연구하도록 장려받았습니다. 분명히 말하지만, 바로 그 해부터 제이가 헬렌에게〈기적수업〉을 받아 적게 한 것은 결코 우연이 아니랍니다.

아턴: 당신은〈기적수업〉이 뉴에이지 사조의 일부라고 생각하지만 그렇지 않습니다. 〈수업〉을 한정짓지 마세요. 그래요, 사람들의 마음이 더 열려서 새로운 개념을 받아들일 준비가 돼 있다는 것은 좋은 일이에요. 명심하세요. 〈수업〉이 특별한 것은, 제이가 자신이 진정 말하고자 하는 것을 설명하고 있기 때문입니다. 이것이 그의 유일한〈수업〉이라는 점을 기억하세요. 〈기적수업〉이 출판된 이후에 제이에게서 나왔다고 주장하는 다른 글들도 출현했어요. 하지만 그것들은〈수업〉과 진정으로 같은 것을 가르치지 않습니다. 물어보지요, 과연 제이가 스스로 모순되는 말을 할까요? 이 말은 누구든 그를 격하하려는 의도로 하는 말이 아니에요. 분명히 말하지만 우리는 우리가 동의하지 않는 사람들에 대해 화가 난 것이 아닙니다. 이런 말을 하는 이유는 단지 당신의 확실한 이해를 돕기 위해서일 뿐이에요.

퍼사: 다음 몇 달 동안은 숨어 앉아서 공부만 하고 있지 말고 사람들과 어울리세요. 그들을 경험하고 용서해야 할 때는 용서하세요. 그것을 기회로 여기세요. 환영은 그것이 경험되는 차원에서 용서되어야만 합니다. 당신에

게 이것은 정상적인 사회생활을 하는 것을 뜻합니다. 〈수업〉은 산 위에 혼자서 사는 사람을 위해 주어진 것이 아니라는 것을 기억하세요. 그것은 혼잡함의 전형인 뉴욕에서 주어진 것이랍니다.

아텐: 우리가 돌아올 때는 영원 동안 당신과 함께 해온 당신의 도우미(保惠師, Helper)에 대해 이야기해줄 겁니다. 당신은 그의 목소리를 이제야 겨우 진정으로 듣기 시작했지요. 성령의 목소리는 당신을 집으로 안내해갈 겁니다. 처음에는 그의 목소리가 꿈속의 속삭임처럼 작을 거예요. 하지만 당신이 용서를 실천하는 연습을 해갈수록 그의 목소리는 더 크고 분명해질 겁니다. 그는 다양한 방식으로 당신에게 나타날 수 있습니다. 그 한 방법은 책입니다. 어떤 경우에는 그는 기분 나쁜 속삭임이 될 수도 있습니다. ― 하지만 그런 방식이 도움이 될 경우만이지요. 우리는 오직 신과 영에게만 경건합니다. 이것은 아마 당신이 이 길을 곧장 가게 하는 데에 도움이 될 겁니다.

우리가 돌아올 때까지 용서하시되, 에고 식의 용서에 속아 넘어가지 않도록 조심하세요. 그것은 세상이 타인을 용서하는 비효율적이고 전통적인 방식입니다. 〈수업〉은 이렇게 말하지요.

그대가 원하므로 에고도 용서의 계획을 가지고 있다. 올바른 스승의 용서는 아니지만 말이다. 물론 에고의 계획은 이치에 맞지도 않고 효과도 없을 것이다. 에고의 계획을 따라봤자 그대는 에고가 그대를 늘 끌고 가는 곳인 막다른 골목에 서 있는 자신을 발견하게 될 뿐이다. 에고의 계획은 그대로 하여금 먼저 잘못을 분명히 보고 나서 그것을 눈감아주게 하는 것이다. 하지만 현실로 만들어놓은 잘못을 어떻게 눈감아줄 수가 있단 말인가? 그대는 그것을 분명히 봄으로써 현실로 만들었고, 그러므로 그것을 눈감아줄 **수가 없다.** (T169)

당신의 형제자매들 — 당신의 부모님을 포함해서 — 은 당신 생각엔 다한 것 같은 그 일을 진정으로 다 하지 못했습니다. 그리고 그 사실을 명심하는 것이 매우 중요합니다.

퍼사: 당신이 누군가를 심판하고 싶은 유혹을 느낄 때 상기하면 좋을 〈기적수업〉의 한 가르침을 알려주고 가겠습니다. 자동차를 운전중이든지, 사람들과 함께 일을 하든지, 어울려 놀든지, 텔레비전을 보든지 컴퓨터에서 무엇을 읽고 있든지 간에, 심판하는 마음에 빠져들고 있는 자신을 느낄 때면 〈교재〉의 '자기에게 고소당한 자'라는 장에 나오는 제이의 이 말을 떠올리세요.

…… 이것을 배우라. 이것을 잘 배우라, 행복이 지연되는 시간이 그대가 깨닫지 못하는 시간길이만큼 단축되는 길이 바로 여기에 있으니. 그대는 결코 형제의 죄 때문에 그를 미워하고 있는 것이 아니라 그대의 죄 때문에 그를 미워하고 있는 것이다. 그의 죄가 그 어떤 형태를 취하고 있는 것처럼 보이더라도 그것은 그대가 그 죄를 자신의 것으로 믿는다는 사실을 덮어 감출 뿐이며, 그리하여 그의 죄는 '정당한' 공격을 받아 마땅한 것이 되어버린다. (T651)

당신은 오로지 자기 자신을 심판하고, 자기 자신을 용서하는 것입니다. 당신이 성공하기를 빕니다. 그리고 우린 언젠가 꼭 다시 나타날 겁니다.

그리고 그들은 사라졌다. 그러나 나는 내가 혼자가 아님을 느꼈다.

2부

깨어나기

6
성령의 대안

에고는 자신이 인식하는 대로 세상을 지어냈다.
그러나 에고가 지어낸 것을 재해석하는 자인 성령은
이 세상을 그대를 집으로 데려가기 위한 가르침의 도구로 본다.

(T80)

다섯 번에 걸친 퍼사와 아턴의 방문에 나는 몇 달이 지나도록 계속 흥분해 있었다. 하지만 한편으로는 뭔가 허전한 기분도 들었다. 지금까지 나는 일상적 삶의 경험을 향상시켜주도록 고안된 자기개발 프로그램이나 영성 프로그램 따위에 익숙해져 있었는데 이제는 삶을 향상시켜 주기는커녕 내가 '삶'이라고 생각하는 그 꿈으로부터 나를 흔들어 깨우는 사고체계를 적용해보려 하고 있는 것이다. 이것은 전혀 생소한 접근법이었다. 또한 역설적인 것은, 내가 시작한 이 훈련도 결국 삶의 질을 높여주기는 할 것이지만, 그것은 경쟁에서 이기도록 단련시키는 것이 아니라 평화롭게 사는 길을 강조함으로써 그렇게 하리라는 것이다.

나의 일상생활을 되살펴보다가, 나는 판단이란 것이 얼마나 순식간에 자동적으로 튀어나오는지를 깨닫고 놀랐다. 나는 이 반사적인 습관을 관찰함으로써, 거기서 떨어져 나와 나의 불만감 속에 충전되어 있는 감정적 부하를 덜어낼 수 있게 되는 수확을 올렸다. 그것이 용서로 가는 길의 끝은 아니었지만, 그것은 에고의 사고패턴을 더욱 분명히 인식할 수 있게 해주었다. 내가 아턴이나 퍼사와 대화할 때조차도 부끄러운 구석을 감추려는 방어적인 잔꾀가 나의 인격을 지배해서, 에고가 주인공이 아니었다면 하지도 않았을 말들을 하게 만들곤 했다는 사실을 나는 깨달았다. 어쩌면 아턴과 퍼사는 단지 나를 편하게 해주기 위해 나의 말투를 흉내낸 것이 아닐까. 그러다가 문득 나는 내가 태도를 바꾸면 필시 그들도 따라서 태도를 바꾸리라는 사실을 깨달았다.

〈기적수업〉의 〈실습서〉의 연습은 나로 하여금 그릇된 마음속의 에고 대신 바른 마음속의 성령과 더불어 사고하기를 택하도록 끊임없이 훈련시키고 있었다. 그 결과로, 낮에는 뜻밖의 즐겁고 가벼운 사건들을 경험하는 반면에 밤에는 끔찍한 악몽을 겪곤 했다. 나는 내 의식 속에 그토록 추악한 심상들이 숨어 있었다고는 결코 믿을 수가 없었다. 〈기적수업〉을 공부한다고 해서 모든 이에게 그런 악몽이 나타나지는 않을 게 틀림없지만, 내 에고 깊숙이 묻혀 있던 미친 듯 끔찍한 자아상이 있었다. 이제 그것은 용서를 받아 성령에게로 평화롭게 놓여나기 위해서 내 앞에 나타나 있는 것이다.

나의 사고가 그런 수준에서 일어나고 있었음을 깨닫는 것은 무척이나 당혹스럽고 실망스러운 일이었다. 마음은 두뇌에게 무엇을 보고, 듣고, 생각하고, 경험할지를 신호해주고 있었다. 나의 뇌는 단지 몸을 조종해 움직이면서 나에게 '개리의 일생'이라는 영화를 중계해주는, 프로그램이 심어진 하드웨어에 지나지 않았다.

마음은 두뇌와 몸을 통해서 나에게 무엇을 경험할지, 그리고 거기에 어떻게 반응할지를 지시하는 프로그래머와도 같았다. 나는 마치 로봇처럼 조종받아 할 일을 지시받고, 그 수준에서 그런 결정을 내리는 그것이 정말 나라고 생각하도록 프로그램되어 있었다. 인간이 컴퓨터를 만들고 프로그램을 집어넣어 일을 시키는 것과 마찬가지로 — 혹은 가상현실의 인물로 하여금 실제로 존재하지 않는 환경 속에서 일을 하게 하는 것과 마찬가지로 — 프로그래머인 마음은 내가 한 육신이라고 믿게끔 만들기 위해 실제로 존재하지 않는 세계를 돌아다니며 경험하도록 조종하고 있었던 것이다. 육신은 가끔씩 자신이 원하는 것을 얻지만, 물질적인 것이건 심리적인 것이건 간에 뭔가를 대개는 놓쳐버리고 있었다. 이 결핍감이야말로 신으로부터의 분리의 상징이었다. 나의 문젯거리의 구체적인 원인들은 실재하지 않는 우주에서 살고 있는 나에게는 외부에 있는 것처럼 보였다. 분리에 대한 나의 감춰진 무의식적 죄책감을 대신할 속죄양으로 써먹을 수 있도록 말이다.

나는 나를 지배하는 이 무의식적 마음이 나의 외부에 있는 것처럼 보이기는 하지만 사실은 그렇지 않음을 깨달았다. 에고의 사고체계의 명령을 선포하는 마음은 외부가 아니라 나의 내부에 있었고, 그것은 이 우주 또한 외부에 있는 것이 아니라 내 마음속에 있음을 의미했다. 나는 판을 뒤집어야 했다. 천국 또한 여기에 있고, 사실은, 그것이야말로 실제로 존재하는 유일한 것이었다. 그 밖에는 아무 곳도 없었다. — 하지만 나는 천국을 대신할 수 있을 것처럼 보이는 환영을 하나 만들어내고, 그 환영을 나 자신과 신 사이에 끼워 넣어 내가 지금 남몰래, 그러나 잘못 믿고 있는 나 자신의 상상 속의 벌로부터 달아나고자 했던 것이다. 다른 모든 사람들과 마찬가지로 나는 이 상상 속의 죄에 대해 나 자신을 벌할 방법을 찾을 것이다. 그러나 그러는 동안에도 신은 나를 집으로 맞아들일 날만을 하염없이 기다리고 있었다. — 내가 성령의 치유를 받아 실재의 세계로 돌아올 준비가 되기만 하면 당장 맞아들이려고 말이다. 그러면 우리는 영원히 잔치를 벌일 것이다. 그런데 나는 지금껏 이 모든 사실을 꿈에도 모르고 있었다.

이런 사실을 알고 나자 나는 내 마음의 중요성을 새삼 인식하게 되었다.

환영에 이르는 모든 결정들이 무의식 속에서 일어났고, 그 결정에 해당하는 상징들이 가짜 우주 속에 펼쳐졌다. 분리되어 나오고 죄의식을 품기로 한 결정이 먼저 내려졌고 다음에 곧 이어 우주가 그 연막을 쳤다. 이 모든 것이 꿈속의 각자의 시점으로부터 바라보는 개인들의 눈에는 너무나 감쪽같은 진짜처럼 보여서, 그들이 실제로 일어났다고 생각하는 일들을 용서하고 대신 성령과 더불어 사고하게 되려면 일정한 훈련을 거쳐야만 하게 된 것이다.

내가 배우고 있는 것들은 인간관계를 바라보는 나의 관점을 바꿔놓았다. 예컨대 냉정하고 비판적이라고 생각했던 나의 인척姻戚들은 그렇다고 해서 바뀐 것 같지는 않아도, 이제는 나도 한 걸음 물러서서 그들의 반발적인 태도는 다름 아니라 **내가** 그들을 대하는 태도, 또는 내 삶에서 일어나는 문제를 대하는 **나의** 태도를 반영하고 있는 것임을 이해할 수 있게 되었다. 교묘하게 가장한 형태로 내 앞에 나타나는 나 자신의 '죄' 때문에 인척들을 욕하고 있는 나 자신을 발견할 때마다 이전보다 훨씬 더 쉽게 그들과 나 자신을 용서할 수 있게 되었다.

또 다른 보기는, 내가 전화를 통해 거래하는 금융시장의 중개인들에 대한 나의 생각이었다. 이들 중 몇몇은 내가 마주친 중에서도 가장 버르장머리 없고 자기중심적이고 파괴적인 성격의 소유자들이었다. 대부분의 중개인들은 전문가다운 태도로 고객을 도와주려고 진지하게 애썼지만 그중 몇몇은 심술궂게도 고객이 어려워하고 때로 손해를 볼 때 오히려 즐거워하면서 친구가 아니라 적처럼 구는 듯해 보이는 것이었다. 그런데 이제는 그들의 적의를, 나의 보복이 아니라 나의 용서를 기다리는 세상에서 출연하고 있는, 에고의 사고체계의 상징물로서 바라볼 수 있게 되었다. 그와 동시에 그 대가로서, 내 무의식 속의 감춰진 음침한 구석들은 성령에 의해 분명히 용서받고 치유되고 있었다. 내 마음은 더욱 평화로워졌고, 사람들이 간혹 무례한 행동을 하더라도 대수롭지 않게 넘길 수 있게 되었다.

나는 내가 이 길을 계속 가기로 한다면 나를 이기려고 호시탐탐 기회를 노리는 에고가 지어내 보이는 아주 그럴싸한 이미지들을 용서하기 위해서는 많은 도움이 필요하리라는 것을 깨달았다. 그 도움을 청할 수 있는 대상으로는 제이가 그 하나였다. 내가 깊이 고마움을 느끼고 있는 아턴과 퍼사에게 도움을 청할 수도 있을 것이다. 아니면, 그들을 다대오와 도마로 보고 그들에게 기도를 할 수도 있을 것이다. 또 아니면, 대부분의 〈기적수업〉 학생들이 그러듯이 성령과의 통교에 노력을 기울일 수도 있을 것이다. 〈기적수업〉은 지혜롭게도 이 성령을 '신의 목소리'가 아니라 '신을 대변하는 목소리'라고 부른다.(CL89) 하지만 나는 이미 제이와 관계를 맺고 있었고, 그 관계를 발전시켜 나가는 데에 너무나 큰 즐거움을 느꼈다. 나는 스스로 배우고 경험한 바를 통해, 내가 제이의 손을 잡는 순간 분리는 종식되리라는 것을 알고 있었다.

물론 내가 성령의 '손'을 잡을 때도 마찬가지로 그렇게 될 것이다. 사실은 그것이 신의 그 어떤 상징이라도 상관없다. 그것은 각자가 정하기 나름이다. 중요한 것은 그가 이러한 상징을 가지고 있고, 그것을 통해서 아무런 거리감도 분리감도 없이 신과 통교할 수 있느냐는 것이다. 나는 성령의 가르침의 중요한 부분이자 제이가 체화했던 바로 이런 느낌이 〈실습서〉 156과의 첫 부분에 아름답게 표현되어 있는 것을 발견했다.

나는 완벽한 거룩함 속에서 신과 함께 걷는다.

오늘의 공부과제는 죄라는 개념이 성립할 수 없게 만드는 단순한 진실을 설할 따름이다. 이것은 죄의식에는 원인이 없음을, 그리고 원인이 없으므로 죄의식이란 존재하지 않음을 분명히 말해준다. 이것은 물론 〈교재〉에 누누이 언급되는 기본사상으로부터 나온다. 곧, '생각은 자신의 근원을 떠나지 않는다.' 이 말이 참이라면 그대가 어떻게 신으로부터 떨어져 있을 수 있겠는가? 어떻게 그대의 근원으로부터 분리되어 세상을 홀로 걸을 수가 있겠는가? (W294)

나의 스승들이 〈수업〉으로부터 인용했던, 신으로부터의 분리는 일어난 적이 없다는 속죄의 원리에 대한 성령의 가르침은 이토록 한결같다. 하지만 나는 그것이 전부가 아니라는 것을 알았다. 진정한 용서야말로 집으로 가는 길이라고 한 아턴과 퍼사의 말이 참이라고 믿었다. 그러지 않고서야 제이가 자신의 몸을 해치는 사람들을 어떻게 용서할 수가 있었겠는가? 나는 〈실습서〉의 과제들을 성실하게 연습했다. 하지만 또한 아턴과 퍼사가 다시 나타나서 성령과 진정한 용서에 대해 설명해주기를 고대했다.

'사랑은 불만을 품지 않는다'는 생각을 틈날 때마다 상기하는 것을 특별히 유념했다. 이것은 분별심이 올라올 때 그 자리에서 그것을 멈추게 하는 데 큰 효력을 발휘했다. 내가 사랑(Love)이라면, 또 사랑은 불만을 품지 않는다면, 어떻게 상황을 불평할 수 있겠으며, 어떻게 형제나 자매를 심판할 수 있겠으며, 주어진 결과를 마다할 수 있겠는가? 나의 태도와 사고방식이 바뀌어가고 있었다.

예컨대 카렌과 나의 성격은 종종 마치 물과 기름처럼 어울리지 않아 보였다. 내가 조용히 생각에 잠기고 싶을 때 그녀는 끊임없이 재잘대고 싶어했다. 나는 내가 사무실로 사용하는 방에 앉아 있을 때는 집중을 해야 한다고 여러 번 설명했지만 아무런 소용이 없었다. 그것은 마치 벽에다 대고 말하는 기분이었다.

지금까지 배운 〈수업〉의 원리에 비추어 상황을 생각해봤을 때, 나는 그녀와 결혼하기로 결정한 것은 나였다는 사실을 떠올렸다. 내가 희생자는 아닌 것이 분명했다. 또한, 나의 거듭된 요구를 존중해주기를 거부하는 그녀의 태도는 일종의 잠, 혹은 부인否認이 아니고 무엇이겠는가? 그리고 그것은 사실 에고의 사고체계를 포함한 온갖 것들에 대한 나 자신의 부인의 상징이 아니겠는가?

어느 날 밤 내가 일을 처리하려고 애쓰고 있는데 카렌이 수다를 쏟아놓기 시작했을 때, 나는 드디어 이 유독 도전적인 상황에 대해 '사랑은 불만을 품지 않는다'는 공부과제를 적용해볼 마음을 떠올렸다. 나는 문득 색다른 기분을 느꼈다. 나는 사랑을 하려고 애쓰고 있지 않았다. 나는 사랑이었던 것이다! 그러자 나는 이 문제를 하나의 기회로 받아들일 수 있었다. 성령의 무조건적인 사랑의 눈으로 카렌을 바라봄으로써 나로 하여금 내가 원하는 바를 선택할 수 있게 해주는, 그런 기회 말이다. 그 이후부터 나는 나의 대부분의 일을 그녀가 집에 없거나 잠든 후에 처리하기 시작했다. 그럼으로써 나는 그녀의 이야기에 귀를 기울여주고, 한편으로는 내 일에 집중할 수 있는 시간을 확보할 수 있었다.

그러던 어느 날, 아턴과 퍼사가 처음으로 내 앞에 나타났던 날로부터 딱 1년이 지난 12월 21일에 그들은 여섯 번째로 우리 집 거실에 다시 나타났다.

개리: 오늘 오실 줄 알았어요! 1주년 기념일이잖아요.

퍼사: 맞아요. 그래서 일부러 오늘 온 거예요. 날짜는 중요하지 않지만 당신이 기다리고 있을 줄 알았거든요.

개리: 달력에 표시해놨다고 해서 뭐, 기다리고 있었던 건 아니에요. 미안, — 한번 대범한 척 해본 거예요.

아턴: 우리의 형제, 단번에 변신하려고 하진 말아요. 폭발해버릴지도 모르니까요.

퍼사: 그건 그렇고, 우린 당신의 공부에 더욱 박차를 가해드리려고 왔어요. 지난번까지는 서막에 지나지 않아요. 지금까지 우리가 해줬던 모든 말들은 단지 당신을 준비시키기 위한 것이었을 뿐이니까요. 우리가 취했던 방식은 당신의 주의를 끌기 위해서 의도된 것이었어요. 하지만 이젠 입학한 지도 오래됐으니까 당신도 **성숙해갈** 때가 됐어요. 제이나 성령과 함께 걷는다는 것은 그들처럼 사고하는 것을 뜻해요. 그들이 어떻게 사고하는지에 대해서 이야기해봅시다. 그걸 위해서 우리는 에고의 덧없는 생각과 성령의 태도를 비교해볼 겁니다.

아턴: 에고는 예컨대 쾌락과 고통 같은 양극성을 신봉하지요. 성령은 양극성은 존재하지 않으며 당신의 **진정한** 기쁨에는 대적對敵이 있을 수 없다고 말합니다. 〈수업〉은 그것을 이렇게 말하지요.

기쁨 없는 곳에서, 자신은 거기에 있지 않음을 깨닫는 것 외에 그 무슨 방법으로 기쁨을 찾을 수가 있겠는가? (T97)

에고는 복잡한 것을 원하고, 또 신봉합니다. 성령의 진실은 단순합니다. — 받아들이기에 쉽지만은 않을지 모르지만, 단순하지요.

에고는 당신이 다른 사람들과는 다르다고 말합니다. 성령은 모든 사람은 실질적으로 똑같다고 말합니다. — 당신도 성령과 같은 눈을 가지려면 그렇게 느껴야만 합니다. 〈기적수업〉은 이렇게 말하지요.

에고의 투사投射와 성령의 확장擴張 사이의 차이는 아주 단순하다. 에고는 배척하려는 목적으로 투사한다. 그리하여 속여넘기기 위해서. 성령은 모든 이의 마음속에서 자신을 발견함으로써 확장한다. 그리하여 그들을 하나로 본다. 이러한 인식에는 그 어떤 갈등도 존재하지 않는다. 왜냐하면 성령이 보는 것은 모두가 똑같기 때문이다. 성령은 어디를 보든지 자신을 본다. 그리고 그는 통합된 하나이므로 언제나 온전한(whole) 천국을 가져다준다. 이것이 신께서 그에게 준 유일한 말씀이며 그는 그것을 말해야 한다. 왜냐하면 그것이 바로 그이기 때문이다. 신의 평화는 이 말씀 안에 놓여 있다. 그러므로 신의 평화는 또한 그대 안에 놓여 있다. 천국의 위대한 평화는 그대의 마음 안에서 영원히 빛난다. 그러나 그대가 그것을 깨닫게 하기 위해서는 그 빛이 밖으로 비쳐야만 한다.

(T98-99)

>
> 에고는 당신이 끔찍한 상실을 겪었으며, 이제는 그 상실이 당신이 삶이라 부르는 것의 일부가 되어 있다고 말합니다. 그러나 성령은, 상실은 실재하지 않으며 신이 자녀들은 아무것도 잃을 수가 없다고 말합니다.

물론 그 말씀은 신께서 천국에서 당신에게 준 것입니다. 그리고 성령은 그 말씀에 대한 당신의 기억이지요. 이제 당신의 진정한 본성을 기억해내려면 성령의 말씀을 당신이 마음속에서 보는 이들에게도 나눠줘야만 합니다.

에고는 당신이 끔찍한 상실을 겪었으며, 이제는 그 상실이 당신이 삶이라 부르는 것의 일부가 되어 있다고 말합니다. 그러나 성령은, 상실은 실재하지 않으며 신의 자녀들은 아무것도 잃을 수가 없다고 말합니다. 〈실습서〉

는 이렇게 말하지요.

> 그대가 평화이며 일체이며 완전하다는 진실을 부정하려는 모든 생각들을 용서하라. 아버지께서 주신 선물을 그대는 잃어버릴 수가 없다.
> (W178)

그리고 조금 뒤로 가면 또 이렇게 말합니다.

> 신의 계획에 따라 그대는 받기만 할 뿐, 결코 상실하거나 희생하거나 죽지 않는다. (W181)

에고는 남들에게 죄가 있다고 말합니다. 그것은 에고가 속으로는 남몰래, 당신에게 죄가 있다고 믿기 때문이지요. 에고는 당신을 당신의 죄로부터 멀찍이 떼어놓기 위해 성냄과 의분을 이용하거나, 심지어는 남을 비웃기까지 합니다. 당신은 오직 아이들과 동물들만이 순결하다고 생각합니다. 그것은 왜냐하면 외견상 상실된 듯해 보이는 당신의 순결에 대해 당신이 스스로 택한 관점이 바로 그것이기 때문입니다. 에고도 어딘가에는 순결이라는 개념을 갖다 붙여놓아야 하니까요. 하지만 성령은 모든 사람이 티 하나 없이 순결하다고 말합니다. 왜냐하면 성령은 당신이 티 없이 순결하다는 것을 알기 때문이지요.

당신은 자신을 심판하고 있는 것입니다. 〈기적수업〉이 말하듯이요.

> 자신을 힐책하는 자만이 (남을) 단죄한다. (T651)

당신은 자신을 고소하고 죄를 선고했습니다. 하지만 이제는 성령을 대법관으로 생각하세요. 〈수업〉이 그것을 멋들어지게 말해주지요.

대법관이 그대를 단죄할까봐 두려워할 필요가 없다. 법관은 그대의 사건을 기각해버릴 것이다. 신의 자녀에게 송사(訟事)란 있을 수 없다. 신의 창조물이 죄를 지었다고 증언하는 것은 곧 신에 대해 거짓 증언을 하는 짓일 뿐이다. 그대가 믿는 것을 낱낱이 신의 대법관에게 고하라. 왜냐하면 대법관은 신을 대변하는 이니, 진실만을 말하기 때문이다. 아무리 교묘하게 얽어매려 해도 법관은 그대의 송사를 기각할 것이다. 송사는 바보에게는 입증될지언정, 신 앞에서는 입증되지 못한다. 성령은 거기에 귀 기울이지 않을 것이니, 성령은 오로지 진실만을 입증할 뿐이기 때문이다. 성령의 언도는 언제나, '왕국이 그대의 것이니라'일 것이다. 왜냐하면 성령은 그대의 본성을 깨우쳐주라고 그대에게 주어진 것이기 때문이다. (T88)

에고는 당신에게 분명히 일어났던 한 가지 일이 있다며 당신을 속여 넘기려 듭니다. 하지만 그에 대한 성령의 반응은 간단합니다. ─ 그런 일은 일어난 적이 없다.
당신이 세상은 당신이 태어나기 이전에도 있었고 당신이 죽고 없어도 그대로 남아 있으리라고 계속 믿는다면 에고는 좋아 날뛸 겁니다. 그에 대한 성령의 반응은, 당신의 에고에게는 무자비하게 들리겠지만, 〈실습서〉의 이 말입니다.

…… 우주는 존재하지 않는다! 〈수업〉이 가르치고자 하는 중심사상이

바로 이것이다. 모든 사람이 이것을 받아들일 준비가 되어 있지는 않다. 각자가 자신을 허락하여 진실의 길로 최대한 멀리 인도되게 해야 한다. 그들은 돌아왔다가도 다시 더 멀리 나아가거나, 혹은 또 잠시 뒤로 물러났다가도 다시 돌아올 것이다.

하지만 우주가 존재하지 않는다는 가르침을 당장 받아들일 만큼 준비된 이들에게는 치유가 선물로 주어질 것이다. 그 가르침은 그들의 준비된 태도로 인해서 그들이 알아차리고 이해할 수 있는 형태로 찾아올 것이다. (W243)

개리: 당신이 〈기적수업〉의 말을 인용할 때 사람들이 그것을 직접 들었으면 좋겠어요. 정말 멋져요. 하지만 당신 말이 맞아요. ─ 〈기적수업〉이 하는 말 중 어떤 것은 에고에겐 너무나 무자비한 말이어서 믿기가 힘들 때가 있어요. 어떤 사람이 나에게 미친 듯이 화를 내더라도 〈수업〉은, 내가 보는 그는 진짜 사람이 아니라 외부에 있는 것처럼 보이는, 나 자신의 분노의 상징물이라고 말하지요. 그러니까 그것이 사실은 바깥세상에 나타나는, 심지어는 뉴스에도 튀어나오는 나 자신의 증오와 정신이상 상태란 거죠. 그건 극단적이긴 해도 당신이 설명해준 모델 안에서는 맞는 말이에요.

아턴: 그래요. 그리고 에고는 당신이 보는 외부의 그 화난 사람은 어떻게든 처리해야만 할 위협물이라고 말하겠지요. 성령은 화난 사람을, 고통스러워하면서 도움을 청하고 있는 사람이라고 봅니다. 이미 인용했듯이 〈수업〉은, 우리에게는 사랑과 두려움, 오직 이 두 가지 감정밖에 없다고 가르칩니다. 그러니 성령은 세상의 모든 것을 사랑의 표현으로 보든가, 아니면 사랑을 갈구하는 외침으로 봅니다. (T217)

지금 누군가가 사랑을 표현하고 있다면 그에 대한 당신의 적절한 반응은 무엇이겠어요?

개리: 그야 물론 사랑이지요.

아턴: 훌륭해요, 개리. 고등학교 졸업장이 드디어 빛을 보기 시작하고 있군요. 그리고 누군가가 사랑을 **갈구해서** **외치고** 있다면 당신의 적절한 반응은 무엇일까요?

개리: 사랑이지요, 지혜로우신 양반. 성령의 사고체계 하에선 그 어떤 상황에서도 적절한 반응은 언제나 사랑이랍니다. 성령과 더불어 사고한다면 우리의 태도는 언제나 한결같고, 그것은 사랑이지요.

아턴: 멋졌어요. 사랑에 고취된 김에 약속을 하나 할게요. 당신이 원한다면 이제 잘난 척 비꼬기를 그만두겠어요. 당하는 입장에선 별로 재미가 없을 테니까 말이에요, 안 그래요?

개리: 무슨 말씀인지 알겠어요. 아무튼 나도 자제하고 있어요. 사랑의 한결같음이 뭔지를 알겠거든요.

퍼사: 아주 좋아요. 〈수업〉이 우주가 없다고 말하고 있다면 저 밖의 세상에는 나보다 똑똑하든 잘났든 간에 아예 사람이 아무도 없다는 뜻입니다. 당신보다 돈 많은 사람이든, 당신보다 유명한 사람이든, 당신보다 섹스를 더 자주하는 사람이든, 아니면 당신을 화나게 하거나 기죽게 하거나 죄책감을 느끼게 하려고 기를 쓰는 사람들이든, 그 누구도 사실은 존재하지 않는단 말입니다. 어떤 이유로든 당신 뒤를 좇는 사람도 없습니다. 당신이 정복해야 할 세상도 없어요. 예컨대 서로를 높은 자리에서 밀어내려고 애쓰는 터줏대감 놀이를 하는 어른들이 없단 말이에요. 사실 그건 신을 타도하려고 발버둥치는 에고를 상징하는 것일 뿐이지요. 어떤 식으로든 당신의 본성을 해칠 수 있는 문제나 위협은 존재하지 않아요. 그건 단지 꿈일 뿐이지요. 그리고 당신도 진실에 대한 확신을 따라오는 겁 없음과 마음의 평화를 지니는

것이 실제로 가능하답니다. 제이는 〈교재〉에서 이렇게 꼬집어 묻지요.

> …… 이 세상이 하나의 환각임을 깨닫는다면 어떡하겠는가? 그것이 그대가 지어낸 것임을 철저히 깨닫게 된다면 어떡하겠는가? 그 속을 걸어 다니며 죄짓고 죽고, 사람을 공격하고 죽이고 자신을 파멸시키는 것처럼 보이는 사람들이 순전히 허구라는 것을 깨닫는다면 어떻게 하겠는가? (T443)

성령은 당신이 보는 이미지들이 단지 이미지일 뿐, 그 이상의 아무것도 아니라는 것을 압니다. 성령을 스승으로 삼으면 당신은 성령의 용서의 힘을 통해 그것을 체득할 수 있습니다. 그것이야말로 **당신**의 권능입니다. 당신이 그와 함께하고 그와 같이 사고한다면 말입니다.

아턴: 에고는 당신이 육신이라고 말합니다. 성령은 당신이 육신이 아니라고, 어떤 인격체도, 인간도 아니라 성령과 같다고 말합니다. 에고는 당신의 생각이 매우 중요하다고 말합니다. 성령은 신과 더불어 사고하는 당신의 생각만이 실재하며 그 외에는 아무것도 중요하지 않다고 말합니다. 천국에서는 생각을 해야 할 필요가 전혀 없습니다. 사실을 말하자면, 당신은 신에 **의해** 생각됩니다. 이 차원에서 〈수업〉은, 당신이 성령과 더불어서 하는 생각만을 진짜 생각으로 간주합니다. 뿐만 아니라 이 우주의 차원에서는 성령만이 유일한 참이라고 말할 수 있습니다. 〈실습서〉의 연습 중에서 35과와 45과를 다시 살펴보세요.

에고는 제물을 요구합니다. 반면에 성령은 그 어떤 종류의 제물도 필요하지 않다고 말합니다. 다음에 올 때는 십자가형과 부활의 진정한 의미를 이야기해드리겠습니다.

에고는, "주께서 주고, 주께서 앗아가신다"고 말합니다. 성령은, 신께서는 오로지 주기만 하지 결코 앗아가는 법이 없음을 압니다.

에고는 죽음이 실재한다고 엄숙하게 선언합니다. 성령은 아무도 죽지 않았으며 영원히, 그 누구도, 진정으로 죽을 수가 없다고 말합니다.

에고는 어떤 것은 좋고 어떤 것은 나쁘다고 판정합니다. 성령은 그렇지 않다고, 그것은 참이 아니라고 말합니다. 그러니까 형상의 차원에 있는 모든 것은 똑같이 실재하지 않습니다. 그것은 본질적으로 환영이기 때문입니다.

에고는 구체적이고 다양한 정체를 취합니다. 에고의 '사랑'과 미움은 모두 특정한 개인들을 향해 보내집니다. 성령은 모든 사람이 똑같이 순전히 추상적인 존재라고 생각합니다. 그러니 제이와 마찬가지로 성령의 사랑은 특정한 대상에 기울지 않고 모든 것을 포용합니다.

에고는 당신이 에고의 이기적 충고에 계속 귀를 기울여야 하는 이유를 교활하게 만들어내지만 성령은 당신이 언젠가는 돌아오리라는 것을, 그리고 결국은 그와 함께 집으로 가리라는 것을 확신하고 있습니다. 용서의 법칙과 마음의 법칙을 따라서 말입니다. 왜냐하면 〈수업〉이 가르치듯이 용서하는 법을 배우고 그것을 진정으로 실천하면 신께로 돌아가게 되는 것은 당연한 결과이기 때문입니다.

> 구원이란 '바른 마음상태(right-mindness)' 이외의 아무것도 아니다. 그러나 이것은 성령의 한 마음상태(One-mindedness)가 아니고 한 마음상태가 회복되기 전에 획득해야 하는 마음상태이다. 바른 마음상태는 자동적으로 그다음 단계로 넘어간다. 왜냐하면 올바른 인식은 한결같이 공격성이 없으며, 그럼으로 해서 그른 마음상태(wrong-mindness)가 제거되기

때문이다. 심판하지 않으면 에고는 살아남을 수가 없다. 따라서 에고는 버려진다. 그러면 마음은 움직일 수 있는 방향이 오로지 하나밖에 남지 않는다. 그 방향은 언제나 자동으로 조정된다. 왜냐하면 마음은 자신이 신봉하는 사고체계의 지시를 받지 않을 수 없기 때문이다.

(T59)

퍼사: 당신이 과거를 후회하면 에고는 너무나 좋아합니다. '…… 했어야 하는데'나, '그렇게 하지 않고 이렇게 했더라면……', 혹은 '그때 이걸 알았어야 하는 건데……' 이런 말이 에고의 애창곡 가사지요. 이것은 과거를 당신에게 더욱 생생한 것으로 만들어놓을 뿐만 아니라 동시에 기분이 나빠지게 합니다. ― 이 모든 것이 에고에게는 너무나 즐거운 일이지요. 성령은 당신이 무슨 짓을 하든 아무런 상관이 없다는 것을 압니다. 용서만 제외하고 말입니다. 에고에게는 이것은 이단적인 생각입니다. 하지만 성령은 당신이 치유되기를 바랍니다. 그리고 당신이 엉뚱한 데로 빠지더라도 마음속의 무의식적 죄책감이 어떻게든 결국은 작용할 것임을 알고 있습니다.

아턴: 그것과 관련해서 에고는 당신이 하는 일이 중요하기를 원합니다. 당신의 영성을 훼방하고 진실이 드러나는 것을 지체시키기 위한 하나의 방법으로서, 에고는 당신이 그 분야에서 하는 일을 중요하고 특별한 것으로 만들려고 애씁니다. 하지만 성령에게는 당신이 성령이나, 제이나, 신을 위해 무엇을 하든지, 그것은 중요하지 않습니다. 그것이 실재가 아님을 안다면 환영 속에서 일어나는 일이 무엇인들 중요할 수가 있겠습니까? 오로지 용서와 당신의 치유만이 중요한 것입니다. 물론 세상을 지배하며 모든 사람들에게 어떻게 살아야 할지를 일러주고 있는 대중종교의 기본사상에서는 이런 종류의 가르침을 찾아볼 수 없을지 모르지만, 그래도 이것은 틀림없는

진실입니다.

개리: 그러니까 내가 우리의 책을 쓰든 안 쓰든, 혹은 그것이 얼마나 오래 걸리든 사실 아무런 상관이 없단 말이지요?

아턴: 맞았어요. 개리, 우린 여기 당신과 함께 있으면서 당신을 가르치는 것이 즐거워요. 하지만 그것은 중요하지 않답니다. 당신이 무엇을 하든, 그것은 중요하지 않아요. 당신은 우리에게든 신께든 당신의 가치를 입증해야 할 필요가 없어요. 그것은 신께서 당신을 창조했을 때 그의 마음속에서 이미 입증되어 있었습니다. 인식 속의 우주에서 일어나는 것처럼 보이는 그 어떤 일도 그것을 바꿔놓을 수는 없어요. — 당신이 착각 속에서 꾸는 꿈에서 말고는 말입니다. 〈기적수업〉은 이렇게 당신의 기억을 일깨우지요.

우리에게든 신께든
당신의 가치를
입증해야 할 필요가
없어요. 그것은 신께서
당신을 창조했을 때
그의 마음속에서 이미
입증되어 있었습니다.

그대는 이곳에 있는 것이 아니라 영원 속에 거하고 있다. (T257)

그리고

빛으로부터 멀어지게 하는 부질없는 여행을 떠나고 싶은 유혹이 일어날 때마다 그대가 진정으로 원하는 것이 무엇인지를 기억하고, 말하라: **성령이 날 그리스도에게로 인도하니, 그 밖에 어디로 가리요? 그리스도 안에서 깨어나는 일밖에 무엇이 또 필요하리요?** (T257)

개리: 실상은, 나는 그리스도이며 다른 모든 이들도 그러하고, 우리는 모두가 하나입니다. 당신이 전에 말했듯이, 이 차원에서 우리는 모두가 동일한 꿈을 꾸고 있지만 단지 저마다 그것을 보는 시각이 다를 뿐이지요. 프로이트도 우리 꿈속의 모든 사람들이 사실은 우리 자신이어서, 낮이건 밤이건 늘 저쪽에서 다른 시각으로부터 내 꿈을 지켜보고 있는 것은 나 자신의 상징물이라고 말했다고 생각해요. 내가 해야 할 일은 용서를 통해 나 자신과 다시 만나서 다시 온전해지는 것이지요.

퍼사: 수컷 인간 치고는 괜찮은 편이군요. 알아요? 우리가 처음 왔을 때, 당신은 별로 말을 하려고 하지 않았어요.

개리: 아직도 그래요. 하지만 당신들과는 달라요. 그건 아마 당신들은 나를 심판하지 않으리라는 걸 알기 때문일 거예요. — 진심으로는 말이에요.

퍼사: 당신이 할 일은 오로지, 외부에는 당신을 심판할 그 누구도 없다는 것, 그리고 당신의 본성은 세상이 어떻게 생각하느냐에 영향받을 수 없다는 것을 기억하는 거예요. 〈수업〉은 이렇게 말하지요.

…… 그대는 다칠 수가 없다. 그리고 자신의 온전함 외에는 그 무엇도 그대 형제에게 보여주기를 원치 않는다. 그에게 그가 그대를 해칠 수 없음을 보여주라. 그리고 그에게 그 어떤 반감도 품지 말라. 그러지 않는다면 그대는 자신에게 반감을 품는 것이다. 이것이 '다른 쪽 뺨마저 돌려 대주라'는 말의 의미다. (T82)

아턴: 성령은 당신의 진정한 힘에 대해 가르쳐주지만, 에고는 당신과 당신의 근육질 친구들과 모든 여성 투사들에게 쥐 달리기 경주에서 치즈를 뺏기지 않으려면 무조건 거칠게 나가야 한다고 가르칩니다. 이것은 단지 그들

이 얼마나 두려움에 떨고 있는지를 보여줄 뿐입니다. 두렵지 않다면 거칠게 나올 필요가 없기 때문이지요. 사실 그들은 자신도 모르게 사랑을 갈구하여 외치고 있는 거랍니다.

퍼사: 에고는 당신의 문제가 정말 골칫거리라고 당신을 확신시키려고 애 씁니다. 하지만 성령은 그것이 교묘히 위장된 무의식 속의 죄책감으로서, 그것이 당신으로 하여금 애초부터 문제를 안고 있는 분리의 세계를 꿈꾸게 끔 만든다는 것을 알고 있습니다. 물론 세상은 그렇게 생각하지 않지요. 세상은 그런 일을 알지도 못해요! 〈수업〉은 〈교재〉 뒷부분에서 이렇게 일깨워 줍니다.

…… 그대는 이 한 가지만큼은 확신했다: 그대에게 고통과 시련을 가져다주는 것으로 여겨지는 온갖 원인들 가운데, 그대의 죄의식이 그중 하나일 리는 없다는 것 말이다. (T583)

아턴: 우리는 순결한 마음은 고통받을 수 없다는 〈수업〉의 가르침을 이미 인용했습니다. 그러니 〈수업〉이 당신은 다칠 수가 없다고 말하는 것은, 당신이 정말 다칠 수 없음을 아는 그런 종류의 용서를 실천하면 결국은 제이가 지녔던 것과 같은 능력, 즉 고통을 느끼거나 고난을 겪지 않는 능력을 얻게 된다는 뜻입니다. 그렇다면 당신의 문젯거리란 것들이 얼마나 대수롭지 않아지겠나요? 전에 말했던 것을 좀더 과장하자면, 에고는 기적의 몸인 제이가 당신과는 전혀 다른 특별한 존재이기를 원하는 겁니다. 이것은 모든 사람을 다르고 특별하게 만들어놓기 위한 아주 교묘한 술책이지요. 성령은 당신도 정말 똑같다는 것을 압니다. 〈기적수업〉의 마지막에 있는 〈용어해설〉에는 제이에 대해 이렇게 나옵니다.

예수(Jesus)라는 이름은 모든 형제들에게서 그리스도의 얼굴을 보고 신을 기억해내었던 한 인간의 이름이다. 그리하여 그는 **그리스도**와 동일해졌고, 더 이상 인간이 아니라 신과 하나가 되었다. (CL87)

성령이 당신이 되기를 바라는 것이 바로 이것입니다. 이제 우리는 당신이 모든 이에게서 그리스도의 얼굴 — 사실은 당신의 얼굴인 — 을 볼 수 있도록 도와줄 태도를 지닐 방법을 좀더 정확히 가르쳐줄 때를 향해 다가가고 있어요. 용서의 덕을 보는 사람은 **당신 자신이라는** 점을 기억하는 것이 도움이 될 거예요. 당신이 용서하는 상대방을 꼭 개인적으로 배려해야 할 필요는 없어요. 당신이 할 일은 단지 자신의 그릇된 인식을 바로잡는 것뿐이지요. 그리고 당신 자신이 그 덕을 볼 수밖에 없음을 알더라도 그건 반칙이 아니에요.

개리: 그러니까 누군가를 용서하는 일 때문에 꼭 그들 주위를 어슬렁거려야만 하는 것은 아니란 말이로군요.

아턴: 맞았어요. 이건 착한 사람이 되자는 게 아니에요. 혹시 이 말이 당신에게 걸린다면, 착한 일 하는 게 잘못이라는 뜻은 아닙니다. 〈기적수업〉은 올바로 사고하는 사람이 되자는 것입니다. 요즘의 많은 기독교인들은 이렇게 묻습니다. '예수님이라면 어떻게 할까?' 이 질문에는 옳은 답이 하나밖에 없습니다. 그리고 그건 언제나 똑같지요. 그는 용서할 겁니다. 용서는 당신의 사고방식과 관련된 것입니다. 무엇을 하느냐 하는 것은 중요하지 않아요. 그것이 당신이 어떻게 생각하느냐에 따라서 생겨난 결과라고 하더라도 말입니다. 당신이 계속 꿈속을 헤맬 것인지, 아니면 집을 찾아갈 것인지는 어떻게 생각하느냐에 달린 것이지 무엇을 하느냐에 달린 문제가 아니란 말입니다.

개리: 제이가 "그러니 가라. 가서 모든 나라에 믿음을 퍼뜨리라"고 말한 적이 없단 말인가요?

아턴: 농담 잘 하셨어요.

퍼사: 나라란 말이 나왔으니 말이지만, 그것도 중요한 게 아니란 걸 명심해두세요. 당신의 본성은 영원해요. 하지만 미합중국은 그렇지 못하지요.

개리: 참 불경스럽군요!

아턴: 당신네 선조 중 가장 위대한 사상가로 손꼽히고, 독립선언서를 썼던 토머스 제퍼슨도 성경의 전문가였지요. 그는 자기 판의 성경을 만들어내기 위해 생애의 여러 해를 걸쳐서 성경을 뜯어고쳤어요. 물론 그 당시에는 그런 끔찍한 짓에 대해 비난받지 않고는 그것을 대중에게 공개할 수가 없었지요. 하지만 그것은 알고자 하는 사람들에게 곧 공개될 겁니다.

간단히 말하자면, 그는 옛 성경 — 당신이 구약이라 부르는 것 — 을 완전히 빼버렸습니다. 그리고 제이가 육신을 입은 신이라는 말도 모두 제거했습니다. 제이가 기적을 행했다는 말도 남겨놓지 않았습니다. 그는 신약의 200쪽을 다 빼버리고 46쪽만을 남겨놓았지요. 다만 그는 용서와 치유에 관한 모든 말과 어떻게 생각해야 하는가에 관련된 내용은 **고스란히** 남겨놓았습니다. 당신네 나라의 보수주의자들이 〈기적수업〉이 너무 과격하다고 무시해버리려고 한다면 그들은 기업들의 볼모가 된 민주주의의 수치를 맹목적으로 수호하는 데에 시간을 허비할 것이 아니라 이 나라 역사의 배후인 이 천재 선지자의 말에 귀를 기울여봐야 할 거예요.

개리: 그러니까 토머스 제퍼슨은 종교 냄새를 풍기는 잡동사니 이원론을 모조리 제거하고 핵심적인 것만을 가려낼 수 있었다는 거로군요. 하지만 난 동시에 많은 사람들이 쓰레기를 버리고 단도직입적으로 요점으로 들어갈 준비가 될 때까지는 그런 잡동사니가 필요하다는 사실을 기억해둬야겠어

요. 그들을 비하하거나 그들이 필요로 하는 생각을 뺏으려고 하는 것은 정말 소용없어요.

아턴: 아주 좋았어요, 개리. 정말 훌륭한 학생이에요. 하지만 말씨를 조심하세요. 당신이 좋아하는 영화들이 '19금' 등급이라고 해서 우리의 책도 그렇게 분류돼야만 하는 건 아니니까요.

개리: 나도 많이 조심하고 있다구요.

아턴: 알아요. 당신은 쌍시옷자를 한 번도 쓰지 않았어요. 최근에는 술도 마시지 않더군요. 그 정도면 교사 감으론 확실하죠. — 이 훈련만 계속한다면 말이에요.

개리: 나는 스스로 죄가 있다고 생각하기 때문에 술을 마신다는 생각이 문득 들었어요. 실제로 죄를 짓지 않았는데도 말이죠. 그리고 난 신이 두려워요. 그게 다른 형태의 걱정으로 표현되긴 하지만요.

아턴: 맞아요. 하지만 그렇다고 해서 술, 담배, 마약을 하지 않는 사람들은 두려움이 없다는 것은 아니에요. 그들은 그것을 부인하거나 처리할 다른 방법을 발견한 것일 뿐이지요. 용서만이 만인을 위한 유일한 탈출구입니다.

퍼사: 그 정도면 성령에 대한 우리의 짤막한 대화가 마무리될 수 있겠군요. 〈수업〉이 말하듯이, 성령은 당신의 환영에 속아 넘어가지 않고 다 알아차립니다.(PRxi) 그러니 당신도 성령처럼 알아차릴 수 있도록 그 목소리에 귀를 기울이세요. 〈실습서〉의 뒷부분에서 〈기적수업〉은 이렇게 말하지요.

> …… 성령은 그대가 영원히 손에 넣을 수 없는 무엇인가를 얻어보겠노라며 궁리해낸 수단에 대해 속속들이 알고 있다. 그것을 성령께 바치면 그는 그대가 떠돌이 생활을 위해 지어낸 그 수단을 이용하여 그대의 마음을 진정한 안식의 본향으로 돌아가게 할 것이다. (W437)

개리: 그러니까 성령은 내가 만들어낸 바로 그 환영을 가지고 날 집으로 돌아가게 해준단 말이지요? 멋지네요. 에고가 만들어낸 바로 그것을 써서 에고를 없애는, 절묘한 반전이로군요. 그렇게 되게 하려면 전에 〈수업〉에서 인용하셨던 말처럼 해야겠군요. — 나의 환영을 진실로 받아들이는 게 아니라 환영을 진실에게로 데려가야 한다는 것 말이에요. 〈수업〉도 제이는 거짓을 진실로 받아들이지 않고 거짓으로 보았기 때문에 제이야말로 구원자라고 말하지요.(CL87) 만일 내가 그렇게 한다면 나도 그와 마찬가지로 구원자가 될 뿐만 아니라 동시에 나의 마음은 성령에 의해 치유되겠군요.

퍼사: 맞아요. 당신과 마찬가지로 제이도 탕아였었기 때문에 탕아의 비유를 그토록 실감 나게 이야기할 수 있었던 겁니다. 그는 성령의 목소리에 귀를 기울였습니다. 그 때문에 거짓을 진실로 받아들이지 않고 거짓으로 볼 수 있었던 것이지요. 성령의 목소리에 귀를 기울이면 당신도 제이처럼 될 수 있고 그리스도와 온전히 하나가 될 수 있습니다. 〈기적수업〉은 당신을 돕는 성령에 대해 이렇게 말합니다.

> 성령은 그대 마음의 한 부분에 거하니, 그것은 그리스도 마음의 일부이다. (CL89)

수업은 성령에 관해 탕아의 비유를 들어 이렇게 말합니다.

> …… 그는 먼 나라를 지나가게 해주는 안내자처럼 보인다. 그대가 그런 형태의 도움을 필요로 하므로. (CL89)

아턴: 당신이 정말 에고와의 형세를 역전시켜서 〈수업〉이 말하는 것과

같은 사고의 반전(T108)을 이루어내려면 지난번에 이야기했던 것을 명심해야 합니다. 에고는 당신을 꼬드겨서, 당신의 무의식적 죄책감을 타인에게 투사하여 그들을 나쁜 사람으로 만들고 비난하거나, 당신의 문제를 어떤 환경의 탓, 세상의 탓으로 돌려버리면 죄책감이 없어진다고 생각하게끔 만들었습니다. 하지만 이럴 때 실제로 일어나는 일은, 그 무의식적 죄책감을 영원히 붙들고 있게 된다는 것입니다. 당신에게 용서가 얼마나 중요한 것인지를 이제 이해할 수 있겠나요?

개리: 믿거나 말거나 정말 이해되기 시작하는 것 같아요. 〈실습서〉가 많은 도움을 주고 있어요.

아턴: 맞아요. 우리가 다음에 방문할 때쯤이면 당신도 〈실습서〉를 다 마쳐서 진정한 용서를 실천해보기에 아주 적당한 때가 되어 있을 거예요.

개리: 그러면 나도 T.O.G.가 될 수 있겠군요.

아턴: 그게 뭐죠?

개리: 신의 교사(Teacher of God)지요.

아턴: 그거 멋지군요. 박사학위(PH.D.)가 없어도 T.O.G.는 될 수 있어요. 친구, 그게 당신이 진짜로 해야 할 일이에요. 그 밖의 모든 것은 피상적인 일들이지요. 당신의 이 진짜 일이 얼마나 중요한지를 〈수업〉은 아주 절실하게 이야기합니다.

…… 신의 총애하는 아들이, 자신이 상상해내고 있으면서 진짜인 줄로 착각하고 있는 사악한 꿈에서 벗어나게 하는 것이야말로 값진 일 아닌가? 성공과 실패, 사랑과 두려움을 골라잡을 수 있어 보이는데 뉘라서 그 이상을 바랄 수가 있겠는가? (W384-385)

개리: 맞아요, 그 이상은 바랄 게 없을 것 같아요. 〈수업〉은 또 속죄는 신의 자녀들이 해야 할 본연의 일이라고 했던 것 같은데요.(T9) 내가 그 일을 하려면 용서도 잘 할 수 있어야만 할 것 같네요.

퍼사: 예. 진정한 용서야말로 삶의 진정한 목적이지요. 하지만 그것을 당신의 목적으로 만들려면 당신이 그것을 선택해야만 합니다. 기억해두세요. 진정한 용서를 실천하면 집으로 인도되지 않을 수가 없습니다. 배후의 제이는 질 수가 없어요. 왜냐하면 제이는 타협을 하지 않기 때문이지요. ─ 성령에게 적당한 타협이란 없거든요. 이건

> 진정한 용서야말로 삶의
> 진정한 목적이지요.
> 하지만 그것을 당신의
> 목적으로 만들려면
> 당신이 그것을
> 선택해야만 합니다.

육신의 혁명이 아니라 마음의 수복, 새로운 사고체계의 맞아들임입니다. 용서의 높은 형태에 관한 〈수업〉에 이르면 당신은 틀림없이 잘 해낼 거예요. 그것이 우리의 다음 방문의 공부 주제가 될 것이고, 나머지 방문 때에도 늘 이 주제가 반복될 겁니다. 형제, 원하기만 한다면 거룩한 순간이 거저 당신의 것이 될 겁니다.

개리: 거룩한 순간이란 게 뭔지 잠깐 설명해주시겠어요?

퍼사: 그러죠. 〈기적수업〉 공부를 하다 보면 이 말을 자주 들을 거예요. 거룩한 순간은 사실 시간과 공간 밖에서 일어나는 것임에도 불구하고 마치 여기서 당신이 선택하는 것처럼 보입니다. 거룩한 순간이란 단순히, 당신이 에고 대신 성령을 당신의 스승으로 택하는 순간을 말합니다. 〈수업〉은 이렇게 말하죠.

구원에 대한 에고의 정신 나간 개념과는 반대로, 성령은 거룩한 순간

을 가만히 드리워준다. 앞서 우리는, 성령은 비교를 통해 가르치며 진실을 가리키기 위해 반대극을 사용한다고 했다. 거룩한 순간이란, 과거를 앙갚음해야만 구원받는다는 에고의 고정관념의 반대개념이다.

(T349)

이것은 당신이 용서를 택하여 당신과 당신의 피용서자(forgivee)* 양쪽 모두의 이익을 위해 행동할 때 언제든지 일어납니다. 당신과 당신의 피용서자의 최대의 관심사는 겉보기 차원에서는 달라 보이지만 실제로는 같습니다. 양쪽 공통의 관심사란 곧 천국으로 돌아가는 것입니다.

개리: 피용서자란 말이 실제로 있나요?

퍼사: 지금부터요. 물론 용서받는 것은 실제로는 당신입니다. 단지 그렇게 보이지 않을 뿐이지요. 당신이 실제로 하는 일은 당신 자신의 마음속의 상징물에 대한 용서란 말입니다.

개리: 난 늘 묻고 싶은 질문을 잊어버리고 당신들이 떠난 후에야 떠올리곤 해요. 그러니 생각날 때 질문을 하나 해도 될까요?

퍼사: 아턴, 당신 생각은 어때요?

아턴: 난 이의 없어요. 난 그가 똑똑한 척하지만 않는다면 나도 그러지 않겠다고 약속했으니까요.

개리: 그럼 됐군요. 〈도마 복음서〉에는 산상수훈에 관한 구절이 별로 없어요. 난 복음서의 구절 중 내가 가장 좋아하는 이 말을 제이가 정말 말했는지가 궁금해요. — "좀먹고 녹슬고 도적 드는 땅 위에다 너희의 보물을 쌓

---

* 피용서자 : 동사 뒤에 ee가 붙으면 '……받는 사람'이란 뜻이 된다. 보기: employ(고용하다) → employee(고용당하는 사람, 종업원) 그러나 forgivee란 단어는 사전에 없다. 역주

아놓지 말고 좀먹지도 녹슬지도 않고 도적 들 염려도 없는 천국에다 너희의 보물을 쌓아두라. 너희의 보물이 있는 곳에 너희 마음도 함께 있을지니."

퍼사: 예. 전에 말했듯이 나의 복음서는 그가 한 모든 말을 담고 있진 않아요. 내가 그것을 완성하지 못했으니까요. 그는 실제로 그것과 아주 흡사한 말을 했어요. 그의 말은 당신이 생각하는 것보다 좀더 시각적이었지만요. 예를 들자면, 그는 '녹'이라는 말 대신 '구더기'란 말을 썼고, 그것을 육신과 영 사이의 선택에 관한 내용에 가깝게 말했어요. 산상수훈은 사실은 여러 말씀을 모아놓은 것이에요. 제이가 산에 올라가 앉아서 그를 숭배하는 산 아래의 군중들을 향해 길게 설교한 게 아닙니다. 그는 실제로 복음서에 나오는 말들과 얼추 비슷한 말들을 했지만 당신도 그의 사고체계인 성령의 사고체계를 제대로 이해하고 나면 그가 했을 법한 말과 그가 했을 리가 없어 보이는 말들을 거의 구분해낼 수 있게 될 겁니다.

예컨대 그는 무엇을 귀히 여기는가가 중요하다는 점에 관해 당신이 방금 인용한 것과 비슷한 말을 〈기적수업〉에서도 하고 있습니다. 그가 그것을 어떻게 말하는가와는 상관없이 선택은 언제나 이 둘 중의 하나입니다. ─ 에고의 세계인 육신의 세계, 그리고 성령의 세계인 신과 영의 세계 말입니다.

…… 충성심은 믿음의 힘을 일궈낸다. 어디에다 충성심을 바치느냐가 그에 대한 보상을 결정한다. 충성에는 언제나 귀히 여기는 것이 주어지며, 그대가 귀히 여기는 것은 그대에게로 돌아오므로. (T261)

개리: 나와 이야기를 나눴던 어떤 〈기적수업〉 학생들은, 신은 세상의 좋은 부분을 창조했고 나쁜 부분은 창조하지 않았다고 생각하는 것 같았어요. 그리고 〈기적수업〉은 우리로 하여금 세상에 대한 나쁜 인식을 버리고 좋은

인식을 가지도록 하려는 것이라고 말이지요.

아턴: 예. 인식(perception)과 의식(consciousness)이 에고의 것이라는 데 대해서는 이미 충분히 이야기했어요. 하지만 그와 같은 말을 당신에게 들려주려고 애쓰는 사람들은 여전히 존재합니다. 다시 한 번 분명히 말해둡시다. — 신은 세상의 한 귀퉁이조차 창조한 적이 없습니다. 세상은 존재하지 않는다고 한 〈기적수업〉의 말을 아까도 인용했었지요! 세상이 존재하지 않는다면 신이 어떻게 그 한 귀퉁이라도 창조할 수가 있었겠어요? 세상이 존재한다는 **당신의** 꿈으로부터 당신을 깨우는 것 외에는 그 **어떤** 일도 성령의 뜻이 아닙니다! 세상이 일시적으로 좋아 보이든 나빠 보이든 상관없이 말입니다.

궁극적으로, 진실(truth)이란 일시적인 무엇이 아닙니다. 그것은 무조건적이고 절대적이며 총체적입니다. 그럼에도 한편으로 이 세상의 차원에서 당신의 인식을 치유하는 성령의 작업은 절대적 해결책으로 인도해주는 '일시적인' 과정입니다.

개리: 또 다른 질문이 있습니다. 마음과 영이 다르다는 것을 왜 그토록 강조하나요?

아턴: 그건 간단해요. 에고, 곧 그른 마음이 형상의 차원에 일어나는 것처럼 보이는 **모든** 것을 만들어냅니다. 영은 그 어떤 것도 형상의 차원에 일어나게끔 만들지 **않습니다**. 이것이 이 우주의 그 어떤 사건이나 대상도 영적인 것으로 여겨 떠받들지 말아야 하는 이유입니다. 바른 마음은 형상의 차원에 대한 성령의 해석을 제공하여 당신을 다시 집으로 데려다줍니다. — 여기서 '당신'이란 에고와 동화되어 그것에 속박된 마음의 부분을 말합니다. 집은 곧 불변의 영입니다.

개리: 그건 당신에게나 간단하겠군요. 아무튼 이해는 되는 것 같아요.

아턴: 좋았어요. 성령은 이 세상에서는 아무것도 하지 않지만 형상의 차

원에 대한 성령의 해석은 당신이 여기서 무엇을 해야 하는지를 더 확실히 알도록 도와줄 수 있는 겁니다. 그것은 성령을 당신의 스승으로 택할 때 생기는 '부수입'일 뿐입니다. 그 '본수입'은 구원이지요.

개리: 다음 질문입니다. 나는 형상의 차원에서조차 분리란 실재하지 않는다는 것을 오래전부터 알고 있었습니다. 물리학자들의 말이 옳다면 아원자 차원에서는 무엇에 영향을 미치지 않고는 그것을 관찰조차 할 수가 없습니다. 그렇다면 나는 수십억 광년 떨어진 별을 바라볼 때도 그것에 당장 변화를 일으키고 있는 것입니다. 그것이 얼마나 떨어져 있는지는 상관이 없습니다. 왜냐하면 사실 그것은 외부에 있는 것이 아니기 때문이지요. 그건 내 마음 속에 있어요. 우주의 많은 것들이 실재의 단면들을 흉내 내고 있는 것이라면, 우주의 대부분이 우리에게 감춰져 있다는 사실은 마음의 대부분이 무의식이라는 사실과 관계가 있는 것인가요?

아턴: 오늘 분위기가 좀 심오하지 않나요? 우주의 95퍼센트는 깜깜한 어둠 속에 감춰져 있어요. 그것은 무의식과 관계있을 뿐만 아니라, 진짜 답이 들어 있는 마음 대신에 우주 속에서 계속 새로운 발견을 해가면서 답을 찾아 헤매도록 만들기 위해서 그렇게 되어 있는 것입니다. 에고는 마치 위대한 마법사처럼 거울과 연막 뒤에서, 자신의 무의식적인 지향성을 감각의 환영으로 바꿔놓는 술수를 부립니다. 예컨대, 당신은 자신이 실은 육안을 가지고 사물을 보는 것이 아니라는 사실을 눈치 채고 있나요?

개리: 그렇게 생각해요, 하지만 그건 좀 겁이 나요. 그러니까 마음이 보고 있는 것이지 몸은 사실 아무것도 하지 않는단 말이잖아요.

퍼사: 좋았어요. 그 정도만 하지요. 급하게 가야 할 이유는 없으니까요. 당신 말처럼 그건 겁나는 일일 수 있어요. 나의 복음서에서 제이가 이렇게 말한 것 생각나요? "너희가 끝을 찾는 것을 보아하니, 시작은 찾았느냐?

시작이 있는 곳에 끝이 있느니라." 〈수업〉에서 제이는 이렇게 말합니다.

…… 시작에 다가갈수록 그대는 그대의 사고체계가 그대 위로 무너져 내릴까봐 마치 죽음과 같은 두려움을 느낀다. 죽음은 존재하지 않으나 죽음에 대한 믿음은 **존재한다**. (T51)

다시 말하지만 서두를 필요는 없습니다. 성령은 당신이 자신의 무의식을 두려워한다는 것을 알고 있습니다. 〈수업〉의 목적은 평화이지 당신을 겁주려는 것이 아닙니다. 결국 당신이 더 많은 준비를 갖추어서 용서의 작업을 더 잘 해낼 수 있게 될수록 〈수업〉과 함께 하는 당신의 여행은 덜 무서운 것이 될 겁니다.

우린 이제 환영幻影 속의 작별을 고하겠지만 여덟 달 후에 다시 돌아올 겁니다. 성령께서 당신과 함께 하면서 매순간 성령의 대안을 제시해줄 거예요. 지금부터 우리가 다시 만날 때까지 〈실습서〉를 다 마치세요. 재미있게요. 개리, 당신을 사랑해요.

개리: 저도요.

아턴: 나흘 후면 크리스마스로군요. 올해는 이 성스러운 날을 온통 자본주의의 방탕한 파티로 만들어놓지 말고 마땅한 마음가짐으로 지내도록 하세요. 신에 대해 생각하고 당신과 당신의 형제자매들의 진정한 본성이 무엇인지를 생각해보세요. 빛이라는 말이 진실과 동의어임을 명심하고, 제이가 그의 〈수업〉을 사랑하는 모든 이들에게 선물로 준 이 아름다운 말씀을 숙고해보세요.

별, 곧 암흑 속의 한 줄기 빛이 크리스마스를 상징한다. 그것을 그대의 바깥에서 찾지 말라. 내면의 천국을 비추는 그 빛을 발견하라. 그리고 그것을 그리스도의 시대가 왔음을 알려주는 전조로 받아들이라.

(T327)

7

용서의 법칙

두려움은 세상을 속박하나, 용서는 세상을 해방시킨다.

(W468)

　내가 택한 이 길은 즉석요리식의 영성이 아니었다. 그리고 〈기적수업〉의 〈실습서〉는 결코 한 입에 들어가는 케이크 조각이 아니었다. 1년 4개월 동안의 거의 끊임없는 헌신과 집중 끝에 나는 365개의 〈실습서〉 과제를 모두 마칠 수 있었다. 〈교재〉에 〈수업〉의 이론이 설명되어 있지만 〈실습서〉에도 상세히 설명되어 있다. 그러나 〈수업〉을 이해하고 적용하는 데는 양쪽이 다 필요하고, 어느 한 쪽이 없이는 어느 쪽도 완전하지 않다. 하지만 〈실습서〉는 좀더 실질적인 성격을 띠고 있다. 학생들의 개인적 인간관계나, 그날그날 부딪히는 모든 상황에 적용할 수 있도록 짜여 있는 〈실습서〉의 연습들은 〈수업〉의 가르침이 참임을 체험할 수 있게끔 고안되어 있다.(CL77)

　실제로 아턴과 퍼사도 에고의 세계에 대한 진정한 답은 지적인 대답의 형태가 아니라 분리의 경험이 의미를 상실하게끔 만들어놓을 신의 체험(experience of God)으로서 나타날 것임을 강조했었다. 나에게는 또, 습관적으로 늘 빠져 있던 흥분상태 대신 반가운 평화의 체험이 가끔씩 찾아왔다. 그것만으로도 내 삶이 택한 새로운 방향에 대해 감사가 절로 우러나오게 하기에 충분했다.

예컨대, 카렌이 그리 '영적이지' 못한 데 대해, 그리고 나의 이 신성한 길을 나만큼 탐탁하게 여겨주지 않는 데 대해 습관적으로 못마땅해 하던 대신 나는 아턴의 충고에 따라 그녀가 지금 배워야 할 것을 배워가도록 그냥 내버려두기로 했다. 그녀를 용서함에 따라 내가 그녀의 감춰진 기대를 모두 채워주지 못했다는 명백한 사실에 대해서도 더 편안해져서, 나는 두 사람이 다 그저 제 모습 그대로 남아 있도록 허용할 수 있게 되었다.

놀랍게도 카렌은 이내 〈기적수업〉의 '파트타임' 학생이 되어서 가끔씩 스터디 그룹 모임에 참석하고 심지어는 〈실습서〉를 마치기까지 했는데, 그것은 결코 작지 않은 성취였다. 그녀는 나만큼 〈수업〉에 몰두하지는 못했지만 〈수업〉의 내용을 믿었고 갈등의 상태로부터 평화의 상태로 전환해가는 데에 많은 진전을 보았다.

궁극의 경험을 향한 길을 가는 동안 나의 사고체계에 일어난 불가피한 변화 중 하나는, '마음이 모든 것을 외부로 투사해놓고는 그것을 분리된 것**처럼 보이는** 다른 관점으로부터 바라보고, 그 관찰된 바를 외부적인 사실로 해석한다'는 생각을 받아들이게 되었다는 것이다. 자체가 하나의 분리의 관념인 육신은 분리를 경험하기 위한 하나의 방법으로서 마음속에만 존재하는 것이다! 평생토록 나는 내 육신의 눈이 세상을 보고, 몸이 그것을 느끼고 뇌가 그것을 해석하고 있다고 생각해왔다. 〈실습서〉는 육신의 눈이 정말 볼 수 있다거나, 뇌가 사고를 하거나 무엇을 해석할 수 있다고 생각하는 것은 어리석은 일임을 이해할 수 있도록 도와줬다.(W159) 마음은 내 몸에게 무엇을 보고 느낄 것인지, 내가 보고 느끼고 있는 것을 어떻게 해석할 것인지를 지시한다. 육신이란 단지 하나의 속임수로서, 나의 이 세속적 삶이 참이라고 믿게 만들도록 고안된 에고의 마음속의 한 장치다. 〈실습서〉는 뉴턴식 과학에 반하는 사실을 가르쳐줬을 뿐만 아니라 또한 만물에 대한 성령의 해석을 받아들이는 경험을 가져다줌으로써 내 에고의 종식과정을 촉발했다.

〈실습서〉의 에필로그에 나오는 첫 문장을 읽었을 때, 나는 기분이 영 별로였다. 하지만 두 번째 문장은 괜찮았다. "이 〈수업〉은 시작이지 끝이 아니다. 그대의 친구(Friend)가 그대와 함께 간다."(W487) 이제 나는 나의 친구 성령이 사실은 나 자신의 높은 자아임을 알고 있다. 그렇긴 해도 〈수업〉의 아름다운 비유를 빌려서 내가 다른 어떤 존재의 도움을 받는다고 생각하는 것은 아주 큰 위로와 도움이 되었다. 사실 그것은 매우 필요했다. 나는 여전히 세상을 눈앞에 대면하고 있었고, 〈수업〉은 언제나 실질적이었다. "이 〈수업〉은 그것이 요구되는 곳인 에고의 틀 안에 있다."(CL77)

세상에 대한 고찰에 관련된 한, 〈수업〉은 모든 것을 빠짐없이 설명해놓았다. 나는 나의 현재뿐만 아니라 지나온 온 삶을 들여다보면서 인간 행동의 모든 동기를 이해할 수가 있었다. 예컨대 학교에서 다른 학생들을 못살게 굴던 못된 아이들도 이렇게 생각했을 것이다. "우린 멋져, 하지만 넌 아니야. 넌 잘못을 저지른 나쁜 놈이지만 우린 그렇지 않아." 그리고 이것을 포함해서 세상의 온갖 어처구니없는 일들을 모두 부당하게 여기던 '착한' 학생들도 자신에게서가 아니라 가해 학생들의 부당한 짓에서 죄를 발견함으로써 희생시키기와 희생제물 사이의 순환고리 안에서 자기가 맡은 역할을 하고 있었을 뿐이다.

극성스러운 온갖 종교집단들이 선교를 할 때는 또 뭐라고 하는가? 아마도 이런 식일 것이다. "넌 죄를 지었지만 우린 그렇지 않다. 우리에겐 신이 있어! 넌 없지. 우린 천당에 가지만 너흰 지옥불에 떨어질 거야." 또 세상의 미쳐 날뛰는 테러리스트들은 죄 없는 아이들과 남녀의 생명을 앗아가면서 뭐라고 하는가? 이렇게 말하지 않는가? "우리의 문제에 책임이 있는 것은 너희야. 너희가 죄지은 쪽이지 우리는 분명 아니야." 인간은 삶에서 자기의 몫을 많이 차지하려고 상대방을 비난하는 경향이 있다. 하지만 우리 모두가 하고 있는 짓은 신으로부터 외견상 분리된 것을 놓고 서로를 비난하는 일이다. 그리하여 평화를 잃고는, 그것을 마치 우리 존재를 영구적으로 따라다니는 일종의 붙박이처럼 느끼는 것이다.

변주는 끝이 없다. 가까운 관계든 먼 관계든 상관없이 언제나 다른 누군가, 혹은 무엇인가가 문제의 원인인 것으로 보일 수 있다. — 모든 죄를 내부로만 투사하는 일그러진 영혼들을 제외한다면 말이다. 이들은 자신의 불행한 처지를 의식적으로 자신의 탓으로 돌리지만, 사실 이 또한 다른 사람을 탓하는 것과 다를 게 어디 있겠는가?

나는 종종 나의 이런 사고방식과 그것이 내게 주는 느낌으로부터 용기를 얻을 수 있었다. 그러나 한편 〈기적수업〉이 실제로는 일을 더 꼬이게 만들어 놓는 것처럼 보이는 때도 있었다. 오랫동안 부인해온 에고의 사고체계가 의식의 표면으로 올라오자 부인해오던 죄책감 또한 표면으로 떠올랐다. 그것은 때로 두려움이 보통 때보다 더 크게 자신을 드러내게 만들었다.

그 한 예로, 나는 지난 몇 해 동안, 특히 연방 소통위원회가 '형평성의 원칙'과 '동시간 원칙'을 폐지한 이후로 텔레비전에서 우익의 정치선전이 현저하게 증가한 것을 발견했다. 이제 현 정권은 대안적 관점을 주장하는 진영에 공평하고 동등한 시간을 할애해줄 필요도 없이 자기네들의 보수주의로 왜곡된 일방적 정보를 자기네 네트워크를 통해 마음껏 풀어놓을 수 있게 되었다. 지난 30년간 꽤 잘 운영돼 오던 제도가 하루아침에 폐지되는 바람에, 이제는 더 지혜로워졌어야 함에도 불구하고 나는 가끔씩 텔레비전에서 목격되는 말도 안 되는 일들에 이전의 어느 때보다도 더 열을 내어 흥분하는 자신을 발견하곤 했다. 나는 가끔씩 목청을 높여서 이런 질문을 던졌다. — "사람들이 정말 그렇게 뭘 몰라서 이런 헛소리를 받아들인단 말이야?" 유감스럽게도 그 대답은 종종 '예스'였다.

이처럼 가끔씩 궤도를 이탈하기는 했지만 그래도 상당한 시간은 〈수업〉의 원칙을 실천할 수 있었다. 나의 고집스러운 성격이 힘을 발휘했다. 그것은 끊임없이 이어지는 행복한 경험으로서가 아니라 불행한 경험에 대한 새로운 시각으로, 그리하여 그것이 영향을 미치는 시간을 극적으로 단축시키는 형태로 나타났다.

8월이 다가오자 나는 매우 흥분됐다. 아턴과 퍼사를 만난 지 8개월이 됐기 때문이다. 이제는 나도 그들이 약속대로 틀림없이 다시 나타나리라는 것을 믿고 있었다. 그러다가 어느 날 오후, 퍼사가 나타났다. 하지만 아턴은 오지 않았다.

퍼사: 어이, 신의 교사님. 별일 없나요?
개리: 말하면 뺨 맞을 것 같은데요.
퍼사: 장난치지 않게 하는 약을 오늘은 안 먹었던가요?
개리: 에이, 농담이에요. 다시 뵙게 돼서 너무 좋아요. 근데 아턴은 어디 있나요?
퍼사: 그는 볼일이 있어요.
개리: 어디에요, 아니 언제라고 해야 되나요?
퍼사: 다른 차원계에요. 그건 사실 전혀 다른 곳이 아니에요. 왜냐하면 다른 곳이란 사실 존재하지 않으니까요. 당신도 이젠 형이상학적으로 그것을 이해하기 시작하고 있을 텐데요. 아턴은 지금 당신의 다른 생에서 당신과 작업하고 있는데 당신은 그걸 인식조차 못하고 있어요! 가끔 사람들은 승천한 스승이 바로 곁에 있어도 알아차리질 못해요. 우리가 어딜 가든지

그곳의 조건에 맞춰주기를 좋아한다고 했던 이유도 이 때문이지요. 사실은 아턴도 이곳에 있어요. 승천한 스승은 모든 곳에 있어요. 단지 당신이 그것을 알아차리지 못하는 것일 뿐이지요. 우리가 한 번에 하나 이상의 육신의 형상을 투사하는 일은 거의 없어요. 그렇게 한다면 그것은 언제나 가르침을 위해서지요. 언제나 틀에 박힌 방식으로만 가르치는 건 아니니까요. 우리는 가끔씩 도와줄 사람들을 그 차원계에서 만나거나 어디서든 용서를 부추겨줄 만한 일을 벌이거나 합니다. 하지만 대부분의 경우에 우리는 모습을 드러내지 않은 채 사람들에게 우리의 사념을 보내기만 합니다.

개리: 아턴이 나를 돕고 있는 그 생애에 대해서 이야기해주지는 않을 거죠?

퍼사: 그것부터 이야기합시다, 능구렁이님. 당신이 한 생애에서 용서를 실천한다면 그것은 곧 성령이 당신의 모든 생애를 치유시켜줄 수 있도록 당신이 나서서 거드는 일이 됩니다. 그러니까 지난 몇 달 동안 당신이 해온 용서는 시간의 다른 차원들 속의 당신에게도 영향을 미치고 있는 거예요. 다음 방문 때면 아턴도 함께 올 거니까 이번에는 나와의 대화에만 주의를 기울이세요. 우리는 용서 — 진정한 용서에 대해 이야기를 나눌 거예요. 당신이 앞으로는 지금보다도 용서를 더 잘 하게 되기를 바라니까요. 괜찮죠? 〈기적수업〉은 그 자체만으로도 완전해요. 그런데 당신은 거기에다 이해를 도와주는 우리까지 만났으니 운이 좋은 거예요. 대부분의 사람들에게는 이런 도움이 절대적으로 필요하지요.

개리: 벤자민 프랭클린이 말했듯이, '필요는 어머니'지요.

퍼사: 〈기적수업〉이나 좀더 정확히 인용해주기를 바라요.(벤자민의 말을 인용한 것이 정확하지 않은 듯함. 역주) 〈실습서〉가 당신에게 엄청나게 도움이 되었어요. 원한다면 언제든지 부분 부분을 다시 읽어봐도 좋아요. 하지만 연

습은 다시 하지 않아도 돼요. 어떤 사람들은 〈실습서〉의 연습을 두 번씩 하고 어떤 사람들은 해마다 다시 하지요. 그건 각자의 선택에 달렸어요. 당신의 경우엔 이제부터는 〈교재〉와 〈지침서〉의 개념들을 적용하듯이 〈실습서〉의 개념들을 읽고 적용하는 것만으로 충분합니다. 자, 이제 본론으로 들어갑시다.

〈수업〉은 당신의 유일한 임무는 자신을 위해서 속죄를 받아들이는 것이라고 가르칩니다.(T25-26) 당신은 이미 타인을 심판하는 대신 용서하는 훈련을 열심히 하고 있습니다. 당신은 〈실습서〉 공부를 마치면서 드디어, 타인을 비난할 때마다 당신의 구원은 여지없이 땅에 떨어진다는 사실을 깨달았습니다. 그리고 당신은 이 세상이 꿈이며 환영에 지나지 않는다는 것을 더 깊이 경험했습니다.

개리: 몇 주일 전 우리 공부모임에 외부인이 한 사람 참석했는데 그때 누군가가 세상은 환영이라는 이야기를 하자 그 사람은 정말 진저리를 내더군요. 그는 "그래서 뭐가 어쨌다는 거죠?" 하더군요. 나는 용서와 구원을 이해하려면 세상이 꿈이라는 사실을 알아야 한다는 것이 그 대답이라는 걸 알았지만 그걸 잘 설명할 수가 없었어요.

퍼사: 그래요. 세상이 환영이라고 말하는 것만으로는 충분하지 않다고 전에도 말했었지요. 중요한 것은 집으로 돌아가기 위해서는 용서하는 법을 터득해야 한다는 거예요. 〈수업〉의 형이상학적 내용을 이해하는 것은 용서를 이해하기 위해 필요하지만 어떤 사람들에게는 용서를 먼저 강조하고 나서 세상의 환영과 같은 속성과 실재의 다른 성질들에 대한 이야기를 단계적으로 꺼내는 것이 더 도움이 될 수도 있어요.

그건 우리가 당신에게 했던 것과는 정반대지요. 하지만 우리의 만남으로부터 만들어질 종류의 책과 당신이 대부분의 사람들과 갖게 될 종류의 개인적 만남 사이에는 커다란 차이가 있어요. 당신은 누구에게도 〈기적수업〉을 처음부터 끝까지 가르쳐주게 되지는 않을 거예요. 그러니까 사람들은 자신의 관심이 끌리는 이야기에만 귀를 기울일 거라는 거죠. 그것을 어떻게든 바꿔보려고 애쓰면서 덤비지는 마세요. 그저 자연스럽게 있으면서 성령이 사람들에게 임하도록 놔두세요. 물론 원한다면 성령의 인도를 요청하고 당신의 경험을 나눠주세요. 하지만 세상이나 세상 사람들을 바꿔놓으려 들지는 마세요. 그저 용서하세요. ─ 묵묵히. 사람들 앞에 나서서 "내가 당신들을 용서하고 있으니 알고나 있으슈" 하진 말란 말이에요. 이게 지금 우리가 이야기할 주제예요.

〈기적수업〉 내용 중에서 생각나는 게 있으면 아무거나 말해봐요. 떠오르는 대로 빨리요.

개리: 좋아요. 이건 제가 좋아하는 구절이지요.

나는 육신이 아니다. 나는 자유롭다.
나는 여전히 신께서 창조하신 그대로이니. (W386)

퍼사: 좋은 내용이네요. 그건 〈실습서〉에 있는 말이지요. 〈실습서〉에는 이런 말도 있어요.

…… 에고는 육신 속에 거하므로 육신을 애지중지한다. 그리고 자신이 만들어낸 그 집과 하나가 되어 산다. 그것(육신)은 그 자체가 환영이라는 사실이 드러나지 않도록 감춰주는, 환영의 한 조각이다. (W382)

그런데 〈기적수업〉을 공부하기 이전의 당신이 자신을 하나의 육신으로 생각했다면, 다른 사람들도 자신이 틀림없는 육신이라고 생각하고 있을 것이 분명해요. 당신이 할 용서의 중요한 요소 중 하나는, 말없는 가운데 사람들에게 그들이 육신이 아니라는 사실을 깨우쳐주기를 소망하는 것입니다. 당신의 마음이 당신이 육신이 아님을 분명히 배우게 하는 방법이 바로 이것입니다. 〈수업〉은 이렇게 말하지요.

남에게 가르치는 그대로 그대가 배우게 될 것이다. (T82)

이것을 늘 마음에 새겨두도록 하세요. 말했듯이, 다른 사람을 용서할 때 실제로 용서받는 것은 당신 자신이랍니다.

이제 용서의 요소에 대해 이야기해봅시다. 용서란 말했듯이 하나의 태도입니다. 용서가 저절로 일어나게 될 때까지, 당신이 배우는 모든 것이 그 태도 속으로 융합되어야 합니다. 대부분의 경우, 특히 처음의 몇 해 동안은 용서에 대해 많이 생각해봐야만 합니다. 용서하는 사고방식을 가짐으로써 용서에 숙달되게 되거든요. 이 바른 마음에서 나오는 생각들이 마침내는 에고를 대신해서 당신의 마음을 지배하게 되는 것이지요. 용서해야 할 어떤 사람이나 상황이 생깁니다. 그러면 당신은 〈실습서〉의 안내에 따라서 그 사람이나 상황에 대해 올바른 생각을 품는 법을 터득하는 겁니다. 〈교재〉와 〈지침서〉를 포함한 〈수업〉 전반의 사고체계에 대한 당신의 이해에 의지하면 용서의 태도가 북돋아지고 강화됩니다.

당신의 이 같은 용서의 사고과정이 늘 한 줄로 꿰어지는 연결성을 보여주지는 않을 겁니다. 모든 사람에게는 자신에게 가장 잘 맞는 생각들이 있습니다. 〈수업〉은 홀로그램과도 같은 성질을 띠고 있어서 각각의 생각들이 다른 모든 생각들과 연결되어 있다는 점에서 매우 크게 도움이 됩니다. 실제로 마치 홀로그램처럼, 〈수업〉의 전체적 사고체계가 각 부분 부분 속에서 발견되고, 또 각 부분들 속에 전체가 담겨 있다고 할 수 있어요. 강력한 용서의 태도를 구축하는 데 특히 도움이 될 〈수업〉의 몇 가지 가르침을 상기시켜줄게요. 이것은 당신과 당신이 보는 이미지들을 그것이 갇혀 있는 **것처럼 보이는** 감옥으로부터 해방시켜줄 겁니다. 우선 당신이 직면하고 있는 상황에 대해서 좀더 이야기해봅시다. 그리고 〈수업〉이 이 형상의 차원에서도 모호하거나 추상적이지 않고 매우 실질적인 이유에 대해서도요.

개리: 한 가지 중요한 질문이 있는데요.

퍼사: 말해보세요.

개리: 끔찍한 짓을 저지르면서도 아무런 두려움도 없어 보이는 사람들은 어떻게 된 걸까요? 온몸에 폭탄을 두르고 다른 희생자들과 함께 자폭해버리는 사람들이 있지요. 그들은 그런 순교가 자신을 천국에 데려다줄 것으로 믿나 봐요. 미국의 살인마들은 자동소총으로 수십 명의 사람들을 눈 깜짝할 새에 날려버리는 쪽을 더 좋아하지만요. 어느 쪽이든 간에 이런 살인마들은 너무나 냉정하고 비인간적이에요. 마치 두려움이 없는 존재들 같거든요. 어떤 때는 미소를 짓기까지 하지요. 이런 식으로 두려움이 없는 것과, 당신이 가르치는 것 간에 다른 점은 뭐죠?

퍼사: 좋은 질문이에요. 하지만 그건 우리가 말해줬던 많은 것들 속에 이미 대답되어 있어요. 그 말들은 모두가 한결같이 사랑의 사고체계의 일부이니까요. 이미 말했지요. 〈수업〉은, 마음이 가는 방향은 그것이 신봉하는 사고체계에 의해 결정되지 않을 수 없다고 가르칩니다. 성령의 사고체계는 사랑에 의해 인도됩니다. 반면에 에고의 사고체계는 두려움과 증오에 의해 인도되고, 그것은 언제나 모종의 파멸로 결말이 나지요. 자살테러범과 같은 살인마들은 두려움이 없는 **것처럼 보이지만** 사실은 단지 자신의 병적인 두

려움을 부인하고 그것을 외부로 투사하는 것일 뿐입니다. 겉으로 보이는 태연함이 반드시 진정한 내면의 평화와 같은 것은 아니에요. 진정한 용서의 필연적 산물인 내면의 평화를 지니기 전에는 세상 사람들이 결코 평화롭게 살 수 없다는 것은 아무리 강조해도 지나치지 않습니다.

행위는 생각의 결과라는 것도 말했었지요. 그건 당신이 언제나 완벽하게 행동할 것이라는 뜻이 아니에요. 실제로, 〈수업〉이 신의 교사가 이곳에서 완전해지는 것에 대해 이야기할 때, 그것은 완전한 용서를 말하는 것이지 완벽한 행동을 이야기하는 것이 아닙니다. 진정한 평화는 진정한 용서로부터 옵

> 용서는 신발바닥이 길바닥과 만나는 곳에 있습니다. 용서 없이는 그 모든 사상도 무용지물입니다.

니다. 자신의 외부에 있는 **것처럼 보이는** 자기혐오의 산물인 폭력은 오로지 사랑과 용서만을 가르치는 성령의 사고체계로부터는 **결코** 나올 수가 없습니다. 〈수업〉이 가르치는 사상은 신의 실재성과 분리의 비실재성을 중심으로 구축되어 있어요. 이것이야말로 알아야 할 것의 핵심이지요. 하지만 용서는 신발바닥이 길바닥과 만나는 곳에 있습니다. 용서 없이는 그 모든 사상도 무용지물입니다. 〈수업〉이 실질적이라고 하는 이유가 바로 여기에 있습니다. 결국, 〈수업〉이 말하듯이 당신이 할 수 있는 일은 두 가지밖에 없습니다.

> 용서하려 하지 않는 자는 심판하게 마련이다. 자신이 용서하지 못하는 이유를 정당화해야만 할 테니까. (W401)

당신이 할 일은 용서를 가르치는 것입니다. 이미 말했지만, 〈수업〉은 가

르친다는 것은 곧 본보기를 보이는 것이라고 합니다. 〈수업〉은 또 이렇게 말하지요.

나는 순교자가 아니라 교사를 찾는다. (T95)

용서는 결코 폭력을 초래하지 않습니다. 하지만 심판은 형상의 차원에서 언제나 모종의 부정적 결과를 가져옵니다. 그것이 자신의 건강에 미치는 영향뿐이라 하더라도 말입니다. 폭력은 두려움과 심판과 노여움의 궁극적이고도 부조리한 산물입니다. 에고의 기만적인 사고체계는 언제나 모종의 폭력으로 이어져서 결국은 살인까지 일으킵니다. 왜냐하면 그것은 사람들로 하여금 그들의 적 — 혹은 문제의 원인 — 이 외부에 있는 것처럼 보이게 만들기 때문이지요. 당신도 마찬가집니다. 하지만 당신은 거기서 빠져나오는 길을 찾았어요. 에고의 사고방식을 거꾸로 돌려놓으면 당신의 두려움은 외부로 투사되지 않고 놓여날 겁니다.

구원을 얻으면 당신의 하나뿐인 진정한 문제 — 다른 모든 문제는 그것의 상징물일 뿐인 진짜 문제 — 로 해서 비난할 대상이 더 이상 외부에 존재하지 않게 됩니다. 그 원인, 곧 신으로부터의 분리를 믿기로 한 결정과, 그 해결책, 곧 속죄의 원리가 모두 당신의 마음속에 있으니까요. 그리고 당신은 이제 성령의 해결책을 택할 만큼의 힘을 지니고 있어요.

용서의 요소들을 살펴봅시다. 사랑하는 제자님, 이것을 잘 배우고 기억해두세요. 이것만 기억할 수 있으면 당신은 자신을 육신으로 여기게끔 만드는 에고의 끊임없는 유혹 앞에서도 용서인의 명예의 전당에 오를 수 있을 겁니다. 이 생각들이야말로 구원의 길이요, 집으로 돌아가는 차표입니다. — 그것을 일상적으로 늘 실천하는 경지에만 이른다면 말입니다.

개리: 용서인의 명예의 전당 이야기는 그저 비유로 하는 말이겠죠? 난 야구팬이라구요. (미국에는 야구인의 명예의 전당이 있음. 역주)

퍼사: 거봐요, 당신은 어떤 것은 말 그대로 받아들이고 어떤 것은 비유로 받아들여야 할지를 벌써 다 알고 있잖아요.

개리: 좋아요. 시작해보세요. 난 무보수로 일하는 데는 이력이 났으니 내가 용서할 일이 어떤 건지 말해보세요. 농담인 줄은 아시죠? 물론 천국을 얻는데 무보수라고 할 수는 없죠.

> 용서를 실천하기 위한 첫 번째 요소는 자신이 꿈을 꾸고 있음을 상기하는 것입니다.

퍼사: 물론이지요. 게다가 깨달음의 경험까지 안 가고도 얼마든지 용서의 결실을 즐길 수 있어요. 〈수업〉도 이렇게 말하지요.

평온한 마음은 적은 선물이 아니다. (M51)

이 점을 새겨두시고, 자, 기회를 맞았을 때 용서를 실천하기 위한 첫 번째 요소는 자신이 꿈을 꾸고 있음을 상기하는 것입니다. 당신은 직접 꿈의 시나리오를 쓰고, 등장인물을 만들어내고, 또 그것을 스스로 연기합니다. 무의식 속의 죄책감이 당신의 외부에 있는 것처럼 보이게끔 만들기 위해서 말입니다. 자신이 꿈을 꾸고 있다는 것을 안다면 사실 외부에는 당신 자신이 투사해놓은 것밖에는 아무것도 없지요. 그것을 믿기만 한다면 — 믿음은 오직 실천과 경험으로부터만 오지요 — 당신이 보고 있고 용서하고 있는 것들이 당신에게 영향을 미칠 수 있는 이유가 없어지지요. 〈수업〉은 그것을 이렇게 말합니다.

기적은 그대가 꿈을 꾸고 있음을, 그리고 그 내용이 참이 아님을 확실히 깨닫게 한다. 이것은 환영을 다루는 데에 결정적으로 중요한 단계다. 자신이 그것을 만들어냈음을 깨닫는다면 그것을 두려워할 사람은 아무도 없다. 자신이 꿈의 시나리오를 쓴 작가이지 그 등장인물이 아니란 사실을 알지 못했기 때문에 두려움에 사로잡혀 있었던 것이다. (T594)

이 구절은 〈기적수업〉 중에서 '원인과 결과를 뒤집기'라는 제목의 글에 나옵니다. 거기에는 또 이렇게 쓰여 있지요.

결과를 낳는 기능을 결과가 아니라 원인에게로 돌려주는 데 필요한 첫 단계가 바로 기적이다. (T595)

개리: 그러니까 이제 그건 나의 꿈이지 다른 누군가의 꿈이 아니로군요. 우리는 하나뿐이니까요. 내가 투사한 것 말고는 누군가, 혹은 무엇이 실제로 존재하질 않아요. 나는 지금 그것에 대한 책임을 지고 그것들을 '회수해 들이고' 있는 거고요.

퍼사: 맞아요. 하지만 명심하세요. 그렇다고 해서 자신이 진짜로 거기에 존재한다고 생각하는, 분리된 것처럼 보이는 마음들이 존재하지 않는다는 뜻은 아니에요. 모든 마음들이 다시 하나가 되기 위해서는 그들도 당신과 마찬가지로 진실을 깨달아야만 합니다. 전에 말했듯이, 이 모든 것들이 하나로 뭉뚱그려져서 당신의 태도의 일부가 될 겁니다. 하지만 처음에는 그것이 몇 가지 요소들로 이루어져 있다고 생각하는 편이 더 쉽습니다. 당신이 결과가 아니라 원인이라면 용서의 또 다른 요소는, 당신이 투사한 이미지들

과, 그것을 꿈으로 꾸는 당신 자신을 용서하는 것입니다.

〈수업〉은 형제가 하지 않은 일을 용서하라고 한다는 것을 당신도 이미 알고 있습니다. 그것이야말로 진정한 용서일 것입니다. 왜냐하면 〈수업〉이 또 말하는 것처럼, 그렇게 할 때만 당신은 잘못을 실재하는 것으로 만들지 않기 때문입니다. 환영을 참이라고 여기는 것이 아니라 환영을 참에게로 데려가는 것이지요. 이제는 무엇보다도 이 온갖 혼잡스러운 것들을 꿈꾸어내는 당신 자신을 용서할 때입니다. 아무런 일도 일어나지 않았다면 — 〈수업〉이 가르치는 것이 있다면 그것은 바로, 아무런 일도 일어나지 않았다는 사실입니다. — 당신은 아무런 죄도 없습니다. 그러니 형제자매들을 용서함과 동시에 당신의 마음은 자신이 용서받았음을 깨닫는 겁니다. "형제를 볼 때 그대는 자신을 보리라"고 했던 〈수업〉의 말이 기억나나요?

> 용서의 또 다른 요소는, 당신이 투사한 이미지들과, 그것을 꿈으로 꾸는 당신 자신을 용서하는 것입니다.

개리: 거기에 아무도 없다면, 그리고 〈기적수업〉의 내용을 믿는다면 외부에 실재하는 것은 그리스도입니다. 내가 육안이 보여주는 형상 대신 보기로 선택하는 것이 그리스도라면 그것이 나의 정체임이 틀림없습니다.

퍼사: 훌륭해요. 알겠나요? 용서의 요소들은 모두 하나로 잘 들어맞습니다. 당신이 보는 이들이 그리스도라면 당신도 그리스도입니다. 당신이 에고의 심판으로써 반응하여 다른 이들의 에고의 꿈에 실재성을 부여하면 그것이 당신이 생각하는 당신의 정체가 됩니다. 외부에는 아무도 존재하지 않는다는 것은 참입니다. 중요한 점을 다시 지적하자면, 당신이 보고 있는 이들은 자신들이 거기에 있다고 생각한다는 것입니다. — 마치 유령처럼 말이지요. '더 큰 합류(The Greater Joining)'라는 제목의 글에서 〈수업〉은 이렇게 말합

니다.

> 그대 형제의 꿈에 합류하지 말고 형제와 합류하라. 그대가 아버지의 아들과 합류하는 곳에 아버지(the Father)가 있다. (T600)

그리고 이어지는 '두려움의 꿈 대신(The Alternate to Dreams of Fear)'이라는 글에서는 이렇게 말합니다.

> 그대가 꿈꾸는 이를 용서하고 꿈꾸는 이가 '그가 지어낸 꿈'이 아님을 알아차리면 그대는 어떤 사악한 꿈도 함께 꾸지 않는다. 그러므로 꿈꾸는 이는 그대의 꿈의 일부가 될 수 없고, 그대들은 그대의 꿈으로부터 둘 다 자유롭다. (T601) 인용표는 역자가 붙임

개리: 이렇게 용서를 하면 점차 꿈에서 깨어날 수 있을까요?
퍼사: 예. 만약 단번에 깨어난다면 장담하지만 그건 전혀 좋은 기분이 아닐 겁니다. 뭔가 다른 형태의 삶을 살려면 준비가 되어 있어야만 해요. 자신이 육신이라고들 생각하는 이 생에서도 변화는 그리 달가운 일이 아니거든요. — 달가운 척하는 사람들이 많기는 해도 말입니다. 당신의 어머니가 자주 읽어줬던 플라톤의 동굴 비유를 제이도 찬양했다는 이야기를 했었지요. 당신과 당신의 형제들이 모두 진실에 대해 의식적, 무의식적인 저항을 가지고 있음을 지적하는 〈수업〉의 이 글에서도 제이는 그 비유를 언급하고 있습니다. 이것은 또 이 생에서 모든 사람이 당신에게 동의해주기를 바라지 말라고 충고하지요.

무거운 쇠사슬에 여러 해 동안 묶인 채 굶주림에 여위고 기진하여 쇠약해진 죄수는 오랫동안 깊은 어둠만 응시해온 나머지 빛을 기억하지 못하여, 풀려나도 그 자리에서 기뻐 날뛸 줄 모른다. 자유가 무엇인지를 이해하려면 그들에게는 시간이 필요하다. (T431)

당신의 할 일은 용서하는 것이지, 당신이 용서하는 외견상 분리된 마음들의 동의를 구하는 것이 아닙니다. 용서의 이 요소를 바라보는 또 다른 관점으로서, 〈실습서〉의 이 말을 새겨두세요.

진정한 용서의 문을 찾는 방법이, 그리고 그것이 그대를 맞이하며 활짝 열려 있음을 깨달을 수 있는 아주 간단한 방법이 있다. 어떤 형태의 죄로든 누군가를 손가락질하고 싶은 유혹이 느껴질 때, 그가 저질렀다고 생각하는 그 일에 마음이 머물도록 놔두지 말라. 그것은 자기기만일 뿐이니, 그 대신 이렇게 물어보라. '내가 이런 일을 했다면 나 자신을 손가락질하겠는가?' (W249)

자신을 손가락질하는 대신, 사랑을 찾는 그들의 갈망이야말로 곧 사랑을 찾는 **당신의** 갈망임을 기억하세요. 당신은 그들에게 감사해야 합니다. 그들에게 당신이 필요한 만큼 당신에게도 그들이 필요하기 때문입니다. 당신이 보는 그 이미지들과 기적이 없이는 당신은 **결코** 탈출구를 찾을 수가 없습니다. 그 이미지들은 당신의 무의식적 마음속에 있는 것들의 상징물이며, 그것이 없다면 당신의 무의식 속의 죄책감은 영원히 감춰져 있을 것입니다. ─ 그러면 빠져나갈 길은 없는 것이지요.

성령은 에고가 자신을 보호하기 위해서 만들어낸 바로 그 장치를 이용해서 그것을 되돌려놓습니다. 성령의 도구는 좋은 일에밖에 쓰일 수가 없습니다. 형상의 차원에서는 나타날지도, 안 나타날지도 모르는 결과에 신경 쓰지 마세요. 용서와 성령이 당신을 위해 해주고 있는 것에 감사하세요. 방금 이야기한 것과 같은 방법으로 형제자매를 용서하면 당신은 자신의 본성과 재회하게 됩니다. 당신은 눈에 보이는 육신의 형상들과 세상을 향해 그들의 행위가 당신에게 아무런 영향도 미치지 못함을 선언하는 것이고, 만약 그들이 당신에게 영향을 미치지 못한다면 그들은 정말 당신과 따로 존재하는 것이 아닙니다. 그러니 사실은 그 어떤 종류의 분리도 존재하지 않습니다. 이로써 우리는 용서의 태도의 마지막 요소에 이르렀습니다. — 성령을 신뢰하고 그 힘을 택하라.

> 이로써 우리는 용서의 태도의 마지막 요소에 이르렀습니다. — 성령을 신뢰하고 그 힘을 택하라.

당신이 당신의 할 일을 하면 성령의 평화가 주어질 것입니다. 성령은 당신에게 감추어져 있는 무의식의 마음을 치유시키면서 동시에 그의 평화를 줄 것입니다. 이 평화는 반드시 당장 오는 것은 아니지만 때로는 그러기도 합니다. 때로는 그것이 평소 같으면 당신을 혼란스럽게 할 일의 형태로 와서 당신을 놀라게 하기도 할 것입니다. 하지만 이번에는 그렇지 않습니다. 이 모든 것이 당신을 천국으로 인도합니다. 성령과 함께 당신은 천국의 상태인 평화의 상태로 자신을 이끄는 일을 하고 있기 때문입니다.

용서는 사실상 당신을 천국에 다시 들어갈 수 있도록 준비시켜주고 있는 것입니다! 〈수업〉은 이렇게 말하지요.

…… 이 세상에서 진실을 받아들일 수 있는 능력은 천국에서는 창조하

는 일에 상응하는, 인식(perception)의 능력이다. 그대가 그대의 역할을 하면 신께서도 자신의 역할을 할 것이다. 그대의 역할에 대한 신의 보답은, 인식을 앎(knowledge)으로 바꿔주는 것이다. (T183)

영지주의의 정통 사상과도 비슷하지만, 통속적, 혹은 기술적 의미의 지식이 아니라 천국의 경험인 이 앎은 모든 사람이 타고나는 천부적 권리입니다. 〈기적수업〉은 새로운 형태의 영지주의가 아닙니다. 〈기적수업〉은 독자적인 것입니다. 영지주의가 어떤 부분을 정확히 이해했던 것은 사실입니다. 특히 2세기 로마에 있었던 발렌타인 학파는 말입니다. 진리의 복음(The Gospel of Truth)에 대해 전에 얘기했지만, 그것도 발렌티누스의 한 제자가 쓴 것입니다.

개리: 그건 영지주의의 컨닝 페이퍼(핵심 요약)와도 같은 건가요?

퍼사: 예, 일종의…… 그중 몇 가지 용어는 당신을 혼란스럽게 하겠지만요. 그것은 잠시 동안 널리 퍼졌던 복음이었지요. 개리, 대중의 관심을 얻는 것은 하나도 잘못된 게 아니에요. — 잘만 한다면 말이에요. 한 걸음 나아가 관련문제를 전반적으로 이해하여 자기 몫의 기여도 하고, 또 합당한 곳에 공功을 돌리기를 잊지 않는다면 말입니다. 영지주의자들이나 당신 이전에 살았던 대부분의 다른 구도자들로 말하자면, 그들은 당신이 운 좋게도 지금 배우고 있는 용서에 관한 대부분의 내용들을 접할 기회를 전혀 가지지 못했습니다. 그러니 그들의 마음은 사실상 영지를 얻을 준비를 갖출 수가 없었던 것이지요. 그런데 당신은 그것을 접하고 있으니 당신은 그저 성령이 당신을 천국에 데리고 갈 준비를 시키기 위해 자신의 일을 하고 있다는 것을 든든히 믿기만 하면 될 뿐, 표면에서 일어나고 있는 일에 대해서는 염려할 필요가 없습니다.

당신의 용서를 사람들이 받아들이지 않는 것처럼 보일 수도 있을 거예요. 그래도 상관없습니다. 성령은 그들의 마음이 받아들일 준비가 될 때까지 당신의 용서를 그들의 마음속에 붙잡아놓을 테니까요. 그 사람이 아직도 육신으로 '살아' 있는지 어떤지조차도 문제가 안 됩니다. 성령은 당신 마음의 각 측면들 사이에 놓여 있는 것처럼 보이는 간격을 메워서 당신을 다시 온전하게 만들어줄 겁니다. 〈수업〉은 당신과 당신의 피용서자(forgivee)에 대해 이렇게 말하지요.

> 당신의 용서를 사람들이 받아들이지 않는 것처럼 보일 수도 있을 거예요. 그래도 상관없습니다.

성령은 그대의 마음과 형제의 마음 양쪽에 다 있다. 그럼에도 성령은 하나다. 왜냐하면 성령의 일체성을 갈라놓는 간격이란 존재하지 않기 때문이다. 그대의 육신과 형제의 육신 사이의 공간도 문제되지 않는다. 성령 안에서 결합되어 있는 것은 언제나 하나이기에. (T599)

개리: 멋져요. 이것을 그대로 받아 적어놓으면 그것이 곧 용서의 주요 요소들이 되겠네요. ― 내가 꿈꾸고 있음을 상기한다. 그것을 꿈꾸고 있는 나 자신과 내가 투사한 이미지들을 모두 용서한다. 그리고 성령을 신뢰하고 그 힘을 택한다. 신으로부터의 분리가 실재한다는 나의 꿈이 문제의 원인이다. 그리고 성령의 용서가 그 해결책이다.

퍼사: 아주 좋았어요. 그게 전체 얼개입니다. 그것은

a) 원인을 밝혀서

b) 놓아 보내고

c) 대체해야 한다는(W34)

〈수업〉의 용서 공식과 함께 기억해야 할 지침입니다. 그것은 신을 기억하는 방법이지요. 〈수업〉은 또, 이 과정의 처음 두 단계에서는 당신의 협조가 필요하다고 말합니다. 마지막 단계는 그렇지 않습니다.(W34) 달리 말해서, 성령의 역할은 당신이 신경 쓸 일이 아닙니다. 그래서 성령을 신뢰해야 한다고 하는 거예요.

그래도 당신 자신이 성령의 힘을 택한다고 생각하는 것은 도움이 됩니다. 왜냐하면 궁극적으로 당신은 성령과 그리스도와 정확히 동일하기 때문입니다. 성 삼위일체(Holy Trinity)에는 실질적인 분리가 존재하지 않습니다. 그것은 기독교의 일부 사상을 사람들에게 이해시키는 데 도움되게 하기 위한 신학적 도구였을 뿐입니다. 당신은 진정한 용서를 통해 자신이 제이와 성령과 동일함을 — 신과 그리스도와 하나임을 — 깨닫게 됩니다.

천국에서는 차이라는 것을 인식하지 못합니다. 거기에는 차이가 없기 때문이죠. 하지만 거기에는 당신이 여기서 경험할 수 있는 모든 것을 하찮게 만드는 지고한 상태가 있습니다. 그것은 그 모든 높은 경지들의 너머에 있어요. 그 어떻게도 묘사할 수 없는 그것은 당신이 이 생애 중에서도 그 맛을 살짝 볼 수 있는, 함께 누리는 일체성과 환희(shared Oneness and joy)입니다. 이에 대해서는 다음에 만날 때 아턴과 내가 좀더 이야기해드리지요.

그 이후로 우리의 방문은 때로는 아주 짧을 겁니다. 그 방문들은 당신이 다양한 주제와 상황을 〈수업〉의 사고체계를 통해 바라볼 수 있도록 돕게끔 의도될 거예요. 그다음의 몇 해 동안은 당신이 삶의 모든 측면에서 용서를 실천할 수 있을 만큼 성장해가게끔 도와줄 겁니다. 하지만 그 대부분의 일을 하는 주체는 당신이 될 겁니다. 당신이 마침내 꿈에서 깨어날 날은 **반드시** 올 거예요.

개리: 언제요, 언제?

퍼사: 당신이 〈기적수업〉을 받아들일 준비가 되어 있지 않았을 경우보다는 훨씬 더 빨리라고만 말해둡시다. 결국은 〈수업〉의 사고체계가 당신의 제2의 천성이 될 거예요. 그리고 당신은 그것을 날이 갈수록 힘들이지 않고 실천할 수 있게 될 거고요. 어떤 때는 생각이 하나도 없어져요. 그건 그저 존재의 한 방식이지요. 또 어떤 때는 〈수업〉의 가르침들을 숙고해봐야 하고, 그것은 당신의 용서하는 태도를 더욱 확고해지게 만들어줄 거예요. 성령의 사고체계가 그저 당신의 존재방식이자, 궁극적으로는 당신의 존재 자체가 되는 경지에 이르려면 시간이라는 환영과, 많은 훈련이 필요합니다. 하지만 당신이 〈수업〉을 지적으로만이 아니라 경험적으로 속속들이 알게 되는 날이 올 겁니다. 그거야말로 기적적인 체험이지요.

개리: 그건 선불교에서 말하는 불립문자不立文字 교외별전敎外別傳의 개념과도 같은 것이겠군요.

퍼사: 잘 말했어요, 똑똑한 제자님. 그런데 그것은 당신이 생각하는 당신이 아니라 당신의 **진면목**眞面目을 체험하는 것입니다. 당신에게 도움이 되도록 용서의 사고과정의 한 예를 간단히 들어줄게요. 이것이 당신의 사고과정에 필수적인 일부가 되게 하세요. ― 용서의 주요 요소들, 우리가 설명해 드렸던 〈수업〉의 전체 사고체계, 당신이 공부하는 모든 것과 내가 인용한 모든 가르침들과 함께 말입니다. 다음 몇 달간은 이것만 열심히 해야 해요. 많이 알게 될수록 가장 절실한 상황, 그러니까 일이 매우 꼬이는 듯한 상황에서 〈수업〉의 사고체계를 더 잘 상기해낼 수 있거든요.

개리: 인생이 지독하게 엿 같을 때 말이죠.

퍼사: 지독하든 미적지근하든 상관없어요. 사소한 일들을 용서하는 것도 대단해 보이는 일을 용서하는 것과 다름없이 중요합니다. 무엇이 마음의 평화를 흔든다면 흔들리는 것은 당신 마음의 평화이지 신의 평화가 아니랍

니다. 언제든지 모든 것을 동등하게 용서할 수 있어야만 해요. 〈수업〉이 기적은 모두가 같은 것이라고 하는 것도 그 때문입니다.(T3) 결국은 당신도 당신에게 중요한 것과 중요하지 않은 것을 동등하게 바라보게 될 겁니다.

개리: 하와이처럼요?

주: 나는 십대 시절부터 영화나 텔레비전에서 하와이가 나오기만 하면 언젠가는 거기서 살고 싶다는 꿈을 꾸곤 했다. 하와이에는 한 번 가봤는데 그때가 내 생에서 가장 행복했던 때였다. 거기서 본 것은 나를 실망시키지 않았고, 그 후로는 돈 걱정 없이 그곳에서 살 방법이 없을까 하는 욕망을 키워갔다. 하와이는 물가가 비싸다. 거기서 훌라 춤을 추면서 살려면 불라^{moola}(돈)가 있어야 한다. 어떻게 해서든 그곳으로 옮겨간 사람들 중 많은 이들이 몇 년 지나지 않아 돈이 떨어져서 다 포기하고 돌아오곤 한다는 것을 알고 있다. 나도 그곳에서 살고 싶은 마음이 굴뚝같았지만 우선 실패하지 않을 여건을 갖추고 싶었다. 내 생에서 그보다 더 선망하는 것은 없었다.

퍼사: 그래요. 전에도 말했듯이, 용서한다고 해서 형상 차원의 그 어떤 것도 포기해야 하는 것은 아니에요. 하와이에 대한 당신의 심리적 집착은 당신의 에고가 육신과 세상에 집착하는 방식 중의 하나입니다. 그것은 용서해야 할 대상입니다. 그것은 세상은 존재하지 않는다는 진실에 대한 당신의 무의식적 저항을 그 뒤에 감추고 있습니다. 당신과 마찬가지로 대부분의 사람들은 자신의 꿈과 열정이 사실은 가짜 우상, 곧 신과 천국의 짝퉁이라는 말을 듣고 싶어하지 않습니다. 더군다나 당신은 사람들이 낙원이라고 부르는 곳을 선택했잖아요! 이 말을 잘 들어두세요. — 당신의 꿈에 대해 제대로

이해하고 그것을 용서하기만 한다면 꿈 자체는 잘못된 것이 아무것도 없어요. 용서하세요. 그러고 나서는 당신과 성령이 택하는 것을 뭐든 하세요. 맘껏 즐기란 말이에요!

개리: 사실은요, 당신이 있어서 정말 좋지만 어쩐지 아턴도 보고 싶어요.

퍼사: 그는 바로 지금도 당신을 돕고 있어요. 당신이 그걸 인식하지 못하는 것뿐이지요. 하지만 이걸 기억하세요. 지난번에 아턴이, 다음에 올 때는 **우리가** 어떤 것을 이야기해줄 거라고 말했을 때, 그는 거짓말을 한 게 아니에요. 개리, 그의 목소리와 나의 목소리는 동일한 목소리예요. 우리가 한 남자와 한 여자의 모습으로 나타난 것은 그것이 당신에게 도움이 되리라는 것을 알았기 때문이에요. 하지만 당신이 우리를 단지 하나의 목소리로서 듣게 될 날이 올 거예요. 우리는 하나밖에 없어요. — 성령의 목소리 말이에요. 시간이 갈수록 당신도 더 잘 이해할 수 있게 될 겁니다.

개리: 잠깐만요, 난 이게 궁금했어요. 제이는 부활하여 나타났을 때 그것이 진짜란 것을 알 수 있도록 당신에게 몸을 만져보게 했어요, 그렇죠? 그래서 나도 이런 생각을 했어요. 당신이 과연 진짜인지 확인할 수 있도록 나도 당신을 만져봐도 되나요?

퍼사: 좋아요. 어디를 만져보고 싶나요, 개리?

개리: 당신이 날 희롱하는 건가요, 아니면 내가 당신을 희롱하고 있는 건가요?

퍼사: 당신이에요. 난 당신의 그 은밀한 성도착증을 말하고 있는 거예요. 당신이 만난 대부분의 여자들은 당신이 사람들이 성적인 부위라고는 생각지도 않을 곳을 만지면서 더 흥분한다는 사실을 알아차리지 못했지요.

개리: 당신은 정말 나에 대해 모르는 게 없군요, 그렇죠?

퍼사: 걱정 말아요. 아무에게도 말하지 않을 테니까. 이 부분은 나중에

섹스라는 주제를 다룰 때 좀더 이야기를 나누지요. 하지만 지금은 이번 주제에 좀더 집중합시다. 자, 내 손과 팔을 만져봐요. 내가 도마였을 때 제이를 만져본 것처럼요. 그는 우리가 죽었다고 생각하고 있을 때 나타나서 우리를 놀라 자빠지게 했지요.

주: 나는 퍼사 곁으로 가서 앉아 그녀의 손과 팔을 만져봤는데, 그것은 여느 사람들의 살과 느낌이 똑같았다. 그런 다음 나는 고맙다고 말하고 내 자리로 돌아왔다.

개리: 당신은 진짜 여자로군요.

퍼사: 다른 것들과 마찬가지로 진짜지요. 하지만 그건 모두가 마음속에 있어요. 당신이 도착증을 참아줘서 고마워요. 그런데 한 가지 생각나는 게 있어요. 당신 몽정 해봤죠?

개리: 좀 사적인 이야기로 들어가는 것 같은데요?

퍼사: 잠깐이에요. ― 할 이야기가 있어서 그래요. 그처럼 생생한 꿈을 꿀 때 당신은 어디서 그 여자를 느끼나요?

개리: 여자의 몸의 어느 부위를 느끼느냐고요?

퍼사: 아뇨! 내 말은, 실제로 어디서 여자를 느끼느냐구요.

개리: 마음속에서?

퍼사: 훌륭해요. 당신이 진짜 현실이라고 여기는 이 꿈에서도 마찬가지예요. 그래요, 이건 아주 생생하게 느껴져요. 하지만 밤에 꿈을 꾸면서도 이와 똑같은 경험을 할 수 있어요. 당신의 몸까지 그게 마치 현실인 것처럼 반응을 하지요. 심장이 더 열심히(harder) 뛰고, 호흡도 더 열심히 하고 또 무엇이 더 단단해지는지는(harder) 말하지 않겠어요.

용서의 법칙 **381**

개리: 무슨 말인지 알겠어요. 〈수업〉이 말하듯이 나의 일생이 꿈속에서 지나간다는 거로군요.

퍼사: 그래요. 이야기를 계속해서 당신이 꿈에서 깨어나도록 도와봅시다. 깨어나기를 늘 원하지는 않을 테지만요. 그리고 나중에 아마도 우린 당신의 다른 꿈들 — 자면서 꾸는 꿈이든 깨어서 꾸는 꿈이든 — 에 대해서도 이야기할 거예요. 이걸 늘 명심하세요. — 육신이란 꿈속의 인물과도 같아요. 그 이상의 아무것도 아니에요.

개리: 이 모든 것을 받아들인다면 나의 태도는 이렇게 되겠군요. 나는 꿈속의 인물들을 바라보면서 이렇게 생각하지요. '내가 당신에게 있다고 생각한 죄는 당신에게 있는 게 아니라 사실은 내 안에 있어. 왜냐하면 사실은 우리란 하나밖에 없고 당신은 단지 내가 꿈속에서 지어낸 인물일 뿐이니까. 나는 당신을 용서함으로써만, 오로지 당신을 용서함으로써만 나 자신을 용서할 수 있어. 왜냐하면 당신은 내 무의식의 마음속에 있는 하나의 상징이니까. 당신에게 죄가 있으면 나에게도 죄가 있는 것이야. 하지만 당신이 죄가 없으면 나도 죄가 없어.'

그런 다음에 진정한 용서 — 우리가 실제로 한 적이 없는 행위에 대해 양쪽 모두를 용서하는 것 — 를 통해 내 마음은 자신이 정말 죄가 없음을 깨닫기 시작하는 거죠. 이렇게 해나가는 동안에 갈등은 줄어듭니다. 내가 만날 똑같은 이미지를 가지고 용서를 반복하는 것 같더라도 상관이 없어요. 왜냐하면 모습은 같아 보일지 몰라도 실제로 용서받고 놓여나는 것은 그저 더 많은 죄책감일 뿐이니까요. 평화를 되찾아가는 동안에 마음의 법칙이, 마음의 방향은 마음이 신봉하는 사고체계에 의해 결정된다는 사실을 보여줍니다. 그리고 물론 사고체계는 사실상 두 가지밖에 없어요. 겉보기에는 많아 보이기는 해도 말입니다.

내가 용서하기 숙제를 하면, 다시 말해서 그날에 나타나서 나를 괴롭히는 — 혹은 그저 약간 귀찮게 구는 — 어떤 문제든지 그것을 용서하면, 나는 성령과 함께 천국으로 가고 있는 것이 틀림없어요. 나는 내 마음속의 이미지들도 풀려나도록 돕습니다. 하지만 그런 일은 성령께서 알아서 하실 겁니다.

퍼사: 사랑하는 제자님, 당신은 아주 잘 배워가고 있어요. 물론 당신은 이미 천국에 있어요. 그걸 모르고 있을 뿐이지요. 당신의 마음이 그걸 알아차리질 못해요. 신이든 천국이든 당신은 실제로 그곳을 떠난 적이 없어요. 신으로부터의 분리란 것이 일어난 적이 없으니 그렇지 않겠어요? 나의 복음서에 기록되어 있듯이 제이가 천국에 대해서 이렇게 말한 것도 그 때문이에요. "그것은 지켜 서서 기다린다고 오지 않는다. '여기 보라', '저기 보라'고 말하게 되지도 않을 것이다. 아버지의 나라는 땅 위에 퍼져 있으나 사람들이 보지를 못한다." 〈수업〉에서 제이는 이렇게 묻지요.

> 왜 천국을 기다리고 있는가? 빛을 찾고 있는 자들은 단지 자신의 눈을 가리고 있는 것일 뿐이다. 빛은 지금 그들 안에 있다. (W357)

당신은 성령과 함께 해야 할 일이 있어요. 그리하여 당신의 눈을 뜨게 하고 마음을 꿈에서 깨어나 자신의 본성이 무엇인지, 어디에 있는지를 깨달을 수 있는 상태로 데려가야 해요. 현재의 상태에서는 믿기 힘들지 모르겠지만, 당신의 그 모든 전생은 아무 데도 다다르지 못한 마음의 길고 긴 방랑에 지나지 않았어요. 진실이 자신의 경험이 되는 경지에 이르려면 실천을 해야만 한답니다.

그러니 하세요. 용서에 대해 깊이 숙고하세요. 말로만 하지 말아요. 용서는 말없는 가운데 행하는 것입니다. 〈수업〉의 내용을 실천하세요, 개리. 〈수업〉의 수준을 떨어뜨리지 마세요. 신께 기도만 드리면 만사가 아무런 걱정 없이 잘 돌아가리라는 생각의 덫에 걸려들지 마세요. 그건 한갓 신화일 뿐이에요. 〈수업〉은 "나는 신의 평화를 원한다"*라는 말에 대해 이렇게 말합니다.

> 신께 기도만 드리면 만사가 아무런 걱정 없이 잘 돌아가리라는 생각의 덫에 걸려들지 마세요. 그건 한갓 신화일 뿐이에요.

이것을 말로 하는 것은 아무것도 아니다. 그러나 그것을 진정으로 뜻하는 것은 모든 것이다. (W348)

그리고 조금 뒤에 가서는 이렇게 말하지요.

신의 평화를 원함을 진정으로 뜻한다는 것은 곧 모든 꿈을 버린다는 것이다. (W348)

그러니 당신도 신의 평화를 원한다는 것을 말로만 하지 말고 용서로써 실천해 보여주세요. 이 실성한 행성에서 정말 벗어나고 싶다면 당신도 방금 말했듯이 용서하기 숙제를 부지런히 해야만 합니다. 그건 나날의 일상에서 부딪히는 모든 상황 속에서 〈수업〉의 진정한 용서를 실천하는 것을 의미하지요. 그것이 성령이 당신에게 시킬 공부입니다. 당신이 그것을 늘 완벽하게 하지는, 아니, 그저 잘하지도 못할 거예요. 어떤 때는 미뤘다가 나중에 해

---

* 〈실습서〉 185과의 공부과제. 역주

야 하게 될 수도 있어요. 그래도 괜찮아요. 기억은 다른 모든 이미지들이 그런 것과 마찬가지로 생생한 이미지니까요. 그건 모두가 똑같아요. 그것들을 용서하고 자유로워지세요. — 그리고 동시에 세상을 구원하세요. 당신을 처음 방문했을 때 말했듯이, 당신은 다른 누군가의 용서 공부가 아니라 자기 자신의 용서 공부에 매진함으로써 세상을 구하는 겁니다. 용서의 법칙은 이것입니다.

두려움은 세상을 붙들지만 용서는 세상을 놓아준다. (W468)

두려움이 세상을 붙들고 있기 때문에 당신에게는 세상이 견고한 것처럼 느껴지는 것입니다. 나는 세상을 용서했기 때문에 세상이 견고하게 느껴지지 않아요. 그래서 세상의 감촉은 당신이 잠잘 때 꿈속에서 느끼는 것보다 부드러워요. 물론 **뭔가**를 느끼기는 하지요. 하지만 그건 내가 여기에 나타나 있는 동안에 정상적인 기능을 할 수 있을 만큼만이랍니다. 아주 부드러워요. **바로 그 때문에** 제이는 몸에 못이 박혔을 때도 다치지 않았던 겁니다. 그의 마음은 죄가 없기 때문에 고통을 받을 수가 없습니다. 당신 또한 언젠가는 고통 받을 수 없는 경지에 이르게 될 겁니다. 그것이 육신에 중독된 에고의 판타지 속의 사건들을 용서할 때 성령이 당신에게 부여할 운명입니다.

세상은 십자가의 교훈을 희생의 교훈으로 해석했습니다. 그러나 그것은 제이가 가르치고자 했던 바가 아닙니다. 그가 우리 앞에 나타나서 자신이 가르치고자 하는 것은 고난이 아니라 부활임을 말해줬을 때까지는 나도 그것을 이해하지 못하고 있었지요. 그는, 죽음은 존재하지 않으며 육신은 아무것도 아니라고 말했습니다. 그러나 우리 중 어떤 사람은, 그리고 훗날 교회도, 그가 죽게 된 방식을 ― 그건 전혀 중요하지 않은데도 ― 신을 위해 희생하고 고난을 참아내라는 가르침으로 오인해버렸습니다. 그건 틀렸어요.

십자가 고난을 당신이 본받을 필요가 없다는 것은 이미 말했어요. 그것을 기억한다면 당신이 할 일이란 단지 그 진정한 가르침을 이해하고 당신의 육신과 개인적 삶 속의 상황들에 대해서 용서의 태도를 실천하는 것입니다. 여기 〈수업〉에 나오는 '십자가의 교훈'이라는 제목의 글에서 제이가 하는 말이 있습니다. 진실을 놓고 타협하기를 거부하는, 이보다 더 놀라운 본보기는 결코 찾아볼 수가 없을 거예요.

궁극적으로 공격은 오직 육신에 대해서만 가해질 수 있다. 한 육신이 다른 육신에게 공격을 가하여 심지어는 파괴할 수도 있다는 것은 의심의 여지가 없다. 허나 파괴 자체가 애초에 불가능하다면 파괴될 수 있는 것은 진짜가 아니다. 그러므로 육신이 파괴되었다고 해서 그것이 분노를 정당화해주지는 않는다. 그것이 정당하다고 믿는 정도만큼 그대는 그릇된 전제를 받아들이고 있는 것이며, 그것을 다른 이들에게 가르치고 있는 것이다. 십자가 수난이 의도했던 가르침은, 그 어떤 형태의 공격도 박해로 받아들일 필요가 없다는 것이었다. 그대는 박해받을 수가 없으므로. 그에 대해 분노로써 반응한다면 그대는 자신을 파괴될 수 있는 무엇으로 깎아내리고 있는 것이며, 실성한 눈으로 자신을 바라보는 것이다. (T92)

같은 곳에서 그는 계속해서 이렇게 말합니다.

십자가의 교훈은 너무나 명백하다.

오로지 사랑을 가르치라, 그것이 그대의 본성이니.

십자가 수난을 이와 다른 식으로 해석한다면 그대는 그것을 원래의 의도인 평화의 부름이 아니라 공격의 무기로 이용하고 있는 것이다.

(T94)

개리: 맙소사, 퍼사.

퍼사: 아니에요, 난 도마였어요.

개리: 알아요. 나도 전에 십자가에 관한 그 부분을 읽었어요. 하지만 그땐 그 의미가 제대로 와닿지 않았나 봐요. 이 문제를 좀 생각해봐야겠어요. 그만두든가, 아니면 한 차원 높이든가 말이에요. 난 제이를 제대로 본받지 못하고 있어요.

퍼사: 그런 결심은 훌륭해요, 형제. 기억해두세요, 제이는 남들을 가르쳐 줄 이를 찾고 있는 것이지 순교자를 찾는 것이 아니에요. 나도 도마로서 인도에서 죽었을 때는 일부러 죽음을 원했던 것도 아니고 죽음에 대해 깊이 생각해볼 겨를도 없었답니다.

개리: 순교 동문同門이로군요.

퍼사: 표현이 재밌네요. 중요한 것은 자신이 당장 제이의 경지에 이르지 못한다고 해서 자책해서는 안 된다는 거예요. 그건 하나의 이상理想이에요. 훈련이 필요하지요. 그것도 약간으로는 안 돼요.

개리: 그럼 훈련을 하겠습니다.

퍼사: 알아요. 우리가 당신을 괜히 택한 건 아니에요. 당신은 스스로 생각하는 것보다 강하고 지혜로워요. 올바른 스승을 택하는 데는 지혜가 필요한데, 당신은 그렇게 하는 습관을 점점 들여가고 있어요. 자신을 섣불리 과

소평가하지 말고 그저 숙제만 열심히 하세요. 용서만 하세요. 그러면 밤이 낮을 따라오듯이 당신은 반드시 자신의 본성인 사랑을 체험하게 될 겁니다. 즉각적으로는 아니더라도 그것은 점점 더 당신의 인식 속으로 파고들 거예요. 잊어먹지 않고 상기하는 것이 가장 어려운 부분인데, 용서를 잊지 않도록 도와줄 하나의 지침이 있어요. 당신은 제이를 사랑하죠, 그렇지 않나요?

개리: 물론이죠.

퍼사: 그럼 당신이 일상생활 속에서 마주치는 모든 사람들을 마치 제이인 것처럼 대하면 어떨까요? 그러면 당신이 용서의 생각을 기억해내는 데 도움이 될까요?

개리: 예! 그럴 것 같아요. 해보겠어요.

퍼사: 모든 이들이 다 동등하며 우리는 모두가 그리스도라는 것을 빼면 〈수업〉이 가르치는 게 무엇이 있겠어요? 최소한 이 생각은 당신이 마땅한 태도로 사람들을 바라보게 하고, 그들이 사랑을 표현하고 있지 않다면 사랑을 갈구하고 있는 것이 틀림없다는 사실을 기억해낼 수 있도록 도와줄 겁니다. 이것조차도 당신이 사람들이나 상황에 대해 분별적으로 반응하지 않도록 늘 막아주지는 못할 거예요. 왜냐하면 에고는 아주 영리하거든요. 사람을 지속적으로 은근히 화나게 하는 경우 외에는 당신을 괴롭히는 대부분의 일들이 갑작스럽게 일어납니다. 에고는 그런 급작스럽고 불쾌한 사건을 아주 좋아하지요. 왜냐하면 분리의 사건이 바로 그랬거든요. 다음에 당신이 그런 불쾌한 사건에 부딪힐 때 도움이 될 만한 또 한 가지 사실이 있어요.

은근한 불편감이든 노골적인 분노든 간에 모든 종류의 문제는 하나의 경고신호입니다. 그것은 당신의 숨겨진 죄책감이 무의식 뒤편으로부터 표면으로 올라오고 있음을 알려줍니다. 그 불편함을, 당신이 대하고 있는 그 상징물을 용서함으로써 해방시켜줘야 할 죄의식으로 간주하세요. 에고는 죄의 원인을 환영 속의 어떤 형상에다 투사함으로써 죄가 당신의 외부에 있는 것처럼 보이도록 만들려고 꾀를 쓰고 있는 겁니다. 에고의 사고체계는 당신과 죄 사이에 간극을 벌려놓으려고 애쓰고 있고, 그러기 위해서는 마주치게 되는 사물이나 사람 중에 적당한 아무것이나 있으면 됩니다.

투사는 언제나 부인否認을 뒤따라옵니다. 당신은 이 억압된 죄의식을 타인에게 투사하든지, 아니면 올바르게 용서해야만 합니다. 세상이 아무리 복잡해 보이더라도 선택할 수 있는 것은 딱 이 두 가지밖에 없습니다. 에고를 이겨서 전세를 반전시키려면 그런 불편한 느낌이나 분노의 신호를 주의 깊게 알아차려서 반응하기를 멈추고 용서를 시작해야만 합니다. 그것이 이기는 방법이지요.

개리: 그리고 그것은 단지 꿈일 뿐이라는 것을 기억하고요.

퍼사: 그건 배경처럼 늘 지니고 있어야 할 태도예요. 용서할 준비가 안 된 사람들은 거기에 동의하지 않을 겁니다. 사람들은 언제나 진실에 저항하지요. 에고는 자신이 진짜처럼 만들어놓은 그것을 원하거든요. 당신을 사회에 적응하지 못하는 멍청이로 생각하는 사람들일랑 용서하고, 당신의 원칙만 고수하세요. 잊지 마세요. 〈수업〉은 당신이 세상에서는 성공할 수 없다고 말하고 있는 것이 아니라는 걸요. 단지 그것이 진짜라고 믿지만 말라는 거예요. 당신의 진정한 성공은 신에게 있어요. 왜냐하면 신과 함께라면 당신은 결코 질 수가 없으니까요. 하지만 이 돌아버린 행성에 너무 오랫동안 붙어 있으면 결국은 실패자가 되지 않을 수가 없어요!

하지만 다행인 것은, 그것이 단지 꿈이었을 뿐이라는 사실을 〈수업〉이 깨우쳐준다는 거지요. 이 우주 자체와, 당신이 선망하는 모든 우상을 포함하여 그 안의 모든 것은 다른 차원의 당신에 의해 투사된 것입니다. 그것은 당신이 지금 이 차원에서도 열심히 온갖 것들을 투사하고 있는 것과 마찬가지로, 분명한 사실입니다. 제이는 이렇게 말해주지요.

…… 그대는 그대의 꿈을 선택한다. 마치 그대에게 주어진 것인 무엇처럼 보이는 그것이 바로 그대가 원하는 것이므로. 그대의 우상들은 그대가 바라는 바대로 행동하고 그대가 상상하여 부여한 대로의 힘을 지니고 있다. 그리고 그대는 그 꿈속에서 그들의 힘이 그대의 것이었으면, 하는 바람으로 헛되이 그들을 뒤좇는다.
허나 그 꿈은 잠들어 있는 마음속 말고 그 어디에 있겠는가? 그리고 한갓 꿈이, 스스로 자기 외부로 투사하는 그림을 실물로 만들어놓을 수가 있겠는가? 형제여, 시간을 아끼라. 시간이 무엇을 위해 있는지를 깨달으라. (T618-619)

시간이 존재하는 목적은 용서를 위해서입니다. 그것만이 생명을 살릴 수 있는 유일한 답입니다. 신의 아들이여, 이에 합당하게 행동하세요.

개리: 그러니까 용서하기를 잊지 않는 한 내가 하던 짓을 계속해도 되는군요. 세상에 대한 사고방식을 뒤집어놓기 위해 애쓰는 동안에도 내 개인적 생활과 이루고자 하는 일들을 등한시할 필요가 없단 말이죠. 그런 것들이 꿈의 시나리오 속에 투사된 우상, 곧 신의 대용물임을 앎으로써 동시에 그것들을 용서할 수가 있겠군요.

퍼사: 잘 이해했어요. 당신이 이곳에 있는 것처럼 보이는 동안에는 물질적인 관심사를 가지게 될 거예요. 돈으로 행복을 살 수는 없어도 그것으로 음식과 집과 옷과 교통수단과 나쁘지 않은 온갖 것들을 살 수가 있지요. 많은 돈을 버는 것도 잘못된 것은 아니에요. 하지만 그걸 진짜인 것처럼 만들 필요는 없어요. 특히나 당신은 이제 뭐가 어떻게 돌아가고 있는지를 아는데

말이죠. 실상을 깨닫는다는 건 참 재미있는 일이에요! 모든 것을 그토록 심각하게 받아들일 필요가 없어지니까요. 진실을 모르고 있는 사람들을 부러워할 필요가 어디 있겠어요? 미국 대통령은 자기가 정말 미국의 대통령인 줄로 알고 있지요. 그가 그 꿈을 믿는 한 그 꿈은 그를 — 혹은 언젠가는 그녀를 — 다치게 할 힘을 지니게 될 거예요.

개리: 용서를 실천하는 예를 들어주겠다고 하셨는데요.

퍼사: 예. 나의 마지막 전생에서 한 가지 예를 들려드릴게요. 그게 정확히 미래의 언제인지는 말하지 않겠어요. 그리고 아턴이 다음에 오면 또 하나의 예를 들려줄 거예요. 보통은 우리가 당신에게 이번 생의 예를 들어보라고 하지만요. 시간은 끝났어요. 당신이 그것을 알지 못할 뿐이지요. 진실을 경험하는 방법은 지금 당신 앞에 있는 것을 용서하는 것입니다.

> 나는 감기를 용서하는 것이 신체적 공격을 용서하는 것과 똑같이 중요하고, 약간의 모욕감을 용서하는 것이 사랑하는 사람의 죽음을 용서하는 것과 똑같이 중요하다는 것을 깨달았어요.

〈수업〉이 환영에는 위계적인 구조가 없다고 가르치고, 또 기적이란 당신이 성령의 시나리오로 옮겨가게 만드는 인식의 전환이라면 어떤 기적이 다른 기적보다 더 중요하지도 덜 중요하지도 않다는 것을 깨달아야만 합니다. 당신이 나의 마지막 전생이라고 부를 생에서 — 왜냐하면 그것이 내가 깨달음을 얻은 생이니까요 — 나는 감기를 용서하는 것이 신체적 공격을 용서하는 것과 똑같이 중요하고, 약간의 모욕감을 용서하는 것이 사랑하는 사람의 죽음을 용서하는 것과 똑같이 중요하다는 것을 깨달았어요. 이것이 너무 무정하게 들린다면 당신은 틀린 겁니다. 부모님이 돌아가시면 마음이 아프고, 남편이 죽어도 마음이 아픕니다. 하지만 신으로부터의 분리가 일어난 적이 없음을 당신이 금방 인식하고 받아들이듯이, 비극으로 인식되는 그것도 금방 용서할 수 있습니다. 그러니 그 모두가 한갓 꿈일 뿐이고, 당신을 포함한 그 누구에게도 죄는 없어요.

그 생애에 나는 미국시민으로 살았던 한 여자였어요. 기적은 국경을 모르지요. 당신이 어디 출신인지를 상관하지 않아요. 내 부모님이 남아시아에서 이민 왔기 때문에 이 말을 하는 거예요. 내 이름도 그쪽의 이름이지요. 나는 명문대학교의 교수였고 그 사실을 아주 흡족하게 여겼지요. 나는 내성적이어서 친구가 많지 않았지만 일에서는 아주 뛰어났어요. 나는 또 〈기적수업〉을 아주 좋아했어요. 그리고 영적 사상을 포함해서 그 어떤 종류의 사상도 일반대중이 자유롭게 배울 수 있는 이 세상에, 매우 지적인 사람들이 깨달음을 얻을 수 있게끔 고안된 것이 분명한 그런 가르침을 준 제이에게 감사를 느꼈어요.

이건 혹평이 아니에요. 하지만 21세기와 22세기에는 〈기적수업〉이 대중의 영적 요구를 만족시켜주지 못할 겁니다. ― 오직 소수의 사람들만이지요. 지금부터 1~2백 년 후보다는 5백 년 이후에 가서야 〈수업〉이 훨씬 더 잘 이해받게 될 겁니다. 물론 〈수업〉이 제이가 전하는 신의 말씀이라는 사실이 일반대중에게 받아들여지는 것은 그보다는 빠르겠지만, 그것이 대중의 영적 요구에 맞아 떨어지느냐 하는 것은 전적으로 다른 문제거든요. 기독교는 〈기적수업〉을 두려워할 이유가 전혀 없어요. 세계의 주요 종교들은 지금부터 천 년 이후에도 모두 그대로 남아 있을 거니까요.

그 마지막 생에서 나는 〈기적수업〉을 41년 동안 실천했어요. 마흔세 살 때부터 몸을 떠난 때인 여든네 살 때까지 말이에요. 하지만 나의 깨달음, 혹은 부활은 몸을 떠나기 11년 전에 왔어요. 그 마지막 11년이 얼마나 확고한 지복 속에 있었는지는 말로 할 수가 없어요. 시간이 의미를 잃고 그러한 현실에 그렇게 영원히 머물러 있다는 것은 너무나 멋진 일이었지요. 그것은 그토록 여러 해에 걸쳐서 용서를 거의 지속적인 습관이 되게끔 만든 훈련의 결과였어요. 삶이란 꼬리를 물고 일어나는 사건의 연속이라고들 하지요. 〈수업〉과 함께하는 삶도 마찬가지예요. 어떤 일이 용서를 구하고 있는 것을 발견하면 그것을 용서한다는 점만 다를 뿐이지요. 다시 말하지만, 사랑하려고 애쓸 필요는 없어요. 용서를 하면 사랑은 절로 드러난답니다. 왜냐하면 그것이야말로 우리의 본성이기 때문이지요.

개리: 41년 동안 〈기적수업〉 공부를 하다니, 너무나 기나긴 세월 같은데요.

퍼사: 그건 당신이 잘못 생각하고 있는 거예요. 어떻게든 간에 나는 그 세월을 살아갔을 서거든요! 그 인생의 황혼기를 당신이라면 어떻게 보내고 싶으세요? 평화롭게? 아니면 별로 평화롭지 못하게?

개리: 그건 말이 되네요.

퍼사: 쉰 살이 됐을 때 나는 이 명문대학에서 18년째 교수로 있었는데 한 남학생이 내 수업에서 낙제를 했어요. 정신이 불안정한 이 학생은 자신의 형편없는 성적에 가족이 보일 반응이 두려웠던 나머지 나를 찾아와서 점수를 올려주지 않으면 내가 점수를 올려주는 조건으로 그에게 섹스를 요구했다고 소문을 내겠다고 위협했어요. 내가 그를 통과시켜주지 않으면 그가 나의 섹스 요구를 거절했기 때문에 내가 그를 낙제시켰다고 떠벌리고 다니겠다는 거였지요.

나에게는 그간의 성적이나 시험답안지나, 그를 낙제시킬 수 있는 모든 증거가 갖추어져 있었는데도 불구하고, 내가 성적을 바꿔주지 않자 이 병적이지만 확신에 찬 아이는 거짓을 떠벌리고 다니기 시작했어요. 그는 경력을 화려하게 꾸미고 싶어 안달이 난 기자를 어렵지 않게 찾아냈고, 그 헛소문은 다른 매체로도 퍼져나갔습니다. 그러자 성적이 나쁜 다른 두 학생이 또 나서서 비슷한 모함을 퍼뜨렸습니다.

일부 대학교에서는 교수의 대외적 이미지와 수강신청자 수가 매우 중요하게 작용한답니다. 나는 혐의가 없었고 재직권도 확보하고 있었음에도 불구하고 나를 축출할 합법적인 구멍이 발견됐고, 그로써 교수로서의 나의 경력은 좌초해버리고 말았지요.

난 믿을 수가 없었어요. 나는 한동안 폐인이 돼버렸습니다. 학계의 모든 사람들이 나를 배신해버린 것처럼 보였어요. 사실여부는 아무런 상관이 없었어요. 수십 년 동안의 연구와 업적이 물거품이 되어 날아가 버렸지요. 나는 아무런 잘못도 하지 않았는데 보기 좋게 잘려버린 겁니다. 그 생애에서는 그보다 더 높은 특권과 보수를 누릴 수 있는 다른 직업을 결코 얻을 수 없었을 거예요.

다행히도 나는 인내심을 발휘해서 마침내 그런 대로 만족스러운 다른 직업을 찾았습니다. 그리고 훗날 그 일을 그만뒀을 때는 내가 뭔가 공헌을 남긴 것 같은 기분을 가질 수 있었지요. 말할 것도 없지만 그 학생과 다른 아이들이 나에게 한 짓은 그 마지막 생에서 가장 중요한 용서의 교훈이었습니다. 나는 인생의 한 길을 탄탄히 닦아놓고 있었는데 그것을 그들이 앗아 가버린 겁니다.

개리: 그건 정말 큰 타격이었겠네요. 그걸 어떻게 극복했나요?

퍼사: '서서히 달아오르는 분노', 말하자면 서로 관계된, 점진적으로 펼쳐지는 일련의 이미지들에 대해서도 방법은 전혀 다르지 않아요. 여전히 한 번에 하나의 이미지씩 처리하면 되지요. 다행히도 나에게는 〈기적수업〉이 있었고 이 모든 일이 일어났을 때 나는 〈수업〉을 꽤 잘 이해하고 있었어요. 그래서 나의 피폐해진 감정은 오래 가지 않았지요. 이것이야말로 〈기적

수업〉의 백미랍니다. 남들이 아무리 욕을 퍼붓고 또 그것이 아무리 아프더라도 기꺼이 용서만 한다면 고통은 그 즉시 감쪽같이 사라져버립니다. 그것만으로도 〈수업〉을 공부하는 보람이 있지요!

그것이 꿈이란 것을 깨달으면 '불의不義' 같은 것은 실재하지 않는다는 것을 아는 당신의 한 부분이 존재하게 되지요.(T564) 당신이 그 모든 것을 지어낸 것입니다. 그리하여 당신이 모종의 이유로 원했던 그것을 얻은 것이지요. 당신은 자신의 개체성을 지켜내고 동시에 그에 대한 죄책감을 다른 누군가에게로 투사해야 합니다. 얼마나 편리한가요! 나는 이제 그런 것들을 전보다 더 잘 알고 있었어요. 내가 '서서히 달아오르는 분노'라고 한 것은, 말 그대로 용서해야 할 일련의 사건들이 있었기 때문이에요. 온갖 많은 일들이 꼬리를 물고 일어났었지요. — 하지만 나는 그것을 하나씩 하나씩 용서할 수 있었어요.

난 그것이 꿈이며 그 꿈속의 인물들은 나를 위해 연기하고 있는 것임을 알아차리는 습관을 이미 들여놓고 있었어요. 나는 그것을 7년 동안 연습해오고 있었고 그 사람들, 그들의 배신, 내가 당혹스러워해야 할 이유, 그 모든 일들의 외견상의 부당성이 실재하는 것이 아님을 확신했지요. 내가 그것을 알아차리는 순간 이 사람들도 실은 죄가 없다는 것이 당연한 사실이 되는 거지요. 그들이 존재하지 않는다면 그 죄는 내 안에 말고 또 어디에 있을 수가 있겠어요? 하지만 신으로부터의 분리가 일어난 적이 없다면 나 또한 죄가 없어요.

그건 어려운 일이긴 했지만 나는 내 생각 속이나 내 눈앞에 있는 상황과 사람들, 또한 동시에 나 자신을 모두 용서할 수 있었습니다. 이제 상대방에게 죄가 있다고 보는 대신 나는 우리 **양쪽** 다 죄가 없음을 알 수 있었습니다. 그것이 내가 지어낸 꿈이고 그들은 내 무의식 속에 있는 것의 상징물일 뿐이라면 그들에게 어떻게 죄가 있을 수 있습니까? 그것을 정말 이해하면 외부에는 그리스도밖에는 아무도 없고, 그때 당신은 상대방에게 용서와 순결이라는 선물을 줄 수 있는 겁니다. 그렇게 되면 〈수업〉이 말하듯이, 그것이 당신이 당신 자신을 바라보아야 할 방법인 것입니다.

이 선물을 주는 것이 그것을 그대의 것으로 만드는 방법이다. (T668)

용서한 다음에 나는 제이에게 나를 맡겼습니다. 나는 그가 또한 성령임을 알고 있었지요. 나는 그 결과를 내 눈으로 확인할 수 있는지 없는지는 중요하지 않다는 것을 잊지 않도록 애썼습니다. 제이나 성령과 함께 하면서 용서를 실천하면 그 결과는 언제든지 나타나게 마련입니다. 〈수업〉도 첫 번째 50가지 기적의 원리에서 이렇게 말하지요.

기적은 결코 헛되지 않다. 그것은 그대가 만난 적조차 없는 수많은 사람들을 건드려놓을 수도 있으며, 그대가 인식조차 못하는 상황들 속에 꿈에도 생각지 못한 변화를 일으켜놓을 수도 있다. (T6)

개리: 바로 지금 아턴이 있는 곳과 같은 데를 말하는 건가요?
퍼사: 예. 기적은 당신이 존재하는 시간의 차원에만이 아니라 당신의 과거생과 내생을 포함한 다른 시간과 장소들에도 영향을 미칩니다.
개리: 그거 참 끝내주는군요. 그런데 당신은 나에게 재료를 줬지만, 그걸로 뭘 만들어내는 건 당신이 하는 것만큼 쉬워 보이질 않아요.
퍼사: 오, 그건 정말 간단해요, 개리. 하지만 쉽다고 말한 적은 없어요. 오히려 난 그것이 어려웠다고 했어요. 그리고 상황 속에 빠져 있을 때 용서

하기를 상기해내는 것이야말로 가장 어려운 부분이지요. 때로는 불가능한 것처럼 보이기도 하지만 그렇지는 않아요. 그건 할 수 있고 할 만한 가치가 있고도 남지요. 내가 방금 예를 들었던 일은 몇 달 동안 용서를 해야만 했어요. 때로는 몇 년 후에도 여전히 그것을 떠올리곤 하다가 그 일부를 다시금 용서해야 하기도 했어요. 삶에서 가장 힘든 용서의 교훈은 그런 식이에요. 하지만 동시에, 살다 보면 하찮아 보이는 일들을 용서하는 것도 똑같이 중요하다는 것을 깨닫게 되지요. 결국은 모두가 다 똑같다는 것을 이해하기 시작하게 된답니다.

많이 실천할수록 더 깊이 이해하게 되지요. 그리고 가끔씩 그것이 실제로 더 쉽게 보이게 될 겁니다. 열쇠는 그것을 포기하지 않고 실천하는 것이지요.

자, 이제 좋은 소식과 나쁜 소식을 말해줄게요. 어느 것부터 먼저 들으실래요?

개리: 좋은 소식을 좀 써먹을 수 있겠네요. 내가 얼마나 긍정적인 사람인지는 당신도 알잖아요.

퍼사: 좋아요. 이 차원에서 〈수업〉이 "그대는 왜 천국을 기다리고만 있는가?" 하고 물을 때, 그것은 당신이 **지금 당장** 신의 평화를 경험할 수 있다는 뜻입니다. 성령과 함께 바른 마음을 쓰는 것이 천국에서 창조하는 일에 상당하는 인식의 능력이라고 하는 〈수업〉의 가르침을 말해줬었지요. 거룩한 순간을 선택하면 평화의 경험을 많이 하게 될 겁니다. 깨달음이라는 궁극의 거룩한 순간을 만들어내려면 그런 경험이 많이 쌓여야 합니다.

자, 이제 나쁜 소식입니다. 하지만 뭐 그렇게 나쁘진 않아요. 완전히 깨달으려면 꽤 오랜 세월이 걸릴 거라고 말한다면 당신은 실망하겠지요, 그렇지 않아요?

개리: 두말하면 잔소리지요.

퍼사: 최소한 오늘은, 그게 정확히 얼마나 걸릴지는 말하지 않겠어요. 정말 심각한 질문을 하나 할게요. 성령의 용서를 실천하지 **않는다면** 지금으로부터 X년 후에 당신은 얼마나 깨달아 있을까요?

개리: 무슨 말씀인지 알겠어요. 그게 훨씬 더 빨리 깨닫느냐, 훨씬 더 빨리 깨닫지 않느냐의 문제라면 선택은 뻔하지요.

퍼사: 아주 좋았어요. 총명하고 빠른 학생이에요. 자, 우리가 당신을 9년 동안 방문할 거라고 말했을 때 당신은 자신이 지진아 학급에 속하느냐고 물었었지요.

> 나쁜 소식은, 이것은 시간과 노력이 필요한 과정이란 것이에요. 그 길에는 무수한 보상이 있어요. 하지만 그것은 힘든 과정 속에서 일어납니다.

개리: 생각나요.

퍼사: 우린 아니라고 대답했어요. 〈수업〉은 하나의 **과정입니다**. 당신이 이미 실질적으로 깨달아 있는 영적 천재가 아닌 한 그것은 누구에게나 마찬가지예요. 그런 사람은 이 세상에 약 스무 명밖에 없어요. 나쁜 소식은, 당신을 포함해서 다른 모든 사람들에게는 이것은 시간과 노력이 필요한 과정이란 것이에요. 그 때문에 우리도 이것이 필생의 영적 길이라는 점을 강조했지요. 그 길에는 무수한 보상이 있어요. 그중 어떤 것은 아름답고 전혀 예상 밖의 것들이지요. 하지만 그것은 힘든 과정 속에서 일어납니다. 〈수업〉의 〈교사를 위한 지침서〉는 방랑의 기간에 대해 이렇게 이야기합니다.

······ 이제 그는 오랜 세월 동안 다다를 수 없을지도 모르는 그 경지를 얻어야만 한다. 그는 모든 분별심을 내려놓고 자신이 오매불망 진정으

로 원하는 그것만을 구하는 습관을 들여야 한다. (M11)

그런 연후에만 당신은 〈수업〉이 '성취의 기간'이라 일컫는 시기에 다다를 수 있습니다. 그것은 '진정한 평화의 단계'지요.(M11)

개리: 잊어버리기 전에 간단한 질문 하나만요. 나를 정말 괴롭히는 것은 내가 남을 심판할 때가 아니라 그들이 나를 심판할 때예요.

퍼사: 아, 하지만 개리, 당신에 대한 그들의 심판은 사실은 외부에 있는 것처럼 보이는 당신 자신의 자기심판이랍니다. 그들은 거기에 있지도 않아요. 당신은 그걸 늘 잊어버리지요. 물론 그들은 꼭 거기에 있는 것처럼 보이고 심판은 외부에 있는 것 같아요. 하지만 그렇지 않거든요. 당신이 상대방을 용서할 때 사실은 당신 자신의 마음속에 있는 것을 용서하고 있는 거예요. 그들의 사랑에 대한 갈구는 사실은 당신의 사랑에 대한 갈구랍니다.

개리: 항상 정확하게 그런 용서의 사고를 해야만 하나요?

퍼사: 아뇨.

개리: 그 생각들을 구체적으로 정확히 떠올려야 할 필요가 없다고요?

퍼사: 예. 그 자세한 생각들을 정확히 떠올려야 하는 건 아니에요. 이 모든 것을 다 이해하고 나면 — 당신이 계속 공부의 깊이를 더해가기를 우리가 바라는 이유도 이것이지만 — 그것은 당신의 영구적인 일부가 될 거예요. 이런 식의 사고가 마음을 지배하게 되면 그것은 곧 성령이 마음을 지배하게 됨을 뜻하지 않을 수가 없지요.

이 지침들을 당신의 시간을 아껴서 효율을 최대한 올리도록 도와주는 수단으로 삼으세요. 사실을 말하자면, 내가 오늘 말한 것들 중 그 어떤 생각이든 간에 당신이 그것을 떠올리기만 한다면 그것은 곧 당신이 제이, 혹은 성령을 스승으로 택했음을 뜻하고, 이것이 바로 거룩한 순간입니다. 그것을 기억해내고 용서를 하면, ― 뉴턴식의 의미에서가 아니라 양자역학적 의미에서 ― 그리고 당신의 형제자매들이 당신과 마찬가지로 순결함을 알면 그것이 바로 기적인 것입니다. 그리고 에고의 끈적한 관계가 아니라 그리스도 안에서 형제자매와 하나가 되면 그것이 거룩한 관계인 것입니다. 〈수업〉의 사고체계를 적용하면 잘못을 할 수가 없습니다. 성령은 당신이 즉석에서 생각을 구체적으로 떠올리지 않아도 당신의 의도가 무엇인지를 다 압니다. 하지만 그것이 마음속에서 지배적으로 되게 하기 위해서는 그런 생각들을 마음속에 품고 있어야만 합니다. 오늘 내가 이야기한 것들을 이용하세요. 그러면 그렇게 될 겁니다.

그 점을 마음에 두면서, ― 그리고 요약해서 ― 용서의 사고과정의 한 보기를 들어드릴게요. 깨어서 살피면서 에고를 놀라게 해주는 것도 도움이 된다는 것을 기억해두세요. 〈수업〉이 시키는 대로 오로지 신과 그의 나라를 찾아 깨어 있으려면 예리한 마음이 필요합니다.(T109) 〈수업〉은 이렇게 귀띔해주지요.

> 기적은 기적적인 마음상태, 곧 기적을 대비하고 있는 마음상태로부터 일어난다. (T6)

이 사고과정에서 '당신'이라는 말은 누구에게나, 어떤 상황이나 사건에나 적용될 수 있습니다. 기본바탕을 유지하면서 즉흥적으로 변용하는 것은 괜찮습니다. 당신이 용서를 하기만 하면 당신이 성령에게 부탁하든 말든 간에 성령은 잊지 않고 당신의 마음속에서 무의식적 죄책감을 제거하고 우주적 치유를 행해줄 것임을 기억하세요. 그것이야말로 성령의 할 일이고, 성령은 그 일에 달통해 있으니까요. 당신은 **자신**의 일을 잊지 말고 해야 합니다. — 즉석에서 못하면 나중에라도요. 만약 그것을 완전히 까먹어버린다면 에고의 시나리오가 언젠가는 그에 못지않은 비슷한 기회를 다시 제공해주리라는 것을 확신해도 됩니다.

진정한 용서:
사고과정의 예

당신은 정말 거기에 있는 것이 아니다. 만일 내가 당신에게 죄가 있거나 문제의 원인이 있다고 생각한다면, 그리고 내가 당신을 지어냈다면 그 상상 속의 죄와 두려움은 내 안에 있는 것이 틀림없다. 신으로부터의 분리는 일어난 적이 없으므로 나는 실제로 일어나지 않은 일에 대해 우리 둘을 모두 용서한다. 이제는 오직 순결만이 남아 있으며 나는 평화 속에서 성령과 하나가 된다.

용서의 사고과정의 이 보기를 얼마든지 활용해서 용서의 습관을 들이도록 하세요.

개리: 마음에 들어요. 이제 내가 해야 할 일은 오로지 싸움이 일어나려고 할 때 이 같은 생각을 떠올리기만 하면 되는군요.

퍼사: 마음 놓으세요, 개리. 진실을 기억해내기만 하면 그 순간에 싸움은 끝나는 거예요. 이제 난 갈 거예요. 하지만 당신이 나를 용서할 것을 알아요. 실제로 제이는 〈수업〉에서, 당신이 마침내는 그의 말에 귀를 기울여 진정한 용서를 실천하게 될 것임을 알고 있다고 말합니다.

그리하여 지옥의 흔적, 은밀한 죄와 감춰진 증오가 모두 사라지리라.

그리고 그것들이 가리고 있던 모든 사랑스러운 것들이 천국의 잔디처럼 눈앞에 나타나, 그리스도가 나타나기 전에 우리가 걸어왔던 가시밭 길 위로 우리를 높이 들어 올리리라. (T668)

이 비범한 가르침의 만남 이후 몇 주 동안 나는 스터디 그룹의 한 멤버에 대해 내가 갈수록 부정적인 반응을 보이고 있는 것을 알아차리게 되었다. 내가 호의적으로 대해왔던 이 친구는 목소리가 아주 크고 공격적이어서 모임에서 〈수업〉 내용에 관한 이야기를 나눌 때 종종 혼자서 시간을 독차지하곤 했다.

수업에 관한 그의 지식은 대단했다. 〈기적수업〉의 교사로 널리 알려져 있는 사람들 외에 그보다 더 많은 것을 알고 있는 사람은 나도 만난 적이 없었다. 문제는, 그는 자신이 〈수업〉에 대해 알고 있는 표피적인 지식을, 자신은 옳고 남들은 틀리다는 것을 입증하는 데에 사용한다는 점이었다. ─ 그것을 용서하는 데에 쓰지는 않고 말이다. 이것은 〈기적수업〉의 지적인 학생들을 유혹하여 '날 봐, 난 너보다 훨씬 더 많이 아니까 급수가 엄청 높지 않냐구!' 하는 태도에 빠지게 하는, 에고의 함정이었다.

이 친구가 모임에서 보여주는 행동은 무엇을 **아느냐** 하는 것보다도 그것을 가지고 무엇을 **실천하느냐** 하는 것이 더 중요하다는 사실을 통감하게 해주었다. 사실, 용서하는 방법을 알기만 하고 실제로 실천하지 않는다면 집으로 돌아갈 수가 없을 것이다. 그리고 그 짜증나는 가르침 방식으로 혼자서 시간을 독차지하는 이 친구만큼 나의 새로운 지식을 적용해볼 좋은 기회를 제공해줄 사람이 누가 있겠는가?

그의 높은 목소리는 사랑의 갈구가 아니고 무엇이겠는가? 그리고 그 사랑의 길을 가로막는 모든 것을 용서로써 제거하는 것보다 더 확실히 사랑을 경험할 수 있는 길이 어디에 있겠는가? 나는 모임에서 이 친구를 바라보며 그 목소리에 귀를 기울이면서, 그가 실제로 존재하지 않음을 이해하려고 애썼다. 나는 단지 꿈을 꾸고 있는 것일 뿐이며, 그는 나에게 평화의 결핍(곧, 그에 대한 짜증)을 일으키는 원인제공자로 지목하기 위해서 내가 지어낸, 내 꿈속의 한 등장인물이다. 내 에고의 시나리오에 의하면 잘못은 그에게 있지 나에게 있지 않다. — 하지만 나는 이제 마음을 바꿀 수 있었다. 그가 나를 위해 상징하고 있는 나 자신의 죄가 어떤 형태를 취하고 있는지를 내가 이해하는지 어떤지는 크게 중요하지 않았다. 중요한 것은 용서하는 것뿐이었다. 그 나머지 시시콜콜한 것들은 성령이 돌봐줄 것이다.

분리가 없다면 이 친구는 나와 별개로 존재할 수가 없다. — 그리고 우리가 신에게서 분리되었다는 것이 환영이라면 우리는 누구도 한 개인으로서 존재할 수가 없다. 내가 보고 있는 것은 실제로 거기에 존재하지 않았다. 이제 나는 그에게는 죄가 전혀 없다는 **태도**를 가짐으로써 순결을 볼 줄 아는 진정한 눈을 가질 수 있었다. 실제로 일어나지 않은 일에 대해 그를 용서할 수 있었다. 그러한 관점에서는 내가 나 자신에 대해 암암리에 묻고 있던 죄 또한 용서되었다. 나는 평온한 마음으로 내 형제를 성령에게로 놓아주었고 그럼으로써 나 또한 놓여났다.

나는 이 에피소드가 단지 하나의 단계에 지나지 않는다는 것을 알았다. 앞으로 가야할 길에는 틀림없이 더 '힘든' 사람들과 불쾌한 상황들이 무수히 진을 치고 기다리면서 용서하고 싶지 않은 마음을 일으킬 것이었다. 성령에게는 기적은 모두가 같은 것이지만 에고에게는 분명 그렇지 않다. 나는 상대방에게 투사되어 있는 나의 에고를 언제나 기꺼이 직시하려 하지는 않을 것이다. 그러한 저항을 알아차리는 것이 〈수업〉을 실천하는 공부의 중요한 부분이었다.

사실 〈수업〉의 공부를 제대로 하지 않았을 때 그런 자신을 용서하는 것도 과정의 중요한 부분이다. 그것을 먼저 직시하지 않고는 에고를 용서하고 지울 수가 없었다. ― 게다가 용서하지 **않으려는** 욕망이야말로 바로 그런 오류가 가장 극적으로 드러나는 곳이 아닌가? 그렇다, 나는 저항했다. 하지만 인내심도 있었다. 어떤 때는 그것은 1초, 1분, 혹은 반시간, 아니면 하루가 걸렸다. 하지만 내 안에서 심판의 칼날이 올라와 내 외부에 있는 것처럼 보이는 무엇을, 혹은 누군가를 비난할 준비를 할 때마다 나는 언제나 마음을 바꾸어 용서하고 내 형제자매의 본성이 무엇인지를 기억해내곤 했다. 그러면 당연히 따라서 내 본성이 무엇인지를 기억해내게 되곤 했다.

아마도 이것이 세상이 알지 못하는 가운데 평범한 삶이 위대한 삶으로 변해가는 길이리라. 사실 진정한 용서를 실천할 때는 세상이 알든 모르든 그것은 나에게 그리 중요한 것이 아니다.

8
깨달음

> 깨달음이란 무엇을 알아보는 것(a recognition)일 뿐,
> 결코 어떤 변화가 아니다.
>
> (W357)

1994년의 그날 이후부터 1995년 초까지 나는 기회가 생길 때마다 용서를 실천했다. — 그 기회는 날마다 넘쳐났다. 게다가 용서했어야 하는데 하지 못했던 최근의 기억들도 수시로 떠올랐다. 그러면 그것도 용서했다. 더 오래된 과거의 기억이 떠오를 때도 같은 방법으로 이 심상들을 용서해야 했다. 마지막으로, 그러나 결코 덜 중요하지 않은 것으로는 앞날에 대한 걱정이 있었다. 〈수업〉은 이런 걱정들도 모두가 에고라는 마술사의 모자에서 튀어나오는 토끼처럼 환영에 지나지 않음을 가르쳐주었다.

나의 에고는 최근의 기억이든 오래전의 기억이든 간에, 내 현재의 행복의 가능성을 가로막기 위해 골라잡을 수 있는 나쁜 기억들의 끝없는 목록을 보유하고 있었다. 나 자신의 행동을 후회하든 남의 행동을 원망하든 간에 그런 씁쓸한 기억들은 예기치도 않은 순간에 수시로 불쑥불쑥 나타나곤 했다. 에고는 정말 내가 행복해지는 꼴을 봐주지 않았다. 그러니 이제 나의 할 일은 나의 이 환영들을 진실 앞으로 데려가는 것이었다. 성령이야말로 진실이었고, 성령은 내가 자신이든 혹은 내 형제자매 중 누구든 걸고넘어지려고

준비해둔 시빗거리를 언제든지 물거품으로 만들어버릴 수 있었다.

나는 이전에 여러 해 동안 해온 구도행각을 통해 수행이란 **자연스럽게 되지 않는** 것을 연습하는 것임을 알고 있었다. 기나긴 세월 동안 습관으로 굳어진 반응과 사고패턴은 쉽사리 바뀌지 않는다. 그러나 나의 최근의 경험은 그것이 바뀔 수 있음을 말해주고 있었다.

수업의 〈교재〉에 너무나 자세히 설명되어 있듯이 이 세상의 꿈과 같은 허망한 본질을 그처럼 강력하게 깨우칠 수 있게 된 것이 나는 너무나 기뻤다. 〈실습서〉에서 읽었던 모든 것은 그것을 늘 언급하지는 않더라도 그러한 관점을 뒷받침해주고 있었다. 이 우주를 하나의 꿈으로 바라보면서 육안이 보여주는 형상들을 용서하는 것이 얼마나 단순미 넘치는 일인지는 〈실습서〉의 용서에 대한 다음 설명 속에 잘 요약되어 있다.

> 용서란, 형제가 그대에게 저질렀다고 생각되는 그 행위가 일어난 적이 없음을 인식하는(recognize) 것이다. 용서는 '죄를 사함으로써' 죄가 실재하는 것처럼 만들어놓지 않는다. 용서는 죄란 실재하지 않음을 안다. 그리고 그러한 관점 안에서는 그대의 모든 죄가 용서된다. (W401)

나는 또 잠에 대한 〈수업〉의 생각은 부인否認, 혹은 억압과 대충 같은 것이라고 배웠다. 크게 보면 부인 이후에는 투사投射가 뒤따르는데, 그것은 내 꿈속의 사물들은 생명 있는 것이든 없는 것이든 간에 똑같이 실재하지 않음을 뜻한다. 이것은 나처럼 형이상학적인 쪽으로 치우친 사람에게조차 삼키기 어려울 때가 있었다. 그래도 용서의 궁극적 결과에 대해 〈수업〉이 하는 말을 믿는다면 그것은 사실이어야만 했다. **내 인생은 한 편의 꿈이었다.** 실재(reality)는 여전히 여기에 있지만 내가 그것을 알아차리지 못하고 있었던 것이다. 그래서 나의 죄책감의 무의식적 투사를 지우는 유일한 방법인 나의 용서의 숙제는 이 차원에서 행해졌고, 내가 보지 못하는 그 나머지 부분은 성령이 알아서 처리해줬다.

지난번 방문에서 퍼사가 깨달음에 관해 이야기를 꺼냈기 때문에 나는 〈수업〉에서 그 주제에 관한 부분을 찾아보았다. 다음에 내 스승들을 만나면 그것에 대해 좀더 이야기해보고 싶었기 때문이다. 거기에는 은밀한 동기가 있었다. — 나는 나의 깨달음이 너무 오래 걸리기를 바라지 않았기 때문에 그 과정을 조금이라도 더 앞당길 방법이 없는지를 알고 싶었던 것이다.

메인 주에 반가운 봄이 찾아오는 4월은 아턴과 퍼사가 돌아오기로 한 때였다. 나는 그들이 돌아올 것을 알았고, 실제로 어느 평일 오후에 그들은 내 앞에 다시 나타났다.

퍼사: 안녕 용서맨, 세상은 잘 돌아가고 있나요?

개리: 잘 돌아가고 있지만 내겐 그것도 별로 달갑지 않네요. 세상을 놓아주느라 바빴어요.

퍼사: 약삭빠른 깨달음 부문에서는 당신을 능가하는 우리 아턴을 잊어버리진 않았겠죠?

개리: 어쩐지 본 적이 있는 사람 같다고 생각했어요. 다른 차원에서 성령을 도와서 제 마음을 치유해주고 오셨나요?

아턴: 애써봤지만 상처가 너무 컸어요. 농담이에요. 당신의 용서 덕분에 시간과 공간이 당신에게 알맞게 조정되었어요. 어떤 상황과 사건들은 당신이 더 이상 배울 게 없게 되었기 때문에 이제 다시는 일어나지 않을 거예요. 그리고 당신이 자신을 벌하는 짓을 피하게 하는 결정을 하게 되는 때도 있을 거예요. 대개는 자신조차 그걸 알아차리지 못할 테지만요.

개리: 예를 들어서 이야기해줄 수 있나요?

아턴: 물론이죠. 3주 전에 당신은 영화를 보러 갔었죠. 당신은 어느 것을 볼까 한참이나 망설였지만, 결국은 자신이 선택한 영화를 좋아하지도 않았어요.

개리: 기억해요. 그 쓰레기 같은 영화를 보느라고 내 인생의 두 시간을 낭비했어요. — 금방 용서하긴 했지만요. 아니, 거의 금방요.

아턴: 모든 영화가 끝내줄 수는 없어요. 나중에 당신은 혼잣말을 했지요. "내가 왜 저 영화를 안 봤을까? 저게 훨씬 나았을 텐데."

개리: 예, 실제로 그렇지 않았나요? 일주일 후에 봤는데 좋았잖아요.

아턴: 영화의 수준에 관한 한 당신이 옳을 수도 있어요. 하지만 다들 그렇듯이 당신의 판단은 근시안적인 것일 수가 있어요. 그 전 주에 당신이 더 나은 영화를 봤다면 다른 일이 일어났을 거예요. 돌아오는 길에 자동차 사고가 나서 크게 다쳤을 거란 말이에요.

개리: 농담 마세요.

아턴: 난 이런 대목에선 농담하지 않아요. 세상에서 일어나는 것처럼 보이는 일들이 진짜가 아니라는 걸 알지만, 그래도 그걸 가지고 아무 때나 장난은 안 한다구요.

당신의 용서가 마음으로 하여금 자신에게 죄가 없다고 생각하기 시작하게끔 만들었기 때문에 그렇지 않았으면 자신을 벌했을 텐데도 벌하지 않게 되는 일이 생기는 것이지요. 하지만 당신 자신은 그걸 알아차리지도 못할 겁니다! 당신은 그 영화를 보기로 한 것이 잘못된 결정이었고 실제로 자신에게 이롭지 못했다고 생각하지요. 그런 작은 결정에서만이 아니라 중요한 결정에서도 그럴 수가 있어요. 당신은 어떤 일의 차질이 실제로는 당신의 생명을 구해줄 수도, 아니면 최소한 도와줄 수도 있다는 것을 깨닫지 못할 거예요. — 대개 그 효과는 다른 전생을 포함해서 다른 마음들에게까지 용서가 미치는 것도 포함하지만요. 신에게는 모든 것이 가능하답니다. — 마음의 차원에서요.

개리: 놀라운 일이네요. 지금은 이런 것을 물어본다는 게 하찮게 느껴지지만 늘 물어보고 싶어했던 거니까 잊어버리기 전에 물어보겠어요. 마음이 그토록 큰 힘을 가지고 있다면 왜 물질 차원에서는 기적을 행하지 않나요?

아턴: 그건 사서 하는 고생이에요, 개리. 물론 물질 차원의 기적은 가능해요. 마음이 이 모든 것을 지어내니까요. 모든 심령현상도 가능해요. 왜냐하면 '마음은 서로 연결되어 있기'(T385) 때문입니다.

하지만 근원으로 바로 가서 그저 마음을 돌보기만 하면 되는데 무엇 하러 그 모든 시간과 에너지를 쏟아서 환영을 만들어내나요? 그건 목적지에 얼마나 빨리 가고 싶으냐의 문제랍니다. 꾸물거릴 필요가 있나요? 그건 사람들이 '선악 다툼'에 평생을 바치는 것과 다를 게 없어요. 사실 그들이 외부세상에서 보고 있는 것은 단지 자신의 분열된 마음속에서 일어나고 있는, 바른 마음인 선과 그른 마음인 악 사이의 갈등의 상징물일 뿐인데 말입니다. 부지런히 용서해서 비행기 삯을 아끼세요. 그러면 천 배는 빨리 천국에 도착할 거예요. 용서한 다음에, 나가서 세상 사람들을 도우라는 성령의 인도를 느낀다면 주저 말고 그렇게 하세요. 그렇게 하면서도 동시에 계속 용서를 실천할 수 있으니까요.

그러다 보니 당신이 이번에 우리와 이야기하고 싶어하는 깨달음이라는 주제에 거의 가까워졌네요. 우선 잠시 짚고 넘어갈 게 있어요. — 〈수업〉에 관해 우리가 다룰 수 있는 주제와 정보를 모두 다 다룰 작정은 아니에요. 당신이 900쪽 짜리 대서사시를 쓰기를 바라지는 않으니까요. 당신의 공부는 우리가 외견상 당신을 더 이상 방문하지 않게 될 때까지도 늘 이어져야만 합니다.

개리: 걱정 마세요. 난 이미 〈기적수업〉 책을 돈 내고 샀으니까요. 그런데 당신들은 왜 나에게 나타나기를 중단해야 하죠? 성령으로서 나에게 말하는 것이나 이런 식으로 나타나는 것이나 사실 다를 게 없지 않나요?

퍼사: 그건 당신의 꿈이에요, 개리. 우리가 계획한 방문이 끝난 다음에도 당신이 진정으로 우리를 만나기를 바란다면 우린 나타날 거예요. 사실, 그러지 않는다면 우리가 별로 친절하지 못한 거죠. 하지만 그건 중요한 일이 아니라는 걸 이해해야만 해요. 주제로 돌아가서, 〈기적수업〉 책을 사서 읽기까지 했으니까 당신은 당신이 잠들어 있을 동안에도 제이가 이렇게 가르쳐준다는 것도 틀림없이 알고 있겠지요?

…… 그대의 또 다른 생은 면면히 이어져왔다. 그리고 그것은 과거에도 그랬듯이 미래에도 그것과 관계를 끊고자 하는 그대의 노력에 전혀 영향받지 않을 것이다. (T67)

당신이 정말 깨어나면 이전에 진짜인 것처럼 보였던 것이 일장춘몽이었다는 사실이 **깨달아집니다**. 그러면 그것은 잊혀지거나, 아니면 최소한 의미가 없어집니다. 간밤에 꾸었는데 기억하지 못하는 꿈이 있지요. 마찬가지로 당신의 현생과 다른 모든 생들도 사라지고, 다른 모든 사람들도 동일한 깨달음의 경지에 이르면 이 우주도 사라져버릴 것입니다. ― 오로지 신의 우주인 천국만을 남겨놓고 말입니다. 여기서 한 가지 강조해두고 싶은 것은, 깨달음은 임사체험처럼 보이는 그것과는 아무런 상관이 없다는 거예요.

수업의 가르침에 의하면 의식(consciousness)이란 분리 이후에 마음에 일어났던 최초의 분열이라는 것을 전에 이야기했지요. 의식은 분열된 마음의 다른 이름입니다. 몸이 기능하기를 그쳐도 의식은 계속 남아 있습니다. 이것은 죽음을 두려워하지 말아야 할 또 다른 이유지요. 사람들은 임사체험이 얼마나 아름다운 것일 수 있는지를 이야기로 듣거나, 혹은 직접 깨닫습니다. 그러나 그들은 그것이 단지 육신 속의 삶과 **비교했을 때만** 일시적으로 아름다운 것일 뿐임을 알지 못합니다. 육신의 고통과 속박에서 놓여나서 더 큰 분열된 마음을 일시적으로 인식하게 되면 그것은 경외에 찬 경험이 될 수 있습니다. 하지만 사람들은 전체 경험을 이야기하지 못합니다. 왜냐하면 그럴 수 있다면 온전한 경험을 했을 것이고 그렇다면 그들은 죽었을 테니까요! 물론 죽은 것처럼 보이는 것은 그들의 육신이지만요. 그리고 그들은 환영 속의 다음 생으로 옮겨갈 겁니다.

실제로 일어나는 일은, 그 경외의 느낌도 결국은 퇴색해버린다는 겁니다. 왜냐하면 마음속에 여전히 숨어 있는 무의식적 죄책감이 당신을 다시 붙잡을 테니까요. 이것이 죄책감과 신에 대한 두려움으로부터 도피하는 하나의 수단으로서 당신을 환생하게 만들지요. 마음이 성령에 의해 온전히 치유되지 않는 한 결국은 언제나 이렇게 되고 맙니다. 어떤 불교도들은 환생을 피하기 위해 잠잘 동안에 자각몽을 훈련합니다. 자신이 꿈을 꾸고 있다는 것을 의식하는 상태에 이르는 훈련이지요. 이것은 육신의 죽음이 찾아올 때 윤회하지 않기로 그저 **결정할** 수 있게끔 마음을 단련시키기 위한 것입니다.

영리한 방법이긴 하지만 무의식 속에서 죄책감이 완전히 사라지지 않는 한 이것도 먹히지 않습니다. 무의식 속의 죄책감이 완전히 치유된다면 그들은 육신이 죽은 이후만이 아니라 육신 속에 있는 것처럼 보이는 동안에도 깨달을 것입니다. 어쨌든 간에 우리가 강조하고 싶은 것은, 사람들이 보고하는 임사체험의 매우 일시적인 황홀상태를 깨달음과 혼동하지 말아야 한다는 것입니다. 깨달음은 당신의 환영 속의 한 생애 **도중**에 일어납니다. 육신은 당신이 꿈으로부터 깨어난 이후에만 영원히 벗어날 수 있는 겁니다.

두 번째로 당신을 방문했을 때 나의 복음서에 나오는 이와 관련된 말씀을 들려주겠다고 했었지요.

개리: 난 당신이 잊어버리신 걸로 생각했어요.

퍼사: 내가 뭔가를 잊어버린다면 그건 일부러 그러는 거예요, 능구렁이 양반. 그 말씀은 나그함마디 본에서 59절로 매겨져 있지요.

그대, 죽는 날까지 살아 있는 그분을 찾으라. 그러지 않으면 죽은 후에 살아 있는 분을 찾으려고 아무리 애써도 볼 수가 없으리니.

이 말씀에서 '살아 있는 분'이란 이 차원에서 신과 그리스도를 대변하는 성령입니다. 아직 육신 속에 있는 것처럼 보일 동안에 당신의 구원을 얻기 위해 그를 찾아야만 합니다. 그러지 않으면 사후의 저승세계에서는 깨달음을 찾지 못할 겁니다. 달리 말해서, 당신은 **지금** 용서하고 진보를 이뤄야 하는 것입니다. 천국은 선한 행위나 영민한 철학적 사색에 대한 보상으로서 외부의 힘에 의해 주어지는 것이 아닙니다. 성령을 용서의 스승으로 받아들이기만 한다면 당신에게 깨달음의 기회를 줄 상징물들은 주변에 온통 깔려 있습니다.

개리: 그렇군요. 그러니까 당신은 부활을 육신의 부활 대신 마음의 부활로 보는 관점을 업신여겼던 성 바오로는 틀렸다는 말씀이로군요.

퍼사: 그래요. 하지만 유감스럽게도 결국은 바오로의 편지가 '복음'으로 받아들여졌지요. 그가 그렇게 생각한 이유 중 하나는 그가 구약성경을 믿었기 때문입니다. 기독교는 새로 포장된 구습의 연장일 뿐이라고 우리가 강조

했었지요. 이사야서 53장 중에서도 특히 5절에서 10절까지를 읽어보면 기독교의 태도를 한눈에 알 수 있어요! 이런 식으로 생각했다면 바오로인들 어떻게 부활을 육신의 부활이 아니라 마음의 부활로 볼 수가 있었겠습니까? 부활은 육신과는 아무런 상관이 없어요. 그리고 그것을 믿는 것은 육신을 매우 중요한 것으로 만들어놓지요. ― 제이의 진정한 가르침과는 정반대로 말입니다. 그의 〈기적수업〉은 분명히 이렇게 가르칩니다.

구원은 마음을 위한 것이며, 그것은 평화를 통해 얻어진다. 마음이야말로 구해줄 수 있는 유일한 것이며 평화야말로 마음을 구해줄 수 있는 유일한 방법이다. (T221)

수업은 또한 환영을 용서함으로써 이 평화를 얻으라고 가르칩니다.

…… 그리하여 그것(환영)들이 감추었던 것이 바야흐로 드러난다. ― 신의 거룩한 이름 앞에 바쳐진 제단, 그 위에는 그의 말씀이 적혀 있고 그 앞에는 그대의 용서의 선물이 놓여 있으며, 신에 대한 기억은 멀리 있지 않다. (W407)

'가슴'과 '마음'이란 단어는 2천 년 전에는 같은 의미로 쓰였다는 것을 기억해두는 것이 좋을 겁니다. 제이가 "그대 가슴속을 들여다보라"고 말했을 때 그것은 당신의 온 존재를 뜻한 것입니다. 그는 세태나 신학사조에 대한 당신의 느낌을 물어본 게 아니에요. 마음을 살펴 형제자매를 용서하고 신을 기억해내라고 말하고 있는 것입니다.

그대의 부활이란 곧 그대가 다시 깨어나는 것이다. (T93)

그러니까 깨달음, 혹은 부활이란 꿈에서 깨어나서 언제나 그래왔고 또 언제나 그러할 실상을 깨닫는 것입니다.

개리: 그리고 진정한 용서는 우리를 그곳으로 인도하지 않을 수가 없단 말이죠?

아턴: 맞아요, 형제. 그러니 지금까지 해온 그대로 계속 해나가세요. 그러면 결국은 그렇게 되지 않을 수가 없어요. 개리, 당신은 그것이 얼마나 걸릴지를 걱정하고 있는데, 그 걱정을 버려야 해요. 〈수업〉은 이렇게 말하지요.

이제 그대는 오로지 끝없는 인내만이 즉각적인 결과를 일궈낸다는 사실을 배워야 한다. (T88)

개리: 나도 열심히 하고 있어요. 그러니까 깨달음과 함께 절대적 진실을 체험하게 된다는 거로군요. 전에 당신은, 다음에 와서 깨달음에 관해 이야기할 때는 절대적 진실을 가리키는 두 단어를 말해주겠다고 했었지요. 그게 뭔지 알 것 같지만 당신의 말을 듣고 싶어요.

아턴: 사실은 당신도 계시의 체험을 통해서 절대적 진실을 맛볼 수 있어요. 계시란 천국의 소통법이 반영된 어떤 방법을 통해 신께서 친히 당신에게 말을 걸어오는 것이지요.(T7) 신은 **결코** 언어로써 말하는 법이 없습니다. 신의 목소리를 듣는다고 생각하는 사람들은 대개 성령의 목소리에 자기 자신의 생각을 섞어서 듣고 있는 거예요. 영적 구도자들에게 일어나는 체험의 대부분이 이렇지요.

신께서 고요 속에서 친히 당신에 대한 사랑을 전하는 이 계시의 체험은 이 세상 너머의 것이어서 언어로 포착되지 않습니다. 이런 체험은 때로 깨닫기 전에도 찾아옵니다. 하지만 늘 그런 것은 아니기 때문에 그렇지 않다고 해서 서운해 할 것은 없습니다. 각자의 길은 저마다 독특합니다. 신께 이르는 길은 언제나 용서의 실천으로 귀결되지만요.

개리: 내가 물어봤던 두 단어는 뭐죠?

아턴: 드디어 당신의 인내심이 보상을 받겠군요, 사랑하는 형제. 〈실습서〉는 이렇게 말하지요.

계시의 체험은 이 세상 너머의 것이어서 언어로 포착되지 않습니다.

…… 우리는 "신이 있다 God Is"고 말하고는 말을 그친다. 그 앎 안에서는 언어가 무의미해지므로. 거기에는 말할 입이 없고 지금 자신이 아닌 무엇을 인식하고 있음을 느낄 만큼 구별되는 마음의 조각(part of mind)도 없다. 그것은 그 근원과 하나가 되었다. 이제 그것은 근원 그 자체와 마찬가지로, 그저 있을 뿐이다. (W323)

개리: 신이 있다. 그러니까 그것이 절대적 진실이로군요. 그 옛날에 제이가 당신에게 가끔씩 이렇게 말하곤 했나요?

아턴: 예. 물론 "신이 있다"는 이 말은 순수 비이원론의 관점에서 이해해야만 합니다. 신이 있습니다. 그리고 **그밖에는 아무것도 없어요**. 신이 있다는 앞부분의 말은 사람들이 이해하기가 쉬워요. 그밖에는 아무것도 없다는 뒷부분의 말이 받아들이기가 무척 힘들지요. 그래서 말을 그치는 겁니다. 그밖에는 아무것도 없으니까요.

깨달음   415

est 훈련에서 자주 묻는 공안을 기억하나요? "한 손바닥으로 손뼉을 치면 무슨 소리가 나는가?"

개리: 예, 그런데 그 답은 절대로 말해주지 않더군요. 선 공안은 반드시 답이 있는 게 아니죠. 그건 구태의연한 사고의 틀을 깨도록 도와주기 위한 것이니까요.

아턴: 맞아요. 하지만 이 질문에는 신과 관련된 답이 있어요. 그게 뭐라고 생각해요?

개리: 전혀 모르겠는데요.

아턴: 신이 있다, 그리고 그밖에는 아무것도 없다는 맥락에서 생각해봐요. 한 손바닥의 손뼉소리는 어떨까요?

개리: 무無! 답은 '아무것도 없다'예요.

아턴: 훌륭해요, 개리. 그게 정답이에요. 한 손바닥의 손뼉소리는 없어요. 우주 밖에 있는 진정한 하나인 그것에는 소리가 없으니까요. 이원성에는 상호작용과 갈등이 있지만 진정한 하나에는 오로지 신밖에 있을 수 없고, 신에게는 부분이란 것이 없어요. 신이 있고, 그밖에는 인식할 수 있는 아무것도 없습니다. 절대적 진실을 알게 되니 느낌이 어때요?

개리: 아주 멋져요. 그럼 내가 깨달은 건가요?

아턴: 아뇨. 깨닫게 되면 당신은 꿈에서 완전히 깨어날 거예요. 아직도 육신 속에 있는 것처럼 보이더라도 당신은 〈수업〉이 실재의 세계(real world)라 부르는 그것을 보게 될 거예요.(T95) 세상을 완전히 용서했을 때만 당신은 그것을 '보게' 될 겁니다. 실재의 세계에는 무의식의 죄책감이 투사되어 있지 않으니까요. 보는 곳마다 오로지 순결밖에 없습니다. 왜냐하면 그것은 당신 자신의 순결 — 그리스도의 순결이니까요. 그것이 제이가 본 것이고, 그것이 지금 제이가 당신에게 보도록 가르치고 있는 것이에요.

개리: 좋네요. 하지만 순결과 용서에 대해서 말이 나왔으니 말인데, 내가 아직도 육신 속에 있는 것처럼 보이는 동안에 경험하는 멋진 신비체험은 말할 것도 없지만 황홀한 임사체험 같은 것은 용서의 결과를 상징하는 것으로 볼 수는 없나요?

아턴: 훌륭한 지적이에요. 대답은 '있다'입니다. 분열된 마음은 성령이 거하는 당신 마음의 가장 높은 부분에 의해 용서받고 치유됩니다. 우리를 만나는 것을 포함해서 당신의 많은 체험들이 실제로 용서의 징표일 수 있습니다. 아직 당신에게 깨달음이 일어나기 전인데도 말이에요. 그러나 깨달음은 분열된 마음 너머에 있습니다. 당신은 반드시 거기에 도달할 거예요. 우리는 사람들이 깨달음에 이르는 길에서 하게 되는 경험들을 얕잡아 보려는 것이 아니에요. 단지 당신이 가능한 한 목표에 집중해 있기를 바라는 겁니다. 그래야만 더 빨리 거기에 도달할 수 있으니까요. 〈수업〉은 이렇게 말합니다.

…… 보편적 신학은 존재할 수 없다. 그러나 보편적 경험은 가능할 뿐만 아니라 꼭 필요하다. 〈수업〉이 지향하는 것은 바로 이 경험이다.
(CL77)

이 보편적 경험이란 곧 신의 사랑입니다. 〈수업〉은 경험을 지향하고 있지만 그러려면 그런 경험을 가져올 훈련된 마음의 현명한 선택이 필요합니다. 그 때문에 우리는 늘 당신에게 〈수업〉의 공부와 용서의 숙제를 부단히 하도록 부추기고 있는 것입니다. 당신은 음악을 하는 사람이니까 음악적 재능의 중요성을 알지요. 그건 영성에서도 마찬가지예요. 대부분의 사람들이 깨닫지 못하고 있지만 말이에요. 당신의 타고난 능력을 최대한 활용해서 최고의 성과를 얻으려면 기술적인 지식을 갖춰야 해요.

개리: 그렇다면 여기서 내가 전체적인 이해를 정확히 하고 있는지를 점검해봐야겠군요. 난 이 말들 중 많은 것들이 거의 같은 뜻이란 걸 알고 있어요. 그리고 시간은 실재하지 않으니까 이것들도 사실은 동시에 일어나고 있어요. 하지만 그것을 더 잘 이해하려면 순차적으로 하는 편이 나아요.

그건 **언제나** 용서와 올바른 스승을 택하는 것에서부터 출발합니다. 내가 지금 인용하고 싶은 글귀들을 따로 적어놨어요.

나와 하나가 될 때, 그대는 에고 없이 하나가 된다. 나는 내 안에서 에고를 버렸으므로 그대의 에고와는 하나가 될 수 없기 때문이다. 그러니 우리의 하나됨이란 곧 그대 안의 에고를 버리는 길이다. (T147)

그러니 환영을 사용하여 나의 환영을 다른 환영으로부터 방어하는 대신 나는 그저 용서합니다. 그것이 우리를 천국으로 이끌어 가지요. 그것은 기정사실입니다. 그것은 진실로부터 멀어지도록 인도하는 꿈을 진실을 향해 이끄는 꿈으로 바꿔놓는 것과도 같습니다. 〈수업〉이 구원에 대해 이렇게 말하듯이 말이에요.

…… 그것(구원)은 행복한 꿈 말고 무엇이 될 수 있겠는가? 그것은 아무도 행한 적 없는 모든 일들을 그대가 용서하기를, 실재하지 않는 것들을 간과해버릴 것을, 실재하지 않는 것을 실재하는 것으로 보지 말기를 요구할 뿐이다. (T635)

행복한 꿈은 필요합니다. 내 발밑에서 시간과 공간이라는 양탄자가 갑자기 거둬져 가버리면 내가 그것을 다루기에는 너무나 버거워질 테니까요. 이 분리의 꿈은 준비도 없이 단번에 깨어나기에는 내게는 너무나 생생해 보입니다. 〈수업〉이 말하듯이요.

> …… 이 꿈은 너무나 무섭고도 여실해 보여서, 깨어나기 전에 좀더 부드러운 꿈이 찾아와서 차분해진 마음으로 하여금 사랑으로 그를 깨우는 목소리를 두려움 없이 맞이할 수 있게끔 해주지 않는 한, 그의 고통을 치유시켜 형제들을 친구로 대할 수 있게 해주지 않는 한, 공포의 땀에 젖은 채 단말마의 비명을 지르지 않고 깨어날 수가 없다. (T584)

그는 나의 친구입니다. 그가 없이는 난 집으로 돌아갈 수조차 없으니까요! 사실은 나 자신의 상징물이지만 내 눈에는 분리된 형제자매로 보이는 그 형상들을 용서하는 것만이 이 지옥구멍을 빠져나가는 유일한 길입니다. 〈수업〉은 이렇게 묻지요.

> …… 신께서 "내 아들아, 놓아주라!"고 말하는 것이 다름 아닌 그대를 위한 것임을 깨닫게 된다면, 그래도 그 말에 귀를 막고 싶은 유혹을 느낄 수가 있겠는가? (T601)

용서의 행복한 꿈속에서 거룩한 순간을 많이 경험한다면 구원받지 않을 수가 없겠지요.

아텐: 괜찮은데요, 개리. 당신 책을 써야겠네요. 마음만 동한다면 말이에요. 당신이 부활이라는 주제를 논하고 있으니까 내가 〈수업〉에 나오는 몇 구절을 잠깐 인용해볼게요. 사실은, 〈수업〉이 우주가 사라지는 것에 대해 묘사

깨달음 419

한 부분들을 조금 보여줄 겁니다. 당신이 말했듯이 이런 일들은 사실 모두가 동시에 일어날 거예요. 〈교사를 위한 지침서〉에서 부활에 관한 부분의 몇 구절입니다.

> 간단히 말해서, 부활이란 죽음을 극복해 이겨내는 것이다. 그것은 다시 깨어남, 혹은 다시 태어남이요, 세상의 의미에 대한 마음의 변화다. (M68)

그것은 또 이렇게 말합니다.

> 부활은 죽음에 대한 거부이며 생명을 확증하는 선언이다. 그리하여 세상에 대한 모든 생각은 완전히 거꾸로 뒤집힌다. (M68)

> 죽음의 꿈에서 완전히 깨어나서 부활을 얻으면

> …… 모든 살아 있는 것에서 그리스도의 얼굴이 보이고, 그 어떤 것도 용서의 빛으로부터 떨어져 어둠 속에 갇혀 있지 않는다. (M68)

> 한 번 그리스도의 얼굴을 보면

> 거기서 공부는 끝난다. 여기서부터는 가르침이 필요하지 않다. 시야가 바로잡혀 온전해지고 모든 실수는 복원된다. 공격은 의미를 잃고 평화가 찾아온다. 공부의 목표는 이루어졌다. 생각은 지옥으로부터 멀어져 천국을 향한다. 모든 갈구가 만족되었으니, 대답 받지 않거나 미완성

된 것이 어디에 남아 있는가? (M68)

분리된 것처럼 보이는 모든 마음이 깨달음, 혹은 부활을 얻는 날이 올 것입니다. 수천의 생애를 꿈꾸어온 모든 이(everyone)들, — 말해두지만 모든 몸(everybody)이 아니라 — 모든 마음(every mind)들이 이처럼 꿈에서 깨어난 경지에 이르면 그것이 바로 그리스도의 재림입니다. 〈수업〉은 이렇게 말하지요.

재림(Second Coming)은 시간 속의 한 사건이지만, 시간 자체는 거기에 영향을 미치지 못한다. 죽으러 왔던, 죽으러 올, 혹은 지금 와 있는 자들 모두가 똑같이 스스로 지어낸 것으로부터 풀려나기 때문이다. 이 평등성 속에서 그리스도는 단일한 정체(one Identity)로 돌아가며, 그 안에서 신의 아들들은 자신들이 모두 하나임을 시인한다. 하여 아버지이신 신은 자신의 유일한 창조이자 유일한 기쁨인 아들을 향해 미소짓는다. (W499)

개리: 아름다워요. 우리는 하나로서 천국을 떠나왔고, 하나로서 돌아갈 거로군요.

아턴: 그래요. 물론 사실은 떠난 적이 없어요. 신의 품 안에서 그 어떤 꿈을 꾸든 안전하지 않을 수가 없으니까요. 모든 자녀들이 준비를 갖추면 신은 자신의 최후의 심판을 내릴 겁니다. 제이는 이렇게 귀띔해주지요.

이것이 신의 최후의 심판이다. "너는 여전히 내 거룩한 아들이요, 영원히 순결하고 영원히 사랑스럽고 영원히 사랑받고 있으며, 네 창조주처럼 무한하며 영원무궁 변함없고 영원히 순수하다. 그러니 깨어나서 내게로 돌아오라. 나는 네 아버지요, 너는 내 아들이니." (W455)

> 신께서 당신에게 보내는 용서를 당신의 형제자매에게도 보내주세요. 그것이 그것을 당신의 것으로 만드는 방법입니다.

개리: 멋져요. 만일 내가 신께 심판받을 건지 사람들에게서 심판받을 건지를 택해야 한다면 난 언제나 기꺼이 신께 심판받겠어요.

아턴: 당신은 정말 그것을 선택할 수 있어요. 당신의 선택은 지혜로워요. 신께서 당신에게 보내는 용서를 당신의 형제자매에게도 보내주세요. 그것이 그것을 당신의 것으로 만드는 방법입니다. 모든 사람이 각자의 용서의 공부를 끝내면 신 자신이 마지막 단계로 나서서 이 탕아들을 사실은 떠난 적이 없는 일체성(oneness)의 본향집으로 맞아들일 것입니다.

...... 자신을 거짓 없이 바라볼 때, 그대는 스스로 지어낸 거짓 세상을 버리고 참된 세상을 받아들일 것이다. 그러면 그대의 아버지께서 허리를 굽혀 그대를 자신에게로 들어 올림으로써 마지막 한 걸음을 옮겨주실 것이다. (T214)

개리: 그건 정말 엄청난 일이겠군요. 더 일찍 깨달은 사람들은 어떻게 되나요? 다른 사람들을 기다리면서 수백만 년을 서성거려야 하는 건가요?

아턴: 아닙니다! 깨달음을 얻어 몸을 벗어놓으면 당신은 꿈에서 깨어나 꿈 밖에 있습니다. ─ 그것은 곧 당신이 실로 시간과 공간 밖에 있음을 뜻합

니다. 다른 사람들에게는 그것이 무수한 세월이 지나간 것처럼 보일지 몰라도 당신에게는 이미 시간은 끝났고 '다른' 모든 사람들이 깨달을 동안의 '기다림'이란 단지 한 순간일 뿐입니다. 물론 당신은 우리와 마찬가지로 제이를 도와 다른 사람들을 도와줄 수도 있습니다. 분명히 말하지만 그건 전혀 짐스러운 일이 아닙니다.

개리: 깨달음을 얻어 시간과 공간 밖에 있는 경험은 어쨌든 사실상 천국과 같겠군요.

아턴: 퍼사, 당신이 대답해주실래요?

퍼사: 물론요. 하지만 천국이 어떤 곳인지는 〈수업〉이 대답해줄 거예요. 기억해두세요. 천국은 **진정한 하나**(oneness)입니다. 우주와 하나가 된다든가, 심지어는 우주를 지어낸, 시간과 공간 밖에 있는 마음과 하나가 된다든가 하는 것과도 달라요. 이런 개념들조차도 외견상 아직 신의 밖에 있어요. 진정한 하나 속에서는 오로지 신밖에 없습니다. 그 밖의 어떤 것도 있을 수가 없어요. 마지막 단계에 신 자신이 나서는 것은 바로 그 때문이지요. 이 개념에 어떠한 타협도 불가능한 이유도 바로 그것이고요. 〈기적수업〉의 신의 개념은 더없이 지고한 개념입니다. 그것이 진실이기 때문이지요. 인식할 다른 어떤 것이 존재한다면 일체성(oneness)이 완벽하지 않은 겁니다.

…… 천국은 어떤 장소도, 조건도 아니다. 그것은 완벽한 일체성의 인식이요, 그밖에는 아무것도 없다는 앎일 뿐이다. 이 일체성 밖에도, 안에도, 그 밖에 존재하는 것은 아무것도 없다. (T384)

개리: 그밖에 아무것도 없다면 그것의 확장을 방해할 어떤 장애물도, 마찰도 없겠군요?

퍼사: 당신의 이해가 깊다는 걸 알고 있었어요! 정확해요. 천국에는 장애물이 없고 환희로워요. 반면에 이 땅 위의 삶이라 불리는 이것은 끊임없는 장애물의 연속에 다름 아니지요.

수업에서 '부성父性의 선물(The Gift of Fatherhood)'이라는 제목의 장에 나오는 이 생각을 깊이 숙고해보세요.

…… 신 안에는 그 어떤 시작도, 끝도 없으며 그의 우주가 곧 그 자신이다. (T194)

…… 그대가 보지 않는다고 해서, 그대의 감긴 눈이 볼 능력을 잃었다고 해서 사랑의 우주가 멈춰 서지는 않는다. (T195)

신은 그의 마음속에 영원히 그대의 것인 한 자리를 그대에게 주었다. 그대는 오로지 그것이 그대에게 주어졌던 것처럼 그것을 줌으로써만 그것을 간직할 수 있다. (T195)

개리: 이제 분명히 이해되는 것 같아요.
퍼사: 그럼요. 그것이 사랑의 임재를 깨닫는 당신의 체험을 앞당겨줄 거예요.
아턴: 다음의 방문들은 아주 짧을 것이라고 말씀드렸죠. 오늘 우리는 언어로써는 정말 옮길 수가 없는 것들을 이야기했어요. 우린 그저 최선을 다했을 뿐이에요. 〈수업〉은 우리가 묘사한 진정한 일체성의 체험을 향하도록 맞춰져 있어요. 그 체험은 실로 절대적 진실을 표현하는 단 두 개의 단어로 요약될 수 있고요. 세상을 용서하는 동안 마음을 늘 이 목표에다 두세요. 그

리고 〈수업〉이 당신을 이끌고 가는 방향을 늘 기억하세요.

…… 신이 있다. 그리고 그 분 안에서 창조된 모든 것도 영원할 수밖에 없다. 그러지 않으면 그는 반대물을 가지게 되며, 두려움이 사랑만큼 실재하게 되리라는 것을 그대는 모르겠는가? (M67)

퍼사: 개리, 〈수업〉은 진실을 말하고 있다는 것을 당신도 압니다. 당신은 몇 번 그 근방까지 가봤어요. 당신에게 남은 것은 지금 하고 있는 일을 계속하는 것뿐이에요. 그러면 목표는 마침내 당신의 현실이 될 거예요. 우리는 12월에 다시 올게요. 그동안 용서하고 당신의 진정한 정체를 기억하도록 하세요.

일체성(oneness)은 단순히, 신이 있다는 이데아(idea)다. 신은 자신의 있음(Being) 안에 모든 것을 품고 있다. 그 어떤 마음도 그(Him) 외에는 아무것도 품지 못한다. (W323)

아턴과 퍼사는 사라졌고, 나는 그들을 용서했다.

9
임생체험
Near-Life Experience

> 우주는 그대의 해방을 기다리고 있다.
> 그대의 해방이 곧 우주의 해방이기 때문이다.
>
> (S22)

〈기적수업〉을 거의 3년 동안 공부한 끝에, 가끔씩 찾아오던 악몽이 줄어들었다. 내 마음속에는 아직도 에고의 살인적 사고체계가 자리 잡고 있었지만 그중 한 겹이 사라졌고 그것을 상징하던 꿈도 함께 사라졌다. 에고의 죄의식이라는 구름이 그토록 오랫동안 가리고 있던 성령의 태양이 이제는 좀 더 밝게 나를 비춰주었다. 아직도 남아 있는 구름들은 의식의 차원에서는 육신의 상징적 세계라는 형태로, 무의식의 차원에서는 두려움과 죄의식의 세계라는 형태로 아직도 그늘을 드리우고 있었다. 나는 이제 그 그림자는 실재하지 않으며, 구름에 가린 것처럼 보이는 빛은 덮일 수는 있으나 결코 꺼지지 않는다는 것을 분명히 알고 있었다.

이 깨어남의 과정은 나에게 깊은 흥미와 영감을 불어넣어주어서, 아턴과 퍼사가 이미 알고 있었듯이 나는 글을 쓰기 시작했다. 나는 심지어 그것을 표현하기 위해 셰익스피어의 글을 빌려오기까지 했다.

내 마음의 창에 어떤 진실, 어떤 빛이 동터오는가?

그것은 동쪽, 성령의 태양이다

일어나라 친구여,

진실인 그대가 자신보다 훨씬 위대함에

벌써부터 근심하여 병색을 드러내는

에고의 달빛을 흩어 보내라

오, 그것은 그리스도의 자녀,

그래, 그것은 나의 사랑

내 나의 본성을 깨우친다면

한낮의 빛이 호롱불을 무색케 하듯

내 마음의 빛 별빛을 무색케 하리.

천국의 내 마음

보이지 않는 세계를 뚫고 찬란히 비치니

세상은 밤을 모르고 노래 부르리.

　내가 가끔씩 동일시하는 병색 완연한 에고에게는 아무리 두려운 일이 될지라도, 이것이 내가 끝장을 보고자 하는 과정이다. 형체라는 환영의 차원에서는 내 육신은 에고의 마음에게 조종받는 로봇에 지나지 않겠지만, 그런 한편 내 마음은 내가 외견상의 모든 사건들을 용서해가는 동안 성령에 의해 해방되고 있었다. 이제 나에게는 돌아선다는 것은 있을 수 없는 일이었다.

　나의 스승들이 사용한 상징들은 놀라울 정도로 세속적인 것들이었지만, 〈수업〉 또한 그 가르침을 다른 이들과 나누려면 그래야만 한다고 말한다.

　그대에게 세상의 모든 상징들을 영원히 잊어버리고 그 너머로 가라고 한다면, 그러면서도 가르치는 역할을 떠맡으라고 한다면 그것은 정말 거북하고 이상할 것이다. 당분간은 세상의 상징들을 이용할 필요가 있다. 하지만 그것에 속지는 말라. 상징물들은 그 무엇도 대신하지 못한다. 바로 이 생각이 그대의 훈련과정에서 상징들로부터 그대를 해방시켜줄 것이다. (W346)

이제는 용서를 통해 가르치고, 〈수업〉의 가르침을 형제자매들이 적용할 수 있는 방식으로 전하는 것이 나의 할 일이다.

그러니 그대에게 필요한 것은 세상의 가르침을, 햇빛 속으로 나가면 잊어버리는 감방의 어둠처럼 잠시 스쳐가는 순간으로 퇴색시켜줄 짬들을 날마다 가지는 것이다. 그 시간 속에서 그대는 말씀, 곧 신께서 그대에게 주신 이름을 이해한다. 그리고 그것이 만물이 공유하는 유일한 정체요, 참에 대한 유일한 인정認定임을 깨닫는다. 그런 연후에 어둠 속으로 돌아가라. 그것이 진짜 현실이라고 생각해서가 아니라, 어둠만이 지배하는 세상에서 아직 의미를 지키고 있는 말로써 그것의 비실재성을 선언하기 위해서 말이다. (W346)

그리하여 나는 아턴과 퍼사가 예언했던 대로 책을 쓰기 시작했다. 철자를 틀리고 구두법을 엉망으로 쓰면서 6년이 지나서야 끝마치게 될 일에 끈질기게 매달렸다.

그러는 한편, 나는 신을 선택하고 있었다. 이제 나는 내 친구들이 〈기적수업〉과 다른 길들 사이의 차이점을 왜 강조했는지를 이해하게 됐다. 진화와, 거짓우주의 힘과 꿈을 지어내는 기타의 것들을 다루는 개념들을 가지고 놀면서 어떻게 오직 신과 그의 나라만을 깨어서 찾을 수가 있겠는가? 그 답은 꿈속에서는 결코 못 찾으며 오직 그 밖에서만, 진실이 있고 진정으로 내가 있는 곳인 그곳에서만 찾을 수 있는 것이다. 그밖에는 아무것도 없다. 진실이 힘을 얻기 시작했고, 나는 꾸준히 내 유일한 문제의 유일한 답인 속죄를 상징하는 성령의 빛만을 향했다. 〈수업〉은 이렇게 말했다.

> 과거의 오류를 그대 혼자서는 지워 없앨 수 없다. 그것들은 속죄 없이는 그대 마음에서 사라지지 않는다. 그리고 속죄는 그대가 지어낼 수 있는 처방이 아니다. (T81)

이것은 다른 무수한 접근법들이 왜 먹히지 않았는지를 설명해줬다. 그것들은 신, 곧 성령을 결하고 있었던 것이다. 하지만 나는 또한, 나도 용서를 택함으로써 내 역할을 다해야만 한다는 것을 알고 있었다. 외부의 힘이나 존재에 의해 마술처럼 찾아오는 대리구원은 불가능한 일이다. 다른 누구도 나 대신 꿈에서 깨어나 줄 수는 없다. 사실이지, 흔들어 깨울 다른 누구도 존재하지 않는다. 그래서 〈수업〉은 이렇게 말한다. "나의 구원은 나로부터 온다."(W119) 세상에 대한 마음을 바꾸고 기적을 선택하는 것은 나에게 달린 일이었다.

형이상학의 차원에서 나는 자신을 **육신**으로, 혹은 전통적인 생각처럼 **영으로조차** 여기지 않고 **마음**이라고 생각하기 시작했다. 물론 나의 근원은 영이지만 그것은 내가 돌아갈 현실이다. 하지만 나는 내게 죄가 없음을 다시 깨닫기 위해 내 마음을 사용해야만 했다.

그대에게 주어진 것은 무엇인가? 그대가 하나의 마음(mind), 사랑으로부터 창조되었기에 영원히 순결하고 두려움 전혀 없는, 마음(Mind) 안에 있는 순수한 마음(mind)이라는 앎이다. 그대는 창조되었던 그대로 남아 있었으니, 그 근원을 떠난 적이 없다. (W298)

그리고 나의 실상實相에 대한 깨달음으로 나를 데려다줄 삶의 방식이 있었다.

존재하는 듯 보이나 존재하지 않는 이 세상을 살아가는 한 가지 방법이 있다. 겉모습을 바꾸지는 않아도 그대는 더 자주 미소 짓는다. 그대의 이마는 평온하고, 눈은 고요하다. (W291)

처음에 아턴이, 다른 사람들이 눈치 채지 못하는 가운데 그가 말하는 것과 같은 영성을 실천할 수 있다고 했을 때, 나는 그것을 의심했다. 사람들이란 누구나 자신의 종교나 영적 길을 선전하려들지 않던가? 하지만 이제 나는 아턴의 말이 옳았음을 안다. 내가 〈수업〉에 대해 사람들에게 아무 말도 하지 않기로 마음먹기만 했다면 실제로 한마디도 하지 않고 〈수업〉을 실천할 수 있었을 것이다. 내 마음이 육안을 통해 내게 보여주고 있는 사람들에 대해, 〈수업〉은 이렇게 말한다.

…… 다른 이들이 자기만의 길을 걷는 것처럼 그대도 이 길을 걷는다. 그대는 실로 다름에도 그들과 달라 보이지 않는다. 그래서 그대는 자신을 돌보면서 동시에 그들도 돌볼 수 있다. 그리고 신께서 그대에게 열어준 길로, 그리고 그대를 통해서 그들에게 열어준 길로, 그들의 발길을 이끌 수 있다. (W291)

나는 용서를 통해 이것을 행했다. 그러니 눈에 띄거나 특별해질 필요가 없었다. 나의 형제자매들은 나와 마찬가지로 신께로 돌아가고 있었다. 어떤 이들은 그 순간 그것을 알아차렸고 어떤 이들은 알아차리지 못했다. 그러나 그 결과는 늘 그렇듯이 누구에게나 분명했다.

내 마음을 끊임없이 놀라게 한 것은 〈수업〉을 하는 동안 일어나는 온갖 신비스러운 체험들이었다. 지난 여러 해 동안 그런 경험을 무수히 했지만 이제 나는 그것이 상징임을 안다. 나는 또 내가 스스로 선택한 영적 길을 잘 가고 있는가에 대한 진정한 증거는 그런 '영적 체험'과는 아무런 상관도 없다는 것을 깨달았다. 사실 물어야 할 진짜 질문은 이것이다. ― 내 안에 더 많은 사랑이 깃들고 있는가? 더욱 평화로워져가고 있는가? 더욱 많이 용서하고 있는가? 내 삶에 대해 스스로 책임을 지고 있는가? 심판의 어리석음을 이해하고 있는가? 이것이야말로 자신이 길을 잘 가고 있는지를 점검할 수 있는 확실한 방법이다. 그럼에도 신비로운 체험들은 나에게 기쁨을 주고 있었다. 특히나 그것은 내 마음이 세상을 용서한 결과로서 용서받고 있음을 상징하는 것임을 깨달았기 때문에 말이다.

나는 이제는 다양한 대상들 주위를 윤곽선처럼 감싸고 있는 흰 빛 대신 가끔씩 사람의 머리가 아름다운 흰 빛으로 완전히 바뀌는 모습을 보았다. 그리고 〈실습서〉 공부를 하던 중에 일어난 일처럼, 제이가 나에게 부드럽게 장난을 걸어오는 듯한 때도 있었다. 어느 날 아침 식사를 하는 중에 나는 내 어깨를 건드리는 따뜻하고 아름답도록 사랑에 찬 부드러운 손길을 느꼈다. 맹세컨대 그것은 천사나 신성한 존재나 제이 그 자신의 것임이 틀림없어 보이는 그런 손길이었다. 아침을 먹은 후에 나는 그날의 〈실습서〉 과제를 읽었는데 거기에는 다음과 같은 글이 있었다.

> 그리스도의 손길이 그대의 어깨를 건드렸으니, 그대는 혼자가 아님을
> 느낀다. (W316)

나는 내가 정말 혼자가 아님을 깨닫고는 거의 제 정신을 잃고, "감사합니다" 하는 말을 연신 되풀이했다. 몇 달 후 나는 카렌과 함께 뒷마당을 거닐면서 폭풍에 꺾여 떨어진 나뭇가지들을 줍고 있었다. 그러다가 문득 몸을 돌려 카렌을 돌아봤을 때, 나는 깜짝 놀랐다. 거기에는 카렌 대신 땅에서부터 하늘 끝 눈이 미치는 데까지 뻗쳐 있는 커다란 빛기둥이 서 있었던 것이다. 나는 그 광경을 몇 초 동안 보다가 고개를 돌렸다가 다시 돌아보았다. 이번에는 카렌의 몸만이 보였다. 그녀가 물었다. "뭘 그렇게 멍하니 보고 있어요?" 나는 완전히 넋이 나가서 할 말을 찾지 못한 채 그냥 이렇게 대답했다. "모르겠어." 그것은 축복에 찬 행복한 경험이었다. 나중에 나는 〈교재〉에 내가 본 것과 똑같은 묘사가 있는 것을 읽은 기억을 떠올릴 수 있었다.

> 에고가 형제들에 대한 그대의 인식을 육신에 한정시키듯이, 성령은 그
> 대의 눈을 해방시켜 그들로부터 비쳐 나오는 거대한 빛줄기를 볼 수
> 있게 한다. 그 빛은 무한하여 신에게까지 이른다. (T322)

그래서 이후로 나는 육신에 대해 전혀 무관심해지지는 않더라도 관심이 줄어들었다. 대신 전보다 더욱 일관되게 덧없는 그림자 너머의 빛을 향해 눈을 보냈다.

나는 잠이 들기 전이나 깨기 직전에 보이곤 하는 형상들이 재미있고 실험적인 요소를 지니고 있음을 발견했다. 눈을 감은 상태에서도 영화와 같은 천연색의 동영상이 자주 보이곤 했다. 때로 그것은 소리까지 들렸다. 이 형

상들은 때로 나에게 그날 일어날 일을 예언해주는 역할도 했다. 이 형상들의 많은 부분은 인류의 집단무의식에 담겨 있는 원형으로서, 여러 세기 동안 꿈 사전 연구가들이 탐사해온 것들이었다.

예를 들자면, 내 손이든 다른 사람의 손이든 오른손은 긍정적인 의미를, 왼손은 부정적인 의미를 담고 있는 듯했다. 그러한 상관관념의 근원은 그리스와 로마 시대의 신화로까지 거슬러 올라간다. 잔잔한 수면은 긍정적이고 거친 수면은 부정적이었다. 어떤 형상들은 겉보기와는 정반대의 의미를 지니고 있었다. 예컨대 누군가에게 얻어맞는 것은 좋은 징조인 반면 누구를 때리는 것은 나쁜 징조였다. 대부분의 징조는 직설적이었다. 긍정적이고 미소 띤 얼굴이나 우호적인 동물은 명백한 길조였고 불쾌한 이미지는 그 반대였다. 그리고 그것은 그날에 일어날 유쾌한, 혹은 불쾌한 일을 예고하는 듯했다. 이 '영화'들은 집단적인 마음이 존재한다는 것과 꿈속의 형상들이 사실은 나 자신의 상징물이라는 사실, 그리고 내 삶에서 일어날 모든 일들이 이미 정해져 있다고 한 아턴과 퍼사의 말이 절대적으로 맞다는 것을 확신하게끔 만들었다.

그렇긴 해도 나는 이 모든 것에 너무 빠져들지 않으려고 애썼다. 어쩌면 나는 그런 정보를 이용하는 약삭빠른 방법을 찾을 수도 있었을 것이다. 특히 투자 사업에 말이다. 하지만 동시에 나는 그것이 언제나 신뢰할 만한 것은 아니라는 것도 알고 있었다. 나의 스승들은 사람들의 시나리오에는 어느 정도의 예측불가능성이 심어져 있다고 말해줬었다. 또 나는 역사상 가장 유명한 예언의 도구였던 델피의 신탁도 가끔은 의도적으로 인간들을 속였다는 것을 알고 있었다. 에고는 여전히 내 마음의 일부를 장악하고 있었고, 나는 그것이 호시탐탐 나를 혼란에 빠뜨려 고통받게 하고, 또 내가 육신이라고 믿게끔 유혹하기 위해서는 못할 짓이 없다는 것을 알고 있었다. 결국은 오직 나의 용서만이 날 집으로 데려다줄 것이었다. 제이의 친구이자 제자로서 내가 최근에 얻은 심령적 능력은 호기심의 원천으로는 남아 있겠지만 그것을 거짓 우상으로 만들지는 않을 것이었다. ─ 한번은 거의 그럴 뻔했지만.

나는 삶 속의 사건들이 미리 정해져 있다는 생각을 싫어하는 사람들이 있다는 것을 깨달았다. 어떤 사람들에게는 실존주의가 예정론보다 더 큰 희망을 주었다. 왜냐하면 그것은 개인적 삶에서든 더 넓은 세상에서든 무엇을 변화시키고자 나설 수 있는 이유를 제공해주었기 때문이다. 하지만 〈수업〉은 그보다 더 차원 높은 형태의 희망을 제공했다. ─ 용서를 배움으로써 무수한 나쁜 경험들을 피하고 그것을 앞으로는 불필요한 것으로 만들 수 있다는 것은 차치하고라도, 언제든지 평화를 얻을 수 있는 것은 물론이거니와 언젠가는 고향집으로 돌아갈 수 있다는 희망 말이다. 그 모든 것에 더하여, 세상에 대한 생각을 바꾸고 용서를 실천하면서도 한편으로, 외견상의 모든 개인들은 환영의 세계에서도 받아들일 만해 **보이는** 문제의 해결책을 추구할 수 있다. ─ 그릇된 신념의 짐으로써 자신을 지각(perception)의 차원에다 매어놓지만 않는다면 말이다.

아턴과 퍼사가 찾아오기 몇 주 전의 어느 날 밤에, 이제까지 경험했던 것과는 전혀 다른 일이 일어났다. 의자에 앉아서 잡지를 보고 있다가 갑자기 압도적으로 밀려오는 각성된 의식상태를 느낀 것이다. 한순간 우주는 사라져버렸고 나는 경외감에 압도되어 혼미한 상태 속에 홀로 앉아 있었다. 나는 나로서는 상상도 할 수 없었던, 그런 어떤 존재의 임재감 속에서 완벽하게 안전하고 온전히 보살핌 받는 기분을 느꼈다.

계시*는 그대를 신과 바로 하나가 되게 한다. (T7)

계시의 체험은 결코 말로 묘사될 수 없지만 그 한 가지 특성은 너무나 독특하여 기억 속에 생생히 남아 있다. 그것은 시간과 공간 밖에, 그리고 그것조차 넘어서 있는 경험을 하는 순간에 일어난다. 너무나 커서 크기를 초월한 어떤 것과 하나가 된다. 이 우주의 그 어떤 것과도 전혀 다른 그것의 가장 뚜렷한 특성은, 그것은 불변하다는 것이다. 그것의 무한한 힘에는 변화도 끊임도 없으며, 그 어떤 전환이나 동요도 일어나지 않는다. 그것은 진정으로 믿고 기댈 만한 것, 진짜배기란 어떤 것인지를 맛볼 수 있게 해준다. 그것의 희열은 상상을 초월한다. 그때 나는 그것이 신이 내게 말을 걸어온 것임을 깨달았다.

계시는 상호적이지 않다. 그것은 그대로부터 신에게로가 아니라 신으로부터 그대에게로 나아간다. (T8)

그날 밤 나는 다른 일을 하지 않고 경외와 감사의 느낌 속에 그대로 머물러 앉아 있었다.

경외는 계시를 위해 아껴놓아야 한다. 경외를 완벽하게, 정확히 적용할 수 있는 것은 계시에 대해서다. (T7)

할 말이 없었다. 아니, 할 필요가 없었다.

---

* 계시 (revelation) : 일반적으로 '계시'는 신이 인간의 영안靈眼에 어떤 정보를 드러내주는 것을 뜻하지만 여기서는 신의 임재, 곧 신이 인간에게 자신의 존재를 드러내는 것을 뜻하고, 이것만이 진정한 신의 계시라고 말한다. 역주

계시는 문자 그대로 형언불가능하다. 왜냐하면 그것은 말로 할 수 없는 사랑의 경험이기 때문이다. (T7)

나는 내가 결코 더 이상 이전과 같은 존재로 남아 있지 않을 것임을 알았다. 시간이 흐르면서 나는 이 체험이 용서의 실천을 통해 내가 준비가 되어 있었기 때문에 일어난 것임을 깨닫고 더욱 신이 나서, 내가 선택한 이 길을 계속 가리라고 다짐했다. 나의 스승들이 이미 〈수업〉에서 인용했듯이 이렇게 영원불변한 존재의 계시를 경험한 사람이라면 누구도 다시는 에고에게 온전한 믿음을 줄 수가 없다.(T60-61) 나는 신께로 돌아갈 준비를 하고 있었던 것이다.

…… 결국 치유는 신의 것이다. 그 수단은 그대에게 세심하게 설명되고 있다. 계시가 그대에게 그 끝을 보여줄 지도 모르지만, 거기에 도달하려면 수단이 필요하다. (T16)

의심과 두려움의 완전한, 그러나 일시적인 정지(T7)를 체험한 이후로는 항상 그런 상태로 머물러 있으면 좋겠다는 생각이 들었다. 나는 대부분의 시간 두려움은 거의 느끼지 않았지만 낯선 사람이나 새로 만난 사람들과 어울릴 때는 아직도 쑥스러움이나 불편감이 일어났다. 그것이 정말 사라질 수 있을까, 하는 의심이 들었고, 곧 다시 방문할 나의 스승들은 이런 온갖 체험들에 대해 뭐라고 할지 궁금해졌다. 그들이 나타났을 때, 퍼사는 환하게 미소짓고 있었다.

퍼사: 헤이, 개리. 천국의 맛을 본 소감이 어때요?

개리: 완전히 놀라 자빠졌어요. 하지만 그걸 말로 표현하자니 너무 엉터리 같아요.

퍼사: 그럴 필요 없어요. 난 그저 축하하는 것뿐이니까요.

아턴: 나도 축하해요, 개리. 이제 영원의 맛을 봤으니까 영원하지 못한 것들에는 구미가 덜 당길 거예요. 그러면 용서를 실천하기가 더 쉬워질 겁니다.

개리: 어제 길 모퉁이 가게에서 일어난 일처럼요?

> 기적은 모두가 같아요. 그런 식으로 용서할 때 그것이 당신의 마음에 미치는 혜택은 상상을 초월하지요.

주: 그 전날, 나는 전화를 받고 있는 점원 때문에 계산대 앞에서 한참 줄을 선 채 기다려야만 했다. 내 앞에는 몇 명의 사람들이 서 있었고 점원은 계속 전화통화를 하면서 나와 다른 사람들을 몇 분 동안이나 기다리게 만들었다. 약간 짜증이 느껴지기 시작했을 때 나는 나의 공부를 기억해내고 내가 마치 영화감독처럼 이 모든 것을 스스로 지어내고 있다는 사실을 상기했다. 그래서 나는 점원이 실제로 하지 않고 있는 일에 대해 그를 — 따라서 동시에 나 자신도 — 용서했다. 그러자 점원은 곧 전화를 끊었는데, 그 부분도 마치 내가 연출한 것처럼 느껴졌다.

아턴: 예. 기적은 모두가 같아요. 그런 식으로 용서할 때 그것이 당신의 마음에 미치는 혜택은 상상을 초월하지요. 몇 년 전만 하더라도 당신은 벌써 화가 나서 어떤 식으로든 그것을 분출시켰을 겁니다. 당신은 잘 하고 있어요. 언제나 잘 하지는 않지만, 계속 노력하고 있으니까요. 계시에 관해서는, 당신도 이젠 그게 실제로 어떤 것인지를 알게 됐군요. 언젠가 또 경험하

게 될 거예요. 도구를 계속 활용하세요. 그리고 그 결과는 — 잠시 맛보는 것도 포함해서 — 스스로 알아서 일어나도록 내버려두세요.

개리: 그 밖에 다른 때도 평화롭고 기쁜 느낌이었어요. 모두가 꼭 극치에 이르는 체험이어야만 할 필요는 없는 것 같아요. 그저 기분이 좋은 것만으로도 재미있어요.

아턴: 지난여름의 일 같은 거 말이죠? 당신은 잔디깎기 위에 올라타고 정원을 돌면서 보수적인 이웃들에게 다 들리도록 목청껏 고함을 질렀지요. "신의 아들은 자유다! 신의 아들은 해방됐다!"

개리: 예, 그랬었죠.

아턴: 본론으로 들어가기 전에 묻고 싶은 것은 없나요?

개리: 있어요. 닭과 알 중 어느 쪽이 정말 먼저인가요?

아턴: 물론 그것은 둘 다 나머지 온 우주와 함께 동시에 만들어졌어요. 그것들은 분리된 것이 아니지만 환영의 세계에서는 분리된 것처럼 보이는 거예요. 자, 본론으로 들어갑시다.

퍼사: 당신은 심령적이라고 말할 수 있는 많은 체험들을 했어요. 하지만 계시는 신으로부터 오는 것이기 때문에 심령적 체험이 아닙니다. 대부분의 체험들은 — 영적인 체험조차도 — 신으로부터 오는 것이 아니라 당신 자신의 무의식적 마음으로부터 생겨나는 겁니다. 그것은 당신의 바른 마음속에 들어 있는 것들의 상징일 수도 있어요. 이 다른 체험들을 좀 살펴봅시다. 〈수업〉은 〈교사를 위한 지침서〉에서 이렇게 말하지요.

물론 이 〈수업〉과 명확히 일치되는 '심령' 능력도 많이 있다. (M62)

그리고 또 이렇게 말하지요.

세상이 대화와 소통에다 부여하는 온갖 한계가 성령을 직접 체험하는 데에 가장 중요한 장애물이다. (M62)

그리고

어떤 방법으로든 이 한계를 극복하는 이는 그저 좀 더 자연상태로 돌아가고 있는 것일 뿐이다. (M62)

하지만 당신이 할 수 있는 일은 오직 두 가지 — 어떤 것을 진짜처럼 만들든가, 아니면 용서하든가 — 뿐임을 늘 명심하면서, 당신의 길에서 얻게 되는 새로운 능력은 모두 성령께 바치고 그의 감독 하에서 사용해야만 합니다.

〈지침서〉는 또, 모든 사람에게 열려 있지 않은 특별한 능력을 가진 자는 없다고 말합니다. (M62) 성령은 당신은 특별한 존재가 아니며 자신에게나 다른 사람들에게도 자신이 특별하다고 믿도록 만들려들지 말 것을 당부할 것이 틀림없습니다.

진짜인 것은 기만술에 이용되지 않는다. (M62)

당신의 목표를 늘 의식하세요. 천국은 영원합니다. 천국 밖에서 하는 것처럼 보이는 일은 어떤 것도 영원하지 않습니다. 그런 것이 어떻게 중요할 수가 있겠습니까? 당신은 사물을 올바로 볼 수 있기를 원하잖아요. 용서를 실천하면 의식이 점점 더 깨어납니다. 그런 학생에 대해 〈지침서〉는 이렇게 말하지요.

...... 의식(consciousness)이 깨어나면 십중팔구 그는 스스로 꽤 놀라게 될 능력을 얻게 된다. 그러나 그의 그 어떤 능력도 자신의 본성을 기억해내는 찬란한 경이에 비하면 아무것도 아니다. 그의 모든 배움과 모든 노력이 오로지 이 최후의 위대한 경이를 향해 기울여지게 하라. 그러면 그는 길 위에서 얻게 될 수도 있는 작은 것들 때문에 걸음이 지체되는 것을 원치 않게 될 것이다. (M62)

개리: 감사합니다. 물론 제이에게도 감사하고요. 특히나 제가 최후의 위대한 경이를 맛본 이 시점에서 그 말씀을 듣고 보니 이제야 모든 게 제대로 보이네요.

아턴: 아주 좋아요. 앞으로 우리는 긴 간격을 두고 잠깐 잠깐씩 당신을 방문할 텐데, 이제부터 우리는 그때를 위해서 당신을 준비시키려고 해요. 우리는 당신이 훈련을 계속 하도록 부추겨주기 위해서 올 거지만, 그러는 김에 다양한 주제에 관한 이야기와 당신의 질문에 대한 대답도 해드릴 겁니다. 우리는 당신이 무엇보다도 성령과 함께 용서의 실천을 훈련하는 데 집중하기를 바랍니다. 우리가 오래 머물지 않더라도 실망하지 마세요. 당신은 이제 다 큰 아이니까요. 게다가 분명히 말하지만 우린 당신에게 어떤 일이 일어나는지를 **언제나** 알고 있고, 앞으로도 그럴 거예요.

개리: 당신들을 믿어요. 그건 그렇고, 저는 글을 조금씩 쓰기 시작했어요. 물론 아시겠지만요. 작업의 진행에 관해 충고해주실 말이 있는지 궁금해요.

퍼사: 물론이죠. 우린 당신이 결국은 뭔가를 써내리라는 걸 알고 있었어요. 당신은 무척 굼뜨긴 하지만 절망적이진 않아요. 이건 농담입니다. 당신이 좀 압도되어 있음에도 불구하고 그쪽으로 움직여가고 있어서 좋아요. 백

지부터 시작해야 한다는 사실에 겁먹도록 자신을 내버려두지는 마세요. 글을 쓰는 목적은 대화를 위한 것임을 명심하세요. 셰익스피어의 글을 인용한 것은 귀여웠어요. 내용도 맞았고요. 당신이 대화를 잘 하는 사람이라면 틀림없이 글도 잘 쓰는 사람입니다. 글쓰기의 규칙에 대해서는 너무 걱정하지 마세요. 우리끼리만 얘긴데, 영어는 아무래도 좀 수준이 낮은 언어니까요. 하지만 뭐든 심판하려는 뜻은 없어요.

개리: 맞아요. 그런 짓을 한다면 그건 당신이 절라 교양 없는 사람이란 뜻이니까요.

퍼사: 그렇겠죠. 마찬가지로 우리의 책도 당신이 절라 싼티 나는 영어를 쓰는 사람은 아니란 걸 보여주겠지요.

개리: 그러니까. 영어 선생님이 나의 글투를 보고 어떻게 생각할지는 걱정하지 말라는 말인가요?

퍼사: 맞았어요. 쉽지 않고 잘 알아들어 주니 기쁘군요.

개리: 당신이 저속한 말을 쓰니까 넘 좋아요.

퍼사: 아무래도 본론으로 돌아가는 게 좋겠네요. 이걸 기억해두세요. 당신의 글을 누군가가 나쁘게 생각하거나, 혹은 그저 긍정적으로 생각하지 않기만 하더라도 그들을 용서하세요. 어떤 일을 하고 있는 **것처럼 보이더라도** 당신의 가장 중요한 임무가 무엇인지만은 언제나 기억하고 있어야 해요.

아턴: 그리고 글을 합쳐서 책을 만들어가는 과정에서 대화내용을 펼쳐서 그것이 좀더 순차적으로 정리되게끔 편집해도 되도록 허락할게요. 물론 해설은 당신의 것입니다. 단지 그것은 모두 우리의 방문을 바탕으로 해서 나오고, 우리의 대화내용과 연관되게끔 하세요.

개리: 글쓰기를 다 마치고 나면 어떻게 해야 하죠?

퍼사: 〈도마 복음서〉의 본보기를 언제나 따를 수 있지요. 그러니까 그걸

이집트의 모처에다 묻어두는 거죠. 그걸 천5백 년 후에 누군가가 파내면 당신은 유명해질 거예요.

개리: 재밌군요. 이번 생에서 해야할 일에 대해서는 충고해줄 게 없나요?

퍼사: 있어요. 그에 대해서는 걱정 말라는 거예요. 어떻게 해야 할지는 비공개로 말해주겠지만 지금은 일러요.

개리: 알았어요. 꼭 말해주세요. 안 그러면 난 어떡해야 할지를 모르겠어요. 내가 책을 쓸 만한 위인이 되는지도 모르겠지만, 시도는 해보겠어요.

아턴: 그건 우리가 알아요. 그러니 당신은 너무 잘 하려고 애쓸 필요가 없어요. 그냥 하세요. 자, 그 밖에 지금 또 물어보고 싶은 것이 있나요?

개리: 모르겠어요. 전 이상한 일들이 많이 일어나는 바람에 아주 흥분돼 있어요.

아턴: 그래요. 당신이 최근에 겪은 일들로 봐서는 당신이 입을 다물 줄 모르고 있더라도 이해할 만해요. 하지만 뭔가 다른 질문이 있을 텐데요.

개리: 좋아요. 당신은 전에 당신들의 육신과 목소리와 그것의 본질에 대해 좀더 설명해주겠다고 했어요. 그리고 천사와 성모 마리아의 발현도 설명해주겠다고 했지요. 그런데 내가 꾸르실료^{Cursillo}(카톨릭 영성훈련 프로그램의 하나. 역주)에 참석했을 때 누군가가 마리아의 이 사진을 선물하면서 그게 1980년대에 메주고리예*의 교회에서 마리아가 아이들 앞에 나타났을 때 찍은 사진이라고 했어요. 내 경험에 비추어보니 나도 이젠 그 아이들에게 친밀감을 느끼게 됩니다. 당신들도 틀림없이 알고 있겠지만 나는 이반카^{Ivanka}

---

* 메주고리예(Medjugorje) : 보스니아-헤르체고비나 남서부의 마을로, 1981년 6월 24일부터 여섯 명의 아이들 앞에 마리아가 나타난 사건으로 유명하다. 역주

― 이제는 어른이 된 그 아이들 중의 한 사람 ― 가 메인 주의 성당에서 강연을 할 때 보러 갔었어요. 그녀는 통역을 통해서 말했지만 나는 그녀의 경험이 진짜이고 그녀의 말이 진실이라는 것을 느꼈어요.

그날 행사의 프로그램 안내장에는 성모 마리아의 또 다른 사진이 실려 있었어요. 그건 460여 년 전에 지금은 멕시코의 과달루프의 성녀 교회로 알려진 곳에서 마리아가 한 사나이 앞에 나타나 그의 셔츠에다 남기고 간 모습이라고 합니다. 과학자들은 그 셔츠가 한 몇 십 년만 지나면 낡아 없어져야 한다고 하는데 아직도 멀쩡히 남아서 5세기가 지나도록 교회에 전시되어 있지요! 그러니까 여기 460년이라는 세월의 간격을 두고 나타난 두 개의 마리아의 모습이 있습니다. 그중 하나는 실제로 찍은 사진이지요. 그런데 믿을 수 없는 것은 둘이 똑같은 모습이라는 거예요. 이건 어떻게 된 건가요?

아턴: 모든 육신의 형상은 마음에 의해 만들어진다고 말했지요. 이 형상들은 바른 마음과 성령의 상징물일 수도 있고, 아니면 그른 마음과 에고의 상징물일 수도 있어요. 마리아의 모습은 무의식의 마음속에 있어서 그것이 개인들이나 대중 앞에 투사될 수 있어요. 당신이 말하는 형상은 서양 사람의 모습을 하고 있습니다. 그건 사실 2천 년 전 유대 여인의 얼굴이 아닙니다. 마음속에 들어 있는 것들의 합성물이지요. 사람들이 제이에 대해 마음속에 가지고 있는 이미지가 그의 실제 모습이 아니라 대중의식 속의 상징적 이미지인 것과 마찬가지로 말이에요.

마리아의 발현은 대개 소수의 사람들 앞에서 일어날 때 더 자세한 모습을 드러내는데, 그것은 그들의 의식이 매우 집중되어 있기 때문입니다. 그런데 그 형상은 원형原型(archetype)이기 때문에 동일한 모습을 하고 있는 겁니다. 이 발현의 본질은, 그 겉모습 뒤에 들어 있는 내용물은 바로 성령의 사랑이라는 겁니다. 개인이든 대중이든 간에 그들의 마음이 그 사랑에다 형상을 부여한 것이지요.

개리: 그러니까 성령의 사랑이 진짜이고 형상은 우리가 만들어낸 것이란 말인가요?

아턴: 맞았어요. 퍼사도 형상을 지닌 것은 모두가 반드시 다른 어떤 것의 상징물이라고 말해줬었지요. 성령은 형상 따위를 만들어내지 않습니다. 사랑할 뿐이지요. 성령의 사랑이 당신의 우주 속으로 빛을 비추고, 그것이 당신의 바른 마음에 의해 특정한 형상을 입을 수는 있습니다. 형상 자체는 마음의 투사물입니다. 그러나 그 배후의 사랑은 진짜입니다. 이것이 마리아와 천사와 승천한 모든 스승들의 발현을 설명해주지요. 이것은 2천 년 전에 제이가 십자가형을 받은 후에 우리에게 나타난 이치도 설명해줍니다. 우리의 마음은 그의 사랑을 경험할 준비가 되어 있었지요. 그래서 그의 사랑이 그 당시 우리에게 그럴듯하고 받아들여질 수 있는 모습을 띠고 나타난 겁니다. 지금 우리의 사랑이 **당신**에게 그럴듯하고 받아들여질 만한 모습의 육신과 목소리를 가지고 당신 앞에 나타난 것과 똑같이 말입니다.

다시 말하지만 두뇌가 이런 형상을 만들어낸다는 뜻이 아닙니다. 구체적인 형상을 만들어내는 것은 마음 전체의 작용입니다. 우리는 또 마음은 하나밖에 없다고 했습니다. 그러니 이 차원에서는 만들어진 모든 사물이 분열된 그 한 마음의 산물이 아니기는 말 그대로 불가능합니다. 우리의 사랑은 진짜이지만 육신은 당신의 육신과 마찬가지로 환영입니다. 꿈속에 등장하는 인물들처럼 말입니다. 아까 '우리'가 이 육신을 만들었다고 말했을 때 그것은 우리의 사랑을 가리킨 겁니다. '제이'가 십자가형을 당한 후에 우리를 만나기 위해 또 다른 몸을 만들어냈다고 퍼사가 말했을 때 의미했던 것도 사랑입니다. 환영인 형상 뒤에 담겨 있는 진짜 내용물은 그의 사랑이었습니다. 그러나 **모든** 형상을 지어내고 그 세세한 생김새를 부여하는 것은 잠든 채로 그것을 투사해내는 마음들이지요.

퍼사: 사람들도 육신을 떠나기 이전에 깨닫는데, 깨달은 존재들이 이 세상에서 활동하는 **것처럼 보이는** 것은 얼마든지 가능한 일입니다. 그러나 그들은 자신이 정말 세상에 있는 것이 아님을 알고, 또 그들에게는 사랑으로써 다른 이들을 돕기 위한 방편으로서 외에는 여기에 돌아올 이유도 없습니다. 반복하자면, 분열된 것처럼 보이는 마음이 이 환영 속에서 그들의 사랑에다 형상을 부여하는 것입니다. 깨달은 스승들로서는 정말이지, 형상을 만들어낼 필요가 전혀 없어요.

개리: 정말 흥미롭군요, 하지만 아시다시피 어떤 사람들은 당신들이 나의 에고로부터 투사되어 나온 것이라고 할 텐데요.

아턴: 그들은 그들이 원하는 대로 생각하게 내버려두세요. 말릴 수 없는 일이에요. 그럴 때는 이 질문에 대답해보게 하세요. 에고가 사람들에게 에고를 없애는 방법을 가르쳐주려고 할까요? 악마가 사람들에게 지옥에서 벗어나는 법을 가르쳐주려고 할까요?

개리: 멋진 지적이네요. 실제로 당신들이 하고 있는 것은 에고를 가르쳐서 자신을 부정하는 선택을 하게 하려는 거죠?

아턴: 좋았어요. 아주 훌륭한 학생이에요!

개리: 당신이 설명한 신성한 상징의 출현은 조지아 주의 한 시골 여인에게 성모 마리아가 나타나서 가르침을 전해준 이치도 설명해주는 것 같아요. 그 메시지가 꼭 조지아 주의 시골 여인에게서나 나올 만한 것처럼 들린다는 것만 빼면요. 마리아가 정말 그녀에게 나타났을 수 있겠지만 가르침은 그녀의 수준에 가장 알맞은 형태예요.

아턴: 그녀는 거짓 없는 여자입니다. 그 메시지는 단순해 보일지 모르지만 듣는 사람에게 가장 도움 되도록 눈높이가 맞춰진 거예요.

개리: 그럼 그런 것 말고 오클라호마 연방청사 폭탄테러를 일으켰던 미친놈들처럼 별로 유쾌하지 못한 주제는 어때요? 그런 놈들에게는 나도 모르게 숨겨진 죄의식을 마구 투사하게 돼요. 외부 세상에 보이는 것들이 다름 아닌 나 자신의 실성한 모습이라고 말하셨던 건 알아요. 하지만 난 아직도, 자신의 숨겨진 신념체계를 이 미친놈 속에서 발견하기로 선택한 것은 바로 우리 자신이라는 말을 사람들이 — 나도 마찬가지지만 — 받아들이기는 너무 어려울 거라고 생각해요. 당신들은, 범죄자가 아무리 미친놈이라 해도 그는 단지 우리가 무의식 속의 죄책감을 외부에 있는 것처럼 보이게 하기 위해 택한 손쉬운 희생양일 뿐이라는 걸 믿으라고 하는데, 그것은 우리가 자유를 얻으려면 그가 실제로 저지르지 않은 짓을 용서해야 한다는 뜻이겠지요?

아턴: 예. 에고는 당신을 미화하는 데는 아주 귀신이에요. 하지만 몇 가지만 말해둡시다. 끔찍한 비극처럼 보이는 일에는 말려들기가 **아주 쉽습니다**. 그것은 물론 용서해야 하지만, 그와 같은 상황에서 또 유념해야만 할 것이 몇 가지 있습니다. 무엇보다도, 꿈의 비실재성을 알아차리기로 선택하는 것이 그 같은 악몽에 개입된 사람들의 느낌과 요구에 무감각해지는 것을 뜻하는 것은 아니라는 점입니다. 당신이 사랑하는 사람의 죽음을 당해 있다고 해봅시다. 그런 때 어떤 멍청이가 다가와서는 그건 다 환영일 뿐이니 속상해할 것 없다고 말한다면 당신은 기분이 어떻겠어요? 그것은 남의 고통을 존중해주지 않는 데 대한 분노만 일으켜놓을 겁니다.

사랑하는 사람을 잃은 사람들에게서는 슬픔밖에는 기대할 게 없습니다. 상대방의 느낌과 믿음을 항상 용인하세요. 대부분의 사람들에게는 〈기적수업〉 공부가 오래도록 그들의 사회적 필요와 요구를 맞춰주지 못할 거라고 말하는 것은 이런 뜻이에요. 〈수업〉은 통과의례가 아니에요. 그건 하나의 사고체계지요. 둘째로, 그런 상황에서 사람들에게 그것은 모두가 그들이 경험하기로 선택한 것이라고 말하는 것도 똑같이 의미 없는 짓입니다. 사람들이 사랑하는 친구와 친지를 잃고 슬퍼하고 있을 때 말고, 진실을 추구해보고 싶은 마음이 생길 때에 그것을 배우도록 놔두세요.

> 사람들이 형상의 차원에서는 용서가 통하지 않는다고 말하게끔 만들지 마세요. 용서는 실로 세상의 모든 변화를 일궈낼 수 있으니까요.

물론 그 폭탄테러범들이 미움 대신에 용서를 배웠더라면 그런 일은 애초에 일어나지도 않았겠지요. 사람들이 형상의 차원에서는 용서가 통하지 않는다고 말하게끔 만들지 마세요. 용서는 실로 세상의 모든 변화를 일궈낼 수 있으니까요. 진정한 용서와 성령을 스승으로 택하는 것은 에고의 시나리오에 속한 것이 아닙니다. — 그것은 에고의 시나리오로부터 해방되기 위해서 **당신이** 내려야만 하는 결정입니다.

개리: 자신의 결혼식이나 장례식에서 〈기적수업〉의 내용을 읽어주기를 원하는 사람이 있다면 당신은 당연히 허락하시겠지요?

아턴: 그것이 그들이 원하는 바라면 물론이지요.

개리: 많은 사람이 죽은 오클라호마의 폭발 같은 것은 분리, 곧 빅뱅, 그리고 천국이 파괴되는 **것처럼 보이는** 것을 상징하는 것 같아요.

아턴: 맞았어요. 대부분의 사람들은 그런 식으로 생각할 만한 배경을 가지고 있지 못하지만요. 다른 질문은 없나요?

개리: 있어요. 나는 1978년에 est 훈련을 처음 했는데 그들은 '존재하라-행동하라-가지라'라는 이름의 기법 내지 공식을 가르쳤어요. 나중에는 다른 영적 지도자들도 그것을 흉내 내서 가르쳤지만요. 그것은 존재하는 법

과 원하는 것을 가지는 법을 가르쳤어요. 그 기본개념은, 예컨대 위대한 음악가가 되려고 애쓰거나 몸부림치는 대신 위대한 음악가가 되고 그가 하는 행동을 하면 위대한 음악가가 가진 것을 갖게 된다는 거였어요. est의 창시자인 베르너 에르하르트는 그를 공격하는 세력이 있었음에도 불구하고 위대한 스승이었고 그 당시의 나에게 많은 도움을 줬어요. ― 비록 나의 배움은 오락가락하면서 부침을 겪었지만요. 나는 당신들이 '존재하라―행동하라―가지라'와 같은 이런 것들에 대해서는 어떻게 생각하는지 궁금했어요.

아턴: 그런 기법을 사용하지 말라고는 하지 않겠어요. 하지만 우리가 풍요에 대해 말할 때 그것은, 당신이 무엇이 되고 무엇을 하고 무엇을 가져야 할지에 대해 자연스럽게 영감을 얻을 수 있도록 신과 하나가 되는 길을 의미해요. 기다렸다가 나중에 이야기가 나올 때 당신이 성공과 풍요에 대해 가지고 있는 의문에 대한 답이 거기서 나오는지 찾아보세요. 말이 나왔으니 말인데, 위대한 음악가들이 하는 것 중에 하나는 연습을 많이 하는 거예요. 그것도 아주 오랫동안요. 당신이 이것을 피해갈 길을 찾았는지는 의심스럽군요.

개리: 정곡을 찔렀네요. 하지만 그 배후의 태도가 이미 위대한 음악가가 되어 있는 태도라면 그래도 기분만은 좋아지겠죠.

아턴: 옳은 말씀이에요. 다른 건 없나요?

개리: 있어요, 아턴. 퍼사는 자신의 마지막 전생에서 매우 큰 도움을 주었던 용서의 사례를 이야기해줬는데 당신의 이야기는 못 들었어요. 어떻게 된 거죠? 당신도 우리의 주‡이신 신의 분노를 무릅쓰고 당신의 신성한 의무를 다해야 하지 않나요?

아턴: 심판하려 들지 말아요. 난 마지막 생에서도 그런 말을 들었어요. 좋아요. 이야기를 해주지요. 하지만 당신이 알아야 할 것 중 하나는, 당신이

용서의 기술을 통달하면 그때는 정말 이 세상이 **당신이** 만들어내는 영화라는 사실을 온전히 깨닫게 될 겁니다. 전에 이야기한 적이 있지만 그래도 물어봅시다. 밤에 잠들어서 꿈꿀 적에, 아니면 당신의 경우엔 잠들기 전에 눈을 감고 있을 때도, 움직이는 광경과 소리가 들리지요?

개리: 예. 그리고 꿈꿀 때는 바로 지금과 똑같이 아주 생생하게 보이기도 합니다.

아턴: 좋아요. 그런데 대부분의 사람들은 자신이 그 꿈속의 광경을 무엇으로 보는지를 궁금해하지도 않지요. 눈은 감고 있는데 말이에요! 그렇다면 당신이 보는 것은 육안으로 보는 것이 아니지요. 그게 중요한 점입니다.

개리: 맞아요, 그건 인정해요. 나는 마음으로써 보고 있는 것이 틀림없어요.

아턴: 그래요. 그리고 당신은 이전에 깨어 있는 중에도 그런 느낌을 느껴 봤었지요. 당신은 그것이 왠지 무서웠다고 했어요. 그런데 사실은, 낮 시간에 분명히 눈을 뜨고 깨어 있을 때도, 눈앞의 광경을 보고 있는 것은 잠들었을 때와 마찬가지로 육안이 아니란 말입니다. 보는 것은 **언제나** 당신의 마음입니다. 듣고 느끼고, 감각이 하는 것으로 여겨지는 모든 일을 하는 것은 **언제나** 당신의 마음이란 말입니다. 여기엔 예외가 없어요. 육신 자체가 당신이 투사해내는 것의 일부일 뿐이니까요.

당신도 통달의 경지에 이르면 당신이 보고 있는 영화가 모두 자신이 투사해내는 것임을 알게 됩니다. 그건 다른 이의 마음에서 나오는 것이 아니에요. 왜냐하면 오직 하나의 마음밖에는 존재하지 않으니까요. 그래서 모든 심판은 어리석다는 거예요. 물론 당신이 우주라고 부르는 투사물은 당신이 지금 경험하고 있는 차원과는 별개의 다른 차원으로부터 나오는 것이지만요. 우주가 진짜처럼 보이는 이유도 그 때문입니다. 당신이 그렇게 보이도록 허락한다면 말이에요. 지금의 이 차원에서는 육신이 자신의 외부에 있는 것들을 경험하고 있는 **것처럼 보입니다.** 하지만 당신의 외부에 있는 것처럼 보이는 것들은 단지 당신 자신의 마음에 의해 투사되고 있는 것들의 거시적 차원의 모습일 뿐이고, 여기서 당신이 하는 경험은 단지 자신의 마음이 투사해내고 있는 것의 미시적 차원의 모습일 뿐이에요! 절대적인 진실은, 오직 그것에 대한 당신의 해석 — 당신의 심판 혹은 용서 — 만이 그것을 진짜나, 혹은 가짜로 만든다는 것입니다.

이제 당신의 용서 수행이 경지에 오르면 고통과 불안은 점점 더 줄어들고 때로는 사라져버리기도 합니다. 고통과 불안의 **외견상의** 원인도 사라지리라고 말하지는 않았다는 점을 주의하세요. 도인이 암으로 죽거나 제이처럼 죽임을 당하면서도 그 때문에 통증을 느끼지 않는 것은 이론적으로 가능합니다. 통증이 사라지고 그와 함께 고통도 없다면, 환영인 그 원인이 아직도 남아 있는 **것처럼 보이는** 것이 무슨 대수로운 문제가 되겠습니까?

개리: 그런 생각은 해본 적이 없네요. 세상은 겉모습만으로 상황을 판단하지만, 도인이 외견상의 상황과는 상관없이 고통을 겪지 않고 거기에 별로 상관도 않는 것은 가능한 일일 것 같아요. 세상은 이렇게 말하겠지요. "깨달았다는 사람이 암으로 죽었대!" 하지만 그것은 그가 받아들인 용서의 교훈이고 그것도 아주 성공적으로 수행된 것이었을지도 모르지요.

아턴: 그것은 겉모습만으로 사물을 판단해서는 안 되는 또 하나의 이유일 뿐이지요. 어떤 결과나 통증이 없다면 원인도 없는 겁니다. 실질적으로는 존재하지 않는단 말이에요. 고통을 일으키는 것으로 보이는 것은 그것이 어떤 상황이든 관계든 양쪽 다이든 간에, 그것은 용서를 실천하면 사라질 수도 있고 사라지지 않을 수도 있어요. 에고의 시나리오는 당신이 원한다고 해서 언제나 바뀌는 것처럼 보이지는 않아요. 그러나 에고의 시나리오에 의

해 불려오는 모든 고통을 종식시키고 두려움 대신 평화를 누리는 것은 실제로 가능합니다. 그것이 바로 성령의 시나리오입니다.

당신이 어느 영화를 볼지를 고르는 것과 똑같이, 당신이 삶이라 부르는 이 영화와 당신이 볼 다른 어떤 인생영화도 당신이 골라잡을 수 있다는 것을 명심하세요. 그건 어디까지나 스스로 만들어내는 운명예정론이란 말입니다. 개리, 당신의 인생드라마는 이미 다 촬영되어 있어요. 당신이 할인표로 즐겨보는 연극처럼요. 그걸 알면 싸울 이유가 어디 있겠습니까? 우리가 개인적 관심사조차 가지지 말라고 한 적은 없다는 걸 기억해두세요. 시나리오에도 그게 없다면 아예 없겠지만요.

에고의 시나리오는 당신이 원한다고 해서 언제나 바뀌는 것처럼 보이지는 않아요. 그러나 에고의 시나리오에 의해 불려오는 모든 고통을 종식시키고 두려움 대신 평화를 누리는 것은 실제로 가능합니다. 그것이 바로 성령의 시나리오입니다.

그러니까 당신의 능력을 마음껏 개발하세요. 한 예로, 원한다면 주식거래를 하세요. 시장분석 기술을 활용하세요. 동향을 따라가는 단순한 방법이 더 영리한 방법이지만요. 그런 일을 할 때도 육안은 아무것도 보지 못하며 당신은 자신의 영화를 경험하고 있는 것일 뿐이라는 사실을 잊지 마세요. 그건 그렇고, 당신이 그 영화의 결말을 좋아하든지 말든지는 문제가 안 됩니다. 왜냐하면 그건 결코 진짜 결말이 아니기 때문이죠. 그건 새로운 시작일 뿐이에요. 시작도 끝도 더 이상 필요하지 않게 될 때까지 말이죠. 그런 때가 오면 오로지 진정한 환희밖에는 아무것도 없고 천국의 외견상의 반대물은 사라질 겁니다.

당신이 명심해야 할 또 한 가지는, 당신이 선택한 길이 아닌, 사람들을 일시적으로 기분이 좋아지게 만드는 가르침들에는 빠져들지 말라는 것입니다. 당신에게 다뤄야 할 문제나 사람이나 대상이 생겼을 때 "나는 그것이다 (I am that)" 하고 선언하기만 하면 그것이 사라져버릴 것이라고 말하는 사람들이 있을 겁니다. 당신이 투사한 것과 하나가 되는 것은 그것을 당신에게 현실로 만들어놓을 뿐입니다. 그것은 당신이 보지 못하는 당신 마음속의 죄의식을 지워주지 못합니다. 오직 진정한 용서만이 그것을 할 수 있지요. 또 감정을 깨어서 지켜보면 충동으로부터 해방될 수 있다고 말하는 사람들도 있을 겁니다. 자신의 기분을 지켜보는 것이 감정의 힘을 약화시키는 것을 당신이 직접 경험했다고 하더라도, 그것은 용서와 같은 것이 아닙니다. 오로지 당신의 인간관계를 진정으로 용서하고 마음속의 무의식적 죄의식을 치유함으로써만 충동이나 그 밖의 무엇으로부터든 해방될 수가 있는 거예요.

마지막으로, 균형상태를 추구하는 사람들로부터 어떤 말을 들을 수도 있어요. 몸과 마음과 영의 균형, 혹은 음양과 같은 이원적 힘의 균형, 혹은 '힘' 그 자체의 균형을 추구하는 것 말이에요. 환영의 균형을 맞추는 것은 그것을 용서하는 것이 아닙니다. 당신의 길에만 주의를 모으세요. 다른 사람들은 다른 생에서 같은 길을 갈 겁니다. 〈기적수업〉은 아주 새로운 가르침이란 것을 잊지 마세요. 로큰롤도 〈기적수업〉보다 20년이나 오래됐다구요! 당신은 이 둘 다를 가지고 놀 수 있게 된 걸 감사하세요. 그리고 이 새로운 영적 길이 임자를 만날 기회를 주세요.

처음에는 아무도 용서하는 방법을 몰라요. 배우는 데는 시간이 필요해요. 사람들은 남들을 심판하고 저주할 때 자신이 자신의 마음에게 어떤 짓을 하고 있는지를 깨닫지 못하지요. 제이의 제자인 우리들조차 처음엔 그걸 정말 이해하지 못했으니까요. 하지만 그 당시엔 우리가 대단한 것을 알고 있다고 확신하고 있었죠. 누구나 그래요. 그러나 제이는 〈기적수업〉에서 신약에 파생되어 전해지는 가르침들에 관해서 이렇게 말하지요. ─ 그중 일부는 몇몇 제자들이 지어내서 전파한 것이지만요.

> 사도들의 가르침을 읽을 때는 내가 제자들에게, 당시는 그들이 온전히 따를 준비가 안 되었기 때문에 훗날에야 이해하게 될 것들이 많다고 일렀던 사실을 유념하라. (T95)

이것이 제자들이 승천한 스승들이었다는 전설을 종식시키는 데 도움이 되길 바랍니다. 거기엔 퍼사와 나 자신도 포함되지요. 지금 당장은 알고 싶어하지 않는 사람들도 있겠지만, 사실은 모든 제자들이 더 많은 것을 배우고 깨달음을 얻기까지 최소한 스무 번 이상의 생을 거쳐야 했습니다. 하지만 우리는 그 생에서 제이로부터 정말 많은 것을 배웠지요. 우리는 "주 하나님이시여, 주는 하나이니, 너희는 주 하나님을 온 마음과 온 영혼과 온 힘을 다하여 사랑하라"는 이스라엘의 대계명에 대한 그의 굳건한 믿음에 충격을 받지 않을 수가 없었거든요. 제이는 "신이시여, 나는 오로지 당신만을 원하나이다" 하고 말할 수 있는 겸손을 가졌어요. 얼마나 많은 사람이 진실로 그렇게 말할 준비가 되어 있을까요? **당신은 이번 게임을 막판으로 맞이할 준비가 되어 있나요?**

내 마지막 생애에서 퍼사를 만난 것은 내가 60대였을 때였어요. 그건 우리 둘 다에게 마지막 생애였지요. 그녀의 남편은 그보다 몇 년 전에 죽었고 나의 아내도 저세상으로 갔어요. 퍼사와 나는 우리가 짝이라는 것을 금방 알아차렸어요. 우리는 〈기적수업〉을 공부했고 그에 대한 개인적 이해도 같았을 뿐만 아니라 우리가 전생에서도 서로 아는 사이였다는 것을 알아차렸어요. 실제로 우리는 전생의 많은 사건들의 기억을 서로 상기시켜줄 수 있었지요. 우린 그 마지막 생에서 함께 살았지만 결혼하진 않았어요. 그것은 먼저 간 배우자들에 대한 존중을 표하면서 동시에 함께 살기 위한 우리의 방식이었지요.

개리: 악당들이로군요.

아턴: 우린 우리의 사적인 이야기는 하지 않을 거고 당신이 자신의 개인사를 시시콜콜 이야기해주기를 기대하지도 않아요. 어떤 일들은 혼자만 알고 있는 게 가장 나을 수도 있거든요. 퍼사와 나는 나이가 비슷했어요. 우리의 관계에서 특별한 것이 무엇이었는지를 말해드리지요. 우린 서로 매우 사랑했어요. 하지만 우린 서로를 성령에게 놓아주었지요. 우린 서로에게 무엇을 강요하거나 희생을 요구하지 않았어요. 세상은 고통을 기쁨과 혼동하듯이 사랑과 희생도 혼동해요. 하지만 따지고 보면 희생이란 고통을 불러들이는 것이 아니면 뭐겠어요? 그게 당신이 사랑하는 사람을 위해 진정으로 바라는 건가요?

당신이 특별히 사랑하는 사람들이란 단지 당신이 당신 자신 안에서 부족하게 느끼는 그것을 얻기 위해서 찾고 있는 헛된 대상일 뿐이에요. 연애감정은 상상 속의 공허감을 채우려는 헛된 시도입니다. ─ 그것은 분리의 결과로서 경험되는 것이지, 실제로는 존재하지 않는 구멍이에요. 오직 속죄와 구원만이 그런 부족감을 진정으로 치유해주고, 당신을 신과 하나된 온전한 상태로 이끌어줍니다. 퍼사와 나는 다행스럽게도 만날 당시에 이미 그것을 깨우치고 있었던 거지요. 우린 서로에게 값싼 사랑을 요구하지 않았어요. 우린 있는 그대로의 자신이 되도록 서로를 허락했고 요구함 없이 자유롭게, 그리스도와 신과의 일체감의 표현으로서 서로를 사랑했어요.

퍼사는 나보다 먼저 깨달았어요. 그 일이 일어난 것을 깨달았을 때는 우리가 8년을 함께 살았을 때였어요. 그녀의 경험을 제대로 설명할 길은 없어요. 우린 그저 그것이 일어난 것을 알았어요. 나는 그녀가 나보다 좀 빨랐다고 해서 걱정하지 않았어요. 왜냐하면 나도 같은 길을 가고 있었고 우리는 거의 같은 수준이란 걸 알고 있었기 때문이지요. 그 후의 10년간은 멋졌어요.

개리: 야, 정말 멋지네요. 그런데 당신이 말해주겠다던 용서의 교훈은 뭐예요? 아니, 잠깐만. 내가 무한한 인내심을 보여주면 당신이 아마 즉각적인 결과를 보여주겠죠?

아턴: 좋았어요. 그건 정말 아주 단순해요. 개리, 그게 언제나 대단한 가르침인 것만은 아니에요. 그건 퍼사가 죽은 거예요. 그녀는 내가 없을 때 몸을 떠나버렸고 나는 외견상 홀로 남아서 그녀 없는 마지막 몇 년의 여생을 보내야 했어요. 그것이야말로 나에겐 대단한 용서의 교훈이었지요. 그리고 나중에 안 일이었지만 그것이 내가 깨달음을 얻기 전에 거쳐야 했던 마지막 용서 수업이었어요. 몇 년 후에 나는 내 본래의 정체를 기억해냈고 신에 대한 기억을 완전히 되살렸어요.

그 마지막 가르침은 육신의 허망함을 영원히 깨우치게 해주었어요. 퍼사는 떠나기 전 며칠 동안 건강이 좋지 않았어요. 하지만 그녀는 육신의 건강은 중요한 게 아니라고 설명해줬어요. **그건 당신이 아니에요.** 그게 당신이 아니라면 육신이 무슨 문제가 될 수 있겠어요? 건강과 병 역시 같은 환영 속 동전의 양면이에요. 어느 쪽도 진짜가 아니지요. 퍼사는 그걸 안 거예요. 그녀는 자신의 육신이 죽어가고 있는 것을 알았어요. 하지만 놀라 날뛰는 에고 대신 평화만이 감돌았습니다. 내가 할 일 중 하나는 그녀가 육신을 버리는 것이 그녀가 나를 떠나는 것을 의미하지 않는다는 것을 이해하는 것이었지요. 나는 그녀가 나와 함께 있는 것을 느꼈고 마지막 몇 년 동안 그녀의 임재감을 자주 알아차렸어요. 나는 "자꾸 심판하려 들지 마세요"와 같은, 그녀가 나에게 자주 했던 말을 떠올리곤 했는데, 그럴 땐 마치 그녀가 아직도 곁에 있는 것 같았지요. 나는 내가 세상을 이미 다 용서했다고 생각했지만, 다시 세상을 용서했어요. 그러자 곧 몸을 떠나 퍼사와, 그리고 그리스도와 신과 하나가 될 수 있었어요.

아주 여러 해 동안 진정한 용서를 실천하지 않았으면 나는 그 경지에 이르지 못했을 겁니다. 그래서 나는 당신이 이 세상에서 가지고 있는 모든 인간관계에 대해서, 그것이 특별한 사랑에 바탕을 둔 것이든 특별한 미움에 바탕을 둔 것이든 간에, 이 작은 한 마디의 충고를 드리겠습니다. — 사람들이 당신을 사랑하든지 말든지 그건 상관하지 말고 그저 그들을 사랑하세요. 그러면 그들이 당신을 어떻게 생각하든 그것은 문제가 되지 않습니다. 당신은 그저 사랑이 되어 있을 수 있습니다. 너무나 간단해요! 그러면 어떻게 되는지 아세요? 그것이 결국은 자신에 대한 당신의 느낌을 결정할 겁니다!

개리: 내가 그걸 잘 해낼 수 있을지 모르겠어요. 난 환희에 대한 두려움이 있는 것 같아요. 퍼사가 해줬듯이 당신도 진정한 용서 훈련에 임하는 당신의 자세를 좀 요약해주실 수 있나요?

아턴: 물론이지요. 그건 〈수업〉에 다 나오는 거예요. 〈수업〉의 〈들어가기〉에 보면 요약까지 되어 있지요. 용서를 더욱 깊게 이해하고 그것이 당신에게 살아 있는 것으로 만들어주는 것은 지속적으로 열심히 공부하고 실천하는 것입니다. 그건 퍼사가 16개월 전에 당신에게 말해줬던 용서의 사고과정과 잘 맞아떨어집니다. 이 세상을 지어낸 게 나라면 그것은 저 바깥에는 아무도 존재하지 않는다는 뜻입니다. 문제의 원인이라고 보았던 모든 사람들을 지어낸 것이 사실은 바로 나란 말입니다. 진짜가 아닌 것은 실재하지 않는다, 기억나나요? 나는 두려워할 것은 아무것도 없다는 것을 진정으로 이

해할 수 있었고 그러자 신의 것이 **아닌** 무엇이 나에게 영향을 미칠 수 있다는 생각을 부정할 수 있었어요. 그리고 내 형제자매와 나 자신을 동시에 용서할 수 있었지요. 그러자 나는 내 집이 반석 위에 지어져 있음을 더욱 더 실감할 수 있게 되었어요. 당신도 분명히 기억하고 있겠지만, 진짜인 것은 결코 위협받을 수가 없습니다. 이런 생각들은 모두 하나로 정합되고, 그것은 신의 평화로 데려다주지요.

개리: 반복하는 말이지만, 단순하긴 한데 쉽진 않아요. 특히 엿 같은 일이 생길 때면 말이에요.

아턴: 열심히 실천하면 할수록 당신은 그 엿 같은 일들이 하나의 기회로서 오고 있는 것임을 깨닫기 시작할 거예요. 당신은 잘 하고 있어요. 당신의 고집은 꽤 흥미로워요. 그대로만 가세요.

개리: 해보죠. 당신과 퍼사가 각각 도마와 다대오였다는 사실을 스스로 알았고 마지막 생애의 마지막 시간을 함께 보냈다는 건 정말 멋진데요. 참 흥미로워요.

아턴: 아, 정말 흥미로운 사실이 있어요, 개리. ─ 당신이 스스로 깨달아야 할 테지만.

퍼사: 이제 가야 할 시간이 다 됐어요. ─ 이건 물론 비유적으로 표현한 거예요. 우리가 해마다 이 날짜에 당신을 찾아온 건 다 뜻이 있었어요. 오늘은 성 도마였던 나와 관계되는 날일 뿐만 아니라 다가오는 새해에 용서의 교훈을 얻도록 당신을 부추겨주기 위해 작은 명절 모임을 가지는 기회도 되는 셈입니다. 오늘이 어떤 날인지는 나중에 알아보세요.

주: 나는 12월 21일이 성 도마를 기리는 종교축일이라는 것을 알아냈다. 아직도 도마를 모시는 시리아 교회에서는 7월 3일을 축일로 삼

지만.

우리는 해마다 이 시간에는 당신이 세상의 모든 사람들과 마음속에서 하나가 되기를 바랍니다. 그들이 어떤 날을 축일로 삼든, 그들이 제이를 섬기든 유다 매카비를 섬기든 상관없어요.

개리: 누구라고요?

퍼사: 알아보세요. 하지만 하누카*를 먼저 찾아봐야 할 거예요. 그러면 그 축일에 대해서도 좀 알게 될 거예요.

개리: 방금 콴자**에 대해 찾아냈어요. 그럼 그날은 아주 국제적인 날이 되겠네요.

퍼사: 사람들은 모두 이 날을 축하합니다. 그들이 그들의 평화를 새해로 가져갈 수 있다면 그건 정말 대단한 일이 될 거예요. 크리스마스, 하누카, 콴자, 라마단, 기타 자얀티 — 이 모두가 개인의 세계보다 더 큰 무엇인가를 사람들이 인식하고 있다는 징표지요.

개리: 기타 자얀티는 바가바드 기타를 기리는 축제인가요?

퍼사: 맞아요.

개리: 율Yule(크리스마스 시즌)의 위커교(Wiccan, 성모신을 믿는 유럽의 토착종교) 축제일은 어때요?

아턴: 이교도는 안 끼워줘요. 농담입니다! 이날은 모든 사람에게 멋진 시간입니다. 알다시피 교회는 이교도들의 축일을 빼앗아서 크리스마스를 선포했어요. 사람들이 경쟁자를 의식할 때 보이는 행동은 참 흥미로워요.

---

* 하누카(Hanukkah) : 유대의 영웅인 유다 매카비Judah Maccabee가 이교도의 지배를 물리치고 예루살렘의 사원에서 유대인의 예배를 다시 올릴 수 있게 된 것을 기념하는 날. 역주
** 콴자(Kwanzaa) : 미국 흑인들의 뿌리인 아프리카의 문화유산을 기리는 축제. 역주

개리: 그럼 제이가 12월 25일에 말구유에서 태어난 게 아니란 말인가요?

퍼사: 하던 이야기를 계속하자면, 이 날은 평화와 쇄신의 날이에요. 〈수업〉도 이렇게 가르치고 있지요.

이 기간을 거룩한 시간으로 만드는 것은 그대의 힘에 달려 있다. 지금을 그리스도의 시간으로 만드는 것이 그대의 힘에 달려 있으므로. 이것은 단번에 해낼 수도 있다. 왜냐하면 거기에는 단 한 번의 인식의 전환밖에 필요하지 않으므로. — 그대는 단 한 번의 실수밖에 저지르지 않았기에. (T325)

개리, 집이란 마음이 머무는 곳이에요. 당신의 마음이 신과 함께 있다면 당신은 이미 집에 온 거예요. 세상을 버리세요. 물질적으로가 아니라 정신적으로 말이에요.

그대가 살고 있는 것처럼 보이는 이 세상은 그대의 집이 아니다. 그리고 마음속 어디에선가 그대는 이것이 진실임을 알고 있다. (W339)

이러한 태도는 용서가 열 배는 더 쉬워지게 만들어줄 겁니다. 다음에 엿 같은 일이 생기면 친구, 신을 기억하고 용서하세요. 용서하면 반드시 신을 기억하게 될 테니까요.

신은 아들을 사랑한다. 이 세상이 사라지게 할 도구를 지금 그에게 요청하라. 먼저 통찰이 올 것이고, 바로 그 다음 순간에 앎이 찾아올 것이

다. (W321)

당신의 세계를 용서하세요. 모든 환영을 동등하게 놓아보내세요. 그것들은 모두가 똑같이 진짜가 아니니까요. 〈수업〉에서 제이는 이렇게 충고하지요.

그것들을 모두 같아지게 만듦으로써 올해를 특별하게 만들라. (T329)

아턴: 사랑과 용서, 이것이 제이의 모든 것입니다. — 언제나. 즐거운 성탄절 되세요, 개리. 형제자매들을 용서하세요. 당신들은 모두 하나니까요. 그럼으로써 당신들은 다시 온전해집니다.

…… 이제 그는 본래의 모습을 되찾았다. 그리고 그는 천국의 문이 눈앞에 서 있는 것을 바라보고, 그 안으로 들어가 신의 가슴속으로 사라질 것이다. (W479)

10
치유에 관하여

> 병을, 마음이 어떤 목적을 위해 육신을 이용하기로 한
> 하나의 결정으로 받아들이는 것이 치유의 밑바탕이다.
> 어떤 형태의 치유에도 이것은 마찬가지다.
>
> (M18)

나는 영적 치유에 관심이 끌렸다. 그래서 그 후 몇 달 동안 〈수업〉은 치유에 대해서 뭐라고 하는지를 찾아봤다. 〈기적수업〉은 **영적** 치유란 말을 쓰지 않는다. 왜냐하면 모든 병과 치유는 **마음이** 일으키는 것이기 때문이라는 것이다. 그래도 영적 치유란 말 자체는 의미가 있다. 왜냐하면 그것은 마음이 동화되고자 선택하는 그것을 가리킬 수 있기 때문이다. 나는 내가 영적 치유에 특별히 재능이 있다고 느끼지도 않았고 병을 고치고자 하는 구체적인 의도도 없었다. 그럼에도 나는 그쪽에 관심이 끌려서 스승들이 다음에 오면 치유에 대해 물어볼 작정이었다. 메인 주의 미풍이 부는 더운 8월의 어느 날에 아턴과 퍼사가 나의 집 거실에 다시 나타났다. 나는 그들이 나타나는 것을 보고 기뻐서 웃었다.

아턴: 우린 소풍을 갈 거예요. 우리가 두 번째 왔을 때는 시간을 좀 가지고 놀았었죠. 오늘은 공간을 가지고 장난을 좀 쳐볼 거예요. 준비됐나요?

개리: 뭘 준비해요?

주: 그 순간, 나는 내가 거실이 아닌 전혀 다른 곳에 있는 것을 깨닫고 경악했다. 의자에 앉아 있는 대신 나는 어떤 건물 앞의 시멘트 계단에 앉아 있었다. 나는 곧 그곳이 우리 집에서 30마일쯤 떨어진 해안에 있는 포틀랜드임을 알아차렸다. 나는 지난 몇 해 사이에 몇 번 카렌과 함께 이 도시를 거닌 적이 있다. 아턴과 퍼사는 내 양편에 앉아 있었다. 그들은 일어나서 따라오라고 손짓을 했다.

아턴: 처음이라서 좀 놀랐죠?

개리: 놀리는 거죠? 우리가 정말 이곳에 있는 거예요? 정말 진짜 같아요.

아턴: 우리가 말을 바꿔서 인용했던 〈수업〉의 글귀가 있어요. "그대는 안전한 집에 머물면서 다만 꿈속을 여행한다."(T257) 사실, 당신의 모든 여행이 그래요. 그것은 다른 것들과 마찬가지로 모두가 마음의 투사지요. 모두가 꿈이고, 당신이 평소에 데리고 여행하는 것처럼 보이는 육신도 이 작은 도시가 그런 것만큼이나 진짜가 아니에요.

주: 우리는 잠시 산책을 했다. 그것은 이 갑작스런 '마음의 원격이동'이라는 믿기지 않는 경험에 놀란 가슴을 조금 진정시켜줬다. 그러자 퍼사가 다시 말을 이었다.

퍼사: 사실 우리가 시간이나 공간에 대해 이야기하려고 온 건 아니에요. 당신이 우리와 무슨 이야기를 하고 싶어하는지를 알아요. 오늘의 장소와 치

유라는 주제 사이에는 흥미로운 관계가 있어요.

1863년에 바로 이 길에서 매리 베이커 에디Mary Baker Eddy라는 한 여환자가 호텔 방으로 실려 올라갔습니다. 매리는 심한 만성 척추병에 오랫동안 시달려왔어요. 그녀는 영적 세계의 소식통을 통해 마음의 세계를 탐험하고 있던 피니어스 큄비*라는, 아주 날카로운 두뇌를 가진 무명의 신사에 관한 이야기를 듣고 포틀랜드로 왔던 겁니다. 큄비가 사용했던 질문을 통한 탐색법과 최면은 훗날에 지그문트 프로이트가 동료인 요제프 브로이에르와 함께 사용했던 카타르시스적 기법과 크게 다르지 않았습니다. 프로이트는 그 후에 독립해서 자유연상 기법을 개발함으로써 정신분석의 장을 열었지요.

큄비는 매리의 생각을 완전히 돌려놓아, 모든 병은 육체와는 전혀 상관없이 마음으로부터 오는 것이라는 사실에 눈뜨게 했습니다. 매리를 위해서는 유감스럽게도, 당시 피니어스 큄비는 이미 그 생애의 마감을 향해 다가가고 있었고, 얼마 지나지 않아 죽어버렸습니다. 그러자 그녀의 병세는 다시 나빠졌지만 씨앗은 심어져 있었습니다. 훗날 그녀는 크리스천 사이언스Christian Science의 창립자가 되었지요. 그녀는 병은 신과도 아무런 상관이 없는 것임을 깨달았습니다. 그녀가 즐겨 인용했던 성경 구절은, "한 샘에서 단 물도 나오고 쓴 물도 나올 수는 없다"는 말이었습니다. 달리 말해서, 신으로부터는 오로지 좋은 것만이 나올 수 있고, 그 나머지는 모두가 당신이 스스로 지어내는 것들이란 말이지요. — 널리 퍼져 있는 전설과는 반대로, 그 지어냄이 정말 이 차원에서 일어나는 것은 아니지만 말입니다.

당신의 삶이 스스로 지어낸 것이라는 사실에 쐐기를 하나 더 박아볼까

---

* Phineas Quimby(1802-1866) : 미국의 사상가, 치유가, 최면가, 발명가. 신사고 운동의 선구자. 역주

요. 병이 나는 것은 개인적인 일이 아니랍니다. 당신은 믿기 힘들어할지도 모르지만 병은 이 차원에서 당신이 만들어내는 것이 아닙니다. 이것이 병이 들었을 때 기분 나빠할 필요가 없는 또 다른 이유입니다. 태어나는 아이가 이 차원에서 불구로 태어나기를 택하는 것이 아닌 것과 마찬가지로 당신은 이 차원에서 암에 걸리기로 택한 것이 아닙니다. 병은 더 큰 차원에서 당신의 마음이 지어냈고, 그것이 예정된 대로 이곳에서 연출되고 있는 것입니다. 당신은 선택의 힘을 얻을 수 있고, 그럼으로써 통증을 느낄지 말지, 혹은 때로 그 증상을 경감시키거나 없앨지 말지를 얼마든지 결정할 수 있습니다.

태어나는 아이가 이 차원에서 불구로 태어나기를 택하는 것이 아닌 것과 마찬가지로 당신은 이 차원에서 암에 걸리기로 택한 것이 아닙니다. 병은 더 큰 차원에서 당신의 마음이 지어냈고, 그것이 예정된 대로 이곳에서 연출되고 있는 것입니다.

내가 '때로'라는 전제를 다는 것은, 당신이 달인이 되지 않는 한 언제나 성공할 수는 없고, 또 성공한다고 하더라도 그것이 반드시 당신을 달인으로 만들어주지는 않기 때문입니다. 게다가 가장 중요한 것은 당신의 마음의 변화와, 그것이 당신의 기분에 미치는 영향입니다. 그저 재미로, 당신이 다른 사람에게 미칠 수 있는 영향력에 대해서도 조금 이야기를 해드리지요. 하지만 그 전에 당신 집으로 돌아갑시다.

주: 우리는 순식간에 집으로 돌아와 있었다. 나의 마음은 어질어질했다.

퍼사: 괜찮아요?

개리: 예! 믿기지가 않네요! 내가 타본 곡예열차 중 제일 빨랐어요. 순식간이네요.

퍼사: 그에 대해서는 충분히 생각해볼 시간이 있을 거예요. 당신이 목격하는 모든 시공간은 시공간 바깥에 있는 마음에 의해 투사된 것이랍니다. 그 마음을 접하는 것이 가능합니다. 그 최선의 방법은 당신의 순수한 의식을 가리고 있는 장애물들을 제거하는 겁니다. 치유의 모든 측면도 이 장애물을 제거하는 데에 기여하지요. 그러니 오늘은 병과 치유에 대해 이야기해 봅시다.

아턴: 우리는 지금 차원들에 대해 이야기하고 있다는 것을 유념하세요. 당신의 경험에 대해 당신은 책임이 없다거나, 당신이 다른 차원에서 그 시나리오들을 택하지 않았다고 말하는 게 아니란 말이에요. 우리는 지금 당신이 존재한다고 생각하는 이곳으로부터 선택을 할 수 있는 힘을 얻어야 한다고 말하고 있는 겁니다. 당신이 '다른 사람'들을 치유할 때도 그것은 마찬가지입니다. 결코 그들의 육신을 상대하여 성령께 그들의 육신을 낫게 해달라고 빌어서는 안 됩니다. 병들었든 건강하든 간에 육신이란 그저 하나의 꿈일 뿐입니다. 그 꿈을 꾸는 자와 하나가 되는 일의 매 측면에 대해 〈수업〉은 이렇게 가르칩니다.

…… 그대는 그(신의 아들)가 어떤 모습이기를 바라는지를 다시 한 번 선택하라. — 그대가 내리는 모든 선택이 그대가 보고자 하는 모습대로, 믿고자 하는 모습대로 자신의 정체를 형성시킨다는 것을 명심하면서. (T667)

이제 치유에 관한 한 변함없이 적용되는 제1의 원리를 알려드리지요.

치유는 환자에 관한 일이 아니다.

모든 치유는 모종의 용서의 결과입니다. 그리고 모든 용서는 자기치유로 이끌어줍니다.

개리: 그러니까 병을 치유하는 일조차 사실은 나 자신의 꿈과, 꿈꾸고 있는 나 자신을 용서하는 것에 관한 일이란 말이로군요.

아턴: 그렇습니다. 〈심리치료 팜플렛〉*에는 〈기적수업〉이 심리치료에 의한 치유를 어떻게 바라보는지에 대해 이렇게 적혀 있지요.

…… 이러한 관계 속에서 실제로 일어나는 일은, 치료자가 환자에게 그의 모든 죄가 자신의 죄와 함께 다 용서되었다고 마음속으로 말해주는 것이다. 이럴진대 치유와 용서가 다를 게 무엇이 있겠는가? (P17)

개리: 알았어요. 그러니까 제이가 마가복음에서 중풍병 환자에게 "네 죄가 용서받았다"고 말하자 그가 일어나 걸었을 때, 제이는 치유와 용서가 같다는 것을 보여주고 있었군요. 물론 사람들은 기겁을 하면서 제이가 신만이 할 수 있는 일, 말하자면 죄를 용서하는 일에 나섬으로써 신을 모독했다고 여겼지요. 그들은 핵심을 놓친 거로군요.

아턴: 아주 좋아요.

개리: 그러니까 나는 다른 사람의 병을, 도움을 구하는 나 자신의 요청으로 받아들여야 한단 말이죠?

---

* "〈기적수업〉을 여러 해 공부했다는 스터디그룹 인도자는 나에게 두 개의 소책자(팜플렛)를 빌려주었다. 그것은 제이가 말하고 헬렌이 쓴, 〈기적수업〉의 유일한 후속편이라고 할 수 있는 것으로 〈심리치료: 목적, 과정, 그리고 실제〉, 그리고 〈기도의 노래〉라는 제목이었다."(4장 '존재의 비밀'에서)

아턴: 예. 그를 용서함으로써 당신의 마음이 치유될 기회를 갖게 되는 것이지요.

개리: 다른 사람의 어려움을 내가 집으로 돌아가는 수단으로 이용한다는 건 좀 약은 짓처럼 보이는데요.

아턴: 그건 이기적인 **것처럼 보일지는** 몰라도 실제로는 전혀 사심 없는 행위입니다.

개리: 어떻게 그럴 수가 있지요?

아턴: 궁극적으로 용서는 당신도, 아픈 것처럼 보이는 사람도, 신으로부터 정말 분리되어서 존재하는 것이 아니라고 말하고 있습니다. 그러니 당신도 환자도 모두 자유입니다. 그뿐 아니라 그것만이 해방으로 가는 유일한 길입니다! 자유를 원하는 것은 당연한 일이고, 자유로 가는 길은 나와 상대방 모두가 죄가 없음을 아는 것입니다.

개리: 예컨대 조엘 골드스미스*와 같은 위대한 영적 치유가는, 사람들은 어떻게든 자신이 죄를 지었거나 가치 없는 존재라고 생각하고 있고 그것을 치유하는 길은 용서하는 것임을 분명히 알고 있다고 할 수 있겠군요.

아턴: 예. 모든 영적 치유가들이 그것을 같은 식으로 표현하지는 않겠지만 무조건적 사랑과 용서로부터 오는 거룩함은 없어서는 안 될 필수적인 요소지요. 어떤 경우에는 그것이 환자의 무의식 속의 어떤 것을 자극해줍니다. — 자신이 신으로부터 용서받아 진실로 순결하다는 것을 깨닫게 되는 것이지요. 물론 치유자의 마음도 동시에 치유됩니다. 왜냐하면 사실은 오로지 하나의 마음밖에 존재하지 않기 때문이지요. 환자는 없습니다. 본질적으로 존재하지 않습니다. 다른 누군가가 이 꿈을 꾸고 있는 것이 아니라구요.

---

* 조엘 골드스미스 Joel Goldsmith(1892-1964) : 미국의 신비가, 신유가이자 저술가. 역주

기억하나요?

개리: 그럼요.

아턴: 그건 그렇고, 제이는 마가복음에서 말하는 것처럼 정말 그 사내를 치유시켰습니다. 그는 "네 죄는 용서받았다"고 말한 다음 또 이렇게 말했습니다. "사람의 아들도 땅 위에서 죄를 용서할 권능을 가지고 있음을 알게 되기를." 그는 자신만 그 권능을 가지고 있는 게 아니라 그 사내도 그 권능을 가지고 있노라고 말해준 것입니다. 당신은 외견상 이 차원에 존재하는 사람의 아들인 것 같지 않나요? 그럼에도 사실 당신은 그리스도입니다.

물론 죄 같은 것은 실제로 존재하지 않습니다. 그리고 제이는 죄를 사람으로써 그것을 실재하는 것처럼 만들지 않았습니다. 그의 태도는 꿈속의 모든 사람은 동등하게 죄가 없다는 것이었습니다. 그것은 단지 꿈일 뿐이니까요.

개리: 그는 왜 그냥 이것은 실재가 아니니까 죄 같은 것은 존재하지 않는다고 말해주지 않았을까요?

퍼사: 당신이 거기에 있었으면 좋았을 텐데요. 사람들은 너무 지나친 신성모독을 한꺼번에 다 받아들일 수가 없었거든요. 그는 사람들을 그들이 받아들일 수 있는 방식으로 살금살금 유도해가야만 했던 거죠. 실제로 그는 사석에서 나에게, 그 게임이 모두 하나의 꿈에 지나지 않는다고 말해서 나를 깜짝 놀라게 했어요. 전에도 말했지만 그 당시에는 무엇을 공공연하게 내놓고 말하는 것이 육신을 곧장 죽음으로 몰고갈 수도 있었습니다. 제이는 이미 신성모독으로 고발당해 있었지요.

아턴: 우리가 처음 왔을 때, 그 시대에 그의 제자가 되는 것보다 오늘날 그의 제자가 되는 것이 훨씬 더 낫다고 말했던 것은 농담이 아니었어요. 당신은 자신이 얼마나 운이 좋은지를 몰라요. 당신은 이미 그의 사고체계, 성

령의 사고체계에 대해 우리가 그 당시에 알았던 것보다 훨씬 더 많은 것을 알고 있어요. 그건 정말 감사하게 여겨야 해요.

개리: 감사해요. 가끔씩 잊고 지내긴 하지만요.

아턴: 영적 치유에 관해서 우리가 할 수 있는 이야기를 다 털어놓지는 않을 거예요. 이 주제만 가지고도 책 한 권은 아주 쉽게 나올 수 있을 테니까요. 우리가 몇 가지 기본적인 것만 건드려주면 당신은 거기서부터 출발할 수 있어요. 그것은 늦든 빠르든 언제나 모종의 용서로 귀결되고, 또 당신이 얼마나 기꺼이 그것을 하느냐 마느냐에 달려 있습니다. 이것이 모두 **당신의 꿈**이라는 것을 당신은 얼마나 기꺼이 받아들일 수 있나요? 당신은 얼마나 기꺼이 당신의 꿈을 놓아 보내고 신을 선택할 수 있나요? 제이는 〈수업〉에서 약간의 술수를 부린답니다. 그는 보통은 약간의 자발성이 필요하다고만 말하지만 그것은 고급단계의 학생에게 하는 말이 아닙니다. 〈교사를 위한 지침서〉에서는 **아주 많은** 자발성이 필요하다고 말하지요.

개리: 미끼로 유혹한 다음에 바꿔치기 하는 수법이로군요.

아턴: 당신처럼 게으른 친구들을 꼬시는 데 필요하다면 뭐든지요. 아니, 농담이에요.

개리: 좋아요, 아턴. 맘대로 하세요. 그러면 난 당신을 까내리는 글을 쓸 테니까. 알죠?

아턴: 제발 선처를 부탁해요.

개리: 이제 좀 낫군요.

퍼사: 환자에게든 자신에게든 영적 치유를 할 때 당신이 이해해야만 할 것들이 있어요. 치유는 환자에 관한 일이 아니라고 했었죠. 이제 영적 치유에 관한 한 그다음으로 변함없이 중요한 원리가 있습니다.

통증은 육체적 현상이 아니다.
그것은 정신적 현상이다.

　게오르그 그로데크Georg Groddeck*에 대해 잠깐 얘기한 적이 있었지요. 그로데크 박사는 내가 방금 한 말을 이해하고 있었습니다. 실제로 그는 일부 환자들에게 병이 난 목적이 뭐라고 생각하느냐고 물어보곤 했답니다! 아픈 사람에게 그런 도발적인 질문을 할 이유가 무엇이겠습니까? 그건 간단해요. 그는 즉석에서 그들의 마음을 결과물로부터 원인으로 전환시켜주었던 겁니다. 그는 그가 말한 소위 '그것(It)' ─ 〈수업〉에서 말하는 '에고'와 대강 비슷한 개념인데 ─ 이 육신을 만들어냈으며 그것이 자신의 목적을 위해 육신을 이용하고 있다는 것을 알고 있었지요. 환자에게 한 그의 질문은 그러니까, 그들로 하여금 자신이 병의 희생자라는 생각을 버리고 아프기로 한 자신의 결정 ─ 그가 말해주진 않았지만 더 높은 차원에서 내린 ─ 을 직시하게끔 만들기 위한 것이었어요.

　그들이 자신의 통증을 몸의 한 기능이 감지하는 느낌이 아니라 자신의 마음이 내린 하나의 결정으로 생각했을 때, 때로는 병이 나아버렸지요. 물론 어떤 것도 항상 형상의 차원에서만 작용하지는 않아요. 만약 그랬다면 이 우주의 현상은 정확히 예측될 수 있었겠지요. 에고는 매우 복잡정교하게 개체화되어 있습니다. 말해두지만 그건 이 우주에게는 불가피한 방식입니다. 아무튼 그로데크는 한정된 범위 안에서 알고 있었고 〈수업〉에서는 훨씬 더 완전하게 밝혀져 있는 이 치유의 원리는 틀림없고 온전합니다. 치유는 인식의 전환을 요구합니다. 〈수업〉은 다음처럼 질문하고 대답해주지요.

---

* Georg Groddeck(1866-1934) : 스위스 출신의 물리학자이자 저술가로, 심신의학의 개척자로 알려짐. 역주

이 인식의 전환을 위해 유일하게 요구되는 전제조건은 무엇일까? 그것은 단순하다. — 병은 마음의 것이지 육신과는 아무런 관련이 없음을 깨닫는 것이다. 이 깨달음을 위해서는 어떤 '대가'가 필요할까? 그 대가는 그대가 바라보고 있는 온 세상이다. 그 세상은 결코 다시 나타나 마음을 지배하지 못하게 될 것이기에. (M18)

개리: 순결한 마음은 고통받을 수가 없다고 했잖아요. 그런데 당신들은 또 마음속에 죄의식이 좀 있는 사람이라 할지라도 때로는 통증을 제어하고 심지어는 병이 낫기도 한다고 하는 것 같네요.

퍼사: 맞아요. 완전히 순결한 마음은 결코 고통을 겪지 않습니다. 가르침을 위해서는 어떤 교훈이든 택할 수 있지만요. 도인이 아닌 사람들이 도인이 되어가는 과정에서도 통증을 경감시키거나 놀라운 일들을 무수히 해내는 것이 가능합니다. 〈교사를 위한 지침서〉에서 영적 치유가의 환자, 아니, 사실은 모든 환자에 관해 제이가 이야기하는 부분에 이런 말이 있습니다.

…… 누가 의사인가? 오로지 환자 자신의 마음만이 의사다. 결과는 그가 결정하는 대로다. 특별한 매개물이 도움을 주는 것처럼 보이지만 그것은 단지 환자의 선택에 형상을 부여해주는 것일 뿐이다. 환자는 자신이 원하는 바에 만져지는 형상을 입히기 위해 그것을 선택하는 것이다. (M18)

환자나 치유자가 성령의 용서를 받아들이면 그의 태도는 이렇게 됩니다.

…… 세상은 그에게 아무런 짓도 하지 않는다. 단지 그가 그렇게 생각

했을 뿐이다. 그 또한 세상에게 아무런 짓도 하지 않는다. 그가 세상의 정체를 오해했을 뿐이다. 여기에 죄의식과 병에서 다 놓여나는 해방이 있다. 죄의식과 병은 하나이므로. (M18)

개리: 이건 용서의 고급 단계 변형판이로군요. 하지만 결국은 같네요.
퍼사: 맞았어요, 훌륭한 제자님. 그처럼 용서하게 만드는 인식의 전환에 당신뿐만 아니라 당신 형제자매들의 해방이 놓여 있습니다. 〈수업〉은 이렇게 말하지요.

…… 그대가 병과 아픔으로 여기는 그것, 나약함과 고난과 상실로 여기는 그것은 단지 자신을 지옥에 떨어진 힘없는 존재로 여기고 싶은 유혹일 뿐이다. (T667)

눈앞에 보이는 이런 환영을 받아들이기를 거부하고 성령의 용서와 치유를 선택하는 이들에게는 헤아릴 수 없이 많은 보상이 있으니, 제이는 계속해서 이렇게 말합니다.

…… 신의 아들을 치유시키고 나약한 존재의 꿈을 종식시켜 구원과 해방의 길을 열어주기 위해 기적이 찾아왔다. (T667)

치유되는 것은 누구입니까? — 환자인가요, 아니면 치유자인가요? 용서하는 이입니까, 용서받는 이입니까? 대답은 양쪽 다입니다. 그들은 하나이기 때문이지요. 당신은 늘 용서하는 태도를 습관으로 만들 수 있습니다.

…… 이리하여 자신의 거룩함(holiness)을 선택하기 전까지는 두려움과 고통이 자연스러운 것인 듯 보였지만 이제는 기적이 자연스러운 것이 된다. 그 선택 안에서는 그릇된 분별이 사라지고 환영으로 지어진 대용물이 버려져 진실을 가릴 것이 남아 있지 않으므로. (T667)

개리: 그러니까 제이와 같은 스승이라면 치유받을 필요는 없지만 그래도 여전히 치유받는 사람들의 마음에게 그들이 사실은 그리스도이며 죄 없고 순결하다는 것을 알려주는 하나의 자극제 역할을 할 수가 있군요. — 그리고 모든 신의 교사는 그러한 역할을 수행하면서 동시에 자신도 성령의 치유를 받을 수 있고요. 우리가 제이와 같은 존재가 되고 진실의 빛이 되는 그런 날이 오지 않을 수가 없겠네요. 어느 쪽이든 우리는 상대방의 무의식적 마음에게는 진실을 상징하겠지요.

퍼사: 그렇고말고요. 〈수업〉은 바른 마음을 지닌 치유자의 눈에 보이는 환자에 대해 이렇게 말하지요.

그들에게는 신의 교사가 찾아온다. — 그들이 잊어버린 또 다른 선택을 보여주기 위해. 신의 교사는 단순히 그 자리에 있음만으로도 신을 기억시켜주는 자극제가 된다. (M19)

아턴: 말은 중요하지 않다는 것을 명심하세요. 중요한 것은 태도입니다. 나는 환자를 바라볼 때마다 이렇게 생각하곤 했지요. '당신은 그리스도이며 순결하고 죄 없습니다. 이제 우리는 용서받았습니다.' 성령의 인도를 요청하고 나면 상황에 맞는 적절한 생각들이 떠오르게 될 겁니다. 모든 형태의 병은 죽음의 최종 리허설일 뿐임을 상기시키면서, 〈수업〉은 신의 치유가들

(God's healers)에 대해 이렇게 말합니다.

…… 그들은 형제들에게 부드럽게 속삭여 죽음을 등지게 한다. "그대, 신의 아들이여, 생명이 당신에게 무엇을 줄 수 있는지를 한 번 보세요. 이걸 놔두고 병을 택하시겠습니까?" (M19)

> 약을 먹는 것이 기분을 나아지게 한다면 그것은 무의식이 그것을 받아들임직하다고 여기기 때문입니다. 달리 말해서 당신은 그 처방을 두려움 없이 받아들일 수 있는 겁니다.

개리: 외부의 특별한 매개물이 도움을 주는 것처럼 보인다는 그 인용구는(M18) 〈수업〉이 '마술'이라 부르는 것을 상기시켜 주는군요. 그건 곧 병을 포함한 온갖 문제에 대한 해결책으로서 바른 마음을 사용하는 대신에 환영을 이용하는 것이지요. 거기엔 사실 잘못된 것이 아무것도 없어요. 사실 그건 사람들이 두려움 없이 치유를 받아들이도록 도와줄 수도 있어요.

아턴: 개리, 아주 중요한 점이 있어요. 바른 마음을 따른다는 것이 반드시 약을 던져버리고 병원에 가기를 거부하는 것을 뜻하는 건 아니에요. 크리스천 사이언스의 회원들이 저지르는 오류가 바로 이거예요. 그들은 마음의 힘을 단련시켜준다고 여겨지는 것들을 종합해서 하나의 행동체계를 만들어냈지요. 약을 먹는 것이 기분을 나아지게 한다면 그것은 무의식이 그것을 받아들임직하다고 여기기 때문입니다. 달리 말해서 당신은 그 처방을 두려움 없이 받아들일 수 있는 겁니다.

효과가 있는 다른 모든 것에도 이것은 마찬가지입니다. 구원을 제외하고는 모든 것이 단지 일시적인 효과밖엔 없지만 말입니다. 대부분의 경우 환자에게, 그리고 이 문제에 관한 한 당신에게도, 바른 마음에 의한 치유에다 약간의 마술 — 그것이 전통적 요법이든 대안적 요법이든 간에 — 을 곁들여 활용하도록 허용하는 편이 낫습니다. 그럼으로써 마음은 갑작스럽고 자발적으로 일어나는 치유현상에 수반될 수 있는 두려움을 겪지 않고 치료에 임할 수가 있지요. 그런 종류의 치유가 일어날 때는 환자의 무의식의 신념체계가 송두리째 흔들리게 될 수도 있습니다. 어떤 이들은 그것을 감당해내고, 또 어떤 이들은 견디지 못합니다. 또 때로는 그것이 에고에게 엄청난 두려움을 불러일으켜 놓을 수도 있습니다.

사람들이 저마다 알고 있는 다양한 요법을 얕잡아보거나 그것을 빌미로 모욕감을 주지 마세요. 많은 경우에 그런 방법들은 마음이 감당할 수 있게 해준다는 의미에서 치유에 필요한 부분입니다. 그저 동시에 바른 마음의 치유를 적용하십시오. 세상의 마술은 악이 아니라는 점을 명심하세요. 만약 그렇게 생각한다면 그것을 실제로 사악한 것으로 만들어놓을 테니까요. 〈수업〉은 이렇게 말합니다.

> …… 그 모든 마술이 아무것도 아닌 것처럼 여겨질 때, 신의 교사는 가장 높은 단계에 이른 것이다. (M42)

개리: 높은 단계에 이른 신의 교사가 환영 속의 처방을 매도하지는 않을 테지만 그는 또한 〈수업〉의 말이 참이라는 것을 알지요.

> 오로지 구원만을 치유라 일컬을 수 있다. (W270)

아턴: 아주 정확해요. 그건 〈실습서〉의 중요한 가르침이에요. 〈수업〉은

같은 〈실습서〉에서 또 이렇게 말하지요.

…… 속죄는 아픈 사람을 낫게 해주지 않는다. 그것은 치유가 아니므로. 속죄는 병이 생길 수 있게 하는 죄의식을 없애준다. 이것이야말로 치유다. (W270)

마지막 두 구절과 다음 두 구절은 치유에 관한 제이의 전반적 태도에 관한 한 주춧돌과도 같습니다.

…… 제정신으로 돌아온 마음은 육신을 치유시킨다. 왜냐하면 마음이 치유되었으므로. 제정신인 마음은 그 누구도, 그 무엇도 공격하려는 생각을 품을 수가 없기에 병을 마음에 품을 수가 없다. (T84)

그는 또 이렇게 말합니다.

…… 에고는 자신을 벌함으로써 신의 벌을 경감시킬 수 있으리라고 믿는다. 그러나 이조차도 오만하다. 에고는 신에게 벌하고자 하는 속성을 부여해놓고는 그것을 자신의 특권으로 가로채간다. (T84-85)

개리: 똑 부러지는군요. 한 가지 명심해야 할 것은, 나는 육신과 하나가 아니니 그들을 육신으로 상대하지 말라는 말씀입니다. 그 대신 나는 성령을 통해서 그들과 만나고 하나의 마음이 되어야 하는 거지요.

아턴: 훌륭해요. 그 원리를 말해주는 〈수업〉의 가르침이 또 있어요.

…… 그대의 마음들은 분리되어 있지 않다. 그리고 신에게는 오직 하나의 아들뿐이니 신에게는 치유의 통로도 하나뿐이다. 신의 모든 자녀와 신 사이에 남아있는 소통의 통로는 그들을 하나로 합쳐지게 하고, 또 그들을 그에게로 합쳐지게 한다. (T184)

그 소통의 통로란 무엇이죠?

개리: 성령이지요. 제가 배운 게 그건데요, 안 그래요? 하마터면 낙제할 뻔했네.

아턴: 다행히도 〈기적수업〉에서는 낙제할 수가 없어요. 최악의 경우라고 해봤자 여기서 살아야 한다는 것뿐이지요. 아니, 살아야 하는 **것처럼** 보이는 거 말이에요.

개리: 어떤 사람들은 그걸 그리 나쁘게 생각지도 않겠지요.

아턴: 말했잖아요. 하지만 그들도 여기서 '사라지고' 싶어할 때가 올 거예요. — 긍정적인 뜻으로 말이에요.

퍼사: 친구, 여기까지가 〈수업〉에서 바로 인용한 기본적인 내용이에요. 기본적 원리는 원리지만, 치유 스타일은 각자의 고유한 것입니다. 절대로 잊지 마세요. 모든 치유는 영적인 것이지 육체적인 것이 아니에요. 〈기적수업〉의 공부는 언제나 일정 형태의 용서를 성령의 도구로 삼아서 마음의 차원에서 이루어집니다. 당신이 할 일은 환자에 대해서나, 심지어는 자기 자신에 대해서도(아픈 사람이 당신이라면) 바른 마음의 생각으로써 사고하는 겁니다. 그러면 때로는 증상이 사라져버릴 것입니다. 하면 할수록 통증이 사라지게 하는 데 더욱 능숙해질 수 있습니다. 자, 이제 불변의 세 번째 원리가 있습니다. 믿기 어려울 수도 있지만 영적 치유에 관한 한 절대적으로 참인 원리입니다.

궁극적으로는, 이 우주 자체가
언젠가는 사라질 하나의 증상이다.

개리: 당신들 정말 끝내주는군요! 난 유니테리언 교회*에도 나가봤었지만 그들조차도 당신들에 비하면 보수적이네요.

퍼사: 예. 창시자인 찰스와 머틀 필모어는 멋진 사람들이었어요. 그들은 매리 베이커 에디에게서 어느 정도 영향을 받았고 제이에 대한 사랑과 기독교의 사랑하고 용서하는 측면에 대한 그들의 신앙은 확고했어요. 그런데도 그들은 육신의 세포 하나하나를 진짜로 만들어놓았어요. 〈기적수업〉은 유니테리언 교회와 많은 부분 조화를 이루기 때문에 양쪽을 동시에 배워도 괜찮지만 그래도 이 둘을 같은 것으로 혼동하지는 말아야 해요.

개리: 그런데 사람들은 늘 악을 대항하는 선의 싸움에 주목하고, 그럼으로써 그것을 진짜처럼 만들어놓는 것 같아요.

퍼사: 맞아요. 때로는 바른 마음과 그른 마음이란 개념도 심도 있게 거론됐어요. 최소한 이 차원에서는 〈수업〉이 그른 마음이라 부를 그것을 카를 구스타프 융은 '그림자'라고 불렀지요. 그리고 〈수업〉이 바른 마음이라 부를 그것을 아브라함 링컨은 '우리 본성의 선한 천사'라고 불렀고요. 하지만 오직 〈기적수업〉만이 모든 것을 일목요연하게 보여줍니다.

개리: 사람들이 왜 끝내는 자기 자신을 해치게 되고 마는지를 알겠군요.

퍼사: 그래요. 사람들은 자신에게 해롭다는 것을 알면서도 크고 작은 온갖 일을 저지르지요. 심지어 그들은 종종 그것을 의식하면서도 한다니까요. 당신처럼 말이에요. 당신은 왜 영화관에 갈 때마다 살찔 것을 알면서도 초

---

* 유니테리언 교회(Unity Church) : 미국 신사고 운동의 한 지류로 긍정적, 실용적 기독교를 표방한 교파. 역주

콜릿을 먹지요?

개리: 남자는 남자의 일을 해야 하니까요.

퍼사: 맞아요, 당신은 정말 멋진 버치(레즈비언 커플 중 사내역할을 하는 여자)지요.

개리: 그건 옛날 레즈비언들의 용어 아니에요?

퍼사: 맞아요. 당신은 게이나 레즈비언을 싫어하지 않지요?

개리: 전혀요. 우리 친척들이 거의 다 게이거나 레즈비언인 걸요. 농담이에요. 일부만 그래요.

아턴: 분위기를 깨려는 건 아니지만, 당신은 캔디 바를 먹을 때 죄책감을 가지지 말아야 해요. 그럼 살찌지 않을 거예요. 이제 갈 시간이에요. 다른 질문 있으면 얼른 해봐요, 훌륭한 제자님.

개리: 물론 해야죠. 여기서 사람들을 치유하는 것과 마찬가지로 쉽게 마음속에서 하와이로 가서 사람들을 치유할 수도 있겠지요?

퍼사: 예. 지난번에 신탁에게 물어봤더니 하와이에도 사람이 산다고 했던 것 같아요. 하지만 기독교인보다는 불교도가 더 많대요. — 그리고 물론 후나*도 있고요.

개리: 거기 사는 사람들이 대부분 본토 사람들보다 심성이 착한 것도 놀라운 일이 아니네요. 치유에 관해 우리가 나눈 이 모든 이야기가 일체유심조, 곧 병뿐만이 아니라 기적적인 치유조차도 다 마음이 지어내는 것이라는 사실을 부각시켜놓았군요.

아턴: 그래요, 모든 것, 좋아 보이든 나빠 보이든 간에, 기적적 치유로부터 에이즈, 식욕부진, 인체의 자연발화**, 성흔*** 발현에 이르기까지 그 모

---

* 후나(Huna) : 기적적인 신유능력을 지닌 하와이 주술사인 카후나kahuna 전통을 가리키는 말. 역주

든 것이 마음이 지어내는 것이지요. 당신이 아는 모든 질병, 또 앞으로 생길 모든 질병들이 다 마음이 만들어내는 겁니다. 박테리아는 투사물이 아니면 무엇이겠어요? 양극성 장애(bipolar disorder, 조울증)도 양극성의 한 형태, 곧 분리를 실재하는 것으로 우기는 것이 아니고 무엇이겠습니까?

개리: 그렇다면 에이즈의 유행도 옛날부터 죽 있어왔던 것이 새로운 형태로 나타난 것일 뿐이겠군요.

아턴: 에이즈가 없었다면 다른 것이 나타났을 거예요. 14세기에는 흑사병이 4천만 명 넘는 사람들을 죽였지요. 에이즈 사망자 수도 결국은 4천만 기록을 능가하겠지만 인구비례로 따진다면 흑사병에 비해서는 아무것도 아니에요. 마음이 모든 병을 만들어내기 때문에, 사실은 한 가지 병이 뿌리 뽑히면 마음이 그저 다른 병을 또 만들어내는 겁니다. 이것이 발전과 희망이라는 환영을 일궈내지요. 옛날과 마찬가지로 사람들은 끔찍한 병으로 계속 죽어가고 있다는 사실은 가려진 채로 말이지요.

개리: 사람들이 아픈 사람이나 수술받는 사람을 위해 기도를 하면 그 사람은 더 좋은 결과를 보인다는 연구결과에 대해서는 어떻게 보세요?

아턴: 마음이 모아지면 기도가 일시적으로 도움을 줄 수 있어요. 그러나 그 자체가 치유는 아니에요. 오로지 진정한 용서만이 마음에서 무의식적 죄책감을 제거해줄 수 있어요. 치유에 관해 〈수업〉이 말하는 것들을 잘 생각해 보면 그것은 사실 질병에 적용된 진정한 용서라는 것을 깨닫게 될 거예요.

개리: 간밤에 나는 아주 생생한 꿈을 꿨어요. 그런데 꿈속에서 내가 두려움이 전혀, 정말 전혀 없다는 것을 발견했어요. 꿈을 깨고 난 후에 나는 내가

** 인체 자연발화 : 인체가 자연발화하여 연소한 것으로 보고된 현상. 원인이 명쾌하게 밝혀지지 않고 있다.
*** 성흔聖痕 : 예수의 수난을 오래도록 명상한 카톨릭 성인의 몸에 나타나는 예수의 상처와 비슷한 자국.

언제나 그랬으면 좋겠다고 생각했습니다. 옛날에 공포영화를 선전할 때는 이런 문구를 썼지요. "당신은, '이건 영화야, 이건 영화야' 하고 연신 자신을 일깨워야만 할 것이다!" 나는 낮 시간에 가끔씩 이렇게 혼잣말을 해요. "이건 꿈일 뿐이야. 이건 꿈일 뿐이라구."

아턴: 맞아요. 이건 정말 꿈일 뿐이지요. 왜 낮 시간 동안에도 그처럼 두려움이 전혀 없는 상태로 살지 못하는 걸까, 하는 생각이 가끔씩 들 겁니다. 당신이 항상 그렇게 두려움 없이 살게 되는 때가 틀림없이 올 것임을 내가 약속하지요. 사실은 지금도 당신은 이전보다 훨씬 더 자주 그런 상태가 됩니다. 하지만 당신은 그런 평화로운 시간은 그저 예사롭게 여기고 넘어가면서 불편한 시간만은 예민하게 의식하는 경향이 있어요. 하지만 다행한 일은, 당신도 용서의 숙제를 열심히 계속하여 마음이 성령에 의해 완전히 치유되고 나면 두려움 같은 것은 아예 없어지게 되리라는 겁니다.

개리: 전에 사람들을 치유하려고 해본 적이 있는데 별로 좋아지지 않았어요. 그건 내가 형편없다는 뜻인가요?

아턴: 그래요. 아니, 농담이에요. 진실은, 당신은 마음을 보지 못하기 때문에, 결과만 가지고 판단해서는 안 된다는 겁니다. 당신은 진짜가 아닌 육신만 보고 판단할 수밖에 없지만, 〈수업〉의 치유는 모두가 마음의 차원에서 행해집니다. 그것은 어떤 때는 육체적 차원의 결과도 가져오지만 어떤 때는 당신이 볼 수 없는 다른 결과를 가져옵니다. 다리가 하나뿐인 사람이 〈기적수업〉을 공부하는데 그에게 다른 한쪽 다리가 생겨나지 않는다고 해서 당신은 그가 실패했다고 판단하겠습니까? 다뤄지는 것은 마음이라는 사실을 기억해두세요. 다시 말하지만, 형상의 차원에서 보일 수도, 보이지 않을 수도 있는 결과를 가지고 판단하지 마세요.

개리: 그러니까 나도 치유가로서 아직 희망은 있다는 얘기로군요.

아턴: 당신은 정말 치유가예요, 개리. 진정한 용서를 훈련하는 모든 사람도 마찬가지고요. 〈수업〉은 이렇게 가르칩니다.

> 자신의 베풂*이 이루어낸 결과를 평가하는 것은 신의 교사의 역할이 아니다. 그저 베푸는 것만이 그들의 역할이다. (M20)

다시 말하지만, 치유되는 것은 진정 누굽니까? 대답은 '양쪽 다 하나로서'입니다. 존재하는 것은 하나밖에 없으니까요.

퍼사: 떠날 시간이 됐어요. 친구, 우린 당신이 자랑스러워요. 용서의 생각들이 늘 떠오르게 하세요.

개리: 저, 포틀랜드로 절 데려간 일 말인데요. 당신들이 있을 동안에 날 마우이(하와이의 섬 이름)로 잠깐만 여행시켜줄 생각은 없겠죠, 있나요?

퍼사: 걱정 말아요, 개리. 당신은 다시 하와이 구경을 하게 될 거예요. 시나리오에 들어 있어요. 사실 그건 벌써 일어난 일이에요. 지금 당신이 모르고 있을 뿐이지요.

몇 년 후, 별 상관도 없어 보이는 일련의 사건들 끝에 카렌과 나는 하와이에서 휴가를 보내고 있었다. 아름다운 시골길을 돌면서 알로하 섬으로 이사 올 가능성을 놓고 즐거운 갑론을박을 나누면서 말이다.

---

* 베풂(gift) : 원문의 문맥상 치유의 베풂을 뜻함. 역주

11

시간의 아주 짤막한 역사

…… 시간은 그대의 마음속에서 단 한 순간 반짝 지속되었다. ― 영원에는 아무런 흔적도 남기지 않은 채. 그렇게 모든 시간이 지나가고, 모든 것은 무無로 가는 길이 만들어지기 이전의 모습 그대로다. 최초의 오류가 일어났던 그 짧은 시간, 그리고 그 하나의 오류 속의 모든 오류는, 그 오류와 그 최초의 오류 속에서 일어난 모든 오류에 대한 정정訂正을 또한 담고 있었다. 그리하여 그 티끌 같은 순간에 시간은 사라져버렸다. 그것이 그것의 정체의 전부이기에.

(T550)

내가 기억할 수 있는 가장 오래전부터 나는 시간이란 주제에 매료되어 있었다. 그들을 만난 지 여덟 달 후인 1997년 4월에 아턴과 퍼사는 열한 번째로 내 앞에 나타났다. 나는 질문을 준비하고 있었다.

아턴: 어이, 비시간적인 친구(timeless guy). 잘 지내나요?

개리: 모르겠는데, 어디 좀 볼까요…… 꽤 괜찮네요. 친구들, 다시 만나서 반가워요!

퍼사: 우리도요. 질문이 좀 있는가본데, 바로 들어갑시다.

개리: 좋아요. 우선, 이렇게 와주셔서 정말 고마워요. 난 스무 살 때 헤르

만 헤세가 붓다에 관해서 쓴 책을 읽은 이래로 늘 영적인 답들을 찾아다녔어요.

아턴: 〈싯다르타〉 말이죠.

개리: 맞아요. 그 책 참 좋았어요. 하지만 〈기적수업〉만큼 엄청난 충격으로 다가오는 것은 본 적이 없어요. 거대담론이지요! 그리고 당신들을 정말 사랑해요. 고마워요, 친구들.

퍼사: 이만하면 만족이란 말이죠?

개리: 농담 말아요, 대만족이에요.

아턴: 우리도 감사해요, 친구. 감사는 좋은 거예요. 하지만 지금부터는 당신의 감사를 신게로 돌려야 해요. 천국의 기억이 당신의 마음에서 결코 망각되지 않게끔 함으로써 구원을 불가피한 것으로 만들어준 것은 그분이니까요.

개리: 알겠습니다. 본론으로 들어가죠. 어제는 〈수업〉이 아니었더라면 싸움을 일으킬 뻔했어요. 내가 급하게 주유소에서 나오려던 차에 어떤 녀석이 앞을 가로막고 끼어드는 거예요. 그래서 내가 급해서 그러니 길을 좀 비켜줄 수 없겠느냐고 정중하게 물었는데 그는 짐짓 예의바른 척하면서도 정 떨어진다는 표정으로 나를 노려보면서 "어림없어!" 하는 거예요. 나는 믿을 수가 없었어요. 나의 한 부분은 그의 면상을 찌그러뜨려 놓고 싶은 생각이 굴뚝같았지요.

퍼사: 그 사람이나 자동차가 무슨 상관이길래요? 아무튼 당신은 그가 정말 무지한 작자라고 생각했군요?

개리: 말도 마세요, 그놈은 아주 형편없는 작자였어요. 극장에서 떠드는 사람들은 그냥 무지한 사람들이지만 이 녀석은 세상에서 제일가는 파렴치한이었어요. 마더 테레사라도 그를 갈겨주고 싶어 했을 거예요.

아턴: 당신이 어떻게 하는지를 우리도 보고 있었어요. 당신은 몇 초 동안 화가 나 있다가는 돌아서서 차에 올라타면서 〈수업〉의 이 말을 중얼거렸지요.

나는 신이 창조한 그대로다. 그의 아들은 어떤 것에도 고통받지 않는다. 나는 그의 아들이다. (T667)

개리: 예. 그런 다음 나는, 내가 신이 창조한 그대로라면 나는 육신일 수가 없고 그 녀석도 육신일 수가 없다고 생각했어요. 나는, 사실은 겁이 나기 때문에 거칠게 행동해야 한다고 생각하는 이 불쌍한 녀석 때문에 내 마음이 흔들리지 않도록 나의 진정한 힘이 주도권을 잡게 할 수가 있었지요. 나는 당신이 용서의 보기를 들면서 말해줬던 것들을 생각해보기 시작하고는 형상의 차원에서도 용서하는 편이 낫다는 것을 깨달았어요. 왜냐하면 내가 화가 나 있으면 내가 그를 때리면 그는 날 죽이려들 수도 있다는 사실을 잊어버릴 테니까요.

아턴: 아주 좋았어요. 어느 모로 보나 당신이 이겼어요. 폭력은 너무 과대평가되고 있는 해결책이에요. 만일 보복이 정말 효과를 발휘한다면 보복을 잘 하는 나라는 아주 안전한 나라가 됐을 거예요. 그런데 실제로 그런가요?

개리: 전혀요. 그건 악순환만 일으키지요.

아턴: 그런데 당신은 악순환을 만들어내는 대신 그것을 막았어요. 당신이 영리하다면 앞으로 살아갈 동안에도 그럴 때마다 늘 용서해야 해요. 그리고 실제로 당신은 영리해요.

개리: 고맙습니다. 자, 이제 내가 좋아하는 주제의 스무고개를 할 시간이

에요. 이 첫 번째 질문에 대해서는 나도 알고 있다고 생각해요. 하지만 아무튼, 직선적 시간의 관점에서 본다면 깨달은 존재인 당신들은 지금 내 앞에 깨달은 존재로서 나타나기 위해서는 과거에 구원을 얻었어야만 한다고 보는데요.

아턴: 당신은 직선적 관점에서 말하면서 사실은 자신의 질문에 대답을 해버렸네요. 우리는 당신의 미래에 깨달았어요. ― 당신도 그렇게 되겠지만 말이죠. 시간은 하나밖에 없어요. 아니, 환영의 언어로 말하자면 시간은 하나밖에 없었어요. 당신은 이 하나인 시간을 가지고 공간이라는 환영을 가지고 그랬던 것과 똑같이 그것을 나누고 나눠서 끝없이 작은 부분들처럼 보이는 것을 만들었어요. 그래서 그것들이 같은 것이 아니라 다른 것처럼 보이도록 말이지요. ― 똑같지 않고 달라 보이는 무수한 사람들을 당신이 만들어낸 것과 마찬가지로 말입니다. 이 사람들이 그 속에서 사는 것처럼 보일 곳이 있어야 했기 때문에 시간과 공간은 필요했어요. 이것은 그들이 꿈속에서 살고 있다는 사실이 감춰질 수 있게 해주지요. 〈수업〉은 이렇게 말합니다.

> …… 궁극적으로, 공간은 시간과 마찬가지로 의미가 없다. 둘 다 그저 신념에 불과하다. (T14)

> 환영의 언어로 말하자면 시간은 하나밖에 없었어요. 당신은 이 하나인 시간을 가지고 공간이라는 환영을 가지고 그랬던 것과 똑같이 그것을 나누고 나눠서 끝없이 작은 부분들처럼 보이는 것을 만들었어요. 그래서 그것들이 같은 것이 아니라 다른 것처럼 보이도록 말이지요.

개리: 당신은 전에 내가 공간을 경험하고 있는 비공간적 존재라고 말했지요. 그럼 또 나는 시간을 경험하고 있는 비시간적 존재라고 할 수 있겠네요.

아턴: 예. 마음은 시간과 공간 밖에 있다고 우리가 강조했던 것도 그 때문이에요. 꿈에서 깨어나면 당신은 모든 시간과 공간, 그 안에서 일어나는 것처럼 보였던 모든 일들이 단지 꿈이었을 뿐이란 걸 깨닫지요. 당신의 마음은 단지 잠시 잠이 든 것처럼 보였을 뿐이랍니다.(W319) 〈수업〉은 마음에 대해 이렇게 말하지요.

…… 마음은 시간을 꿈꾼다. 시간의 그 사이에, 일어나는 것처럼 보였던 일들은 일어난 적 없고, 일어났던 변화도 흔적 없으며, 그 모든 사건들도 간 데가 없다. 마음이 깨어나면, 그것은 늘 그래왔던 것처럼 태연히 이어질 뿐. (W319)

개리: 내가 체험했던 계시 말인데요, 그건 단지 하나의 맛보기였나요? 실제로는 그 상태가 늘 이어지는가요?

아턴: 예, 그래요.

개리: 내가 그런 식의 황홀경을 감당해낼 수 있을지 모르겠네요.

아턴: 한 번 해보세요. 좋아하게 될 겁니다. 아무도 제외되지 않아요, 개리. 당신이 아는 모든 사람들이 다 포함돼요. ― 당신의 짝, 친구들, 친척들, 사랑하는 사람들, 모두가요. 그들은 모두 당신과 하나이기 때문이에요. 그 일체감은 초월경 너머의 것이랍니다.

개리: 그렇게 됐으면 좋겠어요. 그럼 물어보려고 했던 것을 다 잊어버리기 전에 계속합시다. 예컨대, 〈수업〉은 모든 것이 분리의 상징에 지나지 않

는다고 말합니다. 그리고 당신도 말했듯이, 거기에는 시간 자체도 포함됩니다. 나는 우리의 이 꿈과 같은 매 생애들은 시간이 지속되게끔 만들어주는 하나의 수단일 뿐이라고 생각하는데, 사실은 모든 일이 정말 동시에 일어나는 건가요?

아턴: 그렇습니다. 〈수업〉이 뭐라고 말하는지 들어보세요.

공포의 순간이 사랑의 자리를 차지했던 그 한 순간을 그대는 날마다, 그리고 하루하루의 매 분을, 그리고 그 매 분 속의 순간순간마다 하염없이 재생해내고 있다. 그렇게 그대는 날마다 다시 살기 위해 날마다 죽는다. — 과거와 현재 사이의 간격 아닌 간격을 다 건널 때까지. 매 생애가 이러하니, 생애란 탄생에서 죽음까지라는, 그리고 또 다시 탄생에 이르는 외견상의 시간적 간격. 재생될 수 없는 먼 과거로 사라진 한 순간의 반복. 또한 모든 시간이란, 끝나버린 것이 아직도 지금 여기에 있다고 믿는 한갓 미친 신념이다.

과거를 용서하고 놓아 보내라. 그것은 가고 없으니. (T552)

개리: 그러니까 하루하루가 하나의 생애와도 같아서 밤에는 잠드는, 아니 죽는 **것처럼 보이고**, 다음날 다시 다른 생애를 시작하는 것처럼 보이는 것이로군요. 각 평생의 자아상 속에는 또 삶의 온갖 다양한 국면들이 담겨 있어서 그 각각의 국면들 또한 제각기 하나의 생애를 이루는 셈이 될 수도 있겠어요. 게다가 신체도 워낙 많이 변화해서 한 생애에서도 몇 개의 다른 육신을 가지는 것만 같아요. 모든 게 정말 마음이에요. 아니, 더 정확하게 말해서, 마음의 투사지요. 방금 인용한 말처럼 이 모두가 우리가 신으로부터 떨어져 나왔다고 생각한 그 최초의 순간을 재생해내는 것일 뿐이에요. 그러

니 우리는 매 순간 우리의 현실에 대한 마음의 태도를 바꿀 수 있는 능력을 지니고 있는 것이지요.

아턴: 맞아요. 아메리카 인디언들은 이렇게 말하곤 했답니다. "저 거대한 신비를 보라!" 〈수업〉의 〈교재〉는 이렇게 말하고 있지요.

> 저 거대한 투사를 보라. 그러나 두려움으로써가 아니라, 그것은 반드시 치유되어야 한다는 결의로써 그것을 바라보라. 그대가 지어낸 것은 그 무엇도 그대를 지배하지 못한다. 그대가 아직도 그대의 창조자에 반하는 의지를 품고 그에게서 떨어져 나오려고 하지 않는 한. (T473)

그 바로 앞에서 〈수업〉은 이렇게 말합니다.

> …… 시간은 그대가 지어낸 것이니, 그대는 시간을 부릴 수 있다. 그대는 그대가 지어낸 세상의 노예가 아닌 것과 마찬가지로 시간의 노예도 아니다. (T473)

제이가 늘 가르치는 것처럼, 시간과 영원을 동시에 가질 수는 없습니다. 당신은 선택을 해야만 합니다.

> 천국의 그 어떤 부분으로도 환영의 천을 짤 수 없다. 또한 그 어떤 환영도 천국에 가지고 들어갈 수 없다. (T473)

개리: 그렇다면 시간과 공간의 거대한 투사는 마치 영화와도 같군요. 엄청나게 강력한 영화 말이에요.

아턴: 예. 그것을 정말로 이해하고 나면 문제는 그 영화를 **누구와** 함께 **보느냐** 하는 것이 된답니다. 당신은 그 영화를 에고와 함께 보면서 에고가 해석해주는 것에 귀를 기울일 수도 있고, 아니면 성령과 함께 보면서 그것의(Its) 해석에 귀 기울일 수도 있습니다.

개리: 그의(His) 해석 말이죠?

아턴: 정확히 말하자면 '그것의'입니다. 제이는 제이의 가르침을 바탕으로 그렸다고 주장하는 성경의 그림을 바로잡는 한 사람의 화가처럼 말하고 있다는 사실을 잊지 마세요. 그래서 그는 성서적 표현을 사용하고 있는 겁니다.

개리: 성경에서 환생에 관한 많은 부분이 삭제됐다는 게 사실인가요?

아턴: 그렇습니다. 많은 오류가 일어났던 4세기였어요. 성경에 대한 우리의 언급은 다는 아니더라도 대부분 도마와 내가 살았던 세기에만 한정시킬 겁니다.

퍼사: 지금 우리는 영화를 제이, 혹은 성령과 함께 보면서 바른 마음의 해석에 귀 기울이는 것에 대해 이야기하고 있어요. 이것은 중요한 한 가지 문제를 제기합니다. 비록 당신은 자신이 **이곳에서** 영화를 보고 있는 것처럼 느끼더라도 사실은 여기서 보고 있는 것이 아니에요. 당신은 더 높은 차원에서 그것을 보고 있고, 당신의 **경험**은 여기 한 육신 속에서 영화를 보고 있는 것이지요. 그뿐 아니라 당신은 이미 일어났던 일들을 보고 있는 겁니다. 기억 속에 억눌러놓았거나 잊어버렸던 것을 마치 비디오로 다시 보듯이 말이지요. 〈실습서〉에 나오는 이 놀라운 말들을 숙고해보세요. 종합해보면 이것은 시간이라는 환영에 대한 〈수업〉의 가르침을 개괄해주고 있습니다.

…… 때가 되면 모든 마음에게 아버지와 아들이 하나라는 계시가 올

것이다. 허나 그 '때'는 누가 일러주는 것이 아니라 마음이 스스로 정하는 것이다.

때는 이미 정해져 있다. 매우 임의적인 것처럼 '보일' 뿐이다. 그러나 아무도 순전히 우연으로 그 길을 걷게 된 경우는 없다. 아직 길을 나서지 않았음에도 불구하고 그는 이미 발걸음을 올려놓았다. – 시간은 오로지 한 방향으로만 가는 것처럼 보이므로. 우리는 이미 다 마쳐진 여행을 떠나고 있는 것일 뿐이다. 그럼에도 그것은 아직도 알려지지 않은 미래를 지닌 것처럼 보인다.

시간은 속임수요 손재주요 온갖 형상이 마술처럼 지나가는 거대한 환영이다. 그러나 드러난 것들의 배후에는 변하지 않는 어떤 계획이 있다. 각본은 정해졌다. 경험이 찾아와 그대의 의심에 종지부를 찍을 시간은 이미 정해져 있다. 우리는 그 여행을 그것이 끝난 지점으로부터 바라보고 있을 뿐이다. 그것을 되돌아보며 우리가 그 여행을 다시 한 번 하고 있는 것으로 상상하면서, 이미 지나간 것을 마음속에서 돌이키면서. (W298)

개리: 우리가 여행길을 떠난다고 한 것은 제이가 우리와 함께 그것을 보고 있고, 우리가 원한다면 그가 도와주리라는 뜻인가요?

퍼사: 정확해요. 〈실습서〉의 뒷부분에서 제이는 일체(oneness)라는 개념을 우리가 말했던 절대적 진실을 표현하는 두 단어 '신이 있다'와 연결시킵니다. 그러고는 그것을 다음처럼 시간이라는 주제에 연결시키지요.

…… 그것은 마음을 과거와 미래가 상상되지 않는 끝없는 현재 속으로 돌아오게 한다. (W323-324)

그리고 이어서 말합니다.

…… 세상은 결코 존재한 적이 없다. 영원만이 변함없는 상태로 남아 있다. (W324)

그는 또 이렇게 말합니다.

이것은 우리가 앞당기려 애쓰는 경험 너머에 있다. 그러나 용서를 가르치고 배워가노라면 용서는 아울러, 마음 자체가 이것만 빼고는 다 버리기로 결심했던 그 시간이 지금 당도해 있음을 깨닫게 하는 경험들을 가져다준다. (W324)

그는 이어서 다음과 같이 성령에 대해 말합니다.

모든 배움은 이미 성령의 마음속에서 온전히 마쳐져 있었다. 성령은 시간이 품고 있는 모든 것을 알고 있었으며, 그것을 모든 마음들에게 주었다. 그리하여 시간이 끝난 지점으로부터 각자가 그것이 계시와 영원 속으로 풀려날 시기를 정하도록. 그대는 이미 끝난 여행을 하고 있는 것일 뿐임을 우리는 이미 여러 번 말했었다.
일체(oneness)는 여기에 있어야만 하는 것이다. 마음이 계시를 위해 정한 그 어떤 시간도, 언제나 그랬듯이 영원하며 영원히 지금과 같을 변함없는 상태인 그것과는 전적으로 무관하다. (W324)

개리: 모든 것이 이미 다 이루어져 있고 나는 단지 내 감춰진 무의식이

투사해내는 꿈속의 영화를 보고 있는 것일 뿐이라면 — 그리고 외견상의 나의 움직임들 또한 어떤 식으로든 로봇처럼 조종되고 있는 것이라면 — 나는 걱정할 거리가 없네요, 그렇지 않아요? 나는 그저 내 멋대로 살아도 구원은 어떻게든 찾아오게 되어있는 것 아닌가요?

퍼사: 글쎄요, 아닙니다. 그래도 당신은 자신이 할 일을 해야만 합니다. 방금 인용한 말 다음에 제이는 이렇게 말하지요.

> 그러니 그대는 자신의 역할을 위해 할 일이 있다고만 해두자. 그대가 그 역할을 다 마칠때까지 결말은 그대에게 불투명하게 남아있을 것이다. 그것은 중요하지 않다. 그대의 역할에야말로 나머지 모든 것이 달려 있으므로. 그대가 자신에게 맡겨진 역할을 받아들여감에 따라, 아직 그 박동을 신께 조율시키지 못한 확신 없는 가슴들에게도 조금씩 더 가까이 구원이 다가온다. (W324)

개리: 이 말은 별로 좋은 줄을 모르겠군요. 나머지 모든 것이 **나의 역할**에 달려 있다고요?

퍼사: 기억하나요, 꿈은 다른 누군가가 지어낸 것이 아니라는 사실을요? 다시 묻지요. 당신 없이 세상이 구원받을 수 있을까요? 대답은 '노'입니다. 당신은 할 일을 알고 있어요. 주유소에서 그랬던 것처럼요.

개리: 용서 말이지요. 난 정말 자신을 용서하고 있어요. 단지 그렇게 보이지 않을 뿐이죠.

퍼사: 물론이지요. 〈수업〉이 다양한 방식으로 거듭 거듭, 또 거듭해서 결코 모호하지 않게 말하고 있듯이 말입니다.

용서는 구원을 관통하여 흐르는 중심 주제다. 그것은 구원의 모든 부분들을 관계 속에 엮어주니, 그 길은 인도되고 있고 그 결과는 분명하다. (W324)

개리: 잘 알아들었어요, 제이. 젠장, 농담이었다구요. 난 벌써 그렇게 하겠다고 했어요.

퍼사: 우리도 당신이 그러리라는 걸 알아요. 하지만 당신도 한정 없이 지체되거나 아니면 궤도를 벗어나버릴 수도 있어요. 당신이 내리는 선택은 다음에 말하는 것보다 결코 가볍지 않아요. ― 제이는 당신이 모든 상황에서 그가 내렸던 것과 동일한 결정을 내리기를 요구해요.

다시 한 번 선택하라. 그대가 세상의 구원자들 가운데 한 자리를 차지할 것인지, 아니면 지옥에 남아 그대의 형제들을 거기다 붙잡아둘 것인지를. (T666)

개리: 이보다 더 분명할 수는 없겠군요. 시간에 관한 말들은 꽤 비의적秘義的이지만요. 이 모든 일을 해내려면 기운을 좀 차려야겠어요.

퍼사: 지금으로서는 그저 시간이 당신이 아직 모르는 미래를 품고 있는 것처럼 보인다는 사실만 기억해두도록 하세요. 하지만 사실은 그것도 모두 이미 이루어져 있습니다. 당신은 에고의 시나리오를 고칠 수가 없어요. 당신이 할 수 있는 일이란 단지 그것에 대한 성령의 해석으로 옮겨가는 것뿐입니다. 우리가 강조했듯이 그것이 바로 성령의 시나리오지요. 2천 년 전에 제이가 이렇게 말했던 것도 바로 그 때문입니다. "너희 중에 누가 걱정으로써 제 수명에 한순간이라도 더할 수 있느냐?" 사실이지, 당신 삶의 스토리

는 ― 그것은 정말 스토리일 뿐이지만 ― 이미 다 쓰여 있습니다. 스토리에 대해서 말하자면, 당신은 여기서 그것을 진정으로 보고 있지조차 못합니다! 당신은 그런다고 생각하지만 사실은 당신은 그것을 마음의 차원에서 정신적으로 다시 들여다보고 있는 것입니다. 다시 말하지만, 당신은 관찰하고 선택하는 마음에 속하지만 꿈속의 영화는 당신이 에고와 함께 내린 최초의 선택에 의해 생겨난 것입니다.

기운을 차리는 문제에 관해서 말하자면, 당신이 각오를 다지겠다는 것은 너무나 좋은 일입니다. 이것만 명심하세요. 이 일이 아무리 크고 어려워 **보이더라도**, 시간에 아무리 많은 차원이 존재하더라도, 우주가 아무리 중중무진 복잡하더라도 당신이 결코 벗어날 수 없는, 우리가 말해왔던 시종여일한 단순성이 있습니다. 즉, 당신의 구원은 언제나 당신이 바로 지금 내리는 결정으로 귀착된다는 것입니다. 여기서 벗어날 길은 없습니다. 당신에게 어떤 일이 일어나고 있는 것처럼 보이더라도 선택은 정말 매우 단순하고 즉각적입니다. 이것만 기억한다면 당신은 꿈에 대한 어느 쪽의 해석에 귀를 기울여야 할지를 알 수 있을 것입니다. 육신이 죽은 **것처럼 보인** 이후에조차 말입니다.

> 당신의 구원은 언제나 당신이 바로 지금 내리는 결정으로 귀착된다는 것입니다. 여기서 벗어날 길은 없습니다.

개리: 그 말을 들으니 생각나네요! 한 달쯤 전에 꿈을 꾸고 있었는데 꿈속에서 뭔가 무서운 것이 나타났어요. 나는 꿈속에서 제이에게 도움을 청할 생각을 떠올렸어요. 그러자 그의 힘이 뻗쳐오는 것이 느껴졌지요.

퍼사: 그래요. 어느 시점에 이르면 ― 그리고 당신은 거기에 이르렀어요 ― 〈수업〉의 사고체계가 당신의 일부가 된 나머지 당신은 잠 속에서조차 그리스도의 힘을 선택하게 됩니다. 그것은 당신이 육신을 떠난 후에도 자동적

으로 그리스도의 힘을 선택하리라는 것을 뜻하지요. 이건 확실히 위안을 주는 생각입니다. 그것이 죽음을 덜 두려워하게 만들기 때문만이 아니라 비록 당신이 오늘 죽는다고 하더라도 그동안 배운 것을 고스란히 가지고 갈 것임을 확신시켜 주기 때문이지요. ― 아직 도인의 경지에 이르지는 못했더라도 말입니다.

개리: 직선적인 시간으로 도로 돌아가지 마세요.

아턴: 비시간적인 우리의 이야기가 여기까지 왔으니 처음에 당신이 물어보려고 했던 질문들을 잊어버리지 마세요.

개리: 물론이지요. 전에도 말했지만, 〈수업〉이 분리는 완전히 해결되었고 즉석에서 치유되었다고 말하고 있다는 것을 떠올리면 인내심을 발휘하는 데 도움이 돼요. 우리가 서서히 깨어나고 있는 것처럼 보이는 이유는, 그래야만 너무 놀라지 않을 것이기 때문이란 거죠.

아턴: 맞아요. 실상은 당신이 지금 경험하고 있는 것과는 많이 달라요. 당신도 직접 목격했듯이요. 거기에 서서히 적응해가는 것이 좋습니다. 아침에 일어날 때도 당신은 꿈에서 천천히 깨어나지 않습니까. 알람시계 소리 때문에 화들짝 깨어나는 경우를 빼면 말이죠. 더 큰 마음이 바야흐로 꿈에서 서서히 깨어나고 있는 것처럼 보입니다. 외견상의 개인이 꿈에서 깨어날 때, 그것은 더 큰 마음이 서서히 깨어나고 있는 것을 상징하는 것입니다. 우리가 인용하고 있는 가르침들에 비추어보자면 사실상 꿈은 한순간에 이미 끝이 났지만 말입니다. 문제는, **당신**은 천국을 위해 완전히 준비되기까지 얼마나 오래 기다리고 싶은가 하는 것입니다. 〈수업〉은 이렇게 깨우쳐 줍니다.

…… 그대의 형제는 가는 곳마다 있다. 구원을 위해 멀리 찾아다닐 필

요가 없다. 매 분, 매 초가 그대 자신을 구원할 기회를 준다. 이 기회를 놓치지 말라. 기회가 다시 오지 않을 것이기 때문이 아니라 기쁨을 뒤로 미룰 필요가 없기 때문이다. (T175)

우리는 전에 신은 아들이 부드럽게 잠에서 깨어나기를 바라고 있다는 〈수업〉의 말을 인용한 적이 있습니다. 하지만 당신의 마음이 하나의 개념 속에 진정으로 침잠해 들어가기 시작하려면 최소한 열댓 번은 그것을 심사숙고해봐야만 한다는 사실을 깨달아야만 합니다. 보고 듣고 생각하는 것은 당신의 마음이지 육신이 아니지만, 그것은 바른 마음의 개념들을 진정으로 보고 듣고 생각하기를 거부하는 것 또한 에고의 지배 아래 놓인 당신의 마음임을 뜻합니다. — 그 형상이야 어떻든 상관없이 말입니다. 지속적으로 서로를 지원하는 상호연결된 원리들이 거대한 투사投射를 바라보는 그른 마음의 방식을 지배하게 함으로써 에고의 층들을 서서히 벗겨내는 데에 〈수업〉의 사고체계가 필수적인 이유도 바로 이 때문입니다.

개리: 조직적인 사고체계의 중요성과 그것이 작용하는 이치를 이해해요. 어떤 사람들은 마음을 훈련시킨다는 생각에 거부감을 보입니다. 왜냐하면 그들은 세뇌나 독자적 사고를 포기하게 만드는 술수에 말려들까봐 겁이 나기 때문이지요.

아턴: 세뇌를 원한다면 언제든지 사이비 종교를 믿으면 되지요. 하지만 〈기적수업〉의 자습방식을 벗어나지만 않는다면 그들은 자신의 결정하는 힘이 활용될지언정 버려지지 않는다는 것을 깨닫게 될 겁니다. 게다가 그들의 현재 상태 자체가 사실은 이미 에고에 의해 세뇌된 상태라서 자신의 마음을 되찾을 때까지 그들은 그 상태로 남아 있을 것입니다. 〈수업〉은 훈련의 필요성에 대해 이렇게 설명합니다.

…… 그대는 마음의 방황을 너무나 너그러이 방관하고 있고 마음의 그 릇된 창조를 소극적으로 눈감아주고 있다. (T29)

개리: 난 절대로 그러지 않을 거예요. 아니, 농담입니다. 대부분의 사람들은 또, 중요한 것은 의식적인 마음이 믿는 것이라고 생각해요. 사실은 그들이 무의식적 마음으로써 믿고 있는 것들이 모든 것을 좌우하고 있는데 말이죠. ─ 그리고 그것은 그들의 힘으로 바꿀 수가 없지요.

아턴: 맞았어요. 성령이 탈출구인 이유가 바로 그거지요.

개리: 그러니까 내가 이 용서 게임을 열심히 하면 이 환영의 홀로그램에서 플러그를 뽑아낼 수 있단 말이죠?

아턴: 물론이지요. 거기에 플러그를 꽂고 있는 이유는 오로지 당신의 잘못된 믿음과 그른 마음의 사고 때문이니까요.

개리: 그 말을 들으니까 분리의 상징이자 우주의 투사投射인 '빅뱅'이 생각나네요. 이것은 이 우주가 나중에는 반대로 쪼그라들기 시작해서 자체의 내부로 붕괴되리라는 뜻일까요?

아턴: 당신네 말을 빌리자면, '아니올씨다'입니다. 빅뱅이 분리를 상징한다는 것은 맞습니다. 그러나 기억해야 할 것은, 형상의 차원에서 빅뱅은 너무나 엄청나서, 상상 불가능한 크기의 에너지를 취했습니다. 그리하여 이것이 모든 물리법칙과 모든 세포와 분자의 운명, 그리고 각자가 진화해갈 방식과 방향을 예정해버렸습니다. 영화는 이미 다 찍어져 있다고 말할 때, 우리는 일어나는 것처럼 보이는 모든 것은 그 순간에 이미 움직임이 정해졌으며 사실상 다른 방식으로는 일어날 수가 없다는 뜻입니다. 다른 모든 차원과 시나리오들은 단지 같은 순간에 일어난 '빅뱅 속의 다른 빅뱅들'을 상징하는 것일 뿐입니다. 그것은 즉석에서 이미 끝나버렸지만 실상을 깨닫기

위해서는 당신은 아직도 깨어나야만 합니다.

개리: 그러니까 이 차원에서 우리는 우리가 자신의 운명을 만들어간다는 환영 아래서 고통스럽게 살고 있군요. 사실은 모든 물리법칙이 그 순간에 이미 정해져서 작동을 시작했는데 말입니다. 일어난 모든 일은 우리가 아무리 발버둥쳐도 정확히 그렇게 일어났어야만 했단 말이죠?

아턴: 맞았어요. 보이지 않는 힘에 의해서 육신이라는 로봇이 조종되는 메커니즘도 단지 예정된 시나리오가 연출된 것의 일부일 뿐이지요. 이것을 명심하세요. — 에고와 한 편이 되어서 분리를 진짜처럼 만들기로 한 것은 당신의 결정이었기 때문에, 다시금 말하건대, 이 시나리오는 다른 차원에서 당신이 동의한 자기예정론의 한 본보기이지, 당신이 희생자임을 보여주는 본보기가 아니란 말입니다. 이제 당신에게는 이 모든 것에 대한 당신의 마음을 어떻게 바꿔야 할 것인지를 가르쳐주는 〈기적수업〉이 있습니다.

당신이 여기서 목격하고 있는 것은 마치 에고의 음반과도 같습니다. 다른 곡을 듣고 싶은지 어떤지는 당신에게 달린 문제입니다. 우주는 종말을 위해 자체의 내부로 붕괴될 필요가 없습니다. 일어나야 할 일은 모든 사람이 깨어나는 것입니다. 그러면 꿈속의 우주는 그저 사라져버릴 것입니다. — 왜냐하면 그것은 단지 하나의 허망한 꿈일 뿐이었기 때문입니다.

당신을 계속 휘말려들게끔 만들기 위해서 시나리오는 시간이 갈수록 더욱 더 빨리 움직이는 것처럼 보입니다. 당신의 주의 범위는 갈수록 좁아져만 가고, 결국 당신들은 자신의 문명을 멸망시키고 거의 모든 기억을 망각한 채 처음부터 다시 시작해야만 합니다. — 새로운 생애를 시작하는 것과 마찬가지로요.

개리: 갈수록 빨라진다는 게 무슨 뜻인지 알겠습니다. 모든 게 그래요. 영화를 보세요. 지난 30년 동안에 영화나 텔레비전은 편집 템포가 너무나

빨라져서 거의 우스꽝스러운 지경이 돼버렸어요. 그들은 모든 사람이 주의력결핍 장애를 앓고 있다고 단단히 믿고 있는 게 틀림없어요. 진정한 대화도 점점 귀해져가고 있지요. 모든 게 둔해지고 무감각해졌어요. 형상에 관한 한 '눈에 보이면 그건 너무 느린 편에 속한다'는 게 그들의 철학인 것만 같아요.

아턴: 예. 스타일은 강조되고 실속은 없어지고 있지요. 정치가 그렇듯이요. 당신은 최초의 위대한 공화당 출신 대통령인 아브라함 링컨이……

개리: 동시에 **최후의** 위대한 공화당 출신 대통령이지요.

아턴: 좀 비켜주시겠어요? 그런데 당신은 링컨도 오늘날 같은 시대에는 대통령에 당선될 수 없다는 사실을 아시나요? 그는 목소리도 좋지 못했고 질문에 대답하려면 실제로 한참 생각을 해야만 했어요. 오늘날의 논쟁에서 그런 식으로 한다면 멍청이라는 소리를 듣겠지요. 미리 준비된 건성의 목소리로 하는 영리한 대답 대신 사려 깊은 대답을 상상할 수나 있나요? 정치, 영화 — 이들은 같은 길을 가고 있어요. 그건 스타일과 스피드 일색이지요. 그것이 사람들을 갈수록 광기로 몰아넣는 것 외에 무슨 이득을 가져다주겠어요?

개리: 맞아요. 미쳤을 때는 시간이 쏜살처럼 지나가지요. 난 정말 영화를 좋아해요. 나는 그저 영화편집이 어떻게 변해가고 있는지를 지적하고 싶었어요. 아, 그런데 다양한 선택이 가능한 시나리오에 대해 아까 한 이야기는 영화는 이미 다 찍혀 있다는 생각과는 모순되는 것 같은데요?

아턴: 실제로는 그렇지 않아요. — 그건 당신에게는 몇 개의 차원이 열려 있어서 한 차원에서 다른 차원으로 옮겨가는 것이 가능하다는 사실과 관련이 있어요. 하지만 그래도 그것은 닫힌 계(closed system)여서, 그것이 한정되고 고정되어 있다는 사실 자체가 바로 우리가 말해온 것들을 뒷받침해줍니

다. 에고의 시나리오는 채찍과 당근과도 같습니다. 그것은 당신을 현혹해서 당신이 시나리오 **안**에서 자유롭다고 생각하게끔 만듭니다. 유일하고 진정한 자유는 그 모든 쓰레기로부터 완전히 밖으로 빠져나와야만 발견할 수 있는 것인데 말입니다.

개리: 다중선택 시나리오에 관해서 말인데요, 그러니까 선택을 달리하면 어느 날 아침 깨어나서 보면 나도 모르는 사이에 이곳과 똑같이 보이는 다른 우주에 와 있게 될 수도 있단 말인가요? 단, 본래의 큰 빅뱅 속에서 자체만의 작은 빅뱅을 겪은, 그래서 자기 판의 시나리오를 가진 그런 우주 말이에요.

> 성령의 시나리오는 당신 삶 속의 모든 사람들을 용서하는 것입니다.

아턴: 예, 그럴 수도 있어요.

개리: 그거 아주 끝내주는데요.

아턴: 그래요? 다시 말하지만, 그래도 그것은 고정된 시스템 속에서 일어나는 하나의 환영이라는 것을 기억해야 해요. 환영은 어디까지나 환영입니다. 그리고 그것은 지금도 여전히 환영입니다. 거기서 빠져나가는 길은 한 가지뿐이고요. 에고의 시나리오는 **모두가** 단지 이미 끝장나버린 시간에 관한 것입니다. 성령의 시나리오는 당신 삶 속의 모든 사람들을 용서하는 것입니다. — 당신이 어디에 있는 것처럼 보이는지는 상관이 없습니다. 이렇게 해서 시간은 사라져버립니다.

퍼사: 에고의 시간성과 성령의 비시간성을 구별할 수 있는 가장 좋은 방법 중 하나는, 진정한 용서에 대한 성령의 가르침은 시간이 불필요하게 만듦으로써 시간이 지워지게 한다는 사실을 기억하는 것입니다. 시간이 지워지는 것은 마음의 차원에서 — 시간 밖에서 — 일어나며, 그것은 시간이

바뀌는 것이 아니라 붕괴되는 것입니다.

개리: 영화 보러 갔던 날 내가 이미 용서를 실천하고 있었기 때문에 어떤 용서의 가르침은 더 이상 필요 없게 되어서 다른 시간에 귀가하게 되었던 일처럼 말인가요?

퍼사: 맞아요, 운 좋은 친구. 아차, 그건 섹스에 관한 가르침을 위해 아껴둘 작정이었었는데.

개리: 웃겨요. 당신은 TV 쇼에나 나가야 하는 건데.

퍼사: 오프라 쇼요?

개리: 오프라는 정말 끝내주지요. 하지만 그녀조차 이 모든 이야기들을 다 받아들일 만큼 마음이 열려 있지는 않을지도 몰라요.

퍼사: 두고 봅시다. 우리의 필름이 다 돌아가 버리기 전에 다른 질문은 없나요? 물론 농담예요.

> 진화란 형상의 차원에서 일어나는 것처럼 보이는 무엇입니다. 하지만 그건 단지 하나의 꿈일 뿐이에요. 당신의 마음이 용서의 교훈을 다 깨우치고 나면 그것은 영, 곧 영혼으로 깨어납니다. 그리고 천국을 제외한 나머지 모든 것은 사라져버려요.

개리: 있어요. 어떤 사람들은 윤회가 영혼의 진화를 인도해준다고 믿는데, 사실인가요?

퍼사: 생각해봐요, 개리. 당신의 영혼은 이미 완벽해요. 그렇지 않다면 그건 영혼이 아니겠지요. 그건 단지 당신이 영혼이라고 착각하는 어떤 것일 겁니다. 사람들은 마음을 영혼과 혼동하기도 하고, 육신의 형상을 한 유령 같은 모습을 포함해서 마음이 투사해내는 것들을 영혼으로 오해하기도 하지요. 진화란 형상의 차원에서 일어나는 것처럼 보이는 무엇입니다. 하지만 그건 단지 하나의 꿈일 뿐이에요. 당신의 마음이 용서의 교훈을 다 깨우치

고 나면 그것은 영, 곧 영혼으로 깨어납니다. 그리고 천국을 제외한 나머지 모든 것은 사라져버려요. 대부분의 사람들은 자신을 한 개인으로밖에는 생각할 수가 없기 때문에 자신의 영혼을 하나의 개체라고 여기지요. 그릇된 믿음이 사라지면 그때는 영혼(soul)이란 하나밖에 존재하지 않는다는 것을 알게 될 거예요. 그것이 한계 없는 일체인 영(spirit)입니다.

개리: 환생도 단지 하나의 꿈이란 말이죠?

퍼사: 예. 하지만 우리가 설명하려고 애썼듯이 그것은 일어나는 것처럼 보이는 무엇인데 우리는 마치 그것이 실제로 일어나는 일인 것처럼 그에 대해서 이야기하고 있는 겁니다. 하나의 생애라는 꿈이 끝나면 당신은 자신이 육신을 떠나 다른 탐험길에 오르는 것을 **보지만** 사실 당신은 아무 데도 가고 있지 않습니다. 당신은 단지 마음의 투사를, 혹은 우리가 당신의 이해를 돕기 위해 자주 말했듯이, '영화'를 보고 있는 것입니다.

개리: 알겠습니다. 이 질문은 내게 당신들에 대한 믿음이 부족한 것처럼 여겨지게 할지도 모르겠지만, 사실 그렇진 않아요. 내가 궁금한 것은, 당신은 깨달은 후에 11년 동안 육신 속에 머물러 있었다고 했어요. 하지만 〈수업〉은 육신은 깨달은 존재를 지탱해주지 못한다고 하는 것 같던데요. — 신과 끊임없이 교감하면 육신이 오래 견디지 못한다고 하고, 또 우리의 할 일은 이곳에서 완전해지는 것인데 그렇게 되면 우리는 더 이상 보이지 않게 된다고 하더군요. 11년은 깨달은 후에 보내기에는 긴 세월 같아 보이는데 당신의 대답은 뭔가요?

퍼사: 내가 대답해주지요. 하지만 한 가지 주의할 게 있어요. 〈수업〉의 세세한 내용을 가지고 너무 꼬치꼬치 따지지 마세요. 우리도 말했듯이, 〈수업〉의 가르침의 세세한 내용들은 용서에 대한 전반적 가르침의 맥락 속에서 이해되어야만 해요. 11년 동안 지낸 것에 대해서 말하자면, 나는 아턴을 도

와주기 위해서 이 꿈속에서도 보이도록 남아 있었던 거예요. 그와 함께 있으면서 그가 영원히 나와 함께할 수 있도록 도와주기 위해서, 말하자면 일부러 한쪽 발을 문지방 안에 들여놓고 있었던 거죠. 육신이 오래 버티지 못한다는 말에 대해서는, 제이는 확연히 깨달은 상태에서 여러 해 동안 사람들을 가르쳤다는 사실을 잊지 마세요. 육신을 보전한 채로 신과 완전한 교감을 나누는 것은 불가능하지만 〈수업〉에서 중간지대라 부르는(T546) 곳이 존재합니다. 그곳은 용서의 장소로서 깨달음의 경지에 머물면서도 동시에 이 세상에 있는 것처럼 보이면서 도움 되는 일을 할 수 있는 곳이지요.

개리: 〈수업〉이 실재 세계라고도 부르는(T547) 곳 말이죠?

퍼사: 맞아요. 개인적으로 우리를 믿는 것은 중요한 게 아니라고 이미 말하긴 했지만, 우리에 대한 믿음을 잃지 않아 줘서 고마워요. 당신이 우리를 믿든 안 믿든 간에, 성령만은 언제나 믿을 수 있어요. 〈수업〉에서 신의 교사의 열 가지 덕목을 뭐라고 하는지 기억하나요?

개리: 물론요. 신의 교사는 믿음직하고, 성실하고, 남을 돕고, 우호적이고, 예의바르고, 상냥하며 — 아 잠깐, 이게 아니군요. 난 보이스카웃이었어요.

퍼사: 지금은 아니거든요. 내가 가장 손꼽고 있는 덕목은 신뢰예요. 〈수업〉은 교사에 대해 이렇게 말합니다.

…… 성령은 시간을 인식하고 그것을 무시간(timelessness)으로 재해석해야 한다. 그는 반대극을 통해 작용해야 한다. 왜냐하면 성령은 반대편에 있는 마음을 위해, 그리고 반대편에 있는 마음과 함께 일해야 하기 때문이다. 잘못을 바로잡고, 배우라. 그리고 배움에 마음을 열라. 그대가 실상(truth)을 만들어내지는 않았으나, 실상은 그대를 자유케 해

줄 수 있다. (T80)

당신은 아직 영원을 온전히 경험할 수 없으므로 기적, 곧 진정한 용서의 행위가 필요합니다. 당신은 자신을 용서하기 위해 형제자매들을 용서합니다. 그리고 당신이 신뢰하는 그, 곧 성령에 의해 치유됩니다. 〈수업〉은 이렇게 말하지요.

…… 시간 속에서는 주는 것이 먼저다. — 분리가 있을 수 없는 곳인 영원 속에서는 줌과 받음이 동시에 일어나지만, 이 둘이 같은 것임을 깨우치면 시간은 필요가 없어진다.
영원은 하나뿐인 시간(one time)이고, 그것의 유일한 차원은 '항상'이다. (T174-175)

아턴: 우리의 논의를 요약해보자면, 〈수업〉은 이렇게 가르칩니다.

…… 시간과 영원은 둘 다 그대 마음속에 있다. 그리고 그대가 시간을 오로지 영원을 되찾기 위한 수단으로만 인식하게 되기 전까지는 그것들은 서로 갈등을 일으킬 것이다. (T181)

지금까지 세상이 권해온 보통의 방법으로는 영원을 되찾는 일이 결코 빨리 이루어지지 않을 겁니다. 예컨대 〈수업〉은 다음과 같은 수사적 질문으로써 그런 방법들을 비평하고 있지요.

…… 그대는 심리치료가들이 하는 것처럼 어둠을 분석함으로써 빛을

발견할 수 있겠는가? 혹은 신학자들처럼 그대 안의 어둠을 인정해놓고서 그것을 제거해줄 먼 빛을 찾아 헤매면 그 빛을 발견할 수 있겠는가? 한편에서는 그 머나먼 거리를 그토록 강조하면서 말이다. (T172)

개리: 대단한 말솜씨로군요! 내면의 피자(inner pizza) 재단*에다 감탄의 편지를 써보내야겠어요.

아턴: 답장을 기다릴 동안에 우리가 인용한 말들을 찾아보고 명심해두도록 하세요. 깊이 생각해볼수록 그것은 더욱 심오한 의미로 다가올 테니까요. 당신의 미래에 퍼사와 내가 〈기적수업〉을 읽고 나서 제이에게 그의 용모가 창을 떨게 한다고 말해줄게요.

개리: 그 말이 무슨 뜻인지 말해주실 거죠?

아턴: 물론이죠. 실제로 '셰익스피어'의 작품들을 쓴 사람은 창을 휘두르는 사자(a lion shaking a spear)의 모습을 문장紋章으로 가진 가문 출신의 한 백작이었어요. 왕실은 그의 가문의 이름을 칭송하는 의미로 가끔씩 "그대의 용모가 창을 떨게 하누나(Your countenance shakes a spear)"라는 말로 축배를 하곤 했지요. 그런데 뛰어난 정치가이자 아주 독재적이었던 엘리자베스 1세 여왕은 그의 작품에 그의 이름을 올리지 못하게 했습니다. 그 당시 연극무대는 사회적으로 명예롭지 못한 곳으로 낙인이 찍혀 있었거든요. 연극, 특히 희극은 점잖은 문학으로 여겨지지 않아서 왕실의 위엄에 어울리지 않았어요.

개리: 그것 참 흥미롭군요. — 셰익스피어가 점잖은 문학이 아니다……

아턴: 환영 속의 시대란 변화무상한 법이지요. 게다가 셰익스피어, 곧 옥

---

* 〈기적수업〉을 출판하고 관리하는 내면의 평화 재단(Foundation for Inner Peace)을 패러디한 말. 역주

스퍼드 백작인 에드워드 드 비어가 시대의 변화를 재촉했어요. 셰익스피어는 한 사람뿐입니다. 그가 죽은 백인이라고 할지라도요. 여왕이 그에게 작품조차 못 쓰도록 완전히 금지하지는 않았지만 그는 작품에다 자신의 이름을 올릴 수가 없었답니다.

그런데 윌리엄 셰익스피어라는 이름의 배우가 있었어요. 이 사람의 존재를 알게 된 드 비어는 그것이야말로 너무나 안성맞춤이라고 생각했지요. 가문의 문장인 창을 휘두르는 사자와 관련된 말로써 왕실이 축배를 드는 드 비어라는 사람이 있는데 또 이 연극계에 셰익스피어라는 이름을 가진 사나이가 있었던 겁니다! 에드워드는 윌리엄과 협상을 해서 자신의 작품에다 그의 이름을 써서 연극을 대중에게 보여주었던 겁니다. 배우가 작가의 역할을 언기한 것이시요. 드 비어에게는 그것이 자신의 이름을 올리지 않고도 조금이나마 작품에 대한 공적을 누릴 수 있게 해주는 교묘한 방법이었던 셈입니다. 그 계획은 보기 좋게 성공했습니다. 셰익스피어는 크게 많은 돈을 받지는 못했어요. 셰익스피어라는 이름의 배우가 죽은 **이후에야** 많은 희곡들이 모두 한꺼번에 하나의 편람으로 출판됐거든요.

많은 사람들이 〈기적수업〉의 문체에서 윌리엄 셰익스피어의 글과 비슷한 운치를 느끼기 때문에 우리도 제이에게 그의 용모가 창을 떨게 한다고 농담을 하는 거예요.

개리: 그거 참 멋지네요. 당신들 참 재미있어요.

아턴: 그럼 재미 보세요, 친구. 제이도 그랬고 셰익스피어도 그랬으니까요. 시간의 속임수를 진지하게 받아들이지 마세요. 당신이 과거라고 생각하는 것은 바로 **지금** 일어나고 있는 환영 속의 사건이랍니다. 그런데 당신의 마음은 그 심상들을 나눠서 시간처럼 보이게 만들지요. 하지만 그 모든 일은 한꺼번에 다 일어났고 이미 끝났습니다. 에고가 당신 앞에서 어떤 술수

를 부리든 상관 말고 그저 용서하며 살아가세요. 〈수업〉은 당신에게 분별심을 버리라고 합니다.

분별의 꿈을 버렸을진대, 시간이 어디에 있단 말인가? (T624)

개리: 간단히 말해서 〈수업〉은 모든 시간이 사실은 한순간 속에 담겨 있다고 말합니다. 거대한 환영도 모두 한꺼번에 일어났지요. — 이미 끝났고 **실제로는 일어나지 않은 일이지만** 말입니다. 그 안에 있는 분리라는 생각과 분리라는 생각의 모든 상징물들은 성령에 의해 즉시 바로잡혔지만 우리는 마음속에서 분리라는 시나리오의 비디오를 계속 반복 재생시키고 있는 것이지요. — 마치 유령이 출몰하는 것처럼요. 우리가 성령의 바로잡음을 온전히 받아들여서 시간이 해체되고 신께로 인도될 때까지 말입니다.

아턴: 잘 이해했어요. 진정한 용서만이 이곳을 빠져나가는 탈출구랍니다.

개리: 세월은 모든 상처를 치유시켜주지 못하지만 용서는 모든 세월을 치유해주지요.

아턴: 나쁘지 않네요, 우리의 사자(使者). 방금 당신의 용모가 창을 떨게 했어요.

12
뉴스 보기

상대방의 죄만 보고 그대의 죄를 보지 않을 수는 없다.
그러나 그대는 그를 해방시키고 동시에 자신도 해방시킬 수 있다.
(S10)

나의 가장 중요한 소식통은 심야 TV 네트워크 뉴스와 인터넷이다. 그리고 이 '문명의 이기'들을 통해서 접하는 소식보다 더 나를 열받게 만드는 것은 없다. 어느 날 컴퓨터 앞에 앉아 인터넷 internuts(인터넷 중독을 뜻하는 속어)을 까고 있다가 나는 중서부 지방의 어떤 그룹의 웹사이트에서 많은 〈기적수업〉 학생들이 〈수업〉을 자기네의 사적인 목적을 위해 이용하고 있다는 것을 알게 되었다. 나는 이 그룹이 실제로 〈수업〉의 내용 속에다 자기네 말을 덧붙여 넣기도 한 것을 보고 경악했다. 나는 놀라서 외쳤다. "맙소사, 이건 모나리자의 그림에다 콧수염을 그려 넣는 것과 똑같구먼!"

몇 년 후에 바로 이 단체가 전국 뉴스 프로그램의 초점이 되어서 취재진이 위스콘신으로 취재하러 갔다. '스승의 스승'을 자칭하는 이 단체의 지도자는 자신의 학생들을 공격적이고 모욕적인 태도로 대하는 것으로 악명이 높았다. 이날도 그는 카메라가 돌아가고 있는 앞에서 그가 싫어하는 질문으로 집요하게 캐묻는 취재진에게 노골적으로 화를 내면서 소리를 질렀다.

나는 이 프로그램을 보고 내가 선택한 길이 미국 대중에게 이런 식으로 왜곡되어서 알려지고 있다는 사실에 당혹감을 느꼈다. 〈수업〉은 분노는 결코 정당화될 수 없다고 가르치지 않았던가? 그런데 이 자칭 〈기적수업〉 교사는 가장 기본적인 개념조차도 삶에서 실천하지 못하고 있다. — 그러면서도 자신은 전혀 잘못이 없노라고 주장하면서 말이다.

그 프로그램을 보니 혐오감에 몸이 움츠려졌다. 그러나 그 순간 나는 나의 반응을 자각했다. 이 모든 것을 진짜로 만들고 있는 것은 누구인가? 이 꿈을 꾸고 있는 자는 누구인가? 그리고 누가 거기에 반응하고 있는가? 외부에는 아무도 존재하지 않는다는 것을 잊어버린 것은 누구인가? 그것은 바로 나였다. 나밖에는 누구도 없었다. 나는 다른 형태로 존재하는, 제대로 들여다보기를 원하지 않는 나 자신의 은밀한 죄 때문에 이 사람을 저주하고 있지는 않은가? 때로 나는 내 생각에 동의하지 않는 사람들을 나쁜 사람으로 만들지 않았는가? 나 자신은 가끔씩 화를 내지 않았던가?

그때 나는 〈수업〉이 **나에게** 말하고 있는 것은 정말 맞는 말이라는 사실을 더욱 분명히 깨달았다. — 꿈은 내 거울 속의 사람들이 꾸고 있는 것이 아니라는 것 말이다. 사실 나의 갈등 속에는 상대방이란 것이 존재하지 않았다. 이 소동이 〈기적수업〉의 한 교사와 관계된 것이라는 사실은 중요하지 않았다. 기적은 모두가 같았다. 진실은 흔들리지 않았다. 그리고 진실이 진실로 남아 있으려면 예외나 타협은 불가능했다.

나는 내 형제와 나 자신을 동시에 용서했다. 나는 죄가 내 형제에게 있다고 생각했으니, 그리고 애초에 그를 지어낸 것은 나이니까, 그렇다면 죄는 사실은 내 안에 있는 것이 틀림없다. 그러나 신으로부터의 분리가 일어난 적이 없다면 나 또한 죄가 있을 수 없다. 그리고 이러한 투사와 방어가 지어내진 것은 그릇된 착각 때문이다. 그래서 나는 성령의 편이 되었고, 그 이후로는 TV에서나 인터넷에서나 어떤 것도 결코 더 이상 그런 식으로는 보지 않게 되었다.

1997년 12월에 아턴과 퍼사는 열두 번째로 내 앞에 나타났다. 그 당시 나의 에고는 너무나 많은 것을 용서해야 하는 데에 지겨워하고 있었다. 나는 나의 승천한 방문자들이 이것을 도와줄 수 있으리라고 느꼈다.

아턴: 어이, 형제. 당신의 우주는 어때요?

개리: 아직도 있어요. 그래서 가끔은 좀 지겨워져요.

퍼사: 마음을 다잡으세요, 사랑하는 형제. 〈수업〉은 당신 나름대로의 삶을 살아가는 한편으로 서서히 구원을 얻을 수 있게끔 짜여 있어요. 당신에게 알맞은 속도로 나가세요. 그렇게 하면 뭔가를 박탈당하는 듯한 느낌을 느끼지도 않을 거고, 속세는 아무런 가치가 없다는 것을 몸소 깨달을 수 있게 될 겁니다. 예컨대, 당신을 포함해서 〈수업〉의 거의 모든 학생들에게 해당되는 것이지만, 〈교사를 위한 지침서〉가 하는 다음 말을 명심해둬야 합니다.

…… 절대다수의 사람들에게는 과거의 실수를 최대한 많이 바로잡을 수 있는, 서서히 진화해가는 훈련 프로그램이 주어진다. 특히 인간관계는 올바로 인식되어야 하고, 불관용의 모든 어두운 버팀돌도 제거되어야 한다. 그러지 않으면 아직도 낡은 사고체계가 되돌아올 여지가 있다. (M26)

개리: 알아요. 세상은 때로 한낱 똥꼬의 아픔에 지나지 않는다는 걸요.

퍼사: 정직한 고백이군요. 자, 당신을 좀 도와보겠습니다. 당신은 뉴스를 볼 때 가끔씩 흥분을 일으킵니다. 그리하여 당신은 그러지 않으면 있지도

않을 그것을 아주 진짜로 만들어놓지요.

개리: 저도 그에 대해서 생각해봤어요. 영화를 보러 가면 — 걸핏하면 영화 이야기만 해서 미안하지만 그게 제가 하는 짓이니까 — 아시다시피 영화는 너무나 많지만 시간은 너무나 적어요. 그래서 거기 가면 난 그것이 진짜가 아니라는 것은 잊어버리고 싶어요. 사람을 그렇게 만드는 것이 곧 그 영화가 좋은 영화란 증거지요. — 의심을 미뤄놓을 수 있게 만드는 영화 말입니다. 나는 사람들이 진짜 삶이라고 생각하는 것도 바로 그런 것이라고 생각해요. — 의심을 미뤄놓고 그것이 진짜이기를 바라는 거죠. 우리는 모든 것을 중요한 것으로 만들어놓지요. 이렇게 가끔씩 집에 앉아서 뉴스를 볼 때도 난 그게 모두 헛소리에 지나지 않는다는 것을 잊어버리고는 영화를 볼 때처럼 늘 해오던 짓을 또 반복하곤 해요. — 그것이 정말 일어나고 있는 일인 것처럼 빠져드는 짓 말입니다. 〈기적수업〉에서는 그것을 어떻게 해석하고 있는지를 좀더 쉽게 기억해내는 습관을 들일 수만 있다면 그것이 나에게 그토록 큰 힘을 미치지는 못할 텐데 말이죠. 나에겐 이 모두가 기억해내느냐 못하느냐 하는 문제로 보여요. 그러고 보니 당신들도 전에 그렇게 말했던 것 같은데 — 기억해내는 것이 가장 어려운 부분이라고요 — 어떻게 하면 기억해낼 수 있을까요?

퍼사: 무엇보다도, 아침에 곧바로 벌떡 일어나서 제멋대로 하루를 시작하지 말고 〈기적수업〉의 〈지침서〉에서 권하는 대로 해보세요. 잠에서 깬 후 가능한 한 빨리 신과 함께 조용한 시간을 보내세요.(M40-41) 그리고 자신이 누구인지를 기억하면서 그 평화의 느낌을 지니고 다니세요. 그다음에는 늘 깨어 있도록 마음을 다지세요. 에고가 당신을 집적거리면서 당신이 육신이라고 생각하게끔 만들려고 늘 애쓴다는 것을 당신도 알고 있습니다. 그래서 〈수업〉은 깨어 있으라고, 마음이 이리저리 헤매도록 놔두지 말라고 권고하

는 겁니다. 당신이 해야 할 일은 마음을 좀더 집중적으로 부려서 단련시키는 것입니다.

재미있는 것은, 당신도 그것을 할 수 있다는 사실입니다. 나는 당신이 경험을 통해서 그것이 가능하다는 것을 알고 있다고 생각해요. 실제로 당신은 그것을 이미 많이 하고 있어요. 그 때문에 에고는 위협감을 느끼는 거예요. 당신도 직접 겪어봤겠지만, 에고는 영리해서 당신을 속여 넘길 놀라운 방법들을 생각해내지요. 당신이 해야 할 일은 단지 조금만 더 빨리 반응할 준비를 갖추고 있는 것입니다. 그런 마음상태만 되어 있으면 성공합니다. 뉴스든 뭐든 부딪히는 것을 모조리 처치할 수 있습니다.

> 심판의 짐을 버리는 것은 신의 교사에게는 결코 희생이 아닙니다.

개리: 뉴스를 볼 때 이렇게 기적을 대비하는 상태를 갖춰야 한다면 사적인 인간관계와 같은 다른 형태의 용서도 같은 식인가요, 아니면 달리 대응할 수 있는 좋은 생각이 있나요?

아텐: 모두가 마찬가지지만 그래요. 어떤 상황에서 어떤 사람에게는 더 도움이 되는 특별한 생각이 있을 수 있어요. 〈지침서〉에 아주 유용한 구절이 있어요. 성령에게 심판을 맡겨버리면 그것이 당신을 실제로 훨씬 더 힘 있는 위치에 서 있게 해준다는 사실을 상기시켜주기 때문이죠. 심판의 짐을 버리는 것은 신의 교사에게는 결코 희생이 아닙니다.

…… 그와는 반대로, 그는 자신에 **의한** 심판이 아니라 자신을 **통한** 심판이 일어날 수 있는 위치에다 자신을 데려다놓는다. 이 심판은 '좋은' 것도 아니고 '나쁜' 것도 아니다. 그것만이 존재하는 유일한 심판이며 그것이 전부다. — 곧, '신의 아들은 죄의식이 없으며 죄는 존재

하지 않는다.' (M27)

개리: TV에 나오는 사람이든 직접 만나는 사람이든 간에, 그들에게 죄가 없다는 것을 알면 나의 무의식적 마음도 나에게 죄가 없음을 이해하게 되지요.

아턴: 어떤 때는 당신도 그렇게 하고 있다는 걸 난 알아요. 당신은 할 수 있어요. 그것도 시종여일하게 할 수 있어요. 일단 거기에 이르면 당신은 다 온 겁니다. 각오만 더욱 다지세요. 당신은 이제 약간의 의지가 필요한 단계에서 충만한 의지가 필요한 단계로 넘어갈 때입니다. 이건 실패할 수가 없는 게임이니까 안심하세요.

개리: 알아요. 하지만 꼭 테러리스트들이 우리 대사관을 폭파시키는 것과 같은 엿 같은 일이 일어난다니까요. 그런 사람들을 죄가 없다고 생각하기는 힘들잖아요.

아턴: 그래요. 하지만 그건 당신 자신을 해방시킬 수 있는 또 다른 기회예요. 그건 좀더 어려워 보일 수도 있지만 용서의 기회는 사실 모두가 같은 겁니다.

개리: 좋습니다. 하지만 실제로 용서의 결과로서, 어떻게 하는 게 적절한 반응인지를 인도받게 될 수도 있지 않나요?

아턴: 맞아요. 그것에 대해서는 곧 이야기를 할 겁니다. 우린 형상의 차원에서는 거의 아무런 충고도 해주지 않을 테지만 마음 차원의 용서로 돌아가기 전에 세상 차원에 대해 잠깐 얘기하려고 해요.

역사상 다른 어떤 나라도 이르지 못했던 막강한 권좌를 차지하고 있는 미국은 상황 해결의 문제에서는 다른 어떤 나라보다도 훨씬 더 막중한 책임을 가지고 있습니다. 예를 들어, 중동문제를 봅시다. 테러리스트들은 정신병자와도 같습니다. — 특히 그들이 알라를 위해서 뭔가를 하겠다고 나설 때는 말입니다. 코란의 신은 이름만 다를 뿐, 신구약 성경의 신과 동일합니다. 이들 종교가 내세우는 그 신이 늘 행복하기만 한 목자牧者는 아니라고 하더라도, 테러리스트들이 어떤 종교를 인질로 삼아서 자신들의 파괴적인 목적을 이루기 위한 빌미로 이용하는 것을 정당하다고 생각한다면 우스운 일입니다. 거의 모든 종교가 정신병자들의 미친 짓거리에 대한 자기합리화에 이용되고 있지만, 이런 종교의 지도자들은 권력 — 특히 금권 — 을 얻기 위해 자신의 말에 귀 기울여줄 사람들을 끌어 모아야만 합니다. 당신이 자신에게 던져야 할 질문은, 미국은 이 광신도들이 자국민의 지지를 얻는 것을 조장하는가, 아니면 억제하는가 하는 것입니다.

당신네 대통령은 미국이 자유와 민주주의를 옹호하기 때문에 중동의 테러리스트들로부터 미움을 사고 있다고 주장할 겁니다. 그것은 좋게 말해봤자 잘못된 생각이고 나쁘게 말하자면 입에 침도 안 바른 거짓말입니다. 이란의 샤아(왕)는 자유와 민주주의와 무슨 상관이 있었습니까? 쿠웨이트의 에미르(족장)는 또 어떻고요? 사우디아라비아의 왕실은요? 그들이 자유와 민주주의와 무슨 상관이 있었나요? 아무런 관계도 없습니다. 지난 수백 년 동안 미국 정부는 세계적으로 자국민의 이익이 아니라 미국 기업이나 미국이 지배하는 다국적기업들의 이익을 대변해주는 정부를 지원해온 것으로 악명이 높습니다.

테러리스트들은 자신만의 병적인 이유로 당신네를 미워하지만 당신네 나라는 자유와 민주주의를 옹호하기 때문이 아니라 자유와 민주주의를 옹호하지 **않기** 때문에 중동의 보통 사람들로부터도 미움을 받고 있는 겁니다. 당신들은 미국의 금권을 위해 가장 유리한 것만을 옹호합니다. 당신들은 그들의 기름에 관심이 있는 것이지, 그들에 대해서는 관심이 없습니다. 당신들은 미국 기업이 본토에서든 외국에서든 모든 상황에서 돈을 벌어들일 수 있는 최선의 방법을 찾고 있는 것이지, 민주주의를 추구하고 있는 것이 아닙니다. 세상 사람들 대부분이 이것을 알고 있는데도 미국 국민들만 모르고 있어요. 미국은 옳은 일밖에 할 줄 모른다는 텔레비전의 선전에 지난 반세기 동안 세뇌되어서 말입니다. 70년대 중반부터 대기업들은 합병을 통해서 뉴스 매체의 편집권을 완전히 장악해버렸습니다. 그러는 사이에 중동은 그들의 수단과 방법을 가리지 않는 이기적 책동이 난무하는 무대가 돼버렸지요.

개리: 당신의 말은, 우리가 그들의 미움을 살 짓을 하기 때문에 저 테러리스트와 광신도들이 자국민의 지지를 얻는다는 거로군요. 나도 일부 테러리스트들의 경우에는 마땅한 분출구가 없을 때는 순교자의 삶을 택하게 할 가능성이 더 높아지리라는 생각을 합니다.

아턴: 물론이지요. 중동의 모든 사람들이 자유국가와 경제력과 훌륭한 교육체제와 일과 가정을 가진다면 어떻게 될까요? 그래도 그들이 자살테러에 관심을 가지리라고 생각하나요? 물론 **진짜** 문제는 그들 내부에 있어요.

개리: 공산주의가 망했어도 그것이 자본주의가 완벽하다는 것을 뜻하지는 않아요. — 하지만 좋은 일을 할 수는 있지요.

아턴: 미국은 좋은 일도 하고 나쁜 일도 해요. 그것이 이원성이지요. 당신네 나라는 종종 긍정적인 세력을 표방하고 나서지만 대개는 어떤 꿍꿍이를 숨기고 있어요. 심지어 2차 세계대전 이후 유럽을 재건한다는 기치를 내걸었던 마샬 플랜조차 박애적인 목적보다는 단지 당신네의 자본주의적 야심을 채우기 위한 것이었어요. 그 이래로 당신네 기업들의 탐욕은 기하급수적으로 커졌습니다. 표면 아래에는 언제나 금권을 바탕으로 한 제국주의적 요소가 개입되어 있었지요.

개리: 1893년에 미국이 독립국가인 하와이를 강탈한 일 같은 걸 말하는 건가요?

아턴: 훌륭한 사례지요. 중동의 대부분의 사람들은 당신네를, 할 수만 있다면 무엇이든 강탈해갈 태세를 완벽하게 갖추고 있는 사람들로 생각해요. 당신네의 광활한 땅을 인디언들에게서 강탈했듯이요. 기름 값을 지불한다고 해도 그것이 다른 지역의 사람들로 하여금 당신들을 자신만의 무의식적 죄책감의 렌즈를 통해서 바라보지 못하게끔 막을 수는 없어요. 그들이 당신들을 달리 보게끔 만들려면 더 많이 도와줘야 할 거예요.

개리: 우리가 그들의 기름을 필요로 하지 않게 된다면 어떨까요?

아턴: 정치적으로는, 그것이야말로 당신네가 택할 수 있는 가장 멋진 해결책이 될 겁니다. 그렇게 되면 당신들도 중동에서 못된 짓을 할 필요가 없게 되겠지요. 자기 이익을 챙기는 데 급급한 대신 자유와 민주주의를 지원할 수 있을 겁니다. 물론 사실을 말하자면 당신들은 이미 외국에서 들여오는 석유에 대한 의존에서 해방될 수 있는 기술을 보유하고 있지만, 그건 이 시점에서 당신네 기업의 이익을 위한 최선의 답이 아니기 때문에 잊어버려야 합니다.

아이젠하워 대통령은 임기를 마치고 떠날 때, 그가 '군사-산업 복합체'라 부른 조직이 휘두르는 권력에 대해 경고했습니다. 당신네 헌법은 자본주의에 대해서는 아무런 언급도 하지 않고 있지만, 미국은 국민이 주인인 나라가 아니랍니다. ― 지금 미국은 돈이 주인인 나라가 되어 있어요. 당신네 은행은 합법적으로 대출할 수 있는 권리를 이용해서 신용카드 회사와 보험 회사들을 착취하고 있고 당신네 주요 다국적 기업들은 궁극적으로 법 위에 군림하여 세계를 지배하려고 하고 있습니다. 그들은 미국과 미국정치를 쥐어흔들고 있고 앞으로도 부자의, 부자에 의한, 부자를 위한 당신네 정부가 이 땅 위에서 멸망하지 않도록 계속 수호해갈 것입니다.

이것은 더 많은 비극을 불러올 것이니, 그래서 나는 여기서 그것을 지적하고 보복과 거짓으로 이익을 추구하는 과정의 지겨운 반복 말고 훨씬 더 희망적인 대안이 있다는 것을 알리는 것이 좋겠다는 생각입니다.

개리: 아무튼 생각거리를 주는군요. 용서는 개인이 자신의 세상을 위해 할 수 있는 일이고, 일단 그 방법을 알고 나면 그것은 누구도 빼앗아갈 수가 없지요.

아턴: 그래요. 그 방법을 알기만 하면 당신은 자신이 결코 희생자가 아니며, 자신이 보고 있는 것은 단지 자신의 정신이상이 외부에 투사된 것일 뿐임을 깨닫게 되지요. 그리고 이제 당신은 상대방을 놓아보냄으로써 거기서 해방되는 방법을 알고 있고요. 상대방도 마찬가지로 자신의 상대방에게서 보이는 자기 자신의 어두운 면을 기꺼이 직면하고 용서한 연후에야 평화롭게 살 수가 있지요. 형상의 차원에서 벗어나면 중동 사람들도 미국이나 이스라엘이나 다른 그 어떤 나라의 희생자도 아닙니다. 열 명 중 한 사람 꼴로 죽는 레바논이나, 팔레스타인같이 나라도 없는 사람들조차도 그들의 눈에 보이는 세상의 희생자가 아닙니다. 조상들이 돌을 던졌던 사람들에게 나도 돌을 던지는 것은 지난 세대에 그랬던 것과 마찬가지로 이 세대에도 아무런 변화를 가져오지 못합니다.

실제로 그렇게 보이든 말든 간에, 이스라엘 사람들은 다른 모든 사람들도 동의한 그 시나리오에 따라서 연기를 하고 있는 것입니다. 이 편이든 저 편이든 모든 사람은 적에게 있는 것처럼 보이는 소위 악(惡)을 기꺼이 용서해야만 합니다. 이들이나 저들이나 모두가 사실은 존재하지 않습니다. 폭력이 영원히 종식되게 하고자 한다면 세상의 거주자들은 자신의 인간관계를 치유하고 무의식 속의 죄책감을 지워 없애야만 합니다.

개리: 대사관 폭파사건이 있고 나서 내가 인터넷에서 '〈기적수업〉 분개(憤慨)의 날'을 주창한 것이 좋은 생각이 아니었다는 말이죠? 농담이에요. 뉴스는 우리로 하여금 누군가 다른 사람을 나쁜 놈으로 바라보게 만듭니다. — 그것이 테러리스트이든, 마녀사냥을 하는 정치인이든, 범죄자든, 혹은 최소한 뉴스 매체나 고발자가 우리로 하여금 죄인이라고 믿도록 만들고 싶어하는 어떤 사람이든 상관없이 말입니다. 왜냐하면 우리로 하여금 죄의식을 남에게 투사하게끔 만드는 것이 그들의 경력이나 진급심사에서 유리한 조건이 되기 때문이지요. 어떤 토크쇼에서는 상대방을 최대한 깎아내리는 것이 게임의 방식이더군요. 뉴스는 우리에게 걱정거리를 많이 전해줄수록 성공하는 겁니다. 이런 모든 것들이 우리의 마음을 날뛰게 만들지요.

아턴: 맞았어요. 바로 그게 에고가 원하는 것이지요. 〈수업〉은 이렇게 말해요.

…… 해결이 불가능하게끔 만들어진 문젯거리에 매달리게 만드는 것이 에고가 배움의 과정을 훼방놓기 위해 즐겨 써먹는 술수다. 하지만 이 온갖 훼방의 책동 속에서도 문제를 좇는 이들이 결코 물을 줄 모르는 의문은, '무엇을 위해서?'이다. 이것이야말로 **그대가** 모든 일에 임해서 묻기를 배워야만 할 의문이다. 목적이 무엇인가? 그것이 무엇이든 간에, 그것은 자동적으로 그대의 노력에 방향을 부여해줄 것이다.

(T67)

개리: 목적은 당연히 용서와 속죄가 되어야지요. TV의 놀음거리가 하는 기능이란 모두가 분화, 곧 하나를 여럿처럼 보이게 하는 것이지요. 그 하나는 나 — 진짜 내가 아니라 내 무의식 속에 있는 것의 상징물 — 이고, 그 여

럿이 어떤 형태를 취하고 나타나든 간에 대답은 언제나 같습니다. 그것만 기억한다면 용서는 매우 쉬운 것이 될 수 있을 것 같아요.

퍼사: 예. 당신도 할 수 있다고 했잖아요. 언제나 쉽지만은 않겠지만 할 수 있어요. 당신이 진짜 삶이라고 생각하는 것 속에서 당신이 보는 형상들은 TV나 영화에서 보는 형상들과 마찬가지로 진짜가 아니라는 것만 잊지 마세요.

개리: 명심하려고 애쓰고 있어요. 하지만 내가 정말 안 좋아하는 게 뭔지 아세요? 피보나치 수열과 황금률과 갠 앵글과 엘리엇 웨이브 이론과 나만의 징표와 온갖 패턴을 비롯해서 내가 주식시장에 관해서 배워놓은 이 모든 것이 진짜가 아니라는 사실 말입니다. 그게 다 진짜가 아니라는 건 나를 좀 좌절에 빠지게 하네요.

퍼사: 사람들이 꿈을 달성하려고 이용하는 도구와 우상들이 다 그렇지요. 그렇다고 해서 그것이 환영 속에서 환영을 마음대로 이용하지 말라는 뜻은 아니라는 것을 잊지 마세요. 용서와 동시에 마술을 활용하는 것은 전혀 잘못된 게 아니라는 것은 이미 말했었지요. 그것은 당신이 택한 그 어떤 인생길을 위한 도구에도 마찬가지로 적용됩니다.

개리: 그러면 나의 환영은 그 어떤 것이라도 다 용서받아서 더 빨리 집에 도착할 수 있겠군요.

주: 이때 집 바로 근처의 숲속에서 총성이 들렸다. — 사슴사냥철이 몇 주 전에 끝나긴 했지만 크리스마스가 가까워오는 철에는 그것은 드물지 않은 일이었다. 메인 주의 주민들이 그들의 마당에서, 아니 심지어는 집 안에서 사냥꾼의 총에 맞아서 죽는 일도 있었다.

개리: 걱정 마세요. 나를 맞추진 못할 테니까요. 레드넥 redneck(가난한 백인노동자)들이 재미로 힘없는 짐승들을 몇 마리 쏘는 것일 뿐이에요.

아턴: 당신은 총을 쏜 적이 없지요, 그렇죠?

개리: 없어요. 총을 쏠 필요성을 느끼는 사내란 자기 물건에 은밀히 불만을 느끼는 자들이니까요. 그리고 총을 쏠 필요성을 느끼는 여자란 자기에겐 물건이 없어서 은밀히 질투를 느끼는 여자들이고요. 그냥 제 생각이에요. 아마 아이들과 함께 마당에 있다가 사슴인 줄로 오인한 사냥꾼의 총에 죽은 워터빌의 여성 때문에 내가 아직도 화가 나나 봅니다.

> 모든 것이 똑같이 환영이라는 사실을 기억하세요. 그것이 은하계만큼 크든지 중성자만큼 작든지 아무런 상관이 없어요. 심지어 문명이 나시 자신을 파멸시키더라도 상관없다구요.

아턴: 당신은 빠져들고 있어요, 개리. 용서, 기억하세요?

개리: 오늘은 휴가예요!

아턴: 어쨌든 우린 계속 갈 거예요. 모든 것이 똑같이 환영이라는 사실을 기억하세요. 그것이 은하계만큼 크든지 중성자만큼 작든지 아무런 상관이 없어요. 심지어 문명이 다시 자신을 파멸시키더라도 상관없다구요. 다 똑같아요.

개리: 문명은 늘 그렇게 자멸하고 마나요?

아턴: 대개는요. 예컨대 화성에서 지구로 이주해온 인간을 닮은 지성체가 그랬죠. 그들은 화성에서 진화한 것이 아니라 다른 데서 이주해왔어요. 그때 화성의 문명은 거의 파멸한 상황이라서 그것은 지구로의 이주라기보다는 탈출이었지요. 그리고 운석이 충돌해서 한 행성의 대부분의 생명이 파

멸하는 경우도 있어요.

개리: 그건 정말 대단한 사건이에요, 그렇지 않아요?

아턴: 아무것도 아니게 될 때까지는 언제나 대단하지요. 제이가 "세상과 세속적인 길을 버리라. 그것이 그대에게 아무런 의미가 없게 만들라"고 했을 때, 그는 당신의 눈에 보이는 것들은 존재하지 않는다는 것을 뜻한 겁니다. 그것은 정말 거기에 있는 것이 아니기 때문에 아무것도 아니에요. 아무것도 아닌 것(nothing)이 어떻게 대단한 것(something)을 의미할 수 있겠어요? 그것을 좋든 나쁘든 뭔가를 의미하게끔 만든다면 당신은 아무것도 아닌 것을 대단한 것으로 바꿔놓으려고 애쓰고 있는 것입니다. 그러나 당신이 할 수 있는 유일한 일은 그것을 의미 없는 것으로 바꿔놓는 것입니다.

그건 그렇지만 또한, 사람들의 우상과 꿈을 앗아가려 들지는 마세요. 어떤 일들은 **당신에게** 정말 중요했던 사실을 기억하세요. 당신이 어렸을 때 보스턴에서 열린 비틀즈의 연주회에 갔던 것 기억나나요?

개리: 물론 기억하지요.

아턴: 그때 누가 당신에게 그건 하나도 중요한 게 아니라고 말할 수 있었을까요?

개리: 무슨 말씀인지 알겠어요. 조지 해리슨은 나의 우상이었지요. 나는 그가 기타 치는 모습을 흉내 냈어요. 그 당시에는 아무도 감히 나에게 그게 세상에서 가장 중요한 일이 아니라고 말할 수가 없었지요.

아턴: 다른 사람들이 꿈을 꾸고 있을 때 당신도 그것을 비판하고 싶은 마음이 생겼던 일을 기억하세요. 그들도 적당한 때가 되면 환영에 대한 집착을 버리게 될 거예요.

개리: 화성에 대해선 더 물어보지도 않겠어요. 당장만 해도 너무나 많은 것을 들어서요.

퍼사: 그건 중요하지 않아요, 개리. 당신은 자신이 원숭이의 후손이라고 생각하지 않았지요, 그렇죠? 인간을 닮은 생명체는 여러 종류가 있어요. 에고는 여러 가지 몸을 만들어냅니다. 그것은 사실 모두가 한꺼번에 일어나지만 시간 속에서는 따로따로 일어난 일처럼 보이는 겁니다. 몸의 형상은 투영물입니다. 죄의식과 두려움이 그것을 고형물로 만들어 놓지요. 그러면 신체가 자연적 과정에 의해 만들어지는 것처럼 보이도록 시나리오가 짜지는 겁니다. 그리하여 결국 죽음이 생명만큼이나 자연스러운 것이 되어버리지요. 하지만 죽음은 존재하지 않아요.

개리: 알겠어요. 뉴스가 우리로 하여금 다른 사람들에게 죄가 있다고 생각하게끔 짜여진 것이라는 생각도 이해하겠어요. 다른 모든 환영들도 같은 목적을 가지고 있지요. 이 지방의 뉴스에서조차 그런 것이 간파됩니다.

퍼사: 맞아요. 예를 들면, 지방경찰은 자기들이 뭔가 일을 하고 있는 것처럼 보이게 하고 싶은 마음이 들 수도 있어요. 그러면 그들은 기자를 불러 놓고 창녀들을 잡아들이지요.

개리: 나의 사회생활도 그런 식이에요.

퍼사: 진지하게 말하지만, 우리가 당신에게 남기고 싶은 중요한 메시지는 이거예요. 당신이 쓰고 있는 책은 당신에 관한 것도 아니고 우리에 관한 것도 아니에요. 우리는 사람들에게 하나의 영적 메시지를 전하려고 여기 와 있습니다. 모든 사람이 준비되어 있지는 않지만, 그 메시지란 이거예요. ─ 이 환영 속의 삶에서 정말 중요한 것은 **오로지** 진정한 용서의 가르침을 성공적으로 터득하는 것뿐임을 받아들일 준비가 된다면 당신은 실로 지혜로워지리라는 것입니다.

잘난 척은 좀 하지만 형제, 당신은 정말 잘 하고 있어요. 당신은 언제나 용서하고 있어요. ─ 때로는 그것이 몇 분, 혹은 몇 시간이 걸리더라도요. 당

뉴스 보기 525

신은 승리하고 있어요. 이 사실을 받아들이고, 그로 인해서 당신의 결심이 한층 더 확고하고 끈기 있는 것으로 변해가게 하세요.

아턴: 앞으로 몇 달 동안 그 목표야말로 가치 있는 유일한 것이고 세상은 아무런 가치가 없다는 것을 결코 잊지 마세요. 당신은 이 우주가 당신에게 친숙하다는 이유로 가치가 있다고 생각합니다. 그리고 최근의 몇몇 경험을 제외하면 최소한 이번 생애에서는 그것이 당신이 기억하는 것의 전부지요. 〈수업〉은 당신에게 이렇게 묻습니다.

고통을 포기하는 것이 희생인가? 다 큰 어른이 아이들 장난감을 가지고 놀지 못하게 한다고 해서 화를 내겠는가? 그리스도의 얼굴을 본 이가 도살장을 보고 싶어 안달하겠는가? 세상과 그 속의 모든 신고辛苦를 벗어난 사람은 세상을 돌아보며 저주를 내뱉지 않는다. 오히려 세상의 가치가 그에게 요구할 모든 희생으로부터 해방된 것을 그는 기뻐해야 하리라. (M33)

퍼사: 사랑하는 형제, 오늘은 이걸로 마치지요. 즐거운 휴일 되시길. 그리고 어려울 때마저도 계속 성공적으로 공부해 나가시길. 당신의 용기를 북돋아줄 〈수업〉의 이 말을 남기겠습니다.

오직 이 한 가지만 믿으라. 그것만으로 충분할 것이다. — 신은 그대가 천국에 있기를 뜻하신다. 그리고 아무 것도 그대를 천국에서 떼어 놓을 수 없다. 그대의 터무니없는 착각, 괴이하기 짝이 없는 상상, 가장 끔찍한 악몽도 모두 아무런 의미가 없다. 그것은 신께서 그대를 위해 뜻하는 평화에 반하여 힘을 펴지 못한다. (T268)

13

진정한 기도와 풍요

내가 그대에게 가진 것을 모두 팔아 가난한 자에게 주고 나를 따르라고
한 적이 있다. 내가 뜻한 것은 이것이다. — 이 세상에서 아무런 이익을
구하지 않는다면 그대는 가난한 이들에게 그들의 보물이 있는 곳을 가
르쳐줄 수 있다. 가난뱅이란 다만 엉뚱한 곳에 투자하는 자들이다. 그들
은 실로 궁핍하다!

(T220)

아턴과 퍼사는 진정한 기도에 대해, 그리고 내가 나날의 삶에서 어떤 길을 걸어가야 할지를 인도받는 방법에 대해 이야기해주기로 약속했었다. 최근에 나는 같은 주제를 다루고 있는, 〈기적수업〉 관련 팜플렛인 〈기도의 노래〉(The Song of Prayer)를 공부하고 실천해보고 싶은 마음이 들었기 때문에 다음에는 이것이 우리의 대화 주제가 될 수 있으리라고 생각했다. 나의 승천한 스승들은 1998년 8월에 다시 나타날 예정이었는데, 그 전인 7월 넷째 주에 나는, 퍼사의 말로는 〈기적수업〉의 가장 훌륭한 교사로 평가될 한 남자를 방문할 운명이었다.

나의 스터디그룹 인도자가 켄네쓰 웝닉 박사의 테이프를 건네준 이래로 지난 5년 동안, 나는 가끔씩 켄의 가르침에 귀를 기울였다. 나는 책읽기를 별로 좋아하지 않았기 때문에 이 카세트테이프는 내가 〈수업〉의 내용을 이

해하고 적용하는 데 특별히 큰 도움을 주었다. 혼자서 〈수업〉의 내용을 공부할 수도 있었겠지만, 나는 도움받기를 좋아했다. 그리고 켄이 직접 안내하는 워크숍에 꼭 참석해보고 싶었다.

카렌과 내가 메인 주의 시골로부터 뉴욕 주의 소읍인 캐츠킬즈에 있는 로스코까지 열 시간을 운전해 갈 때 나는 5년간이나 질질 끌어온 내 소망을 마침내 이루게 되었다는 생각에 행복했다. 〈기적수업〉을 위한 재단이 위치한 아름다운 텐나 호숫가의 목가적인 풍경을 대하면서 나는 더욱 행복해졌다.

우리는 150여 명의 다른 학생들과 함께 거기서 며칠간 묵으면서 '시간과 영원'이라는 제목의 워크숍에 참석할 것이었다. 이들 중 많은 사람들이 뉴욕시 근방에 사는 사람들이었지만 미국 전역으로부터 모여든 학생들도 있었고 외국에서 온 사람들도 몇 명 있었다. 함께 지낼 학생들과 수줍게 대화를 시도해본 결과 나는 그들이 대부분 진지한 학생들에게서 예상할 수 있었던 대로 상위 그룹의 지적 수준을 갖춘 사람들이라는 것을 발견했다.

로스코에서 지낸 사흘 동안, 나는 점심시간에 켄을 몇 번 만나서 대화를 나눌 수 있었다. 나를 놀라게 한 두 가지는 그의 스스럼없는 태도와 훌륭한 유머감각이었다. 그건 그의 카세트테이프에서는 별로 느껴지지 않았던, 예상하기 힘든 사실이었다.

이런 경험을 말로 표현한다는 것은 사실상 불가능하지만 이 워크숍은 존재를 변성시키는 경험이었다고 말하는 것만으로도 충분할 것이다. 나는 내 삶에서 일어나는 것처럼 보이는 일들을 언제나 통제할 수는 없어도 내가 그것을 어떻게 바라보는가, 그리고 그에 따라 그것을 어떻게 느끼는가는 언제나 통제할 수 있다는 확신을 품은 채 그곳을 떠나왔다.

그로부터 몇 년 뒤인 2000년 6월에 나는 다시 로스코로 가서 켄과 함께 두 번째 워크숍을 했다. 이번에는 재단이 로스코를 떠나 3천 마일이나 떨어져 있는 남 캘리포니아의 테메큘라로 옮겨간다는 말을 듣고 놀랐다. 처음에는 좀 실망스러웠지만 나는 켄과 그의 아내 글로리아가 자신들의 일을 훌륭히 해내고 있고 제이의 인도를 받고 있다는 것을 확신했다. 게다가 캘리포니아는 열린 영성의 메카가 아닌가. 언젠가는 나도 서부의 재단을 방문하리라고 생각했다. 하지만 나는 로스코에서 참석한 워크숍과 켄을 만날 수 있었던 기회에 대해 언제나 감사할 것이다.

그해 여름, 나는 워크숍에서 돌아와서도 궁핍과 풍요라는 주제에 대해 많은 생각을 해봤다. 아턴과 퍼사가 오면 이에 대해 이야기를 나눠보리라는 생각으로 말이다. 미국인들은 너무나 많은 것들을 필요로 한다는 사실이 나에게는 놀라웠다. 대공황 시절에는 머리 위에 지붕이 있고 먹을 것만 충분히 있다면 그것만으로도 감사한 일이었다. 물론 그때도 부자들은 있었지만 대부분의 시민들에게는 살아남는 것이 관건이었다. 춥고 배고프지 않으면 잘 살고 있는 것이었다. 제2차 세계대전이 끝나고 1950년대 말까지도 미국인들은 돈을 매우 아꼈다. 아주 젊은 세대를 제외한 모든 사람들이 아직도 대공황의 기억을 가지고 있었고, 기업들에게는 유감스러운 일이었지만 저축은 하나의 유행이었다. 그러다가 1951년에 최초로 전국적인 텔레비전 망이 개통되었다.

처음으로 온 국민이 텔레비전 광고를 시청했다. 텔레비전 광고는 그들이 가지고 있지 않은 모든 것을 보여주고, 그것을 가지면 더 행복해질 모든 이유를 제시했다. 사람들은 자신이 암시와 탐욕 앞에서 얼마나 취약한지를 까맣게 모르고 있었다. 1950년대 중반에 이르자 사업 붐이 일어났다. 이제는 저축보다는 소비가 애플파이만큼이나 자연스러운 것이 되었다. 사람들은 예전 같았으면 없이 살면서 아쉬워하지도 않았을 물건들을 사들였다. 텔레비전으로부터 남부럽지 않게 살아야 한다는 생각이 뿌리를 내렸다. 자본주의의 증기기관차가 월 스트리트를 따라 슬슬 속도를 내기 시작했다. 물질세계에게는 그것이 그리 나쁜 일만은 아니었을지 모르지만 그것이 사람들의 마음에는 어떤 영향을 주었을까? 간단히 말해서 그것은 사람들로 하여금 물질적인 것에 점점 더 집중하게 만들었고, 그것은 마음을 정신적 훈련으로부터 멀어지게 한다는 에고의 은밀한 시나리오와 완벽하게 맞아 떨어졌다.

또 하나의 흥미로운 점은, 텔레비전에 **보이지 않는** 일은 전혀 중요하지 않은 일이 된다는 사실이었다. 1973년 9월 11일, 민주적으로 선출된 칠레의 대통령이 CIA에 고용된 자들에 의해 암살당하고 미국의 꼭두각시인 우익 정권이 들어선 사실에는 국민의 이목이 집중되지 않았다. 잇따라서 수많은 칠레 국민들이 고문당하고 살해된 것은 세계인들에게는 치욕적인 일이었지만 텔레비전 망을 통해 정확히 보도된 사실을 접하지 못한 대부분의 미국인들에게는 그렇지 않았다.

1990년대에 와서, 미국인들은 미국이 유럽연합에 가입을 원했어도 허락을 받지 못했을 것이란 사실을 모르고 있었다. 유럽의 법에 의하면 사형이 제도화되어 있는 이 나라는 회원국으로 받아들이기에는 너무나 야만스러웠던 것이다.

그래도 여기까지는 모두가 예상된 시나리오였다. 그리고 나는 그것을 내다볼 두 개의 렌즈만을 가지고 있었다. 용서가 늘 빨리 찾아오지는 않았지만 그래도 결국은 꼭 왔다.

1998년 8월의 어느 비 오는 날 오후, 내가 집에 있을 때 아턴과 퍼사가 열세 번째로 나타났다. 미소를 띤 퍼사가 먼저 입을 열었다.

퍼사: 안녕, 개리. 늘 그렇지만 만나서 반가워요. 당신이 켄을 만나서 우

리도 기뻐요. 물론 실제로 그를 만나러 가지 않아도 그에게서 배울 수 있었지만 거기에 간 것은 재미있는 일이었지요.

개리: 그럼요, 그리고 그를 만난 것은 정말 멋졌어요. 난 그가 학자이면서도 어찌나 재미있는 사람인지 놀랐어요.

퍼사: 성령의 가장 세련된 도구 중의 하나가 웃음이지요, 형제. 세상을 너무 심각하게 바라보면 세상이 당신을 끌고 다닐 거예요.

개리: 맞아요. 나도 잊어버리지 말고 좀더 많이 웃었으면 좋겠어요. 아직도 나는 가끔씩 용서를 너무 오랫동안 미루고 있어요. 내가 오늘 무엇에 대해 이야기하고 싶어하는지는 물론 알고 계시겠죠. 난 인도(引導)를 좀더 잘 받아들일 수 있게 되었으면 좋겠어요. 그리고 나의 관심사에 늘 신경써주셔서 고마워요.

퍼사: 그건 모두가 계획의 일부예요. 이 세상의 것이 **아닌** 어떤 인도의 원천에 대해 이야기해보도록 합시다. 오늘 우리는 여기 오래 있지 않을 거니까 본론으로 바로 들어가지요. 당신은 〈기도의 노래〉 팜플렛을 읽고 있지요?

개리: 물론이지요. 그건 제가 좋아하는 것들 중 하나예요.

퍼사: 그럼 진정한 기도란 무엇인지, 그리고 거기서 부수적인 이익을 구하지 않음으로써 부수적인 이익을 얻을 수 있는 방법에 대해서 이야기해봅시다.

개리: 우선 짧은 질문 하나만?

아턴: 도움을 드리려는 게 우리가 온 목적이에요.

개리: 난 성 프란시스에서부터 마더 테레사에 이르기까지 진정한 영적 사자들의 헌신에 대해 생각해봤어요. 그런데 내가 신의 사자 중의 한 사람이 되기에 정말 자격이 있는지는 의심스러워져요. 난 그들만큼 늘 그렇게

헌신적이진 못하거든요, 아시죠?

아턴: 이걸 늘 기억하세요. ─ 당신의 용서가 당신의 헌신을 증언해줍니다. 당신은 이제 용서하는 데 많이 익숙해지고 있어요. 그리고 당신은 그것이 몇 년 전까지만 해도 전혀 자연스러운 일이 아니었다는 사실을 잊고 있어요. 용서할 때마다 그것을 자신에게 주는, **그리고** 신께 드리는 선물이라고 생각하세요. 당신은 잘 해낼 거예요.

개리: 고마워요, 해볼게요. 하지만 난 또 내게는 책을 쓸 만큼의, 그리고 돌아다니면서 〈기적수업〉의 대변자 노릇을 할 만큼의 의욕이 없다고 느껴요. 난 달변가가 못 돼요.

아턴: 하고 싶지 않다면 할 필요가 없어요. 하지만 그러기로 선택한다면 이것을 기억하세요. 모세도 달변이 아니었어요. 히틀러는 달변이었지만요. 중요한 것은 메시지의 내용이지 겉모습이 아니란 말입니다. 게다가 직접 한 번 해보고 나면 스스로도 놀랄 걸요. 당신은 당신 자신에게 이야기하고 있다는 점만 명심해요. 외부에는 아무도 없어요. 이건 원하기만 하면 언제든지 기억해낼 수 있어요.

의욕에 관해서 말하자면, 그것이 성적 의욕이든 일에 대한 의욕이든 간에 사람들은 죽음이 두렵기 때문에 의욕을 가지게 됩니다. 말하자면 마감시간 때문이지요. 당신 같은 게으름뱅이는 죽음에 대한 두려움을 다른 방식으로 나타냅니다. 그럴 때는 죽음에 대한 두려움이나 신에 대한 두려움이 사실은 얼마나 터무니없는 것인지를 상기하세요.

개리: 사실 난 하와이에서 살 수 없다는 사실에 대한 두려움이 있어요. 내가 생각보다 그걸 훨씬 더 강하게 갈구하는가 봐요.

아턴: 무엇보다도, 거기서 살고 싶어하는 것에 대해서 죄책감을 느끼지 말아야 해요. 누구든지 어딘가에서는 살아야 합니다. 그건 단지 기호일 뿐

이에요. 그걸 왜 그렇게 큰 문젯거리로 만드나요? 고래들은 영리해서 겨울엔 거기 가서 살지요. 당신처럼 멋진 물고기자리 태생의 친구가 왜 거기서 살면 안 되나요?

개리: 거기서 장기 거주할 수 있는 수단을 아직 찾지 못했어요.

아턴: 그건 당신이 말 앞에다 수레를 매고 있었기 때문이에요. 오늘 그 이야기를 꺼낸 건 운 좋은 거예요. 말 뒤에다 수레를 매다는 법을 이야기할 테니까요.

퍼사: 한 가지 알아야 할 것은, 당신의 삶에 그 어떤 일이 일어나는 것처럼 보이든 상관없이 당신은 순결하다는 사실입니다. 어떤 사람들은 자신이 가난한 것에 죄책감을 느끼고 어떤 사람은 부자인 것에 대해 죄책감을 느낍니다. 당신은 무수한 전생의 꿈에서 부자였던 적도 있고 가난뱅이였던 적도 있다고 생각하지 않나요? 하지만 어느 쪽도 사실이 아닙니다. 그건 단지 꿈일 뿐이니까요!

> 자신이 육신이 아니라는 사실을 기억한다면 당신은 한 걸음 물러서서 자신이 욕망을 품는 대상들은 아무런 가치도 없는 것임을 깨달을 수 있게 됩니다.

우리가 권했듯이, 〈수업〉의 사고체계에 대해 기본적인 감을 잡았으면 당신이 배운 그것을 어떤 것에든 적용할 수 있어야 합니다. 예컨대, 당신이 무엇에 대해 깊은 욕망을 품고 있다면 당신은 자신이 육신이라고 생각하거나 어떤 식으로든 신과 분리되어 있다고 생각하고 있는 것이 틀림없습니다. 그러지 않고서야 그 무엇에 욕망을 품을 수가 있겠어요? 당신이 영이거나 신과 하나라면 당신에겐 필요한 게 아무것도 없습니다. 자신이 육신이 아니라는 사실을 기억한다면 당신은 한 걸음 물러서서 자신이 욕망을 품는 대상들은 아무런 가치도 없는 것임을 깨달을 수 있게 됩니다.

다시 말하지만, 이것은 물질적인 모든 것을 버리자는 이야기가 아닙니다. 그것을 바라보는 방식에 대한 이야기지요. 당신이 뭔가를 필요로 한다면 — 필요로 하려면 그것이 당신에게 없어야지요 — 그때 당신은 그것은 단지 신의 대용물일 뿐이며, 진정하고도 유일한 문제는 신으로부터의 분리감이라는 사실을 기억해낼 수 있습니다. 당신은 결핍의 꿈을 꾸고 있지만 그것은 참이 아닙니다. 형상의 차원에서 어떤 것을 다른 것보다 더 중요한 것으로 만드는 대신에 당신은 그것이 아무것도 아니라는 점에서 모두가 똑같다는 사실을 기억해낼 수 있습니다.

그리스도는 아무것도 필요로 하지 않습니다. 필요한 것이 있다면 당신은 나약함의 산물입니다. 하지만 아무것도 필요하지 않다면 그리스도의 힘이 당신의 것입니다.

개리: 내가 그냥 좋아서, 그냥 아름다워서 하와이를 선택한다면 어떻게 되나요?

퍼사: 그렇게 하는 한 가지 방법은, 당신이 보는, 혹은 그저 생각하는 아름다운 것을 그리스도인 당신의 풍요를 뜻하는 하나의 상징물로 여기는 것입니다. 그러면 생일날에 비가 내려서 야외에서 그 아름다움을 바라볼 수 없게 되더라도 그것은 애초부터 늘, 진정으로 있었던 그곳에 그대로 있습니다. — 당신의 마음속 말입니다.

아턴: 당신의 경우에는 결핍이 재정적 문제라는 형태로 나타납니다. 그것은 당신의 무의식 속의 죄책감이 빚어낸 결과입니다. 그에 대해서 기분 나빠하지 마세요. 무의식 속의 죄책감이 자신을 드러내는 데는 그보다 더 나쁜 방법도 얼마든지 있으니까요. 예컨대, 당신의 문제는 심각한 건강문제라든가, 사람들이 겪어야 하는 다른 온갖 문제들보다는 훨씬 낫습니다. 당신은 용서하는 방법을 압니다. 그리고 당신은 혈압이 완벽하게 정상입니다.

게다가 당신은 나이보다 훨씬 더 젊어 보입니다. 당신이 받은 축복을 인정하고 당신의 깨우쳐야 할 교훈들이 쉬운 것들이라는 사실, 그리고 당신의 용서가 당신의 본성을 일깨워주고 있음에 감사하세요.

개리: 나는 기도하는 법과 신과 함께 하는 법에 대해서는 꽤 잘 이해하고 있지만 이 부수적 이익이라는 개념에 대해서는 잘 이해하고 있는지 자신이 없네요.

아턴: 좋아요. 간단히 설명해드리고 당신이 그것을 연습해볼 수 있도록 남겨두고 가겠습니다. 연습이 완벽을 이뤄내지요.

그걸 이렇게 바라보세요. 환영의 우주는 끊임없이 변천해가고 있고, 신은 영원하고 변함없다면 당신은 자신의 근원으로서 어느 쪽을 택하겠습니까? 분리적 사고의 결과물인 당신의 결핍의 문제는 당신이 신뢰할 수 없는 것을 신뢰하고 있기 때문에 더욱 증폭됩니다. 당신에게 필요한 것을 공급해주는 근원을 예컨대 당신의 경력이나 특별한 직업, 자신의 재능 등 세상의 어떤 것으로 생각한다면, 세상이 늘 그렇듯이 그 어떤 것이 변하면 당신도 집 밖에 나가앉게 될 수 있습니다. 환영으로 이루어진 근원은 잃어버릴 수가 있단 말입니다.

당신의 근원이 변하거나 말을 듣지 않는 일이 있을 수 **없다면** 어떻겠습니까? 그러면 당신은 정말 신뢰할 만한 것을 신뢰하는 것입니다. 이제 당신은 자신의 일시적인 경력이나 일 같은 것은 지속적인 공급을 상징하는 하나의 상징물에 지나지 않는 것으로 바라볼 수 있게 됩니다. 이제 당신의 근원은 바닥없는 우물이 되고, 그곳으로부터 당신은 언제나 영감의 형태로 찾아오는 인도를 받을 수 있게 됩니다. 당신의 도구가 못 쓰게 된다고 해도 무슨 상관입니까? 거기에는 집착할 필요가 없습니다. 그것은 근원이 아니니까요. 당신의 근원이 한결같다면 그까짓 도구쯤이야 고장 나면 당장 바꿔버리면 됩니다. — 때맞춰서 자연스럽게 일어나는 영감을 통해서 말입니다. 근원은 잃어버릴 수가 **없음**을 알므로 당신은 마음 놓고 편안히 쉴 수 있습니다.

개리: 당신이 이야기하는 것 중에서 어떤 것은 저도 이미 경험했어요. 하지만 그것이 어떤 모습인지를 좀더 구체적으로 말해줄 수 있나요?

퍼사: 그러죠. 〈기도의 노래〉에 있는 제이의 가르침은 매우 구체적입니다. 하지만 신과 하나가 되는 부분은 추상적이에요. 나중에, 대개는 당신이 기대도 하지 않고 있을 때, 당신의 문제에 대한 답이 느닷없이 떠오를 거예요. 말하자면 신과 하나가 된 후유증으로 말입니다. 이미 읽었겠지만 이 소책자에 적힌 보석 같은 구절을 다시 들려드리죠.

진정한 기도의 비밀은 그대가 필요하다고 생각하는 것들을 마음속에서 잊어버리는 것이다. 무엇을 구체적으로 빈다는 것은 죄를 직시하고 나서 그것을 용서하는 것과도 흡사하다. 마찬가지 방식으로, 그대는 자신의 구체적인 요구를 자신이 보고 있는 그대로 보아 넘기고 그것을 신의 손 안으로 놓아 보낸다. 그러면 그것은 신께 드리는 그대의 선물이 된다. 그것은 그대가 그 외에 다른 신을 섬기지 않음을, 신의 사랑 외에 다른 사랑을 원하지 않음을 신께 고하는 것이기에. (S2)

한 예로, 당신은 명상을 할 때 자신이 제이의 손, 혹은 성령의 손을 잡고 신께로 가는 모습을 심상화할 수 있습니다. 그러고는 당신의 문제와 목표와 우상을 신 앞에 놓인 제단에다 선물로서 올려놓는 자신의 모습을 상상할 수 있습니다. 당신이 신을 얼마나 사랑하며, 당신이 영원토록 안전하고, 필요한 것을 완벽히 얻도록 온전히 돌봐주심에 대해 얼마나 감사하는지를 말할 수도 있어요. 그러고는 침묵합니다. 신이 당신을 자신과 똑같이 창조했으며 영원히 그와 함께 있도록 창조했다는 태도를 지닙니다. 당신은 모든 것을 놓아보내고 신의 사랑과 하나가 되어 신과의 환희로운 교감 속에서 자신을 잊어버릴 수 있습니다.

그런데 며칠 후에 당신이 샌드위치를 먹고 있거나 컴퓨터 앞에서 일을 하고 있을 때, 문득 영감이 떠오릅니다. 영감을 받는다, 곧 'inspired'란 말은 영 안에(in spirit) 있다는 뜻입니다. 당신은 영과 하나가 됨으로써 답을 얻은 것입니다. 사람들은 늘 기도에 대한 응답을 얻기 위해 신을 찾습니다. 그들이 기도하는 법을 안다면 응답이 주어지는 이치도 깨달을 텐데요. 신의 응답은 물리적인 대답으로 오지 않습니다. 그것은 당신의 마음속에 인도의 형태로 — 영감적인 아이디어로 떠오릅니다. 소책자는 그것을 신의 사랑의 메아리라고 표현하지요.

…… 응답의 형태는, 그것이 신에게서 주어진 것이라면, 그대가 생각하는 바 그대로 그대의 요구에 맞아 떨어질 것이다. 이것은 신의 응답하는 목소리의 한 메아리일 뿐이다. 그 본래의 소리는 언제나 감사와 사랑의 노래다. (S2)

이것이 핵심입니다. — 사랑과 감사 속에서 신과 하나되는 것. 당신은 다른 것을 모두 잊어버리고 신의 사랑 속에 빠집니다. **바로 이것이** 영으로 충만하다는 말이 뜻하는 것입니다. 이것이 기도의 노래입니다. 메아리는 단지 부수적인 소득일 뿐입니다. 그건 기도의 목적이 아니지요. 그것은 당신이 신과 하나가 되고 그를 사랑할 때 저절로 일어나는 일일 뿐입니다.

그러니 메아리는 그대가 구하여 빌 수 없는 것이다. 진정한 선물은 노래다. 그것과 함께 메아리가, 배음이 들려오지만 그것은 부수물일 뿐이다. (S2) *

개리: 나의 요구에 맞아 떨어지는 일이 **세상에서** 일어나는 것도 가능하지 않을까요?

퍼사: 신의 응답은 내면의 것이지 외부의 것이 아닙니다. 세상에 뭔가가 나타난다면 그것은 하나의 상징입니다. 신이 세상에서 작용한다고 생각하지 마세요. 그는 그러지 않습니다. 당신이 인도를 따른 **결과**가 안전이나 풍요의 상징으로서 세상에 나타날 수는 있지만요.

아턴: 이제 당신은 나약함이 아니라 힘이 있는 자리에 서있을 수 있습니다. 당신은 자신이 더 인내심 있고 더 이완되어 있어서 일을 더 잘 해낼 수 있게 된 것을 발견하게 될 수도 있습니다. 신께로 갈 때, 당신이 스스로 감지하는 욕망들을 마음에서 비워내면 신의 사랑을 체험할 수 있습니다. 당신이 머물고 있다고 **생각하는** 세상으로 돌아와서도 당신은 자신이 진정으로 머물고 있는 곳을, — 곧, 자신이 신과 함께 있음을 — 더 자주 기억해낼 수 있게 됩니다. 가끔씩 당신은 자신의 문제를 해결하기 위해서 세상에서 무엇을 해야 할지를 아주 자연스럽고 분명하게 깨닫게 될 겁니다. 중요한 결정을 내려야 할 상황에 직면할 때도 정확히 어떤 결정을 내려야 할지를 알게 되지요. 이 방법이 진짜임을 알려주는 가장 놀라운 증거는 그것이 실제로 효과를 발휘한다는 사실입니다. 아버지의 선물을 받을 때, 자신이 영원히 그

---

* 배음倍音(Harmonics) : 어떤 기본음의 정수배 주파수의 음들을 총칭한다. 화음은 기본음의 배음이다. 피아노의 현을 개방해놓고 하나의 음을 치면 배음들이 공명하여 함께 울리지만 가장 강한 중심 소리는 처음에 친 기본음이다. 역주

와 함께 있음을 기억하세요.

…… 신은 오로지 영원에만 응답하신다. 그럼에도 그 안에는 모든 사소한 응답들이 다 담겨 있다. (S2)

퍼사: 이제 우린 가겠습니다. 하지만 단지 형상으로서만이에요. 우리가 사라지면 당신은 신과 하나가 되세요. 그럼 우리도 거기에 있을 거예요. 신께로 갈 때, 아무것도 얻으려고 하지 마세요. 그저 그를 사랑하세요. 그렇게 함으로써 당신은 지금, 그리고 영원토록 그의 사랑을 받고 있음을 깨닫습니다.

…… 진정한 기도 속에서 그대는 오직 노래만을 듣는다. 다른 모든 것은 그저 덤으로 따라오는 것일 뿐. 그대는 먼저 천국을 구했으니, 다른 모든 것은 실로 그대에게 주어진 선물이다. (S2)

14

섹스보다 더 좋은

계시는 일시적이기는 하나 의심과 두려움을 완전히 사라지게 해준다. 그것은 신과 그 창조물 사이의 전형적 소통형태를 반영하고 있다. 여기에는 육체적 관계에서 간혹 추구되기도 하는, 극도로 개인적인 창조의 느낌이 수반된다. 그러나 육체적 친밀함으로써는 그것을 이룰 수 없다.

(T7)

나의 삶 속에서 섹스에 관련된 여러 가지 사실들을 발견했다. 그중에서 가장 흥미로운 세 가지는 다음과 같다.

- 섹스는 자연의 모든 것이 그런 것과 똑같이 '자연스러운' 것임에도 불구하고 사람들은 다른 사람들이 섹스를 할 때 죄책감을 느끼게끔 만들려고 호시탐탐 기회를 노리고 있다.
- 죄책감을 느끼면서도 어쨌든 사람들은 섹스를 계속한다.
- 색욕에 사로잡힌 이 사회에서는 거론조차 되지 않는 사실이지만, 섹스가 인간을 정말 행복하게 해주지는 않는다.

나는 음악가라서 눈에 띌 정도로 잦은 성행위에 몰두하는 사람들을 꽤 많이 만났지만 그래도 그들은 불행했다. 섹스는 매우 덧없는 경험이다. 사람들은 섹스를 많이 하는 사람들은 그 결과로 더 행복하다고 생각하지만 그것은 사실이 아니다. 어떤 사람이 만족스러워 보인다면 그것은 그가 일시적 만족과는 궁극적으로 무관한 모종의 내면적 행복을 가졌기 때문이다.

나에게 〈수업〉이 좋았던 점 중의 하나는, 거기서는 섹스가 문제시조차 되지 않는다는 점이었다. 사람의 행위에 대해서는 아무런 심판이 없었다. 유일한 문제는, 학생이 자신의 정체를 육신으로 삼고 싶어하느냐, 아니면 영으로 삼고 싶어하느냐 하는 것이었다. 영을 선택한다고 해서 그것이 곧 섹스를 해서는 안 된다는 뜻은 아니었다. 자신에게나 타인에게나 금욕주의를 고집하는 것은 용서가 아니라 심판이 된다. 그럼에도 원한다면 누구든 금욕주의를 택하는 것 또한 완벽히 올바른 일이다. 육신을 자신의 정체로 삼지 않는다는 것은 간단히 말해서 학생이 언젠가는 자신과 자신의 동반자의 진정한 본성이 무엇인지를 기억해내야 한다는 뜻이다. 사랑하는 사람들은 사랑과 결합을 표현하는 하나의 상징으로서 섹스를 할 수 있다. 중요한 것은 상대방이 실은 육신이 아니라 그리스도라는 사실에 대한 자각이다. ― 뜨거운 순간 속에서 그것을 일시적으로 망각하는 일이 있더라도 말이다. 그 대가로, 상대방을 어떤 존재로 생각하느냐는 바로 그 자신의 정체가 되어 그의 마음속에 정착된다.(T667)

〈기적수업〉의 강력한 혜택은, 그것이 단지 말로써만 우리는 육신이 아니라고 우격다짐하는 것이 아니라 그 너머의, 그리고 더 좋은 무엇을 체험할 수 있는 수단을 실제로 제공해준다는 점이다. 그것이 실제로 얼마나 멋지게 느껴질 수 있는지에 대해서는 대부분의 사람들이 까맣게 모르고 있다. 〈수업〉의 주요 목표는 학생을 진정한 본성으로 인도하여 그에 상응하는, 이 세상의 것이 아닌 체험으로 이끄는 것이다. 역설적이게도, 지적인 과정의 결과로 오는 지적인 것이 아닌 이 체험들은 사실은 이 세상에 대한 성령의 영구적 응답을 예고하는 전조다. 대부분의 사람들은 세상을 포기하기를 주저할 것이다. 하지만 그들이 과연 그 대안의 분명한 맛을 보고 나서도 그토록 주저할까? 진정한 영적 체험을 맛본다면 그들은 그 엄청난 가능성에 비한다면 이 물질세계는 잔인한 농담과도 같다는 것을 깨달으리라.

섹스를 포함해서 모든 경험은 특정한 정신적 상태다. — 환영은 그것이 육신 속에서 일어난다고 우기더라도 말이다. 나는 인도와 티베트 사이의 국경지대에서 자란 두 불교 비구의 강연을 들으러 보스턴의 한 교회를 방문했던 기억이 있다. 강연이 끝난 후 청중에게 질문의 기회가 주어졌다. 질문의 대부분은 사람들이 흔히 묻는 멋진 '영적' 질문들이었다. 그런데 한 용감한 여인이 일어나서는, 스님들에게 어떻게 그토록 오랫동안 — 그중 한 사람은 30년 동안 — 섹스를 안 하고도 견딜 수 있었는지를 물어보았다. 더 오랫동안 금욕생활을 했고 달라이 라마만큼 영어를 유창하게 하는 비구가 잠시 생각에 잠기더니 이렇게 대답하여 청중을 놀라게 했다. "오르가즘을 항상 느끼며 살다보면 섹스같은 건 별로 대수롭지 않게 되지요."

나의 새로운 체험에 비춰보니 나는 이제 이 행복한 비구의 대답이 덧없는 그림자인 이 우주를 포기한다는 난제에 대한 〈수업〉의 대답과 같은 것임을 알 수 있었다. 성령이 제공하는 경험은 분리된 것처럼 보이는 각각의 마음의 불안하고 신뢰할 수 없는 경험에 비하면 **영구불변한** 것이다. 신의 영원한 말씀은 사실이지, 가짜인 꿈속에서가 아니고는 덧없는 살덩이가 될 수가 없다. 그러나 살덩이를 진실로 데려갈 수는 있다.

다음의 만남에서는 섹스라는 주제를 이야기하고 싶은 마음에, 1999년 4월에 아턴과 퍼사가 나타나기를 기다리면서 거실로 들어설 때마다 나는 행복한 기대에 들떠 있었다. 그러던 중, 뉴잉글랜드 사람들이 애국의 날이라 부르는 날 저녁 늦게, 나는 고대하던 만남을 가졌다.

아턴: 어이, 개리.

퍼사: 안녕, 개리.

개리: 어이, 친구들. 난 흥분해 있어요! 와줘서 고마워요. 우리가 만난 지도 벌써 오랜 시간이 지난 것 같아요.

퍼사: 우린 언제나 여기 있어요. 당신이 우리를 늘 보지 못하는 것일 뿐이죠. 오랜 시간에 대해서 이야기를 하자면, 오늘의 방문 이후 남은 마지막 세 번의 방문은 모두 1999년, 2000년, 2001년 12월의 성탄휴일 시즌이 될 겁니다. 당신은 이미 용서하기에 충분할 만큼 많은 것을 알고 있고, 당신이 선택한 길을 계속 가리라는 것을 우리도 알고 있어요. 지금 우리는 그저 당신을 도와주고 당신에게 도움이 될 만한 몇 가지 소견을 말해주기 위해서 오고 있는 거예요. 섹스는 당신이 삶이라고 부르는 것의 일부니까, 그리고 당신이 그것에 대해 이야기하고 싶어하는 것을 우리도 이미 알고 있으니까 자, 어디서부터 이야기하고 싶으세요?

개리: 언제나 핵심을 찔러주시니 고마워요, 친절하신 퍼사. 유혹이 우리로 하여금 우리가 육신이라고 믿게끔 만드는 것에 대해 〈수업〉이 가르치는 바를 이미 말해주셨지만, 질문은 이겁니다. ― 당신은 내가 일상적인 삶을 계속 영위할 수 있다고 하셨는데, 어떻게 하면 일상적 삶 속에서 〈수업〉의 내용을 실천하고, 그러면서도 이 꿈속 삶의 육신과 동일시하는 부분에 대해 찝찝한 기분이 들지 않을 수가 있나요?

아턴: 그것의 정체를 기억하고, 적당한 때에 그것을 용서함으로써 그럴 수 있습니다. 꿈은 아무것도 아니니 섹스 또한 아무것도 아닙니다. 하지만 섹스를 하고 나서 상대방에게 정색을 하면서 "그건 아무것도 아니었어"라

고 말하지는 말기를 권해요.

개리: 내가 뭔가 잘못하고 있다는 걸 나도 알고 있었어요.

아턴: 하지만 원하기만 한다면 언제든지 그 실상을 상기할 수 있습니다. 예컨대 〈수업〉은 이렇게 말하지요.

> …… 환상은 그릇된 연결을 지어내어 거기서 쾌락을 얻어내려는 하나의 수단이다. 그러나 그릇된 연결을 인식할 수는 있으나 그것을 그대 자신을 제외한 누구에게도 실재가 되게 할 수는 없다. 그대는 자신이 만들어내는 것을 믿는다. 그대가 기적을 제공한다면 그만큼 그것에 대한 그대의 믿음도 강해질 것이다. (T15)

> 꿈은 아무것도 아니니 섹스 또한 아무것도 아닙니다. 하지만 섹스를 하고 나서 상대방에게 정색을 하면서 "그건 아무것도 아니었어"라고 말하지는 말기를 권해요.

개리: 그러니 모두가 환영이지요. 그리고 그중에서도 섹스야말로 그릇된 연결로부터 쾌락을 얻어내려는 시도이구요. 우리가 일종의 신의 대용물로서 성적 감각을 가짜 우상으로 삼은 사실도 바로 그 그릇된 연결의 하나라고 생각해요.

퍼사: 맞아요. 〈교재〉 중에서 '적敵그리스도(The Anti-Christ)'라는 제목에서 나오는 이 말을 잘 들어보세요. 여기서 제이는 다양한 종류의 우상에 대해 이야기하는데, 물론 섹스도 그중의 하나로 간주되지요.

그것들의 형상이 그대를 기만하지 못하게 하라. 우상은 그대의 실상을 대신하려는 대용물에 지나지 않는다. 어떤 식으로든 그대는 그것들이 그대의 자신감과 마음의 평화에 반하여 모아들인 힘으로써 험난해 보이는 세상에서의 안전을 위해 보잘 것 없는 그대의 자아를 완성시켜주리라고 믿고 있다. 그것들은 그대의 부족을 채워주고 그대가 갖지 못한 가치를 더해줄 힘을 가지고 있다. 먼저 자기자신을 열등감과 상실감의 노예로 만들어 놓지 않고서는 누구도 우상을 신봉할 수 없다. 그리하여 그들은 자신의 열등한 자아 너머에서 힘을 찾아 헤매야만 한다. 세상이 반영하는 그 모든 비참한 것들로부터 떨어져 나와 고개를 쳐들 수 있도록 말이다. 이것은 그대를 세상으로부터 해방시켜 고요와 평화 속에 홀로 설 수 있게 하는 확신과 고요한 평온을 내부로부터 찾지 않은 데 대한 벌이다. (T619)

개리: 이젠 당신이 날 정말 꼬여 들이네요.
퍼사: 두려워 마세요, 사랑하는 형제. 제이도 이렇게 말했지요.

이 〈수업〉은 그대가 가진 보잘 것 없는 것을 **빼앗으려** 들지 않는다.
(W245)

수업은 원래 타고났던 것을 되찾을 수 있는 자리로 당신을 데려다줄 뿐입니다. 그것은 당신이 일궈낼 수 있는 그 어떤 육체적 느낌보다도 훨씬 더 위대합니다.

개리: 〈기적수업〉을 공부하기 전에는 상상도 못했던 일이지만, 성령은 실제로 섹스보다도 더 좋은 무엇을 선사해주고 있어요. 사실 섹스는 비교도 안 되지요.

퍼사: 옳은 말이에요. 그러면서도 성령은 당신이 일시적으로 욕망하는 것을 뺏으려 하지도 않아요. 말이 나왔으니 말인데, 당신의 욕망인 카렌은 오늘밤 어디 갔나요?

개리: 예. 그녀는 친정어머니와 쇼핑을 하러 뉴햄프셔에 갔어요. 그녀는 오늘 거기서 잘 거예요.

퍼사: 그럴 만한 사연이네요.

개리: 재밌는 얘기가 있어요. 몇 주일 전에 카렌에게 내가 십대 때 성당에 춤추러 갔던 얘길 해줬지요. 난 이 소녀와 정말 바싹 붙어서 느릿느릿 춤을 추고 있었어요. 그런데 갑자기 어떤 수녀가 달려와서는 우리 사이에 자를 집어넣으면서 "자 얘들아, 성령이 끼어들 틈을 좀 만들자꾸나" 하지 뭡니까. 난 그게 너무 좋았는데 말이죠.

아턴: 그래요. 대부분의 종교는 성적 표현을 늘 억압해왔지요. ─ 물론 결혼할 때가 돼서 교회에 나올 육신을 더 많이 생산해낼 수 있을 때까지만요. 사람들에게 무의식을, 프로그램되어 있는 욕망을 억누르게 하는 것은 새를 날지 못하게 하는 것과도 마찬가지예요. 당신은 고등학교 때 다니던 침례교회의 그 스스로 의롭다고 여기던 목사가 기억나나요? 그는 늘 섹스의 사악함에 대해 설교했지요. 한편으로는 여자신도의 반수에게 추파를 보내면서 말이에요.

개리: 아, 맞아요! 우린 그를 '축복하고 옷 벗기는 영감탱이'라고 불렀지요.

아턴: 그러니 못 말리게 한창 때인 고등학생 시절에 그와 같은 위선자의 말에 얼마나 귀를 기울일 수 있을까요?

개리: 별로지요.

아턴: 그렇죠. 자, 이제 별로 재미없지만 잠시 짚고 넘어가야 할 이야기

로 들어가네요.

교회가 정식으로 존재했던 서기 325년부터 1088년쯤까지 초기의 약 750년 동안에는 사제에게 독신생활을 요구하는 제도 같은 것은 없었습니다. 그러다가 유머와는 담을 쌓고 살던 그레고리 교황이 모든 사제는 독신생활을 해야 한다고 — 그 당시 이미 결혼해 있었던 사람들까지도! — 억지를 부렸지요. 이것은 물론 한 가지 논점을 교묘히 회피하고 있습니다. — 그레고리의 결정이 제 이와 대체 무슨 상관이 있느냐는 것이지요.

개리: 없나요?

아턴: 물론이지요. 그래서 지난 900여 년 동안 사제들은 금욕생활을 해야만 했어

> 긴장은 용서를 통해 발산될 수 있습니다. 하지만 아주 능숙한 사람이 아닌 한 대부분의 세속적 욕망은 포기를 기대할 수 없습니다.

요. 일부의 경우엔 그것도 괜찮았지만 나머지 경우에는 그것이 성욕을 발산할 적절한 출구가 있었다면 일어나지 않았을 온갖 종류의 성적 추행이 일어나게 했습니다. 환영의 우주는 긴장과 발산의 장소입니다. 그게 이원성이지요. 당신이 자연이라 부르는 모든 것 속에서 그것을 찾아볼 수 있습니다. 심지어 음악 속에서도 찾아볼 수 있지요. 사람이 온전히 각오가 서기 전까지는 특정 종류의 행동을 못 하게 하는 것은 자연스럽지 않습니다. 게다가 대부분의 사제들의 경우에는 그런 것이 필요하지도 않습니다. 규칙이 어떻게 되었든 간에 결코 사제가 되어서는 안 되는 아동학대자들도 물론 있지만요.

이제 〈기적수업〉 덕분에 긴장은 용서를 통해 발산될 수 있습니다. 하지만 아주 능숙한 사람이 아닌 한 대부분의 세속적 욕망은 포기를 기대할 수 없습니다. 그것은 진정한 용서를 통해 마음이 성숙해지면서 자연스럽게 일

어나는 일이지요.

제이조차도 늘 독신을 지키지는 않았습니다. 그의 생애의 마지막 몇 년간은 섹스를 할 필요가 없었음에도 불구하고 그는 마지막 15년 동안 결혼생활을 했어요.

개리: 뭐라고요?

아턴: 오늘날에는 이런 관념이 이상하게 여겨집니다. 하지만 2천 년 전 거기서는 제이 연배의 유대인이 결혼하지 않는 것이 오히려 더 이상한 일이었어요. 교황이 독신주의를 지켜야 한다고 정한 것은 천 년이나 더 지나서였습니다. 단지 당신네의 왜곡된 역사관 위에 수백 년에 걸쳐 섹스에다 투사해온 죄의식이 더해져서 지금 당신은 제이가 반드시 금욕생활을 했어야만 한다고 생각하고 있는 것일 뿐입니다.

개리: 에이, 다른 사람들은 몰라도 난 전혀 상관하지 않아요!

아턴: 그럼 다른 사람들도 실상이 어땠는지를 알아야죠. 섹스가 나쁜 것이라는 생각은 결코 신으로부터 온 것도 아니고 제이로부터 온 것도 아닙니다. 섹스를 나쁜 것이라고 생각한다면 음식을 먹는 것도 나쁜 것으로 간주해야 해요. 그건 둘 다 육신의 정상적인 활동입니다. 그에 반하는 그 어떤 생각도 다 완전히 사람들이 날조해낸 것입니다. 무슨 영적인 통찰이 아니란 말이에요. 그렇지만 어떤 사람이 자신의 본성을 표현하는 한 방식으로서 스스로 영감을 느껴서 섹스를 포기한다면 그 또한 완벽히 좋습니다.

개리: 예, 나도 최근엔 그런 생각을 해봤어요. 말해봐요. 제이는 누구와 결혼했나요, 막달라 마리아였나요?

아턴: 사실은 그랬어요. 오늘날의 많은 사람들은 그녀가 창녀였다고 생각하지만 그건 성경에 그렇게 되어 있기 때문이 아니에요. 성경은 그렇게 말하지 않아요. 성경에는 수많은 창녀가 나오기 때문에 사람들은 막달라 마

리아도 창녀였다고 생각하지요. 그녀는 창녀가 아니었어요. 그녀는 제이의 사랑하는 아내였지요. 말이 나왔으니 말이지만 당시의 유대 법에 의하면 죽은 이의 몸에 기름을 바르는 것은 오직 가족만이 할 수 있었어요. 그런데 신약을 보면 동굴 속에 제이의 몸은 이미 없었지만 막달라 마리아는 기름을 바르러 묘 안으로 들어가도록 허락받은 것으로 나오지요. 그게 무슨 뜻이겠어요?

개리: 정말 흥미롭네요.

아턴: 그러니까 간단히 말해서 요점은, 사람들이야 온갖 가정을 다 하지만 제이는 종교를 만들어서 사람들로 하여금 육신을 가진 것을, 그리고 그것을 사용하고 싶어하는 것을 정죄하게 하려고 온 것이 아니란 말입니다. 그는 용서를 가르쳤고, 지금도 용서를 가르치고 있습니다. 사람들에게 육신이 아무런 의미도 없음을 깨우쳐 주려고, 그리고 그들을 자신의 진정한 본성인 그리스도로 돌아가게 하기 위해서 말입니다.

개리: 그럼 나는 일상적인 삶을 살면서 동시에 용서도 할 수 있겠군요. 그리고 발기(errection)도, 부활(resurrection)도 다 할 수 있고요.

아턴: 그건 맞는 말이에요. — 단 동시에는 말고요! 언젠가는 당신도 육신과 영 중에서 하나를 영원히 택해야만 합니다.

퍼사: 육신에 관해서 말하자면, 사람의 성적 기호나, 혹은 그가 어떤 것에 혹하느냐 하는 것은 전혀 중요한 문제가 아닙니다. 지금 당장은 당신에게 몸의 어떤 부위가 다른 부위보다 더 중요하게 여겨질지 모르지만 사실은 어떤 신체 부위도 다른 부위보다 더 중요하지 않습니다. 어떤 사람도 다른 어떤 사람보다 더 중요하지 않듯이요. 그들은 실재하지 않는다는 점에서 모두가 똑같습니다. 말이 나왔으니까 말이지만, 당신이 좋아하는 페티쉬*도 마찬가집니다.

개리: 내가 여자들의 배나 배꼽 같은 데에 혹하는 걸 두고 말하는 건가요?

퍼사: 예. 아무튼 그쪽에 쏠리는 건 중동 사람들에게나 더 흔한 일이지요. 사람들은 **마음속에서** 그런 연결을 지어내지만, 결국은 그것이 **형상의 세계로** 표출되어서 사람들로 하여금 특정한 느낌을 느끼게끔 만든다는 사실을 알아야만 해요. 간혹 그것은 당신이 남들과 다르고, 그래서 죄가 있다고 느끼게끔 만들려는 의도를 품고 있기도 합니다.

신체의 성적 발달에는 두 가지 단계가 있다는 사실을 사람들은 잘 모르고 있습니다. 두 번째 단계인 사춘기에 대해서는 모르는 사람이 없지만, 성적 기호가 대개 첫 번째 발달단계에서 정해진다는 것은 대부분의 사람들이 모르고 있지요. 그건 아주 어린 시기에 일어납니다. 예컨대 아이는 엄마의 발치 주변에서 노는데 그러다가 그는 무의식 중에 발과 엄마를 연결짓습니다. ― 부모는 나와 신과의 관계를 대신하도록 만들어진 대용물이라는 사실을 염두에 두세요. 그러다가 사춘기가 되면 그는 자신이 여자의 발을 볼 때 성적으로 흥분한다는 것을 깨닫게 되지요. 아이의 어머니는 신을 상징했고 발은 어머니를 상징합니다.

그것은 단지 그릇된 연결, 그리고 대용물로의 대체가 되풀이된 것이어서 대부분은 아주 단순합니다. 하지만 그 사실은 부인되고 또 외부로 투사되지요. 모든 것은 이미 정해져 있지만 그것이 세상 속으로 펼쳐질 때는 그런 식으로 보이는 것입니다. 당신의 경우에는 여자의 배꼽에 주의가 꽂힌 것입니다. 무엇이 사람을 흥분시키든 간에 그것은 언제나 아주 어린 시절로, 그리고 그 당시에 무의식 속의 기억으로 저장되어버린 어떤 연결물로 거슬러

---

* 페티쉬(fetish) : 장신구와 같은, 성적 감정을 불러일으키는 무성물無性物. 역주

올라갑니다. 그리고 그 연결이 나중에 특정한 성적 욕망의 형태로 다시 떠오르는 것이지요.

개리: 말이 되네요. 난 그것 때문에 가끔 내가 남들과는 다르다고 느꼈고, 내 생각에 그것은 거의 죄의식과 같은 느낌이었어요. 물론 이때는 용서하는 것이 올바른 반응이겠네요.

퍼사: 그렇죠. 당신의 기호야 어떤 것이든 간에 〈수업〉은 당신의 행동을 바꾸기 위한 것이 아니라는 것을 명심하세요. 하지만 행동이 바뀐다면 바뀌도록 놔두세요. 바뀌지 않는다고 하더라도 그에 대해서는 신경 쓰지 마세요. 당신은 바뀌기를 원하지조차 않을 수도 있어요. 중요한 것은, 당신은 전적으로 순결하다는 것을 이해하는 것입니다.

개리: 고마운 일이로군요.

아턴: 연결짓기에 관해서 말이 나왔으니 말이지만, 남자들은 어머니의 자궁을 천국과 연결시킵니다. 여자들에게도 이런 연결성이 있긴 하지만 남자가 여자의 몸속으로 들어가고 싶어하는 형태로 더 많이 나타나고, 가끔은 여자도 그런 면을 보이지요.

개리: 남자가 여자의 질을 통해 세상에 나와서는 평생 그곳으로 다시 돌아가려고 애쓰는 이유가 그렇게 설명되는군요.

아턴: **당신 입으로 그렇게 말하니 반가워요.**

개리: 성적 기호에 대해서 말인데, 왜 중동의 회교도들은 마누라를 넷이나 거느리는데 미국 남자들은 하나밖에 못 가지는 거죠?

아턴: 사실은 당신네 나라에서도 네 명의 마누라를 가질 수 있도록 되어 있어요. — 단지 한꺼번에 넷을 가지는 것만 안 될 뿐이지요.

개리: 아, 그렇군요. 어쩌면 이쪽이 더 재밌을지도 모르겠네요. 다른 이야기로 넘어가죠. 여기서 더 어물거리다간 내가 곤란해지겠는걸요.

아턴: 당신이요, 개리? 천만에요.

개리: 어이 퍼사, 당신은 여자들에게 섹스에 대해 해줄 말이 없나요?

퍼사: 있어요. 뱀의 유혹을 조심하라는 거요.

개리: 귀엽네요. 다른 건 또 없나요?

퍼사: 당신은 여자의 섹스에 대해 신경 쓸 필요가 없어요. 여자들은 저희들끼리 다 얘기를 나누니까요. 사실 그건 하나의 예배의식처럼 되어 있지요. 마초병에 걸리지만 않는다면 여자들은 자기네들끼리 서로 도움을 주고받으면서 살아요. 다시 말하지만, 때가 되면 그건 언제나 용서의 문제로 돌아가지요.

개리: 난 늘 내가 나이가 들면 정착해서 아이를 셋쯤 낳고 가정을 꾸리리라고 생각하긴 했어요. 지금은 모르겠어요. 특별한 관계는 모두가 과거나 미래에만 있는 것 같아요. 모든 심판이 그렇듯이요. 자식을 갖는 것이 잘못 됐다고 생각한다는 뜻은 아니에요. 단지 자식을 가질 필요성에 대해 더 이상 확신이 없다는 거죠.

아턴: 신과 하나되기를 계속 실천하세요. 그러면 그 문제에 대해 인도를 받게 될 거예요. 세상의 구원자는 수녀들이 예수를 신랑으로 모시는 것과 마찬가지로 결국은 신과 하나가 됩니다. 하지만 당신이 준비되어 있지 않다면 지금 당장 그렇게 할 필요는 없어요. 개리, 도움이 될지 모르겠지만, 당신은 이미 아버지입니다.

개리: 누가 그래요? 그럴 리가 없어요!

아턴: 그런 종류의 아버지 말고요. 친구. 〈실습서〉에 나오는 흥미로운 말을 들려줄게요.

세상을 놓아주라! 그대의 진정한 창조가 그대에게 부성父性을 부여해주

기 위해 그대가 세상을 놓아 보내기만을 기다리고 있다. 환영의 아버지로서의 부성이 아니라 실로 신으로서의 부성을 말이다. 신은 아들인 그대에게 자신의 부성을 나눠준다. 그는 자신인 자신과, 또한 자신인 아들을 구별하지 않으므로. 신이 창조하는 것은 신과 떨어져 있지 않으며, 아버지(의 존재)가 다하고 아들이 그와 분리된 무엇으로서 (존재하기) 시작하는 그런 일은 어디에도 없다. (W244)

개리: 멋지네요. 천국에서는 내가 실제로 신과 **정확히** 같아진다는 말이죠?

아턴: 예. ― 정확히 신과 같아요.

개리: 그건 정말 대단하겠네요, 그렇지 않나요?

아턴: 이해했군요. 용서로써 계속 자신을 준비시켜가세요. 자신의 본연의 상태로 돌아갈 준비가 되면 당신은 신과 함께 거기에 있을 거예요. 그건 그의 약속입니다. 우리의 약속 따위가 아니에요. 같은 〈실습서〉에서 제이는 계속해서 이렇게 말하지요.

…… 환영을 거부하고 실상을 받아들이라. 그대가 죽어가는 세상 위에 잠시 드리워진 그림자라는 생각을 거부하라. 그대의 마음을 놓아 보내라. 그러면 세상이 놓여나는 것을 보게 되리라. (W244)

퍼사: 자 형제, 우리가 돌아가기 전에 다른 질문은 없나요?

개리: 지금 당장은 떠오르는 게 없네요. 모든 게 한 자리에 척척 맞아 들어가는 것이 재밌어요. 난 어릴 때 우리 세대가 부모님 세대보다 훨씬 더 멋지다고 생각하곤 했어요. 그런데 우리 부모님은 둘 다 음악가였죠! 모든 세

대가 왜 저마다 자신들이 음악과 섹스를 만들어냈고 부모님 세대는 아무것도 할 줄 모르는 멋대가리 없는 세대라고 생각하는지를 이제야 알겠어요. 그런데 그들은 다시 미처 깨닫기도 전에 자식을 갖게 되고, 그 자식들은 또 모두 자기들이 음악과 섹스를 만들어냈다고 생각하고 자기들의 부모 세대는 멋대가리가 없다고 생각하지요.

퍼사: 관찰력이 좋군요. 그건 다 유행과 호르몬 탓이에요. 하지만 그 배후의 실상인 에고의 분리의 관념만은 변함없이 똑같지요. 당신이 할 일은 그 관념을 성령의 사랑으로 바꿔놓는 겁니다.

개리: 예. 그리고 이젠 이 형상의 차원에서조차 마음이란 것이 얼마나 강력한 것인지를 알아 모시겠어요. 여자아이들이 사춘기 성징을 더 빨리 나타내고 있나고 하는 신눈기사를 봤는데 과학자들은 유전자나 사회환경 같은 물리적인 이유를 찾고 있더군요. 그들의 사고방식으로는 상상조차 못하는 것은, 마음이야말로 그 주범이란 사실이지요. — 물건을 팔아먹는 데는 성적인 이미지로써 사람들을 끊임없이 공략하는 방법이 최고라는 생각이 실제로 아이들의 신체변화를 자극하고 있다는 사실 말이에요. 섹스를 단죄하려는 건 아니에요. 단지 이거야말로 유전자나 환경이나 진화가 아니라 마음이 신체를 좌지우지한다는 사실을 보여주고 있다고 생각하는 거죠.

아턴: 당신 말이 맞아요. 육신과의 동일시는 육신의 현실성을 더욱 강화시킵니다. 반면에 영과의 동일시는 육신을 놓아 보내게 하지요. 각자가 스스로 그 선택을 내려야만 합니다. 형제, 꿈속의 형상들을 용서하세요. 그러면 그 상으로서 당신의 참 자아가 돌아올 겁니다.

퍼사: 집으로 가는 길을 상기시켜줄 〈교재〉의 한 구절을 남겨두고 가는 것이 가장 좋을 것 같네요. 우린 크리스마스 전후로 다시 오겠어요. 그때까지 당신의 목표를 — 당신의 목표는 곧 성령의 목표이기도 합니다. —

늘 기억하고, 이 말을 명심하도록 하세요.

용서받은 세상으로부터 신의 아들은 본향으로 쉬 들어 올려진다. 거기서 그는 자신이 언제나 그곳에서 평화롭게 쉬고 있었음을 깨닫는다. 구원조차 꿈이 되어 그의 마음에서 사라지리라. 구원은 꿈의 마지막 장면이니, 꿈이 끝나면 그것은 아무런 의미도 없어진다. 천국에서 깨어 있는 그 누가 구원이 필요한 꿈을 꿀 수나 있겠는가? (T354)

15

미래 들여다보기

두려움이 있다는 것은
그대가 자신의 힘을 믿고 있다는 확실한 증거다.

(W77)

2,000년의 끝은 나와 카렌에게 변화의 시기였다. 우리는 시골생활의 도전에 적응하면서 10년 동안 살아온 집으로부터, 새로운 안락의 세계를 선사하는 도회지의 아파트로 이사 왔다. 우리는 자주 이사를 고려해봤었지만 우리의 가장 좋은 벗인 애완견 누피를 위해서 그대로 눌러 살고 있었다. 그 누피가 그해, 15년 동안 무조건의 사랑을 우리에게 베풀어준 끝에, 마침내 개가 된 꿈의 다음 생으로 건너가 버렸다.

조로아스터교는 개가 영적으로 인간과 버금간다고 여긴다. 그리고 나의 관찰에 비추어보자면 나에게 거기에 반대할 아무런 이유도 없다. 불교도들은 마음은 마음일 뿐, 그것을 담고 있는 그릇이 **무엇처럼 보이든** 아무런 상관이 없다고 믿는다. 여기에도 나는 반박할 아무런 이유가 없다. 우리는 가끔씩 누피가 그리워질 것임을 알고 있었다. 그러나 누피도 언젠가는 우리의 실재 세계인 천국에서 우리와 함께 지내게 될 것이다.

우리는 또 그해 가을, 오랫동안 갈망해왔던 하와이 여행을 다녀왔다. 그리고 오아후나 마우이 섬의 콘도에서 살기 위한 장기적 계획의 일환으로서 이사를 감행한 것이다. 그러는 한편 나는 우주가 중요한 통과의례를 준비하고 있는 동안 많은 생각거리를 가졌다.

지난 수십 년 동안 나는 새천년의 모퉁이를 도는 시점이 되면 끔찍한 일들이 일어나리라는 온갖 예언을 들어왔다. 뉴에이지 저자와 연사들은 여러 다른 이유들 중에서도 지자극의 변화로 인한 기후 격변과 잇따를 대홍수, 지진, 온대지방이 한대로, 그리고 한대지방이 열대지방으로 바뀌는 현상 등을 서로 앞다퉈 예언했다. 끔찍한 지진이 세상을 뒤집어놓지만 영적으로 진보된 자만이 안전히 살아남도록 인도받으리라는 것이다. 이 예언들은 요한계시록을 믿는 사람들이 종말에 대해 경고해온 말들과 별로 다르지 않았다. 하지만 요한계시록은 그것을 읽는 사람이 해석하고 싶어하는 방식으로 얼마든지 다양하게 해석될 수 있는 책이었다.

이 대부분의 해석이 그 책의 열광적인 저자가 마음속에 품었던 것과는 아무런 관계도 없는 것일 가능성은 얼마든지 있었다. 예컨대 그 책은 666이라는 숫자와 어떻게든 관계되는 적그리스도의 도래를 예언한 것이 아니어서, 그 숫자는 히브리어가 상징하는바, 기독교의 공적인 네로 황제를 의미했을 가능성도 얼마든지 있다. 또 요한계시록의 저자가 당시의 많은 기독교인들이 그랬듯이 책을 쓴 때로부터 불과 몇 년 후에 제이가 육신을 입고 재림할 것으로 믿고 있었을 가능성도 얼마든지 있다. 그리하여 결국은 거의 2천 년이 지나도록 허탕을 쳐왔지만 말이다.

하지만 인간의 본성은 현대의 목사들에게, 성공을 위한 최선의 비결은 '세상의 종말'을 선언하는 신의 무서운 분노를 경고하여 신도들을 꼼짝달싹 못하게 만들어놓는 것이라고 속삭인다. 이 기술은 무의식 속의 죄책감에 짓눌려 사는 자들에게 2천 년 동안 먹혀들어왔고, 지금도 여전히 잘 먹혀들고 있다. 그것도 기독교인들에게만이 아니라 보수 기독교인들이 사탄의 앞잡이로 여기는 바로 그 뉴에이지 연사들과 그 청중들에게 말이다.

역사상 지구의 변화는 늘 있어왔고 앞으로도 올 것이지만 그것은 사람들이 인위적으로 정한 때에 맞춰서 찾아오는 것이 아니다. 모든 사건의 때는 사람들이 모르고 있는 무의식의 마음속에서 정해져 있다. 아턴과 퍼사의 말이 맞았다. ─ 에고는 갑작스러운 깨어남을 좋아해서 끔찍한 비극은 대개 사람들이 그것을 찾고 있을 때가 아니라 예상도 하지 않고 있을 때 일어난다. 새천년의 첫 몇 십 년은 아마도 나름의 좋은 시절과 어려운 시절이 교차할지도 모른다. 그러나 종말은 없을 것이다. 에고는 지금까지 재미있는 게임을 벌여왔다. 그것을 좀더 계속하지 못할 이유가 뭔가?

아턴과 퍼사는 처음에 미래에 대해서는 많은 말을 하지 않으리라고 했었나. 하지만 수식 부기꾼인 나로서는 그들에게서 새천년에 벌어질 일들에 대한 약간의 정보를 캐내보는 것도 재미있겠다고 생각했다. 그들도 지켜봤듯이, 나는 내가 용서의 숙제를 열심히 해서 그들을 실망시키지 않았다는 것을 알고 있다. 처음에는 세상에서 목격하는 많은 것들을 부인하곤 했지만 그래도 내 형제와 자매들을 용서하기만은 잊지 않았다. 사실 사람들을 죄수로 만드는 대신 용서할 때, 진정으로 용서받는 것은 누구이던가? 우리의 대화에서도 나 자신이 〈수업〉의 이런 말을 인용한 적이 있다.

…… 신께서 '내 아들을 놓아주라!'고 하는 것이 다름 아닌 그대를 위해서임을 깨닫게 된다면 그래도 그 말에 귀를 막고 싶은 유혹을 느낄 수가 있겠는가? (T601)

새로 이사 온 아파트에서 짐 꾸러미를 채 몇 개 풀지도 못했을 때, 지금까지 늘 나타나 앉곤 했던 그 소파 위에 아턴과 퍼사가 갑자기 나타났다.

아턴: 어이, 형제.(Hey, bro.) — 이건 당신이 좋아하는 섬에서 즐겨 쓰는 말이죠. 하와이 휴가는 어땠나요?

개리: 오, 아주 좋았지요. 고마워요. 난 거기가 너무 좋아요. 사람들이 너무나 느긋해서 늘 이렇게 말하지요. "별거 아니에요, 형제." — 그런데 그게 진심으로 하는 말이란 말이에요. 그걸 어떻게 마다할 수 있겠어요? 정말 좋은 여행이었어요!

퍼사: 최소한 죄책감을 이고 다닌 여행은 아니었군요. 당신이 좋은 시간을 보냈다니 기뻐요. 새로운 집이 좋네요. 콘도에서 살 연습도 되겠군요.

개리: 물론이죠. 이젠 잔디를 안 깎아도 돼요.

퍼사: 하와이에서 스터디그룹 모임에 두 번 갔었죠?

> 다른 사람들이 자신의 믿음을 지니고 있도록 늘 허용하세요. 다른 사람들이 모두 당신의 생각에 동의하도록 만들 필요는 없어요.

개리: 예. 사람들이 모든 것을 얼마나 다양하게 바라보는지를 알게 돼서 재미있었어요. 오아후에서 만난 첫 번째 그룹 사람들은 〈수업〉의 비이원적 본질을 이해하고 있었는데 마우이 섬의 사람들은 그렇지 못했어요. 그들이 이야기할 때 난 그 차이를 분명히 알 수 있었지만 아무런 말도 하지 않았지요.

퍼사: 당신을 위해서 좋은 일이지요. 다른 사람들이 자신의 믿음을 지니고 있도록 늘 허용하세요. 다른 사람들이 모두 당신의 생각에 동의하도록 만들 필요는 없어요. 또 당신이 쓰게 될 책에서 하는 말에 대해서 사람들이 — 〈기적수업〉을 공부하는 사람이든 아니든 — 반드시 동의해야만 하는 것도 아니에요. 그저 진실을 써서 내놓고 그 나머지 일은 성령이 알아서 하도

록 맡겨두란 말입니다. 모든 사람은 자신이 배울 것을 배워야 할 정확한 때에 받아들이게 됩니다. 당신이 아무리 원해도 그것을 바꿔놓을 수는 없어요. 그리고 그런 생각을 해서도 안 되고요. 그건 단지 꿈일 뿐이에요! 당신의 생각을 주저 없이 말하세요. 하지만 다른 사람들을 틀렸다고 하지는 마세요. 그들에게 반대하지 마세요. 그저 당신이 진실이라고 알고 있는 것을 잘 설명할 수 있도록 하세요. 그리고 나서는 뒤로 물러나세요. 절대로 나서서 맞서지 마세요. 알아들었나요, 형제?

개리: 확실히 알아들었어요. 그러니 말해주세요. 새천년에는 과연 평화가 도래할까요?

아턴: 아뇨. 우선은, 사람들이 더 이상 국적을 따지지 않고 자신의 모든 형제자매를 — 따라서 자기 자신을 — 영으로 인식하기 전에는 평화를 찾을 수가 없어요. 당신에게 한계가 없으면 지켜야 할 국경도 없고 죽여야 할 이유도 없어집니다. 그렇다고 해서 야구장에서 애국가를 부르지 말라는 말은 아닙니다. 일상적 삶을 살아가고 있는 것처럼 보이면서도 한편으로 가슴속에서는 자신이 진실로 어디서 왔는지를 늘 잊지 말아야 한다는 말입니다. 그리고 환영으로써 환영을 지키는 것이 아니라 그것들을 용서하는 것만이 집으로 가는 길임을 알아야 한다는 것이지요.

개리: 훌륭해요. 그러니까 단도직입적으로 말해주세요. 이번 세기가 넘어갈 때 파국이 올까요? 난 그렇게 생각하지 않아요. 하지만 아무튼 말해주세요.

아턴: 종말의 개념은 산의 나이보다도 오래됐어요. 사실 그건 유대역사 이전부터 있었지요. 그건 페르시아와 조로아스터교로까지 거슬러 올라갑니다. 물론 우리는 우리 판의 다니엘서를 가지고 있었고 기독교는 요한계시록을 가지고 있지요. 뉴에이지 패들은 또 그들만의 '지구변화' 시나리오가 있

습니다. 그건 모두가 똑같이 두려움입니다. 요한계시록에서 어느 부분이 제일 멋진지 아시나요? 결국 악은 힘이 아니라 사랑에 의해 극복된다고 하는 점이지요. 양이 의미하는 바가 바로 그겁니다. 사랑은 두려움보다 더 강합니다. 그것이 선이 언제나 악을 물리친다고 하는 성경의 말뜻입니다.

당신도 모르는 새에 당신과 당신이 아는 모든 사람들을 몰살시키기 일보 직전까지 치달은 상황에서 성령의 작용으로 사랑이 두려움을 물리치게 한 예를 하나 들려주지요.

1983년에 소비에트 연방은 로널드 레이건 대통령이 자기네를 공격할 준비를 하고 있다고 믿었어요. 미국은 평화기에 유례없는 군사력 증강을 감행하고 있었는데 그때 아무도 예상하지 못했던 일이 일어났습니다. 9월 26일에 러시아 컴퓨터의 소프트웨어 결함이 구름 끝에서 반사된 햇빛을 미국의 미사일이 날아오는 것으로 잘못 해석해버렸습니다. 소비에트 연방은 5분 안에 전면반격 명령을 내릴 것인지 말 것인지를 결정해야만 했지요. 만약 명령을 내렸다면 양쪽에서 각각 1억 명의 사람들이 즉사했을 겁니다. 미국과 소련의 모든 대도시가 완전히 초토화되었을 거고 세계는 죽은 사람을 부러워할 정도로 살아남은 자들이 빚어내는 끔찍한 지옥의 광경을 연출했을 겁니다.

개리: 끔찍하군요. 무엇이 그것을 막았나요?

아턴: 한 사람이었어요. 이것이야말로 자신은 그런 생각조차 하지 않는 가운데 성령의 목소리를 듣는 사람이 있다는 좋은 본보기지요. 그의 이름은 페트로프Stanislav Yevgrafovich Petrov 대령이었는데 그는 용감하게 그 절차에 반대했어요. 그는 컴퓨터가 오류를 냈다고 주장해서 반격계획을 중지시켰지요. 그는 그 고귀한 노력으로 인해 결국 군대에서 쫓겨났어요. 그를 쫓아낸 눈먼 상관은 자신이 틀렸다는 책임을 지기보다는 그대로 반격하도록 명령

하려고 했던 자였지요. 페트로브 대령은 두려움 대신 사랑의 목소리에 귀를 기울였던 겁니다. 그 덕분에 당신과 당신의 사랑하는 사람들이 지난 20년 동안 살아남아 있을 수 있었던 거예요.

개리: 놀라워요. 군사주의와 국가주의가 세상을 정말 안전한 곳으로 만들어놨군요, 그죠?

아턴: 당근이죠. 페트로브 대령은 역사상 가장 고귀한 사랑의 행위를 한 겁니다. 그는 인류의 대부분을 구해냈지만 아무도 그가 누구인지도 모르고 있지요.

개리: 인생살이가 공평해지는 시절이 오면 알려드릴게요.

아턴: 천국의 삶만이 공평합니다. 그곳은 완벽하니까요. 신의 아들은 그런 곳에서 살 자격이 있어요. 이 지구상에서는 다음 세기 동안에 기대할 수 있는 것이 뭔지를 대충 말해드리죠. 모든 것이 더 커지고 빨라지고 무서워질 것임은 얼마든지 예상할 수 있어요. 20세기는 폭력과 산업과 기술의 가속적인 발전과 무시무시한 기사제목들로 도배된 우스꽝스러운 시기였지요. 다음 세기에서도 같은 일이 더 일어날 거예요. ― 단지 그보다 규모가 더 크고, 훨씬 더 빠르고 그보다 훨씬 더 무섭지요. 그게 에고가 좋아하는 것이니까요.

지구변화는 안 일어나겠지만 기후가 더 혹독해지고 기온이 추위와 더위의 극과 극을 더 큰 폭으로 오르내릴 겁니다. 사람들은 대기오염 때문에 지구온난화가 일어나고 있다고 생각하는데, 그건 사실이지만 극도로 추운 날씨도 겪게 될 겁니다. 대기권을 어지럽히면 양쪽 현상이 다 일어나게 되어 있어요. 이것은 서로 엇갈리는 연구결과를 가져올 것이고, 그것이 사람들을 혼란에 빠뜨려서 기업들로 하여금 그들이 벌여온 짓을 계속하기에 충분한 거짓명분을 제공할 겁니다. 말이야 사실이지, 궁극의 해결사도 아닌 과학이 누가 시키지도 않는 일을 스스로 나서서 할 이유는 없지요. 그러니 당신네 자녀들이 갈수록 천식이 심해지고 산성비가 모든 호수를 죽음의 호수로 만든다면 어떻게 하겠어요?

이 기업들은 당신의 거래동의서 쪽지를 가지고 국제기구의 결정으로 국법을 대체하려고 나설 겁니다. 그것은 그들을 많은 나라의 법을 무시해도 되는 위치에 갖다놓을 것이고 개인들에게 손해를 입히고도 법적 책임에서 자유롭게 될 것이며, 사실상 법 위에 서게 할 것입니다. 20세기에는 돈이 국민보다 더 중요한 것이 되었습니다. 21세기에는 돈이 당신들이 선출한 대표들이 통과시킨 법보다 더 중요하게 될 겁니다. 그들은 선거자금을 빚졌고, 그래서 사실상 바로 이 기업들을 위해서 뽑힌 것이니까요. 그리하여 거대자본이 전권을 휘두르는 권좌에 스스로 올라앉을 것입니다. 이미 가짜인 것이 판명난 법치민주주의 과정은 갈수록 결과가 다 정해져 있는 쇼인 프로레슬링 게임처럼 되어갈 것입니다.

개리: 지구변화는 없단 말인가요?

퍼사: 물론 지진과 해일과 허리케인이 수천 명의 목숨을 앗아가고 사람들을 겁에 질리게 만들 거예요. 하지만 사실 잘 생각해보면 수천 명의 목숨을 앗아가는 무서운 지진과 해일과 허리케인은 언제나 있지 않았나요?

1960년대에는 중국에서 50만 명의 목숨을 앗아간 지진이 일어났어요. 그런 지진이 지금 캘리포니아에 일어난다면 모든 사람이 지구의 종말이 왔다고 생각하겠지요. 하지만 그건 종말이 되지 않을 거예요. 유감이지만 그것은 지진발생대에서 언제나 일어났던 것과 같은 종류의 사건의 연속일 뿐이고, 다만 더 커지고 더 무서워진다는 것뿐입니다. 경제적인 조건 때문에 당신네들은 훌륭한 부두시설이 갖춰진 바닷가 도시를 필요로 합니다. 그리고 물론 이런 많은 도시들이 환태평양 화산대에 놓여 있지요. 미시시피 강변에 있는 세인트루이스 같은 도시조차 바로 지진 단층대 위에 있습니다. 대부분의 사람들은 뉴욕시가 지진대 위에 놓여 있다는 사실조차 모르고 있지요. 에고의 섬뜩한 시나리오를 위해서는 이 얼마나 안성맞춤인 설정입니까.

아턴: 기후에 관해서 말하자면, 다가올 세기의 가장 큰 문제는 홍수와 가뭄의 교차입니다. 30년 안으로 수소에너지 자동차와 각종 대체연료 자동차가 유럽을 시작으로 나중에는 미국까지 지배하게 되겠지만, 그것은 당신네 기업들이 가솔린 자동차로 우려낼 수 있는 마지막 돈까지 다 뽑아 먹은 후에야 그렇게 될 겁니다. 많은 석유관련 기업들이 다른 상품들 덕분에 살아남을 테지만, 미래의 에너지 공급원은 수소전지가 될 겁니다.

다른 형태의 여행수단에 대해서 말하자면, 지금은 뉴욕에서 로스엔젤리스까지 날아가는 데 다섯 시간이 걸리지만 21세기 말에는 민간항공으로도 여행시간이 30분으로 단축될 겁니다.

이원성이란 것이 원래 그렇듯이, 좋은 점과 나쁜 점이 공존할 겁니다. 세상은 여전히 가진 자와 못 가진 자로 이뤄집니다. 좋은 소식은, 공산세계가 몰락함으로써 세계는 점차 인류 역사상 가장 큰 경제 확장을 경험할 것이고 다우존스 지수는 50년 안에 10만에 육박할 겁니다.

주: 아턴이 이 말을 한 주에 다우존스 지수는 최고치인 11,750을 기록한 후 하락세로 돌아섰다. 아턴의 예언이 적중하려면 다음 50년 동안 다우와 대부분의 주식시장은 급격한 상승세를 보여야만 할 것이다.

개리: 세상의 종말에 대해서는 그만 하면 됐어요.

아턴: 좋아요, 그럼 당신에게 한 가지 물어봅시다. 당신이 뉴욕에 갔을

때 엠파이어 스테이트 빌딩에 올라가본 적이 있지요?

개리: 예! 아주 멋졌지요.

아턴: 거긴 왜 올라갔나요?

개리: 글쎄요. 그건 나한텐 아주 큰 의미가 있었지요. 아시다시피 그곳은 영화의 역사를 말해주는 곳이고 또 오랫동안 세계에서 가장 높은 빌딩으로 알려져 있었잖아요.

아턴: 그렇죠. 그럼 세계무역센터는 왜 그보다 몇 층 더 높은 건물을 지었을까요?

개리: 조금 더 높아지려고요.

아턴: 맞았어요. 하지만 당신은 엠파이어 스테이트 빌딩이 당신에게 더 큰 의미가 있었기 때문에 그곳엘 갔지요.

개리: 예, 그런데요?

아턴: 어떤 건물은 당신에게 더 큰 의미가 있지만 다른 빌딩은 다른 사람들에게 더 큰 의미가 있어요. 모든 사람의 우상이 동일하지는 않아요. 하지만 그것은 모두 하나의 공통점을 가지고 있지요. 어떤 형상을 취하든 간에, 우상이 사람들에게 주는 것처럼 보이는 그것은 무엇일까요? 〈수업〉이 그걸 설명해줍니다.

...... 더 많아야 한다. 더 많은 그것이 무엇인지는 전혀 상관없다. 더 아름다움, 더 지적임, 더 부유함, 혹은 심지어 더 많은 고뇌와 고통...... 뭐라도 좋다. 아무튼 우상은 뭔가 더 많은 것을 갈구한다. 한 가지가 실패하면 다른 것이 그 자리를 차지하고 뭔가 다른 것을 더 많이 발견해내려고 애쓴다. 그 '뭔가'가 취하는 형상에 속지 말라. 우상은 더 많은 것을 얻어내기 위한 수단이다. 그리고 신의 뜻에 반하는 것

은 바로 그것이다.

신은 아들이 많지 않다. 신의 아들은 단 하나뿐이다. 그러니 누가 더 많이 가지고 누가 더 적게 가질 수가 있겠는가? (T621)

개리: 그 말이 맞다는 건 알아요. 하지만 그래도 그것이 반드시 나로 하여금 더 많이 원하지 않도록 만들지는 못해요. 용서하지 않는 한 말이죠. 내가 오아후 섬의 다이어먼드헤드 산꼭대기에 올라갔을 때 그렇게 했다는 거 알죠? 그건 정말 굉장한 장관이었어요. 그런데 난 그걸 신께 바쳤어요. 나는 내가 산꼭대기에 오름으로써 신의 자리를 차지하려고 했던 것임을 깨달았지요. 그래서 나는 대신에 그와 하나가 됐어요. 내 생각엔 상황에 따라 용서에도 다양한 변형판이 있는 것 같아요. 중요한 것은, 어떤 형태로든 간에 용서하는 것이지요. 산정에 올라서 기분 좋은 시간을 가지지 말란 뜻이 아니라 다만 늦든 빠르든 그것을 용서해야 한다는 것이지요.

아턴: 그거야말로 할 일의 전부랍니다, 형제. 21세기가 그 누구에게서도 용서할 기회를 빼앗아가지는 않을 거라는 것을 장담해요. 예컨대 우리가 얘기했던 그 테러리스트들 말이에요. 그들에게는 무엇이 더 많은 것을 줄까요?

개리: 글쎄요, 그들은 뭔가 더 큰 사건을 저질러야겠지요. 여태껏 한 번도 없었던 어떤 일로 사람들을 겁주는 거지요. 그들은 계속 자신이나 다른 사람들보다 더 큰 일을 저질러야 할 거예요.

아턴: 맞았어요. 그 다음에는 다시 그보다도 더 큰 일을 저질러야 하지요. 그게 아무리 오래 걸리더라도 상관하지 않고 말이죠. 21세기에 서양의 안전을 위협할 가장 큰 문제는 핵과 생물학적 테러가 될 거예요. 재래식 폭탄도 계속 터지겠지만 더 큰 사건을 터뜨려야 한다는 요구가 비극적인 모습

으로 자신을 드러낼 겁니다.

개리: 다음 세기에는 테러리스트들이 대도시에서 핵폭탄을 터뜨릴 수도 있을까요?

아턴: 당신을 겁주고 싶지는 않지만 유감스럽게도 대답은 가능하다는 것입니다. 그렇게 되면 세상에서의 삶은 더 이상 결코 이전과 같지 않겠지만 아무튼 세상은 계속 존속할 겁니다. 문제는, 사람들이 그러한 상황을 무엇에 이용할 것이냐는 겁니다. 그 대답은 사람에 따라 다르겠지만 〈기적수업〉의 학생들에게는 오로지 하나의 대답밖에 없습니다. 그것은 용서를 위해 이용해야만 합니다.

> 최선의 방법은, 그 어떤 일이 일어나는 것처럼 보이더라도 용서하기만을 터득하는 것입니다. 그것만이 이 모든 악몽으로부터 벗어나는 진정한 탈출구입니다.

개리: 어느 도시인지 말해줄 수 있나요?

아턴: 그럴 수는 없다는 걸 알 텐데요. 그걸 내가 말한다면 그것이 일부 사람들의 행동을 바꿔놓을 겁니다. 사실 이 세상에 온 사람들은 모두가 장차 일어날 일을 무의식적으로 알고는 그렇게 해왔지요. 그들은 자신의 운명을 선택했고, 어떤 일이 일어나든 그로부터 자신의 교훈을 얻을 기회를 가졌습니다. 당신은 그들이 문제를 피할 수 있도록 도와주는 것이 좋은 일이라고 생각할지 모르지만, 사실 무의식 속의 죄책감은 용서를 받을 때까지 끊임없이 자신을 세상에 표출해내기 때문에 그들은 어떻게든 같은 식의 일을 처음부터 모두 겪어야만 하게 되어 있습니다. 당신에게는 언제나 그렇게 보이지 않을지 몰라도 최선의 방법은, 그 어떤 일이 일어나는 **것처럼 보이더라도 용서하기만을 터득하는 것입니다. 그것만이 이 모든 악몽으로부터 벗어나는 진정한 탈출구입니다.** — 그리고 어떤 사람들에게는 그것이 악몽

처럼 보이지 않는다고 할지라도, 그것은 언젠가는 반드시 악몽으로 변하고 맙니다.

대중의 태도에 관해 말하자면, 작금의 대중매체의 영향력 아래서 사람들은 텔레비전에 나오는 것이라면 모두 갖고 싶어하니 온 세상이 더욱더 물질주의적으로 변해갈 겁니다. 이건 자본주의가 파시즘보다 낫지 않다는 뜻이 아닙니다. 파시즘보다는 물론 낫습니다. 자본주의 하에서는 사람들이 그래도 진실을 추구할 자유는 누립니다. 그리고 진지하게 추구하는 사람들은 그것을 발견해내지 않을 수가 없지요. 하지만 전반적으로는 더 많은 사람들이 돈을 자신의 새로운 신으로 모시게 될 겁니다. 스스로 영적인 방법이라고 생각하는 것을 통해서 풍요를 추구하는 사람들까지 포함해서 말입니다. 말했듯이, 돈 자체는 아무런 잘못이 없습니다. 그러나 또한 거기엔 아무런 영적인 의미도 없습니다. ― 그리고 신을 무엇보다 우선적으로 찾는 이만이 먼저 신을 발견할 것입니다.

〈기적수업〉의 원리를 사회가 이해하게 되려면 시간이 걸릴 겁니다. 그리고 압도적 다수의 사람들은 늘 믿어왔던 것을 믿을 것입니다. 그들은 계속해서 부인否認의 삶을 살아갈 겁니다. 그들은 신을 속세로 끌고 내려와서 우주를 영적인 것으로 만들려고 애쓸 겁니다. 살인적인 생각이라도 그 배후에는 연민에 가득한 모종의 지성이 있다고 생각하면서 말이죠. 그들은 죽음을 '생명의 순환'으로 바라볼 것입니다. 하지만 그것은 사실은 위대한 착각의 한 상징일 뿐이지요. 그렇게 그들은 모든 것을 그럴듯하게 치장해놓을 겁니다. 노숙자와 죄수들의 반수가 정신병 치료를 받아야 한다는 사실이나, 경찰관 중에 순직하는 숫자보다 자살하는 숫자가 더 많다는 사실은 아무도 입에 올리려 하지 않을 겁니다.

당신네처럼 종종 반문명적이고 낙후된 나라, 국민보건이 의회에서나 향유되지 국민들과는 거리가 먼 나라에서는 내년에만도 8천 명의 시민이 총에 맞아 죽을 겁니다. 바로 이웃인 캐나다는 그 숫자가 백 명밖에 안 되는 반면에 말입니다. 당신네 나라는 폭력의 전통을 꿋꿋이 지켜오고 있어서 이제 극단적인 문제들은 과감한 해결책을 요구하고 있습니다. 하지만 사람보다 무기를 더 중히 여기는 당신네 나라의 광신도들은 다수의 뜻을 거슬러 자기들의 방식을 고수할 것이고, 분명히 제정신이 아닌 그들의 정책이 해마다 수천 명의 인명을 그 대가로 요구한다는 사실을 부인합니다. — 그러는 동안에도 에고는 내내 기뻐 웃고 있지요.

다음 세기에는 인간이 화성을 걷게 되고 결국은 거기에 지성을 지닌 생명체가 살았었다는 충격적인 고고학적 증거를 발견하게 될 겁니다. 그리고 지구가 아닌 다른 행성의 생명체와 인간 간에 최초의 접촉이 이루어질 것이지만 이 우주인은 화성인은 아닙니다.

이 모든 와중에 더욱 많은 것이 변해가도 사람들은 더욱 예전과 똑같은 모습으로 머물러 있을 겁니다.

그런데 여기 이 모든 이야기 속에 당신이 아마도 눈치 채지 못했을 사실이 있습니다. 그것이 모두가 용서를 위한 교훈이라는 사실 말입니다! 이 모두가 어떻게든 육신과 연결됩니다. 왜냐하면 결국 모든 상황 속에는 어떤 방식으로든 인간관계가 연출되기 때문입니다. 텔레비전에서, 혹은 인터넷에서 본 것을 용서하는 것만이 당신의 할 일이 아니라 일상생활 속의 인간관계로서 당신의 눈에 보이는 육신들을 용서하는 것이야말로 특히 중요합니다. 이 사람들은 다 이유가 있어서 거기에 있는 겁니다. 제이는 이렇게 말하지요.

구원은 그대에게 영만을 바라보고 육신은 인식하지도 말라는 것이 아니다. 단지 그대가 그것을 선택해야만 한다는 것일 뿐이다. 그대는 아무런 도움 없이도 육신을 볼 수 있지만 육신 너머의 세상을 보는 법은 알지 못하므로. 구원은 그대의 우주를 지워버리고 육안으로써는 결코 볼 수 없었던 또 다른 세상을 보게 해줄 것이다. (T661)

아니면 당신은 자신의 우상을 계속 섬겨도 됩니다. 하지만 그게 과연 현명한 일일까요? 〈수업〉은 이렇게 충고합니다.

자기 밖에서 무엇을 찾아 헤매지 말라. 그것은 실패할 것이고, 우상이 무너질 때마다 그대는 눈물짓게 될 것이기에. 천국이 없는 데서 천국을 찾을 수는 없다. 그리고 그곳 외에는 평화가 있을 수 없다. (T617)

개리: 그래도 나는 여전히 내 삶을 살고 나의 목표를 추구하고 그러면서 동시에 용서할 수 있어요. 그건 모두가 심리적 집착을 버리는 일에 관한 문제지요. 그게 참 괜찮아요.

아턴: 예. 그리고 당신은 진정한 기도와 용서를 실천함으로써 얻게 될 영감과 인도의 결과로 당신의 목표가 바뀌는 것을 깨닫게 될 수도 있어요. 분명히 당신은 신의 사자의 한 사람이 되어가는 과정을 겪어온 겁니다. 당신이 신의 사자가 된 것은 이번 생이 처음이 아니에요. 그러니 그건 당신에게 낯선 일처럼 느껴지지 않을 겁니다. 그에 대해서 〈수업〉이 말하는 것을 늘 기억해야 해요.

천국의 사자의 역할에는 세상이 지명하는 사자와 구별되게 하는 한 가지 중요한 차이가 있다. 그들이 전하는 메시지는 먼저 그들 자신에게 말하는 것이다. 그들이 그것을 더 멀리 품고 가서 그들이 가게끔 되어 있었던 모든 곳에 전파할 수 있게 되려면 오로지 그들 자신이 그것을 받아들일 수 있어야만 한다. 속세의 사자들과 마찬가지로 그들은 전할 메시지를 자신이 직접 적은 것은 아니나 그것을 전파할 수 있도록 자신을 준비시키는 과정에서 가장 진정한 의미에서 최초로 그것을 받아들이는 자가 된다. (W289)

개리: 알겠어요. 그리고 그렇게 하고 있어요. ─ 항상은 아니지만.

아턴: 실제로 당신은 많은 시간을 그렇게 하고 있어요. 어떤 경우에는 시간이 약간 걸리지만 결국은 모든 것을 용서하는 당신의 초지일관한 태도는 대단해요. 시간적으로 지체되는 것마저 없앨 수 있다면 그것만으로도 마음의 평화에 큰 도움이 될 거예요. ─ 그리고 이거야말로 당면한 목표가 아닌가요?

모든 사람이 자기만의 고유한 용서 공부를 하게 될 겁니다. 그리고 각자의 길에서 성령과 함께 용서하고 모든 것을 더욱더 성령의 감독 아래서 행하면 그들은 ─ 당신처럼 ─ 당면한 목표를 이루고, 또한 결국은 이 〈수업〉의 궁극적인 목표에도 도달하게 될 겁니다. 〈지침서〉에서 제이가 모든 이에게 말하는 것처럼 말입니다.

…… 성령의 인도를 따른다는 것은 그대 자신을 죄의식으로부터 사면되게 하는 것이다. (M70)

그는 같은 곳에서 또 이렇게 말합니다.

…… 그러니 성령의 인도를 따르는 것이 단지 그대가 부족하기 때문에 필요한 것이라고 생각지 말라. 그것은 그대를 지옥으로부터 벗어나게 하는 길이다. (M70)

개리: 난 그걸 믿습니다. 나도 당신들이 하는 일을 다 이해하고 있다구요. 난 항상 기억을 일깨워주는 자극을 받아야만 해요. — 그리고 아무튼 당신들은 나를 그저 말로만 가르치고 있는 게 아니에요, 그렇지 않나요?

아턴: 알아차렸군요, 친구.

퍼사: 말했듯이 〈기적수업〉은 단 두 마디로 요약될 수 있는 절대적 진실의 표현입니다. 하지만 그것은 준비된 마음에만 받아들여질 수 있지요. 지금부터 2천 년 후에도 "신이 있다(God Is)"는 말은 여전히 절대적 진실로 남아 있을 겁니다. 그리고 신은 여전히 완벽한 사랑이고요. 진정한 진실은 변하지 않습니다. 그러나 그것을 받아들이려면 〈수업〉이 제시하는 것과 같은 식의 마음의 훈련이 필요합니다. 어떤 사람들은 이번 생에서 준비되기를 선택하지 않을 수도 있어요. 그들은 신과 세상의 의미가 자기 식의 관념을 위해서만 열려 있기를 원하는 것이지요. 그것이 그들이 당분간 원하는 것이라면 그것도 좋아요. 하지만 〈수업〉에서 제이는 이렇게 묻습니다.

신이 세상의 의미를 그대가 마음대로 해석하도록 남겨놓았겠는가?
(T640)

개리: 참 영리한 수사적 질문이네요.

퍼사: 그렇죠. 모든 것을 알게 되면 겸손해지기가 쉽지 않습니다. 난 제이가 전반적으로 참 잘했다고 생각해요.

아턴: 우리처럼 그와 하나가 되고 싶어하는 사람들을 위해서 우리가 당신과 하나가 되는 것은 영광스러운 일입니다. 〈수업〉은 〈지침서〉의 거의 끝에서 이렇게 말하지요.

그대를 통하여, 보이지 않고 들리지 않으나 실로 거기에 있는 한 세상이 안내된다. (M72)

퍼사: 개리, 우린 당신을 사랑해요. 이젠 당신이 마치 세상의 종말이 온 것처럼 먹고 마시고 흥청대도 다 용서해줄 거예요.

16
죽은 자 일으키기에 관하여

두려움의 화신, 죄의 본거지, 죄의식에 시달리는 자들의 신,
모든 환영과 속임수의 제왕인 죽음이라는 생각은 과연 전능해 보인다.

(W309)

어느 날 밤 나는 집에서 13마일 떨어진 쇼핑몰에 갔다가 칼에 찔린 한 청년을 목격하게 되었다. 그것은 그곳에서는 흔하지 않은 사건이었다. 나는 그 청년이 칼에 베인 목을 움켜쥔 채 주차장으로부터 뛰어와서 비틀거리는 걸음으로 약국을 지나서 결국은 사람들로 붐비는 쇼핑 몰 안에서 쓰러지는 광경을 지켜봤다. 공포에 질린 청년은 몸을 뒤척여 엎드린 채 피를 흘리다가 결국 죽었다.

나나 다른 사람들이 그 불쌍한 청년을 위해 할 수 있는 일은 별로 없었다. 그는 이미 손을 쓸 수 없을 정도로 상처가 심했던 것이다. 나는 곧 도착한 응급구조대원들이 작업을 할 수 있도록 사람들이 몰려들지 못하게 하는 일을 도왔다. 나는 가끔씩 칼에 찔린 청년을 돌아보다가 사람의 몸이 얼마나 많은 양의 피를 담고 있을 수 있는지에 놀랐다. 청년이 바닥에 엎드린 채 죽어가는 동안 그의 목에서 흘러나온 피는 그의 몸을 완전히 둘러싼 채 계속 밖으로 번져가는 원을 그리고 있었다. 사람들은 마치 장례식에서 열린 관 옆을 지나가며 들여다보는 것처럼 엄습한 죽음의 생각 앞에 말을 잃고

조용히 그 현장을 지나갔다.

그 서늘한 광경 속에 끼어 있는 동안 나는 내가 정말 거기에 있는 것처럼 느껴지지 않았다. 그 시신을 바라보면서 나는 마음속으로 그 청년에게 말했다. "그건 당신이 아니야. 그건 당신일 수가 없어. 이건 우리가 아니야. 우린 그리스도야." 시체와 피와 죽음의 생각 — 그중 어떤 것도 더 이상은 영화보다도 실감나지 않았다. 내가 놀랄 감수성마저 잃어버렸기 때문이 아니다. 운 나쁜 날이면 나도 여전히 나만의 고유한 반응을 드러낸다. 그러나 이날의 이 특별한 광경은 육신의 비실재성, 그리고 우리가 그토록 일시적이고 깨지기 쉬운 그릇에 담길 수 있다는 생각이 얼마나 터무니없는 관념인지를 실감하게끔 해줬다. 이 청년의 삶은 평균적인 인생의 3분의 1도 채우지 못했다. 그의 모든 희망과 꿈과 두려움과 기쁨이 그것이 왔던 덧없는 마음속으로 다시 실려 갔다. 그것이 과연 삶이라고 부를 수 있는 무엇이란 말인가?

나중에 나는 성령에게 내가 이런 식으로 생각하는 것이 일종의 부인(否認)인지를 물어보았다. 돌아온 대답은 절대적으로 그렇다는 것이었다. — 하지만 그것은 에고에 대한 부인이었다. 그 광경에 대한 나의 이런 생각은 구호작업을 위해 내가 할 수 있는 모든 일, 혹은 나의 스승들이 말하듯이 어떻게든 했었을 일을 하는 것을 막지 않았다. — 다만 그러는 동안 내 마음은 착각 속으로 끌려드는 것이 아니라 그로부터 멀찍감치 인도되고 있었다.

2000년 12월, 내가 죽음이라는 주제에 대해 사색하는 한편으로 미국 대통령 선거결과가 투표자의 뜻이 아니라 대법원에 의해 결정되는 희한한 꼴에 경악하고 있을 때 아턴과 퍼사가 열여섯 번째로 내 앞에 나타났다.

아턴: 쇼핑몰에서 일어난 일에 대해선 별로 할 말이 없네요. 그와 같은 일은 실상에 대한 이해가 정리되게 해주지요.

개리: 맞아요. 이건 정말 우리가 아니란 것을 깨닫게 해요. 알아요. 저도 그렇게 일러주는 경험들을 많이 했어요. 하지만 이번은 다른 사람의 육신을 실재하는 것으로 믿게 만들려고 했던 에고의 속임수를 성령이 그 반대를 가르치는 데에 이용한 최초의 경우지요.

아턴: 아주 훌륭해요. 그 주제에 대해서는 곧 다시 논하겠지만 잠깐 물어보고 싶은데, 당신은 선거결과에 만족하지 않았죠?

개리: 선거는 무슨 선거요? 우린 선거를 하지 않은 거나 마찬가지예요. 기업에 매수되어 돈을 받아먹은 후보자가 무효인 100만 표 — 그것도 대부분이 소수지역의 표인데 — 는 제쳐두고도 공식 표를 50만 표나 잃어놓고도 그의 아버지가 지명한 자가 결정표를 던진 대법원 판결에 의해 대통령이 되었으니까요. 자신이 반대자들과 '문화적 전쟁'을 치르고 있다고 믿는다고 공언했던 또 다른 대법원 판사는 실제로 판결문에, 플로리다 주의 표를 계속 재집계하는 것은 부시 당선의 합법성에 대한 의문을 제기하는 것이 될 수 있으므로(!) 옳지 않다고 썼습니다. 친구들, 이게 당신들에게 전해줄 뉴스예요. — 민주주의는 죽었어요.*

아턴: 상처받은 것이지 죽지는 않았어요. 당신네 나라에서는 국민의 뜻이 종종 현대화된 매체산업을 포함한 보이지 않는 권력에 의해 조종되는 것이 사실이지요. 생각대로 조종되지 않는 경우에는 우회할 수도 있고요. 뉴욕 타임즈의 조사는 결국 플로리다 주의 모든 표를 재집계하기만 하면 고어

---

* 2000년 미국 대통령 선거 : 공화당의 조지 부시와 민주당의 엘 고어는 선거인단 538명 중 270명을 확보해야 당선이 되는데 선거 이튿날 아침까지의 개표 결과 부시는 246명, 고어는 255명을 확보한 상태였다. 접전중이었던 세 개 주 가운데 25명의 선거인단이 걸린 플로리다 주는 투표 시작 후 한 달간 개표, 검표, 재검표를 거치며 큰 이슈를 일으켰지만 결국 고어가 총득표 수에서 부시를 앞섰음에도 불구하고 선거인단 수에서 밀려 패배했다. 역주

가 승리할 거라는 결론을 내릴 테지만 TV는 그 소식을 무시해버릴 겁니다. 하지만 대부분의 미국인들은 공동선共同善을 옹호한다는 자기만의 대의명분에 도취해 있지요. 이것이 정치적으로 무지한 대중을 만들어냅니다. 그러면 그들은 거의 알아차리지도 못하는 가운데 장기적으로 부정적인 결과를 감수하도록 조종되는 것이지요.

거기엔 대통령이 꼭 개입해야 하는 것만도 아니에요. 당신네 은행들과 연방준비제도이사회(FRB)가 의도적으로 70년대 말과 80년대 초의 인플레이션을 일으켜서 미국의 평균 시민들이 단지 자신의 집을 소유하기 위해 평생 은행의 노예가 되도록 만든 것과 같은 사실을 들 수 있지요. 이제는 사람들이 3만 달러를 빌리는 대신 13만 내지 23만 달러를 빌려야만 하고, 이전보다 네 배나 오랜 기간 동안 상환을 해야 합니다. 인플레이션이 회복되었을 때도 물가는 내려오지 않은 것을 주목하세요. 급여는 물가가 오른 것에 비하면 근처에 가지도 못할 만큼 조금 올랐지요. 영적으로 훌륭한 사람이었던 카터 대통령은 그 놀음에 정치적으로 휘말린 완전한 봉이었습니다.

개리: 맞아요, 나도 그에 대해선 기억나는 게 있어요. 포드 대통령도 인플레이션이 문제라는 것을 알았지만 사실 모든 사람이 알고 있었습니다. 그는 '인플레이션을 당장 몰아내자(Whip Inflation Now)'는 뜻의 'WIN'을 선거운동 구호로 사용하기까지 했어요. 하지만 카터가 당선되자 연방준비제도이사회는 이자율을 확 내려버렸지요. 그들은 경기하락을 막기 위해서 애쓰고 있는 것이라고 공언했지만 사실 그것은 불난 데 기름을 붓는 격이었어요. 이 무슨 일입니까! 그런데 대부분의 사람들은 그런 일에는 별 관심을 기울이지도 않지요. 사람들이 선거결과에 관심을 가져야 하는데, 그렇다고 하더라도 난 그게 과연 무슨 변화를 가져올 수나 있을지에 대해서는 회의적입니다.

아턴: 긍정적인 쪽을 바라보세요. 앞으로는 당신도 정치에 별로 관심이 없어질 거예요.

개리: 그게 좋은 건가요? 그게 바로 이 나라를 소유하고 있는 기업주들이 바라는 바가 아닌가요?

아턴: 어떤 면에서는 좋아요. 왜냐하면 내가 한 가지 장담할 수 있는 것은, 정치는 언제나 똑같을 거라는 사실이니까요. 당신이 어느 편이든 간에 언제나 바로 당신 코앞에는 그 반대편이 버티고 있습니다. 그렇다고 해서 당신이 의사표현의 수단으로서 투표를 해서는 안 된다는 뜻은 아니에요. 당신은 언제나 투표에 참여했지요. 대부분의 미국인들은 스스로 애국자임을 자처하면서도 투표에는 관심조차 없어요. 하지만 당신은 투표하고, 그리고 용서해야만 합니다. 그리고 그것이 정치에 대한 당신의 진정한 기여가 되게 해야만 합니다.

개리: 결과는 사기와 협잡이 되더라도 말입니까?

아턴: 형제, 그렇게 보이는 것은 모두가 인식의 작용일 뿐이에요. 공화당원들은 1960년에 케네디가 일리노이의 표를 훔쳐갔다고 말할 겁니다.

개리: 예, 하지만 시카고 시장이었던 댈리가 마술 부리듯이 죽은 사람들의 표를 케네디에게 몰아줬다고 하더라도 케네디는 일리노이의 표가 없어도 이길 만큼 충분한 표를 얻어놓고 있었어요. 부시와 플로리다의 경우를 거기에 비교할 순 없어요. 게다가 케네디는 전국 인기투표에서도 이겼어요. 당신도 지적했듯이 1960년부터 이 나라를 좋게도 아니고 나쁘게 변화시키려는 온갖 괴이한 짓거리들이 진행돼왔지요. 내가 아는 한은 아이젠하워가 군사-산업 복합체에 대해 피력한 견해가 옳았습니다. 그들이 절대권력을 장악하게 한 가장 초기의 주요 사건들 중 하나가 케네디 암살이었지요.

아턴: 거기에 대해서는 더 자세히 이야기하지 않겠어요. 하지만 우린 정

치와 선거에 대해 이야기하고 있는데 요점은, 그것이 일부는 사기였다고 하더라도 당신은 조금은 지고 또 조금은 이깁니다. 그것이 이원성이지요. 당신이 질 수 없는 것은 오직 신과 함께할 때만입니다. ─ 그 때문에 당신의 진정한 할 일은 언제나 용서로 귀결되는 겁니다. 그러니 이번 선거를 용서할 수 있겠나요?

개리: 좋아요, 형제. 나도 그런 엉터리 같은 일을 용서하지 못하고 남겨 놓은 채로 내 몸이 죽는 건 싫어요.

아턴: 훌륭해요. 당신이 스스로 가끔씩 자신을 투기꾼이고 자본주의자라고 생각하니까 우리도 가끔씩 돈과 정치에 관해 이야기를 나누는 시간을 가져봤어요. 하지만 당신은 사실 그런 부류가 아니에요. 그리고 당신이 형상의 차원에서 가지고 있는 불만의 구체적 내용이 정확한 것인지 어떤지는 사실 상관도 없어요. 당신이 보고 있는 것은 정말 거기에 있는 것이 아니니까요. 당신이 지어낸 것일 뿐입니다. 당신이 아는 것을 근거로 해서는 부자들에게 당신의 무의식 속의 죄책감을 투사할 논리적 이유가 없어요. 특히나 당신부터도 그런 부자가 되기를 마다하지 않을 테니까요. 그러니까 그건 상대방을 용서함으로써 자신을 용서할 수 있는 완벽한 기회인 거죠. 사실은 이 모든 것들이 용서의 가르침이고, 모든 용서의 교훈은 똑같아요. ─ 죽음까지도 포함해서 말입니다.

오늘밤까지 당신은 때로 상황이 정말 어려워 보이면 당신이 배운 용서를 실천하기를 미뤄왔습니다. 그래도 결국은 언제나 용서했고 선거에 졌을 때조차 용서했지만, 용서를 하면 당신은 기분이 좋아졌습니다. 그런데 그러고 나서는 다시 미끄러지면서 사물을 바라보는 관점에 스스로 타협을 허용하는 경향이 있어요. 그것이 일시적으로 평화를 잃게 합니다. 불행은 몰려다니길 좋아합니다. 하지만 그것이 당신이 그것을 받아들여야만 한다는 뜻은 아니에요. 이제는 당신이 **항상** 진실과 함께 해야만 할 때입니다. 더 이상 타협하지 마세요. 이것이 오늘밤 우리가 이야기할 주제로 돌아가게 하네요.

이제 당신은 자신이 육신이 아니며 죽을 수가 없는 존재임을 믿어 의심하지 않지요?

개리: 예. 난 "최후에 극복해야 할 것은 죽음"(M67)이라는 성경과 〈수업〉의 말도 믿어요.

아턴: 그래요. 자, 당신이 죽을 수 없으니 다른 어떤 사람도 죽을 수가 없습니다. 그들이 죽을 수 없으면 당신도 죽을 수 없고요. 이 두 생각은 하나입니다.

> 불행은 몰려다니길 좋아합니다. 하지만 그것이 당신이 그것을 받아들여야만 한다는 뜻은 아니에요.

퍼사: 죽음은 신으로부터의 분리라는 당신의 환영을 상징하는 것입니다. 당신이 사랑하는 사람이 죽은 **것처럼** 보일 때 어떤 일이 일어납니까? 당신들은 갑자기 서로 떨어집니다. 당신이 신을 잃어버린 것처럼 보였던 것과 똑같이 당신은 사랑하는 사람을 잃어버린 것처럼 보입니다. 그러나 그건 사실이 아닙니다. 신을 잃어버릴 수 없는 것과 마찬가지로 당신은 사랑하는 사람을 결코 잃어버릴 수가 없습니다. 당신들은 서로 분리될 수가 없답니다. 당신들은 사랑하는 육신이 죽은 것처럼 보이면 슬퍼 웁니다. 그러나 〈수업〉은 이렇게 말하지요. 당신이 그리워하는 것은 사실은 신과 천국의 경험이라고 말입니다.

자신의 순진 무구 말고 그 무엇을 그리며 울 수가 있겠는가? (P9)

개리: 난 부모님이 돌아가셨을 때 울었어요. 하지만 누구를 위해서 울든

간에 실제로 우리가 그리워하는 것은 우리의 본향, 신과 함께인 우리의 본래의 상태지요. 단지 그것이 무의식적인 그리움이라서 그것을 연결 짓지 못하는 것일 뿐이고요.

퍼사: 맞아요. 당신은 여러 전생에서 다양한 부모와 많은 배우자와 자녀를 가졌어요. 그중 많은 사람들이 당신이 육신 속에 있는 동안에 죽는 것처럼 보였어요. 꿈의 세계란 그런 거예요. 하지만 그건 단지 꿈의 세계일 뿐이고, 실제로 당신은 신입니다. 성령의 사고체계가 당신을 깨우고 있어요. 이 차원에서 성령과 성령의 사고체계에 대해 일단 배운 후에는 그것을 기억하여 자신의 역할을 다하는 것은 당신 자신에게 달린 문젭니다.

개리: 내가 불만을 가져선 안 된다는 것을 기억해내기만 하면 그 자리에서 불만스러운 생각을 멈추는 것도 그 때문이지요. 그것이 모두 내가 지어낸 것이고 또 모든 것에는 다 이유가 있다는 것을 안다면 사실 불평할 핑계가 없지요. 그것을 기억할 때는 평화로워지는데 그다음 순간에는 다시 그것을 잊어버리고 에고의 구덩이로 빠져들곤 하는 게 문제예요.

퍼사: 그렇죠. 거기에 〈기적수업〉을 진지하게 공부하는 학생이라면 누구나 발견하게 되는 가장 큰 문제가 있지요.

개리: 진실을 알고 이해했더라도 정말 엿 같은 일이 일어날 때 그것을 기억해내는 것은 여전히 정말 어려운 일이에요. 특히나 그것이 나에게 아주 중요한 일일 때는 말이에요.

퍼사: 맞았어요. 늘 깨어 있다는 것은 어려운 일일 수 있지만 그건 반드시 필요한 일이에요. 가끔씩은 더욱 깨어 있겠다고 자신을 다짐할 필요가 있어요. 성령이 당신에게 내보여주고 있는 진실을 기억하지 못할 때마다 지체되는 것은 당신 자신의 행복이니까요. 〈수업〉은 이렇게 묻지요.

이 기억해냄이야말로 기적이 아니고 무엇이란 말인가? 그리고 자기 안에 이 기억이 담겨 있지 않은 자가 어디에 있단 말인가? (T447)

개리: 나는 내가 기억해내기만 하면 이 〈수업〉을 실천할 수 있다는 것을 경험을 통해서 알고 있어요.

퍼사: 그럼요, 할 수 있지요. 당신이 사랑하는 사람의 죽음과 당신 자신의 육신의 죽음을 포함해서 직면해 있는 문제가 무엇이든 상관없이 할 수 있어요. 당신의 죽음은 우리도 말했듯이 당신 자신이 이미 정해놓은 시나리오 상의 어떤 시점에 일어날 거예요. 그걸 왜 걱정하나요? 그건 단지 용서할 또 하나의 기회일 뿐이에요. 그 어떤 일이 일어나든지 당신이 할 수 있는 가장 지혜로운 일은, 그 기회를 놓치지 말고 용서하는 것입니다. 뒤늦게 하기보다는 빨리 할수록 좋아요.

아턴: 당신은 의식적으로는 죽음을 두려워하지만 무의식적으로는 그것에 끌립니다. 당신도 그것이 불꽃을 향해 달려드는 나방과도 같다고 했지요. 죽음에의 유혹은 〈수업〉이 말하는 평화의 네 가지 장애물(T416) 중 세 번째 것입니다. 죽음에 대한 두려움이란 단지 신에 대한 당신의 그릇된 두려움에 부수되는 감정일 뿐이지요. 죽음에 대한 두려움은 신에 대한 두려움의 상징이라고 할 수 있어요. 그러니 무의식적 마음속에 죄의식이 없다면 죽음을 두려워할 수도 없는 거예요. 제이는 죽음을 두려워하지 않았어요. 물론 신도 두려워하지 않았지요. 제이가 그랬듯이 당신도 마찬가지로 아버지를 두려워할 필요가 없어요.

육신이 환영 속에서 죽는 날을 졸업하는 날로 생각해야 합니다. 당신이 잠시 머문 이 학교에서 배우기로 했던 모든 것을 배웠다는 뜻이지요. 공부를 마친 겁니다! 그러니까 그건 축하할 일이지요. 장담하지만 그건 아주 재미있는 일이 될 거예요. 대부분의 경우 육신에서 해방되는 것이 어떤 느낌인지를 안다면 사람들은 죽은 사람을 두고 슬퍼하지 않을 겁니다. — 오히려 부러워할 걸요. 문제는 그 즐거움도 오래 가지 않는다는 것이지만요. 우리가 강조했듯이 죄의식이 당신을 사로잡아서 안전담요인 육신 속으로 다시 숨어들게끔 만들기 때문입니다. 그건 그저 끝없이 이어지는 생과 사의 꿈이지요.

개리: 내가 꼭 즉석에서 용서의 기회를 살릴 수 있게 되기를 바라는 것도 그 때문이에요. 그러면 죽음이 더 재미있어질 테고 내가 육신 속에 있는 것처럼 보이든 그렇지 않은 것처럼 보이든 간에 내 길을 더 크게 나아갈 수 있을 테니까요. 이번 생에 깨달을 수 있게 된다면 더 멋지겠지요. 설사 그렇지 않더라도 훨씬 나아질 거고요. 당신도 윤회에 대해 이야기했지만 이제 나는 그것이 단지 일어나는 것처럼 보일 뿐인 일이라는 걸 이해해요. 나는 그저 꿈속에서 이 육신에서 저 육신으로 옮겨 다니는 것일 뿐이지요.

아턴: 맞아요. 용서만 실천한다면 윤회에 대해서 각자가 어떻게 믿든 그것은 아무런 상관이 없어요. 〈수업〉은 이렇게 말하지요.

…… 그러나 알아야 할 것은 다만, 태어남은 시작이 아니었으며 죽음이 끝도 아니라는 것이다. (M61)

개리: 그러니까 의식은 실재하지 않음에도 불구하고 육신이 죽는 것처럼 보인 후에도 남아 있다, 꿈에서 완전히 깨어나면 의식은 사라지고 우리는 신과, 그리고 모든 창조물과 하나임을 체험한다, 이 말이지요.

퍼사: 당연하지요, 형제. 모든 사람이 함께 천국으로 다시 들어갈 겁니다. 왜냐하면 말했듯이 시간은 한갓 환영일 뿐이니까요. 깨달은 후에 다른

사람들이 다 깨달을 때까지 오랜 세월을 기다리는 일은 없습니다. 왜냐하면 깨달음은 시간과 공간이라는 한정 너머에 있는 있음의 어떤 상태이기 때문이지요. 시간과 공간은 마음이 만들어낸 것이고, 따라서 정의에 의해 마음은 실제로 시공간의 밖에 있어야 합니다. 한 가지 더. ― 처음에는 사랑하는 사람의 죽음을 슬퍼해도 괜찮아요. 그런 일을 용서하는 것은 대부분의 사람들에게는 훗날에나 가능한 일이지요. 사람에 따라 적절하게 응대하도록 하세요.

개리: 오래전에 당신은 제이가 죽은 사람을 일으켰다는 이야기를 했어요. 라자로도 그 중의 한 사람인 걸로 알고 있는데, 제이는 그 같은 일을 어떻게 하지요?

아턴: 죽은 사람을 일으키는 것은 아픈 사람을 낫게 하는 것과 다르지 않아요. 하지만 뭐니 뭐니 해도 진정한 치유가는 환자의 마음이지요. 단지 그 마음이 자신의 진정한 본성을 기억해내도록 상기시켜주기 위해 그것과 어울려서 하나가 되는 겁니다. 제이는 워낙 탁월해서 한 가지 아주 중요한 개념만은 결코 양보하지 않았지요. 〈수업〉에서 제이는 당신과 자신과의 관계에 대해 이렇게 말합니다.

…… 그대의 마음은 내 마음과 어울려 합하기를 택할 것이다. 그러면 우리는 함께 천하무적이 된다. 이제 곧 그대와 그대의 형제가 내 이름 안에서 하나가 되면 그대들은 제정신으로 돌아올 것이다. 나는 살아있는 신께서 창조하신 모든 것의 영원한 본성은 생명임을 앎으로 해서 죽은 자를 일으켰다. 그대는 왜 내가 의기소침한 자를 고취시키거나 마음이 불안한 자를 안정시키는 것은 더 어려우리라고 믿는가? 나는 기적에 쉽고 어려움이 있다고 믿지 않는다. 그러나 그대는 그렇게 믿

고 있다. (T65)

개리: 그러니까 그에게는 죽은 자를 살리는 것이 아픈 자를 낫게 하는 것이나 나쁜 말을 한 사람을 용서하는 것이나 다른 어떤 기적을 행하는 것보다 어려운 일이 아니었군요. 그건 모두가 똑같단 말이지요? 신께서 창조하신 모든 것의 영원한 본성이 생명이므로 제이는 죽음이 실재하지 않는다는 것을 알았군요. 신께서 창조한 것만이 진짜이고, 신께서 창조한 것은 결코 죽지 않는단 말씀이지요.

아턴: 맞아요. 육신은 한갓 상징일 뿐임을 잊지 마세요. 제이는 자신의 육신을 특별한 것으로 만들지 않았듯이 라자로의 육신도 결코 특별한 것으로 만든 것이 아닙니다. 마음이 일시적으로 육신을 다시 투사하여 움직이게 만든 것은 상징적인 행위입니다. 육신 자체는 아무런 의미가 없어요. 죽음이 실재하지 않는다는 것을 가르치기 위한 것이었을 뿐이었어요. 성경이 말하는 것과는 달리 라자로는 제이가 살려준 이후에 오래 살아 있지 않았습니다. 그는 육신을 두고 기쁘고 평화롭게 저세상으로 갔습니다. 두려워할 것이 사실은 아무것도 없다는 것을 깨달았기 때문이지요.

개리: 알겠습니다. 그러니까 사람들이 모두 라자로가 무덤 속의 죽은 살덩이라고 여기고 있을 때 제이는 라자로의 마음과 어울려 합했고, 그것은 곧 제이가 그리스도, 혹은 성령인 자신의 본성과 하나가 되는 동시에 라자로와 하나가 되었던 거로군요. 그래서 제이가 자신의 사랑을 라자로의 마음 속으로 비춰줄 수 있도록 마음이 하나가 되었고 그들은 둘 다 성령과 하나가 된 거지요. 제이는 그것이 그들의 진정한 본성임을 알고 있었고요. 그것이 또 라자로에게 자신의 본성을 다시 깨닫게 했고, 그것이 그의 마음으로 하여금 다시 육신을 투사해서 살아 움직이게 한 것이지요. 죽음을 부정하는

하나의 상징으로서 말이지요.

아턴: 형제, 우리가 당신을 선택한 것은 현명했네요. 명심하세요. 제이는 마음의 차원에서 다른 사람들과 하나가 되는 능력이 누구보다도 뛰어났고 그 상태에서 그들에게 자신의 순결하고 죄 없음을 깨닫게 했기 때문에 그토록 훌륭한 치유가가 될 수 있었던 겁니다. 그러니 당신이 단번에 죽은 자를 살리지 못하더라도 실망하진 마세요.

개리: 알았어요. 언젠가 내가 죽은 사람에게 축복을 주고 있는데 그가 일어나서 걸어다니는 일이 일어난다면 그것을 내가 이제야 뭔가를 좀 알게 됐다는 것을 알려주는 좋은 징표로 삼겠습니다.

아턴: 아주 좋아요. 몇 년 전만 해도 우리가 당신은 육신을 투사해내는 이치를 이해하지 못한다고 말했었는데 이제는 그토록 많은 것을 알고 있으니 당신은 목표를 향해서 아주 잘 가고 있는 겁니다. 요약하자면, 당신은 꿈속에서 온갖 형상을 투사해내는 것과 같은 방식으로 자신의 육신의 형상을 투사해내는 겁니다. 당신의 마음은 한 편의 영화를 비춰내고 있고, 당신의 경험에는 육안이 당신의 몸과 다른 사람들의 몸을 보고 있는 것처럼 보입니다. ― 하지만 그것은 사실은 당신의 분리된 것처럼 보이는 마음이 감춰진 다른 차원으로부터 투사된 자신의 생각을 바라보고 있는 것입니다.

마음이 온전한 상태로 돌아가면 차원 간의 분리는 없고 비춰지는 영화도, 볼 육신도 없어지게 됩니다. 그러면 당신의 육신도 그 영화에서 사라지지요. 다른 모든 것과 마찬가지로 육신은 정신적 경험이지 물리적인 무엇이 아닙니다. 그건 존재한 적이 없어요! 그러나 제이가 십자가형을 당한 후에 그랬던 것처럼 깨달은 존재의 사랑이 꿈속에서 형상을 취하는 것은 가능합니다. 이 사랑은 이제 성령의 사랑입니다. 아무튼 당신도 깨닫기 위해서는 무엇보다도 성령과 하나가 되어야만 합니다.

퍼사: 사랑하는 형제, 당신은 해가 갈수록 계속 배우고 성장해갈 것이고 의식이 깨어날수록 그런 일들에 대해 더 많은 것을 이해하게 될 겁니다. 다시 말하지만, 앞으로는 더욱더 의욕적으로 용서하고자 하는 마음을 낸다면 크게 도움이 될 겁니다. 지난 몇 해 동안 당신은 많은 것을 용서했습니다. 그러니 그보다 더욱 마음을 내지 못할 이유가 어디 있겠어요?

개리: 알겠어요. 〈수업〉에도 타협하지 말라는 말이 많이 나오는데 나도 이제 그 점을 좀더 진지하게 생각해볼 준비가 된 것 같아요.

퍼사: 아주 훌륭해요. 다른 사람들이 〈수업〉의 내용을 놓고 타협하더라도 내버려두세요. 그들을 막는 것은 당신의 일이 아닙니다. 그런 그들을 용서하는 것만이 당신의 일이지요. 당신은 타협할 필요가 없습니다. — 게다가 저 바깥에는 사실 아무도 존재하지 않아요. 단지 하나의 에고가 여럿인 것처럼 나타나 보이는 것일 뿐이지요. 외견상 분리된 존재들 사이에서는 죽음이라는 꿈에 대한 믿음보다 더 쉽게 타협되는 믿음도 없답니다. 〈수업〉은 이렇게 말하지요.

> 저 바깥에는 사실 아무도 존재하지 않아요. 단지 하나의 에고가 여럿인 것처럼 나타나 보이는 것일 뿐이지요.

…… 어떤 이유로든 죽음이 실재한다면 생명도 없다. 죽음은 생명을 부정한다. 그러나 생명이 실재한다면 죽음은 부정된다. 여기에는 어떤 타협도 있을 수 없다. 두려움의 신이 있든지, 아니면 사랑의 신이 있을 뿐이다. 세상은 무수한 타협을 시도하고, 또 그 위에 무수히 더 시도한다. 신의 교사에게는 단 한 번의 타협도 받아들여질 수 없다. 신에게 타협이 없으므로. 신은 죽음을 만들지 않았다. 그는 두려움을 만들지 않

앉기 때문이다. 그에게 그것은 둘 다 똑같이 아무런 의미도 없다. 죽음의 '실재성'은 신의 아들이 육신이라는 믿음에 굳건히 뿌리박고 있다. 만약 신이 육신을 창조했다면 죽음은 과연 실재할 테지만, 그 신은 사랑의 신이 아닐 것이다. 실재 세계의 인식과 환영 세계의 인식이 이보다 더 극명하게 대비되는 곳은 없다. (M66-67)

개리: 다시 말해서, 내가 세상을 완전히 용서하여 거기에 더 이상 무의식 속의 죄책감을 투사하지 않게 될 때 내가 볼 — 육안을 통해서가 아니라 태도로써 — 세계가 실재 세계지요. 그리고 그것은 또한 **내가** 완전히 용서받았으며, 인식의 세계와 시간이 나에게 종식을 고하고 있음을 의미해야 하지요.(W443)

퍼사: 정확해요, 형제. 당신이 〈기적수업〉의 읽기 숙제와 용서 숙제를 잘 하고 있는 것을 보니 좋군요.

개리: 감사합니다. 신의 아들이 육신이라고 믿는 것에 대해 말이 나온 김에 말이지만, 올해 과학자들이 인간의 유전자 지도를 '생명의 책'이라고 부르는 것을 봤어요. 그들의 말은 그것이 우리의 본질을 결정한다는 겁니다!

퍼사: 그래요, 그들은 소위 인체의 아름다움과 복잡성을 숭배하고 그것을 움직이고 있는 마음은 무시해버리지요. 그건 마치 아무것도 할 줄 모르는 컴퓨터가 중요하지 컴퓨터에게 할 일을 일러주는 프로그래머는 무시해도 된다고 생각하는 거나 똑같은 일입니다. 에고가 잠시 승리한 것이죠.

기억하세요, 연구가들이 사람들에게 도움이 될 치료법을 발견하는 데에 뭐든 도움을 준다면 우린 거기에 반대하지 않겠어요. 대부분의 마음은 두려움 없이 받아들일 수 있는 치료법이 더해지면 더 쉽게 몸을 치유할 수 있다는 것은 우리도 이미 말했어요. 하지만 기억할 게 또 하나 있어요. 동맥이 다

막히거나 가족병력이 화려해서 심장질환과 알츠하이머 병을 앓을 모든 신체적 소인을 다 가지고 있으면서도 아무런 병의 증상도 보이지 않는 사람들도 있다는 겁니다. 아플 것인지 말 것인지, 나을 것인지 말 것인지를 결정하는 것은 언제나 마음이랍니다.

개리: 멋져요. 아 참, 몇 년 동안이나 물어보려고 했다가 늘 잊어버리곤 한 게 있어요. 토리노의 수의*는 정말 제이가 무덤에 있을 때 입었던 것인가요? 그리고 그는 부활의 징표로서 일부러 거기에다 자신의 형상을 남겨놓은 건가요?

아턴: 사람들이 흥분하고 있는 일에 찬물을 끼얹고 싶진 않아요. 하지만 그 수의는 천재의 솜씨라고 할 만큼 감쪽같은 가짜입니다. 과학적으로 상반되는 검증결과가 나와서 그중 어떤 것은 그것이 진짜임을 뒷받침하는 것처럼 보였지요. 그 결과에 대한 다른 설명도 있지만요. 그 수의는 교회가 유명한 인물의 종교적 유물을 아주 절실히 필요로 하던 시기에 만들어진 것이라는 것을 알아야 해요. 그 당시에는 그것이 대단한 영험을 지닌 것으로 여겨졌지요.

이걸 물어봅시다. — 당신은 정말 제이가 자신의 육체적 형상의 실재성을 부각시키려고 뭔가를 남겨놓으리라고 생각하나요? 그렇지 않아요. 부활과 함께 육신은 그저 사라져버립니다. 그것도 그렇지만, 수의에 비친 형상은 실제 제이의 모습과도 달라요. 그를 그린 그림들도 마찬가지지만요. 개리, 물질적인 증거는 필요하지 않아요. 필요한 것은 오직 믿음뿐입니다. 제이의 육신은 그와 아무런 상관이 없어요. 육신의 형상을 지금 와서 중요한

---

* 토리노의 수의 : 이태리 북부 토리노의 세례요한 성당에 모셔진 천으로, 그것을 찍은 흑백사진 필름의 음화에는 '예수를 닮은' 얼굴이 나타나는데, 그것이 예수의 무덤에서 몸을 덮었던 수의라는 주장과, 중세에 만들어진 천이라는 주장이 팽팽히 맞서 있다. 역주

것으로 만들려고 하지 마세요.

육신, 우주, 그리고 그 속의 모든 것은 단지 당신의 마음속에 들어 있는 그림, 가상현실 게임의 조각들일 뿐입니다. 어쩌다 가끔씩은 그것이 삶의 그럴듯한 모조품으로 행세할 때도 있지만 수의와 마찬가지로 그건 가짜예요. 거기서 구원을 찾지 마세요. 답이 실제로 있는 곳에 가서 답을 찾으세요. — 성령이 거하는 마음속 말입니다. 그러면 반드시 찾아낼 겁니다. 명심하세요. 우리는 신이 있다고 말하고는 입을 다뭅니다. 왜냐하면 그밖에는 아무것도 없으니까요.

퍼사: 죽음이라는 주제에 관한 이야기를 마무리하는 이 시점에서, 외견상 이 세상에 나타나는 당신의 삶과 죽음에 대해 〈수업〉이 하는 이 말을 명심하세요.

> ...... 천국과 동떨어진 모든 상태에서는 생명은 환영이다. 기껏해야 그것은 생명인 **것처럼** 보이고, 최악의 경우엔 죽음처럼 보인다. 어쨌든 그것은 둘 다 생명이 아닌 것에 대한 판단이며 부정확하고 의미 없다는 점에서는 똑같다. 천국에 거하지 않는 생명은 있을 수 없다. 천국에 있지 않은 것은 다른 어떤 곳에도 없다. (T493-494)

제이는 함께 있자고 당신을 부릅니다. 그러니 진실로 생명이 있는 곳에서 그와 하나가 되세요!

그리스도의 초림(The First Coming of Christ)은 창조의 또 다른 이름일 뿐이다. 그리스도는 신의 아들이므로. 그리스도의 재림은 에고의 지배의 종식과 마음의 치유 이상의 아무런 뜻도 없다. 처음 왔을 때 나는 그대

와 마찬가지로 창조되었고, 이제 두 번째 옴에, 나는 나와 함께 하자고 그대를 불렀다. (T64)

당신이 그 부름에 응할 준비가 갖추어지면 무의식의 죄책감이 얼마나 깊은 것일 수 있는지를 아는 당신은 틈날 때마다 형제를 용서하고자 하는 결심이 더욱더 굳어질 겁니다.

…… 시간이 종식되고 그대 죽음의 가냘픈 멜로디에 맞춰 춤추던 악몽이 흔적마저 사라질 때, 그대는 그와 함께 있으리라. (C90)

17
우주가 사라지다

그대가 지어내는 그대의 모습은
신께서 의도하는 그대의 모습을 가려 덮지 못한다.

(T667)

2001년 9월 11일: 아턴과 퍼사가 9년 전 내 앞에 처음 나타났을 때 나는 전쟁중이었다. 이제 나는 거의 대부분의 시간을 평화롭게 지내고 있는데, 미국은 지금 전쟁중이다.

이날 세계무역센터, 펜타곤, 그리고 네 대의 민간여객기는 테러리스트들의 목표물이 되었다. 심하게 파손된 펜타곤만 빼고 모든 목표물이 괴멸됐다. 수천 명의 무고한 시민이 죽었고 극소수를 제외한 미국인들은 그 어떤 종류의 용서의 마음도 일으킬 만한 여유가 없었다.

이것은 더욱 복잡해진 세계의 신종 전쟁이었다. 예고의 시나리오에는 명확히 정의된 가시적 적군에 대한 선전포고 따위는 더 이상 없다. 보이지도 않고 예측하기도 힘든, 전쟁의 '규칙' 따위를 지키지 않는 적이 상존한다는 것은 훨씬 더 겁나는 일이다. 게다가 그들은 미국인을 죽이는 것이야말로 신의 뜻임을 확신하는 자들이 아닌가. 이런 식의 전쟁이 어찌 '끝을 볼' 수나 있겠는가?

그 화요일 아침에 나는 수천만의 다른 사람들과 마찬가지로 말을 잊은 채로 세계무역센터의 두 번째 빌딩이 무너져 내리는 모습을 TV 생중계 화면을 통해 지켜봤다. 그 화면은 역사상 가장 끔찍한 광경을 연출했다. — 사람들은 깨닫지 못했겠지만, 그 광경은 신으로부터의 분리, 실낙원, 인간의 타락을 상징하는 것이었다. 형상의 차원에서 이것은 에고의 미쳐 돌아가는 사고체계가 부조리의 극단까지 자신을 드러낸 사례였다. 이번 생애의 시나리오의 가해자는 다른 생애의 희생자가 될 것이 틀림없었다.

그 지옥 같은 파국과 그 결말의 광경을 지켜보는 동안 나는 건물의 안과 주변에 갇힌 사람들이 겪고 있을 끔찍한 악몽의 현장을 상상하면서 거의 울음을 터뜨렸다. 그러다가 습관으로부터 태어나온 기적에 의해 나는 제이에게 도움을 청했다. 그러자 거의 즉시 몇 가지 생각이 마음에 떠올랐다. 그것은 〈수업〉의 첫 부분에서 여러 번 읽었던 구절이었지만 그것이 이 끔찍한 순간에 절묘하게 적용될 줄은 나도 미처 몰랐다.

기적에는 난이도라는 것이 없다. 어떤 것이 다른 것보다 '더 어렵거나' '더 크거나' 한 일은 없다. (T3)

제이와 하나가 되었을 때 나는 눈앞에 일어나고 있는 **것처럼 보이는** 이 사건 앞에서도 안도가 느껴짐에 잠시 동안 당혹에 가까운 느낌을 느꼈다. 그것이 정말 이토록 단순할 수 있단 말인가? 신의 것이 아닌 것들이 나에게 미치는 모든 영향을 실로 이렇게 간단히 물리쳐버릴 수 있었단 말인가? 모든 형태의 죽음을 포함해서 환영에는 정말 아무런 정도나 단계의 차이도 없었단 말인가? 오로지 신과 그의 나라를 위해서만 진실로 깨어 있을 수도 있었단 말인가? 세상의 온갖 형상들이 단지 내가 육신이라고 착각하도록, 그리하여 다른 사람들을 심판함으로써 나의 무의식 속의 죄책감과 윤회하는 꿈같은 생애들과 에고를 보전하게끔 꼬드기려고 고안된 함정에 지나지 않았단 말인가? 진정 성령의 용서가 신의 평화, 천국으로의 귀환, 그리고 우주의 소멸로 이끄는 탈출구였단 말인가?

나는 마침내 이 모든 의문들에 대한 답은 '그렇다'임을 확실히 깨달았다. 그래도 앞으로 며칠 동안은 가끔씩 기분이 언짢겠지만 나는 또한 그 어떤 기분도 내가 제이와 〈기적수업〉을 몰랐을 때 느꼈을 기분에 비하면 아무것도 아니라는 것을 알았다. 그러나 그것이 곧 이 같은 위기에 몸소 나서서 행동하는 것이 부적절하다는 뜻은 아니다. 어쨌든 내가 판단할 수 있는 한 에고는 이길 수 없는 싸움을 자초한 것이다.

미국이 군사행동을 취하지 **않는다면** 이 정신병자들을 저지하지 못하고, 어쩌면 히틀러의 경우와 마찬가지로 그들을 더욱 부추겨놓을 것이다. 불가피해 보이듯이, 만약 미국이 군사행동을 취한다면 그것이 성공한다고 해도 그것은 아마 암살을 포함해서 다른 테러리스트들의 공격을 더욱 불러일으킬 것이다. 그리고 그런 공격이 언제 감행될지를 누가 알 수 있겠는가? 국제무역센터에 대한 두 번의 공격 사이에는 8년의 세월이 놓여 있었다. 미국을 다시 공격하기 위해서라면 테러리스트들은 아무리 오랜 세월도 마다하지 않고 기꺼이 기다릴 것이다. 미국은 보복을 하고 공격받을 수도 있고 보복하지 않고도 여전히 공격받을 수 있을 것이다. 그리고 그것은 먼 미래의 일이 될 수도 있고 머지않은 장래의 일일 수도 있다. 이것이 나로서는 답을 찾기 힘든 진퇴양난이었다. 에고의 시나리오가 흔히 그렇듯이, 결국은 '해도 낭패, 안 해도 낭패'였다.

그러나 아무튼 간에 나의 할 일은 용서였으므로 나는 이 나라가 어떻게 해야 할지에 대해서는 정치인들에게 맡겨두기로 했다. 그것이 그들의 할 일이다. 왜냐하면 그것이 그들이 원했던 것이었으므로. ― 그들도 배우기만

하면 어떤 상황에서든 진정한 용서를 실천할 수 있겠지만 말이다. 나는 기부를 하고 헌혈을 하고 용서를 할 것이다. 가슴에 분노와 심판, 혹은 죄책감을 품지 않고 이런 일을 하는 것은 가능했다. 어떤 일이 일어나는 것처럼 보이든 간에 나는 미국이 받은 공격은 오직 이 세상이 신의 세계가 아니며, 올바른 마음을 지닌 자라면 아무도 이곳에 오지 않으리라는 — 이곳을 떠날 방법을 가르쳐주기 위한 경우만 빼고 — 사실을 보여준 것일 뿐임을 언제나 기억할 것이다. 그러나 나는 이곳에서도 용서의 행복한 꿈을, 실재의 세계로 이끌어주는 꿈을 꿀 수 있었다.

나는 또한 아턴과 퍼사가 연말에 한 번 더 방문해주겠다고 약속한 것이 너무나 고마웠다. 나는 이 전대미문의 상황에 대해 그들의 이야기를 듣고 싶었다. 하지만 그들이 뭐라고 할지는 나도 이미 알고 있지 않은가? 퍼사가 이렇게 말하는 목소리가 거의 들려오는 것만 같았다. "당신이 믿고 싶든 말든 간에 기적은 모두가 똑같아요, 개리. 〈기적수업〉을 공부하는 학생들이 용서하지 않는다면 누가 하겠어요?"

10월 말에 나는 메인 주 베델에서 열린 〈기적수업〉 10차 연례모임에 참석했다. 나는 거기서 〈기적수업〉의 훌륭한 교사와 학생들을 만날 수 있었다. 그중에는 가장 일찍이 교사가 된 사람들 중 하나인 존 문디가 있었다. 그는 1975년에 헬렌 슈크만과 빌 텟포드, 켄 왑닉을 켄의 집에서 만나 〈기적수업〉에 입문한 사람이다. 베델의 모임은 정말 좋았고 나는 오랫동안 시달려왔던 부끄럼증이 일부 사라져버린 것을 처음으로 깨달았다. 그래서 어쩌면 성령이 장차 인도한다면 나도 좀더 적극적으로 〈기적수업〉을 공부하는 다른 사람들을 만나러 다니게 될 수도 있겠다는 생각이 들었다.

12월 21일에 아턴과 퍼사가 우리의 계획상 마지막의 만남을 위해 나타났다.

퍼사: 안녕하세요, 사랑하는 형제. 내가 당신을 처음 만났을 때 이렇게 불렀었는데, 기억나나요? 당신을 만나니 우리야 반갑지만 미국은 아주 혼란스러운 시기란 걸 알아요. 어떻게 지내고 있어요?

개리: 상황에 비하면 아주 잘 지내고 있는 편이지요. 나는 주식과 옵션을 거래하는 사람이라서 국제무역센터에 있는 중개회사 사람들의 입장이 되어서 상황을 느끼고 있었는데 많은 사람들이 탈출을 못했어요. 모두가 자신의 시나리오를 선택한다는 건 나도 알고 있지만 이 차원에서 선택한 건 아니라서 많은 사람들과 그 가족들에 그건 정말 끔찍한 경험이었어요. 그리고 최소한 일시적으로 미국인들에게 안전하지 못한 느낌이 들게 했어요.

물론 아시겠지만 사건이 나고 일주일 후에 나는 플로리다에서 온 동생과 함께 펜웨이에서 열리는 레드삭스의 경기를 보러 갔었어요. 그 테러리스트들이 우리의 삶에 영향을 미치지 못한다는 것을 보여주려는 하나의 시위로서 말이에요. 한 가지 기분이 좋았던 것은, 7회에 접전을 벌이고 있을 때 보통 때는 야유를 보내던 우리 편 팬들이 다 일어나서 양키즈 선수들에게 '뉴욕 뉴욕'이라는 노래를 불러줬던 겁니다. 뉴욕시민들에게 마음의 성원을 보내는 의미로 말이에요. 거기 있었던 사람들은 모두가 감동했지요.

퍼사: 그래요. 고통을 함께해주는 하나의 방법이죠. 뉴욕의 많은 사람들이 그 소식을 듣고 고마워했어요. 사건 당일에는 당신이 용서하는 자신의 역할을 훌륭히 해냈다는 말을 해야겠네요.

개리: 난 우리의 책을 위해서 여러 글들을 한데 엮는 작업을 하느라고 사건이 일어나던 당시에 TV를 켜놓지 않았어요. 내가 TV를 켜고 나서도 방송국에서는 사건의 정황을 파악하는 데 한참 시간이 걸렸어요. 건물의 한 채가 무너졌다는 말을 들었을 때 나는 믿을 수가 없었어요. 난 틀림없이 무슨 착오려니 했지요. 건물 전체가 무너질 수는 없었어요. 두 번째 건물이 무너

졌을 때 난 거의 정신이 없었어요.

아턴: 하지만 당신은 제이를 기억해냈어요.

개리: 예, 그건 결코 실망시키는 일이 없으니까요. 그를 기억해내자마자 분리는 끝나버렸지요. — 분리는 일어난 적이 없었어요. 하지만 그 같은 상황에서는 희생자들에 대한 연민의 느낌을 멈춰버리는 것이 좀 부적절하다는 기분이 들었어요.

아턴: 물론 그렇지요. 아시겠지만 우린 당신이 적절한 행동을 취하는 것을 결코 반대하지 않아요. 당신은 그리스도로서 온전히 그들의 입장이 되어서 함께할 수 있어요. 그러면 유감스러운 느낌을 느끼든 죄책감을 느끼든 아무런 차이가 없어요. 약간의 흥분이나 엄청난 분노나 슬픔이나 아무런 차이가 없어요. 차원이라는 관념은 당신이 지어낸 거예요. 진실을 잊지 않고 기억하기만 한다면 용서하는 대상이 그 어떤 사건이나 사람처럼 **보이**든 간에 상관없이 당신에게 평화가 옵니다. 진실을 기억하고 있는 한 당신은 자신의 할 일을 잘 수행하고 있는 겁니다.

때로 당신의 꿈은 멋져 보이기도 하지만, 그것은 아무런 경고도 없이 악몽으로 변합니다. 그것은 신으로부터의 분리가 재연되는 것입니다. 그 전에 있었던 것처럼 보이는 일이 좋은 일이든 나쁜 일이든 간에 그것은 어느 쪽도 진짜가 아닙니다. 〈수업〉은 이렇게 당신을 상기시켜줍니다.

…… 동화 이야기는 재미있을 수도 있고 무서울 수도 있다. 하지만 아무도 그것을 사실이라고 하지는 않는다. 아이들은 그것을 믿을 수도 있다. 그러면 당분간 그들에게는 동화가 사실이 된다. 그러나 실재의 빛이 밝아오면 환상은 물러간다. 그러는 동안에도 실재는 아무 데도 가지 않고 그 자리에 있었다. (T170)

퍼사: 당신은 어떤 일이 일어나는 것처럼 보이든지 상관없이 계속 용서할 수 있게 되기를 원합니다. 그런데 이 일은 당신 자신을 하나의 육신으로 여기게끔 만드는 유혹입니다. — 먼저 9/11 비극에 한 개인으로서 반응하게 함으로써, 그리고 당신 자신을 한 사람의 미국시민으로 동일시하고 그렇게 반응하게 함으로써 말입니다. 의로운 모범 미국시민이라면 이런 식으로 모욕당하고 가만히 있지는 않겠지요? 그러면 당신은 보기 좋게 구태의연한 악순환의 쳇바퀴 속에 들어앉게 됩니다. — 용서할 때까지 말입니다. 일부 사람들이 이런 일을 용서하고 두려움 대신 사랑만 가르치는 것은 잘못된 일이라고 생각한다면, 그들은 이 사건을 일으킨 미친 사람들에게 누군가가 시간을 내어서 용서하는 법을 가르치기만 했다면 그들도 결코 그런 짓을 하지는 않았을 것임을 깨달아야만 합니다.

대부분의 기독교인들은 이런 경우에 제이라면 어떻게 했을지를 생각조차 해보려 들지 않습니다. 왜냐하면 그 대답은 자신들의 감정에 맞지 않을 것이기 때문이지요. 이미 말했지만, 그 대답은 언제나 똑같을 것입니다. — 그는 용서할 것입니다. 이에 대해서는 이론의 여지가 없습니다. 자신의 육신을 죽인 자들을 용서했을진대, 지금이라고 해서 그가 정말 보복을 하리라고 생각하나요? 물론 나는 타협할 줄 모르는 역사상의 제이에 대해 이야기하고 있는 것이지 아무 데나 갖다 붙일 수 있는 종교의 우상이 된 제이에 대해 이야기하는 것이 아닙니다. 나는 들을 귀를 가진 기독교인들에게 이 말을 하는 겁니다. 미국에 대한 공격의 문제에 관한 한, 이런 문제에 대처하는 최선의 방법에 대해 곧 이야기할 겁니다.

당신의 마음상태와 그 결과 당신이 이룰 목표는 당신 자신의 손에 달려 있다는 것을 늘 명심하십시오. 왜냐하면 당신이 할 수 있는 일은 사실 두 가지뿐이기 때문입니다. — 두려움의 표현으로서 심판을 하거나, 아니면 사랑의 표현으로서 용서하는 것 말입니다. 한쪽의 인식은 신의 평화로 인도해가고 다른 쪽의 인식은 전쟁으로 이끌어갑니다. 〈수업〉은 이렇게 가르치지요.

> 그대는 육신을 보거나, 아니면 영을 알아보거나 한다. 이 둘 사이에는 그 어떤 타협도 없다. 한 쪽이 진짜라면 다른 쪽은 가짜여야만 한다. 진짜인 것은 그 반대를 부정하므로. 이밖에는 볼 수 있는 다른 선택이 없다. (T660)

그리고

> 가르침은 두 가지밖에 없다. 그 각각의 결과는 각기 다른 세계를 가져온다. 그리고 그 각각의 세계는 분명 그 근원으로부터 귀결된다. 그대가 보고 있는 세상은 신의 아들이 죄를 지었다는 가르침의 확실한 결과다. 그것은 공포와 절망의 세계다. (T646)

아턴: 보물을 어디다 쌓아놓을지는 전적으로 당신의 선택에 달려 있습니다. 천국에다 보물을 쌓아놓기로 했을 때 어떤 영적 길의 도움을 받을지를 택하는 것 또한 전적으로 당신에게 달려 있습니다. 우리가 마지막 생애에 그랬듯이 당신도 이 길을 택한다면 우리가 당신에게 권하고 싶은 것은, 이 자습과정이 진정 무엇을 말하고 있는지에만 오롯이 주의를 기울여보라는 것입니다. ― 그런 다음엔 그것을 활용하세요. 그것을 바꾸려들지는 말고요. 제이는 이렇게 설명합니다.

> …… 성령은 신의 법을 이해하지 못하는 이들에게 그것을 해석해주는

통역자다. 그대가 스스로 그렇게 하지 못한 것은, 갈등하는 마음은 하나의 의미에 온전한 믿음을 주지 못하여 결국은 형상을 보전하기 위해 의미를 바꿔버리기 때문이다. (T115)

개리: 알겠습니다. 그런데 난 기다리는 건 싫어요. 그러니 9/11 비극과 같은 문제에 대처할 최선의 방법을 말해주세요.

퍼사: 진정한 기도, 그리고 인도를 받는 방법에 대해서 우리가 이야기했던 말을 떠올려보세요. 그것이 당신의 문제에 대해 창조적인 해결책의 영감을 얻을 수 있는 방법입니다. ― 그리고 그것은 모든 문제에 예외 없이 적용될 수 있습니다. 신과 하나가 되어서 그의 사랑을 체험하세요. 그러면 형상 차원의 대답이 아주 자연스럽게 떠오를 겁니다.

영감을 통한 문제 해결의 예로서는, 총 한 방 쏘지 않고 인도를 대영제국의 지배로부터 해방되도록 이끌어간 간디의 방식보다 더 멋진 본보기는 없습니다. 그가 공공연하고 조직적으로 전개한 비폭력 운동이 결국은 영국 국민의 뜻을 자국 군대의 뜻에 반하여 인도의 독립을 지지하도록 돌려놓은 것이지요.

개리: 사실이긴 하지만 그건 영국 국민 자체가 매우 문명화되어 있었기 때문에 먹혀들었던 것이지요. 사람이 죽는 것쯤은 개의치도 않거나, 심지어는 죽이고 싶어서 **안달인** 사람들에게는 비폭력 운동이 먹혀들지도 않을 겁니다.

퍼사: 당신 말이 맞아요. 하지만 그 말은 중요한 점을 지적해주고 있어요. 영감을 통해 떠오르는 답은 상황과 사람에 따라 달라집니다. 모든 문제에 대한 만능의 답은 없어요. 진정한 통찰은 무엇이든 **지금 당신**에게 일어나고 있는 일에 적용됩니다. 간디의 경우에 그가 한 행동은 그 당시 그곳에

서 먹혀들었습니다. 당신은 그보다도 더 창조적인 해결책을 요구하는 다른 종류의 문제에 직면할 수도 있겠지요. 어쨌든 진정한 영감을 불러오는 것이 무엇인지를 배우고 실천해보지 않고서야 무슨 수로 영감을 받겠습니까?

이미 말했지만, 미국은 세계 역사상 가장 강력한 힘을 가진 나라로서 문제에 대한 창조적 해결책을 찾는 일에 관한 한 다른 어떤 나라들보다도 더 큰 책임을 가지고 있습니다. 당신이 택한 직업이 정부 관리는 아니지만 아무튼 당신은 자신이 배운 것을 삶에서 활용하고, 자신의 경험을 다른 이들과 나눠야만 합니다. 언젠가는 진정한 기도 속에서 신과 하나가 되어 진정한 영감을 얻어낼 줄 아는 대통령이 나타날 때

> 성령은 외견상의 모든 개인에게 일대일로 응대합니다. 그러니 우리 각자의 주의는 언제나 그와 함께 일하는 데에 맞춰져 있어야만 합니다.

가 올 것입니다. 성령은 외견상의 모든 개인에게 일대일로 응대합니다. 그러니 우리 각자의 주의는 언제나 그와 함께 일하는 데에 맞춰져 있어야만 합니다.

개리: 미국이 석유에 대한 집착에서 완전히 벗어나서 선행을 위한 일 외에는 중동지역에 개입하지 않는다는 아이디어를 전에 이야기하셨는데, 그게 그럴듯한 출발점이 될 것 같군요.

퍼사: 그럴 겁니다. 하지만 그건 가까운 장래에 일어날 수 있는 일이 아니에요. 게다가 일개 개인인 당신이 그렇게 되게 할 수는 없지요. 하지만 자신의 삶에서 무엇을 해야 할지에 대한 대답은 영감을 통해 얻을 수 있습니다. 모든 사람이 이렇게 할 수 있도록 배워간다면 그와 동시에 환영의 세상도 그 혜택을 누리는 것처럼 보이지 않을 수가 없지요.

아턴: 그리스도의 힘과 에고의 나약함 사이에서 결정을 내리세요. 세상

은 잠들어 있어요. 시간을 아껴서 얼른 깨어나세요. 당신은 마음의 차원에서 다른 이들을 돕지 않을 수가 없어요. 당신은 자신의 용서가 어떤 일들을 이뤄내고 있는지를 잘 알아차리지 못합니다. 하지만 단언하건대 그것은 지극히 중요한 것이고, 성령의 계획은 당신이 없이는 완성될 수 없습니다.

수업은 이렇게 말합니다.

인식(perception)의 법칙은 역전되어야 한다. 왜냐하면 그것은 진실의 법칙과는 반대이므로. (T554)

다른 사람들의 용서 공부에는 신경 쓰지 말고 자신의 용서 공부에만 집중해서 이 사고의 역전에 일역을 맡으세요. 우리는 더 많은 사람들이 진실을 알게 하는 이 일에 당신과 함께 참여하게 되어서 영광스럽습니다. 하지만 그것은 당신이 사람들을 지도하려고 애써야 한다는 뜻이 아닙니다. 그건 성령이 할 일이에요. **당신이** 할 일은 성령을 따르고 외견상 개인적인 당신의 인식이 역전되도록 허용하는 것이지요. 자신의 배울 기회에만 마음을 집중하면 엄청난 시간을 절약할 수 있을 겁니다.

당신은 덧없는 육신으로 이루어진 에고의 관념적 세계에 너무나 익숙해져 있기 때문에 거기서 지속적으로 벗어나 있으려면 좀더 강한 결심과 훈련이 필요할 겁니다. 우리는 당신이 성공할 것을 전적으로 확신하고 있어요.

퍼사: 육신을 가진 로봇인 꿈속 인물들을 붙들고 있지 말고 그들이 당신을 위해 행동을 펼칠 수 있도록 놓아주세요. 가끔씩 〈실습서〉의 다음과 같은 생각으로써 하루를 순조롭게 시작해보는 것도 좋을 겁니다.

오늘 나는 그리스도의 눈이 나 대신 모든 것을 보게 하여 그것들을 심

판하지 않고 오히려 그 하나하나에 사랑의 기적을 선사한다. (W478)

아턴: 퍼사가 가르쳐준 용서의 사고과정을 한시도 잊지 마세요. 그것은 성령이 당신을 차원이 존재하지 않는 곳으로 데려갈 수 있게끔 당신이 이 차원에서 가지기를 바라는 사고방식이니까요. 사실 우주가 사라지고 집으로 돌아가면 당신은 차원이라는 개념을 떠올리지도 않게 될 겁니다. 〈수업〉도 이렇게 말하지요.

천국에서 그대는 변동과 변천을 기억하지 못할 것이다. 대비對比가 필요한 것은 오직 이 세상에서만이다. 대비와 차이는 가르침의 도구로서 필요하다. 그로 해서 무엇을 피해야 할지, 무엇을 추구해야 할지를 배울 수 있으므로. 이것을 터득하고 나면 그대는 모든 차이의 필요성이 사라지게 할 답을 얻을 것이다. (T267)

퍼사: 당신은 〈기적수업〉을 읽어가는 동안 우리가 〈수업〉에 대해 한 이야기들이 사실임을 몸소 확인하게 될 겁니다. 다음의 인용 구절은 세상의 사고방식인 에고의 사고체계에 대해 제이가 한 말 중에서 대표적인 것입니다.

죄의식은 처벌을 구하고, 그 요청은 받아들여진다. 실제로가 아니라 죄의 터 위에 지어진 환영과 그림자의 세계에서 말이다. (T554)

하지만 〈수업〉은 또한 에고와 한데 섞일 수 없고 오히려 그것을 대체하러 나온 분명한 사고체계를 가르칩니다. 당신은 그것을 잘 배워가고 있어요. 당신은 제이가 가르치는 대로 세상을 용서할 겁니다. 제이가 그랬듯이 말입니다.

…… 그리하여 우리는 신이 품고 있다고 생각했던 모든 노여움으로부터 구원되고, 그것이 한갓 꿈이었음을 깨닫는다. (W485)

개리: 당신을 믿어요. 난 자라면서도 제이에게는 교회에서 들은 것 이상의 뭔가가 있다는 걸 알고 있었어요. 어쩐지 이 중 많은 것들이 친숙하게 느껴져요. 난 그게 당신들이 2천 년 전에 그와 함께 있었을 때의 그의 태도에 이 사랑의 사고체계가 정확히 반영되어 있었기 때문이라고 생각해요.

퍼사: 물론이지요! 그에게는 사랑밖에는 남은 게 없었어요. 그의 용서는 완벽했지요.

개리: 그리고 당신들이 가끔씩 보여준 소위 '단도직입적인' 가르침의 방식은 순전히 나를 위한 것이었나요?

퍼사: 당신과, 다른 사람들을 위해서지요. 주의를 집중시키기 위해서는 때로는 약간 극단적인 짓도 필요하거든요. 이 시대의 오늘날, 당신이 살고 있는 것처럼 보이는 이 소란한 사회에서는 다른 많은 사람들에게도 다 마찬가지랍니다. 사랑하는 형제, 당신은 이제 올바른 방향을 향해 든든히 발을 내딛고 있어요. 당신은 승천한 모든 스승들이 그랬듯이 여기서 완벽한 용서를 배워가고 있으니, 천국에서는 완벽한 사랑만이 당신이 아는 것의 전부가 될 겁니다. 기억하세요. 꿈에서 깨어나면 꿈은 사라집니다. 완전히 없어지지요. 그러나 당신은 아무도 잃어버리지 않습니다. 왜냐하면 당신이 알고 사랑했던 모든 사람들이 다 거기 있을 테니까요. ― 그들은 당신과 하나가 될 테니까요. 그건 경이로운 일이지요.

개리: 멋져요! 그럼 우리의 책에 관해서 마지막으로 하실 말은 없나요?

아턴: 우리가 〈수업〉에서 인용했던 구절들이 책에 실릴 테니까 우린 당신이 책을 다 쓰면 그 인용구의 숫자가 정확히 365개가 되게끔 만들기로 했어요. — 1년 동안 하루에 한 구절씩 배당되도록 말입니다. 이 인용구들을 그 자체만으로 읽는다면 〈기적수업〉이 말하는 내용을 상기시켜주는 좋은 자극제가 될 겁니다. 일부의 내용은 부연되기도 했지만, 쓰여 있는 차례 그대로 하나씩 읽어가면 그것이 자신의 말을 통해 표현된 제이의 모습이 될 것입니다. 그중에 몇몇 구절은 중복 인용됐지만 이것은 1년 동안 날마다 읽어가기에 좋은 경구들입니다. 어쨌든 장차 우리의 책이 어떻게 활용될지는 사람들이 스스로 택할 수 있을 겁니다.

또 당신이 오래전에 말했듯이, 당신이 기록한 노트와 특히 녹음한 카세트테이프를 작업이 끝나는 대로 파기해주길 바래요. 그것이 언젠가 인터넷에서 경매되는 일이 생기길 바라지는 않겠지요? 그건 그렇고, 책 쓰는 일을 끝내면 그것을 가지고 우리가 따로 일러줬던 대로 하세요. 압박감은 느끼지 마세요. 우리의 메시지에는 시간이란 없으니까요.

개리: 좋아요. 사실 저 테이프는 정확히 알아듣기가 힘들었어요. 그래서 많은 부분을 빈칸으로 남겨둬야 했지만 노트가 있어서 다행이었어요. 아무튼 말한 그대로를 또박또박 받아써야 하는 건 아니라고 하지 않았나요?

퍼사: 맞아요. 사실은 2천 년 전에 제이도 다대오와 나에게 압박감을 느끼지는 말라고 했었어요. 구원은 때가 되면 각자의 마음에 찾아올 거라고요. 그는 이미 죽었어야 할 몸을 가지고 저만치 서서 우리에게 권고했지요. 사람들에게 그저 우리의 사랑을, 우리의 용서를, 우리의 경험을 나눠주고 그 나머지는 성령이 알아서 하도록 놔두라고요.

개리: 우와! 그건 정말 믿어지지 않았겠군요. 당신이 성 도마였을 때 당신을 알았었더라면 좋았겠는데 말이죠. 당신은 참 흥미로운 친구였을 게 틀

림없어요.

퍼사: 하지만 난 성자가 아니었어요. 그건 나중에 교회가 갖다 붙인 칭호예요. 기억하죠? 사실 당신은 내가 도마였을 때 날 알고 있었어요. 사실은 누구보다도 날 더 잘 알고 있었지요.

개리: 무슨 뜻이에요?

퍼사: 당신과 나는 당신이 생각하는 것보다 훨씬 더 가까운 사이예요.

개리: 무슨 말을 하는 거예요?

퍼사: 사실은 개리, **당신이** 도마였어요.

개리: 뭐라고요? 내가 도마였다고요?

퍼사: 2천 년 전에 당신은 도마였어요. 그리고 다음 생애에서 당신은 내가 될 거예요.

개리: 뭐라고요?!

퍼사: 이건 모두가 시나리오의 일부예요, 형제. 그리고 당신은 당신의 역할을 해야만 해요. 당신은 아주 흥미로운 여러 생애를 겪었고 평범한 생애도 좀 겪었어요. 모든 사람이 마찬가지지요.

개리: 그러니까 당신은 전생의 자신 앞에 나타난 거고, 내가 곧 당신이라는 겁니까? 내가 2천 년 전에 다대오와 제이와 함께 살았다고요? 내가 도마 복음서를 썼다고요? 다음 생에는 내가 당신이, 여자가 될 거라고요? 그리고 그게 실제로 깨달음을 얻는 나의 마지막 생애가 될 거고요?

퍼사: 맞았어요. 아주 좋아요, 개리. 사실 영적인 배경이 있는 사람이라야만 그걸 받아들일 수가 있어요. 난 당신을 돕기 위해서, 그리고 당신을 통해서 다른 사람들을 돕기 위해서 왔다는 걸 이해하도록 하세요. 아턴도 마찬가지구요. 그건 모두가 홀로그래피 방식과도 같은 성령의 용서 계획의 일환입니다.

당신과 아턴은 여러 생애 동안 서로 아는 사이였어요. 당신들이 도마와 다대오였던 때도 포함해서 말이에요. 이번 생에서도 서로 아는 사이로 지내고 있지만 그게 누구인지는 당신이 스스로 알아내도록 맡겨두겠어요. 내가 — 당신의 미래의 육적 모습인 퍼사가 — 이번 생의 당신 앞에 나타나서 당신을 돕는 것은 계획의 일부이고, 그건 내가 결국 나 자신을 돕게 된다는 천국의 법칙을 보여주는 것입니다. 사실이지, 당신이 진정으로 돕는 것은 언제나 당신 자신인 것입니다. 아무튼 당신은 서른두 살의 몸을 가진 퍼사를 보고 있는 겁니다. 당신의 주의를 좀더 끌 수 있도록 말이에요. 그리고 그게 실제로 꽤 효과가 있었던 것 같아요.

당신 마음의 일부분은 과거와 현재와 미래를 모두 알고 있어요. 성령은 시간의 끝에서 뒤돌아보면서, 경우에 따라서는 과거를 치유하기 위해서 미래를 이용하곤 하지요. 미래를 치유하기 위해 현재를 이용하는 것과 마찬가지로 말입니다. 세상 사람들은 옛날처럼 직선적인 관점이 아니라 홀로그래피 방식으로 사고하는 데에 익숙해져야만 해요.*

개리: 그러니까 내가 당신의 전생이란 말이죠?

퍼사: 예. 하지만 사실 우리는 모두가 한꺼번에 일어난 겁니다. 우린 지금 시간 **밖으로부터** 당신을 만나고 있어요.

개리: 무슨 말을 해야 할지 모르겠군요.

아턴: 훌륭해요. 역시 제자의 자격이 있어요. 기억나죠? 정말 당혹스러우리란 걸 알아요. 익숙해지도록 하세요. 앞으로도 희한한 일들이 많이 일어날 테니까요. 그저 용서의 숙제만 열심히 해요. 명심하세요. 당신은 모든 것을 용서해야 해요. 장차 어떤 일이 일어나는 것처럼 보이든지 말입니다. 오로지 신만이 진짜랍니다.

좀더 일찍 이 사실을 밝히지 않아서 미안해요. 하지만 그랬더라면 당신은 자신이 특별한 사람이란 생각을 일으키지 않고 자신이 유명한 성자의 환생이란 사실을 받아들일 만큼 준비가 되어 있지 않았을 거예요. 이제 당신은 그것을 그저 배워야 할 또 하나의 교훈으로 받아들일 마음의 준비가 될 겁니다. 대부분의 사람들은 단지 우리가 교회에 의해 성자로 불렸다는 사실만으로 예수의 두 제자였던 그 생애가 마지막 생애, 우리가 완성을 이룬 생애여야만 한다고 생각하지요. 하지만 그건 그런 식으로 돌아가는 게 아니에요. 아무도 다른 누구의 영적 성취 수준을 올바로 판단할 수가 없어요. 오직 성령만이 그럴 수 있는 모든 정보를 가지고 있지요.

당신은 시간상의 이 시점에 이르기 전까지는 자신이 도마였다는 사실을 기억하지 못하도록 되어 있었어요. 당신이 2천 년 전에 제이의 제자였었다면 어땠을지를 늘 알고 싶어했던 이유도 당신이 실제로 그때 거기에 있었고 그의 제자였기 때문인 겁니다. 당신은 그저 그 기억을 되살리려고 애써왔던 거예요.

개리: 그건 이해하겠어요. 그건 마치 간밤에 꾸었던 꿈의 내용을 떠올리려고 애쓰는 것과도 마찬가지였어요. 그런데 그게 아리송하기만 한 거죠. 천국의 기억을 좀더 여실히 떠올리려고 애쓰는 것도 마찬가지인 것 같아요. 이 모두에 익숙해지는 데는 시간이 좀 걸릴 것 같네요. 하지만 내가 도마 복음서를 썼다는 건 믿을 수가 없어요.

퍼사: 그래요. 하지만 도마로서의 생애가 당신의 마지막 생은 아니었고 당신은 결국 영적인 책을 또 한 권 썼어요. 시간이 흐르면서 그 책은 훨씬 더 널리 읽혔고 훨씬 더 많은 사람들에게 올바른 방향을 가리켜주었지요. 그건 《우주가 사라지다》(The Disappearance of the Universe)라고 불렸고, 당신은 우리가 오늘밤 떠나고 나면 몇 달 후에 그 책을 끝낼 거예요. 어떤 면에서는 그것을 제2의 〈도마 복음서〉라고 할 수도 있지요. 빨리 하세요, 이 게으름뱅이.

개리: 이건 한꺼번에 받아들이기가 결코 만만한 일이 아니로군요. 깨달음을 얻기 위해서 〈기적수업〉을 한 생애 이상 공부해야만 한다는 생각을 받아들여야 할지 모르겠네요.

퍼사: 어떤 사람들은 〈기적수업〉을 몇 생애에 걸쳐 공부해야 하고 또 어떤 사람은 그것을 공부한 첫 번째 생애에 깨달음을 얻을 겁니다. 어느 쪽이 됐든 그건 하나의 과정이에요. 당신은 엄청난 진전을 보았고, 계속 그럴 거예요. 다른 거의 모든 사람들과 마찬가지로 당신은 아주 깊이 묻혀 있는, 당신도 모르는 죄의식을 가지고 있어요. 그 때문에 아직도 두려움이 있는 거예요. 무의식 속의 죄책감을 쪼아내어 온전히 깨어나려면 아직도 더 많이 용서해야 해요. 그 때문에 우리가 늘 용서를 강조하고 있는 거예요. 용서가 당신을 깨워줄 테니까요. 당신은 이미 깨어나는 과정에 있어요! 당신은 눈을 뜨고 있어요. 그리고 이 마지막 단 두 생애의 공부를 마치는 것은 백 번을 거듭 환생하는 것보다도 훨씬 더 낫습니다. 단언하지만 〈기적수업〉이 아니었다면 당신은 백 번도 더 태어나야 했을 거예요.

그리고 경험해봤으니 이미 알지만, 퍼사로 태어나서 하는 〈기적수업〉 공부는 훨씬 더 쉬울 겁니다. 왜냐하면 당신은 이번 생에서 이미 그 공부에 익숙해져 있으니까요.

개리: 다음 생에서 내가 이 모든 것을 기억해낼까요?

퍼사: 사랑하는 형제, 당신은 끝까지 훌륭한 질문만 하는군요. 흥미롭게도 당신은 마지막으로 남은 배움의 경험을 실현시키기에 충분한 만큼만 기억해내고, 또 충분한 만큼만 잊어버릴 겁니다. 당신은 내가 얘기해줬던 그 대학교에서의 용서의 교훈을 겪은 후에도 한참 뒤까지 이 생애에서 당신이 쓴 책을 읽어보지 못할 겁니다. 그 전에 당신은 왑닉 박사가 쓴 고전적인 책들을 포함해서 다른 것들을 공부하지요. 그러다가 마침내 《우주가 사라지

다》를 읽게 되는 시점에 이르면 당신은 퍼즐의 모든 조각을 맞추고 모든 것을 기억해내어 있을 겁니다. 당신의 의식은 승천한 스승들의 경지까지 넓혀지고, 그동안에 아턴은 잠시 당신을 도우면서 당신과 함께 살고 있을 겁니다. 당신은 많은 기억을 일깨워서 한 데 맞춰내어 있을 겁니다.

내가 과거 시제로 이야기하는 것은 물론 우리에겐 그것이 이미 일어난 일이기 때문입니다. 그리고 크게 보면 우주의 모든 일이 다 이미 일어났습니다. 당신네 두 사람은 모든 것을 용서할 수 있었고 아무런 불만도 없었습니다. 당신은 두려워하지 않았습니다. 왜냐하면 당신은 그릇된 것에 가치를 두지 않았고 모든 경우에 그리스도의 힘을 선택했기 때문입니다.

덧붙일 것은, 우리는 그 생애의 실제 이름을 쓰고 있는 것이 아니라는 겁니다. 만약 그런다면 장차 어떤 사람들은 우리를 추적해서 관찰하려들 것이고, 그렇게 되면 일이 복잡해질 테니까요. 나는 실제로 남아시아인의 이름을 가지고 있었지만 이 만남을 위해 이름을 바꿨어요.

개리: 참, 모든 게 제자리에 맞아 들어가니 재미있군요.

퍼사: 그게 바로 홀로그램의 속성이지요. 하지만 여기서 벗어나려면 성령과 함께 그것마저도 용서해야만 해요. 진정으로 이곳을 벗어나고자 하는 열망은 오직 환영과 같은 우주의 속성을 깨달을 때만 일어납니다. 자신의 성공에 도취해서 빠져들지 마세요. 누군가가 동의해주기를 허구한 날 기대하고 있지도 마세요. 우주의 모든 사람이 깨어나서 실재 세계를 냄새 맡을 때까지 기다리고 있을 필요는 없습니다.

당신은 수천 번의 생애를 제이와 위대한 태양과 가까이 지냈으니 정말 행운아예요. 하지만 혹시라도 자신을 특별하게 여기고 싶은 유혹이 일어난다면 이것을 기억하세요. — 모든 사람은 무수한 환생(incarnation) 중에서 — 혹은 억류(incarceration) 중에서라고 해도 될 테지만 — 최소한 한 번은 아직도 육신 속에 있는 것처럼 보이는 깨달은 존재의 친구나 제자로서 행복하게 지내게 되어 있다는 것을요. 그 깨달은 존재는 유명하거나 최소한 알려진 사람일 수도 있지만, 대개는 그렇지 않을 겁니다. 대부분의 깨달은 존재들은 지도적인 역할을 하고자 나서지 않는다고 했지요. 하지만 그들에게는 어쩔 수 없이 약간의 친구나 추종자들이 모여들게 마련이어서, 이들에게는 그것이 매우 중요한 배움의 경험이 되곤 하지요. 또 제이도 살아 있었을 때는 세례 요한보다 덜 알려져 있었다는 사실도 말했었지요. 제이는 십자가형을 받고 부활한 이후에 훨씬 더 유명해졌지만, 그 이전에도 그에게는 충실한 친구들과 추종자들이 있었습니다. 우리도 그중 하나지만요.

오늘날에는 이번 생에서 성령에 의해 마음속의 무의식적 죄책감을 온전히 치유받아서 깨달은, 혹은 깨닫게 될 복 많은 사람들이 더 많아졌습니다. 지난 몇 십 년 동안에 그 숫자가 많이 늘어났는데, 그것은 주로 〈기적수업〉을 공부하고 실천하는 사람이 많아졌기 때문입니다. 당신은 내가 세상이 더욱 개명됐기 때문이라고 말할 걸로 생각했죠. 하지만 미안하게도 구원은 임계질량 현상 같은 것이 아니랍니다. 사람이 단지 다른 사람을 생각하거나 다른 사람들과 함께 있는 것만으로 깨달음을 얻을 수는 없습니다. 그들로 인해 올바른 방향을 깨닫게 될 수는 있지만요.

오늘날 깨달음을 얻은, 혹은 깨닫게 될 대부분의 사람들은 영성의 역사에 기록되지 않을 겁니다. 그건 중요하지 않아요. 그런 것이 꿈속에서 어떻게 정말 중요할 수가 있겠어요? 그들이 그것이 정말 꿈일 뿐이란 것을 안다면 다른 사람들이 자신을 알아보는지 어떤지에 신경을 쓸 이유가 어디 있겠습니까? 그들의 삶의 시시콜콜한 사연이 정말 무슨 의미가 있을까요? 아무런 의미도 없습니다. 그럼에도 불구하고 그 삶 속의 경험을 함께함으로써 큰 도움을 얻을 친구들은 있습니다.

아턴: 당신은 자신이 무엇으로부터 계속 배워가도록 운명지어졌는지를 알고 있습니다. 공부를 다 마친 이후에도 〈수업〉의 〈교재〉와 〈실습서〉를 읽는 것보다 더 좋은 것은 없습니다. 당신의 마음을 사용해서 육신과 진정한 영 중에서 택일하세요. 그리고 그렇게 함으로써 세상을 용서하세요. 에고가 지워지는 것은 용서를 통해서입니다. 〈수업〉은 그것을 다음처럼 감동적으로 말하고 있습니다.

구원이란 원상태로 되돌리는 것(undoing)이다. 그대가 육신을 보기로 마음먹는다면 분리된 세상, 서로 무관한 사물들, 아무런 의미도 없는 사건들을 보게 될 것이다. 이것은 나타났다가 죽음과 함께 사라지고, 저것은 고통과 상실의 운명을 타고 났다. 그리고 그 누구도 한 순간 이전과 같지 않고, 한 순간 이후에는 또 지금과 같지 않을 것이다. 이토록 무상한 곳에서 그 누가 신뢰를 지닐 수 있겠으며 한갓 먼지에 지나지 않는 이 존재가 누구인들 값어치 있겠는가? 구원은 이 모든 것을 원래의 모습으로 되돌리는 것이다. 죄의식을 지켜 보존하는 대가로서 보는 눈을 가진 이들이 구원받아 봄(looking)으로부터 해방되면 그들의 눈 앞에 불변성이 떠오르니, 그들이 죄의식을 붙들고 있는 대신 놓아보내기를 택했기 때문이다. (T660-661)

퍼사: 제이는 당신의 구원이 자신에게 얼마나 중요한지를 분명히 밝혔습니다. 당신의 에고가 점차 지워져가는 동안 당신은 시초의 그 순간으로 조금씩 조금씩 다가갑니다. 다른 모든 잘못을 초래한 최초의 잘못을 당신이 저질렀던 그 순간으로 말입니다. 그러면 당신은 천국으로의 귀향과 신과의 영원한 하나됨을 가져올 또 한 번의 선택을 마지막으로 내려야만 합니다.

그 길 위의 한 걸음 한 걸음을 제이가 당신과 함께할 것입니다. 〈실습서〉에서 그는 이렇게 말합니다.

…… 나는 그 누구도 잊어버리지 않았다. 이 여행이 시작됐던 그곳으로 그대를 다시 데려가도록, 이제 나를 도와다오. 그대가 나와 함께 이전과 다른 선택을 내릴 수 있도록. (W330)

우리의 인도자인 제이의 이 말을 인용하는 것보다 더 나은 마무리는 없을 겁니다. 제이, 당신을 사랑해요. 그리고 당신의 영원한 빛과 분명한 인도에 감사드립니다. 우리는 모든 이들에게 시간이 종식되는 그날까지, 당신의 제자입니다.

그리고 개리, 당신을 사랑해요. 당신에게 전할 마지막 메시지가 남아 있어요. 그런데 그건 우리의 목소리가 하나로 합해져서 말하는 것처럼 들릴 거예요. 왜냐하면 사실 그것은 성령의 목소리이기 때문입니다. 성령은 우리가 떠나간 것처럼 보일 때도 여전히 여기에 남아 있을 거예요.

개리: 당신들을 다시 만날 수 있을까요?

아턴: 사랑하는 형제, 그건 당신과 성령에게 달려 있습니다. 다른 모든 일에도 그래야 할 테지만, 그것도 성령께 여쭤보세요.

개리: 아직은 가지마세요.

아턴: 괜찮아요. 당신도 알게 될 거예요. 모든 일이 잘 되어갈 거란 걸.

주: 그 말과 함께 아턴과 퍼사의 몸은 서서히 방 안을 채우기 시작한 순백의 찬란한 빛의 아름다운 광채 속으로 녹아들기 시작했다. 그리하여 결국 내가 보고 느낄 수 있는 것은 단지 나를 감싸고 있는 경이롭고

따스한 광채의 빛밖에 남아 있지 않게 되었다. 그때 나는 다음과 같은 목소리를 들었다. 그다음에 광채는 더욱 환하게 퍼지더니 사라져버렸다. — 나는 그간에 일어났던 모든 일들과 장차 내 앞에 놓인 길을 가면서 내가 필요로 할 모든 도움에 대한 생각에 잠긴 채 홀로 방 안에 남겨졌다.

아턴과 퍼사의 한 목소리: 사실은 나(Me)이지만 그것을 제대로 깨닫지 못하고 있을 뿐인 내 사랑하는 형제자매들, 서로를 용서하고, 그럼으로써 자신을 용서할 수 있는 기회를 감사히 받아들이세요. 불만을 사랑으로 바꿔놓으세요. 당신의 마음이 신의 평화로 인도되게 하세요. 그러면 내면에 있는 진실이 의식 속으로 떠오를 것입니다.

이 만남의 처음에 아턴이 제이를 고향집인 천국으로 아이들을 다시 데려다주는 빛으로 묘사했던 것을 기억하시나요? 그 아이들이 결국은 모두 집을 찾아왔답니다. 그리하여 자신들은 모두가 하나이고 완전무결하다는 것을 깨달았을 때, 더 이상 길 잃고 외따로 분리된 것처럼 보이지 않는 그리스도의 마음(Christ Mind)의 부분은 신에 의해 생명의 나라로 다시 받아들여져서 다시는 보이지 않게 되었습니다. 존재하지 않았던 가짜 우주는 다시 허공 속으로 사라졌습니다. 환영인 마음은 애초에 의도되었던 대로 영 속으로, 사랑 속으로 풀려났습니다.

이제 그리스도는 너무나 기쁜 나머지 자신을 주체할 수 없어서 무한 너머로 퍼져나갑니다. 이제 아이들 꿈과도 같은 그 모든 어리석은 생각들은 기억될 존재조차 없습니다. 경계도 한정도 없어서 오로지 충만함과 온전함만이 남아 있습니다. 과거도 미래도 없으며 오직 평안과 환희만이 있습니다. 신은 모든 곳에 있으므로 그리스도도 없는 데가 없기에 말입니다. 영원히 무한하니, 그들 사이에는 아무런 구분이 없습니다. 남은 것은 오직 하나(One), 곧 신이 있습니다(God IS).